2024
스티마 면접
지방직(공통편)

스티마 편저

KB060188

박영사

공무원 면접은 꿈을 이루는 마지막 관문입니다.

힘든 경쟁률을 뚫고 밤잠을 설쳐가며 한 수험준비를 통해서 이제 면접이라는 최종 관문이 남았습니다. 성적이 1배수 안이나 1배수 커트라인이건, 성적이 필기 커트라인이건 '면접은 또 하나의 시험이다.'라는 간절함을 가지고 최선을 다하는 것이 정말 중요합니다.

공무원 면접은 누군가에게는 인생이 걸려 있는 문제입니다. 스티마쌤은 24년째 공무원 면접강의를 하였습니다. 이러한 노하우를 바탕으로 하여 공무원 수험생들이 올바른 면접준비를 하는 데 도움을 드리고자 교재를 집필하였으니 꼭 도움이 되었으면 좋겠습니다.

강의가 필요하시면 공단기(공무원 단기학원)에서 오프라인 및 온라인 강의를 통해 접하실 수 있습니다.

[공무원 면접에 대한 소개 및 학습전략]

1. 오직 한길, 벌써 24년째 7·9급 공무원 면접강의를 하고 있습니다. 스티마 면접강의를 듣고 현직에서 일하시는 분들이 대략 16만 명 전후가 되지 않을까 생각합니다. 오랜 기간 동안 면접강의를 하면서 느낀 점 한 가지는 공직사회에서 원하는 인재상입니다. 공무원 면접은 말 잘하고 스펙 좋은 사람을 뽑는 시험이 아니라 "함께 일하고 싶은 사람을 뽑는 시험"이라는 것입니다. 즉, 국민을 내 가족같이 생각하는 사람을 뽑는 시험이고, 최근에는 조직생활을 잘할 것 같은 인재상을 원하는 것도 꼭 기억했으면 좋겠습니다. 참고로 면접평가는 말 잘하는 사람 기준으로 평가하는 것이 아니라 합격생 그 자체로서 평가를 합니다.

2. 특히 공무원 면접에서 가장 중요한 포인트는 '면접에서 자신의 개성을 드러내는 것입니다. 즉, 자신의 이야기를 하는 것입니다.' 이 말을 반드시 기억하고 면접준비를 하셔야 합니다. 필기시험을 준비할 때의 기출문제 풀이하고는 완전히 다를 것입니다. 수험생 여러분은 필기시험 위주로 오랜 기간 동안 공부를 해 왔기 때문에 기출문제에 익숙해서 면접도 '기출문제만 보면 되지 않을까?'하는 착각을 하실 수 있습니다. 그건 바른 면접준비가 아님을 꼭 기억해야 할 것입니다.

안타깝게도 일부 학원에서는 면접후기를 모은 다음 해당 후기를 돈을 받고 제공함으로써 수험생들의 불안심리를 조장하여 강의하는 곳도 있다고 합니다. 필기시험이 아닌 면접준비가 단순히 면접후기만 보아 끝난다면 한 달 이상의 면접준비 기간을 주어야 할 이유가 없고, 결코 자신의 이야기를 할 수 없게 됩니다. 결국 실제 면접장에서는 앵무새처럼 대부분 비슷한 답변을 하게 되고, 자신의 개성을 전혀 발휘하지 못해 최종합격자 발표일까지 불안하게 결과를 기다려야 합니다.

3. 공무원 면접은 미리 결과를 예측하지 않고, 최선을 다해야 합니다. 분명한 것은 면접결과에 있어서 우수와 미흡은 있습니다. 그 대상이 바로 자신이 될 수 있다는 마음가짐을 가지고, 성적이 좋지 않다고 생각하면 우수를 받기 위해 노력을 해야 하고, 성적이 좋다고 생각하는 사람 또한 미흡을 받지 않기 위해 최선의 마무리를 해야 할 것입니다. 노력은 결코 결과를 배신하지 않는다는 점을 기억해야 합니다.

마지막으로 인생에서 오는 3번의 기회 중 한 번이라고 생각하고 끝까지 최선을 다해 좋은 결과를 얻어서 공시생활을 끝내겠다는 마음으로 면접준비를 했으면 합니다.

2024년 6월
스티마

CONTENTS
차례

PART 03 지방자치 이해하기

CONTENTS
차례

CONTENTS
차례

2024
스티마 면접
지방직(공통편)

01

공무원 면접 일반

CHAPTER 01 2024년 공무원 면접 평가방식 변화

1 새로운 공무원 인재상의 정립

공무원이 갖추어야 할 바람직한 사고(thinking)와 태도(attitude)에 대한 길라잡이이자 방향타가 될 공무원 인재상이 정립되었다. 이를 기준으로 채용·교육·평가·승진·보상 등 인사체계 전반이 개선된다. 그동안 공무원 헌장, 면접시험 평정요소 등에 인재상 요소가 존재했으나 간결하고 기억에 남는 체계적인 공무원 인재상이 없어 채용·평가·보상 등 인사체계 운영에 있어 일관된 기준을 적용하기에 어려움이 있었기 때문에 아래와 같이 4가지 평정요소로 새롭게 기준을 정하였다.

◆ 시험의 방법(공무원임용시험령 제5조)

개정 전	개정 후
제5조(시험의 방법) ①·② (생 략) ③ 면접시험은 해당 직무 수행에 필요한 능력 및 적격성을 검정하며, 다음 각 호의 모든 평정요소를 각각 상, 중, 하로 평정한다. 〈단서 신설〉 1. 공무원으로서의 정신자세 2. 전문지식과 그 응용능력 3. 의사표현의 정확성과 논리성 4. 예의·품행 및 성실성 5. 창의력·의지력 및 발전가능성 ④·⑤ (생 략)	제5조(시험의 방법) ①·② (현행과 같음) ③ … 공무원으로서의 자세 및 태도, 해당 직무 수행에 필요한 능력 및 적격성 등 …. 다만, 시험실시기관의 장이 필요하다고 인정하는 경우 평정요소를 추가하여 평정할 수 있다. 1. 소통·공감: 국민 등과 소통하고 공감하는 능력 2. 헌신·열정: 국가에 대한 헌신과 직무에 대한 열정적인 태도 3. 창의·혁신: 창의성과 혁신을 이끄는 능력 4. 윤리·책임: 공무원으로서의 윤리의식과 책임성 5. 〈삭 제〉 ④·⑤ (현행과 같음)

✎ Check point

개정된 공무원 면접 평가방식

1. 소통·공감 항목에는 국민 등과 소통하고 공감하는 능력을 평가한다.
2. 헌신·열정 항목에는 국가에 대한 헌신과 직무에 대한 열정적인 태도를 평가한다.
3. 창의·혁신 항목에는 창의성과 혁신을 이끄는 능력을 평가한다.
4. 윤리·책임 항목에는 공무원으로서의 윤리의식과 책임성을 평가한다.
➡ 지방직의 경우에는 공무원임용시험령 제5조 제3항에 따라 필요하다고 인정되는 경우 평정요소를 추가하여 평정할 수 있다.

2 해당 개정안 정리

(1) 기존안

평정요소	위원평정		
	상	중	하
가. 공무원으로서의 정신자세			
나. 전문지식과 그 응용능력			
다. 의사표현의 정확성과 논리성			
라. 예의·품행 및 성실성			
마. 창의력·의지력 및 발전가능성			

(2) 변경안

평정요소	위원평정		
	상	중	하
가. 소통·공감			
나. 헌신·열정			
다. 창의·혁신			
라. 윤리·책임			

3 직무수행 능력평가 요소

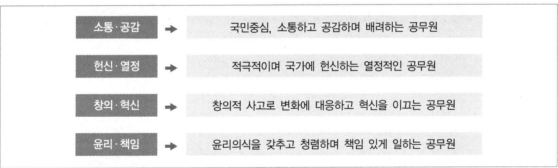

소통·공감	→	국민중심, 소통하고 공감하며 배려하는 공무원
헌신·열정	→	적극적이며 국가에 헌신하는 열정적인 공무원
창의·혁신	→	창의적 사고로 변화에 대응하고 혁신을 이끄는 공무원
윤리·책임	→	윤리의식을 갖추고 청렴하며 책임 있게 일하는 공무원

MEMO

4 면접 평가방법

POINT 지방직도 아래와 같은 평가방식으로 2024년부터 시행될 가능성이 높다.

```
소통·공감

헌신·열정

창의·혁신

윤리·책임
              ↓
직무수행능력과 전문성에 대한 공직가치 이해에 대한 평가
[＝국민(지역주민·시민·도민)을 내 가족처럼 생각하는 사람]
```

(1) 직무수행능력과 전문성에 관하여 공직가치에 대한 이해가 선행되어야 한다.

개정 전의 면접시험 평정요소는 간결하지 못하고 체계적이지 못하다는 논란이 있었고 일관된 기준을 적용하기에 어려움이 있었기 때문에 변경되는 개정안에서는 위와 같이 4가지 평정요소로 새롭게 통일하여 기준을 정하였다. 결국 이러한 새로운 개정안으로 직무수행능력과 전문성에 대한 평가를 하는 것이다.

(2) 4가지 평정요소를 평가하는 데 있어서 지방직 9급 면접에서는 지역에 대한 애정을 보이는 답변을 고민하고 연습해야 한다. 지역에 대한 애정은 헌신·열정 그리고 창의·혁신과 밀접한 관계가 있다고 생각하고 면접에 임하면 된다.

MEMO

---

5 우수와 미흡의 결정방법

(1) 우수와 미흡에 대한 조별할당제는 없다.

TIP 우수나 미흡은 권고사항으로 해당 재량은 면접관들이 가지고 있다.

(2) 평정표의 '비고'란은 일종의 사유를 적는 공간이다. 우수는 상관이 없지만 미흡을 주게 되면 미흡을 준 이유를 간단히 기록으로 보관하기 위한 것이다. 이는 나중에 혹시라도 응시생이 결과에 대해 행정소송 등을 할 경우에 대비하기 위한 부분도 있다.

(3) 면접의 공정성과 객관성을 최대한 확보하기 위해 우수와 미흡을 최종 결정하기 전 면접관 2인 혹은 3인이 각각의 평정표를 바탕으로 하여 다시 한번 논의하여 합의한 후 최종결정을 하게 된다.

🔹 6급 이하 공개경쟁채용시험 등의 면접시험 평정결과

구 분	평정결과
위원의 과반수가 평정요소 모두를 "상"으로 평정한 경우	우수
위원의 과반수가 평정요소 중 2개 항목 이상을 "하"로 평정하였거나 위원의 과반수가 어느 하나의 동일한 평정요소를 "하"로 평정한 경우	미흡
그 외의 경우	보통

MEMO

6 동점자 처리기준

조정점수의 폐지로 인해 동점자가 다수 나타나는 직렬이 많다. 이때 1배수 커트라인에 걸린 동점자 처리기준은 다음과 같다.

(1) 필기 커트라인 합격(1배수 밖 합격)의 경우, 우수를 받으면 성적에 상관없이 최종 합격이다.

(2) 필기 커트라인이 아닌 1배수 커트라인이 중요한 이유는 1배수 커트라인은 동점자 인원수에 상관없이 규정상 미흡을 받지 않고 면접결과에서 보통만 받아도 최종 합격을 하는 것이 규정이기 때문이다.

⚡PLUS

1. 면접의 과반수(2명 중 2명, 3명 중 2명, 5명 중 3명)가 모든 평정요소에 '상'을 주기는 힘들겠지만 일반적으로 면접관들은 평정표에 '하'를 남발하지 않는다. '중'과 '상'을 더 많이 주는 것이 일반적이다. 특히 상대적으로 지방직은 국가직에 비해 우수나 미흡비율이 낮은 편이다.
2. 면접관들의 합의에 의해 최종 평가는 달라질 수 있다.
   ➡ 공무원 면접에서는 일반적으로 미흡을 받는 것보다 우수를 받는 것이 더 쉬울 수 있다. 즉, '미흡을 의도적으로 남발하지 않는다'는 뜻으로 기억하고 면접준비를 하면 된다.

MEMO

CHAPTER
02 각 지자체별 면접진행절차 및 특이사항

1 개 요

(1) 각 지자체별 면접 특이사항으로 2024년 공고문은 꼭 확인해야 한다.

(2) 지역특성 혹은 면접관의 성향에 따라 조별·개인별 질문내용은 차이가 있을 수 있다.
   ➡ 어느 정도 면접시간을 준수를 하지만 실제로는 개인별 면접시간도 조금씩 차이가 있을 수 있다.

(3) 지역현안 문제에 대한 준비는 철저히 해두어야 한다. 지방직은 말 그대로 지역에 대한 애정이 있는 사람을 좋아하는 것은 당연하다.
   ➡ 필기 커트라인이라면 전략적인 준비가 필요하다.

(4) 지원동기 및 자기소개는 필수적으로 하는 질문으로 누구나 생각하는 질문에 어떻게 차별화를 둘 것인가를 고민하는 것도 중요하다.
   ➡ 작위적인 답변이 아닌 진정성 있는 답변이 중요하다.

2 각 지자체별 면접진행절차

지 역	자기소개서	인성검사	사전조사서	비 고
강 원	○	○	×	
경 기	×	△ (응시지역에 따라 다름)	○	① 지역에 따라 자원봉사활동 실적 및 리포트 제출 ② 경기도청은 5분 스피치 실시 ③ 사전조사서 작성 ④ 용인시·화성시는 3분 스피치 실시(사전조사서 작성하지 않음)
경 남	○	×	×	자기소개서는 면접등록 페이지에 제시한 양식 작성 저장
경 북	○	○	×	
광 주	○	×	×	
대 구	○	×	○	사전조사서 1문제 작성
대 전	×	○	○	자기기술서를 양식에 맞춰 작성 후 사전제출
부 산	○	×	×	일행직렬은 3분 스피치 실시
세 종	○	○	×	
울 산	○	×	×	
인 천	×(인천) ○(강화·옹진)	○	×	① 인·적성검사 실시 ② 강화·옹진군은 군에서 면접 주관

전 남	○	×	×	인·적성검사 미실시
전 북	○	○	×	① 지원 시·군에서 면접 실시 ② 인·적성검사 실시
제 주	○	×	×	
충 남	○	×	×	① 지정도서 3권 중 1권 선택 후 읽고 3분 이내 발표 ② 인·적성검사 미실시
충 북	○	○	○	① 사전조사서 1~2문제 작성 ② 인·적성검사 실시

3 각 지자체별 핵심질문 등 특이사항

➡ 2024년 공고문은 꼭 확인해야 한다.

지 역	면접관	시 간	자기소개 여부	특 징
강 원	3명	15~20분	거의 필수	• 지원동기, 하고 싶은 업무, 공직자세, 경험형 질문 • 지역현안 및 개선점, 사회이슈, 행정법 / 행정학 간단히 준비 (지역슬로건을 만들어보라는 등의 질문 공통) • 기술직렬은 전공질문 대비 필요 • 2023년 면접 우수·미흡 비율이 높아진 지역
경 남	3명	15분 내외	거의 필수	• 지원동기, 하고 싶은 업무, 공직자세, 경험형 질문 • 자기소개서 후속질문 대비 필요 • 지역현안(경남 장단점, 메가시티, 지원지역 현황) 및 개선점, 사회이슈(탄소중립, MZ세대, 메타버스 등), 행정법 / 행정학 간단히 준비, 재정자립도 • 기술직렬은 전공질문 대비 필요
경 북	2~3명	15~20분	거의 필수	• 지원동기, 하고 싶은 업무, 공직자세, 경험형 질문 • 자기소개서 후속질문 대비 필요 • 지역현안 및 사회이슈(저출산고령화, 대구경북통합, 재난지원금 문제, 지역소멸, N포세대, 세대갈등 등) 및 개선점, 조직적응력 • 행정법 / 행정학, 지방자치, 참여예산제도 • 기술직렬은 전공질문 대비 필요
광 주	2명	20분 내외	준비필요	• 지원동기, 하고 싶은 업무, 공직자세, 경험형 질문 • 지역현안 및 개선점, 사회이슈, 행정법 / 행정학 간단히 준비, 재정자립도 • 기술직렬은 전공질문 대비 필요
대 구	3명	25분 내외	필 수	• 사전조사서 내용 후속질문 • 자기소개 및 지원동기 필수 • 지역현안 및 정책관련 준비 철저 필요, 경험형 질문, 공직자세, 조직적응력, 사회이슈, 행정법 / 행정학 간단히 준비 • 기술직렬은 전공질문 대비 필요

대 전	3명	15분 내외	필 수	• 자기기술서 내용 후속질문 • 자기소개 및 지원동기 필수 • 지역현안 및 정책관련 준비 필요 • 경험형 질문 • 공직자세, 조직적응력 • 기술직렬은 전공질문 대비 필요
부 산	2명	15분 내외	거의 필수	• 일행직은 3분 스피치 실시(10분 생각시간, 주제는 지역현안 및 사회이슈) • 자기소개 및 지원동기 필수 • 지역현안 및 정책관련 준비 필요 • 경험형 질문 • 공직자세, 조직적응력 • 기술직렬은 전공질문 대비 필요
세 종	2명	10분 내외	거의 필수	• 자기소개 및 지원동기 필수 • 하고 싶은 업무 • 경험형 질문 • 공직자세, 조직적응력 • 지역현안, 사회이슈 • 기술직렬은 전공질문 대비 필요
울 산	3명	10~15분	거의 필수	• 재면접 실시지역 • 자기소개 및 지원동기 필수 • 경험형 질문 • 공직자세, 조직적응력 • 지역현안 • 행정법 / 행정학 간단히 • 기술직렬은 전공질문 대비 필요
인 천	3명	15분 내외	거의 필수	• 집단토론 추가로 실시 • 자기소개 및 지원동기 필수 • 경험형 질문, 공직자세, 조직적응력 • 지역현안 및 관심정책 공부 필요, 재정현황, 인천유래 • 정책제안이나 개선점 준비 필요 • 민원대응 • 기술직렬은 전공질문 대비 필요 • 돌발성 질문도 간혹 나옴 　예 단어 4개를 주고 문장을 만들어보라는 질문이 있었음
전 남	2명	10~15분	거의 필수	• 자기소개 및 지원동기 필수 • 하고 싶은 업무 • 경험형 지문 • 공직자세, 조직적응력 • 지역현안, 사회이슈, 시사, 사자성어 • 행정법 / 행정학 간단히(아웃소싱, 재정자립도) • 기술직렬은 전공질문 대비 필요

전 북	2명	15~20분	거의 필수	• 자기소개 및 지원동기 필수 • 경험형 질문 • 공직자세, 조직적응력 • 지역현안 • 행정법 / 행정학 간단히 • 기술직렬은 전공질문 대비 필요
제 주	3명	10~12분	필 수	• 자기소개 및 지원동기 필수 • 경험형 질문 • 공직관, 공직자세, 조직적응력 • 지역현안 • 행정법 / 행정학 간단히 • 기술직렬은 전공질문 대비 필요
충 남	2명	15분 내외	필 수	• 독서평 3분 발표 • 자기소개 및 지원동기 필수 • 경험형 질문 • 공직관, 공직자세, 조직적응력 • 지역현안, 사회이슈 • 행정법 / 행정학, 재정자립도 • 기술직렬은 전공질문 대비 필요
충 북	3명	20분 내외	필 수	• 사전조사서 내용 후속질문 • 자기소개 및 지원동기 필수 • 지역현안 및 정책관련 준비 필요 • 경험형 질문 • 사회이슈 • 공직자세, 조직적응력 • 기술직렬은 전공질문 대비 필요

MEMO

CHAPTER

03 지방직 면접의 핵심

1 지역현안자료 활용 및 지역에 대한 관심 갖기

TIP 스티마 면접 지방직 I (공통편)만 구입해도 응시지역 지역현안 요약집을 제공한다. 카카오톡 오픈단톡방에서 응시지역을 검색한 후 입실하면 된다. 예 2024 대구지방직 면접정보방(스티마&공단기)

(1) 지방직 면접은 '지역의 일꾼'을 뽑는 시험이다. 그리고 실제로 직·간접적으로 지역현안 문제에 대한 질문이 자주 이루어진다. 응시지역에 연고가 없다면 자칫 압박을 받을 수 있으므로 그에 대한 준비를 철저히 해야 한다.

(2) 지역현안 문제와 지역이슈에 대해 직접적인 질문을 하지 않더라도 공부한 내용을 면접 때 충분히 활용할 줄 알아야 한다. 이것이 차별화 된 면접준비이고 우수를 받을 수 있는 좋은 방법이다.

(3) 지역현안문제에 대해 '어떻게 공부하고, 어디까지 준비를 할 것인가?'하는 것은 범위가 워낙 넓기 때문에 그동안 기출되었던 것이나 출제될 수 있는 것, 더불어 면접 때 활용할 수 있는 현안 및 자료는 교재구입생 및 수강생들에게 지역별 자료를 제공하므로 해당 자료만으로 충분히 준비가 가능할 것이다.

(4) 여유가 된다면 합격한 지역에 대한 지역탐방은 꼭 진행해 보길 권한다.

✏️ Check point

1. 지방직 면접은 한 마디로 '공직가치＋개인신상(인성파악)＋지역에 대한 애정'이다.
2. 지방직 면접이 국가직 면접과 보이는 차이점은 공직가치 관련 질문이 구체화 되지 않는다는 점도 있지만 또 다른 점(면접을 잘 보는 방법)은 지역에 대한 애정을 중시하므로 응시생이 합격한 지역에 대한 애정을 보일 수 있는 그런 답변들을 많이 생각하고 연결시키는 연습을 하여야 한다.

2 면접후기로 지자체별 면접방향 이해하기

POINT 주의할 점은 지방직 면접도 해마다 일부 지역은 면접의 변화를 주고 있다는 것이다. 면접시간을 늘리는 것 등 더욱이 올해는 새로운 평정요소에 따른 다양한 질문이 많아질 것으로 보고 중요기출 질문은 기본적으로 점검하되 답변방식에 있어서 차별화를 어떻게 할 것인가를 고민하고 새로운 질문에 대한 대비도 필요해 보인다.

⟶ 아래 내용은 합격생의 기억에 의한 복원이므로 실제와는 다를 수 있고 오타 등도 있을 수 있는 점 참고하기 바란다(이하 같다).

면접관 자기소개 1분정도 해주세요.

응시생 안녕하십니까. 강릉시 지원자 ○○○입니다. 저의 강점은 적응력입니다. 이전 호텔 레스토랑에서 인턴 경험이 있는데 저는 처음 하는 업무이기 때문에 일단 모든 매뉴얼을 외웠고 직접 실무에 들어가야 할 수 있는 노하우라던가 팁 같은 것들을 선배에게 직접 물어보았습니다. 덕분에 실무에 빠르게 적응할 수 있었고 다른 동기인턴들이 업무를 몰라 눈치를 보고있을 때 도와주었습니다. 이러한 제 강점이 공 직사회에 나아갔을 때 요즘 인수인계라던가 순환보직으로 인한 문제를 해결하는 데 도움이 되었으면 좋겠습니다. 그러려고 강릉시에 지원했습니다.

면접관 요즘 젊은 공무원들 퇴사율이 굉장히 높습니다. 원인과 해결방안이 무엇일까요?

응시생 (방금 말한 인수인계와 같은 문제점을 엮고 싶었습니다.) 저는 인수인계의 부재… (여기서 답변 중단 시키시고 다음 문제로 넘어갔습니다.)

면접관 인수인계가 문제라고 했는데 구체적으로 제가 알기로는 인수인계문제는 없는 것으로 압니다.

응시생 물론 면접관님이 맞을 수도 있다고 생각합니다. 하지만 저도 들은 것이 있고… (여기서 답변을 중단시 키시려다가 "알겠어요. 계속 말해봐요."하셨습니다.) 인수인계의 부재와… (여기서 멘탈이 좀 나가서 어물쩍 넘어갔습니다.;;) 분명히 옆에서 같이 일하고 있음에도 '어떤 고민을 가지고 있는가? 어떤 생각 을 하고 있는가?'까지 알 수 있게 배려나 관심을 가지는 것이 중요하다 생각합니다.

면접관 인수인계의 부재보다는 부족 아닐까요?

응시생 네, 제가 단어가 좀 그랬던 것 같습니다. 부족이 맞는 것 같습니다.

면접관 편법으로 할 수 있었던 일을 하지 않았던 경험이 있나요?

응시생 대학시절 레포트를 친구가 대충 레포트 구매할 수 있는 곳에서 베끼고 술 먹으러 가자고 하였는데 저 는 "그래도 해야되지 않겠냐. 내가 너 도와줄테니 너도 하자."라고 했던 기억이 있습니다.

면접관 왜 편법으로 하지 않았어요?

응시생 제 전공이 관광인데 고등학생 시절 관광수업을 받게 된다면 꼭 배우고 싶었던 내용으로 구성되어 있었 기 때문입니다.

면접관 그로 인해 얻었던 교훈은 무엇인가요?

응시생 (많이 망설임) 어떤… 성실함이… 성실한 게 좋은 성과를 낸다는 것입니다.

면접관 우직한 성격이 좋은 결과를 냈다는 건가요?

응시생 맞습니다!

면접관 업무의 전문성을 발휘한 경험이 있나요? 그것을 통해 조직에 변화가 있었나요?

응시생 전문성이라 한다면 관계역량과 직무역량으로 나뉜다고 생각합니다. (여기서 좋은 반응해주심) 저는 관계역량 쪽으로 자신감이 있기 때문에 레스토랑 인턴을 할 때 동료들에게 일을 알려주고 (1번 질문과 대답이 겹친 느낌이 있었습니다. ;;) 직무역량으로는 제 전공이 아무래도 관광이다 보니까 다른 비전공자들에게 이런 경우는 이렇게 하는 게 좋다 같은 것을 많이 이야기해줬습니다.

면접관 조직에 변화가 있었나요?

응시생 기억은 나지 않습니다만 인턴기간이 끝날 때 30만원의 인센티브와 정직원 제의가 있었습니다.

면접관 아, 그럼 그런 변화가 포함되어서 이러한 제의를 받았다는 건가요?

응시생 네, 그런 면도 있었습니다.

면접관 관광전공이라 했는데 왜 전공으로 안가고 공무원에 지원했나요?

응시생 저의 궁극적인 꿈으로는 관광개발을 하고 싶다는 생각이 있습니다. 관광개발에 있어 공무원의 참여가 많다고 생각했고 또한 대학에서 관광을 공부하면서 느낀 점이 굉장히 다양한… 교통, 지역주민, 최근 코로나로 인해 웰빙관광 또한 생겨났지 않았습니까? 이러한 것들이 모두 얽힌 연합학문적인 부분이라 생각해서 여러 순환근무를 통해 다양한 부서를 경험할 수 있는 공무원이 좋겠다고 생각했습니다. 이후 공직사회에 나가서도 다양한 업무를 경험해서 나중에 관광개발업무를 할 때 그러한 경험들을 기반으로 하고 싶습니다.

면접관 관광개발이 꿈이라 했는데 어떤 관광개발을 하고 싶은가요?

응시생 사실 관광개발로는 아직 생각을 못해봤습니다. 최근 강릉시… 2022년 관광객 수가 2021년과 비교해서 17퍼센트 가량 증가한 것으로 알고 있습니다. 이러한 우상향을 하는 상황에서 개발도 중요하지만 저는 어떤 현재 관광지 보완이라던가… (면접관님께서 "수리?"라고 하셔서) 네, 맞습니다. 최근 오죽헌 나한 전시실에 다녀왔습니다. 실내가 너무 어두웠고 쓰레기통에 걸려 넘어지는 관광객들도 있었습니다. 이러한 사소한 하나씩 고쳐나가는 것이 재방문을 야기하는 중요한 키라고 생각합니다. 지금 중요한 건 새로운 관광객을 끌어당기는 것 보다는 기존에 방문한 관광객들을 재방문 시키는 것이 중요하다고 생각합니다.

면접관 발표나 토론을 잘 할 것 같은데 (제가 좀 흥분에서 목소리가 컸나봐요;;) 역량을 발휘한 경험이나 좋은 퍼포먼스를 보여준 경험이 있나요?

응시생 대학교 1학년 때 말하기라는 교양과목을 수강한 적이 있습니다. 낙태관련해서 찬반토론을 하는 것이었는데 저는 반대파였습니다. 그래서 저는 '내가 찬성파로서 너희 의견에 반박을 할테니 의견을 내봐라'라는 형식으로 팀원들과 이어나갔고 좋은 자료들을 얻을 수 있었습니다. 결국 실전에서도 좋은 점수를 받았었습니다.

면접관 어떤 압도적인 그런 거였나요?

응시생 압도적까지는 아니었던 것 같습니다. ㅎㅎ

면접관 조직에 헌신한 경험이 있나요?

응시생 계속 똑같은 사례만 말씀드리긴 죄송한데 아까 말씀드린⋯ 이것도 호텔 레스토랑에서 하던 업무와 관련이 있습니다. 저희는 조식뷔페를 했기 때문에 5시 반까지는 출근을 했어야 했습니다. 다들 대학생이었고 5시 반에 출근하기 힘들어 했습니다. 때문에 제가 '30분 일찍 나와서 다 해버리자'라는 생각을 했고 그 결과 상관님께서도 "이야 이걸 다 했어?"라며 칭찬을 받았고 다른 동기들도⋯ 항상 울상이었던 동기들도 웃으면서 일할 수 있었습니다. 저 또한 며칠동안 계속하면서 책임감과 만족감 아침부터 약간에⋯ 무거운 것들을 들면서 기분좋게 하루를 시작했던 기억이 있습니다.

면접관 공무원이 되기 위해 면접기간에 한 노력이 있나요?

응시생 사실 저는 강릉사람이 아닙니다. 태백이 고향이고 그곳에서 살고 있습니다. 때문에 강릉시에 대한 이해가 다른 사람들보다 부족하다고 생각해서 강릉시를 방문했습니다. (여기서 '엥? 타지사람인데 겨우 방문?' 하시는 표정이셔서;; 여기서 자신감 2차 하락) 처음 방문한 것이 전통시장이었습니다. 상인분들께 물건도 사고 '이러한 점은 불편하다 이러한 점은 공무원이 좀 고쳐줬으면 좋겠다'라고 물어봤습니다. 이에 전통시장이 상부와 하부로 나뉘는데 하부의 경우 주차장도 가깝고 퍼레이드를 하는 경우에는 그쪽으로 지나가는데 상부는 그렇지 않다고 하셨습니다. 또한 보니까 천장 가림막이 있는 부분도 있었지만 없는 부분도 있었습니다. 그날 비가 왔었는데 상인들이 비닐로 비를 막고 그 비닐이 꽉 차니까 관광객들이 물벼락을 맞는 경우도 있었습니다. 또한 택시기사님들께 물어보니까 장점은 "다좋아"~라고 얘기하시고 단점은 아무래도 택시기사님들이다보니까 갓길주차가 심각하다고 하셨습니다. 제가 공무원이 된다면⋯ 9급이라 민원업무부터 보게 되겠지만 기회가 된다면 꼭 해결해보고 싶습니다. (마지막 하고 싶은 말은 묻지 않으셨습니다.;;)

CASE 02 경상남도 창원시 사회복지직

응시생 안녕하십니까, 지원자 ○○○입니다. (90도 인사)

면접관 안녕하세요, 키가 많이 크시네요. 키가 몇이세요?

응시생 165cm입니다.

면접관 긴장 풀어드리려고 한 말입니다ㅎㅎ 밥은 드셨나요?

응시생 답 크게 하려고 많이 먹고 왔습니다!

면접관 긍정적인 자세 좋습니다. 그럼 창원시장 성함 아시나요?

응시생 홍남표시장님입니다.

면접관 창원시 인구아세요?

응시생 101만명 정도로 알고 있습니다.

면접관 창원시 홈페이지 들어가 보셨을텐데 어떤 게 가장 기억에 남나요?

응시생 저는 인구정책이 기억에 남습니다.

면접관 인구정책이요? 어떤 게 있는지 말해줄 수 있나요?

응시생 신혼부부 전세이자 대출과 임산부 병원비 지원 등이 있었습니다.

면접관 그게 시민들한테 도움이 된다고 생각하시나요?

응시생 네, 주변에 많이들 이용하는 것 같았습니다.

면접관 공무원 6대 의무 중 가장 중요한 것을 자기 직렬이랑 연관해서 말해보세요. 이유도요.

응시생 저는 비밀엄수의 의무라고 생각합니다. 수급자가 자신이 수급대상인데도 불구하고 부끄럽거나 다른 사람이 아는 게 싫어서 신청을 안 하는 경우가 많다고 들었습니다. 그렇기 때문에 그런 걸 방지하고자 행정기관에서는 비밀엄수를 철저히 해야 한다고 생각합니다.

면접관 공무원 의무 중에서 청렴도 중요한데 김영란법 아시죠?

응시생 네, 알고 있습니다.

면접관 김영란법이 이번에 바뀐 점이 있는데 뭐가 바뀐지 알아요?

응시생 네, 농수산물 판매 기준액이 10만원에서 15만원으로 늘었습니다.

면접관 설과 명절에는 30만원인 것도 아시죠? 금액을 늘린 것에 대해 어떻게 생각하세요?

응시생 아무래도… 농수산물 소비촉진을 위해 명절정도는 늘려도 되지 않을까 생각합니다.

면접관 그럼 아예 50만원으로 늘리는 건 어떤가요?

응시생 어… 그건 기존에 15만원과 금액차이가 너무 나서 좀 많은 것 같습니다.

면접관 누구를 위해 금액을 올린 거 같아요?

응시생 농수산물 판매업자들을 위해서지 않을까 생각합니다.

면접관 그럼 김영란법 음식물 금액기준은 얼만지 아세요?

응시생 네, 3만원입니다.

면접관 그럼 농수산물만 생각할 게 아니라 소상공인들도 다 생각해줘야 하는 거 아니에요?

응시생 아, 그 점에 대해서는 제가 조금 더 생각해보도록 하겠습니다.

면접관 네, 답이 정해져 있는 질문은 아니었습니다. 국민기초생활보장법에 대해 알고 있는 거 있나요?

응시생 국민기초생활보장법이란 국민의 기초생활을 보장해주는 법으로 생계급여, 의료급여, 주거급여, 교육급여가 있습니다.

면접관 국민기초생활보장법은 보편복지에요? 선별복지에요?

응시생 선별적 복지입니다.

면접관 그럼 혹시 자기가 수급대상이 아닌데 자꾸 돈을 달라고 하면 어쩔거에요?

응시생 그러면 일단 복지멤버십이라는 제도가 있는데 그 제도를 활용해서 꼭 돈이 아니라도 그분이 받을 수 있는 복지 서비스를 알아내어 정보제공을 해드리겠습니다.

면접관 복지사각지대에 놓여있는 사람들을 어떻게 발굴하고 설득할건지 방안이 있나요?

응시생 저는 병원이나 은행 등 유관기관 등과 연계해서 지속되는 대출연체나 병원비체납 등 다각도에서 정보를 수집해 발굴체계를 고도화 하는 방법을 생각해보았습니다.

면접관 근데 유관기관에서 정보공개를 안 해준다고 하면 어떻게 할 건가요?

응시생 복지사각지대 발굴이라는 중요한 업무이니 협업을 요청할 것 같습니다.

면접관 사회안전망 영어로 아세요?

응시생 (당황) 어… 잘 몰라서 숙지하도록 하겠습니다.

면접관 사회안전망의 정의는 알고 있나요?

응시생 사회안전망이란 국가가 위급상황일 때 국민의 최저생계를 보호하기 위한 안전장치입니다.

면접관 혹시 외국인이 가장 많은 기초지자체 아세요?

응시생 울산이라고 알고 있습니다.

면접관 울산은 광역이고, 기초자치단체요.

응시생 제 생각에는… 정확하진 않지만 창원인 것 같습니다.

면접관 그럼 외국인 대책과 관련하여 문화나 교육 빼고 말씀해보세요.

응시생 공장에서 일하는 외국인들이 많다고 알고 있는데 그분들이 다치거나 할 때 케어해주는 의료시스템을 생각해보았습니다.

면접관 그걸 다 세금으로 할 거에요?

응시생 어… 물론 불법으로 체류하는 노동자라면 세금으로 하긴 어렵겠지만 결혼을 해서 자리 잡은 외국인이라면 괜찮을 것 같습니다.

면접관 조금 더 생각해보세요. 아르바이트 해본 적 있어요?

응시생 네, 영화관에서 해봤습니다.

면접관 하면서 가장 중요한 점은 무엇이었나요?

응시생 저는 책임성이 가장 중요하다고 생각했습니다.

면접관 평소 인간관계는 괜찮은가요?

응시생 네, 인간관계는 잘 유지하고 있습니다.

면접관 이제 시간이 다 되어서 나가보세요.

응시생 (90도 인사하며) 감사합니다!

면접관 자기소개를 해주세요.

응시생 안녕하십니까. 청송군민과 함께 도약하고 싶은 지원자 ○○○입니다. 앞으로의 포부에 대해 말씀드리겠습니다. 저는 지역공공의료기관과 요양병원에서 근무하였습니다. 저는 의식은 있지만 말을 하지 못하는 환자들을 세세히 살펴보아 그분들의 요구를 파악하고 해결해드리는 일이 많았습니다. 그중 한 할머니 환자분이 계셨는데 말을 못하는 분이셨고 갑자기 표정을 찡그리셨습니다. 그냥 지나치지 않고 신체사정을 했고 뇌경색이 다시 발발된 것을 확인했습니다. (중간 면접관님이 끄덕끄덕) 병동에 다른 직원들과 함께 협동해서 신속하게 병원으로 이송했고 그 이후 보호자분이 감사하다며 덕분에 큰 후유증 없이 잘 시술받았다는 이야기를 듣고 보람을 느꼈습니다. 제가 공무원이 된다면 이렇게 지역 주민들을 세세하게 살펴보아 소외되는 사람 없이 의료 서비스를 받을 수 있도록 하는 공무원이 되겠습니다.

면접관 병원에서 근무했다고 했는데 몇 년 정도 하셨나요?

응시생 5년 정도 근무하였습니다. (중간면접관님 끄덕끄덕)

면접관 그럼 병원과 보건소의 차이에 대해서 이야기해주시겠어요?

응시생 네, 병원은 치료와 회복을 중점적으로 하기 때문에 환자에게 직접적으로 24시간 간호하는 것이 장점입니다. 보건소는 질병에 걸리지 않도록 예방하거나 조기 진단 및 조기 치료를 하는 것이 장점이라 생각합니다.

면접관 요양병원에서 근무한다 하셨는데 알다시피 요즘은 노인 고독사가 증가하고 있습니다. 보건소에서는 정신 건강증진에 대해서도 힘쓰고 있는데 이와 함께 엮어 진행해보고 싶은 사업이 있나요?

응시생 네, 저는 청송군에서 진행하는 사업 중에서 1老1小1代사업이 인상 깊었습니다. (왼쪽 면접관님 끄덕끄덕) 1명의 노인과 1명의 청소년 그리고 1명의 건강지킴이가 한 조가 되어서 경로당에 방문하여 여러 가지 서비스를 받는 것인데 이로 인해 노인의 고독사도 줄고 공동체 의식이 형성되어 지역발전에 좋다고 생각합니다. 이게 지금은 현서면에서만 시범사업을 하고 있는데 전체적으로 확대되어 시행을 한다면 노인 고독사가 줄어나갈 것이라 생각합니다.

면접관 자기소개서에 취약계층이 소외되지 않고 의료복지를 받게 하고 싶다고 되어 있는데 혹시 생각한 사업이 있나요?

응시생 네, 현재 경상북도에서 이동 지원서비스를 시행하고 있는 것으로 압니다. 이동 서비스 뿐만 아니라 진료 접수도 지원해주는 서비스를 한다면 혼자 사는 노인이나 취약계층들이 좀 더 의료 서비스를 수월하게 이용할 수 있을 거라 생각이 듭니다. (왼쪽 면접관님 끄덕끄덕)

면접관 보건소에 들어오게 되면 하고 싶은 업무가 있나요?

응시생 네, 저는 방문건강관리사업에 근무하고 싶습니다. 외곽에 있는 취약계층들을 직접 만나 뵈어 상담도 하고 질병 진단 등을 해서 빠짐없이 모두 다 포괄의료서비스를 받을 수 있도록 하고 싶습니다. (왼쪽 면접관님 끄덕끄덕)

면접관 우리나라는 결핵 감염률이 OECD국 1위입니다. 왜 그런가요?

응시생 네, 잠복 결핵 감염률이 높기 때문에 OECD국 중 1위입니다.

`면접관` 청송군은 노인들이 결핵 감염률이 매우 높은 편입니다. 이를 예방할 수 있는 사업으로 생각한 게 있나요?

`응시생` 네, 잠복결핵을 예방 및 치료하기 위해선 조기 진단 및 조기 치료가 중요하다고 생각합니다. 그래서 제가 생각해본 방안으로는 연 2회 정도 잠복결핵검사를 할 수 있도록 해서 즉각 발견할 수 있도록 하고 치료를 받을 수 있도록 하면 잠복결핵 감염률이 줄어들 거라 생각이 듭니다. (왼쪽 면접관님이 제 답변을 들으시고는 "잠복결핵 치료는 권고사항이기 때문에 사실 어르신들을 치료하기가 쉽지 않아요." 라고 하셨어요)

`면접관` 청송에 들어오게 되면 오지이고 또 깐깐한 어르신들, 잘 따라주지 않는 어르신들을 상대하다보면 스트레스가 많이 쌓일 것입니다. 스트레스 해소 방안으로는 어떤 게 있나요?

`응시생` 네, 저는 운동하는 것을 참 좋아합니다. 또 부모님과도 주왕산에 올라가서 등산을 한 경험도 있는데 운동을 하면 스트레스가 잘 풀립니다.

`면접관` 다른 스트레스 해소 방안 있을까요?

`응시생` 네, 노래를 듣는 것도 좋아하고 친구들과 얘기하는 것도 좋아하지만 이건… 네, 저는 운동과 노래 듣는 것을 좋아합니다.

`면접관` 요새 MZ세대는 개인주의나 이기주의가 있고 요즘 세대들이 보기에 상사 세대들을 꼰대(꼰대라고 재밌게 표현하셔서 저도 모르게 웃었는데 이걸로 감점되진 않겠죠?)로 보기도 합니다. 이러한 갈등 해결 방안은 무엇이 있을까요?

`응시생` 네, 제 생각에는 각 세대 간의 사회적 · 문화적 배경이 다르다는 것에 대해 인지가 부족하다 생각이 듭니다. 저의 경우 먼저 각 세대 간의 사회적 · 문화적 배경이 다르다는 것을 인식하고 상사분들을 대할 때 저희 아버지, 어머니 같다 생각하고 말을 하려고 합니다. 그래서 저는 한 달에 한 번 정도 부서에서 함께 식사를 하거나 카페를 가서 사적인 얘기도 하고 허심탄회한 이야기도 하면서 경직된 조직문화를 풀어야 된다 생각이 듭니다. 실제로 저도 간호사 생활하면서 직업 특성상 경직된 조직문화에 있었는데 이런 사적인 시간을 함께 하면서 사이가 완화되고 좀 더 사적인 이야기를 할 수 있어서 좋았습니다.

`면접관` 혈연 · 지연을 내세우며 민원처리 해달라는 민원인이 오면 어떻게 하겠나요?

`응시생` 네, 저라면 먼저 그분에게 민원처리절차에 대해 설명해 드릴 것 같습니다. 민원처리절차에 대해 설명해 드린 후 순서와 절차에 맞게 최대한 빠르게 처리해드리겠다고 조금만 기다려 달라고 할 것 같습니다.

`면접관` 요양병원에 근무하실 때 코로나19로 방역체계가 달라지면서 많은 게 달라졌는데 이 때 어떤 점이 달라졌고 어떻게 대처했으면 좋겠나요?

`응시생` 제가 요양병원에 근무하면서 제일 크게 느꼈던 것은 코로나19로 인해 평소에 자주 면회하던 보호자와 환자가 만나지 못해 보호자는 환자의 상태에 대해 궁금해 하고 환자는 보호자를 보지 못해 외로워하는 모습을 많이 봤습니다. 그래서 일 2회 정도 환자와 보호자를 영상통화를 시켜주어 대화를 하게 해주고 얼굴도 서로 볼 수 있게 해준다면 환자의 외로움도 해소되고 보호자의 걱정도 줄어들 것 같습니다.

`면접관` 공무원 6대 의무에 대해 말씀해보세요.

`응시생` 네, 말씀드리겠습니다. 성실의무, 복종의무, 청렴의무, 품위유지의무, 비밀엄수의무, 친절공정의무입니다. (쉬지도 않고 이야기했더니 오른쪽에 계신 면접관님이 오! 하시면서 *끄덕끄덕하셨어요.*)

면접관 요즘 폭염으로 경북에서도 약 140여명 정도가 온열질환에 걸렸는데 일상생활에서 예방할 수 있는 방법을 설명해주세요.

응시생 온열질환은 더위 속에 오래 있어 체온 조절이 되지 않아 걸리는 질환으로 가장 더운 시간대인 2~6시는 외출을 자제합니다. 그리고 외출을 할 시 우산이나 모자를 사용하고 수분을 자주 섭취하여 체온이 올라가지 않도록 합니다. 그리고 야외에서 근무하는 분일 경우 50분 일하고 10분씩 쉬는 방법으로 해서 더위 먹지 않도록 해야 합니다. (왼쪽 면접관님 끄덕끄덕)

면접관 내가 살아오면서 가장 잘했다는 경험 1가지 말해보세요.

응시생 저는 간호사로서 경험했던 경험 중 한 가지를 말씀드리겠습니다. 제가 맡았던 환자분 중 할머니 환자분이셨는데 하반신 마비이시고 외로움을 타던 분이셨습니다. 제가 틈틈이 말동무도 해드리고 휠체어 태워드려 산책도 시켜드렸던 분이셨습니다. 이후 할머니께서 퇴원을 하시게 되었는데 "아이고, 쌤 때문에 잘 있었는데 못 봐서 어떡하노. 다음에 또 올게"라고 하셔서 "아이고 할머니. 다시 오시려면 아파서 오셔야 돼요ㅠㅠ 건강하게 잘 지내세요~"라고 했었는데 이 때 간호사로서의 역할을 잘 해냈던 것 같아 보람차고 가장 잘했다는 생각이 들었습니다.

CASE 04 　대구광역시

1. 사전조사서

Q. 대구로 앱 활성화 방안 (실제로는 좀 길게 적었는데 기억이 잘 안 나요.)

(1) 문제점
　① 대구로 앱에 대한 인식 부족
　② 대구로 배달앱에는 많은 가맹점이 있지 않음. 그래서 선택지가 적어 원하는 음식을 먹기 쉽지 않음.
　③ 음식점들이 카테고리별로 시각화되지 않아서 불편함.
　④ 65세 이상만 실물카드가 발급되기 때문에 그 이하의 연령대인 사람들 특히 아이폰을 사용하는 청년들은 QR코드로만 결제가 가능함. 하지만 많은 가게에 QR코드 기계가 구비되어 있지 않음.

(2) 해결방안
　① SNS를 통한 홍보 활성화
　② 가맹점의 입점을 활성화 시키고 종류별로 카테고리화
　③ 연령 상관없이 실물카드 지급

(3) 효 과
　① 지역 내 소비자들의 매출이 이전되는 효과가 있어 이용하여 지역경제 활성화 및 소상공인 소득 증가
　② 카테고리 시각화로 인한 이용자의 편의성 증대
　③ 청년 계층들의 대구로 이용자 증가

2. 질의응답

면접관 본인이 지원하지 않은 부서에 가도 괜찮겠어요?

응시생 네, 저는 제가 지원하지 않은 부서에 가더라도 그 부서에서 꾸준한 자기계발과 제가 맡은 업무를 열심히 한다면 전문성이 생길 수 있다고 생각합니다. 그렇기 때문에 어딜 가더라도 저는 최선을 다해서 잘해낼 수 있습니다.

면접관 사회생활 경험있어요?

응시생 네, 저는 코로나 장기화로 인한 학습결손을 해소하기 위해서 학교에서 2년간 튜터로서 일한 적 있습니다. 학생들의 학업적인 문제뿐만 아니라 인지적이고 심리적인 문제를 다루며 상담을 진행했습니다. 튜터로서 학생들을 가르치며 누군가를 설득하는 방법과 좀 더 정확하고 명확하게 설명할 수 있는 능력을 배울 수 있었고 또 학생들과의 소통을 통해서 의사소통 능력도 증진시킬 수 있습니다. 이런 능력으로 학생들과 라포를 형성한 것처럼 제가 공직자가 된다면 항상 민원인에게 진정성 있게 다가가는 사람이 되겠습니다.

면접관 남녀 간 성별갈등이 있는데 어떻게 해결할 수 있을까요?

응시생 저는 남녀 간 성별갈등의 원인도 근본적으로는 소통이 문제라고 생각합니다. 예를 들어 MZ세대와 기성세대가 서로가 추구하는 가치를 이해하지 못하는 이유도 그들이 서로에 대해 이야기를 나눌 수 없는 소통의 부재가 가장 크다고 생각합니다. 그러므로 이번 홍준표 시장님이 MZ세대 공무원들과 이야기를 나누었던 2030소통공감토크와 같은 이런 소통의 장을 자주 만들고 활성화가 된다면 그러한 갈등도 원활하게 해결될 것으로 기대됩니다.

면접관 시정혁신 아는 거 있나요?

응시생 (시정비전이나 시정목표 말씀하시는 건 줄 알고 재차 여쭤보았더니 현재 민선 8기돼서 어떤 거 하는지 답변하려고 하셨습니다.) 재정건전화를 추구하기 위해 공공기관들이 자체적으로 예산을 절감하여 1,400억 가량을 조기 상환했다고 알고 있습니다. 그리고 올해는 지방채를 발행하지 않는다고 알고 있습니다.

면접관 위와 관련해서 재정건전화를 하기 위해서 무얼하고 있나요? 예를 들어 8선되고 우리가 진행했던 사업들이 많이 무산되지 않았나요?

응시생 네, 신청사 이전문제도 채무관련해서 이전하지 않기로 결정한 것으로 알고 있습니다. (이렇게만 대답했는데 그냥 넘어가심)

면접관 소극행정의 원인이 뭐라고 생각하나요?

응시생 저는 아무래도 공무원은 적은 권한과 많은 책임이 수반되고 뿐만 아니라 공무원의 인사체계가 조금은 보수적이다 보니 어떤 행동을 했을 때의 결과가 인사에 부정적인 영향을 끼칠까하는 불안감이 소극적으로 일을 수행하게 만드는 것 같습니다. 그래서 전 사전컨설팅제나 적극행정면책제도, 적극행정 우수사례들을 활성화해서 공무원이 적극적으로 행정을 수행할 수 있도록 분위기를 조성하면 좋겠습니다.

면접관 위의 질문과 관련해서 적극행정 우수사례가 뭐가 있나요?

응시생 저는 예전에 태풍매미로 인해서 구평리시장 건물들이 붕괴되고 무너졌다고 알고 있습니다. 하지만 그 시장에 토지 소유자들이 58명이 얽혀져있어서 쉽게 철거하지 못하고 20년 가량 방치됐다고 합니다. 하지만 공무원분들께서 58명을 일일이 다 찾아가서 소유권을 받아냈다고 본적 있습니다. 물론 그 과정에서 동의하지 않았던 사람들도 많았지만 공무원분들은 끝까지 회유하고 설득하여 모든 사람들의 동의를 받고 끝내 그 건물을 철거할 수 있었습니다. 그리고 그 자리엔 주민을 위한 편의시설을 만들었다고 알고 있습니다.

면접관 일을 할 때 본인과 상충되는 사람이 있었나요?

응시생 네, 저는 학교에서 일을 하면서 저는 원어민 선생님과 협업 프로젝트를 진행한 적이 있었습니다. 회의를 진행하는 방식에 있어서 문화적인 차이점들이 발생했고 계속해서 의견을 굽히지 않아서 프로젝트가 계속 더뎌졌습니다. 하지만 저는 선생님의 의견을 수용하도록 노력했고 퇴근하고 밥을 한번 먹자고 제안했습니다. 밥을 먹으면서 서로의 의견을 나누며 어떤 점들이 달랐고 어떤 문화적인 차이점들이 있었는지에 대해서 이야기를 나누며 의견들의 간극을 좁히고 갈등을 해결하기 위해 노력했습니다. 그 결과 성공적인 프로젝트를 완성할 수 있었고 지금까지 좋은 관계를 유지하고 있습니다.

면접관 자기소개서를 보니 창의적이라고 하시는데 이걸 공직에서 어떻게 적용할 수 있을까요?

응시생 (당황했습니다.ㅠㅠ 창의성 경험을 물으실 줄 알았는데 그래서 어떤 분야인지 한번 여쭤봤습니다. 그랬더니 "기획이나 관광, 교육"이라고 말씀해주셨어요.) 네, 저는 관광분야에서 저의 창의성을 발휘하고 싶습니다. 예를 들어 관광을 좀 더 활성화하기 위해서 빅데이터 플랫폼을 구축하여 관광의 테마와 관광객들의 성향을 파악하여 그 성격에 맞게 홍보를 하여 좀 더 관광을 활성화하고 많은 사람들이 참여할 수 있게 돕고 싶습니다.

면접관 대구시에서 4차 산업 관련해서 무엇을 하고 있나요?

응시생 네, 저는 안심도서관에 메타버스 플랫폼을 구축하여 비대면으로도 도서관 서비스를 이용할 수 있도록 시행하고 있다고 알고 있습니다. 그리고 메타버스 인재 양성 교육생을 모집하여 4차 산업혁명의 인재를 탄생시킬 수 있도록 노력하고 있습니다. 아직은 조금 한정적인 사업이지만 범위를 넓혀서 시민들이 쉽게 4차 산업혁명의 기술들을 접할 수 있도록 만들면 좋을 것 같습니다.

면접관 동성로를 활성화하는 방안을 말해보세요. 현재 진행 중인 거 제외하고요.

응시생 동성로는 현재 전자상거래의 발달로 쇼핑단지가 침체되었다고 알고 있습니다. 그래서 저는 남구의 모디라라고 맛집을 소개해주는 메타버스 플랫폼이 있습니다. 이것을 동성로에도 적용하여 집에서도 동성로의 맛집과 쇼핑 단지를 느낄 수 있게 만들고 온라인 플랫폼을 구축하여 쇼핑을 하면 바로 집으로 배송이 오는 프로그램이 있었으면 좋을 것 같습니다.

면접관 위와 관련하여 한 가지만 더 말해보세요.

응시생 (도저히 생각이 안 나서) 혹시 현재 진행 중인 프로젝트이지만 그것을 말씀드려도 괜찮겠습니까?(하니 알겠다고 하시더라구요) 네, 현재 대중교통 도로단지를 일부 완화했다고 알고 있습니다. 이를 통해서 버스킹 거리와 공연을 할 수 있는 공간을 만들 수 있어서 많은 청년들이 유입될 것 같습니다.

면접관 시정홍보 방안은 무엇이 있을까요?

응시생 저는 SNS를 통한 홍보방안이 가장 효과적일 것 같습니다. 하지만 현재 대구시에서는 대구 tv라고 유튜브 채널이 있다고 알고 있습니다. 하지만 구독자 수가 8만명, 조회수가 1,000회도 채 되지 않은 동영상이 많습니다. 그 이유를 생각해보니 대구시의 유튜브 채널을 모르시는 분들도 많고 게다가 본인이 직접 검색하지 않는 이상 동영상을 볼 수 없으며 알고리즘 또한 연관 동영상을 봐야 생기기 때문에 유튜브의 기능이 좀 활성화되지 않는 것 같습니다. 그래서 숏츠나 릴스와 같이 짧은 동영상들은 알고리즘과 본인의 검색 기록과 상관없이 무작위로 뜨기 때문에 이런 동영상들을 흥미롭게 많이 만든다면 사람들이 좀 더 현안에 대해서 쉽게 접할 수 있을 것 같습니다.

면접관 그럼 최근에 대구tv에서 어떤 동영상을 보았나요?

응시생 저는 최근에 폭우와 같은 자연재해에 대비하기 위한 대구시의 정책들을 본 적이 있습니다. 예를 들어 침수 피해지역들을 미리 확인해보고 설화 성산 지구나 매호 1지구에 펌프장을 증설·개설하고 소하천 스마트 계측리 시스템을 통해서 홍수의 피해를 사전에 막고 5월 15일부터 10월 15일까지를 여름철 재난대처안전 기간으로 만들어서 24시간 상황을 분석하고 빠르게 안전재난대책본부가 가동될 수 있도록 하여 시민들의 재산과 생명을 지키기 위해서 노력하고 있다고 본적이 있습니다. 이 동영상을 보고 대구시 시민으로서 이런 공무원들의 노력들에 감사함을 느꼈습니다.

면접관 상관이 본인한테만 일을 시킨다면 어떻게 하겠나요?

응시생 저한테만 일을 시키신다면 제가 그 일에 적임자이기 때문에 시키신 것이라고 생각을 합니다. 만약 일이 너무 과중되고 많다고 느껴진다면 주변 동료분들께 말씀드려 일을 효과적으로 할 수 있도록 노력하겠습니다.

면접관 본인이 생각하기에 합리적인데 그 일을 하면 다른 사람이 피해를 볼 경우 어떻게 할 것인가요?

응시생 제가 생각하기에 합리적이어도 그 일로 다른 사람들이 피해를 보는 것이라면 제가 생각을 잘못한 것이 아닐까 열린 마음으로 생각해보겠습니다. 그리고 다시 한 번 저의 가치관과 신념을 생각해보고 다른 사람들에게 피해가 없고 갈등이 없는 방향으로 생각해보겠습니다.

면접관 개인의 신념과 조직의 신념이 상충된다면요?

응시생 조직의 구성원으로서 조직의 목표를 달성하기 위해서는 당연히 조직의 신념을 우선으로 여겨야한다고 생각을 합니다. 그렇기 때문에 그런 상충된 상황이 있는 경우 열린 마음으로 저의 신념을 다시 한 번 제고해보고 조직의 신념과 상충되지 않도록 노력하겠습니다.

면접관 잡일 시키면 할 수 있겠나요?

응시생 신입공무원으로서 저는 아직 어떤 경험과 노하우가 없기 때문에 당연히 그런 일도 도맡아서 해야 한다고 생각합니다. 하지만 이런 업무만 맡지 않도록 자기계발과 제가 맡은 업무를 열심히 해서 전문성을 만들 수 있도록 노력할 것이며 이렇게 한다면 상관분들도 저에게 조금 중요한 업무를 주실 수 있다고 생각합니다.

면접관 솔선수범해서 한 적이 있나요?

응시생 네, 저는 도서관에서 공공근로를 한 적 있습니다. QR체크, 책소독, 간단한 사무업무 등을 동료들과 분담을 해서 일을 진행해야 합니다. 사실 저희 도서관에는 어르신 분들이 굉장히 많이 방문하십니다. 그리고 아무래도 어르신분들이라 QR체크를 번거로워하셔서 다들 이런 업무를 기피하였습니다. 하지만 저는 제가 미래에 공직자가 된다면 이러한 민원업무들을 맡을 것이고 분명 이 일을 진행하면서 제가 배울 점이 있다고 생각하여 저는 그 일을 솔선수범해서 맡은 적이 있습니다.

면접관 공무원에게 중요한 정신은 무엇일까요?

응시생 저는 청렴이라고 생각을 합니다. 청렴은 국민 신뢰에 있어서 가장 기본입니다. 국민을 위하는 봉사자로서의 공직자가 뇌물을 받는 등 개인의 사리사욕을 채우려한다면 오히려 국민에게 위해가 됩니다. 그리고 저는 면접을 준비하면서 기억에 남는 말이 하나있습니다. 깨끗한 물에 잉크를 한 방울 떨어뜨리면 물 전체가 더러워집니다. 이와 같이 부패는 개인으로부터 시작되지만 그 영향력은 그 기관, 그 지역, 그 사회 전체에 미치기 때문에 항상 이런 것들을 유념하고 공직자로서 깨끗하고 청렴한 자세를 가져야합니다.

면접관 공무원에게 필요한 것은 무엇일까요?

응시생 봉사정신이 가장 중요하다고 생각합니다. 헌법 제7조 제1항에도 나와 있듯이 공직자는 국민을 위한 봉사자이며 그 국민에게 책임을 집니다. 그렇기 때문에 공직자로서 시민의 어려움을 제일 먼저 가까이서 알고 필요한 정책들을 수립하여 모두가 행복해질 수 있도록 노력하는 사람이 되어야합니다.

면접관 사전조사서를 요약해보세요.

응시생 (순간 기억이 안 나서 당황하긴 했어요) 네, 우선 대구로앱을 활성화 할 수 있는 방안으로는 SNS입니다. 많은 사람들이 대구앱을 잘 모르기 때문에 유튜브나 인스타그램을 통해서 많은 사람들이 이 어플을 아는 것이 중요합니다. 뿐만 아니라 대구로앱을 이용해 본 결과 많은 가맹점들이 입점해있지 않습니다. 그래서 먹고 싶은 음식이 있어도 가게가 없는 경우가 많아서 불편했고 종류별로 카테고리가 되어있지 않아서 좀 더 사람들이 보기 좋게 시각화하면 좋겠습니다. 그리고 대구로 페이에 대해서 말씀드리겠습니다. 대구로 페이는 현재 만 65세 이상만 실물카드를 발급하는 것으로 알고 있습니다. 그래서 그 이하 연령대 중에 갤럭시 사용자들은 삼성페이와 연동해서 쉽게 사용이 가능하지만 아이폰을 사용하는 많은 청년들은 페이가 연동이 되지 않아서 QR코드로 결제를 해야 합니다. 하지만 많은 가게에서 이 QR코드 결제하는 기계를 구비해있지 않아서 청년들이 쉽게 사용할 수 없습니다. 그렇기 때문에 많은 사람들이 앱을 이용할 수 있도록 실물 카드를 연령제한 없이 보급해야합니다.

면접관 갑자기 주민분이 전화로 욕설을 하시면서 곧 간다고 위협하는 상황에서 어떻게 대처할 것인가요?

응시생 일단 오시면 물 한잔을 드리며 진정시키도록 하겠습니다. 그리고 말씀하신 내용을 듣고 요구사항을 정확하고 신속하게 파악할 것입니다. 그리고 제가 가진 재량의 범위 내에서 매뉴얼과 법령, 지침 등을 찾아서 할 수 있는 한 주민분의 요구사항을 들을 수 있도록 노력하겠습니다. 그럼에도 욕설을 하시거나 위협적인 행동을 하시는 경우에는 상관분께 말씀드리고 이런 상황을 어떻게 대처해야하는지 여쭤보겠습니다. (이외에 수험기간, 면접 준비는 학원을 다녔는지 혹은 혼자 공부했는지 물어보셨습니다.)

1. 면접상황

면접실에 들어가기 전에 관계자분이 면접은 15분 동안 진행되고 문 두 번 두드리고 들어가서 어떻게 하라고 알려주셨습니다. 들어가서 목례하고 평정표를 면접관 3분에게 하나씩 드리고 "자리에 앉으세요"라고 해서 "네"라고 대답하고 앉았습니다.

2. 질의응답

면접관 1분 동안 자기소개 부탁드립니다.

응시생 안녕하십니까! 이번 공업직 9급 일반기계에 지원한 응시번호○○○ ○○○(이름)입니다. 저는 책임감이 강한 사람입니다. 과거에 기계공학관련 실험을 하고 보고서를 제출해야했던 경험이 있습니다. 보고서 취합 및 최종 검토가 제 역할은 아니었지만 완성된 보고서를 제가 다시 한 번 검토하였습니다. 검토 중에 잘못된 부분을 발견하였고 그것을 수정한 후 조원들에게 알려주었습니다. 그리고 수정된 보고서를 제출하여 저희 조가 좋은 점수를 받을 수 있었습니다. 이런 저의 책임감을 바탕으로… 제가 속한 조직과 지역을 발전시킬 수 있는 공무원이 되겠습니다. (가운데 계신 면접관님이 가장 먼저 저를 쳐다보셨고 다른 분들은 자기기술서를 읽고 계신 거 같아 거의 가운데 면접관님을 쳐다보며 대답했습니다.)

면접관 더운데 면접보러 여기까지 온다고 고생했어요. 지금까지 봉사활동을 한 적이 있으면 어떤 봉사활동을 했는지 경험을 최대한 자세하게 말해볼래요?

응시생 학창시절에 혼자 사시는 할머니댁에 방문하여 봉사활동을 한 경험이 있습니다. 할머니께서 리어카를 끌며 폐지와 빈병을 주워 생활하셨는데 제가 대신 리어카를 끌며 폐지를 주워드렸습니다. 그리고 가끔 이불빨래와 방 청소를 도와드리고 말동무도 되어드렸습니다. 어… 면접을 준비하면서 생각해보니 이런 분들을 위해 복지정책이 필요하다고 생각합니다. (후속질문을 많이 하셨습니다.)

면접관 학창시절이면 중학생? 고등학생?

응시생 고등학생 때 했습니다.

면접관 뭐 누가 시켜서 했어요? 어떻게 하게 된 거죠?

응시생 수업 중에 봉사활동 시간이 있었는데 그 때 신청을 했습니다.

면접관 얼마나 지속해서 했어요?

응시생 한 6개월 정도 했습니다.

면접관 왜 지금은 안하죠?

응시생 아… 음… (이때 당황해서 대답을 몇 초 동안 못하니까 면접관님이 "바빴나?" 그러셔서 "부끄럽지만 공무원 시험 준비에 집중하다 보니 안하게 된 것 같습니다."라고 대답했습니다.)

면접관 직장에 들어갔는데 상사가 갑질을 해요. 그러면 어떻게 대처하시겠어요?

응시생 갑질을 한 상사분께서는 그것이 갑질이라고 생각하지 않을 수도 있다고 생각하기 때문에 제가 갑질이라고 느꼈다면 그렇게 느낀 부분에 대해서 상사님께 조심스럽게 말씀드릴 것 같습니다. 그러면 분명히 상사님도 그러한… 갑질로 느껴지는 행동을 하지 않으실 거라고 생각합니다.

면접관 그래도 상사가 이거 다 너 잘되라고 하는거다 그러면서 계속 갑질을 해요. 그러면 어떻게 하실 건가요?

응시생 음… 아무래도 갑질은… 공직사회에서 근절하려고 많이 노력을 하고 있기 때문에 이러한 부분에 대한 의견을 말씀드려야 될 것 같습니다.

면접관 상사 두 분이 있는데 업무 지시를 따로 내렸어요. 이럴 땐 어떻게 할래요?

응시생 더 높은 분의 업무를 먼저 처리하도록 할 것 같습니다. 두 개의 업무를…

면접관 아니 그게 아니고 계장님이랑 팀장님이 있는데 한 명은 이렇게 하라고 하고 다른 한 명은 저렇게 하라고 하고 계장님이 더 높은 분이고 하나의 업무에 대해서 지시 방향이 다른 경우에 어떻게 할 건가요?

응시생 두 분의 지시 방향이 다른 것은 서로 의견 교환이 안 되었기 때문이라고 생각합니다. 그렇기 때문에 계장님이 지시한 것을 다른 상사분께 말씀드리고 의견을 여쭤보겠습니다. 그리고 경험이 더 많으신 계장님의 지시방향으로 업무를 최대한 수행하는 쪽으로 할 것 같습니다.

면접관 그러면 팀장님이 가만히 안 있을건데요?

응시생 음… 그래도… 공무원은 조직생활이기 때문에 경험이 많고 직급이 더 높으신 분의 지시를 따라야 한다고 생각합니다. (갑질대처 질문이랑 업무지시 질문에 대답을 할 때 많이 당황했기도 하고 질문하신 면접관분이 고개를 약간 갸우뚱하시고 알 수 없는 너털웃음 같은 그런 표정을 지으셨는데 대답을 잘못한 것 같아 조금 걱정됩니다.)

면접관 대전시에서 여러 가지 정책을 진행하고 있는데 본인은 어떤 문제가 가장 시급하다고 생각하고 거기에 대해 어떤 정책이 있을까요?

응시생 저는 인구이탈 문제가 중요한 문제라고 생각합니다. 그리고 이 문제를 해결하기 위해 일자리 정책이 중요하다고 생각합니다. 최근 대전으로 방위사업청 이전이 되었고 방산혁신클러스터 사업을 진행 중입니다. 이 사업은 국방… 5대 국방 신산업분야에… 특화된 산업 집적화를 달성하는 것이 목표입니다. 그리고 대전은 드론 관련 인프라가 잘 되어있기 때문에 트론 특화… 생태계를 조성하여 약 1,200여명의 지역 일자리를 창출할 계획입니다.

면접관 베르누이정리 아시죠? 베르누이정리를 적용하기 위해서는 4가지 조건이 있어요. 그 조건에 대해서 말해보세요.

응시생 먼저 비압축성 유체여야 하고, 비점성이어야 하며… 정상상태여야 하고 마지막으로… 비경계층 유동이어야 합니다.

면접관 캐비테이션이 발생하는 원인과 그 방지 대책에 대해서 말해보세요.

응시생 유체가 흐를 때 속도가 너무 빠르게 되면 압력이 증기압 밑으로 떨어집니다. 이 때 기포가 발생하게 되고 이 기포가 벽을… 벽에 부딪히게 되면 진동과 소음이 발생하고 부식이 일어나게 됩니다. 방지대책은 펌프 유입측의 속도를 줄이고 펌프의 회전수를 줄이는 방법이 있습니다.

면접관 기계공학 전공하신 거 맞죠?

응시생 네, 맞습니다.

면접관 자기기술서에 학창시절에 임원을 했다고 되어있는데 어떤 역할이었어요?

응시생 반에서 회장을 맡았습니다.

면접관 자기기술서에 보니까 특이하게 호프집 아르바이트 경력이 있다고 써있는데 왜 그렇게까지 열심히 했어요?

응시생 저는 항상 어떤 경험을 하든 그 때 하는 일에 최선을 다하자는 생각을 가지고 있습니다. 그래서 그랬던 것 같습니다.

면접관 그래서 성과가 잘 나왔나요?

응시생 성과는 잘 모르겠지만 빨리 적응할 수 있었고 그런 부분에 대해서 사장님이 칭찬해주셨습니다.

면접관 그러면 월급은 안 올려주셨나요? (웃으면서 말씀하셨습니다.)

응시생 월급은 안 올려주셨습니다. (저도 웃으면서 대답했습니다.)

면접관 냉각기의 원리에 대해서 한 번 설명해주세요.

응시생 냉각은… 4가지 과정을 거쳐 그것이 반복됩니다. 냉… 압축·응축·팽창 그리고 증발의 과정이 있습니다. 압축기를 지나갈 때 냉매가 압축되고 응축기에서 액체가 되며 팽창밸브를 지나 증발기에서 기화가 되는데 이 때 기화하는데 증발잠열을 흡수하게 되고… 이로 인해 주변의 온도가 내려가 공기가 차가워지게 됩니다. 그리고 팬을 돌려 차가워진 공기가 에어컨 밖으로 나오게 됩니다.

면접관 이번엔 제습기의 원리에 대해서 설명해보세요.

응시생 제습과정에 대해서는 정확하게 알고 있지는 못합니다. 어… 그런데 에어컨에서 냉방이 이루어질 때 약간의 제습효과도 같이 가지고 있는 것으로 알고 있습니다.

면접관 잘 알고 있네요. 그게 맞아요. 자전거 탈 줄 알죠? 자전거에 보면 뒷바퀴 쪽에 체인부분에 바퀴같은 게 크기가 작은 것과 큰 게 두 개가 달려있어요. 그게 변속과 어떤 관련이 있고 둘의 차이점이 뭘까요? (질문이 처음 들어보는거라 어려웠어서 정확하게 기억이 잘 안나네요.)

응시생 기어의 속비…랑 관련이 있을 것 같습니다. 아무래도 큰 기어를 돌리는 데 더 큰 힘이 들어가게 되고 큰 기어가 그… 높은 변속 기어에 해당될 것 같습니다.

면접관 자기기술서에 보니까 상수도사업본부 고도정수처리시설에 대해 적어놨는데 뭐하는 건지 알고 있어요?

응시생 잘 모르겠습니다. 면접을 준비하는 과정에서 홈페이지에 들어가 상수도사업본부에서 진행하는 정책과 사업에 대해서 찾아보게 되었습니다. (이후에 더 질문할 거 남아있는 분 있냐고 서로 상의하셨고 면접 시간 얼마나 남았는지 확인하셨습니다.)

면접관 나사의 종류랑 그 나사의 특징에 대해서 말해보세요.

응시생 나사에는 삼각나사… 나사는 체결용 나사와 운동용 나사가 있습니다. 삼각나사가 체결용 나사에 해당되고 사각나사 사다리꼴나사 둥근나사 등이 운동용 나사에 해당됩니다.

면접관 열역학 법칙이 뭔지 알고 있죠? 열역학 법칙에 대해서 아는대로 설명해보세요.

응시생 열역학 법칙은 열역학 제0법칙부터 제3법칙까지 있습니다. 열역학 제0법칙은 열평형의 법칙으로 어떤 계에 물체가 있을 때 물체 A와 물체 B가… (여기까지 대답했을 때 밖에서 면접시간 끝났습니다라는 소리가 들렸고 나가보셔도 된다고 하셔서 감사합니다. 인사하고 나왔습니다.)

CASE 06 부산광역시

1. 자기소개

안녕하십니까? 다시 태어나도 살고 싶은 부산, 부산이라서 좋다 (손하트제스처) 좋은 부산에서 좋은 공무원이 되고 싶은 지원자 ○○○입니다. 저의 장점은 소통하는 리더십과 친절함입니다. 대학생 때 선배들과 동기들의 추천으로 학년대표를 맡은 적이 있습니다. 제가 잘 할 수 있는 일인 학우들의 이야기를 경청하고 소통하여 학년모임을 자주 주선하였고 그래서 과 전체 행사 때마다 저희 학년이 항상 가장 많이 참석하여 선배들에게 단합이 잘 된다는 칭찬을 받았습니다. 또한 다양한 서비스직에서 근무를 하면서 주변 동료들과 고객분들께 친절하다는 이야기를 많이 들었고 치과에서 근무할 때는 친절직원으로 뽑혔습니다. 이런 소통능력과 친절함은 공무원으로서 민원인들을 위해 필요한 자세라고 생각합니다. 항상 소통하고 민원인들에게 도움은 따뜻하게 드려 부산의 발전에 보탬이 되고 싶습니다.

2. 3분 스피치

Q. 트라이포트의 정의와 물류산업과의 연관성에 대해 발표하시오.

A. '다시 태어나도 살고 싶은 부산'의 핵심전략으로 물류허브도시를 내세웠습니다. 부산은 이와 관련하여 많은 정책을 추진 중입니다. 제가 생각하는 트라이포트의 정의는 항공, 철도, 항만 3가지의 운송시스템 완성이 되는 것이라 생각합니다. 물류산업은 목적지에 정확하고 신속하게 도착하는 것이 중요하기 때문에 트라이포트의 완성은 물류산업에 중요하다고 생각합니다. 먼저 가덕도 신공항이 조속히 건설이 된다면 주민소음 걱정 없는 24시간 공항 가동이 가능하고 긴 활주로 확보로 장거리 비행이 더 많이 활성화 될 것이고 그러면 물류운송량이 더욱 확대될 것입니다. 또한 부산은 우리나라 제1의 항구도시로서 지금도 세계적인 물류운송을 책임지고 있으며 앞으로 북항 재개발과 4차 산업기술이 접목된 스마트항만이 완성이 된다면 더욱 많은 물류량을 책임지게 될 것입니다. 그리고 부산의 지리적 이점과 국내로 연결된 철도를 이용해서 국내에도 신속하게 운송을 할 수 있습니다. 이렇게 항공, 항만, 철도 트라이포트가 조속히 완성이 된다면 물류산업의 신속, 정확에 도움이 될 것이고 물류량도 확대될 것입니다. 그러면 부산은 글로버허브물류중심지가 될 수 있을 것이라 생각합니다. (준비를 못했던 주제여서 조금 걱정했는데 3분 스피치가 끝나자 "정말 공부를 많이 하셨네요, 아는 것이 많네요"하고 말씀을 해주셨습니다.)

3. 질의응답

면접관 이렇게 물류가 완성이 되는데 그 물류시스템 중에 가장 중요하다고 생각하는 게 무엇인가요? 정답이 없는 질문이니 편하게 생각을 말씀해주시면 됩니다.

응시생 저는 교통시스템이라고 생각합니다. 물론 항공, 항만, 철도 3가지 산업이 완성이 되는 것도 중요하지만 그것이 완성이 되어도 도시의 교통시스템이 완성이 되어야 최종목적지까지 신속, 정확하게 도착할 수 있다고 생각합니다.

면접관 많이 공부를 하고 오신 것 같습니다. 트라이포트가 완성이 된다면 가장 많은 도움을 받을 만한 사업 분야는 어떤 것이 있을까요?

응시생 (순간 살짝 당황하자 면접관님께서 "아, 많이 알고 있는 것 같아서 조금 더 깊이 있는 질문이긴 한데 대답을 못해도 됩니다. 그래도 혹시 생각나는 게 있으면 말해보세요."라고 하시면서 "아까 지원자가 말한 신속함을 이용한 가장 도움 받을 산업이 뭐가 있을까요?"하고 답변을 할 수 있게 도움을 주셨습니다.) 네, 최근에 코로나 시기에 백신이 정말 중요했었습니다. 그때 백신은 운송하는 과정에서 온도도 중요했고 무엇보다 신속하게 그 장소로 오는 것이 중요했습니다. 이처럼 백신과 같은 의료산업분야에서 많은 도움을 받을 것 같습니다.

면접관 아까 자기소개서에서 친절사원으로 뽑히셨다고 했는데 어떤 방식으로 어떤 일로 어떻게 뽑힌건지 구체적으로 말씀해주세요.

응시생 동료와 고객분들이 스티커를 붙여주는 방식이었고 제가 했던 일이 고객분들이 오시면 제일 먼저 맞이하는 일이었고 아픈 환자분들을 빠르게 진료를 받으시도록 도와드렸던 그런 것들이 쌓여서 스티커를 꾸준히 받아서 친절사원으로 뽑혔습니다.

면접관 일도 잘할 것 같고 친절하고 밝아 보입니다. 그리고 소통도 잘할 것 같고 입직하면 사람들과도 잘 지낼 것 같아 보이네요. 그런 자신만의 소통의 강점은 뭔가요?

응시생 저의 소통의 강점은 경청입니다. 제가 이전에 근무를 했을 때도 어르신분들이 많이 오셨었습니다. 어르신들의 말을 정확하게 듣고 원하시는 걸 해결 해드려야 해서 경청을 하는 것이 중요했습니다. 그래서 저의 소통의 강점은 경청입니다.

면접관 일을 다양하게 많이 하셨고 이런 도전도 많이 하셨는데 그 속에서 정책을 건의해서 어떤 불편 사항을 개선했다든지 아니면 정책이 아니라도 어떤 불편을 찾아서 지원자 본인이 개선을 시킨 일이 있나요?

응시생 치과에서 근무할 때 점심시간 전화를 받는 부분에서 항상 막내직원들이 전화를 받았습니다. 그런 부분을 건의드려서 팀장님부터 직원 모두 돌아가면서 점심지킴이를 하자고 제안을 드렸고 모두 흔쾌히 좋아하셔서 스케줄을 짜서 한 달에 1~2번씩 돌아가면서 점심지킴이를 하였습니다.

면접관 아까 자기소개에서 부산이라서 좋다고 했는데 부산이 좋은 점은 무엇인가요?

응시생 제가 부산에서 태어나고 자라서 원래 막연히 좋아했었습니다. 그렇지만 이번에 면접을 준비하면서 부산의 곳곳을 다니면서 부산의 많이 발전된 모습과 함께 부산시, 부산시 공무원, 시민들 모두의 노력이 느껴졌고 그런 부분을 보면서 더 좋아지게 되었습니다.

면접관 일을 하면서 상사와 갈등이 있었다면 어떻게 해결을 했나요?

응시생 저는 갈등을 한 조직에서 공동의 목표를 향해가는 과정에서 최선의 목표를 향해 갈 때 꼭 필요한 부분이라고 생각합니다. 저의 직접적인 갈등은 아니지만 그 속에서 해결을 한 부분을 말씀드리고 싶습니다. 치과에서 근무할 때 팀에 팀장님과 젊은 위생사 선생님들이 한 진료실에서 바쁘게 진료를 하다보면 쌓이는 오해들을 중간에서 중립적인 입장으로 이야기를 듣고 오해도 풀어주고 맛있는 것도 같이 먹으러 가면서 소통을 하면서 해결하였습니다.

면접관 자기소개를 보면 다양한 일을 했고 다양하게 도전하면서 계속 기회와 도전 발전 이런 것이 인생관인데 이런 것들을 계속해서 하다보면 스트레스가 많을 수 있습니다. 입직해서도 스트레스 받는 일이 있을 것입니다. 평소 본인의 스트레스 해소법은 무엇인가요?

응시생 제가 세자매라서 자매끼리 같이 이야기를 많이 합니다. 그래서 평소에도 스트레스를 받으면 이야기를 하다보면 어느새 자연스레 다 스트레스가 풀립니다. 그럼에도 안 풀리는 스트레스가 있을 때는 일단 그런 스트레를 깊이 생각하지 않고 그 문제에 깊이 빠져들지 않으려고 노력합니다. 다른 생각을 하기 위해 재밌는 예능을 보고, 가족들과 맛있는 음식을 먹으면서 풉니다.

면접관 지원자가 친절한 것도 알겠고 친절함도 좋지만 공무원은 법령과 규정을 준수해야 합니다. 일을 하면서 법령과 친절함이 충돌할 수도 있습니다. 둘 중 더 중요한 것은 무엇인가요?

응시생 공무원은 법과 규정을 준수하는 것이 중요합니다. 하지만 친절공정의 의무도 있습니다. 그렇기 때문에 저는 법령을 해석하는데 조금 더 다양한 여지가 있다면(순간 갸우뚱하셨습니다.) 상급기관에 문의를 하는 등의 방법으로 법령을 더 넓게 해석할 수 있는 방법을 찾아서 친절함도 같이 베풀 수 있도록 노력하겠습니다. (답이 끝나니 굉장히 좋은 마인드를 가지셨다고 이야기해주셨습니다.)

면접관 책임감을 가지고 일을 완수한 구체적인 경험을 말해주세요.

응시생 저는 가정을 꾸리고 아이를 키우면서 사회적 책임감을 키웠고 또 일을 할 때에 커피숍에서 아르바이트를 할 당시 사장님께서 경미한 교통사고가 난 적이 있었습니다. 그때 제가 아이를 하원을 받는 시간에 제가 가버리면 손님들도 놔두고 문을 닫아야 하는 상황이어서 어린이집에 양해를 구하고 아이의 하원을 조금 미루고 사장님께서 병원진료가 다 끝나고 돌아오실 때까지 책임을 지고 일을 하였습니다.

면접관 30초 정도 남았는데 마지막으로 하고 싶은 말씀해주세요.

응시생 제가 이 자리에 올 수 있었던 것은 가족들의 헌신적인 뒷바라지 덕분이었습니다. 그리고 저도 성실하게 노력해서 이룬 값진 경험이었습니다. 이런 초심을 잊지 않고 성실한 자세로 부산시민들을 위해 일하겠습니다. 부산 is good (엄지척 제스처)을 넘어 부산 is very good(양손 엄지척 제스처)을 만들수 있는 적극적인 공무원이 되겠습니다. 감사합니다. (다행히 두 분 다 환하게 웃어주시면서 면접을 마무리 했습니다.)

CASE 07 울산광역시 전기직

면접관 자기소개를 해주세요.

응시생 저의 장점 두 가지로 저를 소개하겠습니다. 저의 장점은 성실함과 책임감입니다. 대학생 때 학생회 활동을 하면서 학생회 일원들은 학우들의 요청사항을 들어주기 위해 수업시간을 피해 근무를 섰습니다. 아무런 대가가 없는 활동이지만 근무 시간이 아침이어도 한 번도 지각한 적이 없습니다. 제가 해야할 일에 대한 책임감을 가지고 임했기 때문입니다. 또한 제가 맡은 직책인 복지부장이라는 일을 성실하게 해내어 항상 학우들의 불편한 점을 알기위해 소통하고 그것을 개선하려고 노력하였습니다.

면접관 인구 유출문제에 대해 어떻게 생각하나요?

응시생 제 생각에는 울산에 일자리가 부족하다고는 생각하지 않습니다. 울산에는 공업단지가 있고 기업들과 여러 사업을 하면서 일자리가 많아지고 있지만 청년들은 대기업이나 공공기관 취업을 선호한다고 알고 있습니다. 아무래도 중소기업 복지에 대한 이미지 때문인 것 같습니다. 중소기업의 이미지와 복지에 대해 개선하고 대기업과의 임금차이 해소를 위해 청년들을 지원해주는 정책을 하면 좋을 것 같습니다. 그러기 위해서 중소기업 복지개선에 지원을 하고 그에 대해 적극적으로 홍보한다면 취업을 준비하는 청년들이 중소기업에 대한 인식을 바꾸고 중소기업을 찾으려고 할 것이고 다른 지역에서도 일자리를 찾으러 울산을 찾을 수 있을 거라고 생각합니다.

면접관 상사가 퇴근 후 다음 날까지 업무완료하라는 지시를 내렸을 때 따를 것인가요?

응시생 지역주민들을 위해 일하는 공무원이기 때문에 긴급한 일이고 저만이 할 수 있고 해야 하는 일이라면 당연히 해야 합니다. 하지만 저에게도 긴급한 집안사정이나 집안에 제가 꼭 가야하는 일이라면 상사분께 양해를 구할 것이고 제가 집에서 노트북으로 할 수 있는 일이라면 그렇게 할 것입니다.

면접관 분산에너지가 어떤 것인지 설명해주세요.

응시생 제가 울산시의 수소에너지에 꽂혀서 분산에너지에 대해 제대로 조사해보지 못했습니다.

면접관 신재생에너지의 종류를 설명해주세요.

응시생 가장 많이 쓰는 태양열, 수력, 풍력, 울산시에서 활발히 하고 있는 수소에너지, 해상풍력에너지가 있습니다.

면접관 수소전기에너지 원리는 무엇인가요?

응시생 수소와 산소를 결합하여… (좀 뜸들이니까 질문에 대해 조금 설명해주시고 하려던 말을 계속하면 된다 하셨어요) 수소와 산소를 이용하여 물을 생성해 전기를 만듭니다.

CASE 08 전라남도

면접관 긴장되시죠?

응시생 너무 긴장되고 떨리지만 연습한 만큼 열심히 해보겠습니다.

면접관 몇 년 공부했어요? 힘든 점은 없었나요?

응시생 6년 공부했습니다. 가장 힘들었던 것은 아버지께 죄스러운 마음이었습니다. 제가 아팠을 때 아버지의 돈을 타서 병원비를 댄 것이 가장 죄송스럽고 힘들었습니다.

면접관 왜 공무원이 하고 싶었나요?

응시생 저는 대학교시절 다양한 봉사활동 경험이 있었습니다. 그때 장애인 복지센터에서 장애인의 재활을 돕는 체조와 서로의 얼굴 그림그리기를 했습니다. 그분이 제가 간 뒤 평가서에서 앞으로 사회에 나가는 두려움이 사라지고 있다고 말씀해주셔서 너무 뿌듯하고 보람을 느꼈습니다. 한 사람의 삶이 제가 했던 봉사로 인해 긍정적인 영향을 주는 것이 저에게 큰 전환점이 되었습니다. 그 뒤에 저는 사회적 약자에게 도움을 주고 정책도 만드는 공무원이 되고 싶다고 생각했습니다.

면접관 전남의 장점이 무엇인가요?

응시생 전남의 장점은 앞으로 가능성이 많다는 것입니다. 제가 이번에 알아보니 정말 많은 정책을 시행예정 중인 걸 알게 되었습니다. 최근에 알아보니 남해안 관광벨트를 조성하고 있다고 들었습니다. 해양 레 저스포츠나 국제대회유치에 기대가 됩니다.

면접관 앞으로 방향 말고 장점은요?

응시생 전남은 음식 맛이 좋고 문화관광자원이 무궁무진하고 공동체의식이 있다고 생각합니다.

면접관 조례, 규칙, 법령에 대해 설명해주세요.

응시생 법령은 법과 명령의 줄임말이고 국민이 지켜야 하는 것입니다. 조례는 지방의회가 만드는 것이고 규칙 은 지방자치단체의 장이 만드는 것입니다.

면접관 무효와 취소에 대해 설명해주세요.

응시생 무효는 처음부터 효력이 없는 것이고 취소는 처음에는 유효하다가 특정한 사안이 발생하면 소급되어 사라지는 것입니다.

면접관 하고 싶은 업무는 무엇인가요?

응시생 저는 정책홍보를 하고 싶습니다. 제가 봉사동아리 외에도 동아리 활동을 많이 했는데요. 바자회 홍보 를 할 때 학우들에게 개선점이나 요구사항의 설문조사를 했을 때 제가 어쩌면 홍보에 소질이 있고 앞 으로 홍보쪽으로 일하면 잘 해낼 수 있겠다는 생각이 들었습니다. 그중 보성 600사업을 알아보면서 제가 개선하고 싶은 부분도 찾아내고 고민해봤습니다. (여기서 개선점이 뭔지 물어보실 줄 알아서 준 비도 했는데 따로 안 물어보셨습니다.)

면접관 아침에 도착했나요?

응시생 다른 지역에 살고 있어서 목포에서 자고 목포에 어제 내려왔습니다.

면접관 중립이 중요한 이유는 무엇인가요?

응시생 중립이 중요한 이유는 공무원은 국민들의 모범이 되어야 하기 때문에 중립이 중요하다고 생각합니다.

면접관 더 구체적으로 말하면요?

응시생 중립을 해야 국민들이 공무원이 정책을 낼 때 신뢰를 가지고 믿을 수 있기 때문입니다. 공무원이 본보 기를 보이지 않으면 국민은 더 이상 국가를 믿지 않을 것 같아 중립이 중요하다고 봅니다.

면접관 직장 동료와 다른 의견차이로 갈등이 있을 때 어떻게 할 것인가요?

응시생 갈등은 어느 조직에서나 생기는 거라고 생각합니다. 그리고 갈등은 소통이 잘 안돼서라고 생각합니다. 일단 상사님의 의견을 따르겠지만 제 의견이 좋다면 상사님께 제 의견을 제안드려 보겠습니다. 혹시나 상사님이 기분이 상하실 수도 있으니 보고서 형식으로 써서 메일로 보내드리겠습니다.

면접관 직장 동료도 업무가 많고 본인도 많을 때 어떻게 해결할 것인가요?

응시생 저는 일단 제 업무를 하는 게 맞다고 생각합니다. 기간 내에 일을 마치는 게 공무원이 국민과의 약속이라고 생각하기 때문입니다. 그리고 동료의 업무를 도와주겠지만 동료도 기간이 충분하지 않다면 상관님께 업무가 과중됐으니 다른 동료분께 도움을 청할 수 있다면 좋지 않을까 합니다. 다른 동료가 이런 일을 잘하는데 협업할 수 있을지를 물어보고 싶습니다.

면접관 계속 6년간 보성에 지원했나요?

응시생 저는 여수사람이라서 여수로 쭉 지원하다가 보성에 이번에 지원했었습니다.

면접관 전남을 계속 지원했다는 거죠?

응시생 네, 계속 전남을 지원했습니다.

면접관 마지막으로 하고 싶은 말이 있나요?

응시생 일월성신의 마음으로 너무 간절했던 순간이 와서 기쁩니다. 면접관님이 너무 편안히 해주셔서 저의 부모님을 대하는 느낌으로 편안하게 면접을 본 것 같습니다. 값진 경험을 주셔서 감사합니다.

CASE 09 전라북도 간호직

면접관 간호직 공무원이 되려는 이유는 무엇이며 군산시인 이유는 무엇인가요?

응시생 저는 보다 많은 사람들에게 선한 영향력을 끼치고 싶습니다. 병원에서 환자의 가장 가까운 곳에서 간호하는 일도 물론 보람 있는 일이었지만 병원은 특정환자를 대상으로 치료 중심 업무를 제공합니다. 하지만 보건소는 국민 전체를 대상으로 질병예방과 건강증진을 통한 사업을 시행하여 많은 기여를 하고 있습니다. 그렇기 때문에 저는 특정환자를 대상으로 하는 것이 아닌 시민의 예방간호를 통해 건강증진에 도움이 되고 싶어 간호직 공무원에 지원하게 됐습니다. 군산시에 지원한 이유는 제가 나고 자란 곳이고 병원 근무를 시작할 때부터 몇 년 일하고 고향으로 내려와 일해야겠다는 다짐을 했었기 때문입니다. (한 면접관분께서 오잉?하는 표정이셨는데 잘 못들으셨던건지 이해가 안간다고 생각하신건지ㅜㅜ 마지막에 다시 동일한 질문 물어보시겠다고 하셔서 똑같은 답변 드렸습니다!)

면접관 요즘 코로나가 다시 유행인데 홍보나 완화를 위해 시민들을 교육하는데 어떤 도움을 줄 수 있나요?

응시생 (너무 횡설수설 했습니다.) 우선 모든 분들이 아시다시피 손씻기와 마스크착용이 가장 중요합니다. 민원인을 대할 때마다 젤을 통해 손 씻는 모습을 보여주며 먼저 잘 실천하는 모습을 보여드릴 것입니다. 또한 방역 지침에 대해 보다 어린 세대들도 잘 알 수 있도록 SNS를 활용한 홍보도 도움이 될 거라 생각합니다. (원하시던 답변이 아닌 것 같았지만 그래도 계속 웃어주셨습니다ㅜㅜ)

면접관 존경하는 인물이 있나요?

응시생 (요즘 존경하는 인물은 안 물어보시는 것 같다고 다들 하시길래 준비했다가 나중에 안봐서 질문을 받고 아예 백지가 돼버렸습니다. 생각나는 대로 가까운 분으로 대답했어요ㅠㅠ) 형식적인 답변이라고 느껴지실 수 있지만 저는 병동근무 시절 저를 교육해 주셨던 프리셉터 선생님을 존경하는 사람이라고 말씀드리고 싶습니다. 이전에는 간호나 의료 관련 위인분들에 대해 존경하는 인물이라고 생각했으나 현직에서 근무하면서 조금 생각이 바뀌었습니다. 선생님께서는 제가 처치 준비를 할 때 실수를 하더라도 처음이니 실수할 수 있다며 격려해주시고 다른 선생님들께 꾸중을 들으면 위로해 주시곤 했습니다. 그 덕분에 이후 처치를 할 때 선생님께서 꾸짖지 않은 것에 대해 후회하지 않으시도록 더 노력했고 성장할 수 있었습니다. 저는 선생님을 보며 바쁜 상황에서도 이렇게 대해주시다니 나중에 저런 선배가 될 수 있을까 저런 선배가 되고싶다는 생각을 많이 했습니다.

면접관 군산이 고향이라고 했는데 그럼 새만금 이런 곳 말고도 군산에 대해 아는 것이나 지인들에게 소개하고 싶은 자랑거리가 있나요?

응시생 우선 일반적으로 알려진 이성당이 있습니다. 예전에는 이성당 부근에 아무것도 없어서 사람들이 군산에 방문해서 빵만 사가게 되는 거 같아 아쉬운 점이 많았습니다. 하지만 지금은 월명동 부근으로 개발이 많이 되어 도로도 정비되어 있고 골목마다 맛집도 많이 있어서 이성당을 방문하면서 주변 맛집이나 박물관 등에 가볼 것을 추천할 것입니다. (이후에 생각해보니 도시 환경이나 관광 이런 측면에서 물으신 것 같은데 이상한 포인트로 답변한 것 같아요.;;)

면접관 10년 뒤 어떤 사람이 되어 어느 자리에 있을 거 같나요?

응시생 지금과 같은 마음가짐으로 꾸준히 노력하고 시민들을 위한 사업을 진행해나간다면 오를 수 있는 곳까지 올라 성공한 사람이 될 수 있을거라 생각합니다.

면접관 유능하지만 안 맞는 사람과 무능하지만 잘 맞는 사람 중 어떤 사람과 함께 일하고 싶은가요?

응시생 유능하나 안 맞는 사람과 일하는 것입니다. 자기소개에 말씀드린 것처럼 저는 상대방은 저와 다른 사람이기 때문에 다른 특성이 있다는 것을 인정하고 좋은 점을 보려합니다. 우선 문제가 있다면 저의 어느 부분이 문제가 있는지 먼저 살펴볼 것입니다. 그리고 안 맞는 원인이 성격차이인지 일하는 성향의 차이 때문인지 파악하고 대화를 통해 맞춰갈 수 있다고 생각합니다. 유능하다면 시민을 위한 사업을 함께 해나가는데 더 도움이 될 수 있을거라 생각합니다.

면접관 저출산 고령화 문제 중 시간상 저출산에 대해 어떤 개선이 필요하다고 생각하나요?

응시생 출산 정책지원금 부분에 개선이 필요하다고 생각합니다. 주변 임신한 지인들에게 군산시에서 지원하는 금액이 적다는 불만을 많이 들었습니다. 그동안 저는 군산시에서 산후관리지원 등 많은 관심과 지원을 한다고 생각했지만 이번에 사업들을 찾아보면서 지인들과 같은 불만을 가지신 분들이 많다는 것을 알게 되었습니다. 주변 지원금이 많은 지역과 비교했을 때 군산시는 인구가 상대적으로 많은 편이기는 하지만 지속적으로 인구가 감소하고 있는 것을 고려했을 때 이러한 부담이라도 줄여주어야 한다고 생각합니다. 물론 현재도 개선을 꾸준히 하고 있지만 다자녀혜택 등과 같은 부분에 조금 더 개선을 하는 것이 좋을 것 같습니다.

면접관 그럼 저출산을 해결하기 위해 방금 답변한 거 말고 다른 개선점은 어떤 게 있다고 생각하나요? 경제적인 부분이 제일 크다고 생각하나요?

응시생 네, 사실 저는 경제적인 부분에 관한 지원이 먼저 마련되어야 한다고 생각합니다. 출산에 대한 부분에서 미래를 봤을 때에도 경제적인 부분이 부담되는 사람들이 많을 것이므로 대학에 진학할 때 등록금을 지원해준다든지 등의 방안도 도움이 될 것이라고 생각합니다. (위 두 질문에 질문하신 면접관님께 만족스럽지 못한 답변이었던 거 같은 분위기였는데 옆에 다른 면접관분께서 위에 사람들이 해결해야하는 문제지 고위공무원도 생각하기 어려운 문제라고 격려해주시고 넘어가셨습니다.)

면접관 요즘 칼퇴라서 공무원이 좋다고 하지만 그런 경우가 아닌 게 더 많습니다. 괜찮겠나요?

응시생 솔직히 말씀드리면 저는 병원 근무를 할 때도 칼퇴라는 것을 하기는 어려운 상황이었기 때문에 그게 당연했습니다. 만약 먼저 끝나더라도 선배나 동기들이 남은 게 있으면 함께 도와주는 분위기였기 때문에 일찍 끝난 적이 많지 않아서 칼퇴하지 않는다는 것에 대한 걱정은 전혀 없습니다.

면접관 워라밸이 그럼 필요 없나요? 거기서 오는 스트레스는 어떻게 할 것인가요?

응시생 워라밸이라는 것에 대한 욕심은 크게 없고 방금 말씀 드린대로 저는 제 일을 끝내지 못했거나 제가 필요한 업무가 있다면 당연히 늦게 끝나는 것과 상관없이 본인이 해내야한다고 생각합니다. 스트레스를 받는다고 하더라도 운동을 하거나 취미생활을 통해서 관리할 수 있습니다.

면접관 취미활동은 어떤 것이 있나요?

응시생 친구들을 만나서 함께 시간을 보내는 것을 좋아하고 노래방도 자주 갑니다. 그리고 사실 제가 강아지를 키우는데 강아지들 영상을 보면 짜증나거나 스트레스 받은 것도 잊고 쉽게 기분이 좋아지기 때문에 그 부분은 잘 관리할 수 있을거라 생각합니다.

면접관 환자도 그렇지만 민원인들 중에도 더 심하게 짜증을 내거나 하는 사람이 있을 수 있습니다. 그럼 어떻게 할 것인가요?

응시생 제가 근무한 곳이 대학병원 혈액암 병동이어서 중증도도 높지만 환자분들의 연령대도 다양했습니다. 저는 어릴적부터 할머니와 가깝게 지냈기 때문에 어르신들을 대하는 것이 오히려 편했으나 같은 연령대의 환자분들은 저를 불편해 하실 것 같고 이런 부분에 어려움을 겪었습니다. 하지만 환자분이 어떤게 불편한지 증상파악을 첫째로 생각하고 공감하며 소통한 것이 도움될 수 있었습니다. 이런 자세로 민원인분이 불만을 제기한다면 먼저 친절하게 이야기를 들어주고 어떤 부분이 문제인지 그 문제를 해결하는 것을 중점으로 대화해나가면서 상황을 해결하겠습니다.

면접관 아까 동료나 민원인 얘기할 때 대화·소통 이런 얘기를 많이 했는데 실제 경험이 있나요?

응시생 네, 제가 근무한 병동이 처음 근무 전부터 동기들 사이에서 경직된 분위기가 심하다는 이야기를 많이 들었습니다. 근무를 시작하면서 병동 분위기가 어떤지 선생님들이 일하는 성향은 어떤지 파악하고 함께 일하는 사람의 성향에 맞춰 일했습니다. 이런 자세로 동기들이 깐깐하다고 말하는 선생님과도 잘 지냈고 별다른 문제없이 병동생활을 마칠 수 있었습니다.

면접관 보건소 사업 중 새로 어떤 사업을 하는 게 좋을지 생각한 것이 있나요? (이런 식의 질문이었던 거 같은데 잘 기억이 나지 않습니다ㅠㅠ 해당질문에는 답변을 못 했던걸로 기억합니다.)

응시생 죄송하지만 제가 생각하지 못한 부분입니다. 하지만 보건소 사업 중 가장 해보고 싶은 사업은 있습니다. 저는 근무하게 된다면 치매예방사업을 해보고 싶습니다. 대학교 실습시 노인 복지관에 방문해서 어르신들께 치매 조기검진과 치매 예방운동법에 대해 교육해 드린 적이 있습니다. 이전에는 치매는 발병하면 치료가 어려워 주변사람들이 힘들어지는 질병이라고만 알았지만 요즘은 예전보다 인지치료가 발달되어있고 이런 치매 예방 사업을 통해서도 치매를 예방하고 진행을 지연시킬 수 있다는 것을 알았습니다. 이러한 부분에 있어서 보건소에서 많은 일을 하고 있고 이에 참여하고 싶다고 생각했습니다. 인식개선을 시행하고 있지만 좀 더 많은 사람들이 알 수 있도록 SNS를 통한 홍보를 통해 인식개선을 하는 것도 도움이 될 거라 생각합니다.

CASE 10 | 제주시 일반행정직

면접관 지원동기 포함해서 1분 자기소개 해주세요.

응시생 안녕하십니까. 제주시 일반행정 지원자 ○○○입니다. 저는 저를 빠른 사람으로 소개하고 싶습니다. 첫 번째 일처리가 빠른 사람입니다. 대학교 시절 기숙사 편의점 아르바이트를 했었는데 손님이 많았었습니다. 그러나 저의 빠른 일처리로 점장님이 다른 편의점을 오픈하실 때 오픈멤버로 제안 받았었습니다. 두 번째 적응이 빠른 사람입니다. 태국으로 난민봉사를 갔던 경험이 있습니다. 그 때 봉사자에게 호의적이지 않던 난민들에게 먼저 다가가 전통메이크업을 알려달라고 했고 저도 K-메이크업을 알려주며 빨리 친해졌습니다. 세 번째 습득이 빠른 사람입니다. 유튜브로 활동할 때 편집프로그램에 대해 전혀 몰랐지만 독학으로 유튜브를 보며 배워서 빠르게 구독자를 모았습니다. 제주는 빅데이터를 이용한 관광지 혼잡지도 등 4차 산업혁명 시대에 빠르게 발전하고 있다고 생각합니다. 저의 빠른 일처리, 빠른 적응, 빠른 습득력으로 빛나는 제주를 만들어가고 싶습니다.

면접관 자기소개 들어보니 준비를 잘 하신 것 같은데 청탁금지법이 있는데 아는 대로 말해보시겠어요?

응시생 공무원의 사익과 공익충돌을 위해 사전에 예방하기 위해 만들어진 법으로 알고 있습니다. 명목에 상관없이 1회 100만원, 1년에 300만원에 제한이 있고 음식물, 경조사비, 화환, 농축수산물도 금액 제한이 있습니다. (너무 길어지는 것 같아서 끊어냈더니)

면접관 (바로) 금액은 어떻게 되죠?

응시생 음식물 3만원, 경조사비 5만원, 화환 10만원, 최근 개정 내용으로 명절 특수로 농축수산물은 20만원까지 제한되는 것으로 알고 있습니다. (달달달 말하니까 웃으심)

면접관 (자소서) 반장을 오래 했는데 리더는 어떤 리더라고 생각합니까? (정확한 질문 기억안남)

응시생 리더는 개개인을 케어하는 게 리더라고 생각하고 있습니다. 그래서 체육대회 때 춤 수행평가가 있었는데 동작을 다 외우고 쉽게 설명할 수 있는 방법을 찾아서 체육대회 쉬는 시간을 이용해 개개인별로 맞춰서 알려준 적이 있습니다. 이처럼 케어할 수 있어야 한다고 생각합니다.

면접관 (현안 시작하기 전 지금부터 현안 물어볼건데 틀려도 좋으니 아는 대로 말해주세요 라고 해주심) 제주도 인구는 몇 명인가요?

응시생 제주도 인구는 70만명 그중 제주시는 50만명 되는 것으로 알고 있습니다.

면접관 제주도 예산은요?

응시생 제주도 예산은 7조 정도이고 그중 제주시에 할당된 것은 2조 정도로 알고 있습니다. (5조라고 말한 것 같기도 하네요ㅠㅠ)

면접관 코로나 후로 관광객에 영향을 받았는데 코로나 시절 관광객 수가 얼마나 되죠?

응시생 코로나 때는 정확히 기억나진 않지만 제주는 평균 매달 100만명 정도 오는 것으로 알고 있습니다.

면접관 그럼 코로나 때도 매년 1,200만명이 되는 건가요?

응시생 코로나 때 자료가 정확히 기억나진 않지만 평균 관광객 수로 그런 것 같습니다.

면접관 민선8기 슬로건 말해보세요.

응시생 다함께 미래로, 빛나는 제주입니다.

면접관 리더로서 케어한 거 말고 희생한 경험이 있나요?

응시생 (준비한 내용이 아니라서) 지금 생각이 나는 건 수학여행 주차장에서 구토를 하는 친구가 있었는데 화장실이 멀어서 치우기 위해서 봉지를 꺼내서 손으로 치웠던 경험이 지금 생각납니다.

면접관 해외 난민봉사는 왜 갔나요? 그냥 갔을 수도 있고 아님 다른 이유가 있나요? (이 위원님은 계속 자소서 내용 진위를 보고 싶어하는 느낌)

응시생 평소에 여성복지에 관심이 많아 봉사 프로그램에 참여하고 있었고 그러던 중 기회가 되어 해외로 난민 봉사를 갈 수 있었습니다. 가서 여성들의 직업적인 부분이나 힘든 부분을 케어했었습니다.

면접관 제주 찬반 이슈가 많은데 민선8기에서 주목하고 있는 이슈는 뭔가요? 성산공항 말고 말해보세요.

응시생 최근에는 쓰레기 문제라고 생각합니다. 텀블러 사용이라던지 플라스틱 사용을 줄이고도 있지만 최근에는 봉개동에 광역 쓰레기센터를 만들어서 운송비와 물류비를 줄이려는 노력을 하고 있다고 알고 있습니다. 공무원으로서 시행을 위해 노력하는 자세가 필요할 것 같습니다.

면접관 자소서에 틀린 게 아니라 다르다는 다양성을 느낀 경험이 있는데 무엇인가요?

응시생 유튜브 활동을 하면서 안 좋은 댓글을 받았던 적이 꽤 많았습니다. 그런 분들 중 특정한 한 분이 계셨는데 악플을 다는 분이라고만 생각했습니다. 그러다가 팬미팅을 할 수 있는 기회가 있었는데 그분도 참석하셨고 실제로 보니 정말 상냥하고 친절하신 분이었습니다. 그래서 모든 사람은 표현이 다르고 생각이 다르구나 틀린 게 아니라 다른 것이구나를 느꼈었습니다

면접관 수험생활부터 면접까지 내가 공무원을 진심으로 하고 싶구나 느낀 순간이 있나요?

응시생 (지원동기가 아닌건가 싶어서 당황했습니다) 평소에 유튜브를 운영하면서 다양한 분들께 정보공유나 도움을 줬을 때 성취감이 크다는 것을 알았습니다. 그래서 평소에도 지역주민을 위한 아이디어 같은 것을 생각했던 것 같습니다. (민망해서 활짝 웃음)

면접관 괜찮다고 생각했는데 힘들었던 경험이 있나요? 지금도 꾸준히 노력중인가요?

응시생 캐나다로 어학연수를 갔을 때 영어가 충분하다고 생각했는데 소통에 힘듦이 있었습니다. 그래서 매일 자기 전에 동영상으로 영어 일기를 촬영하였고 영어 실력이 늘 수 있었습니다. 지금도 영어를 꾸준히 노력하고 있습니다.

면접관 자소서에 봉사를 많이 했다고 했는데 표창같은 거 받을만큼 큰 봉사했던 거 있나요?

응시생 (표창만큼 큰 봉사 없어서 자소서 내용 얘기함) 표창장 받을 만큼 큰 봉사의 경험은 없지만 자기소개서에 적힌 탈북민 아! 새터민 봉사를 얘기하고 싶습니다. 그때 센터참여율이 낮은 친구가 있었는데 그때 제가 중학생 때라 봉사자보다는 친구로 생각해달라며 다가가 상담을 하고 개인적인 시간을 보내는 등의 활동으로 참여율을 높였던 경험이 있습니다.

면접관 탈북민 봉사면 어떤 내용의 봉사였나요? (진위 따지는 느낌)

응시생 센터에 오면 한국에 잘 적응할 수 있게 도와주거나 고민 상담을 해주거나 센터 청소 등의 봉사를 했었습니다.

면접관 마지막으로 할 말 해주세요.

응시생 (너무 감사해서 활짝 웃으면서 얘기함) 많이 떨렸는데 진심으로 경청해주시는 것 같아서 큰 힘이 됐습니다. 너무너무 감사드리고 탐나는전 위젯 필요성이라던지 무형문화제 축제 유튜브 컨텐츠 활성화 방안 등의 아이디어도 생각했었는데 말씀드리지 못해 아쉽지만 이런 관심을 꾸준히 이어가서 입직해서도 빛나는 제주를 위해 일하고 싶습니다.

CASE 11 · 충청남도 보건직

면접관 우선 필기 합격을 축하드립니다.

응시생 감사합니다.

면접관 앞에 필기도구도 있고 물도 있으니 마시면서 하세요. 공정한 면접을 위하여 타이머로 15분 재겠습니다. 타이머 버튼 누르면 바로 1분 자기소개 해주세요. (타이머 제가 볼 수 있도록 앞쪽으로 돌려주심)

응시생 안녕하십니까, ○○군에 지원한 ○○○입니다. (이건 평정표 드리기 전에 해야 했는데 까먹어서 이때 했습니다.) 제가 통학했을 때 유독 기차역에서 자주 들었던 질문이 있습니다. "학생, 여기서 대학병원 가려면 뭐 타야 돼?"라는 질문입니다. 대학병원 때문에 낯선 타지에 홀로 오시는 노인분들을 볼 때마다 지방에서는 큰 병원에 대한 접근성이 떨어지는 것을 절실히 느꼈고 그만큼 지역사회의 역할이 중요하다 생각했습니다. 1,000시간 동안 병원 실습을 하며 예방의 중요성과 삼차예방에 대한 관심(비전공 면접관님 계시니까 사회적응이라고 하려고 했는데 떨려서인지 그냥 입이 나불거렸음)을 키웠고, 도서관에서 아르바이트를 하며 주민들께 가까이 다가가 일한 경험도 있습니다. 그 외에도 편의점, 서빙 등 다양한 아르바이트를 하며 빠른 적응력과 소통 능력을 키웠습니다. 대학생 때 연극동아리에서 협업의 중요성을 배웠고 교육봉사나 헌혈을 했던 경험도 있습니다. ○○군의 주민들의 건강증진을 위해 일하고 싶습니다. 이상입니다.

면접관 그래요. 책은 읽어 오셨죠? 3분에 맞춰서 발표해주시면 됩니다.

응시생 네, 발표하겠습니다. 제가 읽은 책은 '아주 작은 반복의 힘'입니다. 이 책은 '러닝머신 위에 1분만 서 있기'와 같은 사소한 변화를 통해 변화에 대한 두려움을 피함으로써 목표를 이루는 스몰스텝 전략을 소개합니다. 스몰스텝 전략을 이용하면 건강한 생활습관을 바로잡는 것에 매우 유용하다 생각했습니다. ○○군에서 둘레길을 활성화해서 군민의 건강생활을 실천하고자 한다는 기사를 보았습니다. 꾸준히 운동하는 것은 중요합니다. 하지만 오늘부터 당장 매일 30분씩 걸으라고 말하는 것이 부담인 자들도 많습니다. 스몰스텝 프로그램을 기획하여 보름 동안 하루 한번 외출 인증하기, 그 다음 보름은 한층 계단이용 인증하기, 그 다음 보름은 10분 걷기 인증하기 등 스몰스텝 전략을 이용하여 6개월 동안 30분 걷기에 참여를 많이 할 수 있지 않을까 생각이 들었습니다. 내용 중에는 마음 조각하기라는 것이 있습니다. 마음 조각하기는 마주하기 두려운 상황을 오감을 이용하여 생생하게 상상하고 몰입하는 것입니다. 저는 공무원 시험을 준비하면서 제가 시험 보는 순간을 생생하게 상상했습니다. 책상에 앉아 볼 시야, 필기 소리 등 생생하게 상상했습니다. 동기부여가 되는 한편 괜히 두려움만 내는 건 아닌지 자책하기도 했습니다. 하지만 이것이 "마음 조각하기"였고 동기부여에 근거 있는 행동이었다는 것에 놀랐습니다. 동기부여에 있어 효과를 몸소 느꼈기 때문에 앞으로 있을 두려운 상황에서 마음 조각하기를 적극 사용하여 현명히 헤쳐 나가야겠다 생각했습니다. (제 쪽으로 돌려두었던 타이머를 면접관님 쪽으로 몰리심)

면접관 (하인리히 법칙을 풀어서 설명하심)~라는 게 있는데 작은 조짐을 찾는 방법 네 가지를 말해주세요.

응시생 작은 순간 찾아내기에 해당되는 내용 같은데 책을 읽었지만 잘 기억이 나지 않습니다. 죄송합니다. (집에 와서 찾아보니 작은 순간도 아니고 작은 해결이네요.)

면접관 (하인리히 법칙 풀어서 설명하심)~을 설명해 주세요.

응시생 네, 하인리히 법칙은 1:29:300 법칙으로도 부릅니다. 한 개의 중대한 사건이 일어나기 전에는 동일한 원인으로 29개의 작은 사건, 사고로 이어지진 않았지만 일어날 뻔한 300개의 사고가 있다는 것을 의미합니다.

면접관 네, (○○군이 노인인구 많고 치매 인구도 많다는 내용)인데 그렇다면 치매인구를 발굴하는 과정을 아시나요?

응시생 아, 만 60세를 대상으로 조기검진을 하고 치매안심센터에서 등록, 관리하는 것은 알지만 그 이상은 모르겠습니다. 숙지하겠습니다.

면접관 치매 인구를 검진하는 과정을 모르겠나요?

응시생 MMSE를 이용하여 검진하는 것은 알지만 그 이상은 모르겠습니다. 숙지하겠습니다.

면접관 그러면 ○○군 치매 관련해서 아는 사업이 있나요?

응시생 (사업 이름 말고도 설명도 해야할 것 같아서 고민하다가) 네, 얼마 전 경도인지장애자를 대상으로 AI 챗봇 인형을 지원하여 말벗, 약 복용을 관리하고 우울감을 감소했다는 기사를 보았습니다. AI를 이용한 것이 감명깊어 기억에 남습니다.

면접관 그러면 노인들 인구가 많은데 하고 싶은 사업 있어요?

응시생 네, 충남의 독거노인 비율이 10%로 전국 8%보다 높습니다. 이러한 독거노인의 소속감을 증대시키고 우울감을 감소시킬 수 있는 방법으로 니트족을 위한 니트컴퍼니를 참고하여 창안하였습니다. 니트컴퍼니는 진짜 회사는 아니지만 명함도 만들고 정기적으로 출근과 퇴근을 합니다. 취미생활을 하기도 하고 다 같이 걷기도 하고 취미생활을 전시한 전시회도 하는데 참여자들의 만족도가 굉장히 높다고 합니다. 진짜 회사는 아니지만 소속감을 얻을 수 있는 방법이라 생각합니다.

면접관 그러면 통합건강증진 사업을 하고 있는데 (기억이 나지 않습니다. 찾아봐도 뭔지 잘 모르겠네요.) … 하는 네 가지가 뭔지 아시나요?

응시생 아, 통합건강증진은 지역의 여건에 맞추어 사업을 진행하는 것으로 알고 있습니다. 하지만 질문해주신 네 가지는 잘 모르겠습니다. 숙지하겠습니다.

면접관 그러면 건강증진을 위해 생각한 사업 있나요?

응시생 (좀 고민하다가) 네, 대답하겠습니다. 최근 한 기사에서 최근 5년간 여성 청소년의 거식증 비율이 약 97% 증가했다고 합니다. 이러한 청소년의 식습관을 바로잡기 위하여 학교에서 스크리닝을 하고 상담과 취미생활을 위한 프로그램을 진행하고 싶습니다.

면접관 자소서를 읽어봤는데 그러면 병원에서 일한 경력은 없으신가요?

응시생 네, 없습니다. 하지만 이것을 단점으로 생각하기 때문에 저 스스로 열린 마음으로 동료분들과 선배분들께 최선을 다해 배우겠습니다. 또한 대한간호협회에서 진행하고 있는 핵심기본 간호실기술 교육을 확인하여 충남이 아니더라도 타지에서라도 꼭 배워오겠습니다.

면접관 (자소서내용) 오랜 기간 아르바이트 하며 느낀 총체적인 배운 점? 느낀 점이 있나요?

응시생 (생각해 본 적 없어서 조금 고민) 네, 대답하겠습니다. 저는 성취감을 배웠습니다. 아르바이트를 했던 기간 중 하루 8시간에서 9시간 주 7일 매일매일 약 6개월간 일한 경험이 있었습니다. 뒤로 갈수록 체력도 떨어졌지만 처음으로 목돈을 모아본 경험이었습니다. 그 돈으로 제가 키우는 강아지의 다리수술도 해주고 처음으로 큰 돈을 모아서 저를 위해 사용한 경험이라 성취감을 크게 느낄 수 있었습니다.

면접관 성취감 그래요, 사기업과 공기업은 아주 크게 다른 특징이 하나 있는데 설명해보세요.

응시생 네, 사기업은 일부 공익을 위하지만 주로 사익을 위해 일하고 효율성, 생산성을 위해 일합니다. 하지만 공기업은 공익을 위해 일합니다.

면접관 공익이라고 했는데 공익이 뭔가요?

응시생 (준비 안해서 모름. 그냥 공공을 위한 이익이라고 할 걸 그랬어요. 머리에 안 떠올랐습니다.) 아, 공무원의 정의인 국민 전체를 위한 봉사자처럼 국민전체를 위한 봉사라고 생각합니다.

면접관 (웃고 계시지만 마음에 안 드시는 표정) 공익이 봉사라고요?

응시생 아, 국민 전체를 위하는 일이라고 생각합니다.

면접관 그러면 소외받는 일부…(라고 하면서 뭐라고 말씀하시다가 결국 마지막 질문은) 공익을 위해 사익이 침해되어서 반대하는 경우 어떻게 하시겠어요?

응시생 네, 각자의 입장이 다르기 때문에 최대한 중재해보도록 하겠습니다. 입장을 이해하면서 제3의 방안을 도출하거나 더불어 사는 공동체 사회이니 (진짜 후회되는 단어선택) 최대한 설득하고 다른 혜택을 드릴 수 있으면 드리고 싶습니다.

면접관 혜택이라고 했는데 어느 정도가 납득가능한 선이라고 생각하시나요? ○○씨가 살고 있는 아파트를 밀어버린다고 하면 뭐라고 해도 납득 불가능하지 않겠어요?

응시생 네, 비록 동일한 가격은 아닐지라도 물질적인 혜택뿐만 아니라 어떤 정신적 혜택을 드려 긍지… 보람을 느낄 수 있도록 하면 좋을 것 같습니다.

면접관 그래요. 그러면 나중에 일하실 때 상사가 A, B 동료의 일을 ○○씨한테 몰아줬어요, 그게 지속적이라면 그러면 어떻게 하시겠어요?

응시생 네, 처음에는 저를 믿고 맡겨주신 일이니 힘 닿는 데까지 할 것 같습니다. 하지만 말씀해주신 대로 지속적이라면 효율성이 떨어지기 때문에 상사분께 가서 저의 상황을 설명드리고 이러한 이유로 업무 분담을 다시 해달라고 요청드리겠습니다.

면접관 말했는데도 상사가 ○○씨 일 잘하는 것 같던데 왜 분담해달라 그러냐고 하면 또 뭐라고 할 거예요?

응시생 아, 네. 저를 좋게 봐주시니 감사하다 말씀드리겠습니다. 하지만 제가 얼만큼 힘들고 야근을 얼마나 하고 이러한 모든 상황을 다시 말씀드릴 것 같습니다.

면접관 질문이 모두 끝났습니다. 지금 한 30초 정도 남았는데 하고 싶은 말 있나요?

응시생 네, 제가 마지막 순서라고 알고 있는데 긴 시간동안 저의 면접 경험이 적어 부족한 말씀씨였음에도 경청해 주셔서 덕분에 긴장하지 않고 잘 말할 수 있었습니다. 감사하다는 말씀 드리고 싶습니다. (고개 숙이면서) 감사합니다! (준비한 멘트 다 꼬여서 횡설수설;;)

면접관 (제가 고개 숙이면서 인사하니까 두 분 다 허허허 해주심) 그래요. 수고했어요.

응시생 감사합니다! (다시 나가면서) 감사합니다!

CASE 12 충청북도 청주시 일반행정직

면접관 자기소개 해주세요.

응시생 안녕하십니까. 청주시 일반행정직에 지원한 ○○○입니다. 저는 저의 강점인 책임감과 소통능력으로 저를 설명하겠습니다. 제가 사회생활 중 학원업무를 접하게 되었을 때 사무업무부터 회계, 광고업무까지 처음부터 맡아 일을 했던 경험이 있습니다. 작은 업무라도 책임감 있게 일하려고 노력했으며 제가 없으면 학원이 안 굴러간다는 칭찬도 들었습니다. 또한 학생과 학부모와의 의사소통도 중요했습니다. 몸이 불편한 학생이 있었는데 생활이 불편하진 않은지 지속적으로 관심을 가졌고 학부모님께도 이런 점을 공유하며 걱정을 덜 하시도록 의사소통했습니다. 컴플레인이 들어왔을 때에도 먼저 왜 불편함을 느꼈는지 앞으로 개선점은 무엇인지 파악하려했고 원활하게 대처하며 의사소통능력을 키웠습니다. 이런 경험을 바탕으로 청주시 주민들의 이야기에 귀 기울이며 소통할 수 있는 공무원이 되고 싶습니다.

면접관 TF팀에서 본인이 팀장인데 업무능력이 부족한 팀원이 있을 경우 어떻게 할 것인가요?

응시생 제가 팀장이 된다면 저는 무엇보다도 팀원들 간의 협력을 중요시 할 것입니다. 그렇기 때문에 업무능력이 부족한 팀원이 있을지라도 제가 따로 불러 상담과 이야기를 해보며 업무를 하는데 어려움이 없도록 도와줄 것입니다.

면접관 동료가 자기업무를 본인에게 떠넘기면요?

응시생 저의 업무가 아닐 경우 일단 동료에게 조심스레 제 업무가 아님을 말할 것 같습니다. 다만 동료의 업무일지라도 그중에 제가 도울 수 있는 업무가 있다면 도와줄 것입니다.

면접관 상사가 부당한 지시를 할 경우 어떻게 할 것인가요?

응시생 제가 면접준비를 하며 부당한 지시는 따르지 않아야 한다고 배웠습니다. 하지만 상관의 지시를 바로 거부하기보다는 다른 판례나, 사례, 법령을 검토해 볼 것 같습니다. 그리고 제가 부당한 지시라고 판단이 들면 수정이나 보완을 하는 쪽으로 상관에게 한번 말씀드려 볼 것 같습니다.

면접관 하고 싶은 업무는 무엇인가요?

응시생 저는 복지관련 업무에 행정지원을 하는 업무를 해보고 싶습니다. 이번 면접준비를 하며 제가 몰랐던 청주시의 여러 정책에 대해 알게 되었습니다. 또한 사회적 약자를 위하여 많은 정책이 시행되는 점이 인상깊었고 저도 이런 정책시행에 있어서 도움이 되고 싶다는 생각을 했습니다.

면접관 제안하고 싶은 정책이 있나요?

응시생 저는 청주시 공공자전거를 제안하고 싶습니다. 제가 학교나 독서실을 오고 갈 때 자전거를 많이 이용하였고 다른 지역 공공자전거도 이용해보며 청주시에 공공자전거의 부재가 항상 아쉬움에 남았습니다. 청주시민들이 편리하고 저렴한 비용으로 공공자전거를 이용하게 된다면 교통의 혼잡함개선과 배기가스절감에도 도움이 되리라 생각하여 청주시 공공자전거를 제안하고 싶습니다.

면접관 6대 의무에 대해 말하고 그중 가장 중요하다고 생각하는 의무와 그 이유는 무엇인가요?

응시생 성실의 의무, 복종의 의무, 품위유지의 의무, 비밀엄수의 의무, 친절공정의 의무, 청렴의 의무입니다. 그중에서 저는 청렴의 의무가 중요하다고 생각합니다. 최근 공무원들의 청렴하지 않은 사례들이 뉴스기사에 보도가 많이 되고 있습니다. 국민들이 이런 기사를 많이 접할수록 공무원에 대한 신뢰도가 떨어진다고 생각되며 이는 공직사회로의 불신으로까지 이어져 부정적인 영향을 끼친다고 생각합니다. 그렇기 때문에 무엇보다도 청렴의 의무가 중요하다고 생각합니다.

면접관 의회의원 수는 몇인가요?

응시생 그 부분은 잘 모르겠습니다. 확인해보도록 하겠습니다.

면접관 의회조례 제정절차는요?

응시생 (전혀 모르겠어서 당황하다가 이것도 모르겠다고 하면 안 될 거 같아서 그냥 아무 말이나 한 것 같아요ㅠㅠ 의회에서 의견을 모아 조례를 제정한다 이런 식으로 했던 것 같아요.)

면접관 미국금리인상으로 우리나라에 어떤 영향을 끼칠까요?

응시생 (이것도 대답 못 하는 것 보단 나을 거 같아서 대답했는데 완전 이상한 소리를 해서 더 걱정입니다;; 금리인상되면 수입수출에 좋을 것 같다는 식으로 한 것 같아요.)

면접관 앞으로 공무원에게 필요한 역량은 무엇일까요?

응시생 저는 창의성이 필요하다고 생각합니다. 4차 산업기술이 발전하는 만큼 기술과 함께 더 좋은 정책과 제도를 만들어 나갈 뿐만 아니라 기존의 정책들도 함께 개선하고 보완해나가야 한다고 생각합니다. 제가 가장 인상깊었던 정책 중 하나는 독거노인을 위해 AI기술을 활용한 반려로봇서비스였습니다. 어르신들에게 말벗도 되어드리고 긴급상황 발생시 모니터링도 가능해 좋은 정책이라고 생각하였습니다.

면접관 스트레스를 잘 받는 편인가요?

응시생 조금 받는 편입니다.

면접관 어떨 때 받나요? 스트레스를 받을 땐 어떻게 푸나요?

응시생 새로운 업무나 어렵다고 생각되는 업무를 받을 경우 고민도 많아지고 스트레스도 조금 받는 편입니다. 이럴 땐 친구들과 이야기하며 풀거나 반려동물과 산책하며 풀곤 합니다.

면접관 학원업무하면서 어려웠던 경험이 있나요? 어떻게 해결했나요?

응시생 제가 직장생활 중 학생들이 학원건물 밖 공간에서 흡연을 하는 것에 대해 민원이 들어왔던 적이 있습니다. 학생들이 성인이었기 때문에 흡연자체를 제가 말릴 수는 없는 상황이었고 대신 옥상에 흡연구역을 정하는 것이 어떻겠냐고 제안을 하였습니다. 그리고 공부에 방해되지 않도록 시간을 정해 가는 것으로 제안을 했고 학생들도 이에 동의를 하며 피해를 주지 않겠다고 약속도 했습니다. 그리고 더이상 학생들이 건물 밖에서 흡연을 하는 일이 없어지며 민원을 해결했던 경험이 있습니다.

면접관 봉사활동 경험이 있나요?

응시생 제가 학생 때 저소득층 학생들을 위한 공부방에서 봉사활동을 한 적이 있습니다. 어린 아이들이라 처음엔 저희에게 낯을 가렸지만 저희가 놀아주고 책도 읽어주니 어느새 아이들의 마음이 열리는 것을 느꼈던 경험이었습니다. 이후로도 항상 봉사활동을 하고 싶다는 생각은 있었지만 학업과 일 때문에 바쁘다는 핑계로 봉사활동을 소홀히 했던 것은 사실입니다. 하지만 공직에 들어가서 지역 주민들에게 도움이 될 수 있는 일이 있다면 주저하지 않고 봉사하고 싶습니다.

면접관 악성민원인이 있을 경우 대처방법은요?

응시생 그 공간에 다른 민원인분들도 있기 때문에 우선 소란을 피우는 민원인을 진정시키는 것이 먼저라고 생각합니다. 우선 민원인을 휴게실로 데려간 후 물 한 잔을 드리며 진정시키고 무엇 때문에 그러시는지 얘기를 해볼 것입니다. 그리고 저 또한 다른 사례나 법령 등을 찾아보며 제가 도울 수 있는 한 도와드리겠다고 말씀을 드리고 최대한 해결하실 수 있도록 도와드릴 것입니다.

면접관 갈등을 해결한 경험이 있나요?

응시생 제가 직장생활 중 동료 선생님들끼리 오해가 생겨 문제가 생겼을 때가 있었습니다. 서로 수업에 대해 험담하며 학생들을 **빼갔다는** 오해로 인해 그만 두시겠다고까지 하셔서 저는 우선 선생님을 한분씩 만나며 이야기를 했습니다. 그리고 각자의 입장을 전해들은 뒤 서로의 생각에 오해가 있음을 확인하여 그 점을 전달해드리며 갈등을 해결하기 위해 노력했습니다. 그리고 서먹해진 사이를 다시 메꾸기 위해 회식자리도 가지며 직장 분위기를 다시 살렸던 경험이 있습니다.

면접관 청주를 소개해보세요.

응시생 종종 다른 지역출신의 친구들이 청주는 노잼도시라고 놀릴 때마다 발끈하며 청주시에 대한 자랑을 하기도 했었습니다. 제가 생각하는 청주는 노잼도시가 아닙니다. 무심천 벚꽃거리는 청주를 널리 알리는 곳이 되었고 여러 축제행사를 통해 더 이상 노잼도시가 아님을 보여주고 있습니다. 또한 청주는 전국 중심에 위치하여 전국 어느 곳이던 3, 4시간 안으로 갈 수 있는 장점이 있습니다. 이는 도심으로 광역철도가 개통되며 이런 장점이 더욱 극대화 되리라 기대하고 있습니다. 그리고 오송의 바이오와 철도산업 등의 투자유치로 앞으로의 발전가능성도 무궁무진한 도시라고 생각합니다.

면접관 주요 정책은요?

응시생 레이크파크 르네상스와 출산육아수당, 도시농부사업 등이 있습니다. (대답은 했는데 어떤 걸 대답했는지 잘 기억이 안납니다ㅜㅜ)

면접관 본인이 가본 청주시 볼거리는 무엇이며 거기서 어떤 점이 좋았나요?

응시생 (준비 안했던 공예비엔날레가 튀어나와서 좀 당황해서 버벅거리면서 말했던 것 같아요ㅜ) 무심천 벚꽃축제, 청주국제공예비엔날레 등이 있습니다. 저는 그 중에서 공예비엔날레를 방문한 경험이 기억에 많이 남습니다. 수도권에 비해 청주시민들이 문화예술을 경험할 기회가 적은데 공예비엔날레를 통해 직접 전시물을 관람할 수 있는 점이 좋았습니다.

면접관 저출산, 고령화에 대해 답변해보고 대응방안도 얘기해보세요.

응시생 (둘 다 물어보셔서 좀 당황해서 초반에 좀 헤매다가 고령화얘기는 못하고 저출산대안으로 얘기했습니다.) 전국적으로도 저출산, 고령화는 해결해야 될 문제입니다. 제가 생각할 때 저출산의 주된 원인은 주거비용 때문이라고 생각합니다. 해결방법을 찾다가 해외의 헝가리의 사례를 보았는데 1명 출산할 때마다 4천만원까지 무이자대출을 해주고 3명을 낳게 되면 대출금을 전액감면해주며 이런 정책들로 인해 출산율이 증가되었다는 것을 보았습니다. 출산육아수당이나 청주시 신혼부부정책과 같은 다양한 정책이 있지만 보다 출산과 관련하여 직접적으로 주거비용에 대한 혜택이 가면 저출산 완화에 더 효과가 있지 않을까 생각됩니다.

면접관 한국의 경우 얼마나 지원해주어야 할까요?

응시생 5,000만원 정도 지원하면 좋지 않을까 생각합니다.

면접관 적지 않을까요?

응시생 그래도 한국엔 출산할 때 대출금전액감면까지 해주는 건 없는 걸로 알고 있습니다.

면접관 (다른 면접관분들이랑 말씀하시면서) 현금지원 있는걸로 아는데요.

응시생 (고개 끄덕이면서) 아, 네. (위에처럼 대출금전액감면은 없다고 대답하고 싶었는데 같은 답변이라 그냥 대답하고 면접관분도 질문이 마무리 분위기라 다음 질문으로 넘어갔습니다.)

면접관 청주시민들의 청주시 공무원들에 대한 신뢰도는 솔직하게 어느 정도라고 생각하나요?

응시생 좋은 편이라고 생각합니다.

면접관 신뢰도를 높이기 위해서는 어떻게 해야 하나요?

응시생 (갑자기 백지가 돼서 '생각할 시간 좀 주시겠습니까'하고 10초 정도 생각 후 대답했습니다.) 신뢰도를 높이기 위해서는 공무원들의 적극행정을 시민들에게 홍보하면 좋지 않을까 생각합니다.

면접관 마지막 하실 말 있으시면 해주세요.

응시생 먼저 긴장을 많이 했는데 저의 말을 잘 들어주셔서 감사합니다. 이번 면접준비를 하면서 제가 몰랐던 청주시의 정책과 제도에 대해 많이 알게 되었고 이런 성과들에 무엇보다도 청주시 공무원분들의 노력이 들어가 있음을 느낄 수 있었습니다. 저도 공직에 들어가게 된다면 선배공무원분들처럼 청주시의 발전에 도움을 줄 수 있는 공무원이 되겠습니다. 감사합니다.

CASE 13   인천광역시 일반행정직

1. 단체토의

- 주제 ⇨ 도시 연담화 문제
- 16일 오전 저희 2조는 11명이었고 일렬로 들어가서 원형으로 앉았습니다.
- 충분한 시간이 주어졌기에 충분히 멘트를 작성하고 들어갈 수 있었습니다.
- 면접관님들께서는 원 밖에서 토론을 지켜보고 이것저것 체크하셨습니다.
- 조 1번 분께서 최초 발언을 하셨고 그 이후 발언하려 하였으나 2번 분께서 손을 드셔서 양보하였고 이후 4번 분께도 양보한 후 네 번째로 발언하였습니다.
- 저 같은 경우 행정, 교통, 교육의 3가지를 문제로 본다고 말하였으며 행정은 광교신도시에 살던 친구가 길 하나 건너 용인시 시민이 되어 차타고 1시간 반 이상 걸리는 용인시청에서 업무를 보게 되었다고 이야기 하였고 교통은 신도시가 교통이 들어오기 전 까지는 이동이 힘든데 당장 검단 신도시의 일산-김포-검단-서울 라인의 출근길이 매우 힘들어질 것이며 교육은 동네가 같은데 교육이 다르면 혼란이 올 것이라고 답한 후 추가 발언 때 발언하겠다고 말했습니다.
- 모두가 발언을 하는 것 다 적으며 기다렸습니다. 1번 분이 최초로 추가발언을 하셨고 그 후 한분이 더 추가 발언을 하신 후 제가 세 번째로 추가발언을 하였습니다. 4번분의 '각 지자체에서 뽑아서 팀을 만들자'가 저의 생각과 유사했기에 저도 비슷한 생각이므로 각 지자체에서 뽑아서 '동네권'이라는 개념을 새로 만들어야 한다고 답했습니다. 교통 같은 경우는 계획 중인 인천 3호선 지하철을 청라-검단-서울 방향으로 신설하여 인천 시민들의 교통 불편을 해소해야 한다고 답했고 모두 발언 때 10번분께서 학원 강사 출신인데 학교만 달라도 교과과정이 다르므로 같은 동네여도 혼란이 올 수 있다는 것을 저도 공감한다고 하며 교육 또한 '동네권' 느낌으로 하나의 동네로 해야 한다라고 말하고 발언을 마쳤습니다.
- 계속 시간 체크를 하였는데 네 분 정도 추가 발언을 못하신 것으로 기억합니다.
- 시간이 끝나고 나가라고 하셔서 일렬로 나갔습니다.

2. 개별 면접

- 저는 2조 11번으로 면접을 가장 늦게 봤습니다. 가운데에 여성 면접관분, 양쪽에 남성 면접관분이 앉으셨습니다.
- 사실 저는 크게 긴장이 되지 않았으나 2조 9번분께서 들어가실 때부터 긴장이 되기 시작했고 2시간 20분 대기에 에너지도 쭉 빠졌습니다.
- 대답은 잘 했지만 긴장도 하고 많이 더듬기도 했습니다. 최대한 기억나는 부분에서 작성해 보겠습니다. 꼬리 질문은 붙여서 작성하겠습니다.

면접관 맨 마지막 번호였는데 오래 기다렸죠?
응시생 아닙니다. 기다리는 동안 준비 많이 했습니다.

면접관 자기소개 해보세요.
응시생 모든 길이 통하는 All ways 인천 지원자 ○○○입니다. 어머니를 닮은 붙임성 있고 친화력 있는 성격＋아버지를 닮은 근면성실함＋유머러스 하고 쾌활한 성격으로 인천의 한 갈래의 길이 되고 싶습니다. (몇 번 더듬은 기억이 있습니다)

면접관 유머러스 하다고 하는데 긴장 풀고 해봐요. (웃으심)
응시생 네, 제가 자기소개까지만 긴장하고 이후엔 긴장하지 않습니다. (근데 계속 긴장했습니다.)

면접관 자기소개에 갈등을 잘 해결했다는데 갈등 해결 경험이 있나요?
응시생 네, 피잣집 아르바이트 시절에 동료분께서 매번 다툼과 갈등이 있는 것을 보게 되었습니다. 주방은 한 팀으로 움직여야 하는데 호흡이 안 맞아 많이 안 좋았던 경험이 있습니다. 우연히 둘이서 일하게 된 날 무슨 일이 있느냐 혹시 물어보는데 대학교에서 학교 문제, 가정 문제, 남자친구와의 문제 등 많은 문제가 있었다는 것을 알게 되었습니다. 그 이후 저는 그 분께서 다른 동료들과 갈등이 있기 전에 미리 막거나 갈등이 생겨도 적극적으로 말리는 등의 행동으로 갈등을 많이 해소하였고 그 분께서도 저의 말은 잘 듣게 되어서 많이 좋아졌던 기억이 있습니다.

면접관 혹시 그럼 갈등이 완전히 해소된 것인가요?
응시생 사실 갈등이 완전히 해소되었다고 한다면 거짓말일 것입니다. 그러나 저는 제가 있는 동안에는 최대한 갈등을 없애려 했고 그분의 상황을 아무에게도 이야기 하지 않았습니다. (이 쯤에서 많이 더듬었던 기억이 있습니다) 하지만 제가 있는 동안에는 그 분과의 갈등이 많이 없었던 것은 사실입니다.

면접관 네, 좋아요. 혹시 지원한 직렬에 걸맞은 전문적 지식이나 기술이 있나요?
응시생 저는 원래 행정복지센터에 계신 분들만 공무원인줄 알았는데 면접 준비를 하면서 일반행정에 이런저런 많은 파트가 있다는 것을 알게 되었습니다. 그리고 또한 홍보 파트도 있게 되었다는 것을 알게 되었는데요.

면접관 (답변 중단시키시며) 아니 전문적 기술 있냐구요.

응시생 네, 저는 대학교 때 방송국에서 30대 기술부장으로 있었습니다. 영상 편집 능력을 갖추었고 이것을 홍보 쪽에서 잘 활용할 수 있을 것 같습니다. 제가 인천시 유튜브를 들어가 보았는데 많은 영상들이 있었습니다. 저 또한 도움이 될 것 같습니다. 또한 저는 워드와 파워포인트 등을 능숙히 다루며 엑셀을 공부할 준비까지 하고 있습니다. (이 부분에서 면접관님이 좀 무서우셔서 좀 더 더듬은 기억이 있습니다.)

면접관 좋습니다. 요새 공무원들의 부패가 사회적 문제가 되고 있는데요, 왜 부패가 사라지지 않을까요?

응시생 제 생각에는 공직자들이 '청렴성'을 잊어서 이런 일이 발생한다고 생각합니다. 제가 생각하는 '청렴'이란 욕심을 갖지 않는 것이라고 생각합니다. 공직자로서 본인에게 더 엄격하게 공익을 위해 일한다는 사명감을 가지고 일한다면 부패가 조금이나마 없어지지 않을까 생각하고 있습니다.

면접관 그럼 청렴을 제고하려면 어떤 방안이 좋을까요? 생각한 게 있나요?

응시생 제 생각에는 청렴성을 사명감에 한 바탕으로 해서 분기별 청렴한 공무원 상을 수여하거나 액자로 걸어 놓는 등 처벌보다는 사명감을 갖게 하도록 하는 게 좋지 않을까 생각합니다.

면접관 선별적 복지와 보편적 복지가 있습니다. 어떤 게 중요하다고 생각합니까?

응시생 제 생각은 보편적 복지가 보다 중요하다고 생각합니다. 제가 실제로 코로나 시절에 요식업에 종사하고 있었습니다. 그때 재난 지원금을 받으신 많은 분들께서 매장을 이용해주셨고 그것이 직접적인 매출의 증가로 이어졌던 기억이 있습니다.

면접관 그래도 요새는 누구나 복지를 받으려 합니다. 정말 어려운 사람들에게 복지가 돌아가야 한다는 말이 있는데요, 선별적 복지가 더 중요한 것이 아닐까요?

응시생 (이때 진짜 당황했지만 최대한 티 안내려 노력했습니다) 네, 저도 그렇게 생각하고 있습니다. 그러나 제가 생각하기에는 보편적 복지와 선별적 복지는 서로 상충되는 것이 아닌 중화되어 새로운 방향으로 이어나갈 수 있다고 생각합니다. (여기서 뭔가 문장 선택을 잘못한 느낌이긴 했습니다) 보편적 복지를 바탕으로 하되 선별적 복지를 정확히 적용하여 복지의 바른 방향으로 나아가는 것이 중요하다고 생각합니다. (솔직히 거의 횡설수설 느낌이었는데 다행히 면접관님께서 고개를 끄덕여 주셨습니다)

면접관 상관 중에서는 부드러운 상관분도 계시고 카리스마 있는 상관분도 계세요, 본인은 어떤 쪽이 맞다고 생각하나요?

응시생 저는 어떤 분이라도 다 존경하고 따를 준비가 되어있습니다. 그러나 저는 맡은 일의 능숙도에 따라 다르다 생각합니다. 처음 1년 정도는 부드러운 상관분이 좋으실 것 같습니다. 그 동안 제가 발전을 할 수 있다고 생각합니다. 그러나 그 이후에는 카리스마 있는 상관분이 좋다고 생각합니다. 제가 못 본 부분이나 놓치는 부분들을 잘 잡아주셔서 더 발전할 수 있지 않을까 생각합니다.

면접관 그러면 본인은 상관이 되었을 때 어떤 상관이 되고 싶나요?

응시생 저는 사실 일을 빨리 배우는 편이 아닙니다. 그래서 저는 상관이 되어 후임자를 받게 되더라도 그 분께서 충분히 발전할 수 있도록 기다려주는 상관이 되고 싶습니다.

면접관 그러면 요새 공무원은 시간도 맞추어야 할 일이 많고 빨리 배워서 빨리 투입되어야 하는 경우도 많은데 그런 경우엔 어떻게 하겠나요?

응시생 저는 사실 시간은 24시간으로 모두에게 똑같지만 (이렇게 자연스럽게 말하지를 못했습니다) 시간은 상대적이라고 생각합니다. 제가 본인이 늦다 생각하면 그만큼 더 많은 시간을 쓰면 된다고 생각합니다. 야근을 해서라도 주말에 나와서라도 어떻게든 시간을 맞추면 결국 속도는 다르지만 도착점은 같다고 생각합니다. (이 부분에서 사실 눈치가 좀 보였는데 다들 끄덕끄덕 해주셨습니다)

면접관 요새 인천시에서 청년들이 많이 유출되고 있습니다. 이유는 뭐라고 생각하고 해결방안은 어떻게 생각하나요?

응시생 저는 아무래도 인천이 지리적·지역적 특성상 상공업이 많이 발달하여 젊은 층이 찾는 일자리는 많이 부족하지 않나 생각합니다. 그래서 저같은 경우에는 이번에 유정복 시장님의 민선8기 공약 중 제물포 르네상스에 발맞추어 중소기업을 지원하고 인천경제자유구역에 발맞추어 대기업을 유치하여 일자리를 많이 만들면 인천시의 청년 유출을 막을 수 있다고 생각합니다. (이 부분은 진짜 많이 더듬었습니다)

면접관 그런데 요새 인천시에서는 굴뚝 종량제(?) 등으로 굴뚝 규제가 많이 이루어지고 있습니다. 그런 것은 어떻게 생각하나요?

응시생 사실 제가 말씀 드린 부분은 경제자유구역에 발맞춘 대기업이나 글로벌 기업의 유치였습니다. 현재 인천의 공장은 남동인더스파크 등 많이 있다고 생각하고 있습니다. (이 부분은 진짜 당황해서 목 부분이 빨개졌을 수도 있습니다)

면접관 네, 좋습니다. 시간 끝나셨어요. 수고하셨어요.

응시생 저 혹시 마지막으로 20초 만이라도 마지막 한 번만 말하고 가도 되겠습니까? (정말 간절했습니다)

면접관 네, 하고 가세요. (다행히 웃으시며 시간을 주셔서 너무 감사했습니다)

응시생 안녕하십니까, 저는 근성 하나로 여기까지 앞만 보고 왔습니다. (기껏 시간 달라고 하고 여기서 더듬었습니다.) 이르지는 않다고 생각해서 후회 없이 전력투구 하자라고 생각한 것이 저를 지금 여기 이 자리에 면접관님들 앞에 서게 해주지 않았나 생각합니다. 저는 뛰어난 사람이 아니라서 무슨 일이든 최선을 다합니다. 변치 않고 최선을 다해서 저에게 많은 좋은 기억을 주신 인천 시민분들에게 가장 가까운 곳에서 보답하고 싶습니다. 감사합니다. (다행히 저 이후에는 더듬지 않았습니다. 이후 인사드리고 나왔습니다.)

CASE 14 광주광역시

1. 개 요

① 면접관: 남성 2인
② 답변태도: 정자세로 성실하게 답변하려고 노력. 약간 말을 더듬기는 하였음.
③ 면접관들의 모습: 답변에 대해 대체로 고개를 끄덕이셨으며, 꼬리 질문은 없었음.

2. 면접 상황

① 들어가기 전 목례를 하고, 이름을 이야기한 뒤 평정표를 면접관들에게 드림.
② 시작 전 면접관께서 긴장하지 말라고 하며 식사는 하였는지, 몇 시에 면접장소에 왔는지 물어보심.
③ 질문시작

면접관 자기소개 해주세요.

응시생 저는 2004년 광주에 대학 진학을 위해 올라와 지금까지 18년 간 광주에 살고 있습니다. 대학시절과 그 이후 만난 인연들을 통해 광주가 가진 공동체적인 모습과 따뜻한 분위기가 좋아 2012년 전입신고를 하고 광주광역 시민이 되었습니다. 지난 7년여 간 법률·인권 단체에서 일하며 배운 공익가치를 바탕으로 광주공동체에 봉사하는 공직자가 되고 싶어 지방공무원에 지원했고, 이 자리에 오게 되었습니다.

면접관 행정에 있어 중요한 가치 예컨대 합법성, 민주성, 능률성, 공익, 형평 가운데 무엇이 중요하다고 생각하나요?

응시생 행정에 있어 가장 중요한 가치는 무엇보다 공익이라고 생각합니다. 행정은 인적, 물적 요소를 동원해 공공서비스를 생산하고 이 공공서비스가 많은 국민 또는 주민들에게 제공될 수 있도록 해야 합니다. 하기에 이 과정에서 공익이 제일 중요한 가치가 되어야 한다고 생각합니다.

면접관 광주광역시가 가진 강점과 자랑할 만한 것이 있다면 무엇인지 또 우리시가 가진 약점이나 개선했으면 하는 것이 무엇이라고 생각하나요?

응시생 우리 광주는 누구나 인정하는 민주, 인권, 평화의 도시입니다. 대한민국 민주주의 발전 역사에서 민주, 인권을 논할 만한 곳이 여럿 있겠지만 우리 광주만큼 이 가치를 인정받는 곳이 드물다고 생각합니다. 아울러 우리 광주는 누구나 인정하는 문화예술의 본고장입니다. 한편 제가 광주에 올라와 살면서 느낀 것은 광주가 실제 발전한 지 100여 년 정도된 일종의 신도시 같은 곳이라 마을문화 또는 마을공동체 관련해 특별히 눈에 띄는 것을 발견하기 어려웠습니다. 사실 문화예술이 삶 속에서 꽃피려면 마을문화나 마을공동체가 더 발전해야 한다고 생각합니다. 해서 공직에 복무할 기회가 생긴다면 주민들과 함께 우리 마을 문화 또는 마을공동체 관련 사업과 콘텐츠를 만들어보고 싶습니다.

면접관 경찰국 설치에 대해 정치적 중립의 관점에서 본인의 의견을 말한다면요?

응시생 사실 정치적으로 논쟁이 첨예한 사안이라 조심스럽습니다만 말씀드리겠습니다. 국가권력은 국민의 기본권 보장을 위해 존재하여야 하고 이를 위해 견제와 균형이 필수적입니다. 경찰국 설치는 최근 비대해지고 있는 경찰에 대해 민주적인 통제가 가능하도록 하기 위한 논의에서 출발하는 것으로 알고 있습니다. 선진국과 같이 행정부에서 통제를 하는 것이 맞다는 게 정부의 입장이나, 우리 민주주의 역사에서 경찰이 보여준 어두운 과거로 미루어볼 때 과거 독재 시절로 돌아가는 것 아니냐는 우려와 함께 경찰국 설치에 대한 현행법령상 위법 문제가 논쟁이 되고 있는 것으로 알고 있습니다. 어떤 식으로 논의가 되건 무엇보다 국민의 기본권 보장이라는 대전제 아래에서 바람직한 논의가 진행되었으면 하는 생각입니다.

면접관 갑질이 문제가 되고 있는데 이에 대한 해결방안은 무엇이라고 생각하나요?

응시생 갑질이란 우월적 지위를 이용해 상대방에게 부당한 것을 지시 또는 강요하는 등의 행위를 말하는 것으로 알고 있습니다. 사적 영역에서도 갑질은 당연히 해서는 안 될 것이지만 공적 영역은 특히 더 그렇습니다. 법치행정의 원칙에 비추어 공무원은 모든 직무를 법에 따라 수행하여야 하고 법령을 위반하거나 사적 이익을 위해 갑질을 해서는 안 될 것입니다. 이에 대한 공무원 개인의 의식적 노력이 수반되어야 합니다. 또한 수직적 조직구조라도 수평적 인간관계에 대한 조직의 노력이 뒷받침되어야 합니다. 직무상 위, 아래라도 사람으로서 존중하고 배려하는 문화가 필요합니다. 아울러 이에 대한 교육과 제도적 방안 마련이 추가로 이루어져야 할 것입니다.

면접관 공직에 들어오면 무엇을 하고 싶은가요?

응시생 앞서 말씀드린 마을공동체 관련 사업 외에도… 이 말씀을 드려도 되겠습니까? (면접관님께서 "예, 하십시오" 하셔서) 제가 광주에서 사회복무요원을 했습니다. 민원실에서 일을 했는데 제증명발급을 하는 분을 보면서 저 많은 서식들을 어떻게 처리하는지 궁금했습니다. 제증명발급은 일단 주민생활에 가장 기본적인 여러 서류나 서식들을 발급해주는 업무로 알고 있습니다. 이를 통해 주민들을 대상으로 하는 행정의 여러 프로세스가 어떻게 진행되는지 먼저 배워보고 싶습니다.

면접관 앞으로 광주의 미래 먹거리가 무엇이 되어야 한다고 보는가요?

응시생 4차 산업혁명의 흐름에 따라 AI, 반도체 등 첨단산업에 있어 우리 광주가 먼저 하고 있거나 계획하고 있는 일들이 많은 것으로 알고 있습니다. 이 계획들이 잘 수행되도록 하는 것이 중요하다고 생각합니다. 아울러 기계가 사람을 대체하는 시대에 기계가 넘어갈 수 없는 영역, 다시 말해 사람의 정신작용에 관계된 일들이 실제 사업으로 구현되어야 합니다. 우리 광주는 대표적인 문화예술의 본고장으로 이를 위한 인적 인프라들이 많습니다. 인문학, 철학, 음악, 미술 등 문화예술의 각 영역에서 다양하고도 참신한 사업들이 기획되어 문화도시 광주를 더욱 브랜드화하는 것이 우리 광주 미래 먹거리의 또 다른 모습이 아닌가 생각합니다.

면접관 마지막 하고 싶은 말해보세요.

응시생 면접을 준비하는 내내 초조함과 긴장감으로 가득한 시간을 보냈고, 지금 이 순간도 긴장감을 감출 수 없습니다. 그럼에도 이번 면접을 준비하면서 제가 모르는 광주의 모습이 참 다양하다는 것을 다시 한 번 보게 되는 계기가 되었습니다. 공직에 복무하게 되면 이 초조함과 긴장감을 늘 생각하며 주민들에게 도움이 되는 공직자가 될 것이며, 더욱 광주를 알아가는 공직자가 되고 싶습니다. 감사합니다.

CASE 15　세종시

1. 면접상황

인자해보이시는 4~50대 공무원 남자 3분이 앉아계셨고 압박질문도 없었고 처음 자기소개를 외우고 가서 떨면서 말했더니 긴장하지 말라고 해주셨습니다. 편안하고 좋았습니다. 테이블이 제 하체를 가려줘서 더 편했습니다.

2. 질의응답

면접관 자기소개와 지원동기 2분 동안 해주세요.

응시생 저는 책임감 강하고 활동적입니다. 대학교를 다니는 4년동안 여러 아르바이트를 하면서 지각과 결근한 적이 한 번도 없었습니다. 그래서 근무 마지막 날 '믿고 맡길 수 있었다. 고마웠다'라는 소리를 들었습니다. 또한 과 총무, 봉사동아리, 배드민턴 동아리, 랩실원으로 활동하면서 여러 경험을 하고 사람 만나기를 좋아했습니다. 세종에 오래 살면서 발전하는 모습을 보고 멋있다고 느껴서 그 일원이 되고 싶어 지원하게 되었습니다. (자기소개 따로 지원동기 따로 준비했는데 갑자기 합치려니까 당황해서 말을 잘 못했어요, 1분 살짝 넘겼을 거 같아요.)

면접관 세종시 출범 이유와 다른 광역시와 다른 점이 뭐라고 생각하나요?

응시생 수도권 집중을 방지하기 위해서 행정수도를 만들기로 했고 그게 여기 세종이라고 알고 있습니다. 다른 광역시와 다른 점은… (생각 안 나서 고민하다가) 교통 인프라가 잘 갖춰진다면 앞으로 더 발전할 수 있다는 것입니다. (당황해서 이상한 말 해버렸어요;;)

면접관 교통 인프라는 어떤 걸 말하는 건가요?

응시생 (또 당황했지만 침착하게) 저는 KTX역의 필요성을 잘 몰랐습니다. 근데 이번 세종시를 알아가면서 KTX역이 필요하다고 느꼈습니다. 서울과 교통시간을 줄일 수 있고 오송역에 주차하면 2만5천원 정도 든다고 들었습니다. 그래서 KTX역이 빨리 들어서면 더 발전할 거라고 생각했습니다. (여기까지 한 분이 다 질문해주시고 다음 면접관님이 "이제 제가 질문드릴게요" 했습니다.)

면접관 직장 상사가 부당한 지시를 하면 어떻게 할 것이고 동료와 갈등이 있으면 어떻게 할 것인가요?

응시생 상사분은 저보다 경험도 많으시고 이곳에 오래 계신 전문가시기 때문에 정말 부당한 지시가 맞는지 검토해 볼 것 같습니다. 그래도 부당한 지시라고 판단된다면 기분 상하시지 않게… 슥… 말씀 드려볼 것 같습니다, 그리고 동료와 갈등이 생긴다면 상사보다는 더 편하게 말하고 갈등을 풀 수 있을 것 같습니다. (면접관님께서 '슥?ㅎㅎ' 하셨어요, 제가 면접자리인데 말을 좀 격식있게 못 한 거 같습니다ㅠㅠ)

면접관 민원인에게 필요한 자세는 무엇이고 본인의 신념은 무엇인가요?

응시생 민원인의 불편사항이 뭔지 잘 들어보고 내 상황이면 어땠을까 하는 공감의 자세가 필요하다고 생각합니다. 그리고 제 신념은 남에게 피해주지 말자입니다. (신념 물어보셔서 당황했어요. 여기까지 두 번째 면접관님이 하시고 세 번째 면접관님이 "이제 제가 질문드리겠습니다" 하셨어요.)

면접관 토목직 공무원이 뭐 하는지 알고 있나요?

응시생 도로공사, 도로나 상하수도 같은 사회기반시설 관리, 재난업무를 한다고 알고 있습니다.

면접관 자세히 뭘 하나요?

응시생 음… 아스팔트 도로에 구멍이 나면 작은 경우엔 직접 접착제를 붓고 아스팔트를 뿌려서 매울 수 있다고 배웠습니다. 민원신고가 들어온다면 현장에 가서 할 것입니다.

면접관 본인이 직접 할 건가요?

응시생 네. 제 업무라면 제가 할 것입니다.

면접관 토목 민원에는 어떤 게 있을까요?

응시생 음… 만약 배수구를 옮겨달라는 민원이 들어오면 관을 새로 뚫어야 하는지 예산은 얼마인지 알아보고 예산이 된다면 하고 안 된다면 민원인께 안 된다고 한다고 알고 있습니다.

면접관 그래도 민원인이 해달라고 하면 어떻게 할 건가요?

응시생 안 되는 이유를 자세히 설명드리면서 납득하실 거라고 생각합니다. ㅎㅎ

면접관 신규 공무원들이 퇴직을 많이 하는데 이유가 뭐라고 생각하세요?

응시생 편할 줄 알고 들어왔는데 생각보다 힘들어서 그만둔다고 생각합니다. (이러고 저는 안 그럴 거라는 말을 했어야 했는데 이러고 끝났어요;;)

면접관 봉사활동 한 경험 있나요?

응시생 저는 사실 고등학교 때 봉사에 큰 관심, 흥미가 없었습니다. 친구들과 쓰레기 줍고 봉사시간 채우는 그런 봉사만 했었는데 고등학교 3학년 때 한 학기 동안 아름동복합커뮤니티센터에서 초등학교 6학년 친구들에게 영어를 가르쳐주는 봉사를 했습니다. 그때 영어뿐 아니라 저에게 학교생활 고민도 말하고 해서 봉사하면서 저도 만족감을 느끼고 뿌듯해서 그 이후에 대학교에 와서 봉사동아리서 여러 활동을 했습니다.

면접관 이력서를 보니까 VE공모전에 참가했던데 뭐하는 공모전인가요?

응시생 대전 샘머리공원의 시방서를 받아서 같은 가격에 더 효율을 높일 수 있는 방법은 없을까?를 찾아서 보고서 만들어서 제출한 활동이었습니다. (이렇게 세분이 끝나고 첫 번째 면접관님께서 다시 질문하셨습니다.)

면접관 자신이 지금까지 한 가장 큰 잘못이나 실수가 있나요? 어떻게 해결했나요?

응시생 제가 논문발표대회를 나간 적이 있는데 제가 발표한 것입니다. 제가 여러 사람 앞에서 말을 잘못해서 극복해보려고 제가 한다고 나섰는데 연습보다 못해서 생각보다 낮은 상을 받았습니다. 그때 제가 발표 한다고 나섰던 게 가장 큰 실수였던 것 같습니다. ㅎㅎ

면접관 공무원 조직에 들어오면 발표할 상황이 생기는데 그때도 그럴 것인가요?

응시생 발표 잘하는 팀원이 있다면 그 팀원을 응원해줄 것입니다. ㅎㅎ 근데 아무도 안 나선다면 제가 열심히 준비해서 제가 할 것입니다.

면접관 그래서 친구들과는 잘 풀었나요?

응시생 그때가 4학년 마지막 학기고 다들 큰 기대를 안했어서… 저만 아쉬워했습니다, ㅎㅎ(하고 세 번째 면접관님이 KTX 시속 아냐고 여쭤보셔서 모르겠습니다 했더니 300이 넘어요. 아까 KTX 말씀하셔서 말해본거에요ㅎㅎ 하고 끝났어요. 세 번째 분이 제일 무서웠는데 마지막에 웃어주셔서 좋았습니다.)

MEMO

2024
스티마 면접
지방직(공통편)

CHAPTER
01 저출산

1 출산율 현황

● 출생아 수 및 합계출산율(2013~2023)　　　　(단위: 천 명, %, 인구 1천명당 명, 가임 여자 1명당 명)

구 분	2013	2014	2015	2016	2017	2018	2019	2020	2021	2022	2023
출생아 수	436.5	435.4	438.4	406.2	357.8	326.8	302.7	272.3	260.5	249.0	230.0
합계 출산율	1.19	1.21	1.24	1.17	1.05	0.98	0.92	0.84	0.81	0.78	0.72

(1) 2024년 출산율 현황은 합계출산율 0.72명, 출생아수 23만 명 수준이다(통계청).

(2) 2023년 합계출산율은 0.72명으로 사상 최저 수준이며, 출산 아동은 23만 명대로 하락하여 우리나라의 합계출산율은 OECD 국가 중 가장 낮은 수준이다.

(3) 앞으로 인구 유지를 위해 필요한 합계출산율은 2.1명이다.
    ● 합계출산율은 여자 1명이 평생동안 낳을 것으로 예상되는 평균 출생아 수를 나타낸 지표이다.

2 저출산 원인

(1) 낮은 출산율

우리나라의 합계출산율은 2000년 1.47명에서 2018년 1.0명 이하로 떨어져 초저출산에서 벗어나지 못하고 있다.

(2) 삶의 질 악화

우리나라는 OECD 국가 중 행복지수 최하위, 자살율 최고, 아동복지지출 최하위, 고용안정성 최하위 등을 기록하며 불평등 심화와 국민 전반의 삶의 질 악화를 가져왔으며 낮은 출산율은 그 결과라는 의견이다.

(3) 경제적 부담(소득 및 고용불안정)

저출산·고령화에 대한 인식조사에 따르면 저출산의 주요 원인은 '자녀양육비·교육비부담(60.2%)' 및 '소득·고용의 불안정(23.9%)'과 높은 관련성을 보여준다. 또한 출산을 하더라도 소수의 자녀를 두고자 하는 이유로 '경제적 부담(79.9%)' 및 '자녀 출산 및 양육을 배려하는 사회적 분위기의 미흡(70.7%)'을 지목한다.

(4) 주택가격의 가파른 상승

주택가격의 상승은 주거비용을 높이고 소비지출 여력을 감소시켜 미혼 인구의 결혼을 어렵게 하고 무주택자의 출산율을 낮추는 것으로 조사되었다.

(5) 성차별적 노동시장과 돌봄공백

여성의 경력단절 상황과 그에 따른 재취업의 어려움이 있고, 남성 육아휴직에 대한 인식 미비와 맞벌이 가구 증가로 돌봄 인프라가 확대되었으나 여전히 돌봄공백이 존재하고 있다.

(6) 만혼화 현상 심화

통계청 인구자료는 저출산 현상이 만혼화 현상과도 연계되어 있음을 보여준다. 초혼연령은 2000년 남 29세, 여 26세에서 2023년 남 34세, 여 31.5세로 상승하였다.

(7) 결혼 인식 변화

2000년 이전에는 결혼을 해야 한다고 생각하는 사람이 10명 중 7명은 되었지만 최근엔 10명 중 5명까지 감소하여 결혼을 '해도 그만 안 해도 그만'이라고 생각하는 사회적 인식의 변화가 생겼다.

(8) 일·가정 양립이 어려운 사회구조

① 장시간 근로와 결혼·출산시 경력단절이 만연해 있다.
② 맞벌이의 보편화에도 남성의 육아 및 가사 참여가 저조한 현실이다.
③ 일과 가정의 균형 실천이 미흡한 현실이다.

3 저출산 문제점(저출산이 우리 사회에 미치는 영향)

(1) 인구 감소

2023년 12월 말 기준 주민등록인구 통계에 따르면 우리나라 인구는 5,132만 명으로 인구 감소 추세에 있다. 주원인은 출생자 급감이다(2020년 5,184만 명으로 정점 이후 감소).

(2) 국가 잠재성장률 둔화

생산가능 인구의 감소는 경제 활력의 저하, 노동생산성의 감소 그리고 결국 국가의 잠재성장률의 둔화 및 세수의 감소로 이어진다.

(3) 국방인구 감소

2020년 군에 입대하는 20세 전후 병역자원 인구는 75만 명 수준이다. 향후 10년 후에는 입대 연령 인구가 연 40만 명 이하 수준으로 감소할 전망이다. 입대 인구가 2/3 수준으로 하락하는 상황에 대비가 필요하다.

(4) 사회영역별 수급 불균형 발생

① 고용·교육·의료·주택 등 각 영역별로 일부는 초과공급, 일부는 초과수요가 발생하는 등 사회영역별 수급 불균형이 발생하고 있다.

② 학령인구 감소로 초·중·고 인프라 공급과잉, 지방 대학의 많은 폐교가 우려된다.

③ 고령층 의료수요 증가, 유소년층 의료수요 감소로 '소아청소년과'의 폐과가 논란이 되고 있는 중이다.

(5) 지역소멸

① 소멸위험지역이 전체 시·군·구의 51.8%를 차지하고 있다(118개, 2023년 기준).

② 수도권은 인구집중에 따른 사회적 혼잡비용이 급증하고 있으며, 주거비용 또한 급등하고 있다.

③ 지방에서는 유휴자원 증가 및 공공행정서비스를 비롯한 의료서비스 등 사회적으로 필수적인 서비스에 대한 사각지대가 발생하고 있다.

4 저출산 대책(저출산고령사회위원회 보도자료 참조 2022.12.28.)

(1) 일·생활이 조화를 이루고 차별 없는 출산·양육환경의 조성

① 육아기 근로시간 단축 대체인력 고용 촉진방안 마련

    ㉠ 경력단절여성 고용시 인센티브 제공

    ㉡ 육아기 근로시간 단축제도 사용대상 자녀연령 상향(현행 만 8세 ⇨ 12세 이하)

② 난임치료휴가기간(연간 3일) 확대

③ 출산·육아휴직

    ㉠ 모성보호 실태조사 결과를 바탕으로 육아휴직(1년 ⇨ 1.5년으로 기간 연장) 및 배우자 출산휴가제도 등 개편

    ㉡ 육아휴직 사용에 따른 불이익에 대해 사용자의 권리보호 절차를 정립하여 육아휴직 사용권 강화

    ㉢ 배우자 출산휴가 분할사용 횟수 제한(현재 1회) 완화

④ 출산·양육과정에서 부모의 법적 혼인 여부에 따른 차별이 발생하지 않도록 법·제도 개선

(2) 생애주기별 돌봄체계 확충

① 늘봄학교(전일제교육, 20시까지 돌봄제공) 추진을 위해 방과 후 활동프로그램 다양화 및 전담운영체제 구축

    ➎ 2024년 1학기 2,000개교 이상, 2학기 모든 초등학교로 확대하며 지원 대상도 단계적 확대 예정으로 2026년 모든 초등학생 100% 지원 목표

② 마을돌봄(다함께돌봄·지역아동센터 등) 운영시간 연장(19시 ⇨ 20시)을 통한 주거지 인근 돌봄 수요대응 및 돌봄 사각지대 보충

③ AI 매칭 등 이용편의 제고를 위한 아이돌봄 플랫폼 개선(2023), 돌봄서비스 인력 전문성 강화를 위한 국가자격관리제도 도입

(3) 양육지원

① 양육부담 완화의 하나로 출산·양육으로 줄어드는 소득 보전 등을 위해 만 0~1세에 월 50~100만원을 지급하는 부모급여 도입

② 고용보험 가입 특수형태 근로종사자·예술인까지 육아휴직급여 지급대상 확대 검토

(4) 다자녀 가구에 대한 복지 지원 확대(2022년~)

① 다자녀 기준이 기존 미성년자 3명 이상 가구 ⇨ 2명 이상 가구로 변경

② 다자녀 가구 주거지원 확대

③ 고속열차(KTX) 할인, 문화시설 등 할인, 전기요금/도시가스 요금 감면 등의 할인혜택 제공

(5) 사실혼에 대한 법적 지위 강화

① 우리나라의 경우 결혼식을 올렸지만 혼인신고는 이후에 하는 등 사실혼 관계를 거쳐 가는 부부들이 증가하고 있지만 법률혼주의에 따라 사실혼 관계에 있는 부부는 복지에 있어 많은 사각지대로 존재한다.

② 프랑스의 경우 사실혼 관계에 있는 부부들이 몇 가지 서류만 제출하면 법률혼 관계의 부부와 동일한 세제 및 사회보장 혜택을 받을 수 있도록 제도를 개선하였고, 이로 인하여 프랑스의 출산율이 지속적으로 증가하였다.

③ 여성가족부를 중심으로 사실혼 관계의 부부도 법적인 가족으로 인정하는 법 개정을 추진하고 있다.

5 2024년부터 시행되는 주요 저출산 정책(저출산고령사회위원회 보도자료 참조 2023. 12. 15.)

(1) 5대 핵심과제

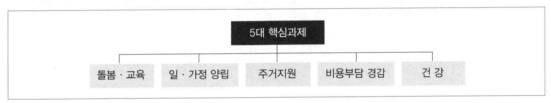

(2) 주요 저출산 정책

① 부모급여로 0세는 월 100만원, 1세는 월 50만원 지급

② 첫만남 이용권으로 첫째 200만원, 둘째 이상 300만원 지급

③ 늘봄학교 모든 초등학교로 전면 확대

④ 신생아 출산가구(2세 이하) 주택구입·전세대출 특례 신설

⑤ 신혼부부 주택구입·전세자금 대출 소득요건 완화

　㉠ 구입자금 대출시 7천만원 ⇨ 8.5천만원 이하

　㉡ 전세자금 대출시 6천만원 ⇨ 7.5천만원 이하

⑥ 청년 주택드림 청약통장 신설, 이자율(4.3% ⇨ 4.5%), 납입한도(월 50만원 ⇨ 100만원) 확대

　➲ 청약 당첨시 분양가 80%까지 저리·장기 자금 지원, 결혼·최초 출산시 우대금리 추가 지원

⑦ 6+6 부모육아휴직시 통상임금 100%(월 최대 450만원까지) 급여 지급

⑧ 육아기 근로자 시차출퇴근 장려금 월 20만원 신설

⑨ 육아기 근로시간 단축, 초등 6학년까지 최대 36개월, 주 10시간까지 통상임금 100% 지급

⑩ 아이돌보미 이용 가구 11만 가구까지 확대, 2자녀 이상 정부지원 대폭 확대

⑪ 난임 시술비 지원 소득기준 폐지, 냉동난자 보조생식술 지원

⑫ 고위험 임산부 의료비 지원 소득기준 폐지
⑬ 생후 24개월 미만 아동 입원 진료시 본인부담률 '0'
⑭ 미숙아·선천성 이상아 등 의료비 지원 소득기준 폐지, 지원 기간 2년까지 확대

6 저출산 정책 우수사례(광주광역시)

[아이 낳아 키우기 좋은 맘(MOM) 편한 광주 만들기]
1. 추진배경 및 전략
  (1) 초저출산 대응 정책 필요
  (2) '아이키움지원센터'를 중심으로 생애주기별 정책추진 종합관리
2. 추진경과
  (1) 민·관·학 협력체계 구성(시, 시의회, 자치구, 돌봄기관, 시민단체가 참여하여 추진협의회 구성)
  (2) 시에서 전담조직 구성(아이키움지원센터팀 신설)
3. 중점 추진전략
  (1) 만 남
    ① '광주 청년 잇다' 소통앱 운영: 지역 내 청년들이 같은 취미와 관심사를 나눌 수 있는 정보 및 네트워킹 기능제공
    ② '응답하라 2030' 청년 동아리 지원: 지역 청년들의 건전한 교류의 장 마련 및 성평등문화 확산
  (2) 결 혼
    ① 청년 가족사랑 통장 지원: 1년 이내 결혼·출산 계획이 있는 예비부부나 혼인신고일 기준 7년 이내 기혼부부 대상으로 결혼·출산을 위한 목돈 마련 저축 지원
    ② 행복플러스 건강지원: 임신 관련 건강검진비 지원
    ③ 청년 및 신혼부부 주거부담 완화: 신혼희망타운 공공주택건설 공급
    ④ 신혼부부 전세자금 대출이자 지원
  (3) 임 신
    ① 난임부부 시술비 지원
    ② 임산부 근로자 고용유지 지원: 출산전후 휴가로 발생하는 고용주부담금 지원
    ③ 임산부 직장맘 친화환경 조성지원: 찾아가는 노무컨설팅, 임산부 업무공간 개선 지원 등
  (4) 출 생
    ① 출생육아수당 지급: 출생축하금(100만원) 및 육아수당(매월 20만원×24회)
    ② 산모·신생아 건강관리 지원
    ③ 광주형 산후관리 공공서비스 지원: 건강간호사 재가방문, 산모·신생아 대상 산후건강관리
  (5) 육아돌봄
    ① 광주아이키움 플랫폼 운영: 임신·출산·양육에서 일·생활 균형까지 생애주기별 지원정책 통합 정보제공(돌봄시설 지도 제공, 맞춤형 서비스 정보제공, 예약서비스 제공 및 실시간 상담)
    ② 아동수당 지급
    ③ 입원아동 돌봄서비스 운영: 입원한 아동 간병(복약), 종합돌봄(책 읽어 주기, 놀이·정서 지원 등) 서비스 제공
    ④ 손자녀돌보미 지원: 8세 이하 손자녀를 돌보는 (외)조부모에 대한 돌봄 지원
    ⑤ 아이돌봄서비스 지원확대: 가정에 찾아가는 돌봄서비스 제공, 아이돌보미 양성·파견 등
    ⑥ 24시간 긴급아이돌봄센터 운영: 6개월~만 5세 이하(취학 전) 영유아 대상
    ⑦ 다함께 돌봄센터 운영: 돌봄이 필요한 만 6~12세 이하(초등학생) 방과 후 돌봄서비스 제공
    ⑧ 국공립 어린이집 확충
    ⑨ 여성가족친화마을 돌봄확대: 돌봄이 필요한 초등학생 또는 청소년 대상으로 마을에서 공동육아
    ⑩ 실내놀이 문화체험시설 '키움뜰' 운영

(6) 일·생활 균형

    ① 가족친화경영 및 육아휴직 업무대행 수당지원

    ② 가족친화인증 우수기업 발굴 및 홍보

    ③ 가족돌봄 거점 '가족센터' 조성: 생활복합시설 내 1~3층 규모로 가족센터 설치. 가족상담실·부모교육, 공동육아나눔터, 가족유형별 소통공간, 건강가정·다문화가족지원센터 등

4. 추진 성과 및 성공 비결

  (1) 광주시의 2021년 6월 출생아 수는 690명으로 전년 같은 기간에 비해 18.4%가 증가했다. 2021년 상반기 누계로는 총 4,142명이 태어나 지난해 같은 기간 3,765명에 비해 10% 증가했다.

  (2) 민·관·학 협력체계를 구축하고 생애주기별 지원정책(만남 ⇨ 결혼 ⇨ 임신 ⇨ 출생 ⇨ 육아돌봄 ⇨ 일·생활균형)이 체계적이고 구체적·현실적인 공감을 얻었기 때문이다.

✅ PLUS

저출산 관련 예상질문

Q. 저출산의 원인은 무엇이라고 생각하는가?

Q. 저출산이 우리 사회에 미치는 영향은 어떤 것이 있겠는가?

Q. 저출산·고령화로 지방소멸이나 학교 통·폐합 등 문제가 발생하고 있다. 어떤 대응 방안이 필요하겠는가?

Q. 저출산·고령화 정책 중 문제점과 개선방안을 제안해보라.

Q. 지자체에서는 지속적인 인구감소에 따른 지방소멸 위기 극복을 위해 출산장려금을 늘리고 있다. 그럼에도 인구는 증가하지 않고 오히려 감소하고 있다. 어떤 대책이 필요하겠는가?

Q. 남성육아휴직 확대에 대한 생각은?

  └ [추가질문] 공무원 사회에서도 육아휴직은 여성은 많이 쓰고 있는데 유독 남성 공무원이 육아휴직을 쓰지 않고 있다. 이에 대해 어떻게 생각하는가?

MEMO

CHAPTER

02 고령화

1 노인인구비율

(1) 2023년 12월 말 기준 65세 이상이 전체 인구의 19%를 차지하고 있다. ⇨ 973만 명(65세 이상) / 5,132만 명(전체 주민등록인구)

(2) 노인인구비율 예상은 2025년 20.3%, 2030년 25%, 2040년 34%, 2060년 44%이다.

(3) 2017년 고령사회에 진입하였으며, 통계청은 2025년 초고령사회 진입을 예상하고 있다.

    ➡ 65세 이상 인구비율이 7%를 넘으면 고령화사회이며, 14%를 넘으면 고령사회, 20% 이상이면 초고령사회이다.

2 고령화 문제점(고령화가 우리 사회에 미치는 영향)

(1) 노동력 감소

인구 고령화는 머지않아 노동력 감소 현상을 초래한다. 2017년부터는 생산가능 인구가 감소하기 시작했고 2020년부터는 노동력 부족현상이 현실화되었다.

(2) 노인빈곤 및 복지수요 증가

우리나라 노인빈곤율(중위소득 기준 50% 미만 비율)은 2022년 기준 38.1%(통계청 고령자 통계)로 OECD 국가 중 가장 높은 수준이다. 고령화에 따른 복지수요 증가로 재정건전성 또한 위협받고 있는 상황이다. 고령화에 따른 노인 의료비 증가, 연금 수령자 증가와 각종 사회보장 지출의 증가는 국가 및 지자체 재정에 큰 부담으로 작용한다. 또한 독거노인의 증가와 노인자살, 노인빈곤, 고독사 증가로 사회문제화가 되고 있다.

(3) 경제불황

인구 고령화에 따른 특정 재화나 서비스에 대한 수요 감소와 저축 및 투자의 위축은 국가 경제를 침체 위기에 빠뜨리며 고용의 둔화와 함께 재정 악화를 초래한다. 생산가능 인구의 감소는 소비의 감소와 연결되고 이는 성장률의 둔화로 이어진다.

(4) 사회영역별 수급 불균형 발생

    ① 고용, 교육, 의료, 주택 등 각 영역별로 일부는 초과공급, 일부는 초과수요가 발생하는 등 사회 영역별 수급 불균형 발생

    ② 노동시장의 미스매치 심화, 중소기업 및 농업부문 인력확보의 어려움

    ③ 평생교육 수요 증가

    ④ 고령층 의료수요 증가

⑤ 국민연금의 빠른 소진

⑥ 중·장기적 주택수요 증가세는 둔화하고 지방 및 노후주택 등에서 빈집 증가 우려

(5) 세대 간·지역 간 격차 심화

① 세대 간 사회경제적 자원 배분에 대한 형평성 이슈 및 갈등 확대. 수도권 인구집중 및 과밀로 비수도 권지역 고령화 가속화

② 인구 과소지역은 생산성 저하, 공공서비스의 질 저하 등으로 인구유출·소멸위기가 우려되며, 과잉 지역은 교통·환경 등 집적의 불경제 심화

(6) 노인일자리 문제

노인빈곤문제, 신중년 고용문제, 노후 안정적 소득과 연계된 문제 발생

3 고령화 대책

(1) 고령자가 '살던 곳에서 편안한 노후'를 보낼 수 있도록 기본생활에 대한 국가책임을 강화하고 지역 사회의 통합돌봄 체계 완성

① 다층적 연금체계

㉠ 연금저축 세액공제 확대, 단계적 퇴직연금제도 의무화 추진

㉡ 퇴직금을 폐지하고 퇴직연금을 단계적 의무화하되 중소기업 사업자·근로자 부담 완화방안 마련 병행

㉢ 연금통계를 기반으로 다층적 연금체계를 확충하고, 금융·보험사 등 민간의 고령친화 금융상품 개발 기회 제공

② 돌봄

㉠ 지역 사회의 통합돌봄 전국 확산, 장기요양 재가서비스 확충(통합재가급여, 단기보호·돌봄 확대)

㉡ 지역 사회 내 거동불편 어르신을 집중관리 대상으로 하여 방문건강 사업, 맞춤형 돌봄서비스 등 보건복지 사업 간 연계체계 구축

③ 주거: 고령자 복지주택 등 공급, 고령자보호구역 확대 등

④ 건강: 노인장기요양보험제도 대상을 기초수급자 등 선별적 대상에서 장기요양이 필요한 만 65세 이 상 모든 국민으로 확대

(2) 고령자를 부양 대상이 아닌 '삶의 주체'로 인식, 신중년의 능동적 역할과 선택을 지원하기 위한 사회적 기반 마련

① 노후소득: 저소득지역가입자 국민연금 보험료 지원, 퇴직연금 활성화(단계적 의무화 및 퇴직연금기 금 도입), 주택연금 대상 확대 및 활성화(2021)

② 고령자

㉠ 계속고용제도 도입 논의: 65세 이상 신규 취업자에 대한 실업급여 적용방안 검토. 임금체계 개편 과 연계한 60세 이상 계속고용 법제 마련을 위한 사회적 논의. 중소·중견기업 대상 계속고용장 려금·고령자고용지원금 확대

ⓛ 고령자의 재취업·창업 지원 강화

ⓒ 복지제도 전반에 걸친 연령기준 및 제도 간 연계방안 등 검토

ⓔ 고령 전문인력 등에 대한 정보 구축 및 중소기업 취업지원 특화 프로그램 제공

③ 신중년

　　㉠ 신중년 생애 경력설계 서비스(경력설계-훈련-취업지원 패키지)

　　ⓛ 신중년 적합 직무 고용장려금

　　ⓒ 양질의 일자리 확충(사회서비스, 시니어인턴십 확충)

④ 건 강

　　㉠ 사각지대 없는 만성질환 관리(건강보험 빅데이터 연계), 노인 건강검진 강화, 건강 인센티브제 도입

　　ⓛ 통합판정체계 ⇨ 의료·요양 필요도를 통합판정하고, 건강·기능에 부합하는 적정서비스를 연계하는 통합판정체계 마련

　　ⓒ 민간의 노인돌봄서비스 분야 진입을 지원

　　ⓔ 돌봄인력 ⇨ 돌봄인력 양성·관리체계 개선을 위한 처우 개선방안 마련(2022. 12) 및 노인 간병 전문 외국인력 단계적 도입방안 검토(2023~)

　　ⓜ 의료접근성 ⇨ 도서·벽지 등의 의료접근성 향상 및 환자 건강증진을 위해 일차의료기관 중심 비대면 진료 제도화 추진(2023)

⑤ 교 육

　　㉠ 성인학습자 맞춤형 대학 지원 확대

　　ⓛ K-MOOC를 통한 신산업 강좌 확대

　　　　◑ 한국형 온라인 공개수업(Korea-Massive Open Online Course)

(3) 고령친화산업 육성

① 인구 고령화 현상이 세계적으로 심화됨에 따라 고령친화산업이 각광받고 있다. 고령친화산업이란 고령자의 정신적, 육체적인 건강, 편익, 안전을 도모하기 위한 상품 및 서비스를 제공하는 산업이다. 대상이 고령자인 만큼 상품개발에 있어 고령자 인체의 특성을 반영한 생체공학적인 지식이 매우 중요하다.

② 의료기술 및 과학기술 개발 ⇨ 우리나라의 경우 인구 고령화에 따른 노인성 질환이나 치매 또는 우울증과 같은 정신질환이 급격히 증가하고 있음에도 이에 능동적으로 대응하는 과학기술이나 의료 R&D의 역할을 통한 시스템의 구축은 거의 부재한 실정이다. 의료기술 및 과학기술과 관련된 고령친화산업은 미래 국가의 막강한 성장엔진이 될 수 있다.

③ 돌봄 인력의 부담을 경감하는 스마트 돌봄 로봇 개발 등과 비대면 안심·건강관리 서비스 등 고령자 자립 지원기술 개발이 필요하다.

(4) 고령친화도시 조성

① 고령친화적인 사회는 건강수준에 관계없이 노인들의 변하는 욕구에 효과적으로 대응할 수 있게 시설과 서비스를 제공함을 의미한다. 이러한 노력은 지역 사회 안에서 노인이 존중받고 건강하고 활력 있게 생활하도록 돕는다.

② 고령친화도시는 활동적 노화(Active aging)에 이론적 기반을 두고 노인의 건강, 참여, 안전 등을 최적화할 수 있는 도시정책과 프로그램을 펼쳐 모든 시민의 활동적 노화가 가능하도록 도시환경과 사회구조를 갖추는 것을 강조한다.

✅ PLUS

고령화 관련 질문 및 답변요령

1. 답변요령

두루뭉술하게 포괄적으로 이야기하는 것보다는 고령화 문제로 발생되는 여러 가지 문제들(노인일자리 문제, 노인자살문제, 독거노인문제, 고독사 등)에 본인이 이야기를 잘할 수 있는 내용을 가지고 답변을 준비하면 된다.

2. 관련 질문

Q. 노인 연령을 65세에서 70세로 상향하는 것에 대해 어떻게 생각하는가? 그로 인해 발생할 수 있는 문제와 해결방안은 무엇인가?
└ [추가질문] 노인연령을 상향할 경우 특정 연령층(50대 후반~60대 초반)의 반발이 생길 수 있다. 이에 대한 해결방안은 무엇인가?
Q. 정년 연장에 대해 어떻게 생각하는가?

3. 기출질문

Q. 저출산이 지속되면 어떤 문제점이 발생하는가? [2023 포항]
Q. 저출산, 인구절벽 등이 교육환경에 미치는 영향은 무엇인가? [2023 서울 교행]
Q. 출산 문제의 해결방안 한 가지만 답변해보라. [2022 강원도·경남·경북·대전·전남·충북]
Q. 경북은 농촌지역이 많은데 저출산·고령화에 대해 어떤 정책이 있는가? 또 이러한 문제에 대한 대책은 무엇인가? [2019·2020·2021 경북]
Q. 고령화 비율의 정의와 해결방안은 무엇인가? [2022 경남·경북·대구·전남·전북·충북]
Q. 요즘 노인 인구수가 늘어나서 고령화 문제로 인해 무료 교통 복지정책이 미래에는 아주 큰 문제가 될 것으로 예상되는데 이러한 고령화 문제에 대해 어떻게 생각하는가? [2022 안산시]
➡ 저출산·고령화는 전국 지자체에서 다양한 방식으로 질문화 되고 있다.

✏ Check point

저출산·고령화로 인한 인구구조의 변화에 따른 영향

다음과 같이 4줄로 요약할 수 있어야 한다.

1. 생산연령인구 감소: 노동공급 감소, 생산성 저하 ⇨ 경제성장 잠재력 약화
2. 절대인구 감소: 교육 인프라 과잉, 군인력 부족, 지역공동화 현상 초래
3. 고령인구 증가: 소득 공백에 따른 노후빈곤문제, 고령친화산업 육성 기회
4. 복지지출 증가: 재정 압박, 재정건전성 저하

4 고령화 관련 사회문제

(1) 1인 가구 증가 문제(고독사, 노인빈곤)

POINT 시골일수록 더 심하다. 복지사각지대라고 할 수 있다. 자녀들은 다 도시로 떠나고 홀로 사는 노인들이 증가하고 있다.

① **현황**: 2021년 기준 전체 가구 3가구 중 1가구(33.4%)가 1인 가구이다(통계청, 2022 한국의 사회지표).

② **원인**: 20~40대의 경우에는 학업·직장 사유가 가장 크고, 이외에 이혼율 증가, 사별 고령자, 혼인율 감소, 기러기 부부 증가 등이 원인이다.

③ **1인 가구의 어려움**: 균형잡힌 식사가 어렵다는 것이 가장 크고 아프거나 위급시 대처 미흡, 가사의 어려움, 경제적 불안, 고립으로 인한 외로움 등이 있다.

④ **현실적인 문제와 해결방안(1인 가구 증가의 현실적인 문제)**: 2019년 기준 1인 가구 연소득은 전체 가구의 36% 수준으로 전체 가구 평균보다 크게 낮아 소득불안정에 시달리고 있다. 이들 대부분이 주택 등 주거문제, 의료복지와 각종 범죄의 사각지대에 놓여 보호대책 마련이 시급하다. 앞으로는 노령인구 증가로 인한 농촌 피폐현상이 가중될 것이다.

⑤ **해결방안**: 20·30대 1인 가구 청년층의 75%가 임차 형태로 거주해 주거불안을 겪고 있는 만큼 이들을 대상으로 한 임대주택 확대 방안을 세워야 한다. 또 1인 가구 고령자를 위한 사회복지 대책도 서둘러 1인 가구에서 벌어지는 사망사고 등을 사전에 예방해야 한다. 1인 가구를 위한 건강검진·심리상담 등 의료서비스도 확대해야 한다.

TIP 해결방안에 관해 응시생 본인의 생각도 추가하여야 한다.

(2) 노인연령 상향 논란

현재 우리나라 법체계에서 노인의 개념을 규정하는 별도의 법률은 존재하지 않는다. 통상 만 65세 이상을 노인으로 보지만 개별 법률마다 적용하는 기준이 다르다. 예를 들어 기초연금은 만 65세 이상을 노인으로 보지만 주택연금의 노인 기준은 만 60세 이상이다. 이에 노인의 연령기준을 올리기 위한 사회적 논의가 본격화될 전망이다. 현행 65세로 통용되고 있는 노인연령을 70세로 올리고, 이를 법제화한다는 것이 정부의 계획이다. 하지만 이해관계가 다소 엇갈려 정부도 신중하게 접근하고 있다.

(3) 노인 지하철 무임승차 폐지 논란

서울지하철공사의 적자는 2022년 기준 6,420억원, 누적 적자는 17조 6,806억원으로 집계되었다. 이를 해소하기 위하여 노인 지하철 무임승차를 폐지하자는 의견이 대두되었다. 서울 지하철 전체 이용객에서 무임승객의 비율은 16%이고 연평균(2016~2021년) 3,270억원의 손실이 발생한 것으로 추정되며 탑승객에 따른 부대시설 관리에 들어가는 비용까지 포함한다면 더 증가한다. 일각에서는 노인 지하철 무임승차를 폐지하고, 연 12만원 상당의 교통지원금을 노인들에게 지급하여 지하철뿐만 아니라 버스, 택시 등 다른 수단도 이용할 수 있도록 하는 것을 주장하고 있다. 하지만 대한노인회에서 이에 대해 강력하게 반대하는 의견을 표명하는 등 이해관계가 다소 엇갈리는 상황이다. 한편 서울시와 대구시에서는 노인 무임승차 가능 연령을 65세에서 70세로 상향하는 안을 검토 중이라고 밝혔으나 정부에서는 지역에 따라 노인연령을 다르게 하는 것에 대해 부정적인 입장을 보였다.

(4) 고령운전자 운전면허 반납 찬반논란

  ① 배경: 고령화가 빠르게 진행되며 65세 이상의 운전면허 보유자도 증가하고 있으며, 고령운전자에 의한 교통사고도 지속적으로 증가하는 추세이다. 이에 일본의 경우 고령자 운전면허반납제도를 시행하고 있다.

  ② 해결방안

    ㉠ 면허갱신: 고령화 정도에 따른 면허갱신기간 차등화(일본의 경우 70세는 4년, 80세 이상은 2년 주기)

    ㉡ 적성검사제도 내실화: 일본의 경우 75세 이상 고령자의 신체검사 때 인지기능검사 포함

    ㉢ 수시적성검사 제도 활성화: 수시적성검사에 필요한 정확한 정보제공을 위해 기관 간 협력체계 구축 필요(건강보험공단, 치매 정보공유를 위한 장기요양기관 등)

    ㉣ 고령운전자 맞춤형 정책 마련: 실버마크부착, 고령자 주차 우대, 자발적 운전면허 반납제도 도입 (자발적 운전면허 반납의 경우 택시바우처, 상품권 지급 등 고려)

---

5 저출산·고령화 관련 질문답변 사례

(1) 저출산 관련 질문 예시

> **Q.** 저출산의 원인이 무엇이라고 생각하나요?
> **A.** 여러 가지 이유가 있겠지만 저는 저출산의 원인을 일·가정 양립이 어려운 사회구조 때문이라고 생각합니다.
>
> **Q.** 그럼 일·가정 양립을 위해 어떻게 해야 할까요?
> **A.** 유연근무제, 시간선택제 등을 확대해 나가야 하고 남성육아휴직제도가 제도적으로 정착할 수 있도록 사회적인 인식개선이 필요합니다. 일본에서는 애니메이션을 활용하여 남성육아를 홍보하고 있는 것으로 알고 있습니다. 이처럼 공익적 차원의 지속적 홍보가 필요할 것입니다. 또한 제도적으로 눈치 보지 않고 육아휴직을 사용할 수 있도록 하고 휴직 후 복귀시에도 불이익이 없도록 해주어야 합니다.
>
> **Q.** 대다수의 지자체가 도입한 '출산장려금제도'의 효과에 대한 의문이 제기되고 있습니다. 이에 대해서는 어떻게 생각하나요?
> **A.** 실제로 출산장려금을 높여도 출산율은 하락하고 있으며, 일부 지자체에서는 먹튀 논란이 제기되고 있습니다. 출산장려금 지급에 대한 효과 검증과 함께 건강검진, 출산준비, 산후조리 지원 등 보완이 필요합니다.

TIP 답변은 여러 가지 방향으로 이야기할 수 있다. 다만, 저출산·고령화 관련 질문시 모든 대책을 말하려고 하면 안 된다. 시간적으로 여유가 없기 때문에 자신이 생각하는 것 1~2가지에 대해 핵심을 말하고 위 사례처럼 후속질문에 구체적인 대안(+자신의 생각)을 가지고 있어야 한다.

(2) 저출산 대책 답변사례(충북 제천시)

> **Q.** 본인이 생각한 저출산 정책은 무엇인가요? 정답은 없으니 편하게 답변 해주세요.
>
> **A.** 제천은 유네스코가 지정한 아동친화도시입니다. 육아종합지원센터에는 장난감 도서관이라고 하여 영유아들을 위한 장난감을 대여해 주며 팡팡놀이터 등도 있습니다. 또한 제천 보건소에는 대형 유아용품을 소독할 수 있는 장치 또한 설치가 되어 있습니다. 이처럼 제천은 아이를 키우기 참 좋은 도시입니다. 제가 생각해 본 저출산 정책은「영유아보육법」에 나와 있습니다.「영유아보육법」에는 상시 여성 근로자 300인 혹은 상시 근로자 500인 이상이어야 직장 내 유치원을 설립할 의무가 있습니다. 저는 이를 손봐야 한다고 생각합니다.

(3) 저출산 대책 답변사례(서울시)

> **Q.** 저출산을 해결할 대안이 있다면 무엇일까요?
>
> **A.** 현재 저출산이 문제가 되고 있습니다. 서울시의 출생률은 출산가능인구 1인당 평균 0.59명일 정도로 심각합니다. 이에 서울시는 난임지원확대를 시행하고 있고, 365 어린이집, 주말어린이집, 육아조력자 돌봄 등을 시행하고 있지만 제가 조사하면서 느낀 점은 돈을 주거나 어린이집을 제공하는 것도 중요하지만 궁극적으로는 부모가 일을 하면서 육아도 같이 할 수 있는 환경이 만들어져야 된다고 생각합니다.

(4) 저출산 대책 답변사례(영광군)

> **Q.** 영광군에서 저출산 문제를 해결하기 위해 생각해 본 정책이 있다면 무엇인가요?
>
> **A.** 영광군은 출산장려정책으로 여러 가지 좋은 정책들을 많이 시행하고 있고 통합돌봄에 대한 지원정책도 많이 있습니다. 그러나 맞벌이 부부들이 주말에 돌봄이 필요할 때 주말돌봄에 대한 부분이 지원되지 않는 부분이 아쉬웠습니다. 전라남도나 영광군에서 어린이집과 연계하여 주말에 돌봄보육이 가능하도록 지원해 주고 그로 인해 필요하게 될 인력 부분을 청년취업과 연계하여 일자리도 마련해주면 효과가 있지 않을까 합니다.

(5) 고령화 대책 답변사례(인천 사회복지직)

> **Q.** 고령화사회의 문제와 관련하여 이를 해결할 방안이 있다면 무엇일까요?
>
> **A.** 저는 노인분야에 많은 관심이 있어서 노인관련 정책으로 2가지를 생각해 보았습니다.
> 첫 번째로는 현재 인천대공원이나 남동구의 장이산에는 무장애나눔길이 있는 것으로 알고 있습니다. 이 무장애나눔길은 노인분들이나 장애인 분들이 걸어서 산꼭대기까지 올라갈 수 있는 길을 의미합니다. 이런 평평한 길을 인천의 관광명소에 많이 설치한다면 노인분들이 보다 안전하게 돌아다니고 싶으신 곳을 돌아다닐 수 있을 것이라고 생각합니다.
> 두 번째로는 노인일자리 사업을 생각해 보았습니다. 65세로 지금 퇴직을 하신 분들은 다 핸드폰을 가지고 계실 것이라고 생각합니다. 그래서 그분들에게 노인 관련 일자리 정책을 문자로 발송할 수 있다면 많은 도움이 될 것 같습니다. 혹시 문자발송이 어렵다면 사회보장 정보시스템인 행복이음에 E그린 우편서비스를 발송할 수 있는 것으로 알고 있는데 이것을 활용하면 좋을 것 같습니다.

POINT 구체성이 드러난 좋은 답변 사례이니 잘 읽어두기 바란다.

CHAPTER

03 지방소멸

1 현 황

(1) 저출산·고령화, 수도권 인구집중, 농산어촌 과소화 등으로 인한 급격한 인구구조 변화는 지방소멸이라는 사회적 위험을 야기하고 있다.

(2) 지방소멸의 주요 원인인 인구감소는 다양한 사회·경제적 요소가 얽힌 문제로 단순 위협요소가 아닌 '사회적 위험'으로 인식할 당위가 있다.

(3) 전국 인구감소 지정 고시지역 ⇨ 행정안전부에서는 2021년 10월 전국 인구감소지역 89곳을 지정하여 고시하였고 행정 및 재정을 집중 지원하기로 하였다.

(4) 강원특별자치도 설치 등에 관한 특례법 제정(2023. 7. 10. 시행)을 통해 규제완화와 행정적·재정적 지원을 해줌으로써 지역발전을 꾀하려고 하고 있다.

2 지방인구 감소 원인

(1) 수도권과 비수도권의 인구격차가 크게 발생하고 있다. 특히 40대 미만에서 수도권으로의 인구이동이 크게 발생하고 있다. ⇨ 2020년 기준 20~40세 청년인구의 54.5%가 수도권 거주

(2) 주요 기업은 수도권 특히 서울에 집중 분포하고 있으며, 이는 청년고용률에도 영향을 미치고 있는 것으로 보인다. 기초생활 인프라의 경우 시·도별 양적인 차이도 존재하지만 접근성에서도 큰 차이를 보이고 있다.

(3) 대학의 경우 비수도권에 더 많은 대학이 위치하고 있으나 상위권 대학은 모두 서울에 위치하고 있으며, 입학충원율에서도 지역 간 차이를 보이고 있다. 최근에는 청년인구 감소로 인하여 많은 지방 사립대학들이 폐교하고 있으며 이는 대학 주변 상권의 소멸, 일자리 감소, 인구유출 등 지역발전에 부정적인 영향을 초래한다.

(4) 이는 '일자리 부족', '저출산', '생활기반시설 부족' 등이 주요 원인으로 작용한 것으로 보인다.

(5) 지방인구 유출의 주요 요인들은 서로 영향을 주면서 악순환 구조를 형성하고 있다.

　⟳ 지역의 일자리 부족으로 '청년층 유출 ⇨ 저출산·고령화 ⇨ 상품·서비스 수요 감소 ⇨ 상점·공장 폐쇄 ⇨ 일자리 부족'의 악순환 구조가 양산되고 있다.

(6) 지방인구 감소는 지역의 다양한 생활서비스 수준 저하와 연계되어 인구감소 추세가 악순환되는 경향이 있다. 특히 지방에 필수 의료진 수가 부족해짐에 따라 지방에 거주하는 주민들이 의료서비스를 받기가 어려워지고 있다.

(7) 특히 한 지역의 인구감소는 인접 지역의 인구감소를 연쇄적으로 초래할 수 있으므로 인구감소 대응전략은 특정 지역의 인구증감 및 사회·경제적 수준을 인접 지역과 동등하게 개선하는 것에서부터 시작되어야 한다.

3 전략방향

(1) 인구 유입 및 인구 유출

① 지역 인구 유입 및 지역 성장은 상호 호혜적인 관계에 있으며 지역의 지속가능한 성장(일자리 문제 해결)에 있어 인구 유입은 필연적인 여건이다.

② 인구 유출은 해당 지역 주민의 이동 사유와 관련된 여건을 구축하지 못하는 점에서 발생하고 있으며 이에 따라 인구 유입 및 지역 성장의 순환 구조 구축과 인접 지역과의 불균형 해소가 필요하다.

③ 기초생활여건(상·하수도, 의료시설, 문화시설, 복지시설 등)의 향상을 통해 유입된 인구의 유출방지 및 정착을 유도하여 지역 인구 정주성 개선이 진행되어야 한다.

(2) 지방자치단체 주도의 인구감소 대응책 마련 필요

지역의 인구 문제점 진단에 있어 지자체 내 자체조사를 실시하여 지역 주민들의 정주여건을 파악하고 이와 동시에 지역별 대응 전략 및 정책을 마련할 필요가 있다.

(3) 광역시 중심의 지방발전 전략 필요

① 대구시와 그와 인접한 지자체에서 광역전철을 추진 중에 있다.

② 순천시와 광양시 인근에 경전철 건립을 통해 주변 지역으로의 인구이동 및 지역 활성화를 기대하고 있다.

(4) 고향사랑기부금제를 통한 전략 및 정책 시행에 필요한 재정 조달

인구감소가 발생하고 있는 지역의 경우 재정자립도가 대체로 낮은 편이며 이는 지자체별 대응방안 수립과 실행에 있어 재정적 걸림돌이 될 수 있어 이를 통한 재원 조달의 확대를 모색할 필요성이 있다.

(5) 혁신도시 접근성 개선 필요

① 혁신도시의 인구는 주로 인접 지역에서 유입되는 경향이 있어 인접 지역 인구감소를 초래한다.

② 인접 지역과 혁신도시 간 물리적 접근성 향상 및 생활권 확대를 통한 인접 지역 인구의 혁신도시 시설 가용도 개선이 필요하다.

③ 혁신도시로의 접근성 강화는 행정구역에 구애받지 않고, 혁신도시의 시설을 인접 지역 주민들의 생활권에 들어서게 할 수 있어 주거로 인한 이주를 해소할 수 있다.

(6) 압축도시형 '청년친화도시(가칭)' 구성 필요

① 청년층 인구의 유입은 지역 내 인구의 사회 및 자연적 증가를 모두 유도할 수 있는 요인이 될 수 있으므로 인구감소 대응전략은 해당 계층의 유입에 중점을 맞출 필요가 있다.

② 인구감소를 겪고 있는 지역은 대부분 재정자립도가 낮은 지역으로 현재의 지역 구조에서 청년친화적인 제도를 시행하기에 한계가 있다.

③ 이에 따라 도시계획 차원에서 지역의 집약화 및 자원의 효율적 운영이 필요하며 압축도시는 이러한 체계의 기본적인 틀이 될 수 있다.

④ 인구이동은 주로 직업·가족·주택·교육을 통해 발생하며 청년친화형 압축도시는 청년들의 이동 사유를 모두 포용할 수 있는 방향으로 성장해야 한다.

⑤ 인구유도지역 지정 및 일자리·주택 지역 설정을 통해 지역 내 청년인구 밀집도와 노동생산력을 높여 지역 성장을 도모해야 한다.

(7) 유휴공간의 활용

① '청년친화특구'를 조성하여 청년인구가 필요로 하는 창업공간 및 주거공간을 제공하고, 기초생활 인프라 개선 등을 하는 것이 해당된다.

② 소멸위험지역은 인구감소로 빈집, 빈 점포, 공지, 유휴공공시설 등 유휴공간이 증가하는 추세이므로 유휴공간을 활용하여 공공의료시설·공원·공공문화센터·공공도서관·육아지원시설·코워킹스페이스(co-working space)·코리빙스페이스(co-living space) 등을 조성하고 신규창업을 촉진하기 위한 스타트업 플랫폼·창업지원센터·전시공간 등 다양한 시설을 조성하여 청년 일자리 창출 및 지역산업구조 재편을 도모할 필요가 있다.

(8) 지방소멸 위기지역으로의 기업 유치

① 수도권 기업의 분산을 통해 비수도권에서도 양질의 일자리를 확보하는 것이 무엇보다 중요하다.

② 수도권 소재 기업이 비수도권으로 이전하는 경우 각종 세제감면 및 보조금을 지원하고 있으나 실효성에 비판적이므로 파격적인 지원이 필요할 것으로 보인다.

③ 수도권 기업이 비수도권으로 이전할 경우 세제혜택 외에도 행정절차의 원스톱 지원, 기업의 지역투자와 매칭한 재정지원 등을 제공할 필요가 있다.

④ 기업이 원하는 인재 육성을 위해 지역대학과 연계하여 지역기업 맞춤형 인재육성 프로그램을 운영하고 대학을 중심으로 지역기업, 이전기업, 연구기관, 관련 협회 등이 네트워크를 구축하여 이전기업의 정착 및 판로개척 등을 지원하는 것이 필요하다.

   ⊙ 이러한 방안은 쉽지는 않겠지만 노력이 필요한 전략이다.

(9) 지방소멸 위기지역의 신산업 발굴 필요

① 강원도 정선군은 과거 석탄산업을 기반으로 하는 도시였으나 폐광 이후 카지노를 열어 일자리 창출, 관광객 유치 등의 효과를 보았다.

② 강원도 양양군은 서핑시설을 개발하여 관광객 유치에 성공하였고, 이는 지역경제에 긍정적인 영향을 미친다.

③ 각 지역의 특색을 활용하여 새로운 관광모델·산업모델을 마련하고 적극적인 홍보를 통하여 관광객·기업 유치를 통해 지역 경제를 활성화하고 인프라 확충을 위한 노력이 필요하다.

지방소멸(2018년 국가직 5급 PT 주제)

지방소멸현상의 원인 및 해결방안에 대해 보고하시오.

1. 최근 일본·독일에서는 젊은 층 인구의 수도권 집중과 저출산으로 인한 인구감소 효과로 지방소멸 리스크가 확산되고 있다. ⇨ 우리나라도 전국 시·군·구 10곳 중 4곳이 지방소멸 위험지역

2. 지방소멸은 지방만의 문제에 그치지 않고 젊은 층 인구의 대도시 집중에 따른 주거비 상승, 고용불안 등으로 인한 결혼 및 출산 여건 악화를 초래해 대도시의 초저출산을 야기하고 인구감소를 가속화할 것이라는 위기의식하에서 대응방안 모색이 필요하다.

3. 정책역량을 출산율 제고와 수도권 집중억제 등 투 트랙으로 추진 필요(지역 여건에 맞는 맞춤형 저출산 대책과 수도권과 지방의 상생발전)
   ① 출산과 육아의 문제는 여성과 가정의 사적 영역에서 공적 영역으로 넘어가 지역 사회 구성원 모두가 참여하여 안정된 양육 환경을 조성하는 생태계 조성 필요
   ② 지역에서 양질의 일자리 창출과 일자리 양을 늘리는 정책 추진
   ③ 삶의 질과 연관된 인프라 확충 및 개선(주거환경, 문화서비스, 의료서비스, 교육여건 등)
   ④ 수도권과 지방의 상생발전 강력 추진(국가균형발전 정책)
   ⑤ 지역거점도시 육성 검토(젊은 층이 선호하는 모델 개발 ⇨ 산업유치형, 베드타운형, 학원도시형, 문화기반시설이나 공공서비스 집중의 콤팩트시티 등)
   ⑥ 지역의 중심도시를 핵으로 교육, 의료, 복지, 간호 등 공공서비스 공급 효율화 및 광역화
      ➡ 최근 광역메가시티 논의가 활발하다. 부울경메가시티, 대구&경북통합, 광주전남통합, 대전세종충청권 메가시티 등이 해당된다.

⌄ **PLUS**

지방소멸 관련 기출질문

Q. 경북의 인구가 현재 계속 줄어들고 있는데 지방소멸을 막기 위해서는 어떻게 해야 한다고 생각하는가? [2022 경북]
Q. 지방소멸에 대해 알고 있는가? 이와 관련해 목포시 유입 인구 증가 방안 2가지를 답변해달라. [2022 전남]
Q. 충북 도내 다른 지역의 지방소멸을 막기 위한 방안은 무엇인가? [2022 충북]

✓ **POINT**　저출산·고령화는 전국 지자체에서 다양한 방식으로 질문화되고 있다.

MEMO

CHAPTER 04 1인 가구

1 현황 및 전망

연령대별 1인 가구 비중(2022)

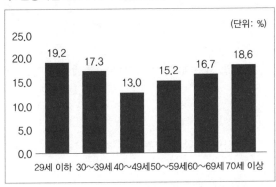

자료: 통계청, 「인구주택총조사」

성·연령대별 1인 가구 비중(2022)

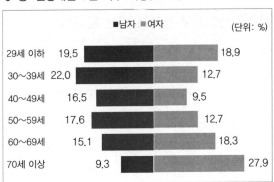

자료: 통계청, 「인구주택총조사」

(1) 2022년 기준 전체 가구 10가구 중 3가구(34.5%)가 1인 가구이다. 2022년 1인 가구는 전체 가구의 34.5%인 7,502가구이고, 연령대별 비중은 29세 이하 19.2%, 70세 이상 18.6%, 30대 17.3%, 60대 16.7% 순이다.

(2) 여자는 주로 60대 이상 고령층에서 남자보다 1인 가구 비중이 상대적으로 높고, 남자는 20~50대에서 여자보다 1인 가구 비중이 상대적으로 크게 높다.

(3) 2022년 기준 1인 가구 연소득은 전체 가구(6,762만원)의 44.5% 수준이다. ⇨ 소득수준이 낮음

(4) 2022년 지역별 1인 가구 비중은 대전이 38.5%로 가장 높고, 서울(38.2%), 강원(37.2%), 충북 (37.0%), 경북(37.0%) 순이나 경기(30.2%), 울산(30.2%), 인천(31.0%)을 제외하면 전국적으로 고른 수준이다(전국 평균 34.5%).

2 1인 가구 증가 원인

(1) 결혼적령기 남녀의 결혼 회피, 핵가족화, 고령화 등의 이유로 1인 가구는 급속히 증가하고 있다.

(2) 개인주의 확산과 가치관의 변화로 자유를 갈망하거나 부양이나 가사노동 부담으로부터의 자유도 한 원인이다.

(3) 고용불안·경제력 약화 등 경제적 요인도 중요한 원인으로 작용한다. 경제력 약화가 이혼 등 가족관계 해체로 연결되고, 이러한 문제에 있어 고령층 1인 가구는 노후 대책 없이 가족에게 버려지거나 자발적 1인 가구를 선택하고 있다.

(4) 1인 가구 증가의 가장 큰 원인은 사별하는 노인이다. 특히 여자가 남자보다 평균 수명이 6~7년 길어 남편과 사별하고 혼자 남은 부인이 있는 경우가 대부분이다.

(5) 이혼도 큰 원인 중의 하나이다. 2022년 이혼 건수(9.3만건)는 결혼 건수(약 19.2만건)의 48%가 된다. 자식이 없는 경우는 이혼 1건당 1인 가구가 2가구 생기고, 자식이 있는 경우에는 1인 가구가 1가구 생기게 된다.

(6) 우리나라는 갈수록 결혼 연령이 높아지고 있다. 이에 독신남녀가 증가하였는데 이는 젊은 사람들이 안정된 직장을 구하기 힘든 것이 가장 큰 원인으로 이러한 상황은 앞으로 점점 더 나빠질 것으로 보인다.

■3■ 1인 가구 증가로 인한 문제점

(1) 저출산 현상 가속화 우려

고용불안, 주택마련부담 등으로 결혼을 포기하는 청년층(일명 'n포세대')이 증가하는 추세이며 이는 저출산·고령화의 심화로 연결되고 있다.

(2) 1인 가족구조에 따른 개인화·정서적 문제 발생

① 혼자 있는 시간이 늘어나면 혼자 사는 게 편해져 다른 사람과 함께 있는 것 자체가 불편하여 대인기피증이 생길 가능성이 높다.

② 자기애만 강해지고 가족이라는 개념은 소홀해져 인간관계에 대한 재정립이 필요한 상황까지 발생할 수 있다.

③ 경제적 불안감과 노후 불안감이 크고 대인관계의 축소 및 약화로 인한 스트레스와 우울증이 심각한 상황에 이르고 있다.

(3) 빈곤·취약한 사회관계망·고독사 등 다양한 위험에 노출

① 1인 가구 중 빈곤층은 52.5%에 달하며 43.7%가 미취업 상태이다. ⇨ 1인 가구의 빈곤율은 다인가구 빈곤율의 4배 수준

② 월세·사글세 등에 거주하는 등 주거안정성도 낮은 수준이다.

③ 타인과의 교류 수준도 낮은 편으로 외로움·무력감 등을 크게 느끼고 있다.

④ 혼자 죽음을 맞이하고 일정시간 후에 발견되는 고독사도 증가 추세에 있다.

(4) 여성 1인 가구의 낮은 소득, 불안정한 주거와 안전 문제

(5) 현재 정책은 4인 가구 중심으로 1인 가구 지원을 위한 사회적 기반 미비

■4■ 1인 가구 문제 해결방안

(1) 복지정책적 차원에서의 지원 절실

① 1인 가구 증가 추세는 지속될 것으로 전망되므로 이에 대한 정책적 관심과 지원이 절실한 상황이다.

② 전문가들은 결혼이 지극히 개인적인 선택의 측면이 있어 1인 가구에 대한 정책적 접근이 매우 제한적일 수 있으나 사회문제화되는 상황에서 이를 개선할 대책이 시급한 것으로 전망하고 있다.

(2) 청년세대의 결혼 진입장벽 해소 필요

① 청년실업·비정규직 문제 해소 등 경제적 자립도 개선에 있어 대책이 필요하다.

② 결혼예비자를 위한 주택특별공급 대책 마련, 소형주택 공급 확대 등 주택 마련 부담 경감을 위한 지원책 등으로 '가족'의 중요성을 주지시키는 프로그램을 강화하는 것도 필요하다.

③ 건전한 결혼문화 형성, 결혼비용 감소를 위한 예식 지원 서비스 등도 방안이 될 수 있다.

(3) 1인 가구 빈곤해소 지원 정책 마련 시급

① 중·고령층의 취업훈련 및 직업 알선 연계 활성화, 정년 후 재취업 기회 확대 등 다양한 취업 지원 정책이 필요하다.

② 1인 가구의 주거비용 지출감소를 위한 공동거주마을 조성, 1인 가구 특성을 반영한 공공임대주택 보급 확대와 더불어 공유주택 등과 같은 새로운 주거모델 활성화 추진도 필요하다.

③ 1인 가구가 4인 가구보다 높은 비율을 차지하는 가구구성 변화를 고려한 부동산 정책 또한 필요할 것으로 보인다.

(4) 사회적 인식 개선과 관심 확대가 핵심 해결책

① 여성이나 이혼자, 고령 독신자 등의 1인 가구에 대한 가시적·비가시적인 사회적 편견은 1인 가구를 더욱 주변화·고립화시킬 수 있어 사회 분위기 개선 노력이 시급하다.

② 질병이 있거나 위급시 대처가 어려워 고연령의 교육·소득수준이 낮은 1인 가구일수록 위험이 크므로 사회적 지원방안이 필요하다. ⇨ 긴급복지지원제도 등 활용

　　❷ 긴급복지지원제도란 실직이나 질병 등 갑작스러운 위기상황으로 생계유지가 어려운 사람들에게 위기상황에서 벗어날 수 있도록 생계비, 의료비, 주거비 등을 지원하는 제도이다.

③ 장차 독신생활을 꾸려나갈 계획과 준비를 위해 주민센터나 구민회관 등을 활용한 여가시설 및 프로그램의 확대가 필요하며, 심리적·정신적 지지를 위한 교육 및 상담 프로그램 제공도 생각해 볼 수 있다.

④ 고독사 방지 등을 위한 지역 사회 공동체 프로그램 강화도 있다.

(5) 1인 가구 지원을 위한 사회적 기반 조성 필요

① 급증하는 1인 가구에 대한 국가 통계 자료의 축적이 필요하다.

② 복지·주거·세제 등 주요 정책의 1인 가구 역차별 요인을 검토하여 이를 해소할 방안에 대해 생각해 보아야 한다.

5 1인 가구 관련 정책

(1) 1인 가구의 문제점 및 관련 정책

① 독거노인 문제: 4대고충(빈곤, 질병, 고독, 소외감), 노인자살 등의 문제가 있다.

② 독거중년 문제: 독거노인 가구와 비슷한 특성을 지니고 있다. 단지 위험이나 문제의 강도가 조금 낮을 뿐 새로운 사회적 취약계층으로 부각되고 있으며, 국민연금이나 개인연금 가입률도 낮고 노후 준비도 미흡하여 향후 빈곤노인이 될 가능성이 높아 단계적으로 지원정책을 확대할 필요가 있다.

　　예 국세청에서 실시하는 근로장려금 대상을 현행 40세 이상 1인 가구에서 30세 이상으로 확대

③ 공공실버주택: 주택공급에만 중점을 둔 기존 공공임대주택과 달리 입주민과 지역 주민이 함께 이용할 수 있는 복지서비스가 결합되어 입주민에게 보다 종합적인 지원이 이루어지고 지역 주민에게도 환영받을 수 있는 기존 공공임대주택이 한 단계 발전한 새로운 모델이다. ⇨ 저소득 독거노인을 위한 주거와 복지문제를 동시에 해결할 수 있는 모델로 제시

④ 안심동행서비스: 갑자기 아파서 병원에 가야 하지만 돌봐줄 가족이나 지인이 없는 나홀로족을 위한 서울시 '1인 가구 병원 안심동행서비스'가 2021년 시작되었다. 3시간 안에 요양보호사 등 동행 매니저가 시민이 원하는 장소로 직접 찾아와 원하는 서비스를 제공한다. 1인 가구 대상을 폭넓게 포함해 전 연령층의 1인 가구는 물론 가족이 부재한 한부모가정, 조손가정 등 가족의 도움을 받을 수 없는 시민들도 누구나 이용이 가능하다.

(2) 1인 가구 지원 정책(서울시, 2024.2.27. 보도자료)

> **1. 생활안심 지원사업**
> ① 병원 안심동행서비스: 기존 병원 안심동행서비스에 모바일 청구서와 전화회신서비스 도입
> ② 1인 가구 전월세 안심계약 도움서비스: 평일 주 2회(월·목요일) 이용 가능, 중개활동 경험과 전문성을 갖춘 주거안심매니저가 전월세 계약상담과 집보기 동행 등의 도움을 제공하는 사업. 1인 가구 또는 1인 가구로 독립 예정 시민도 이용 가능
> ③ 세대별 맞춤 소셜 다이닝: 1인 가구 청년 대상 소셜다이닝 '건강한 밥상'을 100% 대면 방식으로 전환하여 고립·은둔에서도 벗어날 수 있도록 하기 위해 사회적 관계도 형성. 중장년 1인 가구를 위한 소셜다이닝 '행복한 밥상' 요리교실 횟수를 월 2~3회에서 월 4회 이상으로 확대
>
> **2. 고립안심 지원사업**
> ① 1인 가구 지원센터: 프로그램 다양화를 통해 사회적 교류의 기회 확대
> ② 씽글벙글 사랑방: 1인 가구의 고립·단절감 해소 등을 위한 1인 가구 소통공간인 '씽글벙글 사랑방' 4곳을 추가 조성, 총 14곳으로 확대
>
> **3. 안전안심 지원사업**
> ① 안심마을보안관: 1인 가구 밀집 주거취약지역에 배치되어 귀갓길 안전을 지켜주는 '안심마을보안관'이 25개 전 자치구로 전면 확대
> ② 안심이앱: 기존 '안심이앱'에 직접 스마트폰으로 찍은 현장 영상을 관제센터로 실시간 전송하여 위험상황에 효과적으로 대처하는 '안심영상', 위험지역을 피해서 귀갓길을 추천해주는 '안심경로', 위급상황시 미리 설정해 둔 지인에게 내 위치를 전송하는 '안심친구' 기능 추가

(3) 고립·은둔청년 지원 종합대책(서울시, 2023.4.24. 보도자료)

> (1) 자신의 집이나 방에서 나오지 않고 사회와 단절된 채 지내는 고립·은둔 청년들, 이들이 다시 세상 밖으로 나올 수 있도록 서울시가 종합대책을 마련
> (2) 2023년 1월 발표한 '고립·은둔 청년 실태조사' 결과에 따르면 서울 청년 중 고립·은둔 청년 비율은 4.5%(고립 3.3%, 은둔 1.2%)로 이를 서울시 청년인구에 적용하면 최대 12만 9,000명으로 추정
> (3) 발굴부터 사회복귀까지 원스톱 지원·관리
> ① 첫째, 고립·은둔 청년 본인이 신청하는 방식 외에 촘촘한 발굴체계를 구축. 주민센터 복지서비스 신청·조사·확인시 상담 단계에서 고립·은둔 대상 여부가 감지되면 사업안내와 연계의뢰가 이뤄짐. 통반장 등 지역사회 내 접점을 활용해 고립·은둔 청년에게 정책을 안내. 고립·은둔 청년의 가족, 친구 등도 상담·신청 가능한 상담센터도 운영

② 둘째, 고립·은둔 청년이 발굴되면 체계적·과학적 진단을 통해 고립 정도와 은둔 성향을 파악하기 위한 진단을 실시. 진단은 ㉠ 고립 정도와 개인별 상황을 측정하는 설문, ㉡ 개별 면담(심층 상담) 총 2단계

③ 셋째, 진단 검사 결과에 따라 고립·은둔 청년을 3가지 유형(활동형 고립청년, 비활동형 고립청년, 은둔청년)으로 분류하여 맞춤형 프로그램을 진행

    ➡ '활동형 고립' 청년에게는 사회로 나가는 힘을 스스로 키울 수 있도록 대인관계 기술, 사회복귀 훈련, 조직 적응력 향상 프로그램, 취업역량 교육 등을 제공하고, '비활동형 고립' 청년에게는 자아 및 진로 탐색, 관계형성 프로그램 등을 제공. '은둔형' 청년에게는 일상 회복을 위한 신체건강·관계건강·정서건강 프로그램과 함께 성격유형 검사, 강점찾기 등 자기이해 능력을 높일 수 있는 개별 회복 프로그램을 지원

④ 넷째, 프로그램 종료 후에는 일 경험, 해외봉사 경험 등 고립·은둔 청년의 성공적인 사회복귀를 돕기 위한 추가 프로그램이 제공되며, 일자리 수요조사 결과 및 성향을 반영한 일 경험을 제공

(4) 고립·은둔에서 벗어나도록 따뜻한 응원 분위기 조성

① 시민들과 고립·은둔 청년이 함께 걸으며 서로를 응원하는 걷기 행사, 고립·은둔 청년들의 이야기와 작품(영상, 웹툰 등)을 만나볼 수 있는 전시회 등을 통해 고립·은둔에 대한 인식을 개선. 고립·은둔 상태에서 벗어난 청년들의 사회복귀를 환영하고 축하하는 행사도 개최

② '챌린지 문화'를 활용해 누구나 한 번쯤 느낀 적 있는 고립감에 대한 경험을 나누는 이벤트를 마련. 고립·은둔은 누구나 경험할 수 있는 것이라는 메시지를 확산

③ 고립·은둔 상황을 극복한 청년들의 사례도 지속적으로 확산하여 현재 고립·은둔 상태에 놓인 청년들에게는 사회복귀에 대한 희망을 심어주고, 시민들에게는 고립·은둔 청년에 대한 지지와 응원을 유도

(5) 2025년부터 지역단위 대응 집행 로드맵 마련

① 지역 사회 대응을 위한 지역 밀착형 인프라를 확충. 2024년도까지 서울청년센터 내 전담 TF를 구성하여 전문 지원기관으로 기능을 구현하기 위한 지역 사회 대응 인프라를 시범 운영하고, 이후 별도 공간조성에 대해서는 운영 결과에 따른 추가 설치 필요성, 기능 등을 종합하여 결정할 예정

② 공동생활숙소(리커버리하우스)와 고립은둔 청년 활동공간(두더집)을 바탕으로 2025년까지 권역별 설치기준과 근거, 운영기능을 마련하는 등 실질적 조성 방안을 수립. 또한 고립은둔 청년들의 활동 보장을 위한 활동존(zone)를 지정해 운영할 계획

③ 고립·은둔 사업 참여자 간 자조모임 지원 등 커뮤니티 활성화와 고립·은둔 극복 등 성공사례를 확산시켜서 고립·은둔 청년 당사자들이 스스로 나올 수 있는 유인책이 되는 선순환 생태계를 조성

✅PLUS

고립·은둔청년

(1) 고립청년 및 은둔청년의 정의

고립청년이란 정서적 또는 물리적으로 타인과 관계망이 단절됐거나 외로움 등의 이유로 최소 6개월 이상 고립상태인 청년을 뜻한다. 은둔청년은 집 안에서만 지내며 6개월 이상 사회와 교류를 차단하고 최근 한 달 내 직업·구직 활동이 없는 청년을 일컫는다.

(2) 고립청년 ➡ 현재 정서적 또는 물리적 고립 상태에 놓인 자

① 중요하거나 어려운 일이 있을 때 조언을 구할 수 있는 사람이 없음

② 급한 일이 있을 때, 부탁할 수 있는 사람이 없음

③ 개인적으로 돈을 빌려야 할 때, 부탁할 수 있는 사람이 없음

④ 낙심하거나 우울할 때 속마음을 털어놓을 수 있는 사람이 없음

⑤ 가족·친척 외 사람들과 대면교류가 1년에 1~2번 이하 또는 전혀 없음

(3) 은둔청년 ⇨ 현재 외출이 거의 없으며 본인의 방 또는 집 안에서만 생활하는 자
  ① 보통은 집에 있지만, 자신의 취미생활만을 위해 외출함
  ② 보통은 집에 있지만, 인근 편의점 등에는 외출함
  ③ 자기 방에서 나오지만, 집 밖으로는 나가지 않음
  ④ 자기 방에서 거의 나오지 않음
(4) 위와 같은 고립·은둔 상태가 최소 6개월 이상 유지된 상태여야 한다.
(5) 고립·은둔청년 관련 정책의 지원대상으로는 서울 거주 만 19~39세 고립·은둔청년 및 가족이 해당된다.
  ➲ 2019년 광주광역시에서 전국 처음으로 은둔형 외톨이 지원 조례 제정
  ➲ 2024년 보건복지부 주도, 4개 광역단체 주도로 신취약청년 전담 시범사업 실시 예정

6 ■ 1인 가구 관련 질문답변 사례

Q. 공무원이 되면 하고 싶은 정책은 무엇인가요? [2023 서울시]
A. 1인 가구 함께 살기 프로젝트를 제안하고 싶습니다. 덴마크에 코하우징이라는 프로그램이 있는데 함께 모여서 집안일도 서로 돕고 자조모임도 가지면서 소통할 수 있는 프로그램을 벤치마킹하고 싶습니다. 1인 가구는 아무래도 소통이 부족하고 주변에 사람이 없는 게 큰 어려움인데 이런 점을 해결할 수 있도록 함께 살 수 있는 사업을 하고 싶습니다.

Q. 서울시 정책 중 마음에 드는 것 1가지만 답변해주세요. [2021 서울시]
A. 내 손 안에 서울을 통해 여성 1인 가구 지원책에 대해 접했습니다. 1인 가구가 늘어나고 있고 경제적 여건 때문에 상대적으로 치안이 좋지 않은 곳에 집을 구하는 경우가 많은데 최근 혼자 사는 여성들의 뒤를 몰래 밟아 침입을 시도했다는 기사를 보기도 했었습니다. 그런 여성들을 위해 서울시에서 호신용 제품을 지원하고 '안심이 앱'을 통해 귀갓길 모니터링, 안심 택배함, CCTV 등의 정보를 제공한다고 합니다. 또한 도어지킴이라고 9월부터 시행될 예정으로 알고 있는데 이는 남녀 상관없이 신청할 수 있는 것으로 도어락을 설치하여 집에서 집 밖에 배회자가 없는지 앱과 연결된 CCTV 등을 이용해 밖을 볼 수 있는 시스템이라 들었습니다. 이러한 방법으로 서울시에서 1인 가구의 안전한 생활을 위해 힘쓰고 있는 것이 서울시 정책 중 가장 마음에 들었습니다.

MEMO

CHAPTER
05 고독사

♥POINT 고독사 문제는 개인의 질병을 넘어 사회적 질병이다. ★★★ 공통

1 현 황

(1) 고독사는 가족·친척·사회에서 단절된 채 홀로 살다가 아무도 모르게 죽음에 이르러 오랫동안 시신이 방치된 경우로 법률·행정용어가 아닌 사회 통념상 용어이다.

(2) 1인 가구 증가와 함께 고독사도 증가하고 있다. 과거 저소득 독거노인에게 집중됐던 고독사는 최근 '1인 가구'가 늘면서 청·중·장년층을 가리지 않고 일어나고 있다.

(3) 2021년 고독사 사망자 수는 총 3,378명으로 최근 5년간 증가추세에 있다. 전체 사망자 수에서 차지하는 비중은 1% 내외 수준이다(2022년 고독사 실태조사 결과, 보건복지부).

➡ 한국은 '고령사회'일 뿐 아니라 이미 '고독사 사회'에 진입했다는 의미이다.

🔲 최근 5년간 고독사 발생 현황   ※ 보건복지부 자료

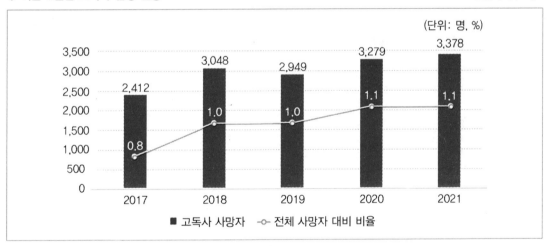

(4) 추세로 보면 2022년 하루 평균 10명이 고독사하는 것으로 추정된다. 국내 고독사 위험군은 153만 명 (전체 인구의 3%, 1인 가구의 21%)이다.

(5) 고독사 중 가장 많은 비중을 차지하는 연령은 50~60대로 매년 52.8~60.1%로 확인된다. 20~30대 비중은 6.3~8.4%이다.

(6) 남성이 여성보다 고독사 비율이 높은 것으로 확인된다(남성 83.4%, 여성 15.7%).

(7) 최근에는 고독사에 이르는 연령대가 확대되는 경향을 보이고 있으므로 고독사 문제를 50~60대의 문제로 국한해서 볼 것이 아니라 모든 연령에 대해서도 고독사 예방 및 관리 정책 마련이 필요하다.

◆ 성별·연령대별 고독사 현황 ※ 보건복지부 자료

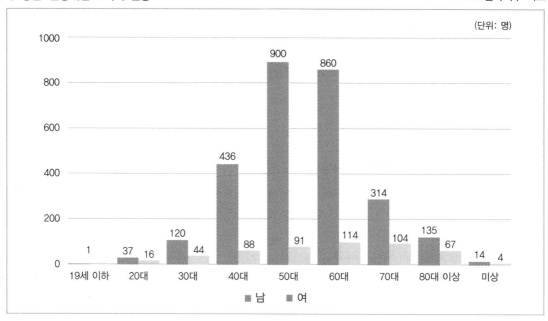

2 고독사 원인 및 문제점

(1) 인간관계의 단절

고령화·핵가족화·개인주의화, 1인 가구 증가 등을 그 원인으로 분석하고 있다.

(2) 사회 소외계층

고독사하는 사람들의 대다수가 경제적 빈곤 등으로 인한 사회 소외계층인 경우가 많다. 고독사 대부분이 기초생활보장 수급대상자이거나 기초연금을 받을 정도로 형편이 어려운 경우이다.

(3) 현황 파악의 어려움

고독사와 관련한 정확한 통계를 위한 법적 기준이 미흡한 것이 문제이다. 또한 각 지방자치단체별로 기준이 달라 고독사의 현황을 제대로 파악하기 힘들다.

3 고독사 대책

(1) 고독사 위험군 발굴 및 지원강화

① 고독사에 대한 정확한 통계작성을 위한 일률적인 법적 기준 마련

② 동네 소식에 밝은 통·반장, 부동산중개사무소 등 활용

③ 다세대주택이나 고시원 등에 대해서는 현장조사 강화

④ 인공지능을 활용하여 고위험군의 전력사용량이 갑자기 줄거나 하면 안부 확인

⑤ 노인들의 건강 상태 확인 및 위급상황에 바로 119 신고를 할 수 있도록 하는 스마트 워치 등의 보급

⑥ 노인과 어르신들이 서로 돌보는 '노-노 케어' 확대

(2) 사람들과의 관계를 유지하는 것이 중요

독거노인 공동생활가정, 독거노인 친목모임 확대, 만남·소통 장소 마련 및 활성화 등을 통해 이들이 사회적으로 단절되지 않고 사람들과 관계를 유지하며 살아가도록 하는 것이 중요하다.

(3) 가족관계 회복 노력

부모님께 전화하기 캠페인, 경북도에서 추진 중인 '할매할배의 날' 전국 확대 등을 생각해 볼 수 있다.

⊙ '할매할배의 날'이란 경북도에서 매월 마지막 토요일을 '할매할배의 날'로 지정해 손자녀들이 조부모를 찾아 뵙고 삶의 지혜를 배울 수 있도록 시행하고 있는 제도이다.

(4) AI 기술의 활용

보건복지부는 대화형 AI 기술을 활용하여 고독사 고위험군에게 주기적으로 안부전화를 하는 서비스 제공을 추진하여 고독사 고위험군에게 심리적 안정을 주는 효과를 기대하고 있다.

(5) 자치단체의 노력

⊙ 자치단체들은 요즘 고독사 방지에 관심을 갖기 시작했다.

① 부산시: 전국 최초로 도시가스 검침으로 고독사를 막고 있다. 이는 예를 들어 도시가스 사용량이 급격히 줄거나 냉장고 문 여는 횟수가 '0'이 되면 위험 신호를 분석해 고독사를 예방하는 디지털 서비스다. 특히 이 사업이 주목받는 이유는 전국 최초로 도시가스 실시간 검침량을 활용하는 사회안전망 구축사업이라는 점 때문이다.

② 서울 서초구: 어르신들이 불안과 우울함을 극복하고 건강을 다시 찾을 수 있도록 치매 어르신부터 독거 어르신 등 취약계층을 위한 맞춤형 'AI(인공지능) 로봇'을 도입해 눈길을 끌고 있다. 예를 들어 애교 섞인 어투로 약 복용 시간, 운동 시간을 알려주고 움직임이 없을 경우 보호자에게 긴급 메시지를 보내는 등 안전 확인이 가능해 긴급한 상황에 바로 대처할 수 있다.

③ 인천시: SKT, 행복커넥트와 함께 '인공지능(AI) 안부확인 돌봄서비스'를 시행하고 있다.

(6) 공공 복지서비스의 지원

고독사 위험자에 대한 상담 및 심리치료, 복지서비스 지원, 1인 가구에 대한 사회안전망 구축, 지역 사회 민간복지지원 등 맞춤형 공공서비스 지원이 이루어져야 한다.

(7) 건강취약계층의 파악 및 지원

고독사한 사람은 대부분 질병을 가진 저소득층이다. 건강보험 데이터 등을 복지부와 행정기관·민간이 공유해 건강취약계층을 우선 보살피는 대책을 마련하는 것도 좋은 방안이다.

1. 전남 고독사 대책(고독사 지킴이단 운영)
① 독거노인과 40~64세 1인 가구 중 복지사각지대에 놓인 가구를 전수조사해 돌봄대상자 발굴
② 읍·면·동장의 추천과 공모로 통·이장, 부녀회원, 의용소방대원 등이 참여하는 '고독사 지킴이단' 모집
③ 돌봄 대상자와 1대1 결연을 맺고 직접 방문 및 전화로 안부 살피기, 말벗·친구 등의 역할을 자원봉사체제로 운영
④ 적극행정 우수사례 경진대회에서 소통·배려 분야 최우수사례로 선정되어 국무총리상 수상
⑤ 고독사 지킴이단에 대학생 자원봉사자 참여로 학생 자원봉사와 연계 운영 중

2. 국민안심서비스 앱(경남 합천군에서 개발한 공공앱으로 2019년 올해의 앱으로 선정)
① 전 연령층이 스마트폰을 사용하는 것에 착안해 12시간 동안 사용자가 휴대전화를 사용하지 않으면 등록된 자녀나 이장, 담당 공무원 등의 전화번호로 문자 메시지 전송
② 이장이나 담당 공무원 등이 전송된 문자메시지를 확인하고 안부를 확인하는 서비스
③ 여러 명의 보호자 연락처 입력으로 가장 가까운 사람이 바로 구호를 할 수 있어 고독사 예방은 물론 실종 등의 범죄 발생시에도 빠른 대처가 가능

3. 서울시의 고독사 대책
① 서울시는 우선 지역 주민이 혼자 사는 주민들을 찾아가 살피고 이들이 세상 밖으로 나와 이웃을 만들고 다양한 모임에 참여하며 사회관계망을 형성할 수 있도록 돕기로 했다. 지역에서 오래 거주한 주민이나 지역 사정에 밝은 통·반장, 주민자치위원 등이 참여하는 '이웃 살피미' 주민모임이 주축이다.
② 이웃 살피미는 지역별로 10명 내외로 구성된다. 반지하, 옥탑방, 임대아파트 등 가구특성에 맞는 방문·응대 매뉴얼을 가지고 고립가구를 방문한다. 낙인감이나 자존심 때문에 방문을 거부하는 1인 가구에는 건강음료 배달 등을 통해 안부를 확인하고, 개개인의 건강·위생 상태에 따라 밑반찬쿠폰이나 목욕쿠폰을 지원한다. 거동이 불편한 가구에는 사물인터넷(IoT)을 활용해 움직임을 감지해 알려주는 '안부확인서비스'를 지원한다.
③ 병원, 약국, 집주인, 편의점 등 지역 사회 구성원들은 특이사항 발생시 동주민센터에 알리는 고독사 파수꾼 역할을 한다. 예를 들어 집주인은 세입자가 월세나 관리비를 장기 체납하는 경우, 병원은 치료 중인 내원환자가 재방문하지 않는 경우, 약국은 복용약을 과도하게 구입하는 경우 같은 사례 발생시 동주민센터로 연락하는 방식이다.
④ 또한 서울시는 고립에서 벗어난 1인 가구에게는 이웃과 사회적 관계를 맺을 수 있도록 자조모임 같은 커뮤니티 활동과 관계회복 프로그램을 지원한다. 고독사 비율이 높은 중·장년 남성들이 요리, 연극, 심리상담 같은 프로그램에 참여할 수 있도록 중·장년 밀집지역 5~6개소를 선정해 운영비를 지원한다. 생계곤란, 질병, 실직, 은둔형 1인 가구 등 각 그룹별 처지와 바람에 맞춤형 서비스를 지원한다.

◈ **PLUS**

고독사 관련 기출질문
Q. 요즘 노인 고독사가 증가하고 있다. 보건소에서는 정신건강증진에 대해서도 힘쓰고 있는데 이와 함께 엮어 진행해 보고 싶은 사업이 있는가? [2023 청송 간호직]
Q. 고독사 방지방법에 대해 생각해 본 것이 있는가? [2022 전남]
Q. 고독사는 어느 대상이 많은가? [2022 이천시]

MEMO

CHAPTER
06 지역화폐

1 지역화폐의 개념

(1) 일반적으로 지역화폐(local currency)란 '지역에서 자체적으로 스스로 돈을 발행하여 유통시키고, 이를 통해 주민들이 서로에게 재화와 서비스를 주고받는 경제활동 방식'으로 정의된다.

(2) 소상공인 매출 증대와 지역 내 소비 촉진을 통한 지역소득 역외유출 방지, 지역경제 선순환 체계 구축 등을 위해 지역화폐 발행·이용을 확대할 필요가 있다.

2 지역화폐 현황

(1) 2023년 1월 기준 전국 243개 지자체 중 지역화폐를 발행하는 곳은 191개이다(광역형 지역화폐 기준으로는 188개).

(2) 연 누적 이용자는 2022년 기준 3,857만 6,490명, 2023년 기준 3,901만 8,892명으로 추정되며 점차 확대되는 추세를 보이고 있다.

(3) 지역 가맹점수도 2022년 기준 241만 5,690개, 2023년 기준 245만 5,603개로 점차 확대되는 추세를 보인다.

(4) 다만 중앙정부에서는 각 지자체의 지역화폐에 지원하는 예산을 대폭 삭감하며 지역화폐 활성화에 대해 소극적인 입장을 나타내고 있다.

3 지역상품권과 지역화폐

(1) 지역상품권의 운영
① 국내에서는 지역화폐의 또 다른 형태로 지역상품권 형태의 지역화폐 정책이 확산되고 있다.
② 지역상품권 형태의 지역화폐는 소상공인 및 전통시장 활성화 등과 같이 지역순환경제 구축의 목적을 강하게 띄는 지역화폐의 형태로 설계되어 있다.
③ 지역상품권은 지역화폐 관련 정책의 하나로 제시되고 있지만 실제 유통과정에서는 화폐의 1차 이용 이후 유통이 단절되는 경우가 많아 전통적 개념의 화폐와는 차이가 존재한다.
④ 지자체별로 지역상품권 형태의 지역화폐 도입을 추진해오고 있으며, 다양한 방식으로 지역화폐 활성화를 도모하고 있다.
　㉠ 성남시는 「성남시 청년배당 지급 조례」를 제정하고, 청년기본소득(청년수당)을 성남시 관내에서만 사용이 가능한 성남사랑상품권으로 지급하고 있다.

ⓛ 각 지방자치단체는 상품권 활성화를 위하여 포인트를 지급하거나 상품권 할인판매 혹은 공무원 복지포인트 지급, 지자체의 복지비와 포상비 지급수단으로 활용하는 등 다양한 활성화 수단을 도입하고 있다.

(2) 고향사랑 상품권

① **개념**: 지역상권 활성화 및 공동체 강화를 위해 지방자치단체가 발행하고 해당 지자체의 행정구역 내에서만 사용할 수 있는 상품권이다.

② **효과**: 지역 내 소비증가 및 자금의 역외유출 방지로 지역 소상공인과 자영업자의 소득이 증대할 것으로 보인다.

③ **활용**: 서울시에서는 모바일 서울사랑상품권을 발행하고 있다. ⇨ 서울시 고향사랑기부제 답례품으로 고향사랑상품권 발행

(3) 지역상품권의 경제적 효과

크게 지역소득의 역외유출 감소효과와 지역 상권 활성화에 따른 2차 소비 증대 등으로 발생된다.

(4) 지역상품권의 문제점

① 지역상품권의 유통을 위해서는 상품권의 발행 및 운영을 위한 예산이 소요되며 발행액의 약 10%가 예산으로 소요된다.

> ⊙ 25억 규모의 지역상품권 유통을 위해 2억 2천만원 규모의 예산이 소요되며 인쇄비와 금융 수수료도 더하면 이는 더 늘어날 것으로 예측된다.

② 광역자치단체 차원에서 지역상품권을 발행하는 경우, 지역범위 확대에 따른 운영상의 부작용 발생 가능성이 있다.

　ⓝ 관리범위가 확대됨에 따라 지역에 대한 일체감·공동체성 미흡으로 인한 '불법환전' 등의 부작용 발생 가능성 증대

　ⓛ 광역자치단체에서 운영되는 경우, 지역 상권이 활성화되어 있는 거점상권으로 자금의 '쏠림현상'이 발생될 우려 존재

③ 온누리상품권과 같이 중앙정부에서도 지역상품권과 비슷한 형태의 상품권을 출시하고 있어서 시민들이 알기에 다소 복잡하고, 전국적으로 이용가능한 온누리상품권에 비해 시민들이 지역상품권을 이용할 동기가 떨어진다.

④ 전통시장·소상공인의 가게 등에서만 사용이 가능하기 때문에 대형마트·온라인 쇼핑몰 등을 이용하는 사람들에게는 효용성이 낮고, 이로 인하여 활성화되기 어려운 측면이 존재한다.

　ⓝ 하나로마트 등 일부 대형마트에서도 사용 가능하게 하려는 시도가 있었으나 전통시장의 상인·소상공인들의 반발이 존재했다.

　ⓛ 병원, 약국, 학원비 등과 같이 시민들이 일상생활에서 많이 사용하는 곳에서는 사용하기 어려움이 있다.

⑤ 광역 생활권의 경우 지역상품권을 사용하기 번거롭다는 단점이 존재한다. ⇨ 본인의 주거지역과 직장의 지역이 다른 경우 사용하기에 불편함이 존재한다.

　⃟ 서울특별시에 직장이 있는 경기도 거주민, 울산에 직장이 있는 부산광역시 거주민

4 새로운 형태의 지역화폐

(1) 모바일 환경, 블록체인 기술 등 새로운 기술을 기반으로 하는 전자화폐 도입을 통하여 지역화폐의 거래 비용 절감을 추구한다.

(2) 모바일형, 카드형 지역화폐를 개발하여 거래비용을 낮출 수 있다.

5 지역화폐 활성화 방안

(1) 지역화폐의 발행과 운영은 기초단체가 수행하고, 도에서는 기초자치단체의 운영을 지원

(2) 자원봉사, 문화관광, 사회적 경제 등과 결합하여 운영

　예 자원봉사 포인트를 활용한 복지화폐 운영, 테마형 관광 활성화를 위한 관광상품 개발 등

(3) 병·의원, 약국, 주유소, 학원 등 일상생활에서도 지역화폐를 사용할 수 있도록 사용처 확대

(4) 지역화폐 구매와 이용의 편리성 확보를 위해 판매점을 확대

(5) 부정유통에 대해서는 이익 환수 및 감독 철저

(6) 광역 생활권의 경우 자유롭게 통합·이체가 가능하도록 지자체 간 협의를 통해 이용자들의 불편함 해소

6 지역화폐 관련 질문답변 사례

> **Q.** 현재 대구시의 관심 있는 정책은 무엇인가요?
> **A.** 행복페이를 말씀드려도 될까요?
>
> **Q.** 네, 말씀해보세요.
> **A.** 행복페이는 올해 6월 3일 정식 발행한 지역화폐입니다. 6월에서 9월까지는 10%의 할인율이 적용되고 10월 이후로는 7%의 할인율이 적용됩니다. 솔직히 말씀드리면 이번 면접준비를 하면서 행복페이라는 것을 처음 알게 됐습니다. 하지만 정말 좋은 제도라 생각하여 부모님과 주위 친구들에게 권유했고 그 이후 반응을 보니 만족도가 매우 높았습니다. 저 또한 카드를 만들어 잘 사용하고 있습니다. 행복페이의 사용처는 전통시장을 포함한 소상공인 매장인데 실제로 사용해보면 큰 제약 없이 잘 사용할 수 있었습니다.

✅PLUS

지역화폐 관련 기출질문 및 예상질문

Q. 청주페이 등 지역화폐의 인센티브 재정 낭비 지적이 있다. 본인의 생각은? [2021 충북 일행직]
Q. 지역화폐 실시 배경과 파급효과는 무엇인가? [2021 수원시 사전조사서]
Q. 지역화폐에 대해 알고 있는가? 이에 대한 개선방안을 얘기해보라. [2022 수원시]
Q. 지역화폐란 무엇인가? 왜 지역화폐를 발행하는가?
Q. 지역화폐 이용 활성화 방안에 대해 말해보라.

CHAPTER 07 이해충돌방지법

1 개 요

(1) LH 직원의 땅투기 사태 이후 공개되지 않은 내부정보나 직무상 권한을 이용한 부동산 취득 등 이해충돌 문제에 대한 대책 마련이 요구되고 있다.

(2) 공직자의 부정한 사익추구 행위를 막고 직무수행의 공정성을 담보하기 위해서는 이해충돌상황을 적절히 관리하고 통제할 필요가 있다.

(3) 국민권익위는 공무원 행동강령 개정(대통령령, 2018. 4. 17. 시행)을 통해 이해충돌 방지 규정을 공직사회에 선제적으로 도입 시행 중이다.

① 다만, 행동강령은 행정부만 적용되어 공공부문 전반에 통일적인 제도 운영이 어렵고, 제재 수단이 징계로 한정되어 징계규정 적용이 곤란한 선출직 등에 대해서는 실효성 있는 제재에 한계가 있다.

② 이에 새로운 윤리기준으로서의 규범성과 위반자에 대한 실질적인 처벌 등을 통한 이행력이 담보될 수 있도록 상향 법제화가 필요하다.

2 주요 내용 및 기대효과

(1) 이해충돌방지법은 공직자가 수행하는 직무와 사적이익 간에 발생할 수 있는 이해충돌의 상황을 사전에 신고하고 부적절한 상황을 회피·기피하도록 구성되어 있다.

⊙ '이해충돌'이란 공직자가 직무를 수행할 때 자신의 사적 이해관계가 관련되어 공정하고 청렴한 직무수행이 저해되거나 저해될 우려가 있는 상황을 말한다.

(2) 공직자는 자신의 직무와 관련해 사적인 이해관계가 있으면 미리 신고해야 한다.

(3) 고위공직자와 채용 담당공직자 등의 가족은 소속 공공기관은 물론 산하기관, 공공기관이 투자한 자회사에 취업할 수 없다.

(4) 공무원과 국회의원, 지방의회 의원, 공공기관 임직원, 법원, 국공립학교 등 법의 적용을 받는 대상은 207만 명 정도이다.

(5) 이해충돌방지법은 직무관련 정보를 이용한 부동산 투기뿐만 아니라 공직자와 가족 관련 수의계약, 입시비리, 고위직 자녀 특혜채용비리 등 모든 유형의 공직자의 이해충돌을 근본적으로 차단할 수 있을 것으로 기대된다.

3 이해충돌 예방 및 관리를 위한 10개 행위 기준(2022년 교육행정직 면접질문)

(1) 의 의

공직자의 직무수행 과정에서 발생할 수 있는 부정한 사익추구를 예방할 수 있도록 공직자가 해야 할 5개의 신고 제출 의무와 하지 말아야 할 5개의 제한 및 금지행위 등 총 10개의 행위기준을 규정하였다.

(2) 이해충돌방지법상 공직자의 행위기준

	신고·제출의무			제한·금지행위
1	사적 이해관계자 신고 및 회피·기피 신청		6	직무관련 외부활동 제한
2	공공기관 직무관련 부동산 보유·매수 신고		7	가족 채용 제한
3	고위공직자 민간부문 업무활동 내역 제출		8	수의계약 체결 제한
4	직무관련자와의 거래 신고		9	공공기관 물품 등의 사적 사용·수익금지
5	퇴직자 사적 접촉 신고		10	직무상 비밀 등 이용 금지

① 공직자는 직무관련자가 사적 이해관계자임을 안 날로부터 14일 이내에 그 사실을 소속 기관장에게 서면으로 신고하고 회피를 신청해야 할 의무가 발생한다.

② 공직자의 사적 이해관계자 신고 및 회피 신청을 받은 소속 기관장은 직무수행의 일시 중지 명령, 직무 재배정 등 이해충돌을 방지하기 위한 조치를 취하여야 한다.

③ 다만, 직무를 수행하는 공직자를 대체하는 것이 어렵거나 공익 증진을 위해 필요한 경우에는 해당 공직자가 그 직무를 계속 수행하도록 허용하되 이해충돌방지담당관 등 다른 공직자로 하여금 공정한 직무수행 여부를 확인하고 점검하도록 해야 한다.

④ '직무수행 중 알게 된 비밀'이란 정보의 귀속이나 출처가 어디인지를 불문하고 공직자가 직무수행 중 알게 된 것으로써 법령에 의해 비밀로 규정된 것뿐만 아니라 실질적으로 비밀로서 보호할 가치가 있는 일체의 정보를 의미한다. 공직자가 소관하고 있는 업무와 관련되는 것뿐만 아니라 다른 공공기관 또는 법인 개인의 업무와 관련된 것이라 하더라도 직무수행 중 알게 된 것으로서 비밀로 보호할 가치가 있는 것이라면 동법이 적용된다고 보아야 할 것이다.

✎ Check point

다른 사람의 개인정보도 직무수행 중 알게 된 비밀에 해당하는지 여부

개인정보가 직무수행 중 알게 된 비밀에 해당하는지 여부는 사안에 따라 개별적으로 검토해야 할 것으로 판단된다. 타인의 개인정보가 반드시 공직자의 직무상 비밀에 해당한다고 볼 수는 없겠으나 그것이 비밀로서 보호되어야 할 가치가 있다면 직무상 비밀에 해당할 것이다.

4 **이해충돌방지법과 김영란법 비교** ★★★

구 분	이해충돌방지법	김영란법 (부정청탁 및 금품 등 수수의 금지에 관한 법률)
목 적	공직자의 직무수행과 관련한 사적이익 추구를 금지함으로써 공직자의 직무수행 중 발생할 수 있는 이해충돌 방지	공직자 등에 대한 부정청탁 및 공직자 등의 금품 등의 수수를 금지함으로써 공직자 등의 공정한 직무수행 보장
적용 대상	• 공직자(국회의원, 지방의회의원 포함)+공공기관(KBS, EBS 등은 공공기관으로 적용 대상에 포함됨) • 직접 대상자는 207만 명으로 추정(직계존비속 포함 시 500만 명)	• 공직자+공공기관+사립학교 교직원+언론사 대표와 임직원+공공기관의 의사결정 등에 참여하는 민간인 또는 기업 • 직접 대상자는 300만 명으로 추정
주요 내용	• (직무상 미공개 정보 이용금지) 직무상 비밀 또는 미공개 정보를 이용해 재산상 이익 취득 금지 • (신고 및 회피 의무) 공직자는 직무관련자가 사적 이해관계자임을 알게 되거나 특정 업무와 관련된 부동산을 매수하는 경우 등에는 안 날로부터 14일 이내에 신고하고 해당 업무의 회피를 신청해야 함 • 국토부·LH 직계존비속 부동산 거래까지 신고 • (가족채용 제한) 고위 공직자 및 채용업무 담당자는 해당 공공기관 또는 산하기관, 자회사에 가족채용 금지 • (수의계약 제한) 공직자의 배우자 및 그의 직계존비속은 해당 공공기관 및 산하기관과의 수의계약 체결 제한 • (퇴직 후 직무상 비밀 이용금지) 고위공직자는 임용 전 3년간 민간부문 업무활동 내역 제출. 퇴직 후 3년간 직무상 비밀을 이용한 재산상 이득 취득 금지 • (형사처벌) 공직자가 직무상 알게 된 비밀을 활용해 재산상 이익을 얻을 경우 7년 이하의 징역형이나 7천만원 이하의 벌금(비밀 등을 이용하여 이익을 얻은 제3자까지 처벌)	• (부정청탁 금지) 누구든지 직접 또는 제3자를 통하여 직무를 수행하는 공직자 등에게 다음 각 호의 어느 하나에 해당하는 부정청탁을 해서는 아니 됨(법령을 위반한 인·허가 처리청탁, 인사청탁, 특정업체 계약청탁 등 부정청탁을 하면 안 됨) • (직무와 관련이 없는 경우) 공직자 등은 직무 관련 여부 및 기부·후원·증여 등 그 명목에 관계 없이 동일인으로부터 1회에 100만원 또는 연간 300만원을 초과하는 금품 등을 받거나 요구 또는 약속해서는 아니 됨 • (직무관련 금품 등 수수금지) 공직자 등은 직무와 관련하여 대가성 여부를 불문하고 위에서 정한 금액 이하의 금품 등을 받거나 요구 또는 약속해서는 아니 됨 • (3-5-5 규정) 음식물 3만원, 선물 5만원(농축수산물 10만원), 경조사비 5만원으로 제한 • (외부강의 등 사례금 수수 제한 및 신고) 신고의무 불이행시 징계처분
논란 사항	• (사립학교 임직원 제외로 형평성 논란) 사학비리문제와 부정채용 문제 여전 • (적용대상자) 광범위하여 구체적 검증이 힘든 문제 ⇨ 현장적용과 시행의 안착을 어떻게 하느냐가 관건	• (3-5-5) 규정에 대한 논란 • 코로나19와 같은 상황이나 경기가 어려워지는 상황에서 조금 더 상한선을 높이는 것이 좋지 않겠나 하는 지적이 있음

✔ PLUS

이해충돌방지법 관련 기출질문

Q. 본인이 실수로 직무관련자에게 청첩장을 보냈다. 그로 인해 직무관련자에게 10만원의 축의금을 받은 상황이다. 공무원 행동강령과 청탁금지법의 무엇을 위반했는지와 본인은 어떤 조치를 할 것인가? [2023 경기 교행]

Q. 상관이 회식을 가자고 하여 다같이 밥을 먹고 카페도 가고 즐겁게 놀았는데 나중에 알고 보니 이 돈이 이해관계가 있는 사람이 내준 것이었다. 이런 경우 어떻게 하겠는가? [2023 경북 구미]

Q. 이해충돌방지법이란 무엇인가? [2023 충남 아산 · 경기 가평]

Q. 김영란법과 이해충돌방지법의 차이점은 무엇인가? [2023 경남 밀양]

Q. 김영란법의 정식명칭은 무엇이며 이에 대해 설명해보라. [2022 경북 · 대구 · 대전 · 전남 · 충남 · 남양주]

MEMO

CHAPTER
08 중대재해처벌법

1 배경 및 목적

(1) 가습기 살균제 사건, 세월호 사건을 계기로 중대재해처벌법에 대한 사회적 관심이 높아졌다.

(2) 우리나라의 산재사망율은 OECD 국가 중 1위로 OECD 국가 평균보다 2배가 넘는다. 이는 산재를 구조적인 문제가 아닌 개인의 비극이나 불운으로 치부했기 때문이다.
> 예 구의역 스크린 도어 사건, 이천물류창고 화재 참사 등

(3) 2018년 12월 故 김용균씨 사망사고를 계기로 산업안전보건법(이하 산안법)이 전부 개정되었다. 위험작업에 대한 도급이 제한되고, 산업안전보건법 위반에 대한 벌칙이 강화되었다.

(4) 우리나라의 산안법 재범률은 매우 높은 상황으로 처벌수준이 낮고 산재사고는 불가피한 것으로 인식하는 사회구조적인 문제가 지속적으로 반복되고 있다. ⇨ 2008년 이천 냉동창고 화재사건이 2020년 이천물류창고 화재사건으로 반복

(5) 산재로 부담하는 책임과 벌금이 안전투자비용보다 적기 때문에 산재사고가 반복되고 있다. 따라서 안전투자비용과 사고시 부담비용의 균형을 맞추면 중대산재사고를 줄일 수 있을 것으로 기대한다.

2 주요 내용

(1) 사업주 또는 경영책임자의 책임 강화 ⇨ 노동자 사망사고와 같은 중대재해가 발생하면 사고를 예방하기 위해 책임을 다하지 않았을 경우 사업주나 경영책임자가 처벌받을 수 있다. 최대 징역형도 부과 가능하다.

(2) 또한 안전 및 보건 확보의무를 위반한 법인이나 기관은 사망사고의 경우 '50억원 이하의 벌금형'으로, 부상 및 질병의 경우 '10억원 이하의 벌금형'으로 처벌된다.

(3) 징벌적 손해배상제도 도입 ⇨ 사업주와 법인 등이 고의 또는 중대한 과실로 안전 및 보건확보 의무를 위반하여 중대재해 발생 및 손해를 입힌 경우 손해액의 5배까지 배상책임이 있다.

(4) 중대시민재해 개념 도입 ⇨ 이번 중대재해처벌법에는 공중이용시설 또는 공중교통수단 등에서 발생하는 사고의 처벌을 위해 '중대시민재해' 개념을 도입하였고, '중대시민재해'로 인한 사업자나 법인 등에 대한 처벌 내용은 '중대산업재해'와 동일하다.

(5) 2023년 4월 성남시 정자교 보행로 붕괴사고가 발생했다. 불특정 다수 시민이 피해를 입은 '중대시민재해'의 경우, 시설물 부실 관리 등이 원인으로 밝혀지면 자치단체장을 처벌하게 되어 있다.

3 논란사항

(1) 산재율이 높은 상시 근로자 5인 미만 사업장은 이 법의 적용을 배제했다. 50인 미만의 사업장들에도 2024년 1월 27일부터 적용되도록 하였다.

(2) 사업주에 부과된 위험방지의무의 모호성 ⇨ 안전조치를 취하지 않아 사망사고가 발생할 경우 위반자는 현장감독자, 법인이나 기관인데 현장에 있지 않은 사업주가 처벌받아야 하는가에 대한 논란이 있다. 하지만 경영자는 자신의 영향이 미치는 노동자에 대해 포괄적인 책임을 져야 한다는 것을 법에서 담고 있다고 보아야 한다.

(3) 안전보건 확보의무 적용 범위 논란 ⇨ 안전의무의 개념 자체가 모호하고 무한대로 확장될 소지가 있어 논란이 있다. 즉, 산재사고가 발생할 경우 거의 안전보건 확보의무를 벗어날 수 없으며 사고가 나지 않으면 의무를 다한 것으로 추정되는 결과론적인 상황이 발생한다.

> ◉ 경영계에서는 안전의무에 대한 구체적인 가이드라인을 만들어 제시해 줄 것을 요구하고 있다. 안전은 외부적인 요인뿐만 아니라 근로자 개인의 부주의로 발생하는 경우가 많고 안전교육이나 작업장 안전확보 투자예산의 적정성을 판단하기 어렵기 때문이다.

(4) 그럼에도 중대재해처벌법의 핵심은 기업이 스스로 경영책임자를 중심으로 안전보건관리체계를 구축 및 이행하여 현장의 안전보건관리가 철저히 이루어지도록 하는 것이다. 또한 경영책임자가 산업재해가 발생하였다고 무조건 처벌되는 것이 아니라 안전보건관리체계 구축과 이행 등 안전 및 보건 확보의무를 이행하면 처벌되지 않는다는 점을 명확히 하였다는 데 의의가 있다.

⊘ PLUS

중대재해처벌법 관련 기출질문
Q. 중대재해처벌법에 대해 아는 대로 말하시오. [2022 대전·전남·충남, 2023 강원]

MEMO

CHAPTER
09 최저임금 인상 논란

✎ **Check point**

1. 최저임금제는 국가가 정한 일정 이상의 금액을 노동자에게 지급하도록 함으로써 저임금 노동자의 최소한의 생계를 보호하기 위한 제도이다.
2. 연간 3~4천만원 이상을 받는 노동자는 최저임금법이 보호하고자 하는 저임금 노동자에 해당하지 않는다.

1 개 요

(1) 2024년 최저임금은 9,860원(시간)이다. ▷ 월급으로 환산시 206만원이다(주 40시간, 유급 주휴 8시간 포함).

(2) 최저임금제란 국가가 노·사간의 임금결정과정에 개입하여 임금의 최저수준을 정하고, 사용자에게 이 수준 이상의 임금을 지급하도록 법으로 강제함으로써 저임금 근로자를 보호하는 제도이다.

(3) 최저임금은 공익위원·사용자·근로자가 각각 균등한 비율로 참여하는 27명의 최저임금위원회에서 심의·의결하고 매년 8월 5일까지 고용노동부 장관이 결정하여 고시한다.

(4) 최저임금액은 1명 이상 근로자를 사용하는 모든 사업 또는 사업장에 사업의 종류를 구분하지 아니하고 적용된다. 다만, 수습의 경우는 최저임금액의 90%가 적용되는 경우도 있다.

2 최저임금제도의 목적 및 효과

(1) 최저임금제는 근로자에 대하여 임금의 최저수준을 보장하여 근로자의 생활안정과 노동력의 질적향상을 꾀함으로써 국민경제의 건전한 발전에 이바지하게 함을 목적으로 한다(최저임금법 제1조).

(2) 최저임금제의 실시로 최저임금액 미만의 임금을 받고 있는 근로자의 임금이 최저임금액 이상 수준으로 인상되면서 다음과 같은 효과를 가져온다.
① 저임금 해소로 임금격차가 완화되고 소득분배 개선에 기여할 수 있다.
② 근로자에게 일정한 수준 이상의 생계를 보장해 줌으로써 근로자의 생활을 안정시키고 근로자의 사기를 올려주어 노동생산성이 향상될 수 있다.
③ 저임금을 바탕으로 한 경쟁방식을 지양하고 적정한 임금을 지급하도록 하여 공정한 경쟁을 촉진하고 경영합리화를 기한다.

3 최저임금 인상 찬성의견

(1) 소득 주도 성장론자들은 임금을 '비용'으로 보던 기존 관점에서 벗어나 '소비의 원천'으로 여기고 있다. 가계 소득이 늘어야 소비가 증가하고 기업 투자가 활발히 일어나 고용 창출, 경제 성장의 선순환을 이룰 수 있다는 판단에서이다.

(2) 최저임금을 지급하는 분야는 대부분 유통, 서비스, 숙박, 음식업 등 일반인들이 주변에서 쉽게 접할 수 있는 직종이 대부분이다. 이는 대부분 내수직종들이자 가장 많은 숫자의 일자리를 제공하고 있으며, 가장 낮은 임금을 받고 있다. 따라서 이들의 임금인상을 통하여 사회 저층의 지갑을 두둑하게 하고 소비를 진작시키는 데 즉시 효과가 있다.

(3) 최저임금 인상은 계층 간 소득격차 축소에 큰 도움이 될 것이며, 최저소득층의 가계수지를 안정시키는 효과도 크다할 것이다.

(4) 최저임금 인상은 외국인 저임금 노동자들에 대한 노동착취를 방지할 뿐만 아니라 국내 저임금 노동자들의 경쟁력을 보장해주는 측면도 존재한다.

4 최저임금 인상 반대의견

(1) 국내 대다수 근로자들이 최저임금 이상을 받는다. 최저임금위원회에 따르면 임금 근로자 가운데 최저임금 인상을 적용받는 비율은 15.4%이다. 10명 중 2명도 안 되는 국민이 최저임금 인상의 효과를 누리는 셈이다. 그러나 소득분배 양극화 해소와 내수 경기 부양에 얼마나 효과가 있을지는 의문이다.

(2) 최저임금을 급격히 올리면 대기업보다는 중소기업과 자영업자의 타격이 불가피하다는 비판도 있다. 경비원을 채용하는 대신 CCTV를 설치하는 식으로 오히려 일자리가 더 줄어들 수 있다.

(3) 가계부채가 많고 불안한 미래에 대한 준비를 위해 의도적으로 소비를 자제하는 상황에서 소득주도 성장 정책은 소비 증대로 연결되기 쉽지 않다.

(4) 영세기업과 소상공인 입장에서는 업무 난이도와 상관없이 동일 수준의 최저임금을 적용하는 것은 문제가 있으며 일률적인 최저임금 인상은 고용의 활성화를 저해할 것이다.

(5) 우리나라는 고질적인 노동시장 이중구조로 인하여 최저임금의 근로자가 중소기업에 집중되어 있어 급격한 최저임금의 인상은 외국과 달리 취약계층의 고용에 부정적인 영향을 미칠 가능성이 크다.

5 최저임금의 업종별·연령별·지역별 차등적용

(1) 최저임금 인상에 대한 논의가 이루어질 때마다 경영계 측에서는 사업주의 부담 완화를 위해 최소한 업종별로 최저임금을 다르게 매겨야 한다는 입장을 표명한다.

(2) 연방국가인 미국의 경우 지역별·사업장 규모별 최저임금을 차등적용 하고 있으며, 영국의 경우 최저임금을 23세 미만으로 연령별 차등적용 하고 있다. 일본의 경우 중앙최저임금심의회가 제시한 목표를 기준으로 각 지방최저임금심의회가 지역별 최저임금을 정한다. 스위스의 경우 농·화훼업에 대해서는 최저임금을 차등적용한다.

(3) 우리나라의 경우에도 최저임금에 대해 최소한 업종별 차등적용이라도 해야 한다는 주장이 경영계 측에서 제기되지만 매년 무산되고 있다.

✎ Check point

최저임금 인상으로 물가 상승, 영세자영업자 인건비 부담 가중, 고용감소 등 여러 가지 부작용이 나타나고 있다. 이에 대한 대처방안은 다음과 같다.

1. 정부만의 과제가 아니라 이해관계자 모두의 과제이다. 즉, 대기업은 하청·도급관계를 맺고 있는 중소기업의 원가 증가를 분담해 주어야 하고, 대기업 노조도 임금인상 요구를 자제함으로써 이러한 노력에 동참하고 양극화 해소에 기여해야 한다.
2. 영세기업이나 소상공인들도 최저임금 인상에 고용조정으로 대응하기보다는 임금제도나 근로시간을 합리화함으로써 충격을 흡수할 필요가 있으며, 최저임금 인상으로 혜택을 보는 근로자들도 생산성 향상 노력으로 이에 부응해야 한다.
   예 상가임대료 부담을 낮추기 위한 대책 마련, 아파트경비원 및 청소업무 종사자 등 고용취약계층 고용 점검

✓ PLUS

최저임금 관련 기출질문

Q. 직종별 차등을 두는 최저임금에 대해 어떻게 생각하는가? [2023 대전]

Q. 최저임금에 대한 본인의 생각을 자유롭게 말하시오. [2023 전북]

Q. 최근 공무원의 대우나 임금이 최저임금보다 낮다는 것 등 다양한 문제로 공무원 선호도가 낮은데 이에 대해 어떻게 생각하는가? [2022 인천]

Q. 최저임금에 대한 본인의 생각은 무엇인가? 올해 최저임금은 얼마인가? [2020 · 2021 충남]

Q. 최저임금의 장단점은 무엇인가? [2020 충북, 2021 · 2022 충남]

MEMO

CHAPTER
10 청년실업

1 청년실업 현황

(1) 통계청이 발표한 2024년 1월 청년실업률(청년층 15~29세)은 6%를 기록했다. 청년 실업자 수는 25만 명 수준이다.

(2) 전체 실업자 3명 중 1명은 청년이다. 전체 경제활동인구 중 실업자 비율을 나타내는 청년실업률만 놓고 보면 청년실업이 그다지 심각하지 않은 것으로 착각할 수 있지만 전체 실업자 중 청년실업자가 차지하는 비중을 보면 청년실업의 심각성을 느낄 수 있다.

(3) 청년 비경제활동인구 중 쉬었다고 응답한 인원은 64만 명에 달한다. ⇨ 취업 준비를 포기한 청년층을 의미하며 비경제활동인구는 실업자 및 실업률 산정에서 포함되지 않았다(2023년 기준 20~39세 대상).

2 청년고용 부진 원인

(1) 산업·교육·노동시장의 구조적 문제 누적
  ① 기술혁신, 자동화 등으로 청년이 가고자 하는 사무직·생산직 일자리 감소(경력직 채용 증가)
  ② 반도체·조선·자동차 등 기존 주력산업 고용창출력 둔화, 신산업 창출 지체 등으로 민간 일자리 수요 위축
  ③ 외환위기 이후 산업성숙화 등으로 대기업 신규채용 위축

(2) 중소기업 기피 및 청년창업 부진
  ① 대기업의 대졸 초임이 높은 탓에 고학력 청년층이 대기업과 공기업으로 쏠리면서 중소기업은 만성적인 인력 부족에 시달리는 인력 수요·공급 미스매치 현상 심화
  ② 중소기업은 빈 일자리가 많으나 사회보상체계 왜곡 등으로 청년취업 기피, 경기침체·모험정신·안전망 부족 등으로 창업활동 부진
  ③ 교육 동질화 등으로 청년의 선호쏠림(대기업·공공부문 등) 지속

(3) 과도한 정규직 고용보호도 양질의 청년 일자리 창출 제약
  ① 고용 규제와 강성 노조의 과도한 요구로 대기업과 정규직이 높은 임금과 고용 안정을 누리면서 청년층이 노동시장 진입에 어려움
  ② 퇴직 정년이 증가함에 따라 기업의 신규 채용이 감소

(4) 산업 수요를 따라가지 못하는 대학 교육

① 인공지능(AI)·빅데이터 등 최첨단 산업에 대한 수요가 늘고 있지만 국내 대학들은 관련 학과 정원
조차 늘리지 못하면서 현장수요와 직무괴리 발생

② 산업수요를 반영한 대학 교육, 훈련 체계 정비 필요

3 청년실업 대책

(1) 일자리 미스매치 해소

① 중소기업에 대한 지원 및 중소기업에 근무하는 청년들에 대한 금전적 지원을 통해 대기업과의 임금
격차 해소

ⓘ 청년채용 특별장려금 ⇨ 청년 정규직 신규채용 중소기업에 1인당 연간 900만원(1년) 지원

ⓛ 청년내일채움공제 ⇨ 중소·중견기업 정규직 취업 청년의 자산형성 지원(본인 400만원＋기업
400만원＋정부 400만원＝1,200만원)

② 기업이 근로자에 대한 복지를 확대 시행할 수 있도록 지원

③ 청년 정규직 신규채용이 활발한 중소기업의 사례를 연구하여 청년 신규채용에 어려움을 겪는 기업
에 성공사례 제공

(2) 예산·세제·금융 등 제도개선을 통한 지원

① 지원 강화: 취업청년의 소득·주거·자산형성, 고용증대기업 지원 강화

② 창업 활성화: 기술·생활혁신 등 창업 유도

③ 새로운 취업기회 창출: 지역 및 사회적 경제·해외취업·新 서비스 일자리 수요 확대

④ 즉시 취·창업할 수 있는 실질적 역량 강화: 군 장병 교육훈련, 선취업－후학습, 일학습병행제 등 확산

⑤ 청년희망적금: 만 19~34세 청년의 저축 장려 및 자산형성 지원(월 최대 50만원), 시중금리에 ＋4%
정도의 저축장려금 지급, 청년희망적금 이자는 비과세

(3) 산업수요에 맞는 대학교육 개편

① 수요자(기업)가 원하는 인재를 양성할 수 있도록 대학의 정원과 학과 교육과정 개편

② 수요자인 기업과 공급자인 대학이 계약학과를 운영하는 것을 통해 기업이 인재 양성에 효과적인 지원

(4) 청년구직활동지원금 지원(2019년 3월~시행중)

① 취업을 준비하고 있는 청년(만 18~34세)에게 월 50만원씩 최대 6개월간의 구직활동 비용을 제공
하는 정책 사업

② 청년들의 취업 준비에 상당한 시간과 비용이 소요되는 점과 취업 준비 활동 중 경제적 어려움을 겪
고 있는 상황을 고려한 지원금

1. **청년들이 중소기업을 회피하는 이유**

   대기업보다 낮은 연봉과 열악한 복지 때문만이 아니다. 일과 삶의 균형(워라밸; work and Life Balance), 사내 문화, 경영진, 승진기회 및 가능성 등 모든 부문에서 대기업에 비해 낮은 환경, 교육훈련 기회 적음, 중소기업에 대한 사회적 인식 등의 다양한 이유가 존재한다.

2. **실효성 있는 중소기업 취업지원을 위한 방안**

   ① 임금격차 해소 외에 복리후생제도 개선, 근무환경 개선 등 기업주들이 개선 노력을 할 수 있도록 정책적 지원 필요(근무 환경의 질적 개선을 위한 근무혁신인센티브제 도입 추진 중)

   ② 교육훈련 기회 확대 ⇨ 청년들을 중소기업의 핵심 인재로 키워낼 수 있도록 인재 육성 지원 프로그램 개발 필요

   ③ 성과공유제를 도입한 기업에 인센티브 제공

   ④ 중소기업에 대한 사회적 인식 개선을 위해 강소기업 육성 지원 ⇨ 성공사례 개발 및 홍보

   ⑤ 중소기업이 청년들과 어울려 생산성과를 내고 정착할 수 있도록 지원

4 청년실업 관련 질문답변 사례

Q. 코로나19를 제외하고 가장 이슈가 되는 일은 무엇이라고 생각하시나요? [2020 부산시]

A. 제가 생각하기에는 청년실업 문제라고 생각합니다. 아무래도 고용이 불안정하거나 고용이 없다 보니 청년들이 결혼도 생각하지 않고 연애도 생각하지 않는 그런 상태가 되었다고 생각합니다. 지금 사회가 4차 산업혁명으로 나아가고 있는데 그것에 대비하여 4차 산업혁명에 맞는 스타트업 기업 육성을 우리 부산시가 나서서 해야 한다고 생각합니다.

PLUS

청년실업 관련 기출질문

Q. 청년실업에 대한 원인과 해결방안은 무엇인가? [2021 강원·충남·충북]

Q. 청년실업과 중소기업 구직난에 대한 생각은 어떠한가? [2021 충남]

MEMO

CHAPTER
11 정년 연장 논란

✔**POINT** 정년 연장에 대한 생각과 그로 인해 발생할 수 있는 청년실업문제의 해결을 동시에 생각해봐야 한다.

1 현행 정년 제도

> 「고용상 연령차별금지 및 고령자고용촉진에 관한 법률(고령자고용법)」
> 제19조【정년】① 사업주는 근로자의 정년을 60세 이상으로 정하여야 한다.

2 정년 연장 공론화 배경

(1) 우리나라는 저출산과 의학기술의 발전으로 급속한 고령화가 진행되어 2018년부터 생산가능인구가 감소하였다.

(2) 인구고령화로 인하여 노인부양률이 높아지면 사회지출이 증가하게 되고, 장기적으로 노동공급 부족을 초래하므로 경제 활력과 잠재성장률이 점진적으로 낮아지게 된다.

(3) 장기적인 성장 동력을 회복하기 위해서는 노동 공급 부족을 해결할 수 있는 방안이 필요하다. 많은 나라에서 노동 공급을 증대시키는 방안의 하나로 외국인력 도입이나 정년 연장 제도를 시행하고 있다.

(4) 외국인력의 도입은 인건비 절감을 통하여 생산비용을 낮춘다는 장점이 있지만 그로 인하여 사회적 불안감이 높아지는 등의 사회적 비용을 발생시키기도 한다.

(5) 정년 연장을 통한 노동 공급의 확대는 노동 공급의 증대 외에도 노인 빈곤을 완화시키는 처방으로서의 유용성도 함께 가지고 있어서 일본, 싱가포르 등 여러 나라에서 법제화된 처방이기도 하다. 다만, 기업의 신규 채용을 저해하고 인건비 상승이 우려된다.

(6) 국민연금 수급시기가 점점 늦춰짐에 따라 노인빈곤을 방지하기 위해서 정년 연장이 그 대안으로 화두가 되었다.

(7) 대법원이 손해배상의 기준이 되는 일반육체노동자의 가동연한을 기존 60세에서 65세로 상향하였다.
⇨ 1989년 전원합의체 판결로 가동연한을 55세에서 60세로 상향한지 30여 년 만에 65세로 상향하였다 (2019년).

3 **정년 연장 관련 정부의 추진정책**

(1) 고령자 고용연장 방안

① 60세 이상 고령자 고용지원금 상향

② 고령자 계속고용장려금 신설

③ 신중년 적합직무 고용장려금 확대 ⇨ 만 50세 이상 구직자를 신중년 적합직무에 채용하는 사업주에게 인건비를 지원

④ 계속고용제도 도입 검토 ⇨ 60세 정년 이후 일정 연령까지 고용연장 의무를 부과하되 기업이 ㉠ 재고용, ㉡ 정년 연장, ㉢ 정년폐지 등 다양한 고용연장 방식을 선택할 수 있도록 하는 제도

(2) 고령자 재취업 지원 및 고용안정

① 생애 경력설계 서비스 확대로 재취업 지원

② 장년 근로시간 단축제도 활성화(점진적 퇴직과 재취업 준비 지원)

(3) 공무원 정년 연장의 단계적 시행 검토

✎ **Check point**

임금피크제
1. '임금피크제'란 고용을 연장(정년 연장 또는 재고용)하면서 연령 등을 기준으로 임금을 감액하는 제도이다.
2. '임금피크제 지원금'은 기업이 근로자의 고용을 연장하면서 '일정 연령'을 기준으로 임금을 조정한 경우, 줄어든 소득 일부를 지원금으로 직접 근로자에게 지원하는 제도이다.
3. 2016년부터 모든 공공기관에는 임금피크제가 도입되었다.

---

4 **정년 연장 논란 사항**

(1) 기성세대와 청년세대의 세대갈등

기성세대들은 정년 연장에 대한 기대감을 표명했지만 당장 일자리 부족으로 실업 상태에 놓여 있는 청년들은 정년이 연장되면 한정된 정규직 일자리를 놓고 경쟁해야 하는 만큼 더욱 어려운 상황에 놓이게 될 것이 우려된다.

(2) 기업부담 가중

① 생산성 향상이 동반되지 않은 정년 연장은 기업의 인건비 부담으로 이어지고 경제 전체에 마이너스로 작용할 가능성이 있다.

② 연공서열제인 현 기업 임금체계를 직무급 형태로 개편하는 등 고용유연성 환경이 갖춰져야 하며 기업의 지불능력, 보험제도의 변화 등을 포함한 사회적 공감대가 선행되어야 한다.

③ 임금피크제가 대안으로 거론되지만 워라밸 등 근로문화 개선과 상충되면서 도입에 부담으로 작용하고 있다.

5 **정년 연장 관련 질문답변 사례**

Q. 공무원 정년 연장 찬성과 반대에 관해 어떻게 생각하는가?
A. 우선 공무원을 준비하든 다른 취업을 하든 취업과 관련한 그 문이 좁기 때문에 준비하는 데에는 힘이 듭니다. 하지만 공무원 정년 연장에 대해서는 연장되어야 한다고 생각합니다. 경험이 많으신 선배님들이 업무를 수행함으로써 지역 사회의 발전에 도움이 될 것이라고 생각합니다. 또한 저도 공무원이 된다면 끝까지 일을 할 것이기 때문에 정년 연장은 필요하다고 생각합니다.

◇ PLUS

정년 연장 관련 기출질문
Q. 취준생 입장에서 공무원 정년에 대한 생각은 어떠한가? [2023 경북]
Q. 인구 고령화로 인한 노년층 정년 연장에 대한 생각은 어떠한가? [2022 충북]
  └ [후속질문] 청년층이 반발한다면 어떤 해결방안이 있겠는가?
Q. 공무원 정년 연장 찬성, 반대 어떻게 생각하는가? [2020 광주광역시, 2021 경북]
Q. 정년 연장 논란에 대해 어떻게 생각하는가? [2020 충남 · 경기도 부천시]
Q. 청년 실업이 문제인 상황에서 공무원 정년 연장과 상충되는 부분이 있는데 이런 부분에 대해 어떻게 생각하는가? (2020 충북)
Q. 정년 연장의 의의와 노령인구 고용활성화 방안에 대해 답변해보라. [2021 서울시 5분발표]

MEMO

CHAPTER

12 워라밸(Work and Life Balance, 일과 삶의 균형)

1 워라밸의 의의

(1) 워라밸이란 '최근의 구직자나 젊은 직장인들의 회사를 선택하는 기준으로 연봉보다는 삶의 질을 중요시하는 경향이 강해지면서 등장한 신조어'이며, 좋은 회사에서 높은 연봉을 받는 것이 최선의 선택이 아니라 적절한 근로시간과 월급으로 자신의 삶을 누리는 것이 행복이라고 느끼는 것이다.

(2) 저녁이 있는 삶, 일과 삶의 균형이 중요시되면서 구직자나 이직 희망자들은 '기업의 워라밸'이 직장을 고르는 우선순위가 되고 있다.

(3) 워라밸 세대에게 특히 자신(myself), 여가(leisure), 성장(development)은 희생할 수 없는 가치이다.

(4) 고용노동부에서도 일·생활 균형에 대한 국민적 관심 제고와 일·생활 균형 문화 확산을 위해 국민 참여 캠페인을 추진 중이다.

2 일·가정 양립

(1) 다양한 분야와의 연관성
일·가정 양립은 저출산 시대의 해법인 동시에 여성일자리나 보육 등 다양한 분야와도 밀접한 연관을 가진다.

⊙ 출산휴가제, 배우자출산휴가제, 육아휴직제, 유연근무제 등 일·가정양립제도에 대한 요구 증가

(2) 고용노동부 '일家양득 정책'
일하는 방식과 문화를 개선하여 기업의 생산성과 경쟁력을 높이면서도 일과 가정의 균형을 찾아가도록 지원하는 정책이다.

핵심분야	세부 프로그램
생산성과 효율성 제고	교대제 개편, 회의시간 단축, 집중근무제 등
유연근무 활용도 높이기	시차출퇴근제, 시간선택제, 탄력근무제 등
회식·야근 줄이기	가정의 날, 정시퇴근제 등
육아부담 나누기	육아휴직, 육아기 근로시간 단축, 수유실 설치 등
자기계발 및 알찬 휴가 지원	동호회 지원, 연차사용 촉진, 안식년 등

⊙ 유연근무제는 근무자와 사용자가 근로시간이나 근로장소 등을 선택·조정하여 일과 생활을 조화롭게 하고 인력활용의 효율성을 높일 수 있는 제도이다(예 시차출퇴근제, 선택근무제, 재택근무 등).

3 주 4일제 시행 논의

(1) 노동계를 중심으로 주 4일만 근무하도록 하는 주 4일제를 시행해야 한다는 의견이 제기되었다. 이때 주 4일제를 시행하더라도 1일 단위 근무시간은 주 5일제와 동일하다.

(2) 미국·일본·독일·영국 등 많은 국가에서는 이미 시행하고 있으며 이로 인하여 특히 영국에서는 자녀 돌봄시간이 늘어나게 되어 일과 가정의 양립이 가능해진 것으로 나타났다.

(3) 한국의 경우 AI와 같은 기술을 통해 주 4일제로 인한 생산성의 공백을 극복할 수 있다는 주장도 존재한다.

(4) 경영계 입장에서는 제조업 중심의 한국 산업환경으로 인해 주 4일제를 시행하게 되면 생산성의 하락이 불가피하며 이를 방지하기 위해서는 추가 인력을 채용하고 직원의 급여를 인상해야 하기에 비용 부담을 이유로 반대하는 입장이다.

(5) 비용 부담을 감당할 수 있는 일부 대기업은 주 4일제를 시행하는 것이 가능하나 중소기업의 경우 그렇지 못한 경우가 많기 때문에 대기업 쏠림현상이 강화되어 중소기업이 인력난을 겪을 가능성이 더 높아지게 된다는 주장도 존재한다.

(6) 직장인들은 주 4일제에 대해 높은 찬성률을 보이고 있다. 카카오, 포스코와 같은 일부 대기업에서는 격주로 주 4일제를 시행하거나 월 2일의 추가 휴무를 부여하는 등과 같이 점진적으로 주 4일제를 시행하려는 움직임을 보이고 있으나 일부 기업의 경우 주 4일제를 시행하였다가 그에 따른 부작용으로 인하여 주 5일제로 회귀하기도 하였다.

4 워라밸 관련 질문답변 사례

Q. 일·가정 양립을 위해 본인은 어떻게 할 것인지 답변해달라.
A. 우선 국민의 안전과 생활능력 향상을 위해 힘쓰는 공무원으로서 제가 재충전할 수 있는 수단으로 보아 저의 업무에 최선을 다하기 위해서는 워라밸이 필요하다고 생각합니다. 실제로 고용노동부에서는 정시퇴근제를 활용해 회식이나 야근을 줄여나가고 있습니다. 이처럼 저도 정시퇴근을 할 수 있다면 퇴근 후 저의 삶을 누릴 수 있을 것 같습니다.

♥PLUS

워라밸 관련 기출질문
Q. 워라밸에 대해 어떻게 생각하는가? [2020 충남·대전·수원, 2022 부산·충북]
Q. 코로나가 길어지면서 공무원들이 모두 이런 업무에 매달려 있는데 지금의 상황에서 워라밸을 어떻게 생각하는가? [2021 용인시·수원시]
Q. 요즘 세대 친구들은 워라밸을 중요하게 생각하고 공무원에 지원하지만 실제로는 야근을 많이 한다. 본인이 야근을 많이 하게 된다면 어떻겠는가? [2022 남양주·수원시·의정부]

CHAPTER 13 집단갈등 해결방안

✔ **POINT** '화장터, 반려동물 놀이터 등 혐오시설 설치에 대해 지역 주민들이 반대할 경우 어떻게 대응할 것인가?'에 대한 방안을 찾아야 한다.

1 공공갈등의 의의

공공정책(법령의 제정·개정, 각종 사업의 추진 등)을 수립하거나 추진하는 과정에서 해당 정책이나 사업으로 인하여 영향을 받는 이해관계자 상호간 또는 이해관계자와 해당 기관 간에 발생하는 이해관계의 충돌을 말한다.

Case 01. 장애인 특수학교 설립 갈등

1. 갈등상황
   ① 집에서 2시간 거리에 있는 장애인 학교를 다녀야 한다는 현실 개선을 위해 장애인특수학교 설립 필요
   ② 장애인 특수학교에 대한 기피시설 인식과 지역 주민들의 집값 하락 우려 및 지역발전을 위해 국립한방병원 건립 주장
2. 과 정
   ① 공청회 개최 과정에서 장애 학생 부모들이 무릎을 꿇고 눈물로 호소
   ② 청와대 청원 운동으로 여론 환기 ⇨ 장애학생 시설에 반대하는 것은 어떤 이유를 들이대더라도 지역이기주의이자 장애인 혐오일 뿐
3. 해 결
   서울시 교육청과 지역 주민들은 장애인 특수학교를 설립하되 다음에 폐교되거나 합병되는 학교가 있으면 그 부지에 한방병원 설립 노력하기로 합의

Case 02. 서울시 쓰레기 소각장 갈등

1. 갈등상황
   ① 인천시가 기존 쓰레기 매립지의 포화로 더 이상 서울시에서 발생한 쓰레기를 받지 않겠다고 선언
   ② 이에 따라 서울시는 서울시 내에 새로운 쓰레기 소각장을 건립하여야 했고, 기존에 소각장이 있으며 유휴 부지도 있는 마포구 상암동에 쓰레기 소각장을 새로 건설하기로 결정
2. 과 정
   ① 서울시는 상암동 외에 다른 부지들을 후보로 두었으나 마포구를 최종 입지로 선정
   ② 서울시는 소각장을 지역의 랜드마크로 만들겠다고 하며 지원을 약속했으나 지역 주민들의 반대는 거센 상황

2 기피시설 설치 및 입지 갈등 원인

(1) 국민이나 시민에게 편익을 발생시키는 공공사업 추진시 입지갈등 다수 발생

예 광역화장장, 교도소 이전, 변전소 설치 등 입지 갈등 사례 빈발함

(2) 편익과 비용의 불균형으로 기피시설 설치는 전국민 또는 해당 시민 전체가 혜택을 보지만 해당 지역 시민은 정신적, 신체적 불안과 부동산 가격 하락의 피해 우려

3 입지 갈등 해결방안

(1) 주민이 참여하는 사업추진 방식 수용

주민 참여 수준에 따라 해결률이 최대 12배 높아짐(국토연구원 연구 결과)

(2) 갈등행위자 간 협력적 상호작용과정 도입

기피시설의 입지는 편익을 얻는 집단과 비용을 부담하는 집단이 있기 마련. 둘 간의 격차를 줄이는 장치를 만들어 공공사업계획 내에 포함시키는 것이 문제해결의 열쇠

(3) 대안적 갈등관리 방식 활용

이해관계자(집단) 간 화해·조정·중재와 같은 대안적 방식들을 많이 활용함으로써 갈등 해소

(4) 중립적 갈등관리기구 구성과 운영

① 이해관계자(집단)와 중립적 전문가가 참여하는 기구 구성
② 과정에서의 투명성을 통해 갈등행위자 상호간 이해 필요

(5) 기피시설과 선호시설 결합

공공사업 기획단계에서 기피시설과 선호시설의 결합을 통해 갈등요소 사전 제거

✎ Check point

갈등관리 담당자에게 중요한 사항

➔ 무작정 공청회를 통해 주민의 의견을 수렴한다고 하는 것보다 아래 내용이 핵심이 되어야 한다.

1. 이해당사자(집단) 파악
① 보다 광범위한 이해당사자들을 파악해야 한다.
② 협의체 구성원의 대표성을 확보해야 한다. 만일 협의체가 주민의사를 충분히 반영하지 못하면 제2, 제3의 갈등이 발생할 수 있기 때문이다.

2. 해당 정책 및 사업과 관련된 갈등의 주요 이슈 및 쟁점 파악
해당 이슈마다 각각의 이해당사자들이 가진 실익을 파악해야 한다.

3. 협의체 구성
이해당사자 및 필요한 경우 전문가를 포함시켜야 한다.

4. 투명한 정보 공개로 신뢰 확보
모든 자료를 공개하고 공개된 자료를 바탕으로 문제점 도출 및 해결방안을 검토하여야 한다.

5. 갈등 영향 분석 및 대응계획 수립
갈등 발생 가능성과 갈등 이해당사자, 갈등으로 인한 비용 등의 분석을 실시하고 대응 계획을 수립하여야 한다.

집단갈등 관련 기출질문

Q. 조직갈등을 해결할 수 있는 방법은 무엇인가? [2023 국가직 9급]

Q. 갈등의 순기능에 대해 말해보시오. [2023 충북 교행]

Q. 남녀간 성별 갈등이 있는데 어떻게 해결할 것인가? [2023 대구]

Q. 외집단 및 내집단 경험과 갈등을 극복한 사례에 대해 답변해보라. [2023 서울시 5분발표]

Q. 일부 지역에서는 학교가 신설되기를 원하고, 다른 지역에서는 학교 통폐합을 원하여 갈등을 빚고 있다. 이에 대한 해결방안을 말해보시오. [2023 서울 교행]

Q. 집단민원(쓰레기 소각장 같은 시설유치 반대)이 들어올 경우 어떻게 할 것인가? [2018 제주]

Q. 제천시와 충주시가 충주호 명칭으로 갈등이 있는 것을 아는가? 어떻게 해결하면 좋을지, 충주시민이 아니라 공무원의 입장에서 말해보라. [2018 충북]

Q. 소각장 문제와 관련하여 앞서 말했듯이 집단민원이 많이 들어오고 있으며 갈등도 많다. 이에 대해 어떻게 생각하는가? [2020 충북]

Q. 집단민원 대응방법에 대해 답변해보라. [2020 경기 의왕시]

Q. 장애인 특수학교 설립과 관련한 갈등을 어떻게 해결할 것인가? [2021 시흥시]

MEMO

CHAPTER 14 세대갈등 해결방안

1 MZ세대의 의의

(1) MZ세대는 밀레니얼(Millennial) 세대와 Z세대(Generation Z)를 합쳐 부르는 말이며, 1981~2010년에 출생한 세대를 지칭한다.

(2) 밀레니얼세대는 대체로 1980~1995년(or 1985~1996년) 사이 출생, Z세대는 1996~2010년대(or 1997~2005년) 초반 출생이 해당된다.

(3) 통계청에 따르면 국내 MZ세대(1980~2005년생)는 전체 인구의 33.7%를 차지하고 있다.

2 MZ세대의 특성

(1) **디지털 세대**

PC와 스마트폰, 각종 IT 기기와 프로그램을 다루는 데 능숙하다.

(2) **개인주의 성향**

자신만의 개성을 중시하고 재미를 추구하며 자유롭게 생각하고 사생활을 존중받기를 원하는 성향을 가진다.

(3) **수평적 관계 지향**

① 온라인에서 맺은 수평적 관계에 익숙하여 한국식 조직문화에 거부감을 가진다.
② 다양한 만남을 추구하는 세대로 오프라인 뿐만 아니라 온라인, SNS에서 관계망을 형성한다.

(4) **공정한 보상과 워라밸을 중시**

① 평가기준을 명확하게 제시해 줄 것을 요구하며, 공정한 평가에 순응한다.
② 기성세대가 회사를 위해 희생할 수 있다는 반면 MZ세대에게 회사는 같이 성장해 나가는 파트너이지 자신을 희생해서까지 함께해야 하는 대상이 아니라고 생각한다. 뿐만 아니라 기성세대는 평생직장이라는 개념을 가지고 있는 반면 MZ세대는 이러한 개념이 희박하다.
③ 정시퇴근을 추구하고 퇴근 후 업무 지시를 거부하는 등 워라밸을 중시한다.

(5) **소비특징**

집단보다는 개인의 행복을, 소유보다는 공유(랜탈이나 중고시장 이용)를, 상품보다는 경험을 중시한다.

3 MZ세대 vs 기성세대(꼰대문화) 갈등

(1) 20~30대 직원과 40대 이상 상사와의 세대 갈등

① 꼰대: 2030세대는 답답한 기성세대를 '꼰대'라고 칭한다.
　➡ 꼰대란 권위적인 사고를 가진 어른이나 선생님을 비하하는 은어이다.

② 정시퇴근 갈등: 윗세대는 정시퇴근에 대해 '일에 대한 책임감 부족'이라 주장했지만 아랫세대는 '야근을 당연시하는 것은 부적절'하다고 반박한다.

③ 일에 대한 가치관 갈등: 윗세대는 맡겨진 일이 먼저이며 '의무' 중심의 가치관으로 일하지만 MZ세대는 근로 계약서상 근무시간을 중요시하기 때문에 '권리' 중심으로 생각한다.

④ 업무지시: 윗세대는 "알아서 해봐"라는 식인 반면, MZ세대는 "일의 이유와 방식부터 알아야 한다"라는 말로 반박한다.

⑤ 회식: 윗세대는 "소통에 필요한 과정"이라고 주장하는 반면, MZ세대는 "장소 예약부터 상사 얘기까지 의전의 연속"이라고 주장한다. 이는 집단주의 성향 vs 개인주의 성향을 보여준다.

(2) 꼰대 문화

① 필요 이상으로 체면치레와 허례허식을 중시하며 주류층 대접을 받고 싶어한다.

② "의견을 이야기하라"고 하지만 결국 정답은 본인의 의견이다.

③ '라떼는(내가 ~했을 때)'이라는 표현을 사용한다.

④ 개인 약속을 이유로 회식에 불참하는 것을 이해하지 못한다.

⑤ 조직문화를 중시한다.

⑥ 예절·의전을 중시한다.

4 세대갈등 관련 질문답변 사례

> Q. 상사 세대가 보았을 때 요즘 MZ세대는 개인주의나 이기주의를 보이고 있고, 반대로 요즘 세대들은 상사 세대들을 꼰대로 보기도 합니다. 이러한 갈등 해결 방안에는 무엇이 있을까요?
>
> A. 제 생각에는 각 세대 간의 사회적·문화적 배경이 다르다는 것에 대해 인지가 부족하다는 생각이 듭니다. 저의 경우 먼저 각 세대 간의 사회적·문화적 배경이 다르다는 것을 인식하고 상사분들을 대할 때 저희 아버지, 어머니 같다 생각하고 대화를 하려고 합니다. (중간에 계신 면접관님 끄덕끄덕하셨습니다.) 그래서 저는 한 달에 한 번 정도 부서에서 함께 식사를 하거나 카페를 가서 사적인 얘기도 하고 허심탄회한 이야기도 하면서 경직된 조직문화를 풀어야 된다고 생각합니다. 실제로 저도 간호사 생활을 하면서 직업 특성상 경직된 조직문화 안에 있었는데 이런 사적인 시간을 함께 하면서 사이가 완화되고 좀 더 사적인 이야기를 편하게 할 수 있어서 좋았습니다.

Q. MZ세대같은데 '라떼는 말이야'를 쓰는 나이든 상사와 어떻게 교류할 건가요?

A. 뻔할 수 있지만 저는 소통능력이 중요하다고 생각합니다. 그리고 '라떼는 말이야'라는 말이 사실 슬프게 들리기도 하는데 이는 그분들이 해주신 말씀들이 과거의 과오를 거쳐서 지금의 세대가 실수를 하지 않게 하려는 조언이라고 생각하고 받아들이겠습니다.

Q. 직장에서의 갈등 해결 경험이 있나요?

A. 행사를 기획하면서 기성세대분들과 흔히들 말하는 저를 포함한 MZ세대 간의 갈등을 경험한 적이 있습니다. 당시 저를 포함한 MZ세대들이 기성세대분들의 의견에 대해 반감이 있었습니다. 하지만 이를 개선하기 위해 기성세대분들의 말씀을 최대한 경청하였습니다. 경청하다 보니 추구하는 방향성은 같지만 세부적인 부분에서 발생한 차이로 인해 서로 의견이 잘 반영되지 않았음을 깨달았습니다. 이 과정에서 오해를 해소하였고 행사를 성황리에 마무리할 수 있었습니다. 이러한 경험을 바탕으로 앞으로 비슷한 상황에서도 경청과 배려가 중요함을 깨닫게 되었습니다.

Q. MZ세대의 특성이 무엇이며, 그러한 것을 어떻게 공직생활에 활용할 수 있을까요?

A. 저는 MZ세대의 특성이 자유로움이라고 생각합니다. 디지털이 발달하면서 SNS를 통해 MZ세대들은 자유롭게 자신을 표현합니다. 따라서 공직사회에서도 편안하고 자유로운 분위기로 창의적인 정책을 펼칠 수 있을 것이라 생각합니다.

Q. 본인은 MZ세대인가요? 그렇다면 MZ세대의 긍정적인 면과 부정적인 면은 무엇인가요?

A. 긍정적인 면은 MZ세대가 창의적인 아이디어를 발굴해냄으로써 적극행정을 할 수 있다는 것이고, 부정적인 면은 개인주의 성향이 강해서 조직 전체에 피해를 줄 수 있을 것 같습니다. 예를 들면 욜로족이나 파이어족같이 MZ세대는 자유분방함의 이미지를 가지는데 이러한 부분이 자칫하면 부정적 측면이 될 수 있을 것 같습니다.

Q. 상사와 갈등 발생시 어떻게 할 건가요?

A. 상사와 갈등이 발생하게 되면 이는 업무적인 것과 관련된 것이라고 생각하였습니다. 상사분께서 저보다 업무에 대한 이해도도 높으시고 또한 그동안의 경험들이 쌓여있기 때문에 상사분의 의견을 존중할 것 같습니다. 그렇지만 제 의견이 더 좋은 방향으로 도움을 줄 수 있다는 생각이 들면 제 의견을 첨가하였을 때 나타날 수 있는 좋은 결과들에 대해서 보고서를 작성하여 제출해 볼 것 같습니다.

Q. 기성세대는 회식을 좋아하고 MZ세대는 참여하기조차 싫어한다면 어떻게 할 건가요? 이와 관련하여 세대 간의 갈등을 조정할 수 있는 방안이 없을까요?

A. 회식과 관련하여 서로 다른 문화 차이가 좁혀지기는 힘들더라도 인간 대 인간으로 사이는 좋아질 수 있다고 생각합니다. 이에 회식이 팀워크를 발산할 수 있는 계기를 만들어 준다면 좋을 것 같습니다. 예를 들어 지난 6월에 있었던 적극행정 경진대회처럼 팀워크를 발휘할 수 있는 경진대회를 추진한다면 좋을 것 같습니다. 제가 본 적극행정 경진대회는 개인단위 참가인데 팀단위 참가를 장려한다면 조직 내에서 팀워크가 더 좋아질 수 있을 것이라고 생각합니다.

세대갈등 관련 기출질문

Q. MZ세대 갈등이 이슈인데 상사와 신규직원은 어떤 자세를 취해야 하는가? 그리고 상사와 신규직원의 관계 완화를 위해 어떻게 해야 하는지 자기 경험을 포함해서 말해보시오. [2023 부천시 사전조사서]

Q. MZ세대와 기성세대 간의 갈등의 원인이 무엇이라 생각하며, 그에 대한 해결방안은 무엇인가? [2023 국가직 9급, 2023 군위]

Q. 요즘 MZ세대라는 말이 있는데 지원자도 MZ세대이지 않은가? 공직사회에 들어가서 기성세대와 MZ세대 간의 갈등같은 것이 있다면 어떻게 해야하겠는가? [2022 경북]

Q. 본인은 MZ세대인가? 그렇다면 MZ세대의 긍정적인 면과 부정적인 면은 무엇인가? [2022 대구]

Q. 기성세대는 회식을 좋아하고 MZ세대는 참여하기조차 싫어한다면 어떡하겠는가? 세대 간의 갈등을 조정할 수 있는 방안은 없겠는가? [2022 대구]

Q. MZ세대와 선배 공무원의 소통법은 무엇이겠는가? [2022 대전 · 충북]

Q. MZ세대 특성이 무엇이며, 그러한 것을 어떻게 공직생활에 활용할 수 있겠는가? [2022 인천]

Q. 기성세대와 MZ세대의 갈등 극복 방안은 무엇인가? [2021 경북 · 대구 · 충남, 2022 전남 · 인천]

Q. MZ세대의 의미와 특징은 무엇인가? [2021 대구 · 충남, 2022 경남]

MEMO

CHAPTER

15 반려동물

1 현 황

(1) 최근 고령화·핵가족화 등으로 외로움을 대체하기 위해 개나 고양이를 비롯한 반려동물을 기르고 있는 가정이 증가하였다.

(2) 2020년 통계청의 인구주택 총조사에 따르면 반려동물을 키우는 가구는 약 300만 가구에 이른다.
 ⇨ 전체 가구의 15%가 반려동물 양육

2 문제점 및 대책

(1) 반려동물 등록률 저하

① 현재 반려동물 소유자의 33.5%만 등록을 한 상황이다.

② 반려동물 등록제도의 교육 및 홍보를 강화하고 동물등록절차를 간소화하는 등 등록률 제고를 위한 대책이 필요하다.

③ 반려동물 유기시 벌금 강화 등을 통한 소유자의 책임의식을 제고할 필요가 있다.

④ 반려동물 관련 기본 상식, 관계 법령, 훈련 방법 등의 교육프로그램 개발과 전염병의 예방접종 일정, 사체처리 방법 등에 대한 교육 강화를 통해 공공위생·안전의 확보가 필요하다.

(2) 유기동물의 발생 증가와 안락사, 사체처리 방식 등 반려동물 관리가 사회문제로 대두

① 반려동물 보험, 엔터테인먼트 산업, 장묘업 등 신산업의 업종을 발굴하고 기존의 반려동물 화장시설과 같은 혐오시설의 지원체계를 마련함과 함께 동물취급업자 적정배치, 감염성 질병방지 등 의무규정의 운영을 통한 안전성 확보가 필요하다.

② 유기동물 방치에 따른 위험, 병원성 세균 감염 등의 환경위생 문제가 우려되므로 유기동물로 인한 자연번식 및 전염병 예방을 위하여 사전에 중성화사업을 적극 추진할 필요가 있다.

③ 반려동물은 노인, 장애인과 같은 사회적 약자의 외로움과 우울함 등 정신적 치료에 큰 도움이 되므로 유기동물의 활용을 검토해 보아야 한다.

(3) 반려견 놀이터, 반려견 장묘시설 조성을 둘러싼 지역 주민과의 갈등 발생

① 놀이터 조성이나 장묘시설 설치 문제는 지자체가 해당 지역 주민과의 협의를 통해 문제를 해결할 필요가 있다.

② 해당 시설의 환경·위생성을 확보하고, 테마파크, 애견카페 등 반려동물에 차별화된 제3의 공간을 활성화시키는 것이 필요하다.

(4) 반려동물 관련 규정 정비

① 반려동물 관련 산업의 입지 및 지원에 관한 사항을 검토하고 지자체 단위의 '반려동물 보호 및 관리 관련 조례'의 정비가 필요하다.

② 반려동물 보유세 도입 논란과 관련하여 수익자 부담원칙에 따라 반려동물 관련 시설 등의 확보, 동물유기 방지를 위해 보유세 필요 주장 vs 반려동물 인구 증가로 보편적 공익을 위해 세금이 쓰이는 것은 당연하므로 보유세 도입 반대의 찬반주장이 팽팽하게 맞서고 있다.

③ 개물림 사고를 방지하기 위하여 2024년 4월 27일부터 맹견 사육허가제가 실시된다. 맹견으로 지정된 5종(도사견, 핏불테리어, 아메리칸 스태퍼드셔 테리어, 스태퍼드셔 불테리어, 로트와일러와 그 잡종)과 기타 맹견으로 지정된 개를 사육하려는 자는 맹견의 소유권을 취득한 날 또는 맹견의 월령이 2개월이 된 날부터 30일 이내에 동물등록증, 책임보험 가입증, 중성화수술 완료 증명서 등을 갖추어 시·도에 사육허가를 신청해야 한다. 뿐만 아니라 해당 견주는 사고방지 등을 위한 교육을 받아야 하며 개물림 사고 발생시 사육허가가 취소될 수 있다.

(5) 동물복지

① **동물보호·복지 인식 개선**: 소유자 준수사항 강화, 동물학대 유형별 처벌 차등화, 동물보호·복지 교육 활성화, 동물등록제 개선

② **반려동물 영업 관리 강화**: 반려동물 생산·유통환경 개선, 불법 영업 철폐, 이력관리 강화, 서비스 품질 개선

③ **유기·학대 동물보호 수준 제고**: 동물보호시설 관리 강화 및 지자체 동물구조·보호 전문성 제고

④ **농장동물의 복지 개선**: 축산농가, 도축장 등을 대상으로 동물복지 관련 기준 구체화, 이행 여부 점검 강화

⑤ **동물실험 윤리성 제고**: 동물실험시행기관 준수사항 및 동물실험윤리위원회의 기능을 법률로 명확화, 사역동물 실험관리 개선

⑥ **동물보호·복지 거버넌스 확립**: 동물복지위원회 기능 강화, 정책 지원 전문기관 구축

3 해외 사례(미국)

(1) 반려동물 등록은 필수이며 반려동물 사망시 주인이 사망신고를 한다.

(2) 일반적으로 법이 허용하는 경우, 개인적으로 마당 등에 매장하거나 수의사나 전문 반려동물 장묘시설에 의해 사후 처리가 효율적으로 진행된다.

4 개식용종식법

(1) 2024년 1월 9일 식용 목적으로 개를 사육·도살하는 것을 금지하는 「개의 식용 목적의 사육·도살 및 유통 등 종식에 관한 특별법(개식용종식법)」이 국회 본회의를 통과하였다.

(2) 3년간의 유예기간을 두고, 2027년부터 단속이 시행될 예정이다.

(3) 개 농장주가 농장을 폐쇄하고 폐업할 경우 폐업지원금과 타 업종 취업지원에 대한 규정이 포함되어 있다.

반려동물 관련 기출질문 및 예상질문

Q. 반려동물 양육환경 조성에 관해 필요한 가치는 무엇이며, 이를 위한 과제는 무엇인가? [2023 부산 3분발표]

Q. 반려동물 등록제 활성화 방안은 무엇인가? [2020 서울시 7급 수의직]

Q. 개식용종식법에 대해 어떻게 생각하는가?

MEMO

CHAPTER 16 소상공인 및 자영업자 지원 대책

1 자영업자 현황

(1) 국내 자영업자 수는 2023년 기준 약 560만 명으로 해외 주요국과 비교해 매우 높은 수준이다.
　① 자영업자 비중은 한국 24.6%, 미국 6.3%, 일본 10%, 독일 9.6%로 한국은 OECD 국가 중 6위
　② 고용원이 없는 1인 자영업자가 70% 이상

(2) 임금근로자와 자영업자 간 소득 격차 확대 ➡ 2022년 기준 자영업자 세전 평균소득은 월 161만원으로 임금근로자 평균인 월 353만원 대비 소득 양극화가 심화되고 있다.

(3) 경기침체로 인한 국내 소비 위축, 중국 관광객 감소, 온라인 구매 확대 등으로 도·소매, 숙박, 음식점 등 주요 업종을 중심으로 업황 부진이 지속되고 있다.

(4) 낮은 진입장벽으로 베이비부머시대 등의 자영업자 증가와 프랜차이즈 확산으로 인한 시장포화로 과당 경쟁이 발생하고 있다. ➡ 5년 생존율은 28.3%. 즉, 자영업자 4곳 중 1곳은 5년 내 문을 닫는 실정이다.

(5) 매출 증가 부진에도 임차료, 인건비(최저임금 인상), 대출이자, 카드 수수료, 프랜차이즈 가맹비 등 비용부담이 증가하고 있다.

(6) 4대 보험료의 일부(50%)만 부담하는 근로자와 달리 자영업자는 사실상 사회보험료 전액을 부담하고 있다.

2 정부의 주요 대책

(1) 단기적 지원
　① 근로장려금을 통한 자영업자 실질소득 확대: 근로장려금 소득요건 및 재산기준 완화
　② 일자리 안정자금 및 사회보험료 지원 강화: 두루누리 지원 대상 확대 등
　③ 카드수수료 부담 완화: 소상공인 간편결제(예 제로페이) 도입 및 카드 수수료 인하
　④ 세금부담 완화: 매출세액 공제 한도 상향, 부가세 면제 기준 인상 등
　⑤ 온누리상품권 발행 확대: 지역 내에서의 소비를 확대하여 자영업자 매출 증대
　⑥ 소상공인·자영업자 대출금리 인하

(2) 구조적 지원
　① 소상공인 관련 단체에 최저임금위원회 추천권 부여
　② 전통시장 시설 개선 지원 확대, 다양한 프로그램 개선을 통하여 전통시장에 소비자들이 방문할 요인 마련
　③ 자영업자의 근로자 전환시 지원 강화

④ 우수제품 판로 지원(㉾ 홈쇼핑에 소상공인 전용 프로그램 신설 등)

⑤ 상가임대차계약 보호대상 확대 및 임차인 보호 강화

⑥ 프랜차이즈 가맹본부와 가맹점 간 불공정 행위 방지, 관리·감독 강화

⑦ 생계형 적합 업종 지정 확대로 대기업의 골목상권 진입 제한을 통해 소상공인의 사업영역 보호(㉾ 순대, 떡볶이, 제과점 등)

⑧ 자영업자 중 고용보험 가입자가 0.57%에 불과하므로 자영업자의 삶의 안정성을 위하여 적극적 홍보와 가입 유인책 마련 필요

MEMO

CHAPTER
17 미세먼지

1 미세먼지의 의의

(1) 미세먼지(PM 10)란 직경 $10\mu m$ 이하의 입자상 물질을 말한다.

(2) 초미세먼지(PM 2.5)란 직경 $2.5\mu m$ 이하의 입자상 물질을 말한다.

(3) 석탄·석유 등의 화석연료를 태울 때나 공장·자동차 등의 배출가스에서 많이 발생한다.

(4) 미세먼지가 문제가 되는 것은 여기에 포함된 각종 중금속과 오염물질 때문이다. 특히 미세먼지는 눈에 보이지 않을 정도로 작기 때문에 호흡기 깊은 곳까지 침투해 각종 호흡기 질환, 심장질환, 혈액과 폐의 염증 반응을 일으키고 피부트러블의 원인이 되기도 하며 눈병과 알레르기를 악화시킬 수 있다.

2 미세먼지 발생원인

(1) 중국의 영향

① 미세먼지의 30~50%는 중국에서 기원한다(예 봄철황사, 겨울철 스모그 등).
② 중국발 스모그는 겨울철 난방으로 사용하는 무연탄, 자동차 배기가스가 주원인이다.
③ 중국발 스모그는 황사보다 초미세먼지 농도가 3배 이상 높고 유독 중금속을 포함하고 있다.

(2) 국내배출

산업시설의 굴뚝, 자동차 배기가스, 자동차 이외의 내연기관, 발전소, 비산먼지, 무분별한 생활 주변의 연소가 원인이다.

(3) 한·중·일 공동연구

① 초미세먼지의 중국 영향과 관련하여 한·중·일 3국의 공동연구 결과 중국 배출원이 한국에 미치는 영향은 32%로 나왔고, 한국의 자체 기여는 51%로 조사되었다.
② 고농도 시기에는 중국의 영향이 69~82%로 분석되었다(환경과학원).

3 미세먼지 영향

(1) 심각한 질병을 초래할 수 있다. 대표적으로 심장마비, 천식, 기관지염, 폐렴, 폐암 등을 유발한다.

(2) '죽음의 먼지'로 불리는 미세먼지는 전 세계적으로 가장 위험한 환경 요인으로 꼽힌다. 세계보건기구는 2014년 한 해 미세먼지로 인해 기대수명보다 일찍 사망하는 사람이 700만 명에 이른다고 발표했는데 이는 흡연으로 인한 조기 사망자인 600만 명보다 높은 수준으로 미세먼지의 건강 유해성이 흡연보다 더 큰 것으로 분석됐다.

(3) 수도권에서 미세먼지에 의해 발생하는 사회적 비용은 12.3조원으로 추정된다.

4 미세먼지 저감대책

(1) 자동차에 대한 관리와 저감 대책 강화
① 전기차 등 친환경차에 대한 수요 창출과 인프라 확충
② 제작차의 배출허용기준 강화, 노후차량 폐차·저감장치 개발 지원
③ 수도권 공해차량 운행제한지역 제도 실효성 강화 ⇨ 배출가스 5등급 차량 운행 제한
④ 교통수요 관리 대책 수립 ⇨ 공공부문 차량 2부제 실시

(2) 대기오염 배출사업장에 대한 관리와 저감대책 확대 시행
① 배출허용 총량 관리, 대기배출 허용기준 강화, 대기오염물질 배출사업장 IoT 부착 및 자료전송 의무화
② 봄철 노후화력발전소 가동중지(shutdown)
③ 대기오염 저감장치 설치 지원

5 미세먼지 대응방안

(1) 대기측정 및 모니터링 기반 강화
미세먼지 측정망을 확충하여 대기 전반에 관한 측정 및 모니터링 기반을 강화할 필요가 있다.

(2) 미세먼지 예·경보제 시행
① 미세먼지 농도별 행동 요령 및 생활 실천 정보를 제공하는 방법이 있다.
② 지자체를 중심으로 건강 취약계층에 보건용 마스크 보급, 어린이집이나 아동복지시설에 공기청정기 설치 및 운영비 지원, 오염이 심한 도로의 청소 차량 운영 강화 등의 대응이 이루어지고 있다.

(3) 내연기관 차량에 대한 운행 규제
서울시는 장기적으로 2050년까지 디젤·휘발유 차량이 서울시 전역에 진입·운행하는 것을 금지하겠다고 밝혔으며 전기버스를 점진적으로 늘리고 있다.

(4) 국제협력
동북아(한·중·일) 국가 간 대기오염에 관한 상호 협력을 통한 저감사업을 진행하는 방안이 있다.

> ✎ **Check point**
>
> **미세먼지 집중 관리구역**
> 1. 시·도지사, 시장·군수·구청장은 미세먼지 오염이 심각하다고 인정되는 지역 중 어린이·노인 등이 이용하는 시설이 집중된 지역을 미세먼지 집중 관리구역으로 지정할 수 있다.
> 2. 집중 관리구역은 다음의 요건 모두에 해당하는 지역으로 한다.
>   ① 미세먼지 또는 초미세먼지의 연간 평균 농도가 환경기준을 초과하는 지역
>   ② 어린이·노인 등 미세먼지로부터 취약한 계층이 이용하는 시설이 집중된 지역
> 3. 미세먼지 집중 관리구역에 대한 지원은 다음과 같다.
>   ① 「대기환경보전법」 제3조에 따른 대기오염도의 상시 측정
>   ② 살수차·진공청소차의 집중 운영

③ 어린이 등 통학차량의 친환경차 전환

④ 학교 등에 공기 정화시설 설치

⑤ 수목 식재 및 공원 조성

⑥ 공기 정화시설 또는 미세먼지 회피를 위한 시설의 설치

⑦ 보건용 마스크의 보급

⑧ 그 밖에 시·도지사 또는 시장·군수·구청장이 집중 관리구역 내 미세먼지 저감과 건강 보호를 위해 우선적인 지원이 필요하다고 인정하는 사항

4. 미세먼지 집중 관리구역 지정에 대해 해당 지역 주민들이 주거 여건이 나쁜 장소라고 생각되는 낙인 우려와 집값 하락을 이유로 지정을 반대하는 경우도 있어 논란이 되고 있다.

◈ PLUS

미세먼지 관련 기출질문

Q. 미세먼지에 대한 문제도 있는데 미세먼지 정책에 대해서 제안하고 싶거나 개선하고 싶은 점은 무엇인가? [2023 서울]

Q. 미세먼지 저감수종에 대해 아는 것 3가지를 말하시오. [2023 서울 조경직]

Q. 미세먼지란 무엇이며, 미세먼지와 초미세먼지의 차이점과 발생원인은 무엇인가? [2022 경남 보건직·대전 환경직]

Q. 미세먼지를 줄이는 방안에 대해 말해보고 적절한 수목 3개 정도를 말하시오. [2020 강원도 조경직]

Q. 미세먼지의 원인과 해결책은 무엇인가? [2020 충남 환경직]

MEMO

CHAPTER

18 4차 산업혁명

1. 4차 산업혁명의 개념 및 관련 용어에 대해 기본적으로 알고 있어야 한다.
2. 직렬별로 직무에 어떻게 활용할 것인가에 대한 답변 준비가 필요하다.

1 4차 산업혁명의 의미

(1) 4차 산업혁명이란 인공지능, 빅데이터 등 디지털 기술로 촉발되는 초연결 기반의 지능화 혁명을 의미한다.

(2) 기술적 혁신과 이로인한 엄청난 사회·경제적 변화와 그에 따른 문화적 변화가 나타난 시기를 산업혁명이라 한다. 예를 들어 증기기관의 등장으로 가내수공업 중심의 생산체제가 공장생산체제로 변화하였고, 이로인해 사회 및 경제, 문화에 엄청난 변화가 시작되었다.

📦 산업혁명의 흐름

구 분	1차 산업혁명	2차 산업혁명	3차 산업혁명	4차 산업혁명
핵심 키워드	기계화 (기계혁명)	산업화 (전기에너지 혁명)	정보화 (정보통신기술 혁명)	지능화 (기술융합혁명)
핵심기술	증기기관	전기	컴퓨터, 인터넷	AI, IoT, Big Data, Cloud, Mobile, 드론 등 ICT 기술
시 기	18세기	19~20세기 초	20세기 후반	현재

MEMO

2 4차 산업혁명 기술의 이해

인공지능, 데이터, 네트워크가 결합하여 인간의 지적능력을 구현하는 것이다.

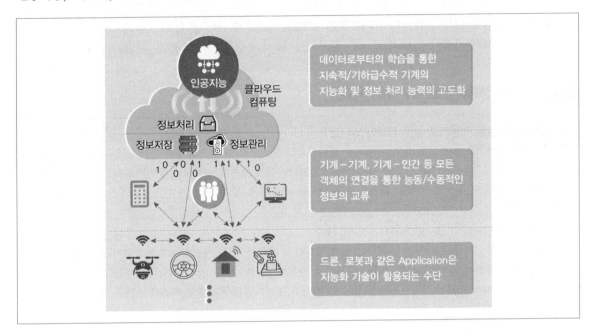

3 4차 산업혁명으로 인한 변화

(1) 산업구조 변화

① 데이터가 경쟁의 원천 ⇨ 대규모 데이터를 확보하는 글로벌 ICT 기업이 시장 주도

　예 애플, 구글, 마이크로소프트, 아마존, 메타 등

② 데이터를 생성 활용하는 기업이 경쟁우위 확보

　예 구글이 ICT를 기반으로 다양한 서비스와 제품군으로 시장 확장 ⇨ 자율주행차, 헬스케어, 콘텐츠, 금융 등

(2) 고용구조 변화

① 단순·반복 업무의 자동화: 힘들고 위험한 업무의 자동화 및 무인화

② 상담, 보험, 법률서비스 등 대체: AI를 활용한 서비스

③ 고부가가치 업무로 일자리 재편: 자동화가 어려운 창의·감성 업무 분야 노동의 가치 상승

④ 노동자의 근로선택 강화: 노동시간·장소, 고용주에 종속되지 않는 노동 확산(여성, 시니어 등 취약 계층의 경제활동 참여 증가)

(3) 삶의 모습과 환경 변화

① 삶의 편의성 향상: 헬스케어, 생활가전의 개인비서화, 자율주행 자동차 등

② 안전한 생활 환경: 범죄로부터의 보호, 재난과 국방에서의 인공지능 활용

③ 맞춤형 교육서비스 및 맞춤형 복지서비스

(4) 역기능의 문제점

① 해킹문제: 전력, 교통 등 공공망 해킹시 국가적 위험 노출
② 양극화 문제: 승자독식 구조로 양극화 심화
③ 개인정보유출 문제: 개인의 사생활 침해 우려(예 드론을 활용한 도촬 등)
④ 일자리 문제: 사람이 하던 일을 AI, 로봇 등으로 대체하여 일자리 감소 우려

4 4차 산업혁명 관련 질문답변 사례

Q. 4차 산업혁명을 적용하고 싶은 정책이 있나요?
A. 4차 산업혁명으로 어르신들을 위한 비대면 원격진료나 원격으로 하는 프로그램 등의 교육을 진행하면 좋을 것 같습니다. 그렇지만 어르신들이 디지털기기에 취약하시기 때문에 마을회관에서 의무적으로 기기를 교육하여 소외현상이 없도록 이러한 분야에 4차 산업을 적용하고 싶습니다.

Q. 인천에서 추진하는 것 중 생각나는 것이 있나요?
A. 네, 인천이 광역시 최초로 드론 관련한 도시를 만든다고 합니다. 저도 공간정보와 관련하여 관심이 많았는데 4차 산업혁명과 더불어 드론도 굉장히 중요하기 때문에 이러한 것을 앞서서 드론특별도시로 만들면 관련 업체들이 들어오게 되어 산업단지가 조성이 될 것이고 청년실업문제도 같이 해결하는 좋은 정책이라고 생각합니다.

Q. 코로나19, 4차 산업혁명, 인공지능 발달, 기후위기 등 다변화 사회에서 서울시교육청이 요구하는 인재상은 무엇일까요?
A. 답변드리겠습니다. 다변화 사회에서 서울시교육청에서 요구하는 인재상은 창의성과 책임성을 갖춘 사람이라고 생각합니다. 현재 사회는 빠르게 변화하고 있고 이러한 변화에 잘 대비하려면 지금과는 다른 방식으로 대응해야 하기 때문입니다. 그러므로 창의성과 혁신성을 갖춘 인재가 필요합니다. 또한 책임성을 갖춘 인재가 필요합니다. 책임성은 자신의 업무를 성실히 수행하는 것을 포함하여 주변의 업무까지도 살피고 적극적으로 수행하는 것이라고 생각합니다. 저는 창의성과 책임성을 갖춘 인재가 되겠습니다.

Q. 4차 산업혁명 같은 이야기가 나왔었는데 기성세대들은 이러한 것을 잘 모르기도 합니다. 요즘 세대로서 앞으로 어떻게 해야할 것 같은가요?
A. 공직사회에 4차 산업혁명 기술들을 적극적으로 도입해서 시민들과 계속해서 소통하며 익숙해져야 할 것 같습니다. 특히 요즘에 이슈가 되고 있는 메타버스 기술을 도입하는 것도 좋은 방안이 될 것 같습니다. 얼마 전에 제페토라는 플랫폼을 이용해 봤었는데 그곳에 아기자기한 공간에서 아바타들이 소통하고 있었습니다. 이러한 가상공간에 서울시청의 모습을 구현해 볼 수 있을 것 같습니다. 사회적 거리두기로 인하여 기관방문도 꺼려지는 상황에서 누구나 자유롭게 가상의 서울시청에 방문도 해보고, 주무관의 아바타 같은 것을 구현해서 이야기를 나눌 수 있다면 좋은 소통의 공간이 될 것이라고 생각합니다.

Q. 4차 산업혁명 시대에 가장 중요한 가치는 무엇인가요?
A. 아무래도 적극성이 가장 중요한 것 같습니다. 4차 산업혁명 시대가 도래하면서 기술의 융합과 발전이 빨라졌습니다. 그러나 그러한 기술의 혜택을 누리지 못하는 사람들이 생기기도 합니다. 이런 디지털 격차가 벌어지는 취약계층분들을 더욱 적극적으로 발견하고, 그분들을 위해 정책을 만들고 하는 것이 가장 중요하다고 생각합니다.

Q. 그럼 그러한 것을 위해 본인이 노력한 것이 있을까요?
A. 제가 주택과에서 공공근로를 할 때의 일입니다. 그런데 제도를 잘 모르셔서 벌금을 물으시는 분들이 많아 그것이 좀 안타까웠습니다. 그래서 제가 관련 주요 규칙들을 좀 작은 팜플랫, 쪽지 같은 것으로 만들어서 신고하러 오시는 민원인들께 나눠드린 적이 있습니다.

✅ PLUS

4차 산업혁명 관련 기출질문
Q. AI 기술 활용사례와 그 기술을 행정서비스에 어떻게 활용할 것인가? [2023 연천군]
Q. 4차 산업혁명 시대를 대비하기 위해 필요한 전문성이나 관련하여 노력한 일은 무엇인가? [2023 전남 교행]
Q. 4차 산업혁명 시대에 감사직 공무원이 갖추어야 할 능력은 무엇인가? [2023 서울 감사직 7급]
Q. 4차 산업혁명 시대에 인공지능, 빅데이터 등을 이용해 어떻게 일자리를 만들면 좋겠는가? [2022 대구]
Q. 4차 산업혁명 기술을 지방행정에 어떻게 적용할 것인가? 이에 대해 알고 있는 사례가 있는가? [2019 경북, 2022 대전]
Q. 4차 산업혁명 대비 본인이 노력한 것은 무엇인가? [2021 서울시, 2022 부산]
Q. 현재 4차 산업혁명으로 많은 것이 바뀌었는데 본인이 그러한 전문성을 기르기 위해 노력한 것은 무엇인가? [2021 서울시]
Q. 4차 산업혁명과 관련한 본인의 생각은 무엇이며, 가지고 있는 기술이 있는가? [2022 경기]
Q. 4차 산업혁명이 무엇인가? [2022 화성시]

MEMO

CHAPTER

19 인공지능(AI, Artificial Intelligence)

1 인공지능의 의의

(1) 인공지능의 핵심 기술

① 한국 바둑을 대표하는 이세돌 9단과 구글의 인공지능(AI) 프로그램 '알파고'와의 대국에서 인공지능 기술이 잇달아 인간을 이기면서 인공지능(AI, Artificial Intelligence) 분야에 대한 관심이 증폭되었다.

② 알파고는 구글에서 인수한 딥마인드에서 개발한 컴퓨터 바둑 인공지능 프로그램으로 딥러닝(Deep Learning) 기술을 도입하였다. 딥러닝이란 컴퓨터가 인공지능을 이용해 스스로 학습하는 기술이다.

③ 인간의 뇌를 모방한 신경망 네트워크(Neural networks) 구조로 이루어진 딥러닝 알고리즘은 기존 머신러닝의 한계를 뛰어 넘게했다.

④ 머신러닝(Machine Learning)은 인공지능의 한 분야로 컴퓨터가 학습할 수 있도록 하는 알고리즘과 기술을 개발하는 분야(딥러닝도 머신러닝과 같은 의미)로 빅데이터를 활용해 컴퓨터를 사람처럼 학습시켜 인지·판단·예측 능력을 키우는 인공지능(AI) 기술이다.

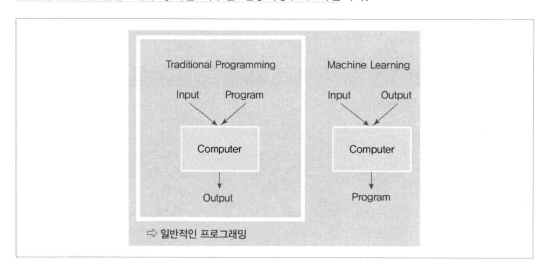

⑤ 암판별, 동시통역(음성인식) 등의 기술의 핵심은 딥러닝이다.

⑥ 요즘 이슈가 되는 99%의 인공지능은 딥러닝 기술이 적용된 것이다. 간단히 딥러닝이란 인공지능을 만드는 방법이다.

⑦ 예전에는 게임 등 프로그램을 만들 때 개발자가 알고리즘 코딩을 통해 만들었으나 이제는 방대한 데이터 학습을 통해 프로그램을 만든다(예 알파고 프로그램).

(2) 인공지능의 발전

인공지능(AI, Artificial Intelligence)은 인간의 지적능력을 컴퓨터로 구현하는 과학기술이다. 상황을 인지하고 이성적·논리적으로 판단·행동하며, 감성적·창의적인 기능을 수행하는 능력까지 포함한다. 2000년대 들어 컴퓨팅 파워가 성장하고 우수한 알고리즘 등장, 스마트폰 보급과 네트워크 발전으로 데이터가 축적되면서 인공지능은 급속히 진보했다.

2 인공지능 응용분야

(1) 무인차(자율주행차)

인공지능 기술이 자동차 분야에 접목되는 것 중 하나가 바로 '자율주행차'로 운전자의 조작 없이도 자동차 스스로 움직이는 기술이다. 구글을 비롯한 세계 유명 자동차 업체들도 경쟁적으로 개발에 뛰어들었다.

(2) 언어인식

언어인식 기술응용 분야는 전화기반 서비스, 받아쓰기 기기 및 서비스, 가전, 보안, 건강관리, 지능형 교통시스템 등 다양하다. 이 중 최근 가장 각광을 받고 있는 부문은 e메일, 팩스, 음성메일 등 전화기반 서비스인데 신경망이 이를 위한 언어인식시스템에서 중요한 기능을 담당한다(예 AI 번역시스템, 동시통역, 음성인식 인공지능 비서). 최근 SKT에서는 인공지능의 언어인식 기능을 활용하여 통화녹음시 음성을 텍스트로 자동 변환해 주는 프로그램을 제공하고 있다.

(3) 의약 및 생명정보공학

의약분야에서 신경망 기술은 현재 진찰보조, 생화학분석, 영상분석, 약품개발 등 널리 적용되고 있고 앞으로 몇 년 안에 생의약 문제를 해결하는 데도 사용될 것으로 보인다. 생명정보공학 부문에서도 유전자 연구의 분석 툴로 이용할 수 있다. 앞으로 신경망 기술은 생명과학 산업 분야에서 더욱 많이 활용될 것으로 예상된다(예 단백질 3차원 구조, 신약개발, 질병진단, 암검사).

(4) 의 료

의료분야에서 AI를 통하여 환자의 증상과 기존의 데이터를 기반으로 진단을 내리고, 질병을 예측하는 데에도 활용된다. 또한 환자의 유전자 정보와 의료기록 분석을 통해 해당 환자에게 최적화된 치료방법을 제안하고, 그에 따라 진단하는 것도 가능해져 부작용을 최소화시키고 치료 효과를 극대화시킬 것으로 기대된다.

(5) 금융 서비스

이 분야가 신경망 기술을 가장 많이 활용한다고 할 수 있다. 금융업계는 데이터가 많은 반면 비교적 그것이 규칙적으로 정리되어 있지 않기 때문에 금융사기 탐색 및 예방, 신용평가 등에 신경망 기술이 유용한 솔루션이 되고 있다.

(6) 로 봇

신경망 기술은 다축 로봇 팔의 궤적 프로그램의 작성 및 제어, 운행, 팔 카메라 조정, 물체 인식에 필요한 시각·촉각의 결합 등 로봇의 여러 기능을 도와준다. 이 기술은 로봇의 기본 개발 모델에서부터 완제품을 생산할 때까지의 전 공정에 응용된다.

(7) 교 육

만약 학생이 특정 문제를 틀렸다고 한다면 이를 통해 해당 학생에게 부족한 개념은 무엇이고 이를 해결하기 위해서는 어떤 학습이 필요한지를 그 학년 이전의 교육과정까지 통틀어 발견해 알려줄 수 있다.

(8) 선 거

제20대 대통령 선거 당시 '국민의 힘'에서 딥페이크(Deepfake)기술을 이용해 'AI 윤석열'이라는 기술을 통해 선거운동을 진행한 바 있다. 다만 이후 유권자들에게 혼동을 줄 여지가 크다는 이유로 선거법이 개정되면서 더 이상 이용하지 못하게 되었다. 해외에서는 딥페이크 영상·사진으로 인하여 정치권이 혼란을 겪는 사례가 빈번하다.

3 인공지능과 4차 산업혁명

(1) 세계경제포럼은 '제4차 산업혁명(인더스트리 4.0)'을 3차 산업혁명을 기반으로 한 디지털과 바이오산업, 물리학 등의 경계를 융합하는 기술 혁명이라고 설명하고 있다. 즉, 기존의 모든 자원들이 연결돼 지능형 시스템을 구축한다는 것이다.

(2) 거대한 혁명의 기폭제는 바로 인공지능, 기계 학습에 의한 빠른 진화 덕분에 차원이 다른 변화가 예상된다. 인공지능, 3D프린팅, 자동차의 자율 주행기능, IoT(사물인터넷), 바이오 테크놀로지 등이 4차 산업혁명으로 태어나게 될 주요 기술의 예이다. 최근 발간된 도서 〈제4차 산업혁명〉은 4차 산업혁명으로의 이행을 '모든 것이 연결되고 보다 지능적인 사회로의 진화'라고 요약한다. IoT와 인공지능을 기반으로 사이버 세계와 물리적 세계가 네트워크로 연결돼 하나의 통합 시스템으로서 사이버물리시스템 CPS(cyber-physical system)을 구축할 것이란 예측이다.

(3) 공장의 기계들이 소통하며 생산성이 높아지고 무인차와 의료, 금융 등 모든 산업 영역에서 맞춤형 서비스가 가능해진다.

⟡PLUS

4차 산업혁명 기술의 업무 활용 사례(AI 음성인식 회의록 관리시스템)

1. 현황 및 문제점
업무보고, 사업설명, 내부 및 민간회의까지 모든 회의내용 문서화, 회의시 음성 수기 녹음 또는 속기로 문서화에 많은 시간 소요

2. 개선 방안
다자간 회의 음성정보를 AI음성 인식기를 활용하여 자동 음성수집 및 문서화, 회의 중 또는 회의 종료 직후 다채널(노트북, PC, 스크린 등)을 통한 자료 확인 가능토록 구현

3. 기대 효과
인공지능형 회의록 자동 문서화 가능으로 업무효율성 및 생산성 제고, ICT 신기술 활용 시민서비스의 접점인 공공부분을 통해 일하는 방식에 대한 변화를 선도하고 행정 및 민간까지 우수시스템 확산

4 인공지능 관련 질문답변 사례

Q. 챗GPT 이야기가 나와서 말인데 이와 관련하여 4차 산업혁명에 대해서 질문하고 싶네요. 광명시가 4차 산업혁명을 적용한 정책이 무엇이 있는지 알고 있나요? (질문을 제대로 듣진 못했으나 이런 뉘앙스였습니다.)

A. 저는 광명시 메이커스페이스에 대해서 알고 있습니다. 3D 프린터를 광명시민 누구나 이용할 수 있게 하여 광명시민이 자유롭게 창작활동을 할 수 있도록 돕고 있습니다.

Q. 그렇다면 인공지능이 많이 발전하고 있는데 공무원의 수를 줄여야 한다고 생각하나요?

A. 아닙니다. 아무리 인공지능이 발전하더라도 공무원만이 수행할 수 있는 업무가 있다고 생각하여 공무원의 수는 유지돼야 한다고 생각합니다.

Q. 그렇다면 인공지능보다 공무원이 직무를 수행하는 데 더 나은 점은 무엇일까요?

A. 인공지능은 감정이 없습니다. 시민의 고충을 경청하고 공감하는 것이 공무원의 가장 중요한 역량이라고 생각합니다. 이런 면은 인공지능이 대신할 수 없을 것이라고 생각합니다.

MEMO

CHAPTER

20 챗GPT 활용

1 챗GPT의 의의

(1) 챗GPT(ChatGPT)는 세계 최대의 AI 연구소인 오픈AI(OpenAI)가 자연어 처리 인공지능(AI) 모델 GPT-3.5를 기반으로 제작한 대화형 챗봇 서비스이다. ⇨ AI 챗봇의 일종으로 보면 된다.

(2) 챗GPT는 생성AI(Generative AI)의 대표적 모델인 GPT(Generative Pre-trained Transformer) 기술을 기반으로 한다.

(3) GPT는 말 그대로 '자가학습'하여 답변을 '생성'하고 대량의 데이터와 맥락을 처리할 수 있는 '트랜스포머(변환기)' 기술이며 대규모 언어 모델을 기반으로 한다.

(4) GPT 중 'T'에 해당하는 '트랜스포머(Transformer)'가 핵심적인 기술 원리이며, 문장 속의 단어와 같은 순차적인 데이터 내의 관계를 추적해 맥락과 의미를 학습한다.

(5) 챗GPT의 전문성은 광범위하며, 대화를 따라가는 능력은 특히 주목할 만하다. 또한 챗GPT는 단순 질문에 답하는 것을 넘어 실수도 인정할 뿐만 아니라 질문에 잘못된 전제가 있다면 거기에 대해 이의를 제기하고 부적절한 요청은 거부하는 역량도 갖췄다.

2 챗GPT의 장점

(1) 높은 자연어 처리 능력

챗GPT는 대규모 텍스트 데이터를 학습하여 자연어 처리 능력이 매우 뛰어나다. 따라서 사용자의 입력을 이해하고 적절한 답변을 생성하는 능력이 높다.

(2) 높은 정확도

대규모 데이터를 학습하였기 때문에 다양한 상황에서 높은 정확도를 보인다. 또한 이전의 챗봇 모델들과는 달리 사용자의 입력에 대해 더욱 적극적으로 대화를 이어 나갈 수 있다.

(3) 빠른 응답

대화의 흐름을 이해하여 빠른 응답이 가능하다. 따라서 대화의 지연 없이 빠른 대응이 가능하며 예측 및 생성 작업을 빠르게 수행하여 실시간 대화 시스템에서도 사용이 가능하다.

(4) 높은 활용성

챗GPT는 특정한 작업을 수행하거나 결과물을 만들어 낼 때에도 유용할뿐더러 자연어 대화에서 사람과 유사한 대화를 수행할 수 있어 상담·민원 응대 등과 같이 다양한 분야에서 활용이 가능하다.

3 ▮ 챗GPT의 활용

(1) 챗GPT는 문서 생성, 질문 응답, 번역, 텍스트 요약 등을 포괄하는 다양한 기능을 수행할 수 있으며, 챗GPT가 수행할 수 있는 작업과 품질은 학습한 훈련 데이터의 양과 유형, 기술의 한계 등에 따라 달라질 수 있다.

(2) 질문에 대해 핵심 내용을 요약하여 직접적인 답변을 제시하며 답변에 대한 부연 설명을 통해 답변의 완성도를 높임으로써 쉽게 이해할 수 있어 지식 및 업무 활용에 도움이 된다.

(3) 챗GPT는 다양한 분야에서 사용된다. 예를 들어 고객센터나 서비스 센터에서 자동 응답 챗봇으로 활용되거나 인터넷 검색 엔진에서 검색어에 대한 자동 응답을 제공하기도 한다. 또한 언어 모델의 발전으로 인해 최근에는 일부 기업에서는 뉴스나 기사 등의 글을 작성하는 업무에서도 활용되기도 한다.

4 ▮ 챗GPT의 한계

(1) 챗GPT는 끊임없는 학습과 종합적 추론을 바탕으로 문장이나 언어 표현을 스스로 '창작'해낼 수 있는 능력을 갖추고 있으나 제공받은 훈련 데이터를 기반으로만 응답을 생성할 수 있으며 훈련 데이터의 출처마저 명확하지가 않아 챗GPT가 제공하는 정보에 의존하는 것은 큰 리스크이다.

(2) 챗GPT도 한계는 있다. 챗GPT는 공식 서비스가 아니라 아직은 실험적인 데모 버전 성격이다 보니 정보 정확성과 편향 문제에서 자유롭지 않은 것이 현실이다. 결과물에서 최신 정보가 누락될 수 있다는 것도 문제 중 하나로 꼽힌다.

5 ▮ 챗GPT가 산업에 미치는 영향

(1) 개 요

챗GPT는 빅데이터에 대한 자가학습 능력을 기반으로 새로운 창작물을 생성할 수 있어 수많은 산업 내 혁명을 일으키는 '게임 체인저'로 평가된다. 특히 콘텐츠 산업(교육, 광고, 메타버스)과 IT 산업(반도체, 데이터 보안) 중심으로 큰 영향을 줄 것으로 예상된다.

(2) 사 례

① **콘텐츠 산업**: 인간보다 더 '빨리', '강력한', '맞춤형' 콘텐츠 생성이 가능하다.

② **교육분야**: '표절' 가능성을 높임으로써 학습에 부정적 영향을 미칠 수 있다. 일부 대학은 모든 수업·과제·평가에 챗GPT 사용을 금지하고, 허가받지 않은 챗GPT 이용은 표절로 간주하고 있다. 반면 일부 교수들은 AI 시대를 살아가는 인간의 역량 함양을 위해 챗GPT 사용을 권장하기도 한다.

③ **반도체**: AI 및 데이터센터용 반도체 수요가 증가할 전망이다.

④ **업무분야**: 챗GPT를 이용하여 보고서 초안 작성, 보도자료 작성에 활용할 수 있다.

(3) 우리나라 기업의 챗GPT 대응

① 네이버는 2021년 자체적으로 초거대 AI 모델인 하이퍼클로바X를 개발하였고, 2023년 상반기에는 한국어에 특화된 생성형 AI 챗봇인 '서치GPT'를 선보였다.

② 카카오는 초거대 AI 모델인 'KoGPT'를 챗봇 조르디, 카카오톡 채널, 카카오 택시 등과 결합하여 상용 AI 서비스를 제공하였다.

③ SKT는 '에이닷'을 통해 기존에는 사용할 수 없었던 아이폰을 비롯한 모든 스마트폰에서 품질 높은 통화녹음을 제공하고, 이를 텍스트로 변환해 주는 기능을 제공하고 있다.

④ 삼성전자는 갤럭시 S24 시리즈를 출시하면서 통화 중에도 사용 가능한 실시간 통역 서비스를 제공하고, '서클 투 서치'를 해당 기기에 탑재하면서 향상된 이미지 검색기능을 제공하고 있다.

> **⇘ PLUS**
>
> **챗GPT를 이용한 질의응답**
>
> Q. 챗GPT가 발전함에 따라 기업에서 어떤 이점을 얻을 수 있나요?
>
> [챗GPT의 답변]
>
> A1. 고객 서비스 향상 ⇨ 챗GPT를 이용한 AI 챗봇을 도입하여 고객 문의에 빠르고 정확하게 대응할 수 있습니다.
>
> A2. 비용절감 ⇨ 인력을 투입하여 처리하던 고객 문의나 연구개발 등의 업무를 챗GPT를 이용한 자동화된 시스템으로 처리할 수 있어 인력 비용을 절감할 수 있습니다.
>
> A3. 생산성 향상 ⇨ 챗GPT를 이용한 자동화된 시스템을 도입하여 일부 업무를 자동화할 수 있어 생산성을 향상시킬 수 있습니다.
>
> A4. 새로운 서비스 개발 ⇨ 챗GPT를 이용하여 자연어 처리 기술을 활용하면 새로운 서비스나 제품을 개발할 수 있습니다.

6 챗GPT의 향후 전망

(1) 챗GPT와 인간의 조화

챗GPT가 인간의 생산성을 높이는 도구로써 그 가치를 제대로 발휘하기 위해서는 여전히 챗GPT보다 더 많이 아는 '인간의 지식'이 필요하며, 챗GPT는 사용자가 '잘 모르는 분야' 보다 '잘 아는 분야'에 활용할 때 더 큰 위력을 발휘할 수 있을 것이다.

(2) 챗GPT 가이드

① 행안부에서는 '챗GPT 활용방법 및 주의사항 안내서'를 중앙행정기관과 지자체 약 300개 기관에 배포하였다.

② 이 가이드에는 초거대 인공지능 소개, 공공에서 활용 가능한 분야들, 정보탐색능력 활용, 언어능력 활용, 컴퓨터 능력 활용 등 3가지 분야로 나눠 7가지 세부적인 활용 방법을 예시와 함께 설명하고 있다. 특히 저작권·개인정보 보호, 중요정보 유출, 답변의 신뢰성·윤리성·편향성과 그에 따른 활용시 주의사항에 대해서도 안내하고 있다.

③ 공모전 등을 통해 인공지능 서비스 활용 우수사례도 발굴하여 확산할 계획이다.

7 챗GPT의 정책 과제

(1) 컴퓨팅 파워 구축과 AI 반도체 연구개발 강화

① 초거대 AI 시대의 기업경쟁력 및 국가경쟁력을 강화하기 위해서는 대규모 학습데이터를 빠르게 처리하고 수많은 이용자 질문에 실시간으로 대답할 수 있는 컴퓨팅 파워(computing power)를 확보하는 것이 중요하다.

② 이를 위해 정부는 국가 슈퍼컴퓨터 자산을 확충하고 민간이 이를 초거대 AI 개발에 활용할 수 있도록 「국가초고성능컴퓨팅 혁신전략」에 반영해야 한다.

③ 또한 민간이 컴퓨팅 파워 구축에 적극적으로 투자할 수 있도록 현재의 AI 사업 규제를 점검하고 과감하게 개선해야 한다.

④ AI 모델에 최적화된 AI 반도체 연구개발 지원이 필요하다.

(2) 데이터 구축 확대와 유통·거래 활성화(공공데이터 개방과 연결)

① GPT-3.5와 같은 범용성을 갖춘 초거대 AI 모델을 만들기 위해서는 다양한 분야의 학습데이터를 확보해야 한다. 따라서 민간에서 직접 공급하기 어려운 데이터 수요를 파악하여 정부와 공공기관이 보다 적극적으로 학습데이터를 구축할 필요가 있다.

② 이와 함께 민·관의 다양한 분야에 축적되어 있는 방대한 데이터가 초거대 AI 모델 학습에 활용될 수 있도록 데이터 유통·거래를 활성화 시켜야 한다.

(3) 안심하고 AI를 이용할 수 있는 환경 조성

① 생성형 AI와 관련된 저작권 규정을 합리적으로 정비할 필요가 있다. 특히 AI 학습에 사용된 데이터의 저작권 허용 범위, 생성형 AI가 만든 결과물의 저작권 보호 범위가 중요 논의 대상이다.

② 이용자의 정보보호 인식과 실천도 중요하다. 생성형 AI를 이용하는 과정에서 무분별하게 본인 또는 주변인의 개인정보, 기업·기관의 비밀 등을 입력하지 않아야 한다. 입력한 정보는 어떠한 형태로든 기록에 남고 재생산될 수 있기 때문이다.

③ 이용자의 비판적 활용 능력을 높여야 한다. 생성형 AI는 확률적으로 '적절'한 표현을 생성하는 것이지 '정확'한 내용을 찾아주는 것은 아니다. 전혀 존재하지 않는 내용을 그럴듯하게 표현하는 환각(hallucination)이 종종 발생하기도 한다. 따라서 이용자는 생성형 AI의 결과물이 사실과 다를 수 있다는 점, 그래서 책임 있는 결정에 직접 활용하기 어렵다는 점을 명확하게 인지하고 있어야 한다.

④ 학습한 데이터의 편향성·불충분성 등으로 인해 인간에게 유해하거나 윤리적이지 못한 내용이 여과 없이 표출되는 문제를 경계해야 한다. 따라서 AI 사업자는 AI 윤리규범을 생성형 AI의 개발 및 사업화에 적극적으로 반영할 필요가 있다.

> ⓥ **PLUS**
>
> **챗GPT 관련 예상질문**
> Q. 챗GPT를 활용한 공직사회 혁신 방안은 무엇인가?
> Q. 챗GPT를 공직사회에 어떻게 활용할 수 있겠는가?
> Q. 챗GPT의 장단점은 무엇인가?

CHAPTER 21 사물인터넷(IoT, Internet of Things)

1 개 요

(1) 모바일 혁명 이후 모든 것이 연결되는 초연결 혁명의 진행으로 IoT, 네트워크, 빅데이터가 연결되어 새로운 가치를 창출하는 DNA(Data-Network-AI)가 새로운 트랜드로 부상하고 있다.

(2) DNA를 통해 사람과 사물, 인터넷이 유기적으로 연결되고 실시간 데이터 수집, 데이터 저장, 데이터 분석 및 활용이 가능해졌다.

(3) 스마트 기기를 활용한 가전제품 원격제어도 가능해졌다.

(4) 마이크로 센서가 포함된 직물을 이용한 셔츠를 제작하여 셔츠를 입는 것만으로 체온·호흡·심장박동 등의 체크가 가능하다.

(5) 전 세계는 IoT를 새로운 성장동력으로 인식하고 국가현안 해결, 공공부문 혁신 및 민간부문 경쟁력 강화를 위해 적극적으로 대응 중이다.

(6) 국내에서도 IoT 활용 촉진을 위해 실증단지를 비롯한 다양한 사업을 추진 중이다. 이에 경제성장, 청년일자리 창출, 사회현안 해결 등 국가적 과제를 풀어나가기 위한 전략적 수단으로 적극 활용할 필요가 있다.

2 사물인터넷의 의의 및 목표

(1) 정 의

사물인터넷(IoT, Internet of Things)은 사람·사물·공간·데이터 등 모든 것이 인터넷으로 서로 연결되어 정보가 생성·수집·공유·활용되는 초연결 인터넷을 말한다.

(2) 목 표

사물인터넷의 궁극적 목표는 우리 주변의 모든 사물의 인터넷 연결을 통해 사물이 가진 특성을 더욱 지능화하고 인간의 최소한의 개입을 통해 자동화하며 다양한 연결을 통한 정보 융합으로 인간에게 지식과 더 좋은 서비스를 제공하는 데 있다.

(3) 좁은 의미의 사물인터넷

① 사물인터넷은 좁은 범위에서는 우리 주변의 사물들에 네트워크를 연결하고 지능화함으로써 그 사물의 가치를 증대시키는 것을 의미한다.

② 예컨대 기존의 만보기는 단순히 걸음 수를 재는 용도였지만 인터넷을 연결하고 다양한 정보를 수집하고 분석할 수 있는 건강관리 플랫폼을 연결하면 건강을 측정·판단·예측 가능한 기능을 탑재할 수 있다. 그렇다면 만 원 수준의 만보기가 수만 원에서 수십만 원 가치의 만보기로 재탄생할 수 있는 것이다.

③ 최근 스마트 워치·반지 등의 개발로 사물을 통해 개인의 건강상태, 수면패턴 등을 실시간으로 파악하는 것이 가능해지며 이를 통하여 적절한 치료방법이나 개선사항 등을 진단할 수 있다.

(4) 넓은 의미의 사물인터넷

① 넓은 의미의 사물인터넷은 도메인 융합을 통한 산업의 지능화이다.
② 사물인터넷은 농업·환경·에너지·유통 등 다양한 분야(도메인)의 정보를 제공하고, 이러한 정보를 모아 분석을 통해 다양한 파급효과를 가져올 수 있다.

3 사물인터넷 활용 사례

① 교통지체·흐름 개선으로 혼잡비용 절감 및 교통사고 예방: 차량 간 통신기술 개발 및 네비게이션 연결
② 의료분야: 개인 맞춤형 건강관리
③ 안전분야: CCTV 기반 범죄예방
④ 생활분야: 미세먼지 농도 실시간 확인(영주시), 주차장 데이터를 운전자에게 제공
⑤ 에너지분야: 스마트그리드 등 수요예측과 적정 에너지 생산과 공급의 효율적 관리
⑥ 물류: 자동화된 물류시스템 개발 및 실시간 정보제공
⑦ 농업: 각종 센서 기술을 개발하여 스마트팜에 적용, 생산량 예측을 통하여 손실 최소화
⑧ 제조: 다품종 소량생산의 유연화 전략 및 맞춤생산에 적용
⑨ 스마트 홈: 조명, 냉장고, 세탁기, 로봇청소기 등 제어 관리
⑩ 사물인터넷을 활용한 고독사 방지: 돌봄플러그는 가전제품 사용량과 집안 조도 변화를 분석해 사용자의 활동 상태를 24시간 원격 모니터링하는 시스템. IoT를 활용해 가정 내 전력 사용과 조도 변화가 없는 위험단계가 감지될 경우 자동으로 담당자에게 알림 문자 전송

◈ PLUS

농업분야의 사물인터넷 적용 사례(스마트팜)
농작물 재배 시설의 온도·습도·햇볕량·이산화탄소·토양 등을 측정 분석하고, 분석 결과에 따라서 제어 장치를 구동하여 적절한 상태로 변화시킨다. 그리고 스마트폰과 같은 모바일 기기를 통해 원격 관리도 가능하다. 스마트팜으로 농업의 생산·유통·소비 과정에 걸쳐 생산성과 효율성 및 품질 향상 등과 같은 고부가가치를 창출시킬 수 있다.

MEMO

CHAPTER

22 빅데이터(Big Data)

1 개 요

(1) 빅데이터가 ICT 분야의 새로운 패러다임이자 신성장동력으로 급부상

① 스마트폰·SNS·사물인터넷(IoT) 확산 등에 따른 데이터 폭증이 배경이다.

② 산업화 시대의 '철, 석탄', 정보화시대의 '인터넷'처럼 스마트시대에는 '빅데이터'가 핵심자원 역할을 한다.

③ ICT 인프라 시장의 성숙 이후 신규 비즈니스 영역으로 주목받고 있다.

(2) 빅데이터는 '자체'로뿐만 아니라 '활용'을 통해 경제사회 발전의 원동력

① 빅데이터는 경영혁신 및 사회현안 해결을 위한 핵심 수단으로 활용이 가능하다. ⇨ 의료·행정·소매·제조·개인정보에 빅데이터 적용시 1% 추가생산성 향상 기대(Mckinsey, 2011)

② 과거에는 불가능했던 많은 일들이 빅데이터를 통해 현실화 되고 있다. 구글이 수 억건의 데이터로 50여 개 언어의 자동번역에 성공하였고, 알파고의 머신러닝은 그동안 인류가 두어왔던 3천만 건의 기보 빅데이터를 활용해 컴퓨터를 사람처럼 학습시켜 인지·판단·예측 능력을 키우는 AI 기술로 발전시켰다.

③ 주요국 및 글로벌기업은 빅데이터 '산업' 육성 및 '활용'에 주목하고 있다. ⇨ 글로벌 ICT 기업을 중심으로 빅데이터 핵심기술 및 신규 비즈니스 모델 개발이 활발히 이루어지고 있다.

④ AI, 인공지능 등의 최신 기술과의 결합·연계를 통해 시너지효과를 극대화할 수 있다.

2 빅데이터의 개념

(1) 빅데이터란 디지털 환경에서 생성되는 데이터로 그 규모가 방대하며, 생성 주기도 짧고 형태에 있어서도 수치 데이터뿐 아니라 문자와 영상 데이터를 포함하는 대규모 데이터를 말한다.

(2) 빅데이터 환경은 과거에 비해 데이터의 양이 폭증했다는 점과 함께 데이터의 종류도 다양해져 사람들의 행동은 물론 위치정보와 SNS를 통해 생각과 의견까지 분석하고 예측할 수 있다.

3 빅데이터의 특징

(1) 빅데이터의 특징은 3V로 요약하는 것이 일반적이다. 즉, 데이터의 양(Volume), 데이터 생성 속도(Velocity), 형태의 다양성(Variety)을 의미한다. 최근에는 가치(Value)나 복잡성(Complexity)을 덧붙이기도 한다.

(2) 이처럼 다양하고 방대한 규모의 데이터는 미래 경쟁력의 우위를 좌우하는 중요한 자원으로 활용될 수 있다는 점에서 주목받고 있다.

(3) 현재의 빅데이터 환경은 과거와 비교해 데이터의 양은 물론 질과 다양성 측면에서 패러다임의 전환을 의미한다. 이런 관점에서 빅데이터는 산업혁명 시기의 석탄처럼 IT와 스마트 혁명 시기에 혁신과 경쟁력 강화, 생산성 향상을 위한 중요한 원천으로 간주되고 있다(McKinsey, 2011).

(4) 최근에는 분석·추출기술의 발전으로 다양한 종류의 데이터로부터 저렴한 비용으로 가치를 창출하고 초고속분석을 지원하는 기술 등으로 가치창출 및 활용에 초점을 두고 있다.

(5) 빅데이터는 단순한 산업이 아니라 인터넷처럼 경제사회 전반에서 혁신을 주도하는 일종의 '플랫폼' 기술로 효과적 이용시 막대한 효용이 창출될 수 있다.

> ① **정부**: 데이터 기반 국정혁신 및 사회현안에 선제적 대응 가능
> ② **기업**: 생산성 향상 등 기업의 경쟁력 강화와 신시장 창출
> ③ **개인**: 맞춤형 서비스 향유와 삶의 질 제고

4 빅데이터 활용 사례

(1) 공공의료 강화 및 전염병 대응
 ① 건강정책 수립시 국민건강보험공단의 질병 통계자료 등 빅데이터를 활용해 시민에게 맞는 건강 프로그램 개발 및 보급
 ② 신종코로나 확진자의 이동 경로 파악(예 CCTV, 신용카드 이용정보, 휴대폰 GPS 정보 등 활용)

(2) 여성안전 및 도시안전
 범죄발생현황, 가족폭력현황, 화재현황, 건축물현황 등을 이용하여 도시안전에 활용(예 CCTV 설치 위치 설정에 활용, CCTV 분석을 통한 범행 사전 차단)

(3) 상권분석
 예비 창업자에게 상권에 대한 정보를 제공하여 창업성공률 제고

(4) 교통사고 예방
 교통사고분석을 통한 위험도로 구조개선 및 속도제한에 활용(예 블랙박스를 활용하여 교통법규 준수에 활용)

(5) 서울시 심야전용 '올빼미버스'
 심야전용버스라는 공공편의 서비스 제공을 위해 1달 간 자정~5시까지의 이동통신사 30억 건의 통화량 데이터를 분석하여 심야버스 정책에 반영

♡ PLUS

빅데이터 관련 기출질문
Q. 빅데이터의 활용 방안에 대해 답변해달라. [2021 부산시 3분발표 주제]
Q. 빅데이터의 특징 3가지와 활용되고 있는 부분 3가지 이상을 말하시오. [2023 경북 교행]
Q. 인공지능과 빅데이터를 교육에서 어떻게 활용할 것인가? [2023 전남 교행]

빅데이터와 4차 산업혁명

빅데이터는 '제4차 산업혁명'과 동전의 양면과 같은 동일한 개념이다. 특히 제4차 산업혁명은 다양한 산업에서 문제해결을 위해 빅데이터 분석을 포괄적·적극적으로 활용하고 있다. 즉, 빅데이터는 지금까지 인류가 쌓아온 지식의 보고이자 발자취이며 이와 같은 자원을 빅데이터 분석기술, AI 등을 활용하여 모든 자원들을 연결한 지능형 시스템 혁명을 하겠다는 것이 4차 산업혁명의 핵심이다. 4차 산업혁명은 기존 학문과 산업의 경계를 허물고 융합하겠다는 것인데 그 기반에 빅데이터라는 자원이 필요하다는 것이다.

◐ 마치 스타크래프트 게임에서 건물과 병력을 운영하려면 자원이 필요한 것과 같다.

블록체인

1. 블록체인의 정의

블록체인은 데이터 분산 처리기술을 말한다. 즉, 네트워크에 참여하는 모든 사용자가 모든 거래 내역 등의 데이터를 분산·저장하는 기술을 지칭한다. 이 때문에 블록체인은 '공공 거래장부' 또는 '분산 거래장부'로도 불린다.

2. 블록체인이 중요한 이유

비즈니스는 정보에 기초한다. 정보를 보다 신속하게 수신하고 정보의 정확성이 높을수록 이로운 결과를 가져온다. 블록체인은 이러한 정보를 전달하는 데 적합한 기술이다. 완전 투명성을 갖춘 즉각적인 공유 정보를 허가된 네트워크 구성원만 액세스할 수 있는 불변 원장에 저장하여 제공하기 때문이다. 블록체인 네트워크는 주문·결제·계정·생산 등을 추적할 수 있다. 또한 구성원들 간에 데이터에 대한 단일 관점을 공유하여 모든 엔드투엔드 트랜잭션 세부 사항을 확인할 수 있으므로 보다 높은 신뢰도는 물론 새로운 효율성과 기회를 제공한다.

3. 블록체인의 활용 사례

① 블록체인을 활용한 유통 이력 추적 시스템: 신선한 해산물의 포획 순간부터 추적하여 슈퍼마켓 및 레스토랑에 이르기까지 식품공급망 신뢰도 제고

② 암호화폐 보안 개선: 암호화폐를 발행하여 디지털 자산에 대한 보안 개선. 비트코인 같은 가상화폐가 등장하게 된 것도 블록체인 덕분

③ 블록체인 기반 예방접종 인증 시스템: 모바일 기기를 통해서 본인인증을 진행하면 질병관리청을 통해 접종 이력(VC)을 발급받고 발급내역은 인프라 블록체인에 저장

④ 모바일 신분증 : 모바일 운전면허증 서비스를 공식적으로 시작. 모바일 신분증은 블록체인 기술이 적용돼 위·변조나 도용 위험이 거의 없음

⑤ 블록체인 기반 투표 시스템: 의결권을 행사할 때도 블록체인에 기록되기 때문에 사실상 위·변조가 불가능

CHAPTER
23 스마트 기술(스마트시티, 스마트팩토리)

1 스마트시티(Smart City)

구 분	스마트시티	일반도시
구조적 측면	3차원 도시	2차원 도시
효율성	도시 전역에서 정보를 수집하고 분석하여 필요한 곳에 자원을 투입하거나 기존자원의 효율적 활용 유도	많은 비용과 사전작업이 수반되는 신규 인프라 건설 및 인력 등 자원 투입 중심의 접근방식으로 해결
교 통	자동차 간 통신 등 자율적 방식 채택	교통통제 방식
시민서비스	데이터 기반 서비스로 시민이 요구하기 전에 미리 혹은 실시간 상황을 파악하여 선제적 서비스 제공	프로세스 기반 서비스 제공(절차와 과정 중시)

(1) 4차 산업혁명 기술(IoT, Network, AI 등)을 도시공간에 적용한 미래형 도시를 말한다.

(2) 4차 산업혁명 기술을 활용하여 도시 기능을 효율화하고 삶의 질을 높이고 도시 경쟁력을 갖춘 혁신적인 도시이다.

(3) 인구증가와 급격한 도시화로 인프라 부족 및 노후화, 교통혼잡, 에너지 소비 확대, 환경오염, 범죄, 재난 등 다양한 도시문제가 발생하고 있다. 기존의 신규 인프라 공급 방식으로는 한계에 도달하고 있으며 저출산·고령화로 인하여 인구구조의 변동이 예고됨에 따라 이에 맞는 스마트시티가 새로운 대안으로 부각되고 있다.

(4) 스마트시티를 위해서는 그에 필요한 AI, 드론, 빅데이터, IoT, 신재생에너지 등과 같은 첨단 기술의 발전이 필수적이다.

(5) 세종시와 부산에 도시의 주요 공공기능을 첨단 정보통신기술로 연결한 미래도시 건설을 계획하고 있다.
　① 사물인터넷 기술을 활용하여 인터넷 센서가 도시 전체에 설치되고 이를 통해 실시간 교통정보와 드론을 이용한 응급 의료지원, 빈 주차구역 안내 등 스마트 파킹, 방범, 소방서비스 시스템 구축 등을 할 계획이다.
　② 지역 안에서는 자율주행차와 공유차, 자전거로 이동하는 '공유 자동차' 체계도 마련할 예정이다.

(6) 국토교통부는 제4차 스마트도시 종합계획을 통해 지속가능한 공간모델 확산, 지속적·전략적으로 기후위기 대응 및 디지털 포용성 사업 추진, 생활인구감소·노령화 등 지역 인구문제의 해결책이 될 수 있는 스마트 솔루션 발굴, 최고 수준의 스마트도시 기술 지속 체감을 위한 국가시범도시 완성 등을 추진할 것이라고 밝혔다.

2 스마트팩토리(Smart Factory)

(1) 사물인터넷 기술을 기반으로 공장 안의 모든 요소가 유기적으로 연결되어 지능적으로 운영되는 공장을 말한다.

(2) 인간의 개입을 최소화하고 기계 스스로가 제어하는 인공지능형의 자동생산 체계이다.

(3) 자동화를 넘어 지능화를 추구하는 미래형 공장이다. ⇨ 인공지능, 사물인터넷 기술을 활용하여 생산과정 전체와 생산자원을 효율적으로 관리하는 모델

(4) 기획·설계·생산·유통·판매 등 전 생산과정을 AI로 통합해 최소의 비용과 시간으로 고객 맞춤형 제품을 생산하는 진화된 공장이다.

MEMO

CHAPTER
24 드론산업

1 드론의 의의

(1) 통상 무인기를 드론으로 간주하고 있었으나 법적으로 '드론'은 '조종자가 탑승하지 않은 채 항행할 수 있는 비행체'로 정의되어 있다.

(2) 무인항공기와 무인 비행장치를 드론으로 준용하고 드론택시, 드론배송 등 기술개발 추이 및 시장변화 등에 따라 새롭게 등장할 비행체도 탄력적으로 드론으로 규정할 수 있는 근거도 마련했다.

2 드론산업

(1) 드론산업은 항공·정보통신(ICT)·소프트웨어(SW)·센서 등 첨단기술의 융합산업이다.

(2) 현재 미개척 시장이자 최대 유망 시장 산업으로 미국·중국·유럽 등 나라별로 사업용 시장 선점을 위한 경쟁이 가열되고 있다.

(3) 저가·소형 중심의 단순 촬영용에서 농업·감시·측량·배송 등 임무 수행을 위한 고가·중형 중심으로 변화 중이다. 앞으로 대형 무인항공기의 등장과 개인형 이동수단으로의 자율비행 드론 상용화 등 수송·교통 분야에서 새로운 시장도 열릴 것으로 기대되고 있다.

(4) 2022년 12월 북한의 무인기가 대한민국 영공을 침공하였으나 국군이 격추에 실패하기도 하였고 우크라이나·러시아 전쟁에서도 드론이 적극적으로 활용됨에 따라 드론·무인기에 대한 군사적 목적의 이용·개발에 대한 관심이 증가하고 있다.

(5) 전남 고흥군에서 드론택시에 대해 1단계 시범운행이 이루어지고 있으며, 수도권 일부 구역에서도 2단계 시범운행이 예정되어 있다. 이는 2025년 상용화를 목표로 하고 있다.

3 드론산업의 특징

(1) 정보통신(ICT) 융합산업으로서 항공·소프트웨어(SW)·통신·센서·소재 등 연관 산업의 기술이 필요하다.

(2) 군사용에서 취미·촬영용 등 민간부문으로 성장 중이며 안전진단, 감시·측량, 물품수송 등까지 다양한 분야로 활용이 가능하다.

(3) 부품과 완제기 제조업 외에도 운용·서비스 등 후방시장을 창출하고 활용 분야에서 효율성 향상·비용 절감 효과를 기대하고 있다.

(4) 미래 교통혁신을 가져올 개인용 자율비행 항공기(PAV; Personal Air Vehicle) 등 미래 항공 산업의 핵심기술이다.

(5) 드론은 ① 인공지능(AI, 자율비행), ② 사물인터넷(IoT, 드론 간 통신), ③ 센서·나노(복합·소형화), ④ 3D프린팅(기체제작) 등 4차 산업혁명의 공통 핵심기술을 적용·검증할 수 있는 최적 시험장(테스트베드)으로 활용이 가능하다.

4 드론의 활용 사례

국토교통(교통관리)·경찰(경계, 감시)·산림(산림재난 대응 및 예찰)·설비(시설물 점검)·전력설비·재난재해 수색, 환경감시, 지형조사, 농업용, 소방 등 다양한 공공분야에서 선도적으로 활용을 추진하고 있다.

5 드론산업 육성정책(드론산업 육성정책 2.0, 2020.11.14. 보도자료)

(1) 우수기원 집중 지원

드론 핵심기업 육성을 위해 공공조달 개선, 투자·지원 확대, 실증기반 강화, 성공모델 발굴 및 조기 상용화 추진

(2) 정부의 드론 활용산업 육성 및 공공서비스 질 제고

드론 구매·교육 확대, 기관 간 정보공유·협업 강화, 규제·제도 개선, 드론활용 내실화·다양화 추진

MEMO

CHAPTER
25 메타버스

1 메타버스의 의의(가상과 현실의 융합)

(1) '메타버스'는 가상을 의미하는 메타(meta)와 현실세계를 뜻하는 유니버스(universe)의 합성어이다. 가상공간에서의 '나'인 아바타의 모습으로 경제·문화·사회 활동이 가능한 가상세계를 뜻한다.
   ◐ 스마트폰, 인터넷과 같은 디지털미디어에 담긴 새로운 세계를 메타버스라고 이해하면 된다.

(2) 메타버스에서는 현실과 가상의 결합이 현실 세계가 되어 그 안에서 상호작용하고 활동할 수 있다. 실례로 2020년 미국 대통령 선거 때 조 바이든 후보자는 닌텐도 '동물의 숲' 가상 현실 게임 안에서 선거 캠페인을 했고 유권자들은 가상 현실(VR, Virtual Reality) 안경을 낀 채 유세 현장에 참여하였다. 국내에서는 아이돌 그룹 방탄소년단(BTS)이 온라인 게임 포트나이트(Fortnite) 안에서 신곡 '다이너마이트'를 실제 콘서트 현장처럼 발표하였다. 코로나19(COVID−19)로 인해 비대면 추세가 계속되면서 대학교 입학식을 메타버스 환경에서 진행하기도 하였다.

(3) 메타버스는 '가상현실' 보다 진보된 개념으로 볼 수 있다. 주로 게임, SNS 등의 서비스 플랫폼에서 특정 설정 환경과 아바타를 보다 정교하게 구현하여 메타버스 내의 아바타가 상호교류를 하고 쇼핑도 하며 현실처럼 활동한다.

2 메타버스의 행정 활용

(1) **재난 훈련**
   응급상황 발생 대응을 위한 가상훈련 플랫폼을 개발하여 교육과 훈련에 활용

(2) **3차원 가상도시모델**
   ① 3차원 가상도시 환경을 통해 도시계획 및 정책추진을 위한 의사결정을 지원
   ② 3D모델링과 시각화를 통해 다양한 도시공간 현상을 분석
      예 메타버스 기술을 활용한 조경 및 가로수 선정 등에 활용
   ③ 3차원 공간정보를 기반으로 한 디지털 트윈을 구축
      ㉠ 신도시 개발, 도시재생사업의 설계
      ㉡ 교통, 에너지, 환경, 재난재해, 통신 등 다양한 분야에서 운영을 최적화하기 위한 모니터링 및 시뮬레이션
      ㉢ 물류운영 현황 모니터링 및 최적화
   ④ 도시의 각종 정보공개를 통해 시민들과 소통·공유하며, 이를 통해 시민의 삶의 질을 높이는 것이 목표

(3) 가상공간에서의 캠페인 및 정책 홍보

① 메타버스와 아바타를 활용하여 탄소중립의 중요성을 홍보

② 메타버스를 활용하여 '안전속도 5030 준수', 보이스피싱, 실종아동 예방 등 치안 정책 홍보(대구시)

> **✔PLUS**
>
> **서울 신대륙 '메타버스 서울' 구현**(2024. 1. 24. 보도자료)
> 1. 3차원 가상공간에서 나를 대신하는 아바타를 통해 경제, 문화관광, 교육, 민원 등 다양한 서울시 행정서비스를 제공하는 메타버스 플랫폼
> 2. '아바타'를 통해 경제, 문화관광, 교육, 민원 등 다양한 서울시 행정서비스를 제공받고 시정에 참여할 수 있으며 '시민안전체험관', '부동산 계약 체험', '동대문디자인플라자(DDP)' 등의 가상세계를 통해 경험 가능
> 3. 시민참여, 산업지원, 청소년 상담, 세액조회, 서류발급, 민원상담 등의 서비스 이용 가능

MEMO

CHAPTER
26 키오스크(무인단말기)

1 키오스크(kiosk)의 의의

(1) 일반적으로 물품 및 서비스를 제공하는 소규모 점포나 공공장소에 설치되는 터치스크린 방식의 무인정보단말기를 의미한다. 무인단말기로 인해 인건비 절감과 서비스 프로세스 단축을 통한 원가절감을 위해 최근 많이 도입하고 있다.

(2) 기계의 모니터를 터치해 주문을 하고 카드나 스마트폰 앱으로 결제하는 방식이다. 기술이 발전하고 매장의 무인화가 가속화되면서 우리 일상 속에 차츰 자리잡고 있다.

2 키오스크의 활용 사례

(1) 키오스크는 주로 공항, 버스터미널 등 여객시설이나 은행, 영화관 등에 설치되어 정보를 제공한다.

(2) 금융사무, 티켓 발권, 셀프체크인 등에도 이용되고 있다.

(3) 관공서에서는 무인민원발급기로도 사용된다.

(4) 최근에는 관공서나 은행뿐만 아니라 패스트푸드점, 개인이 운영하는 소규모 식당이나 카페 심지어 대형마트나 무인 편의점 등에서도 키오스크를 이용하여 주문하고 결제하는 모습들을 흔하게 볼 수 있을 정도로 그 설치 및 이용이 빠르게 확대되어 가는 추세이다.

3 키오스크의 장점

(1) 인건비 절감 및 대기시간 단축
　① 최저임금 상승 등으로 인한 인건비 부담을 기계화하여 절감할 수 있다.
　② 대기시간 없이 원하는 서비스를 즉시 주문하고 결제할 수 있다.

(2) 데이터 수집
　언제, 누가, 어떤 상품을 구매했는지에 대한 정보 수집이 가능하다. 이를 활용하여 재고관리나 마케팅에 활용할 수 있다.

4 키오스크의 단점

(1) 어린이·노인·장애인의 경우 접근성 문제
　키오스크 사용이 어려운 어린이·노인·장애인에게는 키오스크가 부담으로 작용하며, 특히 사용방법이 어렵거나 복잡하다면 고객 편리성이 떨어질 수 있다.

(2) 키오스크로 인한 일자리 감소 문제

기존의 사람이 하던 일을 키오스크가 대체하게 됨에 따라 일자리가 감소하게 되었다.

(3) 개인정보의 보안 문제

① 키오스크를 활용한 민원업무의 경우 개인정보보호와 본인확인절차 등 보안이 문제가 될 수 있다.
② 키오스크에 설치된 프로그램 등은 키오스크 자체에 내장하지 않고 웹서버에 설치하여 정보의 유출을 방지할 수 있다.

5 키오스크 활용을 위한 보완점

어린이·노인·장애인 등의 접근성 향상 ⇨ 키오스크가 익숙하지 않거나 사용이 어려운 사람들을 위하여 키오스크 이용 방법 등 교육 필요

6 키오스크의 행정 활용

(1) 행정정보의 제공 및 정부정책 홍보

① 키오스크 설치를 통해 제공하는 정보들은 주민들의 접근성 제고를 통해 활용도를 높이는 방향으로 진행
② 주민들의 활용도 제고를 위해서는 주민들이 필요로 하는 다양한 컨텐츠 제공
③ 시간과 장소에 구애받지 않고 행정서비스 제공 가능

(2) 행정민원서비스

민원서류 발급 등에 활용

(3) 양방향 커뮤니케이션 역할

키오스크 설치의 가장 중요한 목적은 시와 시민 간의 정보공유나 커뮤니케이션을 빠르게 할 수 있는 디지털 채널 역할을 하는 것

(4) 응급상황 발생시 경찰이나 소방서 연락 채널

(5) 실생활에 필요한 법률문제 해결 서비스 제공

법률정보 제공은 물론 터치스크린 방식으로 법률 서류 작성 및 출력 가능

(6) 공과금 납부에 활용

(7) 길 안내와 관광 정보제공에 활용

MEMO

CHAPTER 27 디지털 플랫폼 정부 구현(국정과제)

1 디지털 플랫폼 정부과제 목표

(1) 주무부처

디지털 플랫폼 정부위원회, 행안부, 과기부가 해당된다.

(2) 목 표

모든 데이터가 연결되는 '디지털 플랫폼' 위에서 국민·기업·정부가 함께 사회문제를 해결하고 새로운 가치를 창출하는 정부를 구현하는 것이다.

> **✎ Check point**
>
> 1. 웹사이트를 연결하는 플랫폼인 구글, 상품 거래를 연결하는 플랫폼인 아마존, 콘텐츠 창작물을 연결하는 플랫폼인 유튜브, 소셜 네트워킹 플랫폼인 페이스북처럼 국민과 정부서비스 더 나아가 국민과 정부를 연결하는 플랫폼으로 정부의 역할을 새롭게 정의하였다.
> 2. 디지털 플랫폼 비즈니스 모델은 판매자와 소비자가 재화·서비스를 교환·창출하는 플랫폼을 통해 수익을 창출하는 비즈니스이다.
> 3. 디지털 플랫폼 정부는 디지털 플랫폼 비즈니스 모델을 정부 및 공공분야에 적용하는 것으로 볼 수 있다. 즉, 정부 및 민간에서 개발한 다양한 정부 서비스가 디지털 플랫폼에 존재하고 소비자인 국민은 디지털 플랫폼에서 필요한 서비스를 찾아 이용하는 구조이다.

2 주요 내용

(1) 과학적 국정운영 ▷ 인공지능·데이터 분석을 통한 일 잘하는 정부 실현

① 전체 부처 데이터의 공유·연계·분석을 위한 공통기반 마련, 데이터 분석을 통한 정책효과 정밀예측 등 국정운영의 과학화 실현
② 다양한 협업도구로 소통하고 장소에 관계 없이 일하는 공무원의 스마트한 업무환경 제공
③ 데이터 칸막이 제거를 통해 공무원들이 일할 수 있는 환경을 만들고, 그 편익이 국민에게 돌아가도록 추진

(2) 선제적·맞춤형 서비스 ▷ 알아서 챙겨주는 국민이 편안한 서비스 제공

① 개별 사이트의 정보·서비스를 연계·통합해 국민은 하나의 사이트에서 모든 서비스를 신청·이용
② 자격을 갖추고도 몰라서 놓치는 일이 없도록 맞춤형 수혜서비스를 추천하고 신청 없이도 선제적으로 제공

(3) 혁신생태계 조성 ⇨ 민·관 협업으로 기업이 다양한 혁신 서비스 창출

   ① '정부'는 공공서비스·데이터를 민간에 대폭 개방, '기업'은 융합·결합으로 다양한 혁신서비스 창출, '국민'은 민간 앱에서 편리하게 공공서비스 이용

     예 지도앱에서 잔여 백신 예약, 해외 직접구매시 쇼핑앱에서 통관업무 처리

   ② 국민·기업·정부가 사회문제를 함께 고민하고 찾아서 해결하는 민관협업 플랫폼(DPGcollab) 구축·운영, 참여에 대한 보상체계 및 패스트트랙 마련

   ③ 사회문제 발굴·해결방안 제시가 상시 가능하도록 운영

3 기대 효과

국민에게는 통합적·선제적·맞춤형 행정서비스를 제공하고, 기업에는 새로운 혁신의 기회를 제공하며, 정부는 과학적으로 일할 수 있는 기반을 마련할 수 있다.

4 디지털 플랫폼 정부로의 변화가 필요한 이유

(1) 구글(검색), 아마존(쇼핑), 메타(SNS), 넷플릭스(미디어), 유튜브(영상콘텐츠) 등 다양한 기업들이 디지털 플랫폼으로 성공하고 성장함에 따라 기업뿐만 아니라 정부 역시 디지털 플랫폼을 통한 혁신을 추구하고 있다.

(2) 국민들 또한 디지털 플랫폼 기업의 혁신적인 서비스를 경험하게 되면서 정부 서비스에서도 비슷한 서비스 수준을 요구하고 있다.

(3) 정부가 보유하고 있는 국민 데이터, 각종 행정 데이터와 플랫폼에서 발생하는 다양한 데이터를 통해 개인 맞춤형 대국민 서비스 제공이 가능하다.

    ◉ 인공지능, 빅데이터 등을 활용하여 개인이 처한 상황, 개인적인 선호에 적합한 맞춤형 서비스 가능

(4) 정부는 디지털 인프라를 구축하여 제공하고 플랫폼 생태계 구축을 통해 민간이 개발한 다양한 서비스를 등록하고 국민은 자유롭게 사용할 수 있도록 촉매자의 역할을 담당한다. 이러한 과정에서 민간의 아이디어와 개발 능력에 따라 혁신적인 발전이 될 수 있다.

(5) 데이터를 기반으로 하기 때문에 수요자와 공급자 간 상호작용으로 서비스의 지속적인 발전이 가능하다. 데이터 분석을 통해 발 빠른 대응이 가능하며 정책 의사결정에도 객관적인 근거를 제시해 줄 수 있다.

(6) 공무원들이 자유롭게 데이터에 접근하여 민원을 해결하거나 정책을 개발할 수 있는 환경이 마련되어 그로 인한 국민들의 편익이 증가할 수 있다.

디지털 플랫폼 정부 사례

1. 공장간편 인허가 서비스

공장을 지으려는 기업이 후보지 추천부터 승인 및 신고 절차를 한 곳에서 할 수 있도록 하는 것이다. 관공서에 불필요한 서류를 제출하지 않도록 디지털 트윈(시뮬레이션을 통한 가상모델)을 활용할 수 있다. 인공지능과 디지털 트윈을 결합시켜 적합 후보지 추천부터 허가 신청까지 원스톱 서비스를 제공한다.

2. 관공서의 첨부서류 제로화

데이터 공유와 활용이 확대되기 때문에 정부 서비스를 신청할 때 각종 증명서류를 제출하지 않아도 된다. 서류발급 등에 쓰이는 시간과 비용이 연간 2조원 가량 절감될 것으로 기대된다.

3. 알아서 맞춤형으로 제공하는 국민혜택 알리미

마이데이터를 통해 CT/MRI 등 여러 의료기관에 흩어져 있는 의료자료 확인이 가능하며, 놓치기 쉬운 정부 부처의 혜택과 복지를 알려주는 서비스를 제공한다.

4. 민원 상담 AI 어시스턴트

화성시 민원 콜센터에서 도입한 기술로 상담 가능 분야로 문의가 가장 많은 세정, 교통, 차량, 일반행정, 문화·관광·체육, 환경 6개 분야의 250여 개 항목에서 이용이 가능하다. 막힘없이 쉽고 빠른 대응이 가능하여 민원서비스의 질이 향상될 전망을 보인다.

PLUS

디지털 플랫폼 정부 관련 예상질문

Q. 디지털 플랫폼 정부 사례에 대해 1~2개 정도 답변해보라.

Q. 디지털 플랫폼 정부란 무엇이며, 디지털 플랫폼 정부 추진 이유는 무엇인가?

Q. 디지털 플랫폼 정부로의 전환에 지원한 직렬에서 어떤 도움을 줄 수 있겠는가?

MEMO

CHAPTER
28 개인정보 보호법

1 개정안 주요 내용

(1) 개인정보의 개념을 명확히 해서 혼선을 줄이고 안전하게 데이터를 활용하기 위한 방법과 기준 등을 새롭게 정하였다.

(2) 데이터를 기반으로 한 새로운 기술·제품·서비스의 개발, 산업 목적을 포함하는 과학연구, 시장조사, 상업 목적의 통계작성, 공익 기록보존 등을 위해서 가명정보를 이용할 수 있도록 하였다.

(3) 개인정보처리자의 책임성을 강화하기 위해 각종 의무를 부과하고, 법 위반시 과징금 도입 등 처벌도 강화해서 개인정보를 안전하게 보호할 수 있도록 제도적 장치를 마련하였다.

(4) 개인정보의 오·남용과 유출 등을 감독할 감독기구는 '개인정보보호위원회'로, 관련 법률의 유사·중복 규정은 「개인정보 보호법」으로 일원화하였다.

(5) 주요 내용은 다음과 같다.

① 가명정보 도입 등을 통한 데이터 활용 제고

㉠ 개인을 알아볼 수 없도록 안전하게 처리된 가명정보 개념을 도입하였다.

➡ 가명정보란 개인 정보의 일부를 삭제하거나 대체해 추가 정보 없이는 특정 개인을 알아볼 수 없도록 가명처리한 정보이다.

㉡ 가명정보는 통계작성, 과학적 연구, 공익적 기록보존 목적으로 정보 주체의 동의 없이 처리가 허용된다.

㉢ 서로 다른 기업이 보유하고 있는 가명정보를 보안시설을 갖춘 전문기관에서 결합할 수 있도록 하였다.

② 동의 없이 처리할 수 있는 개인정보의 합리화: 수집 목적과 합리적으로 관련된 범위 내에서 대통령령이 정하는 바에 따라 개인정보의 추가적인 이용·제공이 허용된다.

③ 개인정보의 범위 명확화

㉠ 개정된 「개인정보 보호법」은 기존처럼 개인정보의 범위에 '다른 정보와 쉽게 결합하여 특정 개인을 알아볼 수 있는 정보'를 포함시키면서 쉽게 결합할 수 있는지를 판단할 때 '다른 정보의 입수 가능성 등 개인을 알아보는 데 소요되는 시간, 비용, 기술 등을 합리적으로 고려하여야 한다'고 정하여 판단기준을 명확히 하고 있다.

㉡ 특히 기존에 '쉽게 결합하여'의 의미에 대해 해석상 논의되어 온 '다른 정보의 입수가능성'을 고려하여야 할 사항으로 명시하고, '시간, 비용, 기술 등을 합리적으로 고려'할 것을 요구함으로써 개인정보의 정의가 지나치게 확대해석되지 않도록 그 기준을 설정하였다는 점에서 의의가 있다.

④ 개인정보 보호수준 평가: 보호위원회는 중앙행정기관 및 그 소속기관, 지방자치단체 그 밖에 대통령령으로 정하는 기관을 대상으로 매년 개인정보 보호정책·업무의 수행 및 이 법에 따른 의무의 준수 여부 등을 평가한다.

> **⊗PLUS**
>
> **개인정보**
> 1. '개인정보'란 살아 있는 개인에 관한 정보로서 성명, 주민등록번호 및 영상 등을 통하여 개인을 알아볼 수 있는 정보(해당 정보만으로는 특정 개인을 알아볼 수 없더라도 다른 정보와 쉽게 결합하여 알아볼 수 있는 것을 포함한다)를 말한다.
> 2. 개인정보가 누군가에 의해 악의적인 목적으로 이용되거나 유출될 경우, 개인의 사생활에 큰 피해를 줄 뿐만 아니라 개인의 안전과 재산에 피해를 줄 수 있다.
> 3. 스팸문자나 보이스피싱, 나를 사칭한 메신저상의 금융사기 등이 모두 개인정보 유출과 관련되어 있는 경우가 많다.

> **⊗PLUS**
>
> **주민등록번호 변경제도**
> 1. 의 의
>   ① 주민등록번호 유출로 인하여 생명, 신체, 재산 등에 피해를 입거나 입을 우려가 있다고 인정되는 경우 주민등록번호를 변경해주는 제도이다.
>   ② 주민등록번호 유출로 인한 국민들의 불안감을 해소하고 2차 피해를 예방하며 궁극적으로는 번호 변경을 통해 국민의 개인정보보호를 강화하기 위한 제도이다.
> 2. 신청대상자
>   ① 주민등록번호 유출로 생명, 신체, 재산에 피해를 입거나 입을 우려가 있다고 인정되는 사람
>   ② 다음 중 하나에 해당하며 유출로 인하여 피해를 입거나 입을 우려가 있다고 인정되는 사람
>   ⇨ 아동·청소년 성범죄 피해자, 성폭력피해자, 성매매피해자, 가정폭력 피해자, 공익신고자, 아동학대범죄 피해자, 특정범죄신고자, 특정강력범죄 피해자, 학교폭력 피해 학생, 방화범죄·명예훼손 및 모욕범죄 피해자

2 논란 사항

(1) 가명정보에 대한 정의가 추상적
① 행정안전부는 가명정보를 '원래의 상태로 복원하기 위한 추가 정보의 사용·결합 없이는 특정 개인을 알아볼 수 없는 정보'로 정의하고 있다.
② 가명정보에 대한 정의가 명확하지 않아 법 위반 논란이 발생할 우려가 있다.

(2) 비식별정보의 식별정보로의 전환 가능 우려
① 개정안은 고의로 가명정보를 조작해 재식별할 경우 기업은 과징금, 개인은 징역 또는 벌금에 처한다고 명시하여 재식별을 금지했으나 문제는 가명정보의 조합 또는 특정 집단 등에서 예측하지 못한 변수로 비식별정보가 식별이 가능한 상황이 발생할 수 있다.
② 개인을 식별할 수 없는 수준으로 정보를 가명처리한다면 그만큼 활용가치가 낮아지기에 적정선을 찾는 작업이 무엇보다 중요하다.

③ 이런 '재식별'을 방지하기 위해 결합한 데이터 외부 반출시 익명처리를 우선하게 하는 방안, 데이터 결합 담당 기관과 데이터 결합시 정보 매칭에 필요한 '결합키'를 관리하는 기관을 분리하는 방안 등 세부 원칙을 정해 시행령에 담을 계획이다.

(3) 민감정보의 무분별한 활용

각종 민감한 의료정보 등이 기업 이익 창출을 위해 무분별하게 활용될 수 있으며, 이는 다양한 개인권리의 침해 가능성, 개인정보 악용 가능성을 지니고 있다.

MEMO

CHAPTER
29 탄소중립(탄소제로)

1 탄소중립의 의의

(1) 대기에 배출·방출 또는 누출되는 온실가스의 순 배출량을 '0'으로 만드는 것을 의미한다. 대부분의 온실가스에는 탄소가 포함되어 있어 '탄소'는 온실효과를 일으키는 온실가스를 통칭한다.

(2) 인간의 활동에 의한 온실가스 배출을 최대한 줄이고 남은 온실가스는 흡수(산림 등) 및 제거해서 실질적인 배출량이 0(Zero)이 되는 개념이다. 즉, 배출되는 탄소와 흡수되는 탄소량을 같게 해 탄소 '순배출이 0'이 되게 하는 것으로 이에 탄소중립을 '넷-제로(Net-Zero)'라 부른다.

(3) 우리나라는 「탄소중립기본법」 제7조에 따라 2050년까지 탄소중립을 달성하는 것을 국가 비전으로 명시하여 세계 14번째로 탄소중립을 법제화한 국가가 되었다. 또한 2021년 파리 기후협약에 참여하고 있어 온실가스 감축 목표를 2030년까지 5년 단위로 세우고 있다.

2 탄소중립이 필요한 이유

(1) 산업화 이전(1850~1900년)에서 산업화 이후(2011~2020년)까지 지구의 평균 기온이 1.09℃ 상승하였다. 기후변화의 주원인은 산업혁명 이후 경제성장의 원동력이 된 석탄·석유 등 화석연료 연소로 인한 이산화탄소 배출의 급격한 증가 때문이다.

(2) 기후변화는 해수면 상승·혹한·폭염 등의 극한 기후를 일으키고 이로 인해 신종 전염병, 경제활동의 피해 등 잠재적으로 인류의 문명 존속에도 위협이 되고 있다.

(3) 국제사회는 기후 위기에 대응하기 위해 2016년 11월에 공식 발효된 파리협정에서 산업화 이전 대비 지구 평균 기온 상승을 1.5℃ 이하로 제한하기 위해 2050년까지 전 지구적으로 탄소중립을 달성할 것을 제시하였다.

(4) 이에 따라 선진국을 비롯해 개발도상국도 동참하기로 결의하여 우리나라를 포함한 세계 각국은 2016년부터 자발적인 국가 온실가스 감축 목표(NDC)를 제출하였다.

(5) 최근 유럽의 경우 탄소배출을 최소화하는 국가·기업과 무역을 우선적으로 하려는 경향을 보이고 있다.

3 탄소중립 추진 전략

(1) 경제구조의 저탄소화

신재생에너지로 전환, 수소전기차 생산 및 보급확대, 건축물 제로에너지 건축의무화

(2) 저탄소산업 생태계 조성

친환경·저탄소 에너지산업 기술개발, 친환경제품 생산 및 사용

(3) 친환경 에너지 개발

기술개발을 통하여 신재생에너지의 효율을 높여 경제성을 제고함으로써 기업들이 신재생에너지를 활용할 요인 제공

(4) 탄소중립사회로의 전환

탄소중립에 대한 국민인식 제고 필요

(5) 온실가스 배출권거래제 활성화

온실가스 배출권거래제란 정부가 온실가스를 배출하는 사업장을 대상으로 연단위 배출권을 할당하여 할당된 범위 내에서 배출행위를 할 수 있도록 하고 할당된 사업장의 실질적 온실가스 배출량을 평가하여 여분 또는 부족분의 배출권에 대하여는 사업장 간 거래를 허용하는 제도

✎ Check point

1. RE100
   ① RE100은 Renewable Energy 100%의 약어로, "2050년까지 기업이 사용하는 소비전력의 100%를 태양광과 풍력 등 재생에너지로 대체하자"라는 목표를 담은 국제 캠페인이다.
   ② 현재 구글·애플·GM·마이크로소프트·BMW·삼성전자·스타벅스 등 다양한 전 세계 280여 개 글로벌 기업이 RE100 참여를 선언하였다.
   ③ 세계 각국의 탄소중립 정책과 탄소배출권 거래제, 기업의 사회적 책임을 요구하는 수준이 높아지면서 기업들의 자발적 RE100 참가 선언은 계속 확산 중이다.

2. 탄소세
   온실가스를 배출하는 석탄, 석유 등 화석에너지 사용량에 부과하는 세금으로 1990년 핀란드에서 처음 도입되었고 현재 스위스, 스웨덴 등 50여 개 국가에서 시행 중이다. 이는 제품 제조 과정 등에서 에너지 사용으로 발생하는 탄소 배출량에 따라 내는 일종의 종량세이다.

⟡ PLUS

탄소중립 관련 기출질문

Q. 탄소중립이 무엇이며, 탄소중립을 위해 무엇을 실천하고 있는가? [2021 · 2022 대전 환경직 · 충남 · 충북, 2023 부산 교행]

Q. 탄소중립과 녹지과에서 탄소중립을 위해 실시하고 있는 제도는 무엇인가? [2021 대전 녹지직]

Q. 요즘 지구온난화로 많은 문제가 발생하고 있다. 이와 관련하여 탄소중립은 무엇이며 전남에서 추진하는 정책들을 아는 대로 말해보시오. [2021 전남]

Q. 지구온난화의 요인인 온실가스의 종류에 대해 아는 것과 탄소배출을 줄이기 위해 일상생활에서 우리가 실천할 수 있는 것에 대해 아는 대로 설명해보라. [2021 경남 건축직 · 보건연구사]

Q. 탄소중립의 실천 방안은 무엇인가? [2021 경남 7급 주제발표, 2023 부산 교행]

Q. 탄소중립 관련 사회가 할 수 있는 노력에 대해 기술하시오. [2022 여주시 사전조사서]

Q. 탄소중립이 요즘 중요한 사항으로 떠오르고 있는데 본인이 생각했을 때 우리 시에서 하는 것 말고, 탄소중립을 이룰 수 있는 것에 도움이 될 만한 것은 무엇인가? [2023 평택시]

Q. 서울시에서 탄소저감을 위해 폐핸드타올을 재활용하는 사업을 추진한다. 이 사업이 성공적으로 효과를 낼 수 있는 방안을 말해보시오. [2023 서울시 일반행정 5분발표]

CHAPTER 30 2024년 달라지는 제도

✔POINT 지원한 직렬과 관련한 내용이나 보편적인 제도 1~2개 정도는 알고 있어야 한다.

(1) 대중교통 요금 할인 K-PASS

기존에 운영하던 알뜰교통카드를 대체하여 대중교통 요금할인 'K-PASS'를 출시한다. 대중교통을 월 20회 이상 이용하면 할인 대상이 되며 일반 시민은 20%, 청년은 30%, 저소득층은 53%의 할인 혜택을 받게 된다.

(2) 보육 인프라 확충

① 0~2세반 어린이집 운영에 있어서 정원이 미달되더라도 정원의 50% 이상을 유지하면 정원 기준으로 하여 그 운영을 지원한다.

② 휴일과 야간에도 소아 진료를 위하여 24시간 소아전문상담센터를 설치하여 의료상담 서비스를 제공하고 달빛어린이병원을 설치할 예정이다.

(3) 일·육아 병행

① 부모 모두 3개월 이상 육아휴직 사용시 기존에 최대 12개월이었던 기간을 최대 18개월로 늘리고, 영아기 부모가 모두 육아휴직을 하면 기존에 3개월 동안 최대 300만원을 지원했던 것을 6개월 동안 최대 450만원으로 늘렸다. 또한 중소기업 근로자의 경우 배우자 출산휴가 급여 지원이 기존에는 5일이었던 것을 10일로 확대하였다.

② 육아휴직을 하게 됨에 따라 직장 동료들의 부담이 가중될 것을 우려하여 업무 분담시 월 20만원을 육아휴직을 하는 근로자의 동료에게 지원한다.

(4) 고립·은둔청년 지원

고립·은둔청년을 지원하기 위해 방문상담 서비스와 공동생활 경험 가족관계회복 등의 지원을 청년 320명, 그 가족 640명을 대상으로 새롭게 실시한다.

(5) 신생아 특례 대출

출산이나 입양을 한 가정에 주택 가격 9억 이하이고, 전용면적이 국민주택규모 이하라면 주택 구매시 최저 1.6%의 금리로 5억까지 대출을 받을 수 있도록 한다.

(6) 부모급여 확대

① 출산 및 양육으로 손실되는 소득까지 보장하여 생애 초기 아동이 충분한 돌봄을 받을 수 있도록 부모급여를 확대한다.

② 만 0세 아동에 대해서는 매월 100만원, 만 1세 아동에 대해서는 매월 50만원을 지급한다.

(7) 결혼·출산시 3억원까지 증여 공제

현재는 부모가 자녀에게 재산을 증여할 때 10년간 5,000만원까지 증여를 공제하나 혼인 전후로 2년씩 총 4년 내 또는 자녀 출산시 2년 이내에 부모가 자녀에게 추가로 1억원을 비과세 증여하는 것을 허용한다. 양가 모두 증여를 하는 경우 최대 3억원까지 공제혜택을 받을 수 있다.

(8) 중대범죄자 신상 공개 확대

기존의 신상 공개 대상은 살인 등 특정강력범죄, 성폭력 범죄를 저지른 자로 한정되었는데 그 대상이 중상해, 특수상해, 아동·청소년 대상 성범죄, 마약범죄 등으로 확대되며 이미 재판에 넘겨진 피고인이라도 법원의 결정이 있으면 신상공개 대상이 된다. 필요시 얼굴 강제촬영도 가능하다.

(9) 국민 마음건강 돌봄 심리상담 서비스

자살 고위험군, 우울·불안 등의 이유로 심리상담을 원하는 국민들 중 8만 명을 대상으로 국민 심리상담 서비스가 2024년 하반기 제공될 예정이다. 바우처 형식으로 회당 약 60분, 평균 8회 제공된다.

(10) 늘봄학교 전국 도입

기존에 운영하던 늘봄학교를 전국으로 확대한다. 2024년 1학기에는 2,000개 초등학교에서, 2학기에는 전국 모든 초등학교로 확대한다.

(11) 법인 업무용 승용차에 연두색 번호판 도입

취득 가액 8,000만원이 넘는 공공·민간법인의 업무용 승용차에 연두색 번호판을 부착한다. 소급적용은 하지 않으며 신규·변경 등록하는 법인 승용차부터 적용된다.

MEMO

CHAPTER
31 기타 사회이슈 키워드 정리

분 야	주요이슈	논란사항
사 회	• 학교폭력★ • 소년법 개정 논란★ • 퇴근 후 카톡금지법 • 보이스피싱★ • 범죄 피의자(흉악범) 얼굴 공개 • 원격진료 • 여가부 폐지 논란★ • 지방소멸★ • 윤창호법★ • 민식이법 • 전세사기★ • 의대 증원 논란 • 단통법 폐지 논란 • 대형마트 의무휴업일 폐지 논란	• 미성숙한 청소년기의 잘못을 문제 삼는 것은 과하다 vs 폭력의 심각성에 대한 인식 전환 계기 • 형사미성년자 연령 조정 논란(14세에서 13세로) • 워라밸과 관련하여 근로기준법 개정 필요성 논란 • 보이스피싱 사기 수법의 진화에 대비 필요 • 범죄예방효과 vs 여론에 따른 마녀사냥 • 환자의 건강(언택트 시대) vs 안전문제 발생 • 젠더갈등, 양성평등 • 저출산, 고령화, 수도권 인구 집중 • 음주운전 처벌 강화 • 어린이 보호구역에서의 운전자 책임 강화 • 주거 취약계층의 직접적 피해 방시 및 그에 대한 지원 필요 • 지방의 의료서비스 접근 기회 부족을 해소하기 위한 목적 • 통신비 인하와 통신기기 시장 왜곡 교정 목적 • 전통시장 상인들의 생존을 위해 필요한 정책 vs 효과성이 부족하고 시민들의 불편함만 초래하는 정책
경 제	• 정규직/비정규직 논란★ • 소상공인과 중소기업 지원(자영업자 대책)★ • 일자리 문제★ • 감정노동자 보호 방안 • 임금피크제	• 비정규직의 정규직화 과정에서 공정성 논란 • 지역화폐, 제로페이 논란 • 양질의 일자리 감소, 청년실업, 정년 연장과 연결 • 갑질문제(고객응대 근로자 보호 방안) • 정년 연장과 연계
환 경	• 탈원전 • 미세먼지★ • 1회 용품 문제★ • 외래종 문제 • 발암물질 • 친환경인증 제도 • 기후변화(폭염, 한파 등)	• 신재생에너지 확대(태양광 풍력발전 논란) • 중국에서의 미세먼지 유입 논란 • 비닐봉투 금지, 미세 플라스틱 문제 • 붉은 불개미 등 유입으로 생태계 교란 • 징벌적 손해배상과 연결 • 살충제 계란 파동, 안전한 먹거리, 인증제도 실효성 • 탄소중립, 온실가스 배출 최소화
기 술	• 전기차, 수소차★ • 인공지능★ • 빅데이터★ • 블록체인/가상화폐 • 핀테크	• 충전소 위치선정 및 안정성/보조금 지급 논란 • 인공지능의 윤리기준 논란/개인정보보호/일자리 감소 • 개인정보 노출 및 사생활 침해 • 투기 광풍, 세금부과 논란 • 보이스피싱 사기 대응

기술	• 자율주행차 • 드론기술	• 미래기술의 안정성 논란/일자리 감소 • 소음 및 사생활 침해 논란
정치· 행정· 외교	• 재난관리(지진, 대형산불, 코로나 등)★ • 비정규직 안전사고★ • 지방분권★ • 행정수도 이전★ • 공공기관 채용 비리 • 가짜뉴스 • 규제개혁(규제 프리존)★ • 공익신고 • 개인정보보호★ • 대체복무, 여성징병제 논란★ • 국고보조금 부정수급 문제 • 위안부 문제, 일제 강제징용 배상판결 • 난민문제	• 재난문자 폭증, 재난문자 지연 • 중대재해처벌법과 연계 • 메가시티/지방소멸과 연결 • 지역균형발전 vs 서울이 수도 • 블라인드 채용 확대, 지역인재할당제 역차별 논란 • 악의적 오보 vs 표현의 자유. 징벌적 손해배상 논란 • 산업발전을 위해 필요 vs 안전관련 규제 강화 • 공익신고자 보호 미비 • 데이터 활용 vs 가명정보 도입 • 양심적·종교적 병역거부, 체육인 병역정책 • 여성의 군복무 논란, 군복무 가산점 • 사립유치원 비리, 실업수당 부정수급 등 • 한일 외교갈등 • 난민수용논란, 세금지원문제, 범죄 우려
복 지	• 삶의 질★ • 보편적/선별적 복지 논란★ • 부모수당/영아수당/아동수당 • 복지사각지대 • 기초생활보장 부양의무자 기준 폐지	• 워라밸, 근로시간단축, 소확행, 극단선택 문제 • 재난지원금 보편 지급 vs 피해업종 집중 지원 • 보편적 복지로 저출산 문제해결책으로 제시 • 취약계층의 비극 해결을 위한 사회안전망 확보 • 빈곤 사각지대 해소 vs 부정수급 양산 및 재정 부담 논란

MEMO

2024
스티마 면접
지방직(공통편)

03

지방자치 이해하기

CHAPTER

01 지방자치 및 지방분권

1 지방자치

1. 의 의

일정한 지역을 기초로 하는 지방자치단체가 중앙정부로부터 상대적인 자율성을 가지고 그 지방의 행정사무를 자치기관을 통하여 자율적으로 처리하는 활동과정이다.

2. 지방자치의 구성요소 ★★★

(1) 지 역

국가의 영토와 같은 것이다.

(2) 지방자치단체와 주민

국가에서 국민과 같은 의미이다.

(3) 자치권

국가의 주권에 해당한다.

(4) 자치기관

지방자치단체는 주민의 의사를 표현하고 실현할 기구를 필요로 하게 되는데 이것이 자치기관이다. 여기에는 지방의회와 자치단체장, 공무원 조직 등이 해당된다.

(5) 자치사무

지방자치를 통하여 주민들이 실현하고자 하는 일들을 말한다. 여기에는 의식주의 기본욕구 충족을 위한 일에서부터 자녀교육, 문화·예술, 환경보존을 위한 일에 이르기까지 매우 다양한 내용이 포함된다.

(6) 자치재원

자치사무를 처리하는 데 필요한 비용으로써 지방세가 여기에 해당된다.

3. 지방자치의 역사

(1) 1960년 4.19 혁명 이후 지방자치 전면 실시 후 박정희 정권에서 중단되었다.

(2) 1991년 지방의회를 통해 부활되었다.

(3) 1995년 4대 지방선거(기초의회, 광역의회, 기초단체장, 광역단체장)에 의하여 지방자치 시대가 도래하였다.

(4) 현재는 민선8기로 임기는 2022년 7월 1일~2026년 6월 30일까지이다.

1. 조 례
   ① 조례는 지방의회의 의결로써 제정하는 자치입법의 한 형식이다.
   ② 자치조례는 지방자치단체가 처리해야 하는 고유한 사무에 대하여 법령의 직접적이고 개별적인 근거가 없더라도 스스로의 판단에 따라 제정하는 조례를 말한다.
   ③ 위임조례는 법률 또는 대통령령·부령 등 법령에서 조례 제정의 근거를 두고 있어 이에 따라 제정하는 조례를 말한다.
2. 규 칙
   규칙이란 지방자치단체의 장이 자신이 사무를 수행하는 데 있어서 필요한 사항을 규정한 자치입법의 한 형식이다.

4. 지방자치의 장점

(1) 권위적인 관료주의 행정문화가 주민 중심의 서비스로 전환

(2) 행정의 접근성과 투명성 향상

(3) 주민 밀착형 행정서비스 실현 가능

(4) 각종 행정 만족도 조사를 통해 지역 주민의 평가가 자치행정의 방향설정에 반영될 수 있는 환경 조성

(5) 획일적이며 상명하달식 행정에서 지역의 특성과 주민의 의견을 중시하는 자율적이고 자주적인 방향제시 가능

(6) 주민참여를 기반으로 하는 주민참여예산제 등 실현 가능

(7) 경쟁성과 창의성 제고, 다원적 사회 형성

5. 지방자치의 단점

(1) 선거를 의식한 단체장의 선심성 사업 증가 가능성, 님비 현상, 지역이기주의로 인한 기능 마비

(2) 지자체 간 경쟁적 대형사업 추진으로 지방재정 악화 및 중앙정부 재정의존도 심화

(3) 지자체의 과세자주권 제한 및 국세 편중의 세수구조

(4) 재원 마련 없는 기능의 지방이양, 중앙정부의 일방적 정책 시행으로 지방재정 악화
   ◑ 국가사무 : 지방사무＝70% : 30% 수준으로 국가사무의 상당부분이 지방으로 이양

(5) 한정된 중앙정부의 재원을 두고 지방자치단체 간 경쟁 심화

(6) 규모의 경제 실현 불가, 분배·경제시책의 실패

(7) 위기대응능력의 저하

✓ PLUS

지자체 자율권은 늘리지만 조직확대권은 불가
1. 행정안전부는 "지자체에 조직 편성권을 주게 되면 단체장이 인기에 영합해 본부나 실·국을 늘리게 되고 이렇게 되면 자연스럽게 고위직이 늘어나게 된다"며 "총액인건비 내에서 지자체가 공무원 정원 등을 자율적으로 시행하고 있지만 결정권 부여가 과장급 이하 직급만 가능하고 고위 직급에 대해서는 법률에 따라야 한다"고 규정하였다.
2. "고위직을 늘리고 싶은 지자체들의 수요가 많은 상황을 이해 못하는 것은 아니지만 우후죽순 격으로 고위직을 늘릴 경우 예산 및 행정 비효율을 초래할 수 있다"고 문제 제기를 하였다.
   ◑ 지방자치 활성화와 연결하여 조직확대권 부여에 대한 생각은 무엇인지 정리해 둘 필요가 있다.

6. 기출질문

기출연도	기출지역	기출질문
2020	충 남	Q. 지방자치를 활성화하기 위해 무엇을 할 수 있는가? Q. 지방자치의 장단점은 무엇인가?
	충 북	Q. 지방자치를 지금 당장 해야 한다는 주장도 있고 하지 말아야 한다는 주장도 있는데 어떻게 생각하는가?
	수 원	Q. 주민자치를 어떻게 활성화시킬 수 있는가? └[추가질문] 누구는 참여하고 누구는 참여하지 않는 것은 어떻게 할 것인가?
	남양주	Q. 중앙정부와 지방정부의 역할
2021	경 북	Q. 지방자치제도의 의의 Q. 시의회와 시청이 하는 일
	광 주	Q. 지방자치제란 무엇이며 지방자치단체의 뜻은 무엇인가?
	대 전	Q. 지방자치가 직면할 수 있는 어려운 점은 무엇이고 해결할 수 있는 방안은 무엇인가? Q. 규칙을 만드는 주체는 누구인가?
2022	전 남	Q. 기초지자체의 의미와 전남의 기초지자체 수
	순 천	Q. 순천시 기초의원 수
	충 남	Q. 지방자치 중 주민이 참여하여 이끌어 가는 것은?
	충 북	Q. 지방을 구성하는 요소와 지방의회의 역할은? Q. 지방자치의 장단점
	충남·충북	Q. 지방자치가 중요한 이유와 활성화 방안은?
	전 북	Q. 지방자치단체란 무엇이며 지자체 구성요소는 무엇인가?
2023	대전·광주·세종	Q. 지방의회와 지자체의 차이
	대 전	Q. 지방행정과 지방자치의 차이 Q. 조세를 제외한 지방재정의 수입원 Q. 지방의회의 역할 Q. 국가와 지방자치단체의 행정 업무 차이 Q. 지방법률 개정으로 지방도 자의적으로 정부형태를 바꿀 수 있게 되었다. 어째서 이렇게 바뀌었는가? 바뀐 것으로 인해 벌어질 영향은? Q. 지방교부세와 조정교부금의 차이 Q. 지방재원의 종류 Q. 지방세관계법이란 무엇이며 지방세기본법, 지방세징수법에 대해 설명하시오. Q. 지방자치에 주민을 참여시키는 추세인데 그런 제도와 관련하여 아는 것이 있는가?
	세 종	Q. 지방세는 총 몇 개인가? 그중 신고세목은?
	영 광	Q. 법률과 자치법규의 차이는?
	보 성	Q. 법령과 조례, 규칙에 대해 설명하시오.
	전 남	Q. 지방자치단체 구성요소 3가지

2 지방분권(자치분권)

POINT 각 지자체에서 지방분권을 요구하는 이유는 무엇이며 지방분권 강화시 어떤 변화가 오는지 알아야 한다.

1. 의 미

(1) 분권이란 한자로는 나눌 분(分), 권세 권(權)으로 권한을 나눈다는 뜻이며 지방분권은 중앙정부에 집중되어 있는 권한을 지방정부와 나누고 그 권한을 지방 스스로 결정하는 것이다.

(2) 자치분권은 국가와 지방자치단체의 권한과 책임을 합리적으로 배분해 국가와 지방자치단체의 기능이 서로 조화를 이루고 지방자치단체의 정책결정과 집행과정에 주민의 직접적 참여를 확대하는 것을 의미한다.

(3) 저출산·고령사회에 직면하면서 지방인구는 점점 줄어들고 있다. 지방인구의 감소에도 국토면적의 11.7%에 불과한 수도권은 전체인구의 50.8%를 차지하고 있다.

(4) 수도권과 지역의 불균형이 심화되고 있지만 중앙정부 중심의 공공서비스는 전국에 획일적인 기준과 지침에 따라 적용되고 있다. 지역여건에 맞는 맞춤형 치안·복지·의료 서비스 제공이 어렵고, 주민의 다양하고 차별화된 요구에 충족하기도 쉽지 않다.

(5) 이러한 청년실업, 수도권 집중, 성장동력 창출 등 국가·사회적 현안을 지방과 수도권이 힘을 모아 해결하기 위한 발전전략이 자치분권이다. 주민이 스스로 자신의 삶을 바꾸는 주민주권을 실현하는 것이 자치분권이다.

2. 우리나라 지방분권의 수준

(1) 자치사무 분야

국가사무와 지방사무 비율은 7 대 3 수준으로 국가사무가 압도적으로 많으며 지방정부는 고유사무 외에도 중앙정부가 위임한 사무(기관위임사무, 단체위임사무)를 처리하고 있다.

(2) 자치재정 분야

국세와 지방세의 비율이 77 대 23 수준으로 지방세 비율이 매우 낮은 반면 세출비중은 4 대 6 수준으로 지방의 지출비용이 훨씬 많고 중앙정부에 대한 의존도가 매우 높다.

(3) 자치입법 분야

지방정부는 조례를 제정할 수 있으나 '법령의 범위 안에서'만 조례제정권을 허용하여 지역실정에 부합하는 개별적·창의적 조례를 만들 수 없다.

(4) 자치조직 분야

지방정부는 지방의 행정기구와 지방공무원을 둘 수 있지만 행정기구의 설치와 지방공무원 정원 등은 대통령령(지방자치단체의 행정기구와 정원기준 등에 관한 규정)에 따라야 하므로 자율권이 없다.

(5) 주민자치 분야

간접 주민발의제(조례제정·개정·폐지 청구제), 주민투표제, 주민감사청구제, 주민소송제, 주민소환제, 주민참여예산제 등의 제도들이 시행되고 있으나 요건이 까다로워 운영실적이 저조하다.

(6) 특별자치도

현재 제주(2006년, 단층형), 강원(2023년, 다층형), 전북(2024년, 다층형)이 특별자치도로 지정되어 있으며 다른 지자체에 비해 도정의 자율권이 크고 중앙정부의 간섭권이 제한된다.

> **✎ Check point**
>
> **국세와 지방세의 차이**
>
> **1. 정 의**
> ① 국 세
> 　국민전체의 이익을 위해 사용되고 국민전체로부터 징수하는 세금
> ② 지방세
> 　지역주민의 이익 및 지역발전을 위해 사용되며 지역 주민들로부터 징수하는 세금
>
> **2. 과세권**
> 국세는 과세주체가 국가이기 때문에 과세권이 국가에 있다. 반면 지방세는 과세권의 주체가 지자체이다.
>
> **3. 과세대상 및 목적**
> 국세는 국가의 업무수행 및 행정서비스 등의 경비를 충당하기 위해 국민 또는 사업주체에 징수하며, 지방세는 지방자치단체가 지방의 재정수입을 충당하기 위해 관할 구역 내 주민과 사업주체에 징수한다.

---

3. 자치분권 사전협의 제도

(1) 도입배경

① 법령 제·개정시 중앙행정기관 중심의 사무 배분(신설·변경·폐지)으로 지방자치단체로의 행·재정 부담 전가 및 권한·책임을 둘러싼 사후적 분쟁 발생
② 중앙행정기관 소관 제·개정 법령에 대해 사무배분 적정성 및 지방자치권 침해 여부 등을 사전 검토하는 '자치분권 사전협의' 도입·시행

(2) 주요 내용 및 절차

① **협의요청**: 법령을 제·개정하는 중앙행정기관의 장은 입법예고를 할 때 자치분권 사전협의 요청서를 작성하여 행정안전부장관에게 제출
② **법안검토**: 제·개정 법령의 지방자치권 침해 여부 등을 검토하고 지방자치단체와 4대 협의체 및 자문단 등 의견을 수렴하여 검토의견 통보
③ **추가협의**: 제·개정 법령의 입법적 개선이 필요한 경우 행정안전부장관은 해당 기관에 개선권고 의견 제시, 해당 기관장은 수용 여부를 결정하여 회신
④ **결과통보**: 추가협의 결과를 바탕으로 최종 검토의견 확정 및 통보

4. 지방분권의 필요성

(1) 오늘날 국경 없는 무한경쟁시대를 맞이하여 지방정부는 세계도시와 경쟁을 해야 하므로 지방정부가 다양한 지역적 강점을 살려 경쟁력을 키워나갈 수 있도록 자주적 결정·집행권이 필요하다.

(2) 행정수요가 다양한 현대사회에 국가주도형 운영방식은 주민의 특수하고 개별적인 행정수요에 능동적으로 대응하지 못하고 오히려 지방의 다양성과 자율적·창의적 발전을 저해하고 있다.

(3) 국민소득 3만불 시대에 더 큰 대한민국을 만들기 위해서는 지방분권을 통해 지역의 경쟁력을 키워나가고 시민 생활과 밀접한 안전과 환경·복지 문제는 지방정부가 담당할 수 있도록 하여 시민들에게 신속하고 질 높은 서비스의 제공이 필요하다.

5. 자치분권 6대 추진전략

(1) 주민주권 구현

자치단체의 정책과정에 주민참여를 확대해 지방자치의 민주성과 주민에 대한 책임성을 강화한다. 대의민주주의의 한계를 극복하기 위해 숙의 기반의 주민참여 방식을 도입한다. 주민이 자발적으로 지역현안과 지역문제를 해결할 수 있도록 주민자치회의 대표성을 높인다. 주민이 지방의회에 직접 조례 제정과 개폐를 청구할 수 있도록 제도를 개선한다.

(2) 중앙권한의 획기적 지방이양

지역 특성을 반영한 창의적 자치를 실현하기 위해 국가·지방 간 권한을 합리적으로 배분한다. 합리적 권한 배분을 위해 중앙과 지방사무의 명확한 구분 기준을 마련한다. 중앙의 권한은 기능중심으로 자치단체에 이양한다. 자치권 침해를 막기 위해 자치분권 법령 사전협의제를 도입한다. 자치경찰제를 도입하여 질 높은 민생치안 서비스를 제공한다. 유·초·중등 교육 권한을 시·도 교육청과 학교로 단계적으로 이양한다.

(3) 재정분권의 강력한 추진

국세와 지방세의 비율을 현행의 8:2에서 7:3으로 장기적으로는 6:4까지 개편한다. 지방세입 확충기반을 강화한다. 고향사랑기부제를 도입하고 국고보조사업을 개편한다. 자치단체 간 재정격차를 줄이고 균형발전을 위해 지방교부세의 형평 기능을 높인다.

(4) 중앙-지방 및 자치단체 간의 협력 강화

중앙정부와 자치단체 간 소통과 협력이 정립될 수 있도록 협력기구를 구성한다. 제주특별자치도와 세종특별자치시의 분권 모델을 강화한다.

(5) 자치단체의 자율성과 책임성 확대

지방의회의 의정활동과 집행부 견제 기능을 강화한다. 행정수요에 신속히 대응할 수 있도록 지방조직의 자율성과 탄력성을 확대한다. 지방자체단체의 특성에 맞는 인사제도의 자율성을 강화한다. 지방공무원의 전문성과 주민서비스 품질을 높인다. 자치단체 재정운영의 자율성을 높인다.

(6) 지방행정체제 개편과 지방선거제도 개선

시대변화에 맞는 자치단체의 행정체계 개편을 추진한다. 선거구제, 정당공천제, 비례대표제, 교육감 선거제도 등 지방선거제도 개편을 국회와 협력을 통해 추진한다.

> ✅ **PLUS**

고향세(고향사랑기부금제도)

🔁 전직렬에 걸쳐 중요하므로 알아두어야 한다.

1. 배 경

① 정부에서는 지방분권 강화를 강력한 의지를 가지고 추진하고 있으며 특히 지방분권과 관련한 국정과제로 '고향사랑기부제'를 선정하였다.

② 일본에서는 지역 간 재정격차 완화 및 지방재정확충 등을 이유로 2008년 기부금 방식의 고향세를 도입하여 운영하고 있다.

③ 우리나라의 고향세제도 도입 논의도 일본의 선례를 따른 것으로 파악되고 있으며 주요 대안에서 이를 기준으로 제도 설계 대안을 설정하고 있다. 그런데 일본의 고향납세제도와 관련하여 다양한 평가가 존재한다. 특히 기부금을 중심으로 운영상의 문제점 등이 제시되고 있다.

2. 고향세의 의의

① 누구나 자신의 거주지 이외의 지자체에 기부하면 지자체가 기부자에게 세액공제 혜택과 지역특산품 등을 답례품으로 제공하는 제도이다. 최근 급격히 인구가 유출되는 지자체에 새로운 재원 확보의 통로와 산업 활성화의 기회를 제공해 국가 균형발전의 토대를 마련하고자 도입됐다.

🔁 답례품은 기부액의 30%, 최대 100만원 범위에서 제공된다.

② 고향세는 자신의 주소지 이외의 지자체(광역 또는 기초)에 기부할 수 있다. 서울 중구에 거주하는 도시민의 경우 서울특별시와 중구에는 기부할 수 없다.

③ 세액공제 혜택은 기부액 10만원까지는 전액, 10만원 초과분은 16.5% 공제된다. 만약 10만원을 기부하면 최대 3만원 상당의 답례품과 연말정산 때 10만원의 세액공제를 받을 수 있다. 100만원을 기부하면 세액공제는 기본 10만원에 나머지 90만원의 16.5%인 14만8500원을 더해 총 24만8500원을 받는다. 동시에 최대 30만원 수준의 답례품도 받을 수 있다.

3. 문제점 및 부작용 대응

① 고향세법은 건전한 기부문화를 조성하기 위해 모금방법을 제한하고 기금을 투명하게 관리할 장치를 뒀다. 모금단계에서 공무원이 타인에게 모금을 강요하면 3년 이하의 징역 또는 3,000만원 이하의 벌금형을 받을 수 있다.

② 지자체의 모금 위법행위에 대한 일반인의 공익신고도 가능하도록 했다. 모금방법도 광고매체 등 정해진 범위에서만 가능하고, 가구별 방문이나 향우회·동창회 등을 동원한 방법은 금지된다. 지자체가 고향세를 부당하게 모집한 경우 기부금을 반환하고 위반사실을 공표해야 한다.

4. 기대효과

① 지자체마다 매력 있는 답례품 제공을 고민하면서 지역특산품과 관련한 새로운 시장이 창출되어 지역경제에 효자 노릇을 할 전망이다. 기부금의 30%는 답례품으로 제공할 수 있으므로 한 지자체에 100억원의 기부금이 접수되면 약 30억원의 답례품시장이 형성될 수 있다. 지방재정 확충 효과도 기대된다.

② 특히 도시로의 인구 유출이 많은 지역일수록 출향민이 많아 기부금 확보에 유리할 전망이다. 고향세 기금은 지역의 취약계층 지원 및 청소년 육성, 지역주민의 문화·예술·보건 증진 등에 쓰도록 명시돼 있어 지역사회 전반에 활기를 불어넣을 것으로 보인다.

6. 재정분권

(1) 재정분권 추진에 따라 국세인 부가가치세 일부가 지방소비세로 이양되어 지방소비세율이 기존 11%에서 25.3%로 인상
- ➡ 기존 11% ⇨ 2019년 15% ⇨ 2020년 21% ⇨ 2022년 23.7% ⇨ 2023년 25.3%

(2) 이를 통해 국민의 세부담 증가 없이 재원이 중앙에서 지방으로 이전되어 획기적인 지방재정 확충

🖉 Check point

자치분권 기반의 주요 정책(경기도 사례)
1. 재난기본소득 및 청년기본소득 지급
2. 산후조리비 지원
3. 학교교복지원사업
4. 청년면접수당 지급
5. 응급의료전용헬기 운영
6. 버스준공영제 시행
7. 대학생 등록금 반값 지원 [안산시]
8. 공간공유 플랫폼 '시소' 운영 [시흥시]
9. 지역화폐
10. 생활안전보험 및 자전거 보험 가입

MEMO

진정한 지방시대 구현을 위한 지방재정 운용방향 수립 - 행정안전부 보도자료(2023. 9. 22)

1. 개 요

행정안전부는 9월 22일(금) 부산 BPEX에서 행정안전부 장관 주재로 「2023 지방재정전략회의」를 개최하고 전국 지방자치단체와 함께 '진정한 지방시대 구현을 위한 지방재정 운용방향'을 논의하였다.

2. 주요내용

① 입지거부·과잉투자를 해소하기 위해 ㉠ 공동협력특별교부세 도입 추진, ㉡ 중앙투자심사 기준 완화, ㉢ 보통교부세 추가 지원 등을 통해 지자체 간 공동·협력을 촉진해 나갈 계획이다.

② 특히 2개 이상 지자체가 함께 공동·협력사업을 추진하는 경우 특별교부세로 사업비를 과감히 지원하고, 중앙투자심사 기준 적용을 완화하는 한편 폐기물처리시설 등 부정적 외부효과가 큰 시설을 유치하는 지자체는 추가적인 재정지원을 위하여 보통교부세 배분기준을 개편하는 방안도 추진될 예정이다.

③ 지자체가 지방세입 감소에 적극 대응할 수 있도록 '통합재정안정화기금'의 사용가능 비율 제한을 단계적으로 자율화한다. 현재는 기금의 일정 비율(60% 수준)만 사용할 수 있어 지방세입이 감소하는 경우에도 가용재원을 충분히 활용하기 어려웠으나 앞으로는 조례로 사용가능 비율을 70~90%까지 상향 조정하고 장기적으로 「지방기금법」 개정을 통해 상한을 폐지한다.

④ 지자체가 지방채를 탄력적으로 활용할 수 있도록 지방채 발행 대상 제한을 폐지하고 '포괄지방채' 발행을 허용한다. 현재는 재정투자사업 등을 대상으로만 지방채 발행이 가능하고, 인건비 등 경상경비에 사용할 목적으로는 발행할 수 없었으나 앞으로는 국채와 동일하게 이와 같은 제한을 폐지해 모든 사업에 활용할 수 있게 한다. 다만 보증채무 등 향후 지방채무로 전환될 수 있는 우발채무는 집중 모니터링을 실시하는 등 체계적으로 관리해 재정위험을 최소화한다.

⑤ 지자체가 지역 문제 해결에 지방세를 전략적으로 활용할 수 있도록 '지방세 조례 감면'을 자율화한다. 현재는 일부 사업에 대해서만 예외적으로 지방세 감면이 가능했으나 앞으로는 모든 자치사무에 대해 지방세 감면이 가능하도록 하고 지방세 감면을 가로막던 지방교부세 페널티도 폐지해 조례에 근거한 지방세 감면 자율성을 높인다.

7. 기출질문

Q. 지방분권이란? [2020 충남, 2021 전남]

Q. 지방분권이란? 지방분권을 하려면 어떤 요소가 있어야 하나? [2021 전남]

　　◉ 지방분권에서 중요한 요소는 예산권·인사권·자치권이다.

Q. 조세를 제외한 지방재정의 수입원은? [2023 대전]

Q. 국가와 지방자치단체의 행정 업무 차이는? [2023 대전]

Q. 지방법률 개정으로 지방도 자의적으로 정부형태를 바꿀 수 있게 되었다. 어째서 이렇게 바뀌었는가? 바뀐 것으로 인해 벌어질 영향은? [2023 대전]

Q. 지방교부세와 조정교부금의 차이는? [2023 대전]

Q. 지방재원의 종류는? [2023 대전]

Q. 지방세관계법이란? 지방세기본법 및 지방세징수법에 대해 설명하시오. [2023 대전]

Q. 지방세는 총 몇 개인가? 그중 신고세목은? [2023 세종]

Q. 지방자치단체 구성요소 3가지는? [2023 전남]

3 **자치경찰제**(2021년 7월 1일부터 전국 시행)

1. 자치경찰의 의의

(1) 자치경찰은 국가경찰과 별개로 지역 주민 곁에서 친근하고 든든한 치안서비스를 제공하는 경찰이다. 자치경찰제가 시행되면 지역실정에 밝은 자치경찰이 지역별 치안여건과 주민요구에 부응하는 활동을 벌이게 된다. 치안서비스의 질과 효율성이 높아질 것으로 기대되고 있다.

(2) 2021년 7월부터 자치경찰제가 전면 시행되었다.

➔ 주민 생활안전, 교통, 경비 관련 영역이 자치경찰의 역할이다. 세부 자치경찰의 사무 범위는 지자체 조례를 통해 정한다.

2. 자치경찰제 도입에 따른 치안서비스 변화

(1) 자치경찰의 사무

① 지역 내 주민의 생활안전에 관한 사무
② 지역 내 교통활동에 관한 사무
③ 지역 내 다중운집 행사 관련 혼잡 교통 및 안전 관리
④ 학교폭력 등 소년범죄, 가정폭력, 아동학대 범죄, 교통사고 및 교통 관련 범죄, 경범죄 및 기초질서 관련 범죄, 가출인 및 실종아동 등 관련 수색 및 범죄에 대한 수사사무

(2) 국가경찰의 사무

① 정보 보안 외사·경비와 112상황실 운영
② 수사(광역범죄 국익범죄 일반형사 등)
③ 범죄피해자 보호
④ 공공안녕에 대한 위험의 예방과 대응을 위한 정보의 수집·작성 및 배포
⑤ 민생치안사무 중 전국적 규모나 통일적인 처리를 필요로 하는 사무(협약으로 규정) 및 순찰대

(3) 제주특별자치도 자치도 자치경찰 사무

① 지역 내 주민의 생활안전에 관한 사무
② 지역 내 교통활동에 관한 사무
③ 지역 내 다중운집 행사 관련 혼잡 교통 및 안전 관리
④ 학교폭력 등 소년범죄, 가정폭력, 아동학대 범죄, 교통사고 및 교통 관련 범죄, 경범죄 및 기초질서 관련 범죄, 가출인 및 실종아동 등 관련 수색 및 범죄에 대한 수사사무
⑤ 자치경찰공무원의 직무로 규정하고 있는 사법경찰관리의 직무
⑥ 통고처분 불이행자 등에 대한 즉결심판 청구 사무

(4) 치안서비스 변화

① 자치경찰 도입 후에도 국민은 현행과 같이 112로 범죄 신고(국가-자치경찰 간 협업을 통해 신속대응)
② 자치경찰이 자치경찰사무에 대해 1차 대응하고 국가경찰이 보완함으로써 치안 안전망을 더 촘촘하게 구축

3. 자치경찰제 기대효과

(1) 자치경찰제가 도입되면 치안행정과 지방행정 간 연계, 교통·방범시설 개선 등 자치단체와 자치경찰의 결합을 통해 치안서비스의 질 향상으로 인한 안전에 대한 체감도 향상

(2) 지방자치단체 소속으로 운영돼 자치단체의 행정력과 자치경찰의 치안역량이 결합되어 행정서비스 효과 제고, 치안시책 수립·집행시간 단축

(3) 학교폭력, 치매노인 실종, 자살위험 신고 등 상황 발생시 사건 처리와 피해자에 대한 복지행정과 연계된 지원서비스가 동시에 진행 가능

(4) 신호등·CCTV·가로등 설치 등 자치단체의 교통안전시설과 자치경찰의 범죄예방시설을 상호 유기적으로 연계해 운영함으로써 치안서비스의 질을 높이고 관련 시설·장비를 신속하게 보완·개선하는데 도움

(5) 관광지·신도시·농어촌 등 지역적 특색에 맞는 창의적이고 자율적인 치안정책들이 실현

(6) 자치경찰이 운영되면 지역주민의 의견 반영이 활성화, 예산 운영 효율성 증가로 지방자치의 완성도와 자치단체의 종합행정력이 높아짐

(7) 자치단체별로 자치경찰 운영에 대한 주민들의 의견 개진, 요구사항 반영 등도 활성화되어 주민의 눈높이와 지역별 특성에 맞는 맞춤형 치안서비스를 제공 가능

> **⊗ PLUS**
>
> Q. 자치경찰제 도입 이유는?
> Q. 자치경찰제 시행을 하면서 경찰과 지자체 갈등이 있다. 갈등을 어떻게 해결해야 할까?

4 지방자치 활성화 방안

⊗ POINT 대구 집단토론, 충북·충남 개별질문으로 기출되었다.

1. 주민주권 구현 필요

(1) 주민이 지역사회의 주인으로 참여할 수 있도록 주민의 대표기구인 주민자치회를 활성화하고 주민 직접 참여제도를 확대하여 자치분권의 최종 지향점인 주민참여권을 대폭 강화

○○동은 도·농 복합지역으로 개발이 더디고 자연부락은 주거환경이 취약해 인구가 급격히 유출되는 지역이 되자 주민자치회는 마을을 되살리기 위해 다음과 같은 '마을발전계획'을 의결하였다.
① 쓰레기 투기 등으로 통행을 꺼리고 우범지대화 된 지하보도에 '벽화그리기 사업' 추진
② 지역 농산물 판매 촉진을 위해 로컬협동조합 설립 추진
③ 저소득층 노인을 위해 ㅁㅁ의료기기산업협회와 공동으로 '시니어 건강 프로젝트사업'을 추진, 건강검진을 실시하고 혈당측정기 및 저주파 치료기를 무상 지급
④ 어르신들이 무더위 폭염 노출로 건강이 위협받지 않도록 순찰단을 편성하여 독거노인 가정을 방문·점검
⑤ 젊은 인구 유입을 위한 "육아 사랑방", "품앗이 육아" 등 공동체 돌봄 사업 추진

---

(2) 주민이 직접 조례의 제·개정 및 폐지(안)을 지방의회에 제출토록 하고 청구요건도 완화

① 18세 이상의 주민으로서 해당 지방자치단체의 관할 구역에 주민등록이 되어 있는 사람 등은 지방의회에 조례를 제정하거나 개정·폐지할 것을 청구할 수 있도록 함

② 주민조례발안법 ⇨ 주민조례청구 요건(안 제5조)

조례를 제정하거나 개정·폐지하여 줄 것을 청구하는 경우 특별시와 인구 800만 이상의 광역시나 도의 경우 해당 지방자치단체의 18세 이상 주민인 청구권자 총수의 200분의 1, 인구 800만 미만의 광역시 등은 청구권자 총수의 150분의 1, 인구 50만 이상 100만 미만의 시·군 및 자치구는 청구권자 총수의 100분의 1 이내에서 해당 지방자치단체의 조례로 정하는 청구권자 수 이상이 연대 서명하도록 하여 청구요건을 대폭 완화

> ○○군에서 사과 농사를 짓는 A씨는 작년 인근 농가가 수확한 사과에서 농약이 다량 검출됐다는 사실이 언론에 대대적으로 보도되면서 ○○군에서 생산된 사과는 농약 사과라는 낙인이 찍혀 판매에 애로를 겪고 있었다. A씨는 소비자의 인식을 바꾸기 위해서는 공인기관의 검증이 필요하다고 판단하여 주민들과 함께 '○○군 사과 생산 및 유통에 관한 조례'를 발의했다. 사과농가의 사정을 알고 있는 군의회에서 조례는 신속히 통과되었다. 검사비용을 지원받아 안전함을 인증받은 ○○군의 사과는 잔류농약에 대한 불신을 해소함으로써 정상적인 유통이 가능하게 되었다.

(3) 주민참여예산도 적용대상을 현재의 예산편성 과정에서 주요사업 및 예산의 집행·평가 등 전체 예산과정으로 확대하여 주민참여를 활성화

2. 중앙권한의 획기적인 지방 이양

(1) 지방이양일괄법을 제정하고 기능 중심의 포괄적인 지방이양을 통해 지방의 실질적인 권한을 확대

> 경찰청 사무인 횡단보도·보행자 전용도로 설치, 주차금지 장소 지정, 서행 또는 일시정지 장소 지정 권한이 지방이양일괄법 제정을 통해 특·광역시와 시·군으로 이양된다. 이를 통해 도로 유지관리는 지방자치단체, 교통안전 관리는 경찰청 사무로 이원화되어 발생되던 비효율성 문제가 해소될 것으로 예상된다. 또한 지역주민의 안전 및 복리를 1차적으로 책임지고 있는 자치단체가 지역특색과 주민의견을 고려하여 교통안전 정책을 추진할 수 있게 된다.

(2) 국가-자치사무의 배분원칙과 기준을 명확하게 하고 법령 제·개정시 자치분권 법령 사전협의제도를 도입

> ○○부는 자치단체가 수행해야 할 △△영향평가의 범위를 늘리고자 소관 법률을 개정하였다. 그 과정에서 사무배분 검토지침에 따라 사전평가를 실시하고 자치단체의 의견 수렴 및 재정지원 방안에 대한 협의도 추진하였다. 통상 자치단체에 부담을 주게되는 법령은 개정 이후에도 자치단체의 반발이 심했으나 사전협의제를 통해 정책추진에 탄력이 붙게 되었고 국회 입법절차 과정에서도 별다른 문제점 없이 적시에 추진할 수 있게 되었다.

3. 재정분권의 강력한 추진 필요

(1) 국세:지방세의 비율을 현재 70:30에서 60:40까지 지속적으로 확대

(2) 저출생·고령화 등으로 인한 지방재정 악화 문제를 보완하고 고향에 대한 건전한 기부문화를 조성하기 위해 고향사랑 기부제를 도입(거주하는 지역과 고향이 다른 개인이 고향에 일정액을 기부하면 기부금액의 일부에 대해서 세액공제 등의 혜택을 부여)

(3) 국고보조사업의 합리적 개편을 통해 국가적 사업은 중앙이, 지역적 사업은 지방이 수행하도록 체계 구축
   ① 지역상생발전기금을 확대·개편하여 지역 간 재정격차를 해소하고 지역이 고루 발전할 수 있도록 균형장치를 마련
   ② 출연재원을 다양화하는 등 규모를 확대하고 지역상생을 위한 모범적 모델로 정착될 수 있도록 배분 기준을 개선하며 균형장치를 강화

4. 중앙-지방 및 자치단체 간의 협력 강화

중앙과 지방 간 소통과 협력을 강화하여 동반자적 관계를 구축하고 자치단체 간 다양한 방식의 협력이 활성화되도록 제도개선과 행정 및 재정 지원

🔵 지자체의 광역행정이 중요해지고 있다. ★★★

○○시와 △△시는 상호 간 사무위탁을 통해 효율적으로 공동사용시설을 운영하기로 하였다. 쓰레기매립장은 ○○시에, 쓰레기소각장은 △△시에 각각 설치하여 공동이용하게 된다. 이로써 혐오시설 설치에 따른 해당 지역 주민의 갈등을 축소시키고, 운영 예산을 절감하는 효과를 거둘 것으로 예상된다. 뿐만 아니라 이와 같은 자치단체 간 협력을 통해 다양한 행·재정 지원까지 받게 되어 지역 주민들로부터 큰 호응을 얻게 되었다.

MEMO

5. 자치단체의 자율성과 책임성 확대 필요

(1) 자치단체의 조직, 인사, 재정 자율성 대폭 확대

(2) 지방의회 인사권 독립 및 의정활동 정보공개 ⇨ 지방의회 사무처의 인력 규모 등을 고려하여 직원에 대한 인사권을 지방의회로 이양하는 등 의회운영의 자율성을 확대하며 의정활동 정보공개를 통해 지방의회의 투명성과 책임성을 강화

(3) 주민이 자치단체 형태 선택 가능 ⇨ 앞으로는 주민투표를 통해 자치단체 형태를 주민이 선택할 수 있도록 개선

> ○○군은 인구가 소규모인 지역으로, 집행부의 단체장인 군수와 의회 내 다수를 차지하는 군 의원들의 당 소속이 번번이 달라 양 기관 사이의 갈등이 잦았다. 이에 군민들은 이와 같은 문제점을 극복하고 원활한 군정 운영이 이루어지도록 주민투표를 통해 자치단체 형태 중 '위원회형'을 도입하기로 결정하였다. 이를 통해 군 행정이 안정적으로 수행될 것으로 기대된다.
> ❯ 위원회형이란 주민직선 위원들로 의회를 구성, 각 위원이 집행부서의 국·과를 담당하는 형태로서 위원회는 집행기관과 의결기관의 역할을 동시 수행

◈ PLUS

Q. 지방자치를 활성화하기 위해서는 어떤 것이 필요한가?
Q. 주민참여를 확대할 수 있는 방안이 있다면 무엇인가?
Q. 주민참여예산제도에 대해 알고 있는가?

CHAPTER

02 지방의회

✔ **POINT** 지방직에서는 자주 묻는 질문이다. 지방의회의 역할, 장단점, 자치법규 입법절차 등에 대해 정리해 두어야 한다.

1 지방의회의 지위

① 주민대표기관으로서의 지위: 주민에 의해 선출된 의원으로 구성
② 의결기관으로서의 지위: 의사최종 결정 기능
③ 입법기관으로서의 지위: 조례의 제정 기능
④ 감사기관으로서의 지위: 집행기관의 올바른 행정을 위한 감시 기능

2 지방의회의 역할

✔ **POINT** 주민대표기능, 자치입법기능, 행정감시기능 등 크게 3가지 역할을 한다.
① 심의기능: 지방의회는 주민을 대표하여 예산·결산안 승인과 청원·진정 등을 처리
② 입법기능: 법령의 범위 안에서 조례를 제정·개정·폐지
③ 의결기능: 지자체 중요 정책의 기본방향을 결정
④ 감시견제기능: 집행기관에 대하여 행정사무감사 및 조사·동의·승인·보고, 중요시책의 심의 등 의회절차
와 과정을 통해 집행을 감시

3 역할분담

(1) 지방자치단체는 지방의회와 집행기관으로 구성되어 지방의회는 의사결정기관으로 집행기관은 사무를
집행하는 기관으로서 역할을 분담하고 있다.
(2) 이는 지방의회 스스로는 집행기능이 없고 지방의회가 결정한 사항을 집행기관이 집행 실현하도록 하는
제도적 장치로 집행기관과 긴밀한 협조관계로 역할을 분담한다.

4 지방의회의 장점

(1) 주민의 대변자

지방의회는 주민의 대표기관인 동시에 지방자치단체의 의결기관으로서 행정수요 수렴과 주민이익을 대
변하는 한편 집행기관의 입장을 설명하여 이해를 증진시키는 역할을 해야 한다.

(2) 주민과 행정 간 조정 해결자

주민의 진정한 의사를 바탕으로 집행기관에 대한 합리적인 행정지도·감독, 주민의 편의주의와 행정능률주의의 적절한 조정을 통하여 문제를 조기 진단함으로써 지역문제의 능률적인 해결을 보장해야 한다.

(3) 국가의 성장 발전에 협력하면서 지방의 특성과 이익을 수호하는 역할이 기대된다.

5 지방의회의 단점(문제점)

(1) 주민 대표성과 의견 다양성의 부족

정당공천제로 인해 중앙권력에 예속화되어 주민의 다양한 의견을 제대로 대표하지 못하고 있다는 비판

(2) 전문성 부족으로 인한 낮은 의정 생산성

기존의 유급제를 개선하여 지방의정 생산성과의 연결을 통해 최적 의정비를 산정하며 정책 보좌 인력제도의 도입을 통해 지방의원의 전문성을 회복할 수 있을 것

(3) 책임정치의 부재로 인한 각종 문제

책임감의 부재로 인해 의정 적극성이 낮음. 한국형 매니페스토 운동의 도입과 지역사회에 맞는 민주적리더십 과정의 도입, 윤리위원회와 윤리시책을 통한 책임감 제고를 해결책으로 제시

(4) 감시와 평가체계의 부재, 약한 처벌로 인한 비리의 지속

업무추진비의 불법 사용, 이권 개입, 지방의원의 외유(外遊)성 출장 등은 지방의원의 문제로 끊임없이지적. 시민단체의 지방 의정 모니터링 활성화, 업무 태만, 비리 등의 문제가 있는 의원에 대한 투명한징계 구조를 제시

(5) 견제와 균형의 실패로 인한 각종 문제 등

거대정당의 독식 현상이 심하고 지역 기반의 연고관계가 얽혀있는 지방의회의 경우 지방정부와의 관계에서나 지방의원 내부에서의 견제·균형이 제대로 이루어지기 힘들다.

6 지방의회직 공무원

(1) 지방의회 의원의 지자체 예산심의나 감사와 같은 의정 활동을 지원·보좌하고 의회 홍보, 그 밖에 의회에서 벌어지는 잡무를 수행한다.

(2) 지방의회 의장이 소속 공무원에 대한 임면·교육훈련·복무·징계 등 모든 권한을 관장한다.

(3) 이에 따라 지방자치단체의 장 소속 인사위원회와 별도로 지방의회 의장 소속으로 자체 인사위원회가설치·운영된다.

✎ **Check point**

지방공무원 구분
① 일반직: 행정(세무, 전산, 사회복지 등), 기술(공업, 농업, 녹지 등), 연구·지도직 공무원
② 특정직: 공립대학의 교육공무원, 교육감 소속의 교육전문직원, 지방소방공무원
③ 정무직: 지방자치단체의 장, 시·도교육감, 지방의회의원
④ 별정직: 비서·비서관, 정무부지사

≪ **PLUS**

자치법규 입법절차 ★★★
1. 자치법규의 입법절차는 「지방자치법」의 관련 규정을 따르되 「지방자치법」에 규정되지 않은 사항에 대해서는 '자치법규 입법에 관한 조례'나 '법제사무처리 규칙' 등 자치법규 입법과 관련하여 각 지방자치단체에서 자율적으로 마련한 규정에 따르는 것이 원칙이다.
2. 조례안의 입법절차는 크게 ① 조례안의 입안 및 발의, ② 조례안의 의회 심의 및 의결, ③ 조례안의 공포 및 효력발생 3단계의 절차를 거친다.
3. 규칙안이 지방자치단체의 장만 발의할 수 있다는 점과 달리 조례안은 지방자치단체의 장이 발의할 수도 있고, 지방의회 의원이 발의할 수도 있으며 주민이 청구하여 발의할 수도 있다.

7 기출질문

> Q. 도의회 의원수 [2022 충남]
>
> Q. 시의회와 시청이 하는 일 [2021 경북]
>
> Q. 조례와 규칙 제정 절차 [2021 충남]
>
> Q. 지방의회의 중요성과 역할 [2022 대전·충남·충북·화성시]
>
> Q. 지방의회에서 하는 일 중 행정사무감사와 행정사무조사의 차이 [2022 대구]
>
> Q. 지방의회와 지자체의 차이 [2023년 대전·광주·세종]
>
> Q. 지방의회의 역할 [2023 대전]

CHAPTER
03 주민의 행정참여정책

1 주민소송제도

(1) 지방자치단체의 위법한 재무회계행위를 지역주민이 자기의 권리·이익에 관계없이 주민 자격으로 그 시정을 법원에 청구하는 소송절차이다.

(2) 법적 성격은 공익소송으로서 주민 대표소송의 한 종류이며 국가 또는 공공단체의 기관이 법률에 위반되는 행위를 한 때에 직접 자기의 법률상 이익에 관계없이 그 시정을 구하기 위해 제기하는 소송이다.

(3) 대표적으로 주민감사청구제도가 있다.

(4) 2005년 지방자치법 제정으로 시행 중이다.

2 주민투표

(1) **지방자치법 제18조**

지방자치단체의 장은 주민에게 과도한 부담을 주거나 중대한 영향을 미치는 지방자치단체의 주요 결정 사항 등에 대하여 주민투표에 부칠 수 있다.

> **✅ PLUS**
>
> 1. **주민투표 실시 대표사례**
>   ① 청주·청원 통합시 주민투표 실시(2012)
>   ② 경주시 중저준위 방사성폐기물 처분시설 유치(2005)
> 2. **주민투표 실시 판결사례**
>   부산고등법원에서 부산 기장군 주민들에게 해수담수를 수돗물로 공급하기 위해서는 주민투표를 거쳐야 한다는 판결을 내렸다.

(2) **주민투표 금지 대상**

법령에 위반되거나 재판중인 사항, 국가 또는 다른 지방자치단체의 권한 또는 사무에 속하는 사항, 예산 편성·의결 및 집행, 회계·계약 및 재산관리, 행정기구의 설치·변경에 관한 사항과 공무원의 인사·정원 등 신분과 보수에 관한 사항 등이 해당된다.

➲ 삼척시에서 원전입지와 건설관련 주민투표를 실시하여 반대 결과를 도출하였으나 이는 국가사무여서 주민투표법상 투표대상이 되지 않고 사실상의 주민의견조사에 불과하고 그 법적 효력은 없다.

3 주민소환제도

(1) 의 의

선출직 지방공직자에 대하여 소환투표를 실시하여 그 결과에 따라 임기종료 전에 해직시키는 제도

(2) 청구사유

제한없음

(3) 청구요건

① 시 · 도지사: 청구권자 10/100 이상의 서명
② 시장 · 군수 · 구청장: 청구권자 15/100 이상의 서명
③ 지방의원(비례대표 제외): 청구권자 20/100 이상의 서명

(4) 주민소환투표결과의 확정

① 주민소환투표권자 총수의 1/3 이상의 투표와 유효투표 총수 과반수의 찬성
② 전체 주민소환투표자 수가 소환투표권자 총수의 1/3에 미달시 미개표

> ♦ PLUS
>
> **1. 주민소환투표 실시사례**
> ① 2012년 삼척시장 ⇨ 원자력발전소 유치 강행 ⇨ 투표율 25.9%로 미개표(1/3 미달)
> ② 2019년 포항시 의회의원 ⇨ SRF 운영 반대 ⇨ 투표율 21.7%로 미개표(1/3 미달)
> **2. 주민소환 추진사례**
> 2021년 최근 경기도 과천시장에 대한 주민소환 개시. 정부과천청사 유휴부지에 대한 정부에서 추진하는 주택공급계획에 반대하지 않았다는 사유

4 주민참여예산제

(1) 의 의

예산편성 과정에 주민이 직접 참여하여 해당 지자체 재정운영의 투명성과 공정성을 확보하고 재정민주주의 이념을 실현하고자 시행

(2) 2011년 9월부터 시행

> ♦ PLUS
>
> **대구시 주민참여예산제 사례**
> ① 대구시는 2017년부터 주민참여예산제에 주민참여 활성화와 시민주도성 강화를 위해 지역문제 해결방법을 주민들 간 숙의와 토론을 통해 스스로 결정하는 '읍 · 면 · 동 지역회의 지원사업'을 추진하고 있다.
> ② '읍 · 면 · 동 지역회의 지원사업'은 주민센터를 중심으로 주민들이 모임을 구성하여 주민이 직접 마을에 필요한 사업을 제안하고 심사하여 주민투표를 통해 최종결정하여 예산에 편성한다.

5 **주민발의**

지방자치법
제19조【조례의 제정과 개정·폐지 청구】① 주민은 지방자치단체의 조례를 제정하거나 개정하거나 폐지할 것을 청구할 수 있다.
　② 조례의 제정·개정 또는 폐지 청구의 청구권자·청구대상·청구요건 및 절차 등에 관한 사항은 따로 법률로 정한다.

▶ 법률: 주민조례발안에 관한 법률, 약칭: 주민조례발안법

⊘ PLUS

주민조례 제정 및 개폐 청구제도
(1) 주민조례발안법
　제2조(주민조례청구권자) 18세 이상의 주민으로서 다음 각 호의 어느 하나에 해당하는 사람은 해당 지방자치단체의 의회에 조례를 제정하거나 개정 또는 폐지할 것을 청구할 수 있다.
　1. 해당 지방자치단체의 관할 구역에 주민등록이 되어 있는 사람
　2. 영주(永住)할 수 있는 체류자격 취득일 후 3년이 지난 외국인으로서 해당 지방자치단체의 외국인등록대장에 올라 있는 사람
(2) 주민조례청구 제외 대상
　① 법령에 위반하는 사항
　② 지방세·사용료·수수료·부담금의 부과·징수 또는 감면하는 사항
　③ 행정기구를 설치하거나 변경하는 사항
　④ 공공시설의 설치를 반대하는 사항

6 **조례 및 규칙 제·개정으로 주민참여 제도화**

(1) 정책기획에서 정책결정, 정책집행, 정책평가까지 주민참여 보장

(2) 주민참여위원회 ⇨ (사례) 안산시 시민소통위원회

(3) 공익활동지원센터 설립 ⇨ 민·관 협동의 공익활동지원센터를 설립하여 주민들이 주체적이고 자율적으로 다양한 공익활동사업을 전개하고 운영할 수 있도록 지원

(4) 주민참여형 공모사업 추진 ⇨ (사례) 도시재생 공모사업, 마을만들기 주민제안 공모사업 등

7 **지역공동체 활성화를 위한 주민참여시스템 구축**

(1) 주민주도형 살기 좋은 마을 만들기

(2) 사회적기업, 마을기업 육성

(3) 아파트 문화조성사업

(4) 커뮤니티 활동 ⇨ 평생학습, 자원봉사, 도서관 동아리 등

주민참여

1. 주민참여란 지역사회 및 공동체에서 주민이 공적으로 결정권이 부여된 자(예 지자체장, 공무원, 의회의원 등)에게 정책 및 계획결정에 관해 영향력을 미칠 의도로 권력을 행사하는 과정을 의미한다.
2. 결국 주민참여는 참된 주민자치의 실현이라는 의의를 가진다.
3. 주민참여 활성화를 위해서는 참여의 제도화가 중요하다. 데모 등을 통한 비제도적 참여는 불필요한 비용이 많이 소요되고 사회적 불안정을 야기하여 공익을 저해하는 요인으로 작용하므로 참여의 제도화로 안정적이고 지속적인 개선 유도 필요가 있다.

8 주민 직접참여 유형의 요약

구 분	주민발안	주민감사	주민투표	주민소송	주민참여예산	주민소환
취 지	주민의사를 반영한 조례의 제정·개정·폐지	지방행정예산 편성·집행에 대한 주민감시와 참여	지방행정에 대한 견제와 감독 및 주민 의사결정	주민 공동의 이익보호	예산편성과정에 주민수요와 의견 반영	선출직 지방공직자에 대한 주민 통제

9 기존 주민참여제도의 실태 및 문제점

(1) 반상회 제도

① 반상회 제도는 여론수렴기능을 담당하지 못했다는 지적과 함께 형식적인 행사로 전락하여 주민참여의 본래 기능을 수행하지 못했다는 문제가 제기
② 주민참여통로로 활용되었다기 보다는 정부의 홍보창구로 이용, 관주도의 획일적 운영, 주부위주의 반상회로 참여 저조, 행정기관에 대한 일방적 해결요구 위주 등 문제 지적

(2) 각종 위원회 제도

① 위원회 위원의 위촉이 전문지식과 기술에 의하지 않고 지역유지로 구성되어 전문성과 대표성 결여
② 각종 위원회가 유명무실하여 형식적 운영. 위원회 활동에 대한 주민의 관여와 감시 기능 부재

(3) 공청회 제도

① 공청회는 국가 또는 지자체의 기관이 일정한 사항을 결정함에 있어 공개적으로 의견을 듣는 형식
② 공청회 제도 역시 참여대상자 선정의 공정성 문제, 참여율 저조, 다수참여의 불가능, 형식적인 여론 수렴 등이 문제점으로 제기

Q. 지역주민의 행정참여 제도에는 어떤 것이 있는가?
Q. 행정에 주민참여를 확대하기 위한 방안이 있다면 무엇인가?

10 기출질문

Q. 지방자치활성화를 위한 주민참여 정책에는 어떤 것이 있는가?

Q. 지방자치가 성공하려면 주민참여를 확대시켜야 되는데 본인이 생각하는 방법은?

Q. 거번먼트와 거버넌스의 차이는?

   ➡ 거버넌스는 민관협치 개념으로 이해하면 된다.

Q. 주민참여예산제도 설명해보라. [2021 경북]

Q. 지방자치가 직면할 수 있는 어려운 점이 무엇이고 해결할 수 있는 방안은? [2021 대전]

Q. 지방자치 중 주민이 참여하여 이끌어 가는 것은? [2022 충남]

Q. 지방법률 개정으로 지방도 자의적으로 정부형태를 바꿀 수 있게 되었다. 어째서 이렇게 바뀌었는가? 바뀐 것으로 인해 벌어질 영향은? [2023 대전]

Q. 지방자치에 주민을 참여시키는 추세인데 그런 제도 아는 것이 있는가? [2023 대전]

CHAPTER
04 재정자립도 및 재정자주도

1 재정자립도 ⇨ (지방세＋세외수입) ÷ (일반회계 예산규모)

(1) 재정자립도란 세입 측면에서 얼마나 자립적으로 벌어들이는가를 나타내는 지표이다.

(2) 자주재원 / (자주재원＋의존재원). 즉, 재정자립도는 지방정부가 재정활동에 필요한 자금을 얼마나 조달하고 있는가를 나타내주는 지표로 지방정부 예산규모 대비 자체수입(지방세＋세외수입)의 비중을 말한다.

(3) 재정자립도는 지방자치단체의 예산규모 대비 지방자치단체의 독자적인 재정자립의 근간이 되는 자체수입의 충당 비율을 의미하며, 각 지방자치단체의 내부적인 세입에 의한 자립기반의 정도를 나타낸다. 즉, 재원조달면에서의 자립정도를 나타낸다.

Check point

세외수입
1. 세외수입은 일반적으로 지방자치단체의 재정수입 중 지방세 이외의 자체수입을 말하는 것으로 지방세에 대응하는 개념으로 사용되고 있다.
2. 세외수입은 지방자치단체의 독자적인 노력여하에 따라 발굴되어지는 수입이긴 하나 그 수입원의 법적근거에 따라 그 사용되는 곳이 특정되어 있는 것이 많다. 예를 들면 하천사용료는 하천의 유지, 관리에 관한 비용에 사용되고 있으며, 공원사용료 수입은 공원의 관리·개발 등을 위한 비용에 사용되고 있다.
3. 세외수입 예시 ⇨ 도로점용·사용료, 하천점용·사용료, 공유수면 점용·사용료, 시장사용료, 입장료, 수입증지수입, 쓰레기처리봉투 판매수입 등

2 재정자주도 ⇨ (자체수입＋자주재원) ÷ (일반회계 예산규모)

 1. 자체수입: 지방세＋세외수입
   2. 자주재원: 지방교부세＋조정교부금＋재정보전금

(1) 지방자치단체가 세출 측면에서 얼마나 자주적으로 쓸 수 있는가를 나타내는 지표이다.

(2) 재정자주도는 지방정부의 예산규모 대비 재정수입 중 특정목적이 정해지지 않은 일반재원의 비중을 뜻한다. 일반재원은 자체수입(지방세＋세외수입)과 자주재원(지방교부세＋조정교부금＋재정보전금)의 합계를 말한다.

(3) 재정자주도는 지방자치단체의 예산규모 대비 자체수입과 국고보조금 등의 합계에 대한 비율을 의미하며, 각 지방자치단체의 재정건전성 정도를 나타낸다.

(4) 재정자주도는 개별 지방자치단체가 전체적으로 동원 가능한 재원이 어느 정도 수준인가를 파악하는 데에는 적합한 지표이다.

(5) 재정자주도가 높을수록 자자체가 재량껏 사용할 수 있는 예산의 폭이 넓어진다. 즉, 재원사용면에서의 자주권, 자율권을 나타내는 지표이다.

(6) 최근 지자체에서는 재정자립도보다는 재원활용능력을 표시할 수 있는 지표로 재정자주도에 집중하고 있다.

3 최근 통계 자료(전국 지자체 평균)

◈ e-나라지표 ⇨ 행정안전부 지방자치단체 통합재정 개요

구 분	최근 통계치(단위: %)				
	2019년	2020년	2021년	2022년	2023년
재정자립도	51.4	50.4	48.7	49.9	50.1
재정자주도	74.2	73.9	70.8	73.4	74.1

(1) 재정자립도 및 재정자주도가 낮음은 지방정부의 중앙정부에 대한 의존성이 심화됨을 의미한다.

(2) 복지정책 확대에 따른 보조금 등의 증가로 인해 재정자립도 및 재정자주도가 낮다.

4 재정자립도 향상 방안

▼ **POINT** 재정자립도 향상 방안은 지방직 면접에서 자주 묻는 질문이다. 밑줄 친 키워드 중심으로 답변을 해야 하며 구체적인 방안은 지역상황을 고려하여 자신의 생각을 가미해서 답변해야 한다. 예를 들어 지역축제를 활성화해서 지방수입을 늘려야 한다고 말할 경우에 현재 해당 지역축제의 문제점과 개선방안을 곁들여서 구체적으로 제시해야 한다.

(1) 재정자립도 산출공식에서 보듯 재원 조달에서 자립을 하려면 결국 지방세나 세외수입이 증가되어야 한다.

(2) 지방세 수입 증가를 올리기 위해서는 기업유치, 투자유치, 관광활성화 등으로 지역경제를 활성화하는 것이 가장 좋은 방법이다.

(3) 관광활성화와 관련해서는 지역축제를 활성화하는 것도 좋은 방안이 될 수 있다.

(4) 지역특화 상품을 개발하여 지역경제를 활성화하는 것도 방안이 될 수 있다. 6차 산업과 연계하거나 로컬푸드 등과 연계하여 생각해 볼 수 있다.

(5) 세외수입은 일반회계로 구분되는 재산임대수입, 사용료수입, 수수료수입 등 경상적 수입과 특별회계의 사업수입(경영수입)을 지칭하는 개념이다.
   ① 세외수입은 법령에 저촉되지 않는 한 비교적 자유로운 활동에 의하여 수입을 확충할 수 있는 영역이다. 따라서 자치단체의 노력여하에 따라서는 계속적인 확대·개발이 용이하여 지방자차단체의 중요한 잠재수입원이 될 수 있다.
   ② 세외수입의 납부편의 증진 및 행정 효율성 제고방안 마련

(6) 체납세금 징수 및 과세 누락 등 탈루·은닉 세원 조사 ⇨ 지방세 및 세외수입 체납액에 대한 강력한 체납처분과 부동산공매 확행 등 고질체납자에 대한 강력한 행정조치를 통한 납부기간 내 자진납부 풍토를 조성하여야 한다.

(7) 지역자원시설세 과세 확대 추진 및 신규 과세대상 발굴 ⇨ 지역자원시설세란 지역의 균형개발 및 수질개선과 수자원보호 등에 드는 재원을 확보하거나 소방시설, 오물처리시설, 수리시설 및 그 밖의 공공시설에 필요한 비용을 충당하기 위하여 부과하는 목적세이다.

✧ PLUS

Q. (지원 시·군지역)의 재정자립도가 얼마나 되는지 아는가? 도의 재정자립도는?
Q. 재정자립도를 어떻게 높일 것인가?

5 기출질문

Q. 재정자립도 및 재정자주도의 개념은 무엇이며 얼마나 되는지 알고 있는가? [2020 경남, 2021 광주, 2022 대전 · 전남 · 전북 · 충남 · 충북, 2022 고양시 · 수원시 · 평택시 · 화성시 · 경기도]
Q. 경상남도 재정자립도가 17개 지자체 중에 하위권인데 개선하려면 어떻게 해야겠는가? [2020 경남]
Q. 도 및 지원시·군의 재정자립도와 이를 높일 수 있는 방안은? [2021 경남 · 전남 · 충남 · 충북]
Q. 충청남도 재정자립도와 재정자주도의 차이점은? [2021 충남]

MEMO

CHAPTER

05 광역행정

1 광역행정의 의의

(1) 광역자치단체 간, 광역·기초자치단체 간, 기초자치단체 간 상호협력에 의한 행정수행체계를 총괄하는 의미로 사용

(2) 지방자치단체 관할 행정구역 범위를 넘어서 발생되는 특정한 행정수요에 대한 공공서비스를 제공하기 위해 사무처리 영향권 내에 있는 인접 또는 둘 이상 지방자치단체가 행정사무를 통합적으로 처리하는 행정수행체제와 방식

2 광역행정의 필요성

(1) **급속한 산업화와 도시화 진전으로 인한 광역행정수요 발생**

지역주민의 생활범위가 확대되어 지자체 행정구역을 넘어서는 복잡하고 다양한 행정수요 발생

➡ 교통(도로·운송), 수질(상·하수도), 환경보전(쓰레기·폐기물), 혐오시설(화장장·묘지) 등

(2) **지방의 자율성 확대에 따른 이해상충 및 상호의존성도 함께 증가**

지역이기주의에 편승한 중앙-지방 간, 지자체 간 이해상충이 발생되고 이로 인한 주민불편 가중으로 국가발전을 저해하는 요인으로 작용

(3) **지방자치법상 합리적 광역행정운영 제도 마련**

양보와 타협, 대화와 협력의 수평적 협력제도와 중앙-지방 간, 지자체 간 갈등·분쟁의 효율적 해결을 위한 분쟁조정제도 마련 및 활용 필요

3 광역행정의 역할

(1) **지방분권에 대한 협력 기제로서 역할 수행**

지방분권과 협력은 반대 관계가 아니라 상호 보완관계로 지방분권이 강화될수록 행정주체 간 연결고리로서 협력도 강화

(2) **특정한 행정수요에 대하여 규모의 경제 구현 가능**

지자체 행정구역을 넘어서는 행정수요에 대해 공동 협력하여 지방행정과 행정서비스의 형평성 및 능률적 배분

(3) **지방자치단체 기능 및 사무의 재분배**

(4) **중앙-지방 간 및 지자체 간의 갈등해소와 조정 요구**

(1) 협력제도

구 분	운영목적	사 례
협력사업	지방자치단체는 다른 지방자치단체로부터 사무의 공동처리, 사무처리의 협의·조정·승인 또는 지원요청이 있는 경우 법령의 범위 내에서 협력	박람회 개최, 산업단지조성 투자설명회, 폐기물처리
사무위탁	지방자치단체 또는 그 장은 소관사무의 일부를 다른 지방자치단체 또는 그 장에게 위탁·처리	하수처리, 위탁교육 상수원보호구역 단속업무
행정협의회	지방자치단체는 2개 이상의 지방자치단체와 관련된 사무의 일부를 공동 처리	달빛동맹(대구-광주 행정협의) 수도권행정협의회 황해권시·도지사협의회
지방자치단체 조합	2개 이상 지방자치단체가 하나 또는 둘 이상의 사무를 공동처리	부산·진해경제자유구역청(부산·경남) 광양만권경제자유구역청(전남·경남) 수도권교통본부(서울·인천·경기도)
지방자치단체장 등 협의체	지방자치단체장 또는 지방의회 의장은 상호간 교류와 협력증진, 공동의 문제를 협의하기 위해 전국적 협의체 설립	전국시·도지사협의회 전국시장·군수·구청장협의회 전국시·도의회의장협의회

(2) 분쟁조정제도

구 분	운영목적	사 례
지방자치단체 중앙분쟁 조정위원회	시·도 간 또는 시·도를 달리하는 시·군·구 간 분쟁 및 시·도와 지방자치단체조합 간 분쟁, 매립지 등 신규토지의 귀속 지방자치단체 결정 등 심의·의결	아산만 매립지 관할 분쟁 (평택시에서 분쟁조정 신청하였으나 당진시 관할권으로 확인)
지방자치단체 지방분쟁 조정위원회	동일 광역자치단체 내 기초자치단체 간 분쟁 심의·의결	자전거도로 폐쇄 문제 하천점용 문제
행정협의 조정위원회	중앙행정기관의 장과 지방자치단체장이 사무를 처리함에 있어 의견을 달리하는 경우 협의·조정	신항만 명칭 분쟁해결

✎ Check point

지자체 내에서의 각종 민원은 그나마 해결방안을 찾기 쉽지만 행정구역을 넘어서 발생하는 갈등은 해결이 쉽지 않다. 지방자치가 확대되면서 지자체 간의 중복 사무나 민원 등 해결해야 할 문제가 많이 발생하고 있다. 그 예로 생활권이 확대되면서 광역교통문제, 미세먼지 등의 환경문제, 광역 쓰레기 매립 문제, 폭염에 대한 대응 문제 등 지자체의 경계를 넘어서 공동으로 대처해야 하는 문제가 발생하고 있는 것이다. 이때 필요한 것이 광역행정이다. 지자체 간의 협의로 풀기 어려운 문제는 중앙정부와 함께 해결방안을 모색해야 한다.

Q. 광역행정이란 무엇인가?
Q. 지방자치가 활성화되면서 광역행정의 필요성이 높아지고 있다. 광역행정 사례 알고 있는 것이 있는가?

✎ **Check point**

부울경 특별지자체

1. 국내 첫 특별지방자치단체인 '부산울산경남 특별연합'이 2022년 4월 19일 공식 출범
   ➡ 특별지방자치단체 ⇨ 지방자치법 제199조 ① 2개 이상의 지방자치단체가 공동으로 특정한 목적을 위하여 광역적으로 사무를 처리할 필요가 있을 때에는 특별지방자치단체를 설치할 수 있다.
2. 특별지자체는 규약으로 정하는 사무처리 범위 내에서 조례·규칙 제정권과 인사·조직권 등 자치권을 가지며 별도의 단체장과 지방의회를 구성할 수 있어 기존의 행정협의회나 지자체조합과 달리 개별 지자체의 이해관계를 넘어서는 독립적인 의사결정이 가능하다.
3. 특별지자체는 광역·기초단체 차이를 두지 않고 광역단체(시·도) 간, 광역단체와 기초단체(시·군·구) 간, 기초단체 간 자유롭게 설치할 수 있다.
4. 기존 부울경 광역자치단체도 가각 해당 지역에서 자치단체 행정업무를 그대로 보게 되지만 특별지자체는 시·도 경계를 넘어서는 광역행정 기능에 대한 지역 수요를 적극적으로 반영할 수 있다. 규모의 경제 달성, 지자체 공동 이익 도모 등 시너지를 창출해 초광역 협력을 다른 권역으로 확산하는 계기가 될 전망이다.
5. 부울경 특별연합의 폐기
   울산시의회, 경남도의회, 부산시의회에서 부울경 특별연합 폐지 규약안이 통과되면서 최종폐기로 결정하였다.
6. 특별지자체 설치 논의 진행중
   ① 광역단체: 대구·경북, 충청권(충북·충남·대전·세종), 광주·전남
   ② 기초단체: 남원·장수·구례·하동·산청·함양(지리산권), 강화·옹진, 파주·김포·연천, 철원·화천·양구·인제·고성(접경지역), 용인·성남·수원·안성·이천·평택·화성·오산(경기남부)

CHAPTER

06 정보공개제도

1 정보공개제도의 의의

(1) 국가기관·지방자치단체 등 공공기관이 업무 수행 중 생산·접수하여 보유·관리하는 정보를 국민에게 공개함으로써 국민의 알권리를 보장하고 더 많은 정보를 바탕으로 국정운영과 지방자치에 대한 참여를 유도하기 위한 제도이다.

(2) 국민의 알권리를 확대하고 국정운영의 투명성을 높이기 위해 지난 1996년 「공공기관의 정보공개에 관한 법률」을 제정·공포하고 1998년 1월 1일부터 시행하였다.

2 정보공개청구

(1) **정보공개청구의 의의**

공공기관이 보유한 정보를 청구인의 청구에 의해 공개하는 제도

(2) **청구가능 정보**

공공기관이 직무상 작성 또는 취득하여 관리하고 있는 문서(전자문서 포함)·도면·사진·필름·테이프·슬라이드 및 기타 이에 준하는 매체 등에 기록된 사항

3 사전정보 공표

(1) **의 의**

국민들이 정보공개를 청구하기 전에 국민이 필요로 하는 정보를 선제적·능동적으로 공개하는 제도

(2) **사전정보 대상**

① 비공개 대상 정보 외에 국민이 알아야 할 필요가 있는 모든 정보
② 국민생활에 매우 큰 영향을 미치는 정책에 관한 정보
③ 국가의 시책으로 시행하는 공사(工事) 등 대규모 예산이 투입되는 사업에 관한 정보
④ 예산집행의 내용과 사업평가 결과 등 행정 감시를 위하여 필요한 정보
⑤ 그 밖에 공공기관의 장이 정하는 정보

(3) **사전정보 공표방법**

각 기관 홈페이지를 통해 최신정보 공개 및 정보공개시스템에서는 각 기관의 사전정보의 목록을 제공

4 **원문정보 공개**

원문정보 공개는 공무원이 업무 중 생산한 정보를 공개 문서에 대해 별도의 국민의 청구가 없더라도 정보공개시스템을 통해 공개하는 제도

「정보공개법」

제9조【비공개 대상 정보】① 공공기관이 보유·관리하는 정보는 공개 대상이 된다. 다만, 다음 각 호의 어느 하나에 해당하는 정보는 공개하지 아니할 수 있다.

1. 다른 법률 또는 법률에서 위임한 명령(국회규칙·대법원규칙·헌법재판소규칙·중앙선거관리위원회규칙·대통령령 및 조례로 한정한다)에 따라 비밀이나 비공개 사항으로 규정된 정보

2. 국가안전보장·국방·통일·외교관계 등에 관한 사항으로서 공개될 경우 국가의 중대한 이익을 현저히 해칠 우려가 있다고 인정되는 정보

3. 공개될 경우 국민의 생명·신체 및 재산의 보호에 현저한 지장을 초래할 우려가 있다고 인정되는 정보

4. 진행 중인 재판에 관련된 정보와 범죄의 예방, 수사, 공소의 제기 및 유지, 형의 집행, 교정(矯正), 보안처분에 관한 사항으로서 공개될 경우 그 직무수행을 현저히 곤란하게 하거나 형사피고인의 공정한 재판을 받을 권리를 침해한다고 인정할 만한 상당한 이유가 있는 정보

5. 감사·감독·검사·시험·규제·입찰계약·기술개발·인사관리에 관한 사항이나 의사결정 과정 또는 내부검토 과정에 있는 사항 등으로서 공개될 경우 업무의 공정한 수행이나 연구·개발에 현저한 지장을 초래한다고 인정할 만한 상당한 이유가 있는 정보. 다만, 의사결정 과정 또는 내부검토 과정을 이유로 비공개할 경우에는 제13조 제5항에 따라 통지를 할 때 의사결정 과정 또는 내부검토 과정의 단계 및 종료 예정일을 함께 안내하여야 하며, 의사결정 과정 및 내부검토 과정이 종료되면 제10조에 따른 청구인에게 이를 통지하여야 한다.

6. 해당 정보에 포함되어 있는 성명·주민등록번호 등「개인정보 보호법」제2조 제1호에 따른 개인정보로서 공개될 경우 사생활의 비밀 또는 자유를 침해할 우려가 있다고 인정되는 정보. 다만, 다음 각 목에 열거한 사항은 제외한다.

　가. 법령에서 정하는 바에 따라 열람할 수 있는 정보

　나. 공공기관이 공표를 목적으로 작성하거나 취득한 정보로서 사생활의 비밀 또는 자유를 부당하게 침해하지 아니하는 정보

　다. 공공기관이 작성하거나 취득한 정보로서 공개하는 것이 공익이나 개인의 권리 구제를 위하여 필요하다고 인정되는 정보

　라. 직무를 수행한 공무원의 성명·직위

　마. 공개하는 것이 공익을 위하여 필요한 경우로서 법령에 따라 국가 또는 지방자치단체가 업무의 일부를 위탁 또는 위촉한 개인의 성명·직업

7. 법인·단체 또는 개인(이하 "법인등"이라 한다)의 경영상·영업상 비밀에 관한 사항으로서 공개될 경우 법인등의 정당한 이익을 현저히 해칠 우려가 있다고 인정되는 정보. 다만, 다음 각 목에 열거한 정보는 제외한다.

　가. 사업활동에 의하여 발생하는 위해(危害)로부터 사람의 생명·신체 또는 건강을 보호하기 위하여 공개할 필요가 있는 정보

　나. 위법·부당한 사업활동으로부터 국민의 재산 또는 생활을 보호하기 위하여 공개할 필요가 있는 정보

8. 공개될 경우 부동산 투기, 매점매석 등으로 특정인에게 이익 또는 불이익을 줄 우려가 있다고 인정되는 정보

② 공공기관은 제1항 각 호의 어느 하나에 해당하는 정보가 기간의 경과 등으로 인하여 비공개의 필요성이 없어진 경우에는 그 정보를 공개 대상으로 하여야 한다.

③ 공공기관은 제1항 각 호의 범위에서 해당 공공기관의 업무 성격을 고려하여 비공개 대상 정보의 범위에 관한 세부 기준(이하 "비공개 세부 기준"이라 한다)을 수립하고 이를 정보통신망을 활용한 정보공개시스템 등을 통하여 공개하여야 한다.

④ 공공기관(국회·법원·헌법재판소 및 중앙선거관리위원회는 제외한다)은 제3항에 따라 수립된 비공개 세부 기준이 제1항 각 호의 비공개 요건에 부합하는지 3년마다 점검하고 필요한 경우 비공개 세부 기준을 개선하여 그 점검 및 개선 결과를 행정안전부장관에게 제출하여야 한다.

2024
스티마 면접
지방직(공통편)

CHAPTER 01 공직가치 쉽게 이해하기

1 면접의 의의

지방직 면접은 공무원으로서 갖추어야 할 직무수행능력·전문성 등을 평가하는 시험이다.

✔**POINT** 가장 중요한 핵심키워드임을 기억하고 면접준비에 임해야 한다.

2 공직가치의 의의

공직가치는 공무원의 4가지 평정요소(소통·공감, 헌신·열정, 창의·혁신, 윤리·책임)에 나타난 공무원이 추구해야 할 목표와 기준을 말한다. 따라서 공무원은 공직가치를 준수하고 실현하기 위해 노력해야 한다.

3 공무원의 역할과 의미

(1) '국민(=지역주민·시민·도민)을 내 가족처럼 생각할 줄 아는 사람'을 공무원이라고 한다.

(2) 공무원의 목적은 '공익실현'에 있다. 특히, 공익실현은 우리 사회에 있는 사회적 약자에 좀 더 관심을 가지고 배려하는 것에서부터 시작되는 것임을 꼭 기억해야 한다.

✔**PLUS**

공무원이라는 직업의 의미
공무원은 직업일까? 그럼 사기업과 다른 점은 무엇일까?
1. 응시생들에게 "공무원이 직업인가?"라고 묻는다면 대부분 직업이라고 대답을 할 것이다. 하지만 사기업에서의 직업의 의미와 공무원에 있어서 직업의 의미는 다르다. 일반적으로 사기업에서의 직업이란, 회사의 이윤목표가 우선이다. 이는 곧 개인의 이익(승진이나 연봉에 영향)과 직결되는 것이다. 하지만 공무원에 있어서 직업은 공익실현(국민의 삶의 질 향상)에 있다는 것을 꼭 기억해야 한다.
2. 공무원은 직업이 맞긴 하지만, 공무원의 일을 수행하기 위해서는 소통·공감, 헌신·열정, 창의·혁신, 윤리·책임이 반드시 갖추어져야 하며, 이를 종합하여 '공직가치'라고 생각하면 된다. 즉, 면접은 다양한 면접방식과 질의응답을 통해 응시생이 공직가치에 대해 올바른 이해를 하고 있는지를 알아보는 시험이다. 이는 곧 지역에 대한 애정이라고 할 수 있다.
3. 공무원 모범사례(적극행정 우수사례집)들을 살펴보면 자신의 안위보다 국민의 삶의 질을 향상시키기 위해 희생과 헌신을 바탕으로 창의성을 발휘하고 책임감을 가지고 일하는 사람들이 대부분 모범사례로 나온다.

CHAPTER 02 공무원의 목적(공익실현)을 사례를 통해 이해하기

Case 01. 가족과 여행 중이다. 그런데 장마철 폭우 등으로 인한 자연재난이 발생하였다. 이 상황에서 본인은 어떻게 대처할 것인가?

MEMO

⚡ PLUS

1. 개인사여도 중대사가 아닐 경우에는 당연히 업무에 최대한 복귀하고자 한다는 취지로 답변을 준비해야 한다.
   ➡ 해당 질문에 대한 답변에는 진정성이 드러나야 함을 기억해야 한다.
2. 폭우 등의 자연재난, 코로나19 등의 재난에 대하여 공무원이 제일 먼저 생각하여야 할 것은 바로 '사회적·경제적으로 피해를 입은 국민들을 위해 무엇을 할 것인가?(어떤 정책지원을 해 줄 것인가?)'이다. 이것이 바로 공무원의 자세이다.

⚡ POINT 공익실현이 공무원의 목적인 것은 분명하지만 개인의 삶을 포기하면서까지 공익실현을 하라는 의미는 아니다.

Case 02. [딜레마 상황] 업무를 끝마친 후 집에 있는 아이를 돌보러 가야 하는 상황인데 상관이 중요한 업무이니 밤새 일을 처리할 것을 요구할 경우, 어떻게 대처할 것인가?
└ **[추가 압박성 질문]** 일과 가정, 즉 아이를 돌보는 것과 상관이 지시한 일 중 하나만을 선택해야 하는 상황이라면 어떻게 할 것인가?

MEMO

⚡ PLUS

공무원의 책임감(사명감)이란 공무만을 우선시하는 것이 아니다. 그리고 이런 경우 상관을 나쁜 사람으로 만들지 않아야 한다. 다만, 특별한 이유 없이 업무를 배제하거나 혹은 업무를 과하게 시키는 것은 갑질이라는 것을 기억해야 한다.

Case 03. [딜레마 상황] A지역에 대규모 아파트단지가 들어서면서 인구가 많이 늘어났다. 그래서 인근 B공원을 이용하는 사람들이 많아져 B공원에 화장실을 추가로 설치해야 하는 상황이다. 그런데 B공원을 이용하는 사람들은 대부분 일반인이고 장애인들은 거의 이용하지 않는다. 더욱이 예산은 한정되어 있다. 본인이 해당 주무관으로서 화장실 10개를 추가로 설치해야 한다면 어떻게 하겠는가? (단, 장애인 화장실을 설치하면 일반인 다수가 피해를 입는 문제가 발생하고, 추가로 설치할 예산은 확보하기 어려운 상황이다.)

MEMO

✍ PLUS

1. 공무원의 목적은 국민 전체의 삶의 질을 향상시키는 데 기여하는 것이다. 이에 우리는 항상 사회적 약자를 먼저 배려하고 관심을 갖는 것이 중요함을 기억해야 한다.
2. 사회적 약자란?
   ① 정약용 선생은 애민정신에 대해 어린아이, 노인, 장애인, 재난을 당한 사람 등 소위 사회적 약자를 먼저 배려하고 도움을 주는 것이 애민(愛民)이라고 하였다.
   ② 애민 6조
   　제1조 양로 – 노인을 섬길 것
   　제2조 자유 – 버려진 아이들을 잘 가르칠 것
   　제3조 진궁 – 홀아비, 과부, 고아, 혼자 사는 노인은 관에서 돌볼 것
   　제4조 애상 – 구덩이에 시체를 버릴 시, 관에서 장사를 지내줄 것
   　제5조 관질 – 병자를 너그럽게 대할 것
   　제6조 구제 – 수재나 화재가 났을 시, 관에서 도와줄 것

CHAPTER

03 공직가치의 중요성

1 공직가치의 역할

(1) 공무원들이 공무를 수행하는 현장에서 부딪히는 윤리적 딜레마에서 공직가치는 의사결정의 기준과 우선순위를 정해주는 지침이 된다. 그런 점에서 공직가치는 '공직자로서 바람직한 행동의 판단기준이며 공직을 수행하면서 추구해야 할 궁극적인 목표와 기준'을 말한다.

Check point

1. 예산의 제약으로 효율성을 중시하면서도 서비스의 질 유지라는 효과성(유효성)도 함께 추구해야 하는 딜레마적인 업무 상황이 일상화되어 있다. ⇨ 효율성과 효과성의 충돌
2. 수직적 조직문화가 뿌리내린 경우 조직에 대한 충성심, 협력 등의 가치와 혁신성, 민주성, 효과성 등의 가치가 충돌할 수 있다.

(2) 정책을 결정할 때와 같이 사회구조적인 문제를 해결하는 데 합리적인 방안을 도출한다.

(3) 규범과 양심이 상호 충돌할 때도 올바른 사고로 최선의 판단을 할 수 있게 한다.

(4) 행정재량을 집행할 때도 공직가치는 중요하다. 법과 원칙을 어겨서는 안 된다는 것이 핵심이다.

Check point

행정재량

행정청의 자유재량에 속하는 범위 내에서 행하여진 행정행위와 같이 법규의 엄격한 구속을 받는 행정행위가 아니라 적절한 행정청의 판단에 따라 행해질 수 있는 행위를 말한다.

예 사육 곰을 키우는 A가 웅담을 추출하여 화장품, 비누 등의 재료로 사용할 목적으로 환경청에 용도변경을 요구하였다. 규정에 따르면 농가소득 항상을 위해 멸종위기종용도변경제도가 도입되었기 때문에 용도변경 승인을 해주어야 한다. 그런데 행정청에서는 웅담 등을 약재로 사용하는 경우 외에는 용도변경을 해줄 수 없다고 규정을 해석 적용하여 승인을 해주지 않았다. 이것이 곧 행정청의 재량행위이다.

(5) 건전한 조직문화를 발전시켜 나가는 데도 중요한 요소이다.

MEMO

2 공직가치 관련 질문유형

최근 공직사회에서 가장 중요하게 여기는 것이 조직생활이다. 즉, 조직적응력에 대한 질문을 많이 한다. 아래 질문유형들은 실제 자주 했던 혹은 실제 면접에서 나올만한 질문이므로 반드시 이해와 정리가 필요하다.

Q1 동료 중에 업무처리가 미숙하여 이에 대한 보조가 필요한 상황이다. 상사는 본인에게 이에 대한 보조를 부탁하였다. 그런데 본인의 업무도 현재 많이 밀려 있는 상태이다. 이러한 경우 어떻게 할 것인가?

> **MEMO**

Q2 권위적인 상관(꼰대같은 상관)이 일주일의 기간이 있어야 해결할 일을 3일 안에 처리하라고 지시하였다. 이러한 경우 어떻게 할 것인가?

> **MEMO**

Q3 공직에 입문하면 나중에 업무를 맡게 되고, 일을 하다 보면 능력 있는 직원에게 일을 많이 시키는 경우가 많고, 능력 없는 직원에게는 일을 시키지 않는 경우도 종종 있다. 만약 본인에게 일을 많이 주고, 다른 동료에게는 일을 많이 주지 않는다면 이러한 경우 어떻게 할 것인가?

> **MEMO**

Q4 상관이 당신에게 일을 맡겼다. 그런데 원래 그 일은 당신의 일이 아니라 함께 일하고 있는 동료가 오랫동안 추진해 왔던 일이다. 이러한 상황에서 어떻게 할 것인가?

> **MEMO**
>
>
>
>
>
>
>
>

✔PLUS

공무원도 조직생활이며 동료를 어떻게 배려할 것인지를 함께 알아보는 질문이라고 생각하면 된다. 그러므로 이 두 가지 관점에서 답변을 준비해야 한다. 가장 중요한 것은 동료가 중요시하던 일이니 동료와 대화를 통해 이 문제로 생길 수 있는 갈등상황을 해소한 다음 일을 처리하는 것이 순서이다. 그리고 일 처리과정에서 동료한테 도움도 받고, 나중에 그 일이 완수되면 동료의 공으로 돌린다는 마음가짐이 중요하다.

Q5 A프로젝트를 수행하는데 함께 하는 동료가 실수를 하였다. 누가 생각해도 동료의 잘못이 명백하다. 이 사실은 주위 동료들도 다 알고 있다. 그런데 상관은 함께 일한 나를 혼낸다. 이러한 상황에서 기분은 어땠을 것 같고, 어떻게 대처할 것인가?

> **MEMO**
>
>
>
>
>
>
>
>

✔PLUS

[스티마쌤의 답변 예시] 단순하게 생각하면 제 마음이 상할 수 있을 것 같습니다(진정성). 하지만 공직생활과 일반 사기업의 차이점에서 생각할 때 저에게 야단을 치는 것은 당연하다고 생각합니다. 제가 이번에 면접준비를 하면서 공무원의 일은 혼자서 하는 것이 아니라 공익실현이 우선이기 때문에 모든 일을 개인별, 부서별, 부처별, 지자체, 민간업체와 함께 하는 것임을 알게 되었습니다. 즉, 동료가 실수를 하게 된 상황에 저의 책임도 크다고 생각을 하였습니다. 어쩌면 상관님께서는 함께 일을 함에도 동료의 일을 적극적으로 도와주지 않았기 때문에 저에게 야단을 하신 것이 아닌가 생각합니다. 곧 동료를 배려할 줄 아는 것이 공무원의 조직생활이고 책임감이 아닐까 생각을 했습니다. 그러므로 저는 기꺼이 야단을 맞고 동료가 다시는 실수를 하지 않도록 협력하며 노력하는 공무원이 될 것입니다.

Q6 공직사회에서 조직의 역량과 개인의 역량 중 무엇이 더 중요하다고 생각하는가?

✅PLUS

1. 면접관의 질문 의도를 살펴볼 때 스티마쌤이 생각하는 질문 의도는 개인 역량을 조직의 역량 향상으로 연결시킬 줄 아는 사람인가를 판단하고자 한 질문이라고 생각한다.
   ➡ 조직의 역량이 중요하다는 것은 지극히 뻔한 답변이기 때문이다.
2. 두 역량 모두 중요하지만, 스티마쌤은 개인의 역량에 조금 더 방점을 두고 방향을 잡을 것 같다. 그런 다음 개인의 역량 발전을 통해 조직의 발전에 기여하고 또다시 그 조직의 발전이 다른 개인에게 긍정적인 영향을 준 사례나 경험을 직렬과 연결해서 다른 경쟁자들과 차별화를 시킬 것이다.
3. 면접관에게 설득력 있는 답변은 경험이나 사례를 인용하는 것이다. 즉, 두 역량이 뗄 수 없는 관계임은 분명하므로 면접자 개인의 역량 발전을 통해 조직의 발전까지 도모하는 공직자가 되겠다는 포부 밝히기 정도로 정리할 것이다.
4. [스티마쌤의 답변 예시] 저는 개인의 역량이 더 중요하다고 생각합니다. 개인의 역량 강화가 조직의 역량 강화로 이어질 수 있기 때문입니다. 제 경험을 말씀드리자면 군 복무당시 병기계 행정업무를 맡았었습니다. 저는 문서작업을 할 줄 모르는 행정병이었기에 제 직무의 역량 강화를 위해 문서실무사 1급, 워드프로세서 1급을 취득하였습니다. 그리하여 행정병들 사이에서 가장 보고서를 잘 작성할 수 있게 되었고 이는 다른 행정병들에게도 영향을 미쳐 적극적인 업무 분위기와 자기개발을 할 수 있는 환경을 만들었습니다. 이렇게 제 경험에 비추어 보았을 때 개인의 역량 개발 노력이 조직의 역량에 크게 기여할 수 있다는 것을 느꼈기에 예비 공무원으로서 꾸준한 자기개발을 통해 조직에 긍정적인 영향을 미칠 수 있도록 노력하겠습니다.

Q7 공직사회에서 어떤 일처리(업무)를 하는데 개인(응시생)이 추구하는 방향과 조직이 추구하는 방향이 다르다면 어떻게 할 것인가?

> **MEMO**
>
>
>
>
>
>
>
>

✅ PLUS

1. 공무원의 업무는 개인이건 조직이건 국민의 삶의 질 향상과 관계되어 있다. 그렇기 때문에 무조건 조직이 추구하는 방향의 답변은 면접관이 원하는 답변이 아니다. 자신의 의견이 업무처리에 있어서 성과나 효율성에 도움이 된다면 의견을 적극적으로 개진할 수 있어야 한다. 즉, 개인의 발전이 곧 조직의 발전이기 때문이며 이는 국민의 삶의 질을 윤택하게 만드는 것이기 때문이다.
2. 추구하는 방향이 다른 이들을 설득하는 방안으로는 조직 내 일부를 내 편으로 만드는 방법을 통해 함께 건의해 보는 것, 조직 내 리더를 설득하는 방법을 강구하는 것 등이 있다.

Q8 조직에서 일처리를 하는 데 법과 원칙이 있음에도 조직원 모두가 관행에 따라 일처리를 한다. 이 상황에서 본인은 어떻게 할 것인가?

> **MEMO**
>
>
>
>
>
>
>
>

✅ PLUS

1. 공무원은 헌법과 법률에 의해 움직이는 조직이다. 다시 말해 법과 원칙에 입각하여 일을 처리한다는 것을 우선적으로 기억해야 한다(법령준수의 의무, 적극행정의 취지).
2. 공무원이 이처럼 법과 원칙대로 일하지 않는다면 국민은 공무원을 신뢰할 수 없을 것이며, 좋은 정책을 만드는 데 창의성을 발휘할 수 없을 것이다. 이러한 문제는 공무원 조직의 문제점이라고 할 수 있다. 공무원은 어떠한 일이 있더라도 편하고 일에 효율적이라고 해서 관행을 따르는 것이 아니라 제도의 개선을 통해 법과 원칙에 맞게 일하는 것이 옳은 것임을 기억해야 한다.

3   공직가치와 공익실현 정리

(1) 공직가치

공익을 실현하기 위해 공무원이 반드시 갖추어야 할 자세를 공직가치라고 한다.

(2) 공익실현

응시생들에게는 '국민의 삶의 질 향상'이 곧 공익실현이다. 공익실현에 있어서 기억해야 할 것은 사회적 약자에 대한 배려가 있어야 한다는 것이다. 공무원은 사회적 약자를 배려하는 데 가장 중요한 역할을 하고 있다. 실제로 국가의 정책들은 서민들을 위한 정책이고 그중에서도 사회적 약자에 대해 우선적으로 배려하는 정책들을 시행하고 있는 것을 확인할 수 있다.

✔ POINT

공직사회에서 국민의 삶의 질을 향상시킨다는 의미는 곧, 국민의 행복증진과 안전을 책임지는 것이다. 이를 다른 말로 우리는 공익실현이라고 하며, 이는 대한민국 헌법의 최고 가치이기도 하다.

(3) 사회적 약자

사회적 약자란 특정 계층을 지칭하는 것이 아니라 우리가 관심과 배려를 가지고 도움을 주어야 할 대상들을 모두 일컫는 것이며 그 범위는 상당히 넓다. 참고로 사회적 약자는 국민 전체 누구나 될 수 있다는 것도 기억해야 한다.

CHAPTER
04 공직가치의 종류

(1) 공직가치는 직무를 수행하는 데 필요한 요소 혹은 전문성이라고도 할 수 있다.

(2) 공무원 헌장에 명시되어 있는 공직가치는 애국심, 다양성, 민주성, 책임감, 투명성, 공정성, 청렴성, 도덕성, 공익성 총 9가지이다.

분 류	공직가치	행동준칙(예시)
국가관	역사의식	사회의 변화과정을 시간적으로 이해하고 국가와 사회의 발전을 위한 주인의식을 가지려는 자세
	공동체의식	공동체의 조화로운 발전을 추구하려는 자세
	자긍심	한 사회의 일원이자 공무원으로서 맡은 역할과 소임에 스스로 긍지를 가지는 마음
	헌법정신	헌법이 지향하는 가치와 이념을 실천하려는 마음가짐
	애국심	나라를 사랑하는 마음으로 국가에 충성하려는 자세
	사명감	국가와 사회로부터 부여받은 역할과 소임을 최선을 다해 수행하려는 마음
	다양성	다양한 생각과 문화를 이해하고 존중하며 차별하지 않는 자세
	헌신성	국가와 국민을 위해 몸과 마음을 바치려는 자세
	개방성	각계각층과 열린 의사소통 및 상호작용을 통해 사회의 변화를 추진하는 자세
	민주성	국민의 참여와 결정이 중요한 가치라고 여기는 자세
공직관	전문성	공직자로서 자신의 업무에 대한 높은 지식을 보유하고 투철한 직업의식을 가짐
	책임감	맡은 업무를 완수하고자 하는 의지와 노력
	효율성	시간과 예산의 낭비를 최소화하여 업무성과를 높이려는 자세
	준법의식	법과 규칙을 준수하는 자세
	봉사정신	나 자신보다는 국민을 받들어 열심히 일하려는 자세
	소명의식	공직을 천직(天職)으로 여기며 일하려는 자세
	투명성	적극적으로 정보를 개방하고 공유해 '국민의 알 권리'를 실현하려는 자세
윤리관	공정성	올바르고 공평무사하게 업무를 수행하려는 자세
	청렴성	직무와 관계가 있든 없든 금전이나 향응을 받지 않으며 사익을 추구하지 않음
	성실성	맡은 바 임무를 성심성의껏 수행함
	적극성	무사안일하지 않고 능동적이고 솔선수범하는 자세로 직무를 수행함
	도덕성	개인의 양심이나 사회적 규범을 준수하여 공직자의 본분에 충실함
	공익성	특정 개인이나 집단의 이익을 추구하는 것이 아니라 공익을 우선하여 직무를 수행함

CHAPTER 05 '직무수행능력과 전문성' 이해하기

✔ **POINT** 순서대로 2~3번 정독하며 이해를 해야 한다.

1 공무원으로서 갖추어야 할 중요한 직무능력

[이해하기] '본인이 합격한 직렬의 공무원으로서 갖추어야 할 가장 중요한 직무능력이 무엇일까?'라고 묻는 다고 해도 어려운 것이 아니다. 결국 직무수행능력 및 전문성이란 공무원으로서 일을 잘 해낼 수 있는 능력을 말한다. 공무원 업무를 수행하는 데 있어서 관계역량(민원업무나 업무와 이해관계가 있는 사람과의 소통)과 직무역량(정책에 대한 개선방안이나 새로운 정책을 만들어 가는 것)이 모두 포함된다고 생각하면 된다.

(1) 경청하기

일처리를 할 때 민원인을 포함하여 업무 관련성이 있는 사람들의 말을 잘 듣는 경청의 자세 또한 전문성이라고 할 수 있다. 경청을 예로 든 이유는 응시생들이 공무원이 되었을 때 민원인과의 문제해결을 위해서 반드시 필요한 기본적인 덕목이기 때문이다.

(2) 원칙과 규정의 중요성

① 법과 원칙을 제대로 숙지하고 이해하고 나서 일처리를 해야 한다. ⇨ 법령숙지

② **[이해하기]** 공무원이 처리하는 업무는 어떤 사람들에게 있어서는 인생이 걸려있는 것들이 많다. 그러므로 무엇보다 원칙과 규정이 중요하다. 물론 원칙과 규정만을 가지고는 문제해결이 어려울 것이다. 하지만 융통성을 발휘(재량권 발휘)하기 위해서라도 법과 원칙(규정 및 제도)을 먼저 이해하고 숙지를 해야 한다.

2 업무관련 행동요령

직무를 수행할 때 공무원은 민원인을 비롯한 업무 관련성이 있는 사람들에게 어떻게 행동해야 하는지 살펴보아야 한다. 나중에 실무를 해 보면 알겠지만 수험생활동안 공부했던 단순 지식만으로는 실무에 들어가 일처리를 하는 데 많이 부족하다. 자칫하면 보여주기식 일처리가 되어 버릴 수 있기 때문이다. 그러므로 아래 내용을 잘 정리해 두어야 한다.

✏ **Check point**

1. 상황형 과제 해결방안 측면에서 도움이 많이 되므로 이해가 되어 있어야 한다.
2. 아래 내용은 일처리를 잘 해낼 수 있는 방법을 알려주는 것이며, 이것이 바로 직무수행능력이며 전문성이다.

(1) 법 조항 숙지하기

예를 들어 세무직렬은 기본적으로 「국세징수법」을 숙지하여야 한다. 또한 선관위관련 직렬은 「공직선거법」 등을 숙지하여야 하고, 검찰직렬은 「형법」 및 「형사소송법」을 숙지하여야 한다. 이처럼 내용 숙지를 잘해야 업무를 익히는 데 유리하고, 실제 업무에서도 재량권을 발휘하는 등 용이하다.

(2) 법과 관련된 예규, 해석, 판례 참고하기

관련된 내용의 해석이 어려울 경우에는 상급기관이나 다른 기관에 문의할 줄도 알아야 한다. ★

TIP 업무 특성상 문의내용이 애매한 경우 바로 해결하지 못하는 경우가 상당히 많다. 왜냐하면 법 적용을 위한 사실판단의 문제가 있기 때문이다. 실제 공무원 업무처리 관련 미담사례를 보더라도 직원들이 사실판단을 위하여 다른 기관에 전화도 해보고 직접 현장에 나가보는 등 많은 노력을 하고 있다는 것을 확인할 수 있다.

(3) 민원처리시 판단이 어려울 경우

만약 어떤 민원업무 처리에 있어 애매한 부분 때문에 당장 일처리를 하는 데 판단이 어려울 경우에는 다음의 내용을 참고하도록 한다.

① 기본적으로 민원인에게 애매한 부분이 있어 당장 판단이 어렵다는 설명을 하여 돌려보내고 나서 본인 스스로 일을 해결하기 위한 정보를 구하는 것이 핵심이다. ★

② 신입공무원이 착각하는 것이 그 자리에서 당장 민원을 해결해주지 못하면 민원인이 '저 사람 공무원 맞아?'라는 생각을 할까봐 의기소침해지는 경우가 있지만 이는 착각이다. 오히려 쉽게 답변을 해주면 그 사람에게 혹은 일처리를 하는 이에게 피해가 갈 수 있기 때문에 무엇보다 신중한 태도가 중요하며, 이런 부분은 민원인의 95% 이상이 공감하는 바임을 반드시 기억해야 한다. 즉, 민원인들에게 신뢰를 주는 것이 기본이면서도 가장 중요하다.

TIP 이러한 질문에는 일반적이고 추상적인 답변을 하면 압박을 받을 수밖에 없다. 예를 들어 '상관에게 물어보겠다. 규정에 없으니 도와주기 힘들겠다.'라는 식의 답변은 바람직하지 않다. 참고로 상관은 담당자의 일을 대신 해주는 사람이 아니고, 그 일을 해결할 사람은 담당자인 자신이라는 것을 기억해야 한다. 위계질서가 강한 공직사회에서도 상관은 상관의 역할, 실무자는 실무자로서의 역할이 각각 다르다는 것도 기억해야 한다.

---

3 직무수행능력을 강조하는 이유

(1) 인사혁신처에서 직무능력을 강조하는 이유는 단순히 전공지식에 대한 이해도가 높은 사람인가를 평가하는 것이 아니라는 것이다. 이는 응시생들이 공무원 사회에 입직하여 올바른 공직가치관 확립으로 공평하고 정당하게 일처리를 잘 할 수 있는가를 파악하는 것이라고 생각해야 한다.

(2) 정당하고 공평한 일처리를 하는 것에 있어 가장 기본적이면서도 중요한 것이 바로 '공직가치의 내재화'라는 것을 반드시 기억하고 면접준비를 해야 한다.

2024
스티마 면접
지방직(공통편)

05

면접태도와 자세

CHAPTER

01 면접에 임하는 자세

(1) 공익(公益, public interest)에 대해 이해하기

① 공익이란 '공공의 이익, 공공의 번영'을 가리키는 말이다. ⇨ 사전적 의미

② 공무원에게 있어 공익실현이란, 공익이 다수나 사회 전체를 위하는 것이라 할지라도 소수나 개인의 자유와 권익을 희생시켜서는 안 되는 것이다. 오히려 정부의 행정(공공행정) 혹은 지방의 행정은 불리한 입장에 놓인 계층이나 소수의 복지를 우선적으로 배려해야 진정한 공익을 실현하는 것이며 이를 통해 정의로운 사회가 이루어질 수 있다는 것을 마음속 깊이 새겨야 할 것이다.

   ◐ 이것이 공무원이 사기업에 다니는 사람보다 균형 잡힌 공직가치가 필요한 이유이다.

③ 최근 정부에서는 '사회적 가치'라는 개념이 대두되고 있다. 사회적 가치란 사회, 경제, 환경, 문화 등 모든 영역에서 공공의 이익과 공동체의 발전에 기여하는 가치를 말한다. 이는 결국 모두 함께 잘사는 나라를 추구하는 것이며, 사회적 가치의 추구가 결국 공익이라고 이해하면 된다.

> **✅ PLUS**
>
> **사회적 가치**
> 1. 국민소득은 올라가는데 대한민국의 삶의 질은 계속해서 하락하고 있다. 때문에 저출산 - 고령화, OECD 자살률 1위, 노인빈곤율 1위, 어린이 및 청소년 행복지수 최하 수준, OECD 국가 중 노동시간 최고 수준 등 우리 사회의 구조적인 문제를 해결하고 더불어 잘사는 공동체를 회복해야 한다.
> 2. 사회적 가치 실현을 위해 인권보호, 재난과 사고로부터 안전한 근로생활 환경 마련, 복지의 확대, 노동권의 보장과 근로조건 향상, 사회적 약자에 대한 기회 제공과 사회통합, 대기업·중소기업 간의 상생과 협력, 민주적 의사결정, 지속가능한 개발 등이 필요하다. 즉, 공무원들이 공익실현을 위해 이러한 목표를 추구하고 이를 달성하기 위해 노력해야 한다는 의미이다.
> 3. 사회적 가치 중 예를 들어 '대형마트 의무휴업'의 적용대상을 복합쇼핑몰까지로 확대하는 것도 대기업과 중소기업 간의 상생과 협력을 통해 다같이 잘사는 사회를 만드는 것이 될 것이다.

MEMO

(2) 과거 공무원 면접 경험 및 현직 경험

① 면접 탈락 경험이 있는 경우: 면접에서 탈락한 경험이 있는 응시생이라면 직접적인 질문이 이루어지기 전에는 스스로 밝힐 필요는 없다.

② 현직에 종사하고 있거나 과거 현직 경험이 있는 경우

　㉠ 면접 때 현직의 경험에 대한 이야기를 하는 것이 블라인드 면접 위반은 아니다. 그러므로 현직 경험이 있다면 상대적으로 해당 경험에 대해 면접관이 관심을 가지고 질문을 할 수 있으므로 응시생 스스로 가장 답변을 잘할 수 있는 이야기(자신의 강점이 드러나는 이야기)를 하는 것이 중요하다.

　㉡ 다만, 근무경력이 아주 짧은 기간일 경우에는 상대적으로 어필할 만한 경험이 부족하므로 언급을 하지 않는 것이 좋다.

　㉢ 근무경력이 길고 다양한 경험들로 어필을 할 것이 많다고 생각하는 경우에는 이를 통해 응시생이 업무를 잘하였다는 것을 이야기하면 편안한 분위기 속에서 면접이 진행될 것이다. 또한 경력이 오래된 응시생은 본인은 느끼지 못하겠지만 공직생활을 오랫동안 했기 때문에 질의응답 과정에서 은연중에 이러한 사실이 드러날 수 있기 때문에 항상 진정성 있게 이야기하는 것이 좋을 수 있다.

　　　TIP 이 부분에 대해 추가적으로 고민이 있다면 스티마쌤에게 문의하길 바란다.

(3) 수험생활과 가족사에 관련된 부분

① 개별질문에서 힘들었던 경험 등과 관련된 질문이 이루어질 때 응시생 입장에서는 충분히 가족사나 수험생활에 대한 경험을 어필할 수 있다. 하지만 면접관이 직접적인 질문을 하기 전까지는 가급적이면 수험생활이나 가족사 등에 관한 이야기는 하지 않는 것이 좋다.

② 힘들었던 일이나 고난을 극복했던 일에 대해 어쩔 수 없이 가족사를 이야기해야 하는 상황이라면 "면접관님, 개인적인 일인데 말씀드려도 될까요?" 혹은 "지금 떠오르는 답변이 가족사와 관련된 것밖에 없는데 말씀드려도 될까요?"라고 먼저 면접관에게 양해를 구하고 나서 이야기를 풀어가는 것이 좋다. 여기서 주의할 점은 면접관이 어느 정도 공감할 수 있는 답변(고개를 끄덕일 수 있는 답변, 질문과 연관성이 있는 답변)을 해야 한다는 것이다. 단순히 동정을 얻기 위한 느낌을 주는 것은 적합하지 않다.

③ 기혼자의 경우 면접에서 자연스럽게 언급되어지는 것은 괜찮다.

(4) 답변시 지양해야 할 것

① 자기주장이 강해 보이는 것, 이기적인 느낌이 드는 답변은 반드시 경계해야 할 요소이다. 또한 지나치게 소극적이며 내성적인 면이 부각되는 것도 좋지 않다.

② 앵무새처럼 기계적인 느낌을 주는 답변은 지양해야 한다. 즉, 외워서 답변을 하고 있다는 느낌을 주는 형식적이고 진성성이 없는 답변은 면접관에게 좋은 평가를 받지 못한다.

MEMO

(5) 면접은 응시생이 주도할 것

실제 면접은 응시생이 주도해야 한다. 이 의미는 면접관이 응시생에게 관심을 가지고 질문을 하거나 흥미롭게 이야기를 들어주면서 응시생의 이야기가 중심이 되도록 해야 한다는 것이다. 그러나 면접관이 훨씬 더 많은 이야기를 하고 있다는 느낌이 들거나 면접관이 하고 싶은 질문만 하는 경우는 응시생의 경험이 잘 드러나지 않고 있음을 뜻하는 것이다.

TIP 보통 위와 같은 일이 면접에서 발생하는 경우는 응시생이 질문에 대한 답을 잘 못하거나 질문의 요지를 잘 파악하지 못하는 경우이다. 여기서 핵심은 내용이나 답변의 구체성이 없다는 것이다. 결국 이는 면접관에게 기회를 주는 것이므로 구체성이 있는 답변을 하는 연습을 꼭 해야 한다. 오히려 정말 모르는 질문이 나왔을 때는 솔직하게 "정말 열심히 준비했는데 이 질문에 대한 준비는 못했습니다. 죄송합니다."라고 말하고 다음 질문을 받을 준비를 하는 것이 좋다. 어물쩍거리거나 전혀 엉뚱한 답변을 하는 것은 면접관들이 가장 싫어하는 유형임을 상기하고 면접준비를 해야 한다.

> **MEMO**
>
>
>

(6) 정확히 표현하기

이것은 여러 가지를 내포하고 있지만 면접관의 질문의도에 맞게 답변하는 것이 중요하다는 의미이다.

TIP 예를 들어 면접관이 "모르는 업무가 발생할 경우 어떻게 할 것인가?"라고 질문하면 일반적으로 응시생은 "자칫 제가 임의로 처리하면 안 되기 때문에 상관에게 여쭤보고 처리하겠습니다."라고 답변한다. 하지만 이는 좋은 답변이 아니다. 즉, 면접관이 원하는 답변이 아니라는 것이다. 공직에서의 업무는 주어진 역할마다 다르며, 상관이 응시생들의 업무를 대신 해주지 않는다는 뜻이다. 담당 주무관으로서 본인에게 주어진 업무는 '스스로 처리하려는 마음가짐'으로 답변을 해야한다.

> **MEMO**
>
>
>

(7) 성심성의껏 답변하기

간단하고 사소한 질문일지라도 '성심껏 답변하고 있다'는 모습을 보이는 것이 좋다. 면접에서는 한 가지 답변만으로도 전체적인 분위기가 바뀔 수 있기 때문이다.

TIP 예를 들어 면접관이 시작 전에 "긴장되시나요?"라고 물을 경우, 스티마쌤이라면 "제가 긴장은 되지만 오랫동안 기다 렸던 순간이었기 때문에 기분 좋은 떨림이라고 생각합니다." 또는 "긴장되고 떨리지만 오랫동안 간직하고 싶은 긴장감이라 그동안 준비했던 것들을 모두 보여드리지 못할까봐 그것이 더 긴장됩니다."라고 성심껏 답변하는 모습을 보일 것이다.

(8) 긍정적으로 답변하기

국가 혹은 지자체에서 추진하는 정책이나 제도에 대한 질문에는 비록 언론 등 외부에서 비판을 받고 있거나 부정적으로 회자가 되더라도 함께 비판하고 부정적인 내용을 부각시켜 답변하는 것은 바람직하지 않다.

(9) 본인의 상황에 맞게 진실된 답변하기

면접준비는 응시생 개개인의 주어진 상황이나 처지, 경험 등에 따라 달라지기 마련이므로 자신의 상황과 경험에 맞게 진솔하게 준비를 해야 한다. 즉, 연령대가 낮은 응시생(재학생 포함), 연령대가 높은 응시생, 직장경험이 있는 응시생, 주부 응시생 등 각각의 상황과 처지에 맞는 면접준비를 해야 한다.

CHAPTER

02 면접시 상기해야 할 부분

(1) 처음부터 끝까지 미소 잃지 않기

실제 면접을 보면 면접관마다 성향이 다르다. 면접관이 포근하고 편안하게 미소를 지으면서 질문하면 응시생도 당연히 미소가 나올 수밖에 없다. 하지만 면접관의 표정이 굳었을 때는 응시생이 미소를 짓기가 쉬운 일이 아니다. 그러므로 항상 '미소'라는 단어를 염두에 두고 면접에 임하여야 한다. 특히 남자들도 너무 굳은 표정보다는 부드럽게 보이려고 노력하는 연습이 필요하다.

(2) 아이컨택과 자신감 갖기

① 짧은 시간동안 면접이 이루어지기 때문에 면접관과 대화를 하면서 시선을 마주치는 것은 예의있는 행동이다. 그러므로 시선을 피하는 것은 정직하지 못하다는 느낌을 줄 수 있다. 따라서 올바른 시선처리는 상당히 중요하다.

② 질문을 하는 면접관을 쳐다보며 '경청하고 있다'는 느낌을 주는 것이 좋다. 질문에 대한 답변이 살짝 길어지면 다른 면접관에게도 시선을 한 번씩 주는 것도 배려이다.

(3) 자기최면 걸기

면접준비 기간 동안 스스로에게 '나는 봉사할 준비가 되어 있는 사람이다.'라고 자기최면을 거는 것이 필요하다. 또한 면접준비를 할 때 '지금부터는 수험생이 아닌 공무원이다.'라는 생각을 가지고 준비를 해야 한다.

(4) 파생질문까지 준비하기

개인적으로 면접준비를 하건 면접스터디에 비중을 두고 준비를 하건 스티마쌤의 강의를 통해 준비를 하건 항상 자신이 준비한 답변에 추가적으로 파생될 수 있는 질문까지 생각하고 면접준비를 해야 한다. 상당히 중요한 요소이므로 충분한 연습과 대비가 필요하다.

MEMO

MEMO

2024
스티마 면접
지방직(공통편)

국가관·공직관·윤리관

CHAPTER

01 국가관

1 헌법의 가치 – 헌법전문

유구한 역사와 전통에 빛나는 우리 대한국민은 3·1운동으로 건립된 대한민국임시정부의 법통과 불의에 항거한 4·19민주이념을 계승하고, 조국의 민주개혁과 평화적 통일의 사명에 입각하여 정의·인도와 동포애로써 민족의 단결을 공고히 하고, 모든 사회적 폐습과 불의를 타파하며, 자율과 조화를 바탕으로 자유민주적 기본질서를 더욱 확고히 하여 정치·경제·사회·문화의 모든 영역에 있어서 각인의 기회를 균등히 하고, 능력을 최고도로 발휘하게 하며, 자유와 권리에 따르는 책임과 의무를 완수하게 하여, 안으로는 국민생활의 균등한 향상을 기하고 밖으로는 항구적인 세계평화와 인류공영에 이바지함으로써 우리들과 우리들의 자손의 안전과 자유와 행복을 영원히 확보할 것을 다짐하면서 1948년 7월 12일에 제정되고 8차에 걸쳐 개정된 헌법을 이제 국회의 의결을 거쳐 국민투표에 의하여 개정한다.

✔POINT 지방직 면접에서는 헌법의 가치에 대한 질문이 간혹 이루어진다.

(1) 헌법전문에서 찾을 수 있는 헌법가치

① **자유민주주의**: 민주성이 핵심가치이다. 민주성의 대표적인 사례로는 선거제도, 언론의 자유, 국민제안제도 등이 있다.

② **평화적 통일**

③ **기회균등**: 공정성이 핵심가치이다.

> 예 최근 기아자동차 등의 고용세습제를 문제로 들 수 있다. 이는 재직자의 자녀를 우선 채용한다는 단체협약으로 균등한 취업기회를 보장한 헌법에 위배되는 것이기에 해당 조항을 폐지하라고 시정명령을 내린 상황이다.

④ **자유와 권리 및 책임과 의무**: 책임감을 핵심가치로 꼽을 수 있다.

⑤ **세계평화 인류공영(국제평화주의)**: 공익성과 다양성이 핵심가치이다.

⑥ **(우리들과 자손의) 안전, 자유, 행복의 확보**: 헌법의 최우선 가치라고 할 수 있다.

(2) 헌법의 기본원리

① **정치**: 자유민주주의

② **시장경제주의**: 사례를 통한 이해 ⇨ 2023년 4월 21일 기사에 의하면 검찰이 2조 3000억원 규모의 빌트인가구(특판가구) 입찰담합을 적발, 한샘 등 8개 법인과 최고책임자 등 14명을 재판에 넘겼다. 검찰은 9년간 이뤄진 담합행위가 아파트 분양가 상승에 영향을 미친 요인이 됐다고 지적했다. 검찰 수사결과 8개 법인들은 2014년 1월부터 지난해 12월까지 건설사 24개가 발주한 전국 아파트 신축현장 관련 약 783건의 특판가구 입찰담합을 한 것으로 나타났다. 담합규모는 2조 3261억원에 달한다. 특판가구는 싱크대, 붙박이장과 같이 신축아파트에 빌트인 형태로 들어가는 가구를 말한다. 가구입찰담합이 결국 아파트 분양가 상승으로 이어지고 서민들이 피해를 보았다. 즉, 검찰뿐만 아니라 공정거래위원회에서 일하게 될 경우 이런 불법행위를 차단하고 밝혀냄으로써 공익을 실현해야 한다.

③ 문화: 문화주의 ⇨ 문화적 자율성 보장, 문화의 보호·육성·진흥, 문화활동 참여기회 보장

④ 국제: 평화주의 ⇨ 남북간 평화적 통일지향, 국제법질서 존중

2 헌법 제1조

✔POINT 자세하게 공부할 필요는 없고, 헌법 제1조가 의미하는 것만 이해하면 된다. 그러나 지방직 면접에서는 가끔씩 질문이 이루어진다.

(1) 대한민국은 민주공화국이다.

① 공화국의 의미

　㉠ 공화제(republic)를 채택한 국가를 공화국(共和國)이라고 한다. 공화제란 공화국의 정치 체제를 가리키며, 형식적으로 또는 실제로 주권이 그 구성원에게 있는 정치 체제이다. 기본적으로 입헌제를 뜻하고 이에 따라 법을 기반으로 모든 구성원이 정치적 의사 결정에 참여하는 정치 체제이다. 그러므로 군주제와는 달리 공화제에는 군주가 존재하지 않는다. 또한 공화제를 주장하거나 실현하려고 하는 정치적인 태도나 이념을 공화주의라 한다.

　㉡ 보통 공화국이라 하면 세습군주를 가지고 있지 않은 국가를 말한다. 또한 20세기 초기에 이르기까지에는 공화국과 민주국은 동의어로 사용되었으며 각 민주국가는 '공화국'의 명칭만을 사용하는 것이 보통이었다.

② 제헌헌법에 담긴 민주공화국의 의미: 제헌헌법을 기초했던 제헌국회의원 유진오는 헌법 제1조의 의미를 이렇게 해설하고 있다. "공화국의 정치 형태가 동일하지 않으므로 본 조에 있어서 우리나라는 공화국이라는 명칭만을 사용하지 않고, 권력분립을 기본으로 하는 공화국임을 명시하기 위하여 특히 '민주공화국'이라는 명칭을 사용한 것이다." 즉, 해방 직후의 상황에서 사회주의자들이 주장하던 '인민공화국'의 경우 권력분립이 아닌 권력집중을 특징으로 하고 있었기 때문에 이와 구분하기 위하여 '민주공화국'이라고 표현했다는 의미이다.

③ 민주공화국의 의미

　㉠ 공화국을 뜻하는 'republic'은 '공공의 것', '공공의 일'이라는 뜻으로도 번역된다. 곧 민주공화국이란 '법과 공공성에 기반을 두고 주권자인 시민들이 만들어낸 정치공동체'라고 정의할 수 있는 것이다.

　㉡ 제헌헌법에서 지향한 공화국은 개인의 이익보다는 '공공의 이익'을 우선하는 국가였다고 강조한다. 제헌헌법은 자유민주주의와 사회민주주의적 요소를 함께 갖고 있으면서 양자의 대립적 측면을 공화주의로써 조화시키고자 했다는 것이다.

(2) 대한민국의 주권은 국민에게 있고, 모든 권력은 국민으로부터 나온다.

① 제헌헌법에 담긴 국민주권의 의미: 제헌헌법 제1조를 뒷받침하는 조항인 제헌헌법 제2조는 "대한민국의 주권은 국민에게 있고, 모든 권력은 국민으로부터 나온다."고 선언한다. 국가의 의사를 최종적으로 결정하는 최고의 권력인 주권이 국민에게 있다는 '국민주권론'을 제시한 것이다. 이는 곧 주권이 군주나 자본가 혹은 노동자와 같은 특정한 계급에 있지 않다는 의미를 담고 있는 것이다.

② 국민주권의 의미
　　㉠ 국가의 정치 형태와 구조를 최종적으로 결정하는 권력이 국민에게 있다는 원리이며 주권의 소재
　　　는 국민에게 있다는 원리이다.
　　㉡ 좁은 의미로는 인민주권과 대비하여 개별적 국민이 아닌 추상적 국민에게 주권이 있다는 원리로
　　　사용하기도 한다.

3 헌법 제7조

POINT 헌법 제7조는 공무원의 역할과 의무를 규정하고 있으므로 그 의미를 잘 이해해야 한다. 공무원은 국민 전체에 대한 봉사자로서 국민에 대해 책임을 져야 하는 위치에 있기 때문에 공공의 이익을 위하여 창의성과 전문성을 바탕으로 적극적으로 업무를 처리하는 적극행정을 해야 한다. 추상적인 질문이고 정답이 정해진 것은 아니지만 '공무원이 무엇이라고 생각하는가? 공무원의 역할에 대해 말해보라.'는 질문에 대해서도 헌법 제7조가 의미하는 내용을 정리하여 답변하면 좋은 답변이 될 수 있다.

(1) 공무원은 국민 전체에 대한 봉사자이며, 국민에 대하여 책임을 진다.
① 공공성의 의미
　　㉠ 국민 전체에 대한 봉사자로서 국민에 대해 책임을 진다는 것은 '공공성'을 의미한다.
　　㉡ 공공성이란 직무를 수행함에 있어 특정인이나 특정집단이 아니라 일반 사회 구성원 전체의 이익
　　　을 우선하는 공익지향성을 의미한다.
② 적극행정과의 연결
　　㉠ 적극행정이란 공무원이 불합리한 규제의 개선 등 공공의 이익을 위하여 창의성과 전문성을 바탕
　　　으로 적극적으로 업무를 처리하는 행위를 말한다.
　　㉡ 적극행정이야 말로 국민 전체에 대한 봉사자로서 책임을 지는 모습이라고 할 수 있다.
③ 소명의식: 헌법과 법률을 준수하고 오직 국민을 바라보며 양심과 소신에 따라 일을 하고 자기 능력
　　을 전부 발휘해야 한다는 의미이다.

✓PLUS

1. '공공성'이란 쉽게 말해 바람직한 사회 형성의 길라잡이 역할을 의미한다.
　① 전체 사회를 위해 돈벌이가 되지 않는 일을 감당하는 것
　② 사회적 약자의 편이 되어 주는 것
　③ 장래의 이익을 위해 현재의 이익을 희생하는 것
2. 공공성과 관련된 제도는 다음과 같다.
　① 공직자윤리법(퇴직공직자의 취업제한, 공직자의 재산 등록 및 공개제도, 주식백지신탁제도, 이해충돌방지 등)이 대
　　표적이다.
　② 적극행정면책제도 또한 '공익을 위해 능동적으로 업무를 처리하는 과정에서 발생하는 부분적인 하자는 면책을 해주
　　겠다.'는 의미이다.
3. 헌법 제7조에서는 공무원의 공익실현 의무, 신분보장 및 정치적 중립성을 천명하고 있다.

TIP 공공성에 대해 사례로 이해 ⇨ 이미 관련 제도들은 5분발표 제시문으로 출제가 되었고, 적극행정 사례는 현재 면접에서도 진행 중이다.

(2) 공무원의 신분과 정치적 중립성은 법률이 정하는 바에 의하여 보장된다.

① 직업공무원제도

　㉠ 직업공무원제도가 국민주권원리에 바탕을 둔 민주적이고 법치주의적인 공직제도임을 천명하고 정권담당자에 따라 영향받지 않는 것은 물론 같은 정권하에서도 정당한 이유 없이 해임당하지 않는 것을 불가결의 요건으로 하는 직업공무원제도의 확립을 내용으로 하는 입법 원리를 지시하고 있다.

　㉡ 그렇기 때문에 공무원에 대한 기본법인 「국가공무원법」이나 「지방공무원법」에서도 이 원리를 받들어 공무원은 형의 선고, 징계 또는 위 공무원법이 정하는 사유에 의하지 아니하고는 그 의사에 반하여 휴직, 강임 또는 면직당하지 아니하도록 하고(국가공무원법 제68조, 지방공무원법 제60조), 직권에 의한 면직사유를 제한적으로 열거하여(국가공무원법 제70조, 지방공무원법 제62조) 직제와 정원의 개폐 또는 예산의 감소 등에 의하여 폐직 또는 과원이 되었을 때를 제외하고는 공무원의 귀책사유 없이 인사상 불이익을 받는 일이 없도록 규정하고 있는 것이다.

　㉢ 이는 조직의 운영 및 개편상 불가피한 경우 외에는 임명권자의 자의적 판단에 의하여 직업공무원에게 면직 등의 불리한 인사조치를 함부로 할 수 없음을 의미하는 것으로서 이에 어긋나는 것일 때에는 직업공무원제도의 본질적 내용을 침해하는 것이 되기 때문이다(헌법재판소 1989.12.18, 89헌마32등, 판례집 1, 343, 353-354).

　　TIP 대한민국이 직업공무원제도를 실시하는 목적은 공직자 개개인의 자율성과 창의성 및 혁신성을 보장해 줌으로써 공직자들이 책임감을 가지고 국민이 삶의 질 향상에 헌신과 열정을 가지고 임해야 한다는 뜻을 내포하고 있다고 생각하면 된다. 이는 곧 공무원들에게 신분보장을 해주는 이유라고 이해를 하면 된다.

② 공무원의 정치적 중립

　㉠ 공무원의 정치적 중립성 요청은 정권교체로 인한 행정의 일관성과 계속성이 상실되지 않도록 하고 공무원의 정치적 신조에 따라 행정이 좌우되지 않도록 함으로써 공무집행에서의 혼란의 초래를 예방하고 국민의 신뢰를 확보하기 위함이다.

　㉡ 헌법재판소는 공무원에 대한 정치적 중립성의 필요성에 관하여 "공무원은 국민 전체에 대한 봉사자이므로 중립적 위치에서 공익을 추구하고(국민 전체의 봉사자설), 행정에 대한 정치의 개입을 방지함으로써 행정의 전문성과 민주성을 제고하고 정책적 계속성과 안정성을 유지하며(정치와 행정의 분리설), 정권의 변동에도 불구하고 공무원의 신분적 안정을 기하고 엽관제로 인한 부패·비능률 등의 폐해를 방지하며(공무원의 이익보호설), 자본주의의 발달에 따르는 사회경제적 대립의 중재자·조정자로서의 기능을 적극적으로 담당하기 위하여 요구되는 것(공적 중재자설)"이라고 하면서 공무원의 정치적 중립성 요청은 결국 위 각 근거를 종합적으로 고려하여 "공무원의 직무의 성질상 그 직무집행의 중립성을 유지하기 위하여 필요한 것"이라고 판시한 바 있다(헌법재판소 1995.5.25, 91헌마67, 판례집 7-1, 722, 759).

ⓒ 직업공무원제도에 있어서 … 공무원의 정치적 중립과 신분보장은 그 중추적 요소라고 할 수 있다. 그러한 보장이 있음으로 해서 공무원은 어떤 특정정당이나 특정상급자를 위하여 충성하는 것이 아니고 국민 전체에 대한 공복으로서 법에 따라 그 소임을 다할 수 있게 되는 것으로서 이는 당해 공무원의 권리나 이익의 보호에 그치지 않고 국가통치 차원에서의 정치적 안정의 유지와 공무원으로 하여금 상급자의 불법부당한 지시나 정실(情實)에 속박되지 않고 오직 법과 정의에 따라 공직을 수행하게 하는 법치주의의 이념과 고도의 합리성, 전문성, 연속성이 요구되는 공무의 차질없는 수행을 보장하기 위한 것이다(헌법재판소 1989.12.18, 89헌마32 등).

CHAPTER 02 공직관

1 공무원의 의무

POINT 지방직 면접에서는 기본적으로 질문이 이루어진다고 생각하면 된다. 그러므로 암기 및 이해가 되어 있어야 한다.

1. 「국가공무원법」 제7장 복무규정

(1) 공무원의 6대 의무

공무원의 6대 의무란 '성실의무, 복종의무, 친절공정의무, 비밀엄수의무, 청렴의무, 품위유지의무'를 말한다.

공무원의 의무	내용	관련 규정 (국가공무원법)
① 선서의무	공무원은 취임할 때 소속 기관장 앞에서 선서를 해야할 의무를 진다. ➡ (선서문) 나는 대한민국 공무원으로서 헌법과 법령을 준수하고, 국가를 수호하며, 국민에 대한 봉사자로서의 임무를 성실히 수행할 것을 엄숙히 선서합니다.	제55조
② 성실의무	공무원은 주권자인 국민 전체에 대한 봉사자로서 공공이익을 위해 성실히 근무해야 할 성실의무를 진다.	제56조
③ 법령준수의무	공무원은 성실히 법령을 준수해야 할 의무를 진다. 공무원의 법령 위반행위는 위법행위로 행정처분 등의 취소·무효사유, 손해배상, 처벌, 징계사유가 된다.	제56조
④ 복종의무	공무원은 소속 상관의 직무상 명령에 복종해야 할 의무를 진다. 복종의무 위반은 징계사유가 되나 상관의 명령은 적법한 명령만을 뜻하며 고문 지시와 같은 위법한 명령에 대해선 복종의무가 없다.	제57조
⑤ 직장이탈 금지의무	공무원은 소속 상관의 허가 또는 정당한 이유 없이 직장을 이탈하지 못한다.	제58조
⑥ 영리금지 및 겸직금지의무	공무원은 공무 이외의 영리를 목적으로 하는 업무에 종사하지 못하며, 소속 기관장의 허가 없이 다른 직무를 겸하지 못한다. 금지되는 업무로는 직무능률의 저해, 공무에의 부당한 영향, 국가이익침해, 정부에 불명예 등을 초래할 염려가 있는 업무 등이 해당된다. 또한 공무원은 대통령의 허가 없이 외국 정부로부터 영예 또는 증여를 받지 못한다.	국가공무원법 제62조, 제64조 공무원복무규정 제25조
⑦ 정치운동금지의무	공무원은 정치적 중립성을 지켜야 하기 때문에 정당 기타 정치단체에의 가입 또는 그 조직 등 일정한 정치적 목적을 가진 행위가 금지된다.	제65조

⑧ 집단행동금지의무	공무원의 노동운동과 기타 공무 이외의 일을 위한 집단행동은 금지되어 있다. 다만 사실상 노무에 종사하는 공무원(정보통신부 및 철도청 소속의 현업기관과 국립의료원의 작업 현장에서 노무에 종사하는 기능직과 고용직 공무원)에 대해서만 예외가 인정되고 있다.	제66조
⑨ 친절·공정의무	공무원은 국민 전체에 대한 봉사자로서 인권을 존중하며 친절·공정히 집무해야 할 의무를 진다. 이 의무의 위반은 징계사유가 된다.	제59조
⑩ 비밀엄수의무	공무원은 재직 중은 물론 퇴직 후에도 직무상 비밀을 엄수해야 할 의무를 진다.	제60조
⑪ 품위유지의무	공무원은 직무의 내외를 불문하고 그 품위를 손상하는 행위를 해서는 안 된다.	제63조
⑫ 청렴의무	공무원은 직무와 관련하여 직접 또는 간접을 불문하고 사례·증여·향응 또는 증여를 받을 수 없다. 공무원은 직무상의 관계가 있든 없든 그 소속 상관에게 증여하거나 소속 공무원으로부터 증여를 받아서는 아니 된다. 청렴의무에 위반하면 징계사유가 되고 형법상의 수뢰죄로 처벌된다.	제61조
⑬ 종교중립의무	공무원은 종교에 따른 차별 없이 직무를 수행하여야 한다. 공무원은 소속 상관이 이에 위배되는 직무상 명령을 한 경우에는 따르지 아니할 수 있다.	제59조의2

(2) 성실의무

TIP 개념이 추상적이므로 이해를 돕기 위해 정리하였다.

① 모든 공무원은 법령을 준수하며 성실히 직무를 수행하여야 한다(국가공무원법 제56조).

② 공무원은 국민 전체에 대한 봉사자로서 주어진 직무와 관련하여 국민 전체의 이익을 도모하는 법적 의무를 지며, 성실의무는 공무원에게 부과된 가장 기본적인 중대한 의무로 최대한으로 공공의 이익을 도모하고 그 불이익을 방지하기 위하여 전인격과 양심을 바쳐서 성실히 직무를 수행하여야 하는 것을 내용으로 한다.

③ 준수해야 할 '법령'은 공무원 재직 중 적용받는 「국가공무원법」 등 공무원 신분관계 법령뿐만 아니라 자기 직무에 관련된 소관 규정을 비롯한 모든 법령으로 법치행정의 원칙상 그 법령에 규정한 대로 직무를 성실히 수행해야 함을 의미한다.

④ '직무'는 법령에 규정된 의무, 상관으로부터 지시받은 업무 내용, 사무분장 규정상의 소관 업무 등을 말하며 감독자의 경우 부하직원에 대한 상사로서의 감독의무를 게을리 하지 않음으로써 부하직원의 비위행위를 사전에 방지하는 노력도 성실의무에 포함된다고 할 것이다.

⑤ 「국가공무원법」상 공무원의 성실의무는 경우에 따라 근무시간 외에 근무지 밖에까지 미칠 수 있다.

    ◈ 경찰·소방공무원의 경우 직무에 관하여 거짓으로 보고나 통보를 하여서는 아니 되고, 직무를 게을리하거나 유기(遺棄)해서는 아니 된다고 명시하여 구체적으로 성실의무를 규정하고 있다(경찰공무원법 제24조, 소방공무원법 제21조).

성실의무 위반 사례

모든 공무원은 법령을 준수하며 성실히 직무를 수행해야 할 의무가 있다. 그렇기 때문에 어떤 상황에서도 최선을 다해 맡은 바 임무를 다하고 찰나의 나태한 행동들이 심각한 문제들을 일으키지 않도록 매사에 각별한 주의를 기울이는 태도가 필요하다.

1. 세관의 과세평가 전담반원이 관세청장의 지시 공문을 숙지하지 못하고 그 지시에 배치되는 업무처리를 한 경우(대법원 1987.3.24, 86누585)
2. ○○시 주택과장이 동사무소 건설 담당 직원들이 조사 보고한 내용에 대한 확인 및 동인들의 업무감독을 소홀히 하여 무허가철거 보조금을 부당지급케 하고 시건립 공동주택을 부당 배정케 한 경우(대법원 1986.7.22, 86누344)
3. 여권에 6~7회 입국사실이 나타나 있는 중국인의 여구(旅具)검사를 소홀히 하여 다수의 밀수품이 국내에 반입되게 한 세관공무원의 행위(대법원 1984.12.11, 83누110)

➡ 허위의 보고 혹은 통보를 하거나 직무를 태만히 하는 경우도 성실의무 위반이라 할 수 있다.

(3) 품위유지의무

① 공무원은 직무의 내외를 불문하고 그 품위를 손상하는 행위를 하여서는 아니 된다(국가공무원법 제63조).

② '품위'라 함은 주권자인 국민의 수임자로서의 직책을 맡아 수행해 나가기에 손색이 없는 인품을 말하는 것이며, 공무원으로서 갖추어야 할 품위에는 사적인 행위까지 포함하나 그것이 손상되기 위해서는 공개성을 필요로 한다.

   예 품위손상 유형 ⇨ 도박, 강도·절도, 사기, 폭행, 성추행, 성매매, 음주운전, 마약류 소지 및 투여 등

③ 일반적으로 국가가 공무원에 대하여 징계권을 행사할 수 있는 것은 공직을 원활하게 수행하는 데 필요한 범위 내에서 규율과 질서를 유지하기 위함에 그 근거가 있으므로 공무원의 사생활에서의 비행은 공직수행에 직접 관련이 있거나 공직의 사회적 평가를 훼손할 염려가 있는 경우에 한하여 정당한 징계사유가 될 수 있다.

④ '직무의 내외'를 불문하므로 음주운전·성매매·불건전한 이성교제·도박·폭행·마약투여 등과 같이 비위사실이 공무집행과 관련된 것이 아니더라도 공무원으로서의 체면 또는 위신을 손상한 때에는 징계사유에 해당된다.

MEMO

✔POINT 품위유지의무의 대표적인 공직가치는 도덕성, 책임감이라고 할 수 있으며 이는 새로운 평가요소인 윤리·책임과 가장 밀접하게 연관된다.

MEMO

2. 공무원의 3대 비위

(1) 최근 공직사회에서는 공무원의 3대 비위인 '음주운전, 성폭력, 금품수수 및 향응'에 대한 처벌이 강화되고 있다. 이에 공무원 3대 비위에 대한 내용은 5분발표 및 개별질문으로 언제든 질문화 될 수 있으므로 정리가 필요하다.

(2) 공직의 신뢰를 저하시키는 주요 비위에 대해서는 '무관용 원칙'으로 처벌한다.

① 성폭력·음주운전 등 주요 비위 공무원에 대해서는 징계기준을 강화하고,★ 각급기관 징계위원회의 객관성을 제고하기 위해 퇴직공무원의 징계위원 위촉도 제한할 계획이다.

➡ 성희롱도 성폭력 수준으로 징계, 음주운전 적발시 공무원 신분을 감춘 경우 처벌 강화 등

② 성범죄에 대해서는 '무관용 원칙'을 적용한다(「국가공무원법」 개정으로 2019년 4월부터 시행).

㉠ 성범죄로 100만원 이상의 벌금형을 받은 자는 3년간 공직에 임용될 수 없다.

㉡ 미성년자 대상 성범죄자는 공직에서 영구적으로 배제된다.

MEMO

3. 공무원 징계의 종류와 효력

(1) 공무원 징계의 종류

① 파면: 공무원을 강제로 퇴직시키는 중징계 처분으로 파면된 공무원은 일정 기간 다시 공직에 임용될 수 없고 연금의 전부 또는 일부를 받지 못할 수도 있다.

② 해임: 공무원을 강제로 퇴직시키는 중징계 처분으로 해임된 사람은 3년 동안 공무원으로 임용될 수 없다. 다만, 파면과는 달리 해임의 경우에는 연금법상의 불이익이 없다.

③ 강등: 강등은 1계급 아래로 직급을 내리고(고위 공무원단에 속하는 공무원은 3급으로 임용하고, 연구관 및 지도관은 연구사 및 지도사로 한다), 공무원 신분은 보유하나 3개월간 직무에 종사하지 못하며 그 기간 중 보수는 전액을 감한다. 다만, 계급을 구분하지 않는 공무원과 임기제 공무원에 대해서는 강등을 적용하지 않는다.

④ 정직: 정직은 1개월 이상 3개월 이하의 기간으로 하고, 정직 처분을 받은 자는 그 기간 중 공무원의 신분은 보유하나 직무에 종사하지 못하며 보수는 전액을 감한다.

⑤ 감봉: 1개월 이상 3개월 이하의 기간 동안 보수의 3분의 1을 감한다.

⑥ 견책: 전과(前過)에 대하여 훈계하고 회개하게 한다. 시말서를 제출하는 것으로 징계하는 방법을 말하며, 견책을 받고 6개월이 지나지 않으면 시험승진과 심사승진의 대상에서 제외된다.

(2) 공무원 징계의 효력

공무원으로서 징계처분을 받은 자는 그 처분을 받은 날 또는 그 집행이 끝난 날부터 대통령령 등으로 정하는 기간 동안 승진 임용 또는 승급할 수 없다. 다만, 징계처분을 받은 후 직무수행의 공적으로 포상 등을 받은 공무원에 대하여는 대통령령 등으로 정하는 바에 따라 승진 임용이나 승급을 제한하는 기간을 단축하거나 면제할 수 있다.

> **✎ Check point**
> 1. 파면·해임은 공무원 신분을 완전히 해제함을 내용으로 하는 배제징계이고, 강등·정직·감봉·견책은 공무원의 신분을 보유하면서 신분상·보수상 이익의 일부를 제한함을 내용으로 하는 교정징계이다.
> 2. 징계의결 요구권자는 중징계(파면·해임·강등·정직) 또는 경징계(감봉·견책)로 구분하여 관할 징계위원회에 제출하여야 한다(「공무원 징계령」 제7조 제6항).
> 3. 견책(譴責)은 전과(前過)에 대해 훈계하고 회계하는 처분으로 이와 유사한 명칭의 훈계·경고·계고·주의 등은 문책의 성격을 가진 교정 수단이라는 점에서는 견책과 유사하나 징계의 종류는 아니다.

2 적극행정

✅ **POINT** 적극행정에 대한 내용을 잘 이해하면 공무원 면접의 절반은 준비를 끝냈다고 생각해도 된다. 그러므로 아래 내용을 2~3번 정독하며 암기하기 보다는 이해를 하여야 한다.

1. 적극행정의 정의

✅ **POINT** 적극행정에는 모든 공직가치가 내포되어 있으며, 그중 가장 대표적인 공직가치는 '책임감, 창의성, 공익성'임을 기억해 두어야 한다.

(1) 적극행정은 공무원이 불합리한 규제의 개선 등 공공의 이익을 위하여 창의성과 전문성을 바탕으로 적극적으로 업무를 처리하는 행위를 의미한다.

(2) 근거 규정은 다음과 같다.

> **헌법 제7조** ① 공무원은 국민 전체에 대한 봉사자이며, 국민에 대하여 책임을 진다.
> **국가공무원법 제56조【성실의무】** 모든 공무원은 법령을 준수하며 성실히 직무를 수행하여야 한다.
> **적극행정 운영규정 제2조【정의】** 이 영에서 사용하는 용어의 뜻은 다음과 같다.
> 　1. "적극행정"이란 공무원이 불합리한 규제를 개선하는 등 공공의 이익을 위해 창의성과 전문성을 바탕으로 적극적으로 업무를 처리하는 행위를 말한다.

2. 적극행정이 필요한 이유

(1) 시대의 변화와 발전이 거듭되면서 우리 사회에는 기존의 법·제도와 정책만으로는 해결하기 어려운 복잡다단한 문제가 생겨나고 있다. 또한 행정환경이 급변하면서 법·제도와 현장이 동떨어지고 어긋나는 경우가 생기고 있다.

(2) 공직사회는 현장의 문제를 해결함에 있어 가장 앞에 서 있는 조직이다. 2009년 감사원은 공직사회에 적극행정 면책제도를 최초로 도입했다.

(3) 하지만 여전히 감사·징계에 대한 두려움, 기관장의 관심 부족, 경직된 조직문화, 합당한 보상체계 미흡 등 공무원 개인이 책임져야 할 부담과 불이익 때문에 소극적으로 대응하는 경우가 많았다. 때문에 공무원을 '소극적 집행자'에서 현장의 문제점을 인식하고 '적극적 문제 해결자'로 거듭나게 하기 위한 조치가 바로 적극행정이다.

MEMO

3. 적극행정의 유형(예시)

POINT 지자체의 홈페이지에서 적극행정의 사례를 찾아 1~2개 정도는 정리해 둘 필요가 있다. 핵심 내용이라도 간단하게 정리해 두면 5분발표에서 활용할 수 있다.

(1) 통상적으로 요구되는 정도의 노력이나 주의의무 이상을 기울여 맡은 바 임무에 대해 최선을 다해 수행하는 행위 등 ★

(2) 업무의 관행을 반복하지 않고 가능한 최선의 방법을 찾아 업무를 처리하는 행위 등

(3) 새로운 행정수요나 행정환경 변화에 선제적으로 대응하여 새로운 정책을 발굴·추진하는 행위 등

(4) 이해 충돌이 있는 상황에서 적극적인 이해조정 등을 통해 업무를 처리하는 행위 등

(5) 불합리한 규정과 절차 및 관행을 스스로 개선하는 행위 등

(6) 신기술 발전 등 환경변화에 맞게 규정을 적극적으로 해석·적용하는 행위 등

(7) 규정과 절차가 마련되어 있지 않지만 가능한 해결방안을 모색하여 업무를 추진하는 행위 등

TIP 첫 번째 의미는 규정이나 절차를 지키지 말라는 의미가 아니라 불합리한 규정과 절차를 개선하기 위해 노력하고 가능한 최선의 해결방안을 찾기 위한 적극적인 업무처리를 요구하는 것이다. 이러한 적극적인 업무를 처리하기 위해서는 가장 기본인 법령숙지를 제대로 해야 한다. 법령숙지를 제대로 하지 못하면, 도움을 주고 싶어도 그러지 못하여 나중에 더 큰 문제가 발생할 수 있기 때문이다. 두 번째 의미는 규정과 절차가 없더라도 반드시 도움이 필요한 부분이 있다면 적극적인 일처리를 통해 도움을 주어야 한다는 것으로 이해하면 된다.

MEMO

---

4. 소극행정의 정의

POINT 한마디로 정의하면 '공직사회의 문제점'이라고 생각하고, 이 문제가 출제되면 반드시 해결해야 한다는 뜻으로 이해하면 된다.

(1) '소극행정'은 공무원의 부작위 또는 직무태만 등으로 국민의 권익을 침해하거나 국가 재정상 손실을 발생하게 하는 행위를 말한다. 참고로 부작위란 일을 할 수 있음에도 하지 않는 소극적인 태도를 의미한다.

(2) 근거 규정은 다음과 같다.

> 적극행정 운영규정 제2조 【정의】 이 영에서 사용하는 용어의 뜻은 다음과 같다.
> 2. "소극행정"이란 공무원이 부작위 또는 직무태만 등 소극적 업무행태로 국민의 권익을 침해하거나 국가 재정 상 손실을 발생하게 하는 행위를 말한다.

5. 소극행정의 유형

✔ POINT '소극행정'의 유형 중 대표적으로는 인·허가 신청을 하였는데 처리기간이 지났음에도 처리를 해주지 않는 경우 등이 있다.

(1) 적당편의

문제해결을 위해 노력하지 않고, 적당히 형식만 갖추어 부실하게 처리하는 행태이다.

(2) 업무해태

합리적인 이유 없이 주어진 업무를 게을리하거나 불이행하는 행태이다.

(3) 탁상행정

법령이나 지침 등의 변화에도 불구하고 과거 규정에 따라 업무를 처리하거나 기존의 불합리한 업무관행을 그대로 답습하는 행태이다.

(4) 관중심 행정

직무권한을 이용하여 부당하게 업무를 처리하거나 국민의 편익을 위해서가 아닌 자신의 조직이나 이익만을 중시하여 자의적으로 처리하는 행태이다.

　　예 개별 사이트의 정보·서비스를 연계·통합해 국민은 하나의 사이트에서 모든 서비스를 신청 및 이용하도록 하는 방법과 자격을 갖추고도 몰라서 수혜서비스를 받지 못하는 일이 없도록 신청 없이도 선제적으로 복지서비스를 제공하는 방식이다.

6. 적극행정의 추진 및 활용

(1) 적극행정의 추진방안(국무조정실 보도자료)

　　✔ POINT 적극행정의 추진방안은 중요한 내용이므로 숙지하기 바란다. 또한 적극행정을 활성화하기 위해 어떤 지원이나 제도가 필요한지에 대해서도 생각해 보아야 한다.

Ⅰ. 그간의 성과

1. (면책) 법령이 불명확한 경우 등 적극적 의사결정이 어려운 경우를 지원하고, 면책을 보장하기 위해 적극행정위원회, 사전컨설팅, 법령의견제시 제도를 도입·운영

　○ (적극행정위원회)
　　－국민편익 증진을 위해 적극행정이 필요한 현안을 심의하고, 다양한 해결방안을 신속하게 제시
　　－위원의 절반 이상을 민간위원으로 구성하여 국민의 눈높이에서 바라보고, 의사결정 과정의 투명성과 전문성 등을 제고
　　－각 기관별로 위원장 1명을 포함한 9명 이상 45명 이하 인원으로 구성
　　－여러 기관이 관련된 현안은 기관 간 합동 위원회를 개최하여 쟁점 사항을 논의하고 합의할 수 있도록 근거를 마련

　○ (사전컨설팅)
　　－사전컨설팅은 공무원이 인가·허가·등록·신고 등과 관련한 규제나 불명확한 법령 등으로 인해 업무를 적극적으로 추진하기 곤란한 경우 해당 기관이 감사기관에 해당 업무의 처리 방향 등에 관한 의견의 제시를 요청하고 감사기관이 이에 대해 의견을 제시하는 제도

－중앙행정기관은 소속기관·부서가 사전컨설팅을 신청하면 자체 감사기구에서 직접 처리하거나 자체적 판단이 어려운 경우 감사원에 사전컨설팅을 신청할 수 있음
－감사원 또는 자체 감사기구의 컨설팅을 받고 컨설팅 의견대로 업무를 처리하면 특별한 사정이 없는 한 적극행정 면책기준을 충족한 것으로 추정
- ○ (법령의견제시)
  －법제처는 신속한 판단으로 적극적 의사결정에 도움이 되는 법령의견제시 제도를 지자체까지 폭넓게 이용할 수 있도록 조치하고 4개 권역별(수도권, 강원·충청, 전라·제주, 경상) 전담지원체계를 마련하는 등 적극행정을 밀착 지원
2. (우대·보호) 적극행정 우수공무원 총 6,400여 명을 선발하고, 이 중 50% 이상에게 파격적 인센티브*를 부여하는 한편, 적극행정 유공 포상을 신설
   * 인센티브 ⇨ 특별승진, 특별승급, 성과급 최고등급, 국외훈련 / 승진가점 등
   ○ 공무원 책임보험 제도를 도입하여 공무수행으로 소송을 당한 경우 변호사 선임비용, 소송비용 등을 지원
3. (국민 참여) 국민 참여 방식을 다양하게 확대하고, 국민 체감도를 높이기 위한 제도를 마련
   ○ 국민이 적극행정 제도*를 통해 문제를 해결해줄 것을 요청하는 적극행정 국민신청제를 새롭게 도입
     －공익성 민원이나 국민제안이 법령의 불명확 등을 이유로 제대로 처리되지 않을 경우, 신청할 수 있습니다.
     －국민신문고로 적극행정 신고 ⇨ 국민권익위원회 검토·심사 후 배정 및 의견제시 ⇨ 중앙행정기관·지방자치단체(적극행정 지원제도 적극 활용) ⇨ 결과: 국민
   ○ 국민신문고 홈페이지에 소극행정 신고센터를 개설하고, 소극행정 재신고제도 도입
     －소극행정을 신고하고, 처리 결과에 만족하지 못하면 재신고할 수 있습니다.
     －(1차 신고 불수용) 국민신문고로 재신고 ⇨ 국민권익위원회 조치 권고 및 의견제시 ⇨ 결과: 국민, 중앙행정기관, 지방자치단체
4. (성과확산) 적극행정 우수사례 경진대회를 매년 개최

II. 추진방안

1. 면책, 법령의견제시 등 적극행정 지원제도를 내실화
   ○ (법령의견제시 확대) 법령의견제시 신청자격을 기존 중앙부처·광역지자체에서 226개 기초지자체까지 확대
     －이를 통해 지자체 일선 현장 공무원들도 업무 추진과정에서 발생하는 법적 쟁점에 대해 간편하고 신속하게 자문받을 수 있어 민생 현안의 신속한 해결이 가능
   ○ (국민신청제 확산) 적극행정 국민신청제 이행실적을 권익위 청렴도 종합평가 지표에 반영하고, 제도 관련 기관 순회 교육을 확대
   ○ (면책 고도화) 적극행정위원회, 사전컨설팅 등을 활용한 면책 사례를 지속적으로 공유·확산하고, 면책 제도 교육 및 컨설팅을 강화하는 한편, 제도 활용성과는 기관평가에 반영
   ○ (소극행정 관리 강화) 소극적 업무행태를 유형별로 구분하고, 세부 처리기준을 마련하여 조치하되 구체적인 지침과 사례를 공직사회 내에 전파
2. 적극행정이 일선 현장까지 확산되도록 하겠습니다.
   ○ (지자체 적극행정 활성화) 지자체 공무원의 적극적 의사결정 지원을 위해 사전컨설팅, 적극행정위원회 등 면책 제도를 확대
     －지자체 사전컨설팅 전담조직 설치를 장려하고, 전담인력 배치를 의무화하여 적극행정 추진 기반을 강화
     －적극행정위원회 의견제시에 대한 면책 범위를 기존 자체감사에서 정부합동감사(중앙부처 ⇨ 지자체) 등까지 확대
     －243개 지자체 대상으로 '적극행정 종합평가'를 도입, 국민평가단이 주민체감 성과를 평가하도록 하고 우수기관에 대해서는 재정 인센티브를 부여
   ○ (공공기관 적극행정 유도) 공공기관의 적극행정 성과를 공공기관 경영실적 평가에 반영하여 공공기관의 참여를 유도하고, 공공기관에 대한 소관부처의 적극행정 활성화 지원 실적을 부처평가에 반영

○ (교육 현장 적극행정 확대) 시·도 교육청에도 적극행정 전담인력을 확보하여 역량을 강화하고, 우수사례 공유 등 적극행정 확산을 위해 노력

3. 적극행정이 공직사회의 문화로 정착되도록 노력

○ (문화 확산) 적극행정 인정시 마일리지를 부여하고, 일정 점수 도달시 특별휴가 등으로 즉시 보상하는 '적극행정 적립은행제'를 올해 시범적으로 운영

− 부서장이 부서원의 적극행정 실천 노력에 대해 업무추진 단계별로 마일리지를 부여하고, 적극행정 전담부서에서 승인하고 관리하는 형태

○ (인센티브 강화) 적극행정 평가 결과 최우수 부처 등을 '적극행정 선도부처'로 지정하여 국외훈련 인원 확대 등 인센티브를 부여하고, 적극행정 협업부서에 대한 보상도 함께 실시하여 적극행정 실천 문화 조성

○ (소통 확대) 적극행정 우수사례 선정시 국민이 직접 적극행정 현장을 방문하여 성과를 평가하는 '적극행정 국민심사제'를 도입하고, 공모전 개최, 소통 게시판 운영

(2) 적극행정 적립(마일리지)제도(2022. 6. 28 인사혁신처 보도자료)

• 공무원의 적극행정 실천 노력과 성과들에 대한 즉각적인 보상을 제공하는 '적극행정 적립(마일리지)제도' 시행
• 인사혁신처는 기획·집행·성과 창출 등 정책의 전(全) 과정에서 공무원의 적극행정 노력에 대한 보상을 수시로 제공하기 위해 '적극행정 적립(마일리지)제도'를 7월부터 시범 실시
• 기존의 적극행정이 특별승진 등 결과에 대한 일회적인 큰 보상을 중심으로 추진됐다면 이번에는 즉각적인 수시 보상을 통해 적극행정 마음가짐을 공직사회 저변으로 확산시키고자 하기 위함
• 부처별 상황과 개인의 선호가 반영된 각종 모바일상품권(기프티콘), 당직 1회 면제권, 포상휴가, 도서 구입 등 자기개발 지원 등이 수시로 부여될 예정
• 이는 작더라도 체감할 수 있는 보상을 선호하는 새천년(밀레니얼)세대 공무원의 특성을 반영한 것으로 최근 공직 내 연령 비율*을 고려할 때 이러한 보상이 일상행정에서 적극행정 의지 제고에 기여할 것으로 기대
• (중장기) 시범 운영 후 결과를 보아 국외훈련 선발시 가점, 특별승급, 희망보직 전보, 대우공무원 선발 및 성과관리 직접 반영 등 검토
• 공무원이 적극행정 과정에서 보호받을 수 있도록 위험도·난이도가 높은 업무에 대해 책임보험의 보장 범위를 확대(2022. 8. 17 보도자료)

(3) 적극행정위원회 활용 사례 1(코로나19 피해 소상공인 손실보전금 지원)

① 현황 및 문제점: 손실보전금 온라인 지급시스템 개발과 콜센터 운영을 수행할 사업체를 선정하는 데 일반 경쟁입찰 방식으로는 최소 40일이 소요되는 등 신속한 지급을 추진하는 데 어려움이 있었다.

② 해결노력: 이러한 문제를 해결하기 위해 적극행정위원회 의결을 통해 계약예규 등 관련 법령을 적극적으로 해석하여 기존 방역지원금 지급업무를 수행하던 업체에 과업을 추가하는 내용으로 계약을 변경하여 절차를 단축했다.

③ 결과: 2차 추가경정예산이 통과된 다음 날부터 손실보전금 집행을 즉시 개시하여 4일 만에 325만 매출 감소 소상공인 등에게 19.8조원을 지급했다.

(4) 적극행정위원회 활용 사례 2(여름철 해상·해안 국립공원 내 야영장 설치 허용)

① 현황 및 문제점: 현행법상 국립공원에 속한 해안 및 섬 지역은 여름철 한시적으로 음식점, 탈의시설 등 여행객 편의시설 설치가 가능하나 야영장은 제외되어 있다. 일부 지역에서는 미등록 야영장 운영으로 지역사회에 갈등이 일어나고, 탐방객들의 안전사고 위험도 있었다.

② **해결노력**: 이에 따라 환경부는 자연공원 내 행위 제한 등 국민 불편을 야기하는 규제를 개선하고자 '자연공원법' 시행령 개정을 추진하고 있다. 그러나 '자연공원법' 시행령이 개정·공포되기까지 일정 기간이 소요됨에 따라 적극행정위원회 의결을 통해 올해 여름철 성수기부터 여름철 해상·해안 국립공원 내 야영장 설치를 허용하기로 했다.

> ➡ 다만, 야영장 운영에 따른 환경오염 방지·안전사고 예방을 위해 국립공원공단·지자체 합동 정기점검을 실시하고, 원상복구 미이행자에 대해서는 향후 3년간 야영장 등록을 불허하는 등 제재조치도 시행할 계획이다.

③ **결과**: 이번 적극적 조치로 국내 여행 수요 충족은 물론 불법행위 단속에 따른 지역사회와의 갈등 해소, 위생·안전기준 확보로 국민안전 도모, 주민 생계유지 등 지역경제 활성화에 큰 도움이 될 것으로 기대된다.

✎ Check point

1. 이와 같이 공익을 위한 업무를 추진하는 과정에서 기존 법령을 해석하는 데 문제가 있을 경우에는 적극행정위원회라는 공식적인 절차를 통해 문제를 적극적으로 돌파해 나가는 추진력이 필요하다.
2. 앞으로 적극행정과 관련해서 적극행정위원회의 역할이 매우 중요해졌다. 적극행정 국민신청제도가 도입되어 적극행정위원회에서 법령해석 및 규제개선방안 등을 검토하고 있다.
3. 중요한 것은 책임감 있게 일을 하되 절차를 준수하는 것이다. 먼저 남당 주무관으로서 해야 할 일을 찾아 기본적인 현황과 문제점을 파악하고 해결방안까지 검토한 다음 적극행정위원회에 상정하여 절차적인 정당성을 확보받는 것이다.
4. 감사원의 사전컨설팅이나 법제처의 법령의견제시 제도를 활용하는 방안도 문제를 적극적으로 풀어가는 좋은 방법이다.

7. 적극행정의 사례

✔ **POINT** 아래에 제시한 적극행정 사례는 예시용이므로 지원하는 직렬의 적극행정 사례에 대해 조사하여 1~2개 정도는 정리를 해 보는 것이 좋다.

Case 01. 재생자전거 온라인 판매지원(서울시)

1. 추진배경
   ① 서울시는 매년 1.5만대 이상 방치자전거가 발생하고 있으며 구청에서 수거된 방치자전거는 고철로 처리되어 큰 자원 낭비
   ② 자활센터는 방치자전거를 수거해 재생자전거로 생산하나 월평균 판매량은 10대 수준
2. 추진내용
   ① 전국 최초, 자전거 중고거래 플랫폼을 구축하여 지역자활센터와 협업하여 온라인 시범판매 개시
   ② 재생자전거 기증 추진 ➪ 저소득층 및 고아원에 전달
   ③ 롯데마트와 협업하여 ESG 경영의 일환으로 팝업매장 조성해 시민 접근성 제고
3. 추진성과
   ① 자활센터에서 127백만원 소득 발생
   ② 방치자전거 4,600여 대 중 1,500여 대가 재생자전거로 생산되어 자원재활용 효과 발생

Case 02. 흩어진 카드 포인트, 한번에 조회하고 현금으로도 받는다(금융위원회)

1. 추진배경
   소비자가 여러 카드에 분산된 포인트를 현금화하기 위해서는 개별 카드사의 앱을 모두 설치하고 일일이 계좌이체·출금을 해야 하는 등 불편을 초래

2. 추진내용
   금융위원회는 여신금융협회·금융결제원·카드업권과 함께 모바일 앱 하나로 모든 카드사의 포인트를 한번에 지정한 계좌로 이체·출금 가능한 서비스를 추진

3. 추진성과
   ① 금융소비자는 하나의 앱만 설치하고 본인인증절차를 거치면 미사용 포인트를 간편하게 계좌입금 받을 수 있으므로 거래 편의성이 증가할 뿐 아니라 잊고 있던 자투리 포인트를 전부 현금화해 소비에도 활용할 수 있을 것으로 기대
   ② 카드포인트 현금화 서비스를 시작한 지 한 달 만에 소비자가 현금 약 1천697억 원을 찾아감

Case 03. 대지급금 지급 절차 간소화(고용노동부)

1. 추진배경
   ① 매년 30여만 명, 1조 3천여억 원의 임금과 퇴직금을 못 받는 등 근로자 체불 문제가 심각
   ② 체불 근로자의 실질적인 생계보장 강화를 위해 대지급금 지급대상 확대 및 지급절차 간소화 필요(지급대상을 기존 퇴직자에서 퇴직자 및 재직자로 확대)

2. 추진내용
   ① 대지급금 지급 절차 간소화(관련 법령 개정)를 통해 체불임금을 대지급금을 통해 받을 수 있는 소요 기간을 획기적으로 단축(최대 7개월 ⇨ 2개월)
   ② 기존: (노동청에) 진정제기 ⇨ 체불금품 확인원 ⇨ (법원) 판결 ⇨ (근로복지공단에) 청구
   ③ 개선: 법원 확정판결이 없어도 지방노동관서가 발급하는 '체불임금 등 사업주 확인서'에 의해 소액대지급금을 지급할 수 있도록 절차를 간소화

3. 추진성과
   2022년 10월까지 11,274개소 78천명(3,914억 원)이 제도개선의 혜택을 적용받는 등 체불 근로자의 폭넓은 생활 안정을 도모한 사례로 인정

8. 소극행정의 사례

Case 01. 사전 통지 없이 민원처리 지연(업무해태)

1. 사실관계
   ① ○○시 주택과에 상가분양 관련 피해에 대한 민원을 신청하였으나 처리기한이 지났음에도 연장 통보도 없이 아무런 답변이 없음.
   ② 현재도 분양받은 상가의 공실로 인해 재산적 피해를 보고 있는 상황임.
2. 조 치
   ① 「민원처리법」상 민원처리 담당자는 신속·적법하게 처리할 의무가 있고 부득이한 사유로 처리기간 내에 민원을 처리하기 어려울 경우에는 처리기간을 연장하고 그 사유와 처리완료 예정일을 민원인에게 통보하여야 함에도 조치 없음.
   ② 담당자의 업무처리 소홀이 확인되어 담당 공무원에 '주의' 처분, 담당자에 대해 관련 법 안내 및 신속히 답변완료 조치

Case 02. 긴급한 상황에서 업무지시 미이행

1. 사실관계
   ① 특정법 위반에 대한 신고가 ○○기관으로 접수되었으나 ○○기관에는 이 업무를 담당하는 부서가 없었음.
   ② 이에 ○○기관의 장은 관련 부서 간 협의를 거쳐 A부서에서 해당 사건을 담당하도록 했고, ○○기관의 장과 A부서의 장은 공무원 B에게 사안의 긴급성을 감안하여 1차적으로 관련 사건에 대한 조사를 하도록 직접 지시하였음.
   ③ 그러나 공무원 B는 본인의 고유 업무가 아니라는 이유로 이를 상당 기간 처리하지 않았음.
2. 조 치
   공무원 B는 현재도 배정받은 업무가 많고 해당 법 위반 사건이 본인의 업무분장표에서 정한 고유 업무가 아니라는 등 합리적인 이유 없이 지시를 불이행하였고, 이에 따라 신고된 업체가 법 위반사실을 은폐하거나 해외로 도피할 수도 있었던 점을 감안하여 소극행정으로 판단

Case 03. 환경관리원 채용기준 비공개(탁상행정)

1. 사실관계
   ① ○○시 환경관리원 채용에 응시하였으나 시험 기준이 명확히 공개되어 있지 않음. 타 지자체의 경우 서류시험·체력시험·면접시험 순으로 진행되며 그에 대한 점수가 명확히 나와 있음.
   ② 담당자는 전례가 없다는 이유로 채용공고문에 세부 선발방법 및 심사기준을 명시하지 않음. 담당자에게 채용 기준점수 등을 고시공고란에 올려줄 것을 요청하였으나 내부회의 중이니 기다리라고만 하니 채용 과정에 의심이 듦.
2. 조 치
   ① 당해 시험뿐 아니라 향후 환경관리원 채용시 세부 선발방법, 심사기준, 동점자 처리기준 등을 채용공고에 반드시 명시하여 채용과정을 투명하게 공개하도록 개선
   ② 채용업무 수행 및 민원인 응대 부적절 등을 사유로 담당자 문책 조치

9. 적극행정 관련 Q&A

✔**POINT** 적극행정에 관한 질문이 어떻게 이루어지는지 질문내용과 답변을 참고해 보길 바란다.

Case 01. 적극행정 질문 및 답변사례

Q. 적극행정을 강조하는 데 공무원분들이 꺼리는 이유는 뭐라고 생각하나요?

A. 저는 공무원분들께서 꺼리시는 이유가 본인이 맡게 되는 일의 양이 많아짐에 대한 두려움과 면책에 대한 두려움 때문인 것 같습니다. 제가 비록 공무원은 아니지만 면책요건을 볼 때 상당히 어려웠습니다. 예를 들어 공공의 이익을 위한 것이어야 한다, 절차가 타당해야 한다 등 어려운 점이 있어 이것이 적극행정이 맞는 것인지에 대한 판단의 어려움이 적극행정을 꺼리게 만들지 않나 생각해 보았습니다.

Q. 그렇다면 해결방안에는 어떤 것이 있을까요?

A. 저는 이러한 면책요건이 어렵다고 느꼈기에 면책요건을 좀 더 간결히 한다던가 그 요건들에 대한 구체적인 가이드라인이 있으면 어떨까 생각했습니다.

Q. 적극행정 활성화 방안에는 무엇이 있을까요?

A. 기사를 보았을 때 '면책규정이 공무원에게 와닿지 않는다'는 의견이 있었습니다. 더 와닿게 하는 방안으로 지속적인 교육이나 면책에 대한 안내문이나 안내책자 등을 마련하는 것입니다. 또 다른 점으로 '사전컨설팅이 너무 오래 걸린다'는 것입니다. 각 부처의 적극행정위원회를 적극 활용하는 방안입니다. 또한 하면 안 되는 규정으로 되어 있어 네거티브 규제방안으로 해도 되는 방안을 적어두는 방안입니다.

Case 02. 적극행정 질문 및 답변사례

Q. 적극행정을 말씀하셨는데 왜 이런 적극행정을 하는 것 같나요?

A. 현대사회의 문제가 복잡하고 다양해짐에 따라 국민들이 공공부문에 기대하는 역할과 기대수준은 높아지고 있습니다. 특히 최근에는 4차 산업혁명 시대의 도래, 혁신성장 등 행정환경의 급격한 변화로 법·제도와 현장 간의 괴리가 심화되는 가운데 법령해석 운영 등 현장의 문제점을 분명히 인식하고 적극적으로 이를 해결하려는 공직자의 마음가짐과 역할은 그 어느 때보다 중요하게 부각되고 있습니다. 이러한 측면을 고려해볼 때, 적극행정의 필요성과 중요성은 지속적으로 증가할 수밖에 없는 상황으로 생각합니다.

Q. 그럼 그런 문제를 어떻게 해결하면 좋겠나요?

A. 적극행정에 대한 동기부여를 위해 교육이수를 필수적으로 실시하고 또한 적극행정 사례 전파를 위해 적극행정 수상자들이 적극행정 과정을 강연형식으로 녹화하여 제공함으로써 적극행정에 대한 동기부여와 긍정적인 인식을 높여가는 것이 매우 중요하다고 생각됩니다. 그 다음 조직 내에서 적극행정에 대해 긍정적인 분위기를 조성하는 것이 필요하다고 봅니다. 일부러 일을 사서한다 또는 힘든 업무 회피 경향, 조직의 혁신 부족 등 소극적 문화를 개선할 필요가 있으며 이를 위해 적극행정에 대한 부서 전체의 포상을 강화한다면 조직원들이 적극행정활성화에 더 나서게 될 것으로 생각합니다. 마지막으로 적극행정이 개인근무평가의 핵심이 되도록 비중을 높이는 것도 좋은 방안이라 생각합니다.

Case 03. 적극행정 질문 및 답변사례

Q. 적극행정이 잘 이루어지지 않는 이유는 무엇이라고 생각하나요?

A. 여러 가지가 있겠지만 기관장의 관심 부족, 소극행정에 대한 처벌이 잘 이루어지지 않는 점, 적극행정에 대한 인센티브제도 부족, 공무원 개개인의 인식 부족 등이 있을 수 있다고 생각합니다.

Q. 적극행정을 장려하기 위해 정부에서 시행 중인 정책 중 알고 있는 것이 있나요?

A. 네, 적극행정을 했을 때 고의나 중과실이 없다면 징계를 면책해주는 제도와 사전컨설팅 제도 등이 있는 것으로 알고 있습니다.

Q. 적극행정을 하려고 하는데 상관이 반대하면 어떻게 할 것인가요?

A. 상관분께서 오랜 경험과 노하우가 있을 것이기 때문에 분명히 반대하시는 이유가 있을 것이라고 생각하여 상관분의 말씀을 잘 들어보겠습니다. 그래도 저의 생각이 맞다는 생각이 들고 제가 적극행정을 했을 때 그것이 사회적으로 좋은 영향을 미치고 국민들에게 도움이 되는 또 하나의 좋은 선례가 될 수 있다는 판단이 든다면 제가 적극행정을 해야 한다고 생각했던 근거와 검토자료를 정리하여 보고서 형식으로 상관분께 제출하여 정중하게 검토해 주실 수 있냐고 부탁드리겠습니다.

Case 04. 적극행정 질문 및 답변사례

Q. 아까 적극행정 사례에 대해 말씀해주셨는데 본인이 생각하는 적극행정이란 무엇인가요?

A. 공무원으로서 법과 규범을 지키며 책임감 있게 일을 수행하는 것뿐만 아니라 규정이 없는 경우에는 창의적 해결방안을 생각해서 상사분께 상의드린 후 실효성 있는 방안으로 만들어서 일을 수행하는 것이라고 생각합니다.

Q. 적극행정이 잘 안되는 이유는 무엇이라고 생각하나요?

A. 시키는 대로만 일을 처리하면 좋지 않은 결과가 있더라도 책임을 지지 않는데 굳이 열심히 일해서 좋지 않은 결과가 발생하면 책임을 지게 되는 것에 대한 두려움인 것 같습니다. 그래서 정부에서는 적극행정의 경우 일정 요건을 충족하면 적극행정면책제도를 시행하고 있는 것으로 알고 있습니다. 최근 적극행정 활성화 방안에 대한 자료를 읽은 적이 있었는데 현재 협소하게 면책제도가 시행되고 있는데 그 부분을 확대하면 좋은 결과가 있을 것 같습니다.

✎ Check point

1. 적극행정의 의미와 적극행정이 왜 필요한지에 대해 면접에서 답변할 수 있도록 준비해야 한다.
2. 적극행정에 대해 일선 현장에서는 어떤 어려움이 있을 것 같은지 생각해 보아야 한다.
   예 감사와 처벌에 대한 두려움, 위험회피, 소극적 조직문화, 보상미흡, 조직 간 협력부족, 예상치 못한 민원발생 등
3. 적극행정 활성화를 위한 방안에는 무엇이 있는지 생각해 보아야 한다.
   ① 적극행정에 대한 교육 확대로 긍정적 인식을 확산해야 한다.
   ② 포상에 대한 파격 확대 ⇨ 개인보상과 조직보상을 병행해야 조직의 문화를 바꿀 수 있다. 개인보상에서는 승진최소연한을 단축시켜주거나 개인근무평가에 적극 반영하는 것도 방법이다. 조직보상으로는 부서평가 및 부서장의 인사고과평가 반영 등이 해당된다.

◼ 3 ◼ 적극행정 징계면제제도

1. 적극행정 징계면제제도의 의의

적극행정 징계면제제도는 공무원이 공공의 이익을 위하여 성실하고 적극적으로 업무를 처리한 결과에 대하여 고의나 중과실이 없는 이상 징계를 면제해 주는 제도를 말한다.

2. 적극행정 징계면책요건

(1) 공공의 이익증진을 위한 행위

징계 대상이 된 사람이 담당한 업무 및 해당 업무를 처리한 방법 등이 국민 편익 증진, 국민 불편 해소, 경제 활성화, 행정효율 향상 등 공공의 이익을 증진하기 위한 행위여야 한다.

(2) 업무의 적극적 처리

공공의 이익을 위해 새로운 업무처리 방식을 시도하거나 문제점 해소를 위해 신속히 필요한 조치를 하는 등 평균적인 공무원에게 통상적으로 요구되는 정도의 노력이나 주의 의무 이상을 기울여 업무를 처리하는 행위를 의미한다.

(3) 고의 또는 중과실이 없을 것

① 고의 또는 중과실이 없음을 추정하는 요건은 「공무원 징계령 시행규칙」 제3조의2 제2항에서 징계 등 혐의자와 비위 관련 직무 사이에 사적인 이해관계가 없을 것, 대상 업무를 처리하면서 중대한 절차상의 하자가 없었을 것으로 규정하고 있다.

② 사적 이해관계와 관련하여 「공무원 행동강령」 등에 의해 금지되는 이권개입, 알선·청탁, 금품·향응 수수 등의 행위가 연관된 경우에는 사적 이해관계가 있다고 판단될 수 있다.

③ 법령상 업무처리시 준수하도록 되어 있는 중대한 절차를 누락하거나 결재권자의 의사결정이나 판단에 영향을 미치는 중요 사항에 대한 보고를 누락한 경우 등에는 중대한 절차상 하자가 있는 것으로 판단될 수 있다.

3. 적극행정 징계면책사례

Case 01. 폐기물처리 대행용역 계약

(1) 상황 및 배경

○○시는 타 시와 마찬가지로 폐기물처리 대행업체와 입찰을 통해 대행계약을 맺고 있다. 음식물 쓰레기 분리수거 제도가 시행된 이후 지금까지 연 단위로 대행계약을 맺어왔고, 작년에는 A업체와 계약을 맺었다. 그런데 갑자기 A업체가 ○○시와 체결한 계약의 용역단가에 불만을 품고 계약 해지를 요구한 상태였다. 그 후 ○○시 ○○동 2만 여 세대의 음식물 쓰레기 수거가 되지 않아 민원이 제기되었다. 주민들은 음식물 쓰레기에서 나온 악취가 온 동네를 뒤덮고 있어서 빨리 음식물 쓰레기를 수거할 것을 요구했고 민원이 해결되지 않을 경우 시장실로 찾아오겠다며 빠른 해결을 요청했다.

A 주무관은 타 지역 음식물 쓰레기 수거업체 및 관련 업체에 직접 전화를 걸어봤지만 거리가 멀다는 이유로 또 수거차량과 인력이 부족하여 계약을 할 수 없다는 대답을 들었다. 그러던 중 같은 팀의 동료가 재작년 계약업체인 'B업체'는 어떻겠냐며 제안했다. 'B업체'는 ○○시와 계약 당시에는 문제가 없었으나 작년에 급여문제로 고용노동부에 신고를 당해 '부정당업체'로 분류되어 1년간 입찰이 금지된 상태였다. B업체는 업무를 원활하게 수행할 수 있는 상황이었지만 그렇다고 그 업체와 계약을 하는 것은 규정을 위반하는 것이었다. 결국 깊은 고민 끝에 B업체와 계약을 맺어 문제가 해결되었고 그로 인해 징계를 받게 되었으나 적극행정으로 인정되어 면책되었다.

> ➡ 본 사례는 운용요령 위반으로 '징계' 선고를 받았다가 감사원의 '적극행정 면책'으로 인해 '주의'로 감경된 실제 사례를 기반으로 각색되었다.

(2) 인정 여부

당시 계약을 체결하지 않으면 심한 악취로 인해 주민 불편이 예상되고 관내에 쓰레기 처리를 대행할 수 있는 업체가 해당 업체 밖에 없었다. 또한 이웃 지역의 업체는 거리 등을 이유로 계약을 기피하는 상황이어서 해당 업체와의 계약이 불가피했고, 무엇보다 해당 시 주민들의 편의를 최우선으로 고려하여 의사결정을 내렸기 때문에 징계가 감경될 수 있었다. 본 사례를 공직가치 관점에서 본다면 '공정성'은 어긋났다고 볼 수 있으나 문제를 해결하기 위해 공익을 우선하여 직무를 수행한 점에서 '공익성'이라는 공직가치 실천을 확인할 수 있다.

> ➡ 적극행정 면책요건은 공익성, 타당성, 투명성이다.

Case 02. 그늘막 분할 수의계약

(1) 상황 및 배경

A시는 2019년 8,530만 원 상당의 그늘막을 수의계약으로 구매하였다. 「지방자치단체 입찰 및 계약집행기준」 등에 따르면 수의계약으로 체결(추정가격 5천만 원 이하)하기 위해 단일사업을 부당하게 분할하지 못하도록 되어 있는데도 A시는 수의계약이 가능한 금액(2백만 원 ~ 1천7백만 원) 22건으로 분할하여 B와 수의계약을 체결하였다.

(2) 인정 여부

「지방자치단체 입찰 및 계약집행기준」 등을 위반하여 분할하여 수의계약을 체결한 사실이 있으나 그늘막 예산은 혹서기 횡단보도 등에서 더위를 피하기 위한 재해예방 장비로 편성된 것으로 그늘막이 필요한 지역 등의 수요가 수시로 변하는 등 그늘막 설치장소 및 기준을 일괄적으로 정할 수 없고 수요가 발생할 때마다 분할하여 계약을 할 수밖에 없는 상황 등 공익적인 목적을 고려한 것으로 고의 또는 중대한 과실이 없어 면책하였다.

4 **사전컨설팅 제도**

POINT 국가직 9급에서 5분발표 제시문으로 출제된 바 있다. 이에 사전컨설팅 제도의 의미와 이를 어떻게 활용할 수 있는지에 대해 알고 있어야 하며, 이는 업무를 문제없이 잘할 수 있는 방법 중 하나이다.

(1) 공무원 등이 사무처리 근거 법령의 불명확한 유권해석, 법령과 현실과의 괴리 등으로 인하여 능동적인 업무추진을 하지 못하고 있는 경우 적극행정을 할 수 있도록 사전에 그 업무의 적법성과 타당성을 검토하여 컨설팅하는 것을 말한다.

(2) 감사기관에 신청해서 컨설팅을 받는 방식으로 운영된다. ⇨ 자체 감사기구에서 직접 처리하거나 자체적 판단이 어려운 경우 감사원에 사전컨설팅을 신청할 수 있다.

(3) 그러나 행정기관의 책임회피 수단으로 악용될 소지가 있고, 감사원에 업무부담 가중 또는 지나친 업무 개입이 될 수 있어 운영의 묘가 필요하다.

(4) 감사원에서는 일선 행정현장의 적극행정을 지원하기 위하여 감사원의 컨설팅 의견대로 업무를 처리한 경우 특별한 사정(예 사적 이해관계 존재)이 없으면 면책기준을 충족한 것으로 추정하여 징계·주의 등 책임을 묻지 않는 규정을 신설하였다.

Case 01. 사전컨설팅 사례(핀테크 박람회 개최사업 변경)

감사원에서 공익을 위해 법령의 적극적인 해석방향을 제시한 사례이다. 이 사례를 통해 사전컨설팅의 과정과 의미를 이해해 보자.

1. 컨설팅 요청 내용
   ① A위원회는 사단법인 B를 핀테크 지원사업의 보조사업자로 선정하고, 사단법인 B는 핀테크 지원사업의 세부사업인 "핀테크 박람회 개최사업"을 C플라자에서 개최하는 오프라인 기반의 박람회 개최계획 수립
   ② 그런데 코로나19의 확산으로 오프라인 기반의 박람회 개최가 어려워지자 사단법인 B는 "핀테크 박람회 개최사업"을 온라인 기반의 박람회로 전환할 계획

2. 쟁점사항
   당초 오프라인 기반인 "핀테크 박람회 개최사업"의 개최방식을 온라인 방식으로 전환하여 보조금을 집행할 경우 목적 외 사용에 해당되는지

3. 컨설팅 감사결과
   ① 이 건 감염병인 코로나19의 확산으로 오프라인 기반의 핀테크 박람회를 개최하기 어려운 등의 사정이 발생하여 "핀테크 박람회 운영 대행 계약"에 따라 보조사업의 내용 등을 변경할 필요가 있는 사안임
   ② 변경된 사업계획 및 예산집행계획의 타당성 등이 인정될 경우 A위원회는 관련 법에 따라 변경 승인할 수 있음
   ③ 보조사업자가 「보조금 관리에 관한 법률」 제22조의 규정에 따라 A위원회가 변경 승인한 내용대로 보조금을 집행하는 경우에는 보조금의 목적외 사용에 해당하지 않을 것임

Case 02. 사전컨설팅 사례(제설 자재 수의계약)

부서 간 규정을 둘러싼 갈등을 감사원에서 사전컨설팅을 통해 해결한 사례이다.

1. 컨설팅 요청내용

△△시 시설공단은 폭 20m 이상 주요 도로의 제설을 전담하는 기관이며 해당 지역의 경우 동절기 제설작업이 필요할 정도의 강설이 자주 발생하지 않아 비축량을 결정하기가 매우 어렵고, 동절기 제설에 사용하는 제설제는 당해 연도에 사용되지 않을 경우 차년도 사용을 위한 보관 및 관리가 곤란한 특성이 있다. 또한 제설을 위해 2~3일 분의 제설제를 비축하고 있으며, 눈이 연속적으로 와서 비축물량이 소진되는 경우 긴급하게 구매를 하여 다음 강설에 대비해야 하는 경우도 발생한다. 이때 긴급입찰을 하더라도 1주일 이상이 소요되어 눈이 더 오는 경우 대비가 어려우므로 사업부서에서는 기간 단축을 위해 수의계약을 요청하고 있다. 그런데 계약부서에서는 감사 등을 이유로 수의계약에 난색을 표하는 상황이 매년 되풀이되고 있어 근본적인 해결을 위해 사전컨설팅 감사를 신청하게 되었다.

2. 쟁점사항

① 사업부서에서는 겨울철 강설의 연속으로 보유 중인 제설제가 모두 사용된 경우 천재지변으로 보아 수의계약으로 구매기간을 단축하여 물량을 확보하자는 의견이다.

② 반면 계약부서에서는 천재지변의 경우 수의계약이 가능한 것은 맞지만 겨울철 강설은 당연한 자연현상인데 매번 천재지변으로 인정하여 수의계약 하는 것은 곤란하며, 어느 정도 눈이 왔을 때를 천재지변으로 보아야 하는 지도 모호하다는 입장이다.

3. 컨설팅 감사결과

① 이 건의 경우 수의계약의 범위를 탄력적으로 적용하면 충분히 현행 규정 내에서 대응이 가능하나 계약부서와 사업부서 간의 입장차이로 규정을 소극적으로 적용하는 경우가 빈번하게 일어나고 있는 실정이므로 매년 되풀이되는 논란의 해소에 초점을 맞추고 검토하였다.

② 「지방계약법 시행령」 제25조 제1항에 천재지변의 경우 수의계약이 가능하다고 명시되어 있으며, 지역의 평년 기후와 달리 제설이 필요한 수준의 강설이 연속되어 비축된 물량이 전부 소진된 경우 추가적인 강설이 온다면 대응이 불가능한 사태가 발생하게 되고, 이러한 잦은 강설은 제설 자재의 품귀 현상을 유발하여 자재 확보의 어려움과 동시에 가격의 상승 또한 동반하게 된다.

③ 사전컨설팅 감사에서는 신청된 경우와 같이 강설이 연속되어 보유물량이 모두 사용되었을 때 계약의 절차나 납기보다는 물량의 확보가 최우선으로 고려되어야 하고, 이러한 목적에는 경쟁입찰에 의한 방법보다 기존 거래 업체와의 수의계약이 가장 현실적인 방법이라는 데에 착안하여 이러한 경우 천재지변의 경우로 보아 수의계약이 가능하다는 사전컨설팅 감사 의견을 제시하였다.

④ 아울러 예산의 범위 내에서 단가계약을 체결하면 안정적인 물량확보가 될 뿐 아니라 사용수량으로 정산하여 재고도 발생하지 않으므로 대안으로 검토하도록 권고 의견을 함께 제시하였다.

MEMO

CHAPTER

03 윤리관

1 공무원 행동강령(대통령령)

POINT 공무원 행동강령은 공무원으로서 지켜야 하는 윤리적 기준이자 행동규범이라 할 수 있다. 지금까지 영리행위 금지, 퇴직자 사전 접촉 금지, 갑질 등의 주제가 다양하게 출제되었다.

1. 의 미

(1) 공무원 행동강령은 국가공무원(국회, 법원, 헌법재판소 및 선거관리위원회 소속의 국가공무원은 제외)과 지방공무원에 적용된다.

(2) 행동강령은 공직자가 직무수행과정에서 준수해야 할 윤리적 판단기준을 구체적으로 제시해 자율적인 실천을 통해 외부로부터 불법적이고 부당한 유혹을 극복하기 위한 행위준칙이라고 할 수 있다.

2. 내 용

(1) 공정한 직무수행

조 문	내 용
제4조	공정한 직무수행을 해치는 지시에 대한 처리
제6조	특혜의 배제
제7조	예산의 목적 외 사용 금지
제8조	정치인 등의 부당한 요구에 대한 처리
제9조	인사 청탁 등의 금지

(2) 부당이익의 수수금지 등

조 문	내 용
제10조	이권 개입 등의 금지
제10조의2	직위의 사적 이용 금지
제11조	알선·청탁 등의 금지
제12조	직무 관련 정보를 이용한 거래 등의 제한
제13조의2	사적 노무 요구 금지
제13조의3	직무권한 등을 행사한 부당행위의 금지
제14조	금품 등의 수수 금지
제14조의2	감독기관의 부당한 요구 금지

(3) 건전한 공직풍토의 조성

조 문	내 용
제15조	외부강의 등의 사례금 수수 제한
제17조	경조사의 통지 제한

(4) 위반시의 조치

조 문	내 용
제18조	위반 여부에 대한 상담
제19조	위반행위의 신고 및 확인
제20조	징계 등
제21조	수수 금지 금품 등의 신고 및 처리

2 갑질 근절 및 직장 내 괴롭힘 금지

POINT 갑질은 일반사회는 물론 공직사회에서도 여전히 문제가 되고 있다. 그러므로 이는 경험형 질문에서도 면접관의 질문 리스트 속에 포함되어 있다고 생각하고 철저히 준비를 해야 한다.

1. 갑질 관련 주요 규정

(1) 국가공무원법, 지방공무원법

① **성실의무:** 모든 공무원은 법령을 준수하며 성실히 직무를 수행하여야 한다.

② **친절·공정의무:** 공무원은 국민 전체의 봉사자로서 친절하고 공정하게 직무를 수행하여야 한다.

③ **청렴의무:** 공무원은 직무와 관련하여 직접적이든 간접적이든 사례·증여 또는 향응을 주거나 받을 수 없으며, 공무원은 직무상 관계가 있든 없든 그 소속 상관에게 증여하거나 소속 공무원으로부터 증여를 받아서는 아니 된다.

④ **품위유지의무:** 공무원은 직무의 내외를 불문하고 그 품위가 손상되는 행위를 하여서는 아니 된다.

(2) 공무원 행동강령

POINT 공무원 행동강령에도 갑질에 대한 규정이 명시되어 있다. 면접준비시에서는 공직사회에서 발생할 수 있는 갑질이 무엇일지를 고민하고 그에 대한 해결방안을 정리한 후 과거 경험 속에서 비슷한 사례가 있었을 경우 응시생이 어떻게 대처했는지에 대해 정리를 해두는 것이 필요하다.

공무원 행동강령

제4조【공정한 직무수행을 해치는 지시에 대한 처리】 ① 공무원은 상급자가 자기 또는 타인의 부당한 이익을 위하여 공정한 직무수행을 현저하게 해치는 지시를 하였을 때에는 그 사유를 그 상급자에게 소명하고 지시에 따르지 아니하거나 제23조에 따라 지정된 공무원 행동강령에 관한 업무를 담당하는 공무원(이하 "행동강령책임관"이라 한다)과 상담할 수 있다.

제13조의3 【직무권한 등을 행사한 부당 행위의 금지】 공무원은 자신의 직무권한을 행사하거나 지위·직책 등에서 유래되는 사실상 영향력을 행사하여 다음 각 호의 어느 하나에 해당하는 부당한 행위를 해서는 안 된다.

1. 인가·허가 등을 담당하는 공무원이 그 신청인에게 불이익을 주거나 제3자에게 이익 또는 불이익을 주기 위하여 부당하게 그 신청의 접수를 지연하거나 거부하는 행위
2. 직무관련공무원에게 직무와 관련이 없거나 직무의 범위를 벗어나 부당한 지시·요구를 하는 행위
3. 공무원 자신이 소속된 기관이 체결하는 물품·용역·공사 등 계약에 관하여 직무관련자에게 자신이 소속된 기관의 의무 또는 부담의 이행을 부당하게 전가(轉嫁)하거나 자신이 소속된 기관이 집행해야 할 업무를 부당하게 지연하는 행위
4. 다음 각 목의 어느 하나에 해당하는 기관 또는 단체에 공무원 자신이 소속된 기관의 업무를 부당하게 전가하거나 그 업무에 관한 비용·인력을 부담하도록 부당하게 전가하는 행위
   가. 공무원 자신이 소속된 기관의 소속기관
   나. 「공공기관의 운영에 관한 법률」 제4조 제1항에 따른 공공기관 중 공무원 자신이 소속된 기관이 관계 법령에 따라 업무를 관장하는 공공기관
   다. 「공직자윤리법」 제3조의2 제1항에 따른 공직유관단체 중 공무원 자신이 소속된 기관이 관계 법령에 따라 업무를 관장하는 공직유관단체
5. 그 밖에 직무관련자, 직무관련공무원, 제4호 각 목의 기관 또는 단체의 권리·권한을 부당하게 제한하거나 의무가 없는 일을 부당하게 요구하는 행위

제14조의2 【감독기관의 부당한 요구 금지】 ① 감독·감사·조사·평가를 하는 기관(이하 이 조에서 "감독기관"이라 한다)에 소속된 공무원은 자신이 소속된 기관의 출장·행사·연수 등과 관련하여 감독·감사·조사·평가를 받는 기관(이하 이 조에서 "피감기관"이라 한다)에 다음 각 호의 어느 하나에 해당하는 부당한 요구를 해서는 안 된다.

1. 법령에 근거가 없거나 예산의 목적·용도에 부합하지 않는 금품 등의 제공 요구
2. 감독기관 소속 공무원에 대하여 정상적인 관행을 벗어난 예우·의전의 요구

② 제1항에 따른 부당한 요구를 받은 피감기관 소속 공직자는 그 이행을 거부해야 하며, 거부했음에도 불구하고 감독기관 소속 공무원으로부터 같은 요구를 다시 받은 때에는 그 사실을 피감기관의 행동강령책임관(피감기관이 「공직자윤리법」 제3조의2 제1항에 따른 공직유관단체인 경우에는 행동강령에 관한 업무를 담당하는 직원을 말한다. 이하 이 조에서 같다)에게 알려야 한다. 이 경우 행동강령책임관은 그 요구가 제1항 각 호의 어느 하나에 해당하는 경우에는 지체 없이 피감기관의 장에게 보고해야 한다.

2. 갑질의 개념

POINT 갑질에 대해 간단하게 정리를 한다면 '우월적 지위, 권한남용, 부당한 요구나 처우'가 핵심 요건이다.

(1) '갑질'은 사회·경제적 관계에서 우월적 지위에 있는 사람이 권한을 남용하거나 우월적 지위에서 비롯되는 사실상의 영향력을 행사하여 상대방에게 행하는 부당한 요구나 처우를 의미한다.

(2) 우월적 지위 등을 이용하여 다른 공무원 등에게 신체적·정신적 고통을 주는 등의 부당행위를 한 경우에는 징계를 감경할 수 없다. ⇨ 공무원 징계령 시행규칙

3. 갑질의 판단기준

TIP 갑질은 직권남용이라고 이해하면 되는데 여기에 부당한 지시나 부당한 처우까지 포함된다고 생각하면 된다. 특히 공직사회에서 갑질 유형은 위계질서에 따른 상하 간의 갑질, 부처별-부서별 갑질, 민원인과의 갑질 등이 대표적이다. 그러므로 이에 대한 문제점과 해결방안은 반드시 정리를 해 둘 필요가 있다.

(1) 법령 등 위반

법령, 규칙, 조례 등을 위반하여 자기 또는 타인의 부당한 이익을 추구하거나 불이익을 주었는지 여부

(2) 사적이익 요구

우월적 지위를 이용하여 금품 또는 향응제공 등을 강요·유도하는지 여부, 사적으로 이익을 추구하였는지 여부

(3) 부당한 인사

특정인의 채용·승진·인사 등을 배려하기 위해 유·불리한 업무지시 여부

(4) 비인격적 대우

외모와 신체를 비하하는 발언, 욕설·폭언·폭행 등 비인격적인 언행 여부

(5) 기관 이기주의

발주기관 부담비용을 시공사에게 부담시키는 등 부당하게 기관의 이익을 추구하였는지 여부

(6) 업무 불이익

정당한 사유 없이 불필요한 휴일근무·근무시간 외 업무지시, 부당한 업무배제 등을 하였는지 여부

(7) 부당한 민원응대

정당한 사유 없이 민원접수를 거부하거나 고의로 지연처리 등을 하였는지 여부

(8) 기 타

의사에 반한 모임 참여를 강요하였는지 부당한 차별행위를 하였는지 여부 등

⊘ PLUS

1. 갑질 사례 ⇨ 부당한 인사 및 비인격적 대우
   부서장 A는 직원을 상대로 공개적인 장소에서 "지방으로 보내버린다."는 등 인사와 관련한 발언을 수시로 하고 사소한 이유로 사유서나 각오의 글을 작성하게 하거나 직원들 앞에서 사과문을 낭독하게 하였으며 연가 사용시 심리적 압박감을 주었다.

2. 직권남용 사례
   ○○시청의 B 팀장은 법적 근거도 없는 사유를 들어 건축허가가 불가하도록 했다. 건축법 제11조에 따르면 건축허가는 '소유권을 확보하지 못하여도 사용할 수 있는 권원이 있는 경우'에는 가능한 것으로 되어 있다. 하지만 당시 B 팀장은 "토지를 소유하지 않으면 건축허가를 내줄 수 없다."며 불가처분을 했다. 이는 법령에 의해 허가가 가능한 사항인데도 담당 공무원이 자의적으로 해석하여 허가를 내주지 않은 경우이다. 심지어 그 자리를 떠난 이후에도 후임에게 전화하여 "절대 허가를 내어주지 말라."고 지시했다고 한다.
   B 팀장은 고등검찰청에서 직권남용 여부에 대하여 조사 중인 것으로 알려져 있다. 고소인 C 이사는 "○○시청 B 팀장 등 공무원들은 직권을 남용하여 고소인으로 하여금 의무 없는 일을 하게 하여 막대한 재산상 손해를 입게 한 자이니 철저히 조사하여 엄벌해 줄 것"을 요청했다.

4. 갑질의 유형

(1) 법령 위반

기관의 장 또는 소속 직원은 인·허가, 계약 등과 관련하여 관계 법령 등에 위반되는 조건이나 기준을 적용하는 등 특정인 또는 특정 사업자에게 유·불리하게 작용하도록 하여서는 아니 된다.

> 예 「건설산업기본법」에 따라 도장공사 하자담보기간은 1년임에도 하자담보기간을 10년으로 설정하여 특정 기업에게 불리하게 적용하는 행위

(2) 기관 이기주의 유형

발주기관이 부담하여야 할 비용을 시공사가 부담하게 하는 등 기관의 이익을 부당하게 추구하는 유형이다.

> 예 1. 발주자가 부담해야 하는 비용(예산부족, 사업계획 변경 등)을 시공자가 부담하게 하는 행위
> 2. 인·허가, 민원해결 등을 포함한 모든 법적 행정절차 및 민원해결에 관한 비용을 계약 상대자가 부당하게 부담하도록 특약을 설정하는 행위

5. 갑질 행위에 대한 대응방안

✔ **POINT** '본인이 갑질을 당했거나 동료가 갑질을 당하는 것을 목격했다면 어떻게 대응할 것인가?'하는 질문을 받는다면 신고를 하기 전에 먼저 갑질을 한 가해자와 편한 상황에서 면담을 해보는 것이 우선임을 기억해야 한다. 면담을 한 후에도 갑질이 지속된다면 그때는 동료들과 상의도 해보고 도움도 요청해 본 후 최후의 방법으로 신고를 하는 절차를 밟는 것이 바람직하다. 무작정 먼저 신고를 한다고 하면 자신의 오해로 문제가 될 수도 있기 때문에 바람직하지 않다. 즉, 어떤 업무를 지시했는데 그 업무가 자신의 업무가 아니라는 이유로 갑질로 생각하고 신고를 한다면 문제가 될 수 있다.

(1) 갑질근절 조직운영

① 갑질근절 전담 직원 지정
② 갑질피해신고·지원센터 운영

(2) 갑질발생시 처리 요령

① 갑질신고
② 사실관계 조사: 전담 직원은 기관의 장에게 보고하고 신고자 등에게 입증 자료요구
③ 조사결과 조치: 갑질 가해자에 대한 징계 등 조치, 필요한 경우 수사의뢰조치
④ 피해자 대처 요령: 갑질행위 중지 요구, 피해신고, 심리치료 요청, 분리요청(가해자와 격리되어 업무수행 요청), 법률지원 요청
⑤ 갑질 피해자 보호대책: 불이익 처우 금지, 2차 피해 방지, 피해자 적응지원, 분리조치, 조력인 지정 등

6. 직장 내 괴롭힘 금지

(1) 「근로기준법」

> 제76조의2 【직장 내 괴롭힘의 금지】 사용자 또는 근로자는 직장에서의 지위 또는 관계 등의 우위를 이용하여 업무상 적정범위를 넘어 다른 근로자에게 신체적·정신적 고통을 주거나 근무환경을 악화시키는 행위(이하 "직장 내 괴롭힘"이라 한다)를 하여서는 아니 된다.

(2) 직장 내 괴롭힘의 종류

① 정당한 이유 없이 업무 능력이나 성과를 인정하지 않거나 조롱함
② 정당한 이유 없이 훈련, 승진, 보상, 일상적인 대우 등에서 차별함
③ 다른 근로자들과는 달리 특정 근로자에 대하여만 근로계약서 등에 명시되어 있지 않는 모두가 꺼리는 힘든 업무를 반복적으로 부여함
④ 근로계약서 등에 명시되어 있지 않는 허드렛일만 시키거나 일을 거의 주지 않음
⑤ 정당한 이유 없이 업무와 관련된 중요한 정보제공이나 의사결정 과정에서 배제시킴
⑥ 정당한 이유 없이 휴가나 병가, 각종 복지혜택 등을 쓰지 못하도록 압력 행사
⑦ 다른 근로자들과는 달리 특정 근로자의 일하거나 휴식하는 모습만을 지나치게 감시
⑧ 사적 심부름 등 개인적인 일상생활과 관련된 일을 하도록 지속적, 반복적으로 지시
⑨ 정당한 이유 없이 부서 이동 또는 퇴사를 강요함
⑩ 개인사에 대한 뒷담화나 소문을 퍼뜨림
⑪ 신체적인 위협이나 폭력을 가함
⑫ 욕설이나 위협적인 말을 함
⑬ 다른 사람들 앞이나 온라인상에서 나에게 모욕감을 주는 언행을 함
⑭ 의사와 상관없이 음주·흡연·회식 참여를 강요함
⑮ 집단 따돌림
⑯ 업무에 필요한 주요 비품(컴퓨터, 전화 등)을 주지 않거나 인터넷·사내 네트워크 접속을 차단함

MEMO

---

3 부당한 지시(공정한 직무수행을 해치는 지시에 대한 처리)

POINT 부당한 지시에 대한 질문 또한 면접관의 질문리스트 속에 있다고 생각하고 답변을 준비해야 한다. 그리고 과거 경험 속에서 이와 비슷한 사례가 있는지 정리하고 그 상황에서 어떻게 대처했는지도 정리가 되어 있어야 한다. 그보다 우선 부당한 지시에 대한 사례를 이해하는 것이 선행되어야 한다.

1. 공무원 행동강령 제4조(공정한 직무수행을 해치는 지시에 대한 처리)

제4조【공정한 직무수행을 해치는 지시에 대한 처리】 ① 공무원은 상급자가 자기 또는 타인의 부당한 이익을 위하여 공정한 직무수행을 현저하게 해치는 지시를 하였을 때에는 그 사유를 그 상급자에게 소명하고 지시에 따르지 아니하거나 제23조에 따라 지정된 공무원 행동강령에 관한 업무를 담당하는 공무원(이하 "행동강령책임관"이라 한다)과 상담할 수 있다.

② 제1항에 따라 지시를 이행하지 아니하였는데도 같은 지시가 반복될 때에는 즉시 행동강령책임관과 상담하여야 한다.

③ 제1항이나 제2항에 따라 상담 요청을 받은 행동강령책임관은 지시 내용을 확인하여 지시를 취소하거나 변경할 필요가 있다고 인정되면 소속 기관의 장에게 보고하여야 한다. 다만, 지시 내용을 확인하는 과정에서 부당한 지시를 한 상급자가 스스로 그 지시를 취소하거나 변경하였을 때에는 소속 기관의 장에게 보고하지 아니할 수 있다.

④ 제3항에 따른 보고를 받은 소속 기관의 장은 필요하다고 인정되면 지시를 취소·변경하는 등 적절한 조치를 하여야 한다. 이 경우 공정한 직무수행을 해치는 지시를 제1항에 따라 이행하지 아니하였는데도 같은 지시를 반복한 상급자에게는 징계 등 필요한 조치를 할 수 있다.

2. 부당한 지시 관련 사례

A는 B 군청 사회복지과에서 유아청소년용 시설 관리 업무를 맡고 있었다. 담당계장으로 근무하던 1997년 9월 C 업체에서 청소년 수련시설 설치 및 운영허가 신청서가 접수됐다. 실사 결과 다중이용시설 중에서도 청소년 대상이므로 철저히 안전대책이 마련되어야 함에도 콘크리트 1층 건물 위에 52개의 컨테이너를 얹어 2, 3층 객실을 만든 가건물 형태로 화재에 매우 취약한 형태였다. 이에 A는 신청서를 반려했다. 그때부터 온갖 종류의 압력과 협박이 가해졌다.

직계 상상인 사회복지과장으로부터는 빨리 허가를 내주라는 지시가 내려왔고 나중에는 폭력배들까지 찾아와 그와 가족들을 몰살시키겠다는 협박을 하기도 했다.

그가 끝끝내 허가를 내주지 않자 1998년 B군(郡)은 그를 민원계로 전보발령했다. 이후 C 업체의 민원은 후임자에 의해 일사천리로 진행됐다. 하지만 1년도 채 되지 않은 1999년 6월 30일 C 업체에서 화재가 발생하여 유치원생 19명 등 23명의 생명을 앗아가는 사고가 일어났다. 화재경보기와 비상벨도 울리지 않았고, 비치된 소화기 15개 중 9개가 속 빈 먹통 소화기였다.

➡ 1999년 유치원생 23명의 목숨을 앗아간 씨랜드 화재사건이 발생했다. 참사가 벌어진 건물은 소방시설 부재 등 불법건축 요소가 많아 운영 허가를 내 줄 수 없는 상태였다. 상급자의 압력과 회유에 못 이겨 이 회사의 건축을 허가 했다가 그만 돌이킬 수 없는 일이 발생한 것이다.

🖉 Check point

부당한 지시에 대한 이해

1. 직급에 억눌려 어쩔 수 없이 부당한 지시에 따랐다가는 상급자와 같이 책임을 지게 된다. 판례에서도 "만일 상사의 명령이라 하더라도 위법성을 알면서 행한 행위는 행위자 자신이 책임을 벗어날 수 없고, 상사의 명령에 순종하였다는 것만으로 변명이 되거나 그 책임을 면할 수 없을 것이다"라고 적시하고 있다.

2. 공무원에게는 복종의 의무가 있다. 하지만 무조건적인 복종은 아니다. 공무원은 직무를 수행할 때 소속 상사의 직무상 명령에 복종하여야 하지만 이에 대한 의견을 진술할 수 있다고 규정하고 있다. 그런데 직무상 명령에는 몇 가지 조건이 있다. 첫째, 정당한 권한을 가진 자에 의한 / 둘째, 직무에 관한 명령이어야 하며 / 셋째, 그 내용이 법률상 실현가능하고 적법해야 한다.

3. 부당한 지시 관련 판례

① 상급자의 종용과 결재에 따라 허위 공문서 작성 및 동 행사에 책임이 있는 이상 징계해임 처분은 적법하다(대법원 1991.10.22, 91누3598).
② 상사의 명령이라 하더라도 위법성을 알면서 행한 행위는 행위자 자신의 책임을 벗어날 수 없고 따라서 상사의 명령에 순종하였다는 식으로 변명이 되거나 그 책임을 면할 수 없다(대법원 1967.2.7, 66누68).
③ 상관의 명령이 명백히 위법이나 불법일 때에는 이는 이미 직무상의 지시명령이라고 할 수 없으므로 이에 따라야 할 의무가 없다(대법원 1999.4.23, 99도636).

4. 부당한 지시 관련 대응전략 ★★★

✔**POINT** 아래 내용을 바탕으로 본인만의 답변을 정리해 보길 바란다. 그리고 지시 내용을 검토 해보지 않고, '무작정 상관에게 물어보겠다.'라는 답변은 면접관이 가장 싫어하는 답변유형임을 기억해야 한다.

단계 구분	대응전략
1단계 (대응하기 전)	① 그 자리에서 부당함을 주장하지 말고 "검토해 보겠다"며 일단 물러난다.
2단계 (생각해 보기)	관련 법령을 분석하여 지시받은 사항이 ② 불법·부당한지를 재검토한다. 또한 불법·부당한 지시를 이행하였을 경우 받게 되는 ③ 공익침해 또는 불이익에 대하여 검토한다.
3단계 (상관에 대한 설득)	④ 일정한 시간이 경과한 후 상급자에게 관련 법령 검토내용과 공익침해 검토내용을 말씀 드리고 지시가 철회되도록 상관을 설득한다. ➡ 자신의 다른 의견을 제시하여 그 지시가 부당하지 않도록 다른 방안이나 의견을 제시해 보는 것도 방법이다.
4단계 (상관에 대한 설득 후에도 동일지시 반복시)	⑤ 부당한 지시를 한 상급자에게 서면 또는 이메일 등 이에 상응하는 방법으로 나의 인적사항, 지시받은 내용, 지시에 따르지 않는 이유 등을 기재한 소명서를 제출하고 지시에 따르지 않거나 행동강령책임관과 상담할 수 있다.
5단계 (소명 후 부당한 지시가 계속되는 경우)	행동강령책임관과 상담하고 이에 대해 보고 받은 소속 기관장은 부당한 지시의 취소·변경 등 적절한 조치를 취하여야 한다. 부당한 지시를 재차 반복하는 상급자는 징계처벌이 가능하다.

➡ 소명내용은 징계 등 불이익처분에 대한 권익구제의 증빙자료로 활용되므로 구두소명은 지양하고 서면·전자우편 등의 방법으로 소명하도록 한다. ⇨ 소명서가 중요한 이유

MEMO

5. 공무원 행동강령 관련 부당한 지시의 판단기준 및 유형

(1) 판단기준

① 법령, 행정규칙(훈령·예규·고시·지침 등)에 위반되는 지시인지 여부
② 업무의 본래 취지에 맞지 않는 지시인지 여부
③ 공공기관에 재산상 손해를 입힐 수 있는 지시인지 여부
④ 공적이익이 아닌 사적이익을 추구하는 지시인지 여부
⑤ 지위 또는 권한을 남용하는 지시인지 여부
⑥ 그 밖에 현저히 불합리한 행위를 강제하는 지시인지 여부

(2) 부당지시에 해당될 수 있는 유형

TIP 내용을 외울 필요는 전혀 없고, 한번 읽어보면 된다.

① 규정 위반 내용 또는 본래의 취지에 맞지 않는 방향으로 지시
② 인·허가 등 민원처리 등에 개입하여 부당하게 처리하도록 지시
③ 조사·점검, 심사 등 계획수립시 합리적인 이유 없이 특정기관(인) 등을 포함 또는 제외토록 지시
④ 각종 단체 지원(지자체 포함), 위임·위탁 등 권한 부여 업무에 개입하여 부당하게 처리하도록 지시
⑤ 관용차 등 공용물을 사적용도로 사용하기 위한 지시
⑥ 물품구매 등 각종 계약시 정당한 이유 없이 특정업체 선정, 계약조건 및 방식을 변경하도록 지시
⑦ 업무추진비 등 예산을 해당 지침에 어긋나게 집행토록 지시
⑧ 특정직원 채용, 승진, 전보 등 인사에 부당한 영향을 미치는 지시
⑨ 상급자의 직위 등을 이용하여 사적인 업무를 처리하도록 지시
⑩ 직무관련자에게 청탁·알선 또는 편의제공을 요구하도록 지시
⑪ 개인적 경조사를 직무관련자에게 알리도록 지시

4 공직윤리

✎ Check point

공직윤리

1. 공직가치와의 연관성
공직윤리는 공직가치 중에서 도덕성, 청렴성과 연결해서 생각해 볼 수 있다.

2. 정 의
공직이라는 특수한 직업분야에 요구되는 특수윤리를 공직윤리라 한다. 즉, 공직윤리란 국민 전체에 대한 봉사자로서 공무원의 신분에서 지켜야 할 규범적 기준을 말한다.

3. 공직윤리의 중요성
정부는 행정에 적합한 공무원을 필요로 하고 있으며, 부과된 업무를 수행하고 공무원으로서의 품위를 유지하기 위하여 높은 수준의 윤리적 행동을 기대한다. 이것은 공직의 특성으로 현대 민주국가에서는 공무원의 윤리적 기준을 법제화하고 있다.
① 법적 규제: 공무원의 13대 의무, 공무원 행동강령, 이해충돌방지법
② 자율적 규제: 공무원 윤리헌장, 청백리상의 제정 등

1. 일반윤리와 공직윤리의 차이점

(1) 일반윤리

인간이 지켜야 할 행위규범을 말한다.

(2) 공직윤리

공직에 종사하는 자에게 요구되는 도리 즉, 공무원으로서 해서는 안 되는 일 혹은 공무원으로서 꼭 필요한 자세를 말한다. 공적 조직에 근무하는 공직자에게는 일반국민이 지켜야 하는 윤리와 함께 공무원으로서 직업윤리도 요구된다.

> ◉ 실제질문 ▷ '자신이 생각하는 올바른 공직윤리란?'

2. 공직윤리(소극적 의미 및 적극적 의미)

구 분	내 용	위반시
좁은(소극적) 의미의 공직윤리	국가공무원법, 형법, 공무원윤리법, 부패방지법 등 법률에서 규정한 공직자에 요구되는 성실의무, 청렴의무, 법령준수의무 등	직권남용, 직무유기, 수뢰, 증뢰, 재산등록 등의 불이행, 공물횡령, 예산남용 등을 했을 경우
넓은(적극적) 의미의 공직윤리	• 법적규정과 함께 복무규정, 내부지침, 사회적으로 요구되는 공직자의 행위규범 • 수동적인 법규준수를 포함해 공무원의 올바른 역할 수행을 위한 도덕적 마인드와 역할수행 능력개발을 포함	법적 제재를 받지는 않지만 사회적 비판을 받을 수 있음

3. 공직윤리(소극적 청렴의 의무 및 적극적 청렴의 의무)

구 분	내 용	조직적 정의
소극적 청렴의 의무	청렴성	• 직위를 이용한 사익추구 및 부정부패 정도 • 타인 및 조직의 부패 관행의 용인 정도
	합법성	• 업무수행시 적법절차의 준수 정도 • 업무의 자의적 처리 정도
	공정성	• 업무처리의 공정성 정도 • 상급자의 불법 및 부당한 지시·간섭에 대한 저항 정도
적극적 청렴의 의무	책임성	• 업무수행에 있어서 공직자의 자발성과 능동성의 정도 • 국민 위주로 적극적으로 반응하고 업무를 수행하려는 정도
	사명감	• 공직에 대한 긍지와 자부심을 가지고 근면, 성실, 정직하게 일하는 정도 • 공익지향 정도 및 국민을 위해 봉사하고 헌신하려는 정도

4. 공직윤리가 엄격한 이유

(1) 공직자의 재량적 결정권과 행정이 담당하는 업무범위가 확대되고 있으며, 전문가 집단인 공무원의 사회적 영향력이 커지고 있기 때문이다.

(2) 현대사회에서 행정이 담당하는 업무는 복잡해지고 전문화되고 있으며, 공직자에게 부여된 재량권도 커지고 있기 때문에 비윤리적 일탈행위가 미치는 폐해도 크다. 일탈행위에는 "부정행위, 비윤리적 행위, 법규의 경시, 입법 의도의 편향적 해석, 불공정한 인사, 무능, 실책의 은폐, 무사안일" 등이 포함된다.

(3) 공직자가 사익을 지향하고 공직기관이 조직이기주의에 빠질 경우 조직적 부패가 나타날 수 있다.

(4) 공직자의 비윤리적 행위는 공직사회 전체로 확대 해석되고 국민의 정부 신뢰성에도 영향을 미치기 때문이다.

5. 노블레스 오블리주(Noblesse Oblige)

✔ **POINT** 이 용어는 면접과정에서 면접관들이 충분히 물어볼 수 있다. 또한 도덕적 해이 일명 '모럴해저드'에 대해서도 질문할 수 있다.

(1) 노블레스 오블리주는 초기 로마시대에 왕과 귀족들이 보여주었던 투철한 도덕의식과 솔선수범하는 공공정신에서 비롯된 것으로 높은 사회적 신분에 상응하는 도덕적 의무를 가리키는 말이다.

(2) 고귀한 신분에 따르는 도덕적 의무와 책임을 뜻하는 것인데 지배층의 도덕적 의무를 뜻하는 격언으로 정당히 대접받기 위해서는 '명예(노블레스)만큼 의무(오블리주)를 다해야 한다'는 것이다.

(3) 초기의 로마사회에서는 사회고위층의 공공봉사와 기부, 헌납 등의 전통이 강했는데 이런 행위는 의무이기도 하지만 명예로 인식이 되면서 자발적이고 경쟁적으로 이루어졌다.

(4) 특히 귀족 등의 고위층이 전쟁에 참여하는 전통은 더욱 확고해졌는데, 이러한 귀족층의 솔선수범과 희생에 힘입어 로마는 고대 세계의 맹주로 자리를 할 수 있었다.

(5) 현대사회에서 이와 같은 도덕의식은 계층 간의 대립을 해결하고 사회통합을 위한 최고의 수단으로 여겨지고 있다.

(6) 공무원에게 보다 높은 도덕성, 청렴성을 요구하는 것도 이와 비슷한 의미로 이해하면 될듯하다.

CHAPTER 04 2020~2023년 기출질문정리

1 공직관 및 윤리관

1. 질문유형

Q. 리더십을 발휘한 경험이 있는가?

Q. 인턴이나 봉사하면서 신뢰를 준 경험이 있는가?

Q. 박봉이나 워라밸이 보장되지 않는 등 단점이 많은 직업이다. 공무원의 장점은?

Q. 언제부터 공무원을 생각했나?

Q. 타인을 배려해서 조직을 성공으로 이끈 경험이 있는가?

Q. 일하면서 창의성을 발휘한 경험이 있는가?

Q. 원리원칙을 지킨 적이 있는가?

Q. 공무원에 대해 어떤 이미지를 갖고 있는가?

Q. 공무원으로서 가져야 할 덕목과 바람직한 공직자상은?

Q. 공직생활이 안 맞을 때 어떻게 해결할 것인가?

Q. 상사가 부당한 지시를 한다면 어떻게 할 것인가?

  └[추가질문] 그래도 부당한 지시를 계속 시킨다면?

Q. 본인의 장점은 무엇이며 이를 공직에서 어떻게 활용할 수 있는가?

Q. 상사가 원칙을 어기면서 업무를 수행한다면?

  └[추가질문] 상사가 경험이 있기 때문에 쉽게 바꾸진 않을텐데?

Q. 대외활동과 봉사 등 활동한 것을 보니 다른 사람과 갈등도 있었을 거 같은데 공직 내에서 어떻게 해결하면 좋겠는가?

Q. 일을 할 때 본인과 상충되는 사람이 있었는가?

Q. 공무원에게 필요한 것은?

Q. 타 직렬 업무를 맡게 되면 어떻게 할 것인가?

Q. 상사가 갑질을 한다면 어떻게 할 것인가? 대처해도 계속 갑질한다면?

Q. 사기업과 공무원조직이 추구하는 바가 어떻게 다른가?

Q. 지금 공무원들이 청렴하다고 생각하는가?

  └[추가질문] 더 청렴하기 위해서는 어떤 것들이 필요한가?

Q. 국민이 바라는 공무원은?

Q. 공직자에게 중요한 가치란?

Q. 오송 참사를 아는가? 어떻게 대처했어야 하겠는가?

Q. 사서의 사명감은 무엇인가?

Q. 공무원이 됐을 때 중요하다고 생각하는 본인의 장점과 적용 방안은?

Q. 지원자가 친절한 것도 알겠고 친절함도 좋지만 공무원은 법령과 규정을 준수해야 한다. 일을 하면서 법령과 친절함이 충돌할 수도 있다. 둘 중 어느 것이 더 중요한가?

Q. 책임감을 가지고 일을 완수한 구체적인 경험을 말해보라.

Q. 본인의 경험이 공직에 어떤 도움이 되는가?

Q. 중요하게 생각하는 공직가치와 그 이유는?

Q. 가장 최근에 뉴스에서 공무원에 대해 본 기사는?

Q. 어떤 공무원이 되고 싶은가?

Q. 사기업 vs 공직 중에 왜 공직을 선택했는가?

Q. 본인이 청렴하다고 생각하는가?

Q. 사회복지사가 가져야 할 자세는?

Q. 공무원이 된다면 행복할 것 같은가?

Q. 민원응대 관련 필요한 자세는?

Q. 헌법상 공무원은 국민을 위한 봉사자라고 명시되어 있는데 본인 생각은 어떤가?

Q. 사회복지직 공무원으로서 덕목, 이유, 경험을 말해보라.

Q. 공무원이 요즘 인터넷 활동을 많이 하는데 어떻게 생각하는가?

Q. 공직자가 갖춰야 할 역량은?

Q. 사회적 가치에 대해 알고 있는가?

Q. 상사가 업무를 비효율적으로 한다면?

Q. 공익이라고 했는데 공익이 무엇인가?

Q. 공기업 윤리와 사기업 윤리의 차이점은 무엇이며 이에 대한 본인 생각은?

Q. 어떤 사람이 동료에게 인정받는 공무원인 것 같은가?

Q. MZ세대 공무원의 특징은 무엇이며 공직에 어떻게 활용할 수 있는가?

Q. 친절과 전문성 중 무엇이 더 우선인가?

Q. 공무원이 무엇이라고 생각하는가? 공무원으로서 중요한 능력은 무엇이라 생각하는가?
   ㄴ[추가질문] 그럼 공무원이 한마디로 무엇이라고 생각하는가?

Q. 본인이 생각하는 공직자로서의 가치는 무엇이라고 생각하는가?

Q. 공직가치 중 청렴성, 책임성을 제외하고 중요하다고 생각하는 것은?
   ㄴ[추가질문] 전문성이란? 민주성이란?

Q. 공무원이 되어 주민들을 만족시키기 위한 덕목이 무엇이라고 생각하는가?

Q. 자신이 생각하는 바람직한 공무원상에 대해서 말해보라.

Q. 공직자의 자질 중 가장 중요한 것은?

Q. 상사가 부당한 지시를 내릴 때 따를 것인가?

Q. 본인이 생각하는 공무원의 이미지는 어땠는가?

Q. 공무원과 사기업의 차이점은? 공무원의 장점과 단점은?

Q. 효율성과 봉사정신 중에서 무엇이 더 중요하다고 생각하는가?

Q. 본인이 생각하기에 청렴도를 높이기 위한 방안은 무엇이라고 생각하는가?

Q. 행정이란 무엇이라고 생각하는가?
   ㄴ[추가질문] 행정과 경영의 차이는? 행정을 한마디로 표현하면?

Q. 본인이 생각하는 청렴이란 무엇인가?

Q. 봉사란 무엇이라고 생각하는가?

Q. 공무원으로서 가져야 할 역량과 주민이 바라는 역량은?

Q. 공직사회에 기업가 정신을 어떻게 활용할 수 있을까?

　　◉ 프론티어 – 도전정신, 개척 정신

Q. 도덕적이지 못한 사람 vs 윤리적이지 못한 사람 중 누구를 공직에 채용해야 된다고 생각하는가?

Q. 자신이 공무원이 되기에 적합한 이유는?

Q. 국민들이 공무원에 대한 불신이 큰데 이것을 잠식시키려면 어떻게 해야겠는가?

Q. 국가직공무원과 지방직공무원의 차이는?

Q. 공공기관과 사기업에서 창의성과 책임감에 대해서 다른 점이나 차이점을 말해보라.

Q. 지방분권화 시대에서 공무원에게 요구되는 공직가치는 무엇이라 생각하는가?

Q. 능력과 역량의 차이는 무엇인가?

Q. 요즘 공무원들 비리가 있다. 왜 이런 일이 발생하며 공무원에게 청렴이 요구되는 이유는?

Q. 공무원에 정년보장을 해주는 이유가 뭐라고 생각하는가?

Q. 공익과 사익이 무엇이라고 생각하는가?

Q. 사회적 가치가 무엇이라고 생각하는가?

Q. 공무원이 변해가고 있고 앞으로 변해야 하는데 어떻게 할 것인가?

Q. 공무원 윤리에 대해 아는가?

Q. 어떤 공무원이 되고 싶은가?

Q. 공무원에게 정치적 중립을 요구하는 이유가 무엇인가?

Q. 요즘 다변화되는 시대에 공무원은 어떻게 하는 것이 좋겠는가?

Q. 코로나에 의료진들뿐만 아니라 공무원들이 했던 일을 알고 있는가?

Q. 공무원이 잘못하면 왜 다른 사람들보다 큰 비난을 받을까?

Q. 공무원이 되기 위해 노력했던 것은?

Q. 요새 다문화 추세인데 다문화정책 추진에 있어서 가장 중요한 공직가치가 무엇인가?

　　└ [추가질문] 다양성을 보장하기 위해 어떤 정책을 해야겠는가?

Q. 공무원에게 적극행정을 요구하는 이유는?

Q. 유능한 공무원이란?

Q. 공무원으로서 갖춰야 하는 소양은?

Q. 공무원으로서 중요한 자세가 무엇이라고 생각하는가?

　　└ [추가질문] 혹시 본인은 그걸 위해 어떤 노력을 했는가?

Q. 공익이 무엇이라고 생각하는가?

　　└ [추가질문] 다수를 위해 소수가 희생하는 것이 맞는가?

Q. 청렴과 관련되어서 부정청탁 및 금품수수 금지법, 이해충돌 방지법 등이 제정되어 시행 중이거나 시행 예정이다. 이와 같이 지방공무원법이 아닌 다른 법 규제가 필요한 이유와 청렴한 공직사회를 만들어나가기 위해 실천해야 하는 것은 무엇인가?

Q. 공무원은 제한을 많이 받는데 MZ세대가 창의성을 발휘하려면 어떻게 해야 하겠는가?

Q. 아마추어 공무원과 프로 공무원의 차이점은?

Q. 공무원에게 창의성이 요구되는 이유와 본인이 창의성을 발휘한 경험은?

Q. 공직자의 윤리관과 일반 사인의 윤리관은 어떻게 다른가?

Q. 공정과 청렴의 의미와 사례를 말해보라.

Q. 공무원 헌장에 공무원은 국민 전체에 대한 봉사자라고 하고 있다. 봉사자란 무엇이라고 생각하는가?

Q. 세계화 시대에 공무원이 나아가야 할 방향은?

Q. 서양의 윤리의식 중 우리가 본받아야 할 윤리의식은?

Q. 공무원의 인기가 식는 이유는?

Q. 만약에 편법을 쓰면 주민들에게 서비스를 더 많이 제공할 수 있는데 그 경우에 편법을 쓰겠는가?

Q. 지원자가 업무를 보는데 그것이 제도에 위배되는데 주민들에게는 이익이 된다. 이런 경우에는 어떻게 하겠는가?

Q. 부정부패를 저지르는 관행이 있다. 어떻게 할 것인가?

Q. 시민의 행복을 위해서 3가지 정도 무엇이 충족되어야 하겠는가?

Q. 공무원으로서 정부의 입장과 지역 주민의 입장이 충돌될 때 할 일은 무엇인가?

Q. 지방공무원의 장단점은?

2. 답변사례 참조

Q. 리더십을 발휘했던 경험이 있나요?

A. (동아리명은 언급하진 않았지만) 소그룹 리더 경험이 있었고 학과에서 학술분과장으로 활동한 적이 있습니다. 특히 동아리에서 소그룹 리더로서 대그룹 리더들과 협력한 적이 있습니다. 그리고 동아리에서 문서 만드는 팀의 팀장으로서 타 대학 사람들을 인터뷰하고 그걸 월간지로 발행한 적이 있습니다. (자소서에 성격 장단점에 작성한 것들을 여기로 끌어와서 답변했습니다. 근데 중요한 건 제가 리더로서 팔로워들에게 무엇을 했는지 구체적으로 언급하진 못했습니다.)

Q. 인턴이나 봉사하면서 신뢰를 준 경험이 있나요?

A. 인턴을 할 때 고객이 오면 용건을 물은 후 창구로 안내하며 창구 직원에게 고객이 방문한 용무를 전달하였습니다. 하지만 용어를 잘 모르고 그래서 전달시에 버벅거렸습니다. 이러한 행동이 전문적이지 않다고 생각이 들었고 이 후에는 필기구와 메모지를 구비하여 고객이 오면 방문 목적을 적은 후 적은 내용을 바탕으로 창구 직원에게 고객 방문 목적을 전달했습니다. 이렇게 전문성을 보이며 직원과 고객에게 신뢰감을 주었습니다.

Q. 공무원에 대해 어떤 이미지를 갖고 있나요?

A. 저는 공무원이란 공익을 실현하는 주체라고 생각합니다. 국민의 생명을 보호하고 안전을 보호하고 재산을 보호하며 사회적 약자를 배려하는 존재라고 생각합니다.

Q. 공무원으로서 가져야 할 덕목과 바람직한 공직자상은 무엇인가요?

A. 공무원으로서 가져야 할 덕목은 공직자로서의 자긍심이라고 생각합니다. 물론 공무원이 지켜야 할 공직가치는 다양성을 존중하고 청렴해야 하는 등 종류가 많지만 공직자로서 자긍심이 있다면 나머지 것들은 자연스레 지켜지는 것이라 생각합니다.

Q. 상사가 부당한 지시를 한다면 어떻게 할 것인가요?

A. 우선 그 지시가 부당한 지시가 맞는지 제 스스로 관계법령이나 사례집을 볼 것 같습니다. 그리고 선배님들의 조언도 구할 것 같습니다. 그 후 부당한 지시가 맞다고 생각이 들면 이러한 부분에 대해 말씀드리고 상관분께서 지시를 제고하실 것을 정중히 요청드리도록 하겠습니다. 왜냐하면 공무원에게는 복종의 의무가 있는데 이는 정당한 지시를 복종하는 의무이기 때문입니다.

Q. 그래도 부당한 지시를 계속 시키면요?

A. 어쩔 수 없지만 그때는 클린신고센터에 신고를 하거나 상관의 상관분께 말씀드리도록 하겠습니다.

Q. 상사가 원칙을 어기면서 업무를 수행한다면요?

A. 제가 업무 파악을 정확하게 한 것인지 먼저 확인 후 원칙에 어긋난 것이 맞다면 조심스럽게 말씀드려서 올바른 방향으로 진행할 것입니다.

Q. 상사가 경험이 있기 때문에 쉽게 바뀌진 않을 텐데요?

A. 면접공부를 하면서 적극행정에 대해 알게 되었는데 공익을 목적으로 하고 고의가 아니라면 구제받을 수 있다고 보았습니다. 이 방법을 활용해보겠습니다.

Q. 대외활동과 봉사 등 활동한 것을 보니 다른 사람과 갈등도 있었을 거 같은데 공직 내에서 어떻게 해결하면 좋을까요?

A. 아르바이트 시절, 베스트셀러 2제품이 하나의 기획세트로 출시된 적이 있습니다. 고객님께서 두 개 중 하나를 다른 색상으로 바꿔달라고 10분정도 언쟁이 있었지만 규정상 그렇게 할 수 없다고 설명드리고 원하시는 제품과 비슷한 색상의 더 저렴한 제품으로 안내드려 구매로 이어졌습니다. 갈등은 요구가 있기 때문에 생기므로 상대방의 말을 먼저 잘 듣고 대안을 찾아서 제시하는 것이 좋다고 생각합니다.

Q. 자기소개서를 보니 창의적이라고 하시는데 이걸 공직에서 어떻게 적용할 수 있을까요?

A. 저는 관광분야에서 저의 창의성을 발휘하고 싶습니다. 예를 들어 관광을 좀 더 활성화하기 위해서 빅데이터 플랫폼을 구축하여 관광의 테마와 관광객들의 성향을 파악하여 그 성격에 맞게 홍보를 하여 좀 더 관광을 활성화하고 많은 사람들이 참여할 수 있게 돕고 싶습니다.

Q. 공무원에게 필요한 것은 무엇일까요?

A. 봉사정신이 가장 중요하다고 생각합니다. 헌법 제7조 제1항에도 나와 있듯이 공직자는 국민을 위한 봉사자이며 그 국민에게 책임을 집니다. 그렇기 때문에 공직자로서 시민의 어려움을 제일 먼저 가까이서 알고 필요한 정책들을 수립하여 모두가 행복해질 수 있도록 노력하는 사람이 되어야 합니다.

Q. 지원자가 친절한 것도 알겠고 친절함도 좋지만 공무원은 법령과 규정을 준수해야 합니다. 일을 하면서 법령과 친절함이 충돌할 수도 있는데 둘 중 어느 것이 더 중요한 것 같은가요?

A. 공무원은 법과 규정을 준수하는 것이 중요합니다. 하지만 친절공정의 의무도 있습니다. 그렇기 때문에 저는 법령을 해석하는데 조금 더 다양한 여지가 있다면 (순간 갸우뚱하셨습니다.) 상급기관에 문의를 하는 등의 방법으로 법령을 더 넓게 해석할 수 있는 방법을 찾아서 친절함도 같이 베풀 수 있도록 노력하겠습니다.

Q. 중요하게 생각하는 공직가치와 그 이유가 무엇인가요?

A. 저는 봉사정신과 청렴성이 가장 중요하다고 생각합니다. 아무래도 공무원의 의미 자체에 국민을 위한 봉사자라는 말이 내포되어있기도 하고… (정적 몇 초) 그리고 아무래도 공무원이 청렴하지 않다면 시민들이 공직사회에 대한 신뢰를 잃게 되고 그렇게 되면 그 본인 나라도 같이 흔들릴 것입니다. 그래서 청렴이 중요하다고 생각합니다.

Q. 가장 최근에 뉴스에서 공무원에 대해 본 기사가 있나요?

A. 제가 가장 최근에 본 기사는 잼버리에 대한 기사인데요. 잼버리를 생각하면 저는 2030 부산 세계 박람회가 떠오릅니다. 부산은 지금 2030 부산 세계 박람회 유치를 앞두고 있습니다. 만약 유치가 된다면 공무원들과 부산 시민들이 힘을 합쳐 철저하게 준비하여 2030 부산 엑스포를 성공적으로 개최해 세계에 부산을 홍보할 수 있었으면 좋겠습니다.

Q. 헌법상 공무원은 국민을 위한 봉사자라고 명시되어있는데 본인 생각은 어떤가요?

A. 네, 국민을 위한 봉사자라 함은 저는 공익과 매우 연관이 깊다고 생각합니다. 공익이 국민들에게 봉사하고 국민들을 책임지는 일이라고 생각하기 때문에 저 개인의 이익을 위하는 것이 아닌 공공의 이익을 위해 노력하는 자세가 필요하다고 생각합니다.

Q. 중요한 공직가치가 무엇이라고 생각하나요?

A. 책임감이라고 생각합니다. 책임감이 결여되면 업무를 소홀히 하게 되고 지역주민들에게 나쁜 영향을 미치게 됩니다. 또한 책임감 결여가 지속되면 결국에는 태만, 부정부패와 같은 것으로 연결될 수 있다고 생각합니다. 따라서 책임감 결여를 막기 위해서 부서별 책임감 경진대회 같은 것을 여는 것도 좋다고 생각합니다. 지표는 기간 내 업무 목표 달성도, 민원 해결도 등으로 하는 것이 좋다고 생각하였습니다.

Q. 공기업 윤리와 사기업 윤리의 차이점에 대한 본인의 생각은 무엇인가요?

A. (이건 진짜 생각지도 못한 질문이었습니다.) 공기업은 사익보다는 공공이익 국민, 국가 전체를 위한 이익을 추구해야 합니다. 또한 청렴, 정직성을 좀 더 지켜야 합니다. 사기업도 물론 청렴과 정직성을 지켜야하긴 하지만 그 곳은 사적이익을 주로 추구하는 기업이기에 공기업이 좀 더 청렴과 정직성을 강도 있게 지켜야 한다고 생각합니다. 저 역시 국가를 위해 일하는 공무원에 지원한 사람이기에 임용 후에 청렴, 정직을 가장 1순위로 지키겠습니다.

Q. 친절과 전문성 중 무엇이 더 우선시 되어야 할까요?

A. 타 지자체와 일할 때 말레이시아 여행박람회에서 프레젠테이션을 한 적이 있었습니다. 그때 제가 먼저 프레젠테이션을 하고 제 뒤에 이어서 지자체 공무원분께서 프레젠테이션을 해주셨는데 그 일을 준비하고 진행하면서 공무원분이 지역에 대한 자부심을 가지고 전문적으로 지역을 알리는 모습이 굉장히 인상적이었고 그게 제 지원동기가 되었습니다. 그래서 전문성인 것 같습니다. (면접관님께서 "친절은 필요없고요?" 하셔서 약간 버벅대다 "둘 다 중요합니다!"라고 했더니 둘 중에 하나 골라 보라고 하셔서 고민하는 척 조금하고 "그래도 저는 전문성인 것 같습니다."라고 말씀드렸습니다.

2 공무원의 의무 및 공무원 행동강령

1. 질문유형

Q. 공무원의 의무 중에서 청렴도 중요한데 김영란법에 대해 알고 있는가?
  ㄴ [추가질문] 김영란법이 이번에 바뀐 점이 있는데 무엇인지 아는가?
  ㄴ [추가질문] 설과 명절에는 30만원인 것도 아는가? 금액을 늘린 것에 대해 어떻게 생각하는가?
  ㄴ [추가질문] 그럼 아예 50만원으로 늘리는 건 어떤가?
  ㄴ [추가질문] 누구를 위해 금액을 올린 거 같은가?
  ㄴ [추가질문] 그럼 김영란법의 음식물 금액기준은 얼만지 아는가?

Q. 어떠한 경우에도 선처를 받을 수 없는 세 가지 경우는?

Q. 공무원 중징계의 종류는?

Q. 청탁금지법 아는가? 세부사항으로 식사의 경우, 경조사의 경우, 선물의 경우 금액이 얼마인가?
  ㄴ [추가질문] 그럼 곧 추석인데 추석때는 어떻겠는가?

Q. 공무원의 의무 중 중요하다고 생각하는 의무는?

Q. 공무원에게 중요한 정신은?

Q. 김영란법에 대하여 구체적으로 설명해보라.

Q. 부정청탁을 보았을 때 어떻게 할 것인가?

Q. 공무원에게 신분보장을 해주는 이유는?

Q. 사회복지직 공무원의 윤리원칙 7원칙을 말해보라.

Q. 공무원에게는 많은 의무가 있는데 아는 대로 말해보라.
  ㄴ [추가질문] 그럼 본인은 그 중에서 무엇이 가장 중요하다고 생각하는가?
  ㄴ [추가질문] 청렴의 의무도 굉장히 중요한데 이에 대해서는 어떻게 생각하는가?

Q. 이해충돌방지법에 대해 말해보라.

Q. 요새 공무원들의 부패가 사회적 문제가 되고 있다. 왜 부패가 사라지지 않는가?
  ㄴ [추가질문] 그럼 청렴을 제고하려면 어떤 방안이 좋겠는가?

Q. 공무원 5대 신조 중 가장 중요하다고 생각하는 것과 지원동기를 말해보라.

Q. 공무원으로서 좋은 점은?

Q. 공무원의 6대 의무란? ◎ 성실, 복종, 친절·공정, 비밀엄수, 청렴, 품위유지의무

Q. 공무원의 4대 금지의무는? ◎ 직장이탈금지, 영리금지 및 겸직금지, 정치운동금지, 집단행동금지

Q. 친절공정 의무에 대해 말해보라.

Q. 공무원의 6대 의무 중 3가지를 말하고 그중 성실의 의무 사례를 들어보라.

Q. 만약 상사가 누가 봐도 불법인 부당한 지시를 내린다. 아니면 업자가 와서 부정청탁을 하는 상황에서 어떻게 대처할 것인가? 대신에 첫 번째 상황에 어떻게 할 것인지 두 번째 상황에는 어떻게 할 것인지 이렇게 두 개의 답변을 해보라.

Q. 공무원 가중처벌 이유 및 3대 범죄는?

Q. 퇴직공무원이 사기업에 들어갔는데 본인과 사적접촉을 시도하려고 한다면?

Q. 김영란법이 허용되는 부분(예외)을 설명해보라.

Q. 공무원은 항상 친절해야 한다고 생각하는가?

Q. 비밀유지의무의 범위가 어디까지인가?

Q. 공무원 11대 의무 이외에 본인이 중요하게 생각하는 의무는?

Q. 공무원이 음주운전을 했다. 어떤 의무를 위반한 것인가?

Q. 공무원이 음주운전을 하면 더 엄격하고 가혹한 처벌을 받는다. 이에 대해 어떻게 생각하는가?

Q. 공무원 행동강령에 무슨 조항이 있나?

　　➡ 부당한 지시 처리, 사적 이해관계의 신고, 영리행위 금지, 퇴직자 사적 접촉 신고, 특혜의 배제, 인사청탁금지, 이권 개입금지, 알선청탁금지, 금품수수금지, 갑질금지, 직무관련 정보이용 제한 등

Q. 법적으로 말하는 성실과 우리가 흔히 말하는 공무원으로서 가져야 할 자질 가운데의 성실의 차이에 대해서 말해보라.

　　➡ 법적 성실은 공익을 위해 전인격과 양심을 바쳐 직무를 성실히 수행하는 것을 의미하며 일반적인 성실의 의미는 나태하지 않음을 의미한다.

Q. 청탁금지법과 공무원 행동강령을 아는가?

Q. 부정청탁을 어떻게 예방할 것인가?

Q. 품위유지의 의무가 무엇이라고 생각하는가? 품위유지 위반 사례 아는 것이 있는가?

Q. 공무원은 음주운전을 하면 이중처벌(형사 및 행정징계)을 받게 되는데 어떻게 생각하는가?

Q. 공무원에게는 영리금지 및 겸직금지의 의무가 있는데 공무원의 유튜브 활동에 대해 어떻게 생각하는가?

Q. 갑질의 정의와 갑질 사례를 말해보라.

Q. 갑질 문제는 공무원의 무슨 의무에 위배되는가?

　　➡ 성실의무, 친절·공정의무, 청렴의무, 품위유지 의무 위반과 연결될 수 있다.

Q. 김영란법 명칭과 중요내용 아는 것을 말해보라.

Q. 김영란법과 관련하여 동료가 50만원 정도를 부당하게 얻었는데 이것을 응시자가 보았다. 어떻게 대처할 것인가?
　└[추가질문] 상관에게 말한 것을 동료가 알게 되어 동료와 갈등이 발생했는데 이를 어떻게 해결할 것인가?

Q. 공무원의 가장 큰 문제점은?

Q. 청렴했던 선인들 2명 정도 말해보라.

Q. 상사의 부당한 지시, 갑질 지시를 받으면 어떻게 하겠는가?

Q. 공직사회에서 음주, 성폭력, 금품수수에 대한 처벌이 강화되고 있다. 이에 대한 본인의 해결방안은?

Q. 첫 번째, 친절한 공무원에게 민원인이 고맙다고 음료수 한 병을 줘서 공무원이 받은 경우와 두 번째, 민원인에게 불친절한 공무원 이 두 가지 사례에서 청렴성이 없는 사례는 무엇인가?

Q. 시간 외 수당을 불법수령하는 동료에 대해 어떻게 행동할 것인가?

Q. 공무원에게 요구되는 의무나 가치들이 있는 것 잘 알고 있는가? 이러한 것들 중에 가장 중요한 덕목이 뭐라고 생각하는가? 또 그 이유에 대해서 간단히 말해보라.

Q. 공무원 노조에 대한 생각은?

Q. 정치적 중립이 저해되는 이유와 이를 해결하기 위한 방안이 무엇이라고 생각하는가?

2. 답변사례 참조

Q. 공무원의 의무 중 중요하다고 생각하는 의무는 무엇인가요?

A. 저는 청렴의 의무가 중요하다고 생각합니다. 공무원들이 청렴하고 공정하게 업무를 수행해야 공무원들에 대한 시민들의 신뢰도가 올라갑니다. 시민들의 신뢰도가 올라가야 공무원들이 어떠한 정책이나 서비스 등을 펼칠 때 그 정책의 수용도가 올라간다고 생각하기 때문입니다.

Q. 공무원에게 중요한 정신은 무엇인가요?

A. 저는 청렴이라고 생각합니다. 청렴은 국민 신뢰에 있어서 가장 기본입니다. 국민을 위하는 봉사자로서의 공직자가 뇌물을 받는 등 개인의 사리사욕을 채우려 한다면 오히려 국민에게 위해가 됩니다. 그리고 저는 면접을 준비하면서 기억에 남는 말이 하나있습니다. 깨끗한 물에 잉크를 한 방울 떨어뜨리면 물 전체가 더러워집니다. 이와 같이 부패는 개인으로부터 시작되지만 그 영향력은 그 기관, 그 지역, 그 사회 전체에 미치기 때문에 항상 이런 것들을 유념하고 공직자로서 깨끗하고 청렴한 자세를 가져야 합니다.

Q. 공무원의 6대 의무 중 제일 중요하다고 생각한 것과 그 이유는 무엇인가요?

A. 성실의 의무입니다. 행정환경이 다양해지고 그에 따라 공무원이 소극적 행정보다는 적극적으로 행정을 해야 할 필요성이 커지고 있고 창의성을 발휘하여 지역 주민들의 삶의 질 향상에 도움을 주어야 한다고 생각하기 때문입니다.

Q. 공무원의 6대 의무를 이야기하고 가장 중요하다고 생각하는 것과 이유를 말해보세요.

A. 성실의 의무, 복종의 의무, 품위유지의 의무, 비밀엄수의 의무, 친절공정의 의무, 청렴의 의무입니다. 그중에서 저는 청렴의 의무가 중요하다고 생각합니다. 최근 공무원들의 청렴하지 않은 사례들이 뉴스기사에 보도가 많이 되고 있습니다. 국민들이 이런 기사를 많이 접할수록 공무원에 대한 신뢰도가 떨어진다고 생각되며 이는 공직사회로의 불신으로까지 이어져 부정적인 영향을 끼친다고 생각합니다. 그렇기 때문에 무엇보다도 청렴의 의무가 중요하다고 생각합니다.

Q. 요새 공무원들의 부패가 사회적 문제가 되고 있는데요, 왜 부패가 사라지지 않을까요?

A. 제 생각에는 공직자들이 '청렴성'을 잊어서 이런 일이 발생한다고 생각합니다. 제가 생각하는 '청렴'이란 욕심을 갖지 않는 것이라고 생각합니다. 공직자로서 본인에게 더 엄격하게, 공익을 위해 일한다는 사명감을 가지고 일한다면 부패가 조금이나마 없어지지 않을까 생각하고 있습니다.

Q. 그럼 청렴을 제고하려면 어떤 방안이 좋을까요? 생각한 게 있나요?

A. 제 생각에는 청렴성을 사명감에 한 바탕으로 해서 분기별 청렴한 공무원 상을 수여하거나 액자로 걸어 놓는 등 처벌보다는 사명감을 갖게 하도록 하는 게 좋지 않을까 생각합니다.

Q. 공무원 5대 신조 중에 가장 중요하다고 생각하는 것과 지원동기를 말해보세요.

A. 공무원 5대 신조 중 직무에는 창의와 책임을 이라는 게 있는데 저는 그중 책임이 중요하다고 생각합니다. 지원동기로는 제가 요양병원 근무하면서 치매환자들을 많이 봤습니다. 그 치매환자의 어려움과 그 가족들의 아픔을 직접 목격하면서 치매 조기검진을 통해 치매초기증상을 발견하고 적절한 조치를 취했으면 더 나은 삶을 살고 있지 않았을까 생각을 했고 그러면서 치매안심센터에 관심을 갖게 되었습니다. 저는 치매안심센터를 통해 환자와 그 가족들을 지원하고 치매와 관련된 사회적 인식을 높이고 지역사회에 보다 적극적으로 기여하고자 지원하게 되었습니다.

MEMO

2024
스티마 면접
지방직(공통편)

07

공직가치의 유형별 이해

CHAPTER

01 공직가치의 세부적 이해

1 공직가치의 이해

공무원으로서 공직가치를 바로 이해하지 못하면 좋은 면접을 볼 수 없을 뿐만 아니라 훌륭한 공무원이 될 수 없다는 것을 꼭 기억해야 한다.

✎ Check point

개념정리

1. **공직가치**
   공익을 실현하기 위해 공무원이 반드시 갖추어야 할 자세를 말한다.
2. **공 익**
   '공익'이란 '국민의 행복, 국민의 삶의 질 향상'을 뜻하며, 특히 사회적 약자에 대한 배려가 우선시 되어야 한다는 점을 꼭 기억해야 한다. 어쩌면 공무원은 사회적 약자에 대한 배려를 하는 데 있어 산소와 같은 존재라고 할 수 있다. 실제로 국가의 모든 제도나 정책을 보면 서민들을 위한 정책이 대부분이고 그중에서도 사회적 약자에 대해 우선 배려하는 정책들이 많다는 것을 확인할 수 있다.
3. **사회적 약자**
   우리가 관심과 배려를 가지고 도움을 주어야 할 대상을 모두 일컫는 것이며 그 범위는 상당히 넓다. 즉, 사회적 약자는 경제적 약자만이 아니라 여성, 아동, 노인, 장애인 등 우리 사회에서 자신의 권리를 확보하지 못하고 불평등한 삶을 살아가는 사람들을 포함한다.

TIP 면접준비를 잘하는 방법 중 한 가지는 응시생이 합격한 직렬에 있어서 사회적 약자의 대상을 파악하고 그 대상에 관한 정책제안 등을 고민해 보는 것이다.

MEMO

2 공직가치의 개념

(1) 공직가치(Public Service Value)란 '애국심, 책임성, 청렴성 등 공무원이 추구해야 할 목표와 기준'이며, 공무원은 공직가치를 준수하고 실현하기 위해 노력해야 한다.

(2) 공직가치란 '공공의 이익에 봉사하기 위해 공적 영역에서 추구해야 하는 바람직한 신념체계와 태도'를 의미한다.

(3) 공무원들이 공무를 수행하는 현장에서 부딪히는 윤리적 딜레마에서 공직가치는 의사결정의 기준과 우선순위를 정해주는 지침이 된다. 그런 점에서 공직가치는 '공직자로서 바람직한 행동의 판단기준이며 공직을 수행하면서 추구해야 할 궁극적인 목표와 기준'이다.

> **⊗PLUS**
>
> 1. '공직가치'의 개념이 추상적이라 쉽게 와 닿지 않을 것이다. 쉽게 예를 들면 세월호 사건의 경우 상부에의 보고(복종의 의무)와 현장에서 생명을 구해야 하는(헌신성 – 국민의 생명과 안전보장) 딜레마적 상황에서 공직가치가 내재되어 있었다면 당연히 국민의 생명을 구하기 위해 필요한 모든 조치를 즉각 취했을 것이다. 즉, 무엇이 더 우선해야 하는가를 결정짓는 판단기준이 공직가치인 것이다.
> 2. 위와 같이 비상상황에 처한다면 누구라도 곤혹스러울 것이다. 상부에서는 '빨리 보고를 하라'고 재촉하고, 현장에서의 상황은 다급하다. 이때 무엇을 위해 그리고 왜 고민하고 있는지를 자신에게 설명할 수 있어야 한다. '보고를 늦게 함으로써 상부로부터 질책이 두려워 고민하고 있는가? 보고 후 조치를 취하는 것이 더 효율적인가? 나의 임무는 무엇인가?'를 생각해야 한다. 이때 공직가치는 공공의 이익을 위해 무엇을 우선할 것인지 그리고 공직자로서 어떻게 행동할 것인가에 대한 기본적인 지침을 제공하는 것이다.

3 공직가치의 역할 등

1. 공직가치의 역할

(1) 공직가치의 중요성

입법부에 비해 행정 우위 현상이 심해질수록 공직가치는 그 중요성이 더 커진다. 정책 의제 설정, 목표 및 대안 선택 등의 정책과정에서 공무원이 주도적인 역할을 하기 때문이다.

(2) 공직가치가 중요한 역할을 하는 상황

① 정책을 결정할 때 ⇨ 사회구조적인 문제해결에 있어서도 핵심
② 입법안 준비 및 준입법안(규제, 지침 등)을 작성할 때
③ 법과 준입법을 해석할 때
④ 행정재량을 집행할 때
⑤ 입법, 준입법 및 관례가 없을 때
⑥ 애매한 회색지대(명확하게 옳고 정당한 경우와 부당하고 옳지 않은 경우 사이에 있는 애매한 영역)에서 업무를 처리할 때
⑦ 도덕적으로 정당한 가치, 규범 또는 양심이 상호 충돌할 때(도덕적 딜레마)
⑧ 우선순위를 설정할 때(입법적 수요나 요구들이 부족한 자원 때문에 모두 충족될 수 없을 때)
⑨ 양심이 불복을 요구할 때

(3) 공직가치의 구체적 역할

① 공직가치는 공직자들이 국가의 사회현실을 어떻게 바라보고, 공공의 이익을 위해 무엇을 할 것인지 그리고 공직자로서 어떻게 행동할 것인가에 대한 기본적인 지침을 제공한다.

② 공무원의 업무태도와 마음가짐에 영향을 미치고 공무수행의 동기를 부여하며, 공적인 목표를 향한 구성원의 협동적 노력을 유도하는 등 행태변화에 영향을 미친다.

③ 공무원의 부패를 줄여 신뢰받는 정부를 구현하고, 공직자가 보여주어야 하는 도덕성과 솔선수범은 사회전체의 조화와 발전을 불러온다.

(4) 공직가치와 국가경쟁력

① 공직가치는 공직에 종사하는 공무원들의 전반적인 근무형태에 영향을 미치고 공직사회의 문화를 바꿀 수 있으며, 이를 통해서 공공부문의 경쟁력을 제고시킬 수 있다는 점에서 OECD 국가를 중심으로 강조되고 있다.

② OECD 보고서에 따르면 공직가치의 정립은 공무원의 업무관행 합리화와 국민들의 정책수용성에 긍정적인 영향을 미치고, 이를 바탕으로 행정거래비용을 줄여서 정부경쟁력을 높일 수 있다. 또한 종국적으로 국가경쟁력이 상승하는 효과를 가져오게 된다.

2. 공직가치 중요도

(1) 공직가치는 모든 공직자(공직후보자 포함)가 갖추어야 하는 것이지만 모두에게 동일한 수준으로 중요시될 필요는 없다. 즉, 상황과 수행하는 직무에 따라서 우선시되는 공직가치가 다를 수 있다. 예를 들어 책임성, 청렴성, 전문성, 성실성 등의 가치는 모든 공직자에게 공통적으로 요구될 수 있다. 하지만 법의 집행을 담당하는 공안직렬(검찰, 출관, 교정, 보호 등)의 경우에는 적법성이 좀 더 중요한 공직가치가 될 수 있다. 따라서 공안직렬은 적법성에 대한 공직가치를 더 비중있게 준비해야 하는 것이다.

(2) 정책을 만들고 제도화하는 공무원의 경우에는 집행을 담당하는 공무원에 비해 상대적으로 창의적인 문제해결이 더 요구될 수 있다. 정책을 만들고 제도화하는 분야에 관심이 많다면 공직가치 중에서 창의성에 좀 더 비중을 두고 면접준비를 해 보기 바란다. 글로벌시대의 급속한 환경변화와 미래의 경쟁에 대비하여 국가경쟁력 제고와 새로운 문제해결을 위해서 점차 창의성이 요구되고 있는 것은 사실이다.

(3) 모든 공직가치의 중요도는 환경의 변화에 따라 달라져야 하고 시대와 국민의 요구에 맞추어 발전해 나가야 한다. 이는 상당히 중요한 의미를 내포하고 있고, 이러한 변화에 맞추어 면접의 방향성도 조금씩 변화하고 있다는 사실을 기억해야 할 것이다.

(4) 대표적인 공직가치 찾기

대표 공직가치	내 용
창의성, 혁신성	미래의 자원부족, 글로벌 경쟁심화, 불확실성, 지식기반사회 등의 시대적 환경을 고려할 때
사회적 형평성, 공정성, 정의, 다양성, 소통 및 공감	빈부격차, 갈등, 다문화 등 시대적 문제와 국민의 특권 해소에 대한 요구를 감안할 때
복지, 봉사성	저출산, 고령화, 국민 수요와 기대
청렴성, 도덕성	국민의 부패 혐오, 깨끗한 공직자 요구
책임성, 공익성, 헌신 및 열정	공무원들이 스스로 봉사하도록 동기부여

4 공직가치와 관련된 직무수행능력의 평가 및 전문성

(1) 입법부에 비해 행정 우위 현상이 심해질수록 공직가치는 그 중요성이 더 커진다. 정책 의제 설정, 목표 및 대안의 선택 등의 정책과정에서 공무원이 주도적인 역할을 하기 때문이다.

(2) 직무능력과 공직가치의 연관성에 대해 지금까지의 내용을 잘 이해했다면 직무수행능력 및 전문성이란 공무원의 목적인 공익실현(국민의 삶의 질 향상)을 위해 필요한 능력이라고 이해하였을 것이다.

(3) 공직사회에서 직무수행능력은 '직무역량+관계역량'이라고 다시 정의할 수 있다.

✐ Check point

직무역량과 관계역량 이해하기

1. 역량
조직 구성원이 지식과 기술, 행동양식, 가치관, 성격 등 다양한 요소들을 종합적으로 활용하여 높은 성과를 낼 때 나타나는 측정 가능한 행동 특성이다.

2. 직무역량
담당하고 있는 직무를 효과적으로 수행하기 위해 필요한 지식이나 기술, 업무활동을 수행하려는 개인의 의지를 포함하는 것으로 해당 직무를 수행하는 데 필요로 하는 성격 또는 태도를 포함한다.
 ◘ 대부분 합격생들은 실무능력이 없으므로 자기개발이나 해당 분야의 직무수행능력 및 전문성 함양을 위해 평소 준비한 노력이나 경험 측면에서 고민해보는 것도 한 방법이다.

3. 관계역량
조직 구성원들과 원활하게 의사소통하고 협업을 통해 문제를 해결할 수 있는 능력을 의미한다. 이는 4차산업혁명 시대에 사회가 요구하는 창의융합형 인재가 갖추어야 할 역량과 맞닿는다. 이타성, 공감능력, 자발성 등을 끌어내는 것도 관계역량의 역할이다.

♡ PLUS

갖추어야 할 다양한 능력
① **지적능력**: 문제해결능력, 종합적 판단력, 전략적 사고력, 기획력, 창의력, 인문학적 소양, 문장력
② **직무상 전문성**: 전문지식과 기술, 정책결정 및 개발 능력, 정보수집 및 분석력
③ **조직관리 능력**: 직원에 대한 동기부여, 직원의 능력개발지원, 팀워크, 자원동원 능력, 의욕과 추진력, 재정·인력·지원 관리 능력, 의사소통능력
④ **대외관계 조정능력**: 합의도출 및 갈등조정능력, 대외지지 획득능력, 협상능력, 포용력, 소통능력
⑤ **비전제시 능력**: 혁신성, 기회포착능력, 변화에 능동적 대처능력

✔ POINT 직무수행능력 및 전문성을 직·간접적으로 표현하는 가장 좋은 방법은 경험형 과제에서 문제해결 경험, 기획 경험, 창의력 경험, 갈등 해결 경험 등을 작성하고 면접관의 후속질문에 대비하는 것이다.

CHAPTER
02 공직가치의 유형

1 대표적 공직가치

(1) 「국가공무원법」 개정안(2016년)

분 류	공직가치	행동준칙(예시)
국가관 (국가·사회에 대한 가치기준)	애국심	대한민국의 헌법과 법률을 준수하고 국가와 국기에 담긴 정신과 의미를 수호한다.
	민주성	국민이 자유롭게 참여하고 의견을 이야기할 수 있도록 하여 공개행정을 실천한다.
	다양성	글로벌 시대의 다양한 생각과 문화를 존중하고 인류의 평화와 공영(共榮)에 기여한다.
공직관 (올바른 직무수행 자세)	책임성	맡은 업무에 대하여 높은 수준의 전문성을 유지하며 어떠한 압력에도 굴하지 않고 소신있게 처리한다.
	투명성	국민의 알 권리를 존중하며, 공공정보를 적극적으로 개방하고 공유한다.
	공정성	모든 업무는 신중히 검토하고 행정절차에 따라 공정하게 처리한다.
윤리관 (공직자가 갖춰야 할 개인윤리)	청렴성	공직자의 청렴이 국민신뢰의 기본임을 이해한다.
	도덕성	준법정신을 생활화하고 공중도덕을 준수한다.
	공익성	봉사활동과 기부 등을 통해 생활 속에서 국민에 대한 봉사자로서의 역할을 다한다.

(2) 새로운 인재상과 공직가치

2024년부터 적용되는 공무원 인재상과 위의 대표적 공직가치를 연결할 수 있어야 한다.

① 소통·공감은 민주성, 다양성과 연계된다.

② 헌신·열정은 애국심, 적극성, 봉사정신과 연결시킬 수 있다.

③ 창의·혁신은 창의성, 효율성, 개방성과 연결된다.

④ 윤리·책임은 청렴성, 도덕성, 준법의식, 책임성과 연결해 생각할 수 있다.

(3) 우리나라 헌법과 법률 등에 나타난 공직가치

법 률	조 항	공직가치
헌 법	제7조 ① 공무원은 국민 전체에 대한 봉사자이며, 국민에 대하여 책임을 진다. ② 공무원의 신분과 정치적 중립성은 법률이 정하는 바에 의하여 보장된다.	국민에 봉사 정치적 중립
국가공무원법	제1조(목적) 이 법은 각급 기관에서 근무하는 모든 국가공무원에게 적용할 인사행정의 근본 기준을 확립하여 그 공정을 기함과 아울러 국가공무원에게 국민 전체의 봉사자로서 행정의 민주적이며 능률적인 운영을 기하게 하는 것을 목적으로 한다.	국민에 봉사 민주성 능률성
	제53조(제안 제도) ① 행정 운영의 능률화와 경제화를 위한 공무원의 창의적인 의견이나 고안(考案)을 계발하고 이를 채택하여 행정 운영의 개선에 반영하도록 하기 위하여 제안 제도를 둔다.	능률성 창의성 혁신성
	제56조(성실 의무) 모든 공무원은 법령을 준수하며 성실히 직무를 수행하여야 한다.	적법성 성실성
	제59조(친절·공정의 의무) 공무원은 국민 전체의 봉사자로서 친절하고 공정하게 직무를 수행하여야 한다.	친절성 공정성
	제59조의2(종교중립의 의무) ① 공무원은 종교에 따른 차별 없이 직무를 수행하여야 한다.	형평성
	제61조(청렴의 의무) ① 공무원은 직무와 관련하여 직접적이든 간접적이든 사례·증여 또는 향응을 주거나 받을 수 없다. ② 공무원은 직무상의 관계가 있든 없든 그 소속 상관에게 증여하거나 소속 공무원으로부터 증여를 받아서는 아니 된다.	청렴성
공직자윤리법	제1조(목적) 이 법은 공직자 및 공직후보자의 재산등록, 등록재산 공개 및 재산형성과정 소명과 공직을 이용한 재산취득의 규제, 공직자의 선물신고 및 주식백지신탁, 퇴직공직자의 취업제한 및 행위제한 등을 규정함으로써 공직자의 부정한 재산 증식을 방지하고, 공무집행의 공정성을 확보하는 등 공익과 사익의 이해충돌을 방지하여 국민에 대한 봉사자로서 가져야 할 공직자의 윤리를 확립함을 목적으로 한다.	청렴성 공정성 봉사 공직윤리
	제2조의2(이해충돌 방지 의무) ② 공직자는 자신이 수행하는 직무가 자신의 재산상 이해와 관련되어 공정한 직무수행이 어려운 상황이 일어나지 아니하도록 직무수행의 적정성을 확보하여 공익을 우선으로 성실하게 직무를 수행하여야 한다.	공정성 공익우선
공무원행동강령	제2장 공정한 직무수행 제4조부터 제9조	공정성 청렴성

■2■ 국가에의 헌신에 대한 실천방안(공무원의 자세 및 역할)

▼POINT 앞으로 지방직 면접에서는 아래와 같은 대한민국 사회구조적인 문제에 대한 내용을 묻는 질문이 많아질 것으로 보인다.

(1) 대한민국의 사회구조적인 문제

① 구조적인 사회문제

㉠ 저출산 고령화: 복지예산 증가, 재정건전성 악화, 노인빈곤, 잠재성장률 하락

㉡ 저성장 구조화: 글로벌 트렌드, 청년실업, 대·중소기업의 양극화, 제조업 위주 산업구조

㉢ 사회갈등의 심화: 소득·계층 간 양극화, 정규직·비정규직 격차, 세대갈등, 노사갈등, 님비현상

㉣ 국민안전: 코로나19, 세월호, 메르스, 가습기 살균제 사태를 겪으면서 안전욕구 증대

㉤ 개인의 삶의 질 저하: 국민의 행복지수는 매우 낮은 수준

㉥ 외교안보문제: 북핵문제, 사드문제를 비롯한 한반도 주변 외교안보 상황

② 구조적인 사회문제 해결을 위한 노력

대한민국 사회의 구조적인 문제에 대해 고민을 해보아야 한다. 이러한 문제는 현재 진행형이며 국민 개개인에게 직접적인 영향을 미치고 있기 때문이다. 미래의 공직자로서 사회의 구조적인 문제에 대해 깊이 생각해 보고 합리적이고 효율적인 해결방안을 찾아 정책 수립에 활용함으로써 국가에 헌신하고 국민행복에 기여할 수 있다.

㉠ 지원 및 관심 분야에 해당하는 문제해결방안 마련 필요: 예를 들어 고용노동부 지원 수험생은 청년실업 문제해결을 위해 어떻게 해야할지 개인적인 의견 정리가 필요하다.

㉡ 노인빈곤문제와 관련해서 고독사 문제해결방안 예시: 민간의 배달 서비스와 정부의 복지서비스가 협업하여 문제를 해결할 수 있다. 예를 들어 독거노인 무료 우유배달서비스와 연계하여 문 앞에 우유가 2개 이상 쌓이면 복지담당자에게 연락하여 확인하는 것이다. 이러한 현실적인 문제를 합리적으로 해결하는 노력이 국가에 헌신하는 것이다.

(2) 국민에 대한 봉사 실천방안(예시)

---

① 책임성, 전문성 확보　　② 공정성 유지　　③ 의견수렴, 갈등조정

④ 친절, 소통　　⑤ 창의행정, 적극행정

TIP 이러한 능력들을 갖추어야 하기 때문에 면접에서는 '해당 역량'을 집중적으로 검증하고자 한다.

(3) 국가에의 헌신 관련 기출 및 예상질문

Q1. 우리나라의 국가잠재력을 향상시키기 위해 공무원으로서 가져야 할 자세는 무엇이라고 생각하는가?

A1. 제가 '제4차 산업혁명'이라는 글을 본 적이 있습니다. 정보기술융합을 통한 산업을 말하는 것인데 현재 이슈화 되고 있는 인공지능이나 드론 등이 그 예입니다. 세계는 변화하고 있고 공무원은 이러한 정보 등을 발 빠르게 수집하고 변화에 맞는 직업을 창출한다던가 다가오는 미래로 인한 문제점을 예견해서 사전에 방지하는 등의 전문성이 필요하다고 생각합니다.

Q2. 공직자에게 헌신이란 무엇이라고 생각하는가?

A1. [경험을 활용한 사례] 제가 얼마 전 ○○국유림관리소에 다녀온 적이 있습니다. 사실 그곳에 들어갈 때는 좀 무섭기도하고 딱딱하지 않을까 걱정했었습니다. 그런데 안내해 주신 팀장님께서 너무 친절하시고 자세하게 업무에 대해 알려주셔서 너무 감사했습니다. 이런 자신의 위치에서 주어진 일을 잘 해내고 친절하고 모범적인 모습을 보이는 것도 헌신하는 일이라고 생각합니다.

A2. [너무 포괄적이고 추상적인 답변 사례] 저출산 고령화, 양극화, 삶의 질 저하 등 우리나라가 당면한 많은 문제를 효과적으로 극복하기 위해 사명감을 가지고 국가와 국민을 위한 따뜻하고 유능한 공무원이 되도록 노력하는 것이 공직자로서의 헌신이라고 생각합니다.

3 공익실현에 대한 실천방안(공무원의 자세 및 역할)

✔POINT 공무원의 목적은 '공익실현'에 있다. 그러므로 모든 공직가치는 공익실현에 포함된다고 이해하면 된다.

(1) 공익의 정의

① 사전적 의미: 공익(公益)은 '사회 전체의 이익'을 의미한다. 헌법 제7조에는 '공무원은 국민 전체에 대한 봉사자이며, 국민에 대하여 책임을 진다'고 명시되어 있다. 모든 공무원은 국민 전체에 대한 봉사자로서 국민 전체의 이익 실현을 위해 직무에 충실해야 한다. 또한 헌법은 전체의 이익을 실현하기 위해 공무원에게 권한과 책임을 부여하고 있다.

➡ 공무원헌장 본문 첫 문장에 '공무원은 공익을 가장 중요한 가치로 고려해야 하는 점'을 명시하고 있다. 공직자로서 갖추어야 할 공익추구란 특정 개인이나 집단의 이익이 아닌 공공의 이익을 위한 의사결정과 행위를 의미한다.

② 이론적 의미: 공무원은 여러 행정가치가 충돌하는 현장에서 의사결정을 내려야 한다. 예를 들어 소요되는 비용과 산출을 고민하여 가장 경제적인 대안을 선택해야 하는 경우가 있고, 이와 반대로 경제성은 부족하지만 최대한 많은 국민에게 혜택을 분배하는 선택을 해야 하는 경우도 있다. 공익은 이렇게 가치충돌의 상황에서 균형적인 사고와 판단을 유도하는 중요한 역할을 수행한다.

(2) 사례로 이해하기

① 사례 1: 주차장 부족에 따른 인근 학교와 협의하여 학교주차장 야간 무료 개방
② 사례 2: 공용차량 무상공유 ⇨ 공공자산인 공용차량을 업무에 사용하지 않는 시간에 시민에게 무상공유
③ 사례 3: 나눔 냉장고(독일 푸드쉐어링) ⇨ 혼자서 먹지 못하는 음식 재료를 여러 이웃에게 나누어주는 실천운동으로 음식물 쓰레기를 줄이기 위해 독일에 100군데 이상 있다는 '거리의 냉장고'이다. '재료만 두고 꺼내서 공용으로 사용하는 냉장고'에서 착안한 것이다. 그 결과 이웃 간의 정을 느낄 수 있고 음식물 쓰레기 양도 절감하였다.
④ 사례 4: 세종대왕의 한글 창제

🖉 Check point

세종대왕 관련 사례는 5분발표로 자주 출제된다. 공익성, 전문성, 창의성, 책임감, 다양성, 민주성 등 수많은 공직가치가 나올 수 있다. 이에 현재 시점에서 논쟁의 여지가 거의 없는 공익적인 정책의 예로는 '세종의 한글 창제' 같은 것을 들 수 있다. 하지만 이 경우에도 당대에는 지독한 논쟁을 뚫고 세종의 의지로 강행되어야만 했고, 훈민정음은 반포된 후에도 400여 년 동안 공익성을 크게 인정받지는 못했다. 19세기 말 이후 사회가 평등해지고 민중의 이익이 중요하게 고려되면서 한글의 가치가 부각되고 세종의 정책으로써 실현된 공익이 밝은 빛을 보게 되었다.

⑤ 사례 5: 경부고속도로 건설

1970년대 우리나라 경제 성장의 이면에는 우리 경제성장의 핏줄로서 그 역할을 감당해 온 고속도로가 있었다. 경부고속도로는 1968년 2월 1일 착공하여 총공사비 4백 29억 원을 투입하여 만 2년 5개월 만인 1970년 6월 30일에 완공하여 7월 7일에 개통하였다. 제2차 경제개발 5개년 계획기간에 준공된 경부고속도로는 경제성장 초기에 생산 물자를 원활히 공급함으로써 한국 경제성장을 촉진시켰던 대동맥의 역할을 담당해 왔다. 당시 재정상태나 기술력 그리고 차량수 10만 대의 여건 등을 이유로 많은 반대가 있었지만 우리 나라 국민경제의 발전과 산업 근대화에 여러 가지 큰 공헌을 할 것이라는 미래의 가능성을 보고 사전에 치밀한 계획과 여러 가지 구체적인 데이터를 갖고 있었고 또 과학적인 검토와 분석에 의해서 충분히 할 수 있다는 자신을 가졌기 때문에 정책을 착수할 수 있었다. 결과적으로 경부고속도로는 우리나라 근대화의 상징이 되었고 국민들에게 경제발전이라는 공익을 실현시켜 주었다.

(3) 민주화 시대의 공익

현대사회에서 공공정책이란 거의 모두 위임된 제도와 기관에 의해서 입안되고 결정된다. 그러나 배후에는 언제나 주권적 국민의 재가가 암시적인 형태로 깔려있다. 이미 결정된 어떤 정책에 대해서도 국민들은 주권적 의사의 표현으로서 반대할 수 있고, 아직 채택되지 않은 어떤 정책이라도 입안하여 시행하도록 요구할 수 있다. 국민의 다양한 의사표현을 인정하고 수렴하면서 대의민주주의와 법치주의에 의해 절차적 정당성을 지키면서 정책을 수립하고 시행하는 것이 공익적인 것이라 생각된다. 아무리 위임된 권력이라도 헌법과 법률을 위반할 때에는 국민은 그 위임된 권력을 회수할 수 있음을 탄핵사태를 통해 확인하였다. 즉, 정보화 개방화 시대의 공익은 아무리 좋은 정책이라도 국민을 설득하고 공감을 이끌어 내야 하는 것이다.

그러나 합리설도 일정한 비판을 받는다. 첫째, 공익의 근원이 되는 민심이나 국민의 의사가 과연 무엇인가를 찾는 것은 매우 어렵다. 국민의 의사라는 것은 조작될 수도 있고 강자의 이익이 국민의 의사인 양 왜곡될 수도 있기 때문이다. 둘째, 정책결정과정이 국민의 의사를 최적으로 실현하기 위한 가치중립적이며 기술적인 과정이라고 하는 것은 고도의 재량권을 가진 행정의 현실에 비추어 볼 때 대단히 비현실적이라는 점이다.

⦿ 공익에 대한 합리설 참조

(4) 공익 우선의 개념

아래의 사례는 감염병과 같이 공익을 심대하게 침해하는 경우 정보공개를 통해 국민의 알권리를 추구하는 방향이 옳다는 판단을 보여주는 내용이다.

> 1. 2015년 메르스 사태 초기 메르스 발생 지역과 환자, 병원에 대한 정보공개 논란이 있었다. 정보공개에 찬성하는 시민단체 입장은 정보공개를 통해 국민들의 불안을 해소해야 한다고 주장했다. 반면 보건당국에서는 정보를 공개하면 자칫 주민들 불안과 동요를 키우고 해당 병원에 불필요한 낙인을 찍어 피해를 줄 수 있다는 이유를 들어 정보공개에 반대했다. 어느 쪽의 주장이 더 공익에 부합하다고 생각하는가?

⇨ 당시에는 결과적으로 비공개 원칙 고수로 인해 사회적 불안은 더 커졌고 병원에는 메르스 감염 환자가 더 많이 발생하면서 정부에서는 결국 공개로 전환하였다. 그러나 복지부가 병원정보 공개에 대한 명확한 원칙을 세우지 못한 동안 메르스 확산에 대한 국민 불안이 가중됐다는 점이 복지부가 발간한 '메르스 백서'를 통해 확인됐다.

2. 메르스 사태를 계기로 '감염병 예방법'이 아래와 같이 개정되었다.

> 제34조의2(감염병위기시 정보공개) ① 질병관리청장, 시·도지사 및 시장·군수·구청장은 국민의 건강에 위해가 되는 감염병 확산으로 인하여 「재난 및 안전관리 기본법」 제38조 제2항에 따른 주의 이상의 위기경보가 발령되면 감염병 환자의 이동경로, 이동수단, 진료의료기관 및 접촉자 현황, 감염병의 지역별·연령대별 발생 및 검사 현황 등 국민들이 감염병 예방을 위하여 알아야 하는 정보를 정보통신망 게재 또는 보도자료 배포 등의 방법으로 신속히 공개하여야 한다. 다만, 성별, 나이, 그 밖에 감염병 예방과 관계없다고 판단되는 정보로서 대통령령으로 정하는 정보는 제외하여야 한다.

(5) 스스로 정리해보기

아래의 참고자료를 바탕으로 '응시생이라면 어떻게 할 것인지' 정리해보기 바란다.

> 당신은 건물 준공검사 담당 공무원이다. A상가 건물 리모델링 준공 허가신청 민원이 들어왔다. 이 건은 다음과 같은 이해관계가 걸려있다. 담당 주무관으로서 어떻게 해결할 것인가?
>
> 1. A상가 건물은 규정상 안전 보완이 필요하다.
> 2. 리모델링시 김밥가게 주인은 쫓겨날 위기에 처했다.
> 3. 준공허가 지연시 건물주는 손해를 보게 될 상황이다.

(6) 공익 우선의 실천방안(예시)

① 공공성

ㄱ 직무를 수행함에 있어 특정인이나 특정집단이 아니라 일반 사회 구성원 전체의 이익을 우선하는 공익지향성

ㄴ 공익실현을 위한 제도적 장치 구축 노력

ㄷ 개인의 자유와 권익 보호(사익을 보호하는 것도 전체적 의미에서 공익)

ㄹ 시민의 참여에 의한 거버넌스 행정 실현

ㅁ 사회적 약자 보호 ⇨ 헌법 가치에서 제시된 복지국가주의는 사회적 약자를 배려하는 것이 공익임을 의미한다.

ㅂ 민주적 의견수렴 ⇨ 국민이 무엇을 원하는가를 파악(변화하는 시대에 부응하여 결정)

ㅅ 효율성(국민이 진정 바라는 서비스를 제공)과 효과성(국민의 세금을 아껴 서비스를 제공)

ㅇ 합법성과 합리성 ⇨ 행정은 합법적으로 집행되어야 절차적 정당성을 확보할 수 있다.

ㅈ 투명성 ⇨ 투명한 정보공개를 통해 국민을 위해 봉사하는 유능한 정부를 실현할 수 있다.

② 공정성

ㄱ 거래의 공정성 확보 ⇨ 자유시장 경제질서 유지, 갑질 등 불공정 거래 규제, 징벌적 손해보상제 확대

ㄴ 견제와 균형 ⇨ 민주주의의 작동원리

(7) 공익관련 기출 및 예상질문

TIP 자신의 이야기를 해야 한다.

Q. 본인이 생각하기에 공익은 뭐예요? 정답이 있는 건 아니니 편하게 얘기하세요.

A. 제가 교과서에서 배울 때는 학자들마다도 공익을 정의하기 어렵다고 배웠습니다. 공익이라는 게 더 많은 사람의 행복 약간 공리주의적인 시각이 좋을 수도 있지만 제가 생각하는 공익은 사회적 약자를 배려해 주는 것입니다. 제가 정약용 선생님을 존경하는데 정약용 선생님이 말하는 애민은 어린아이, 노인, 장애인, 재난을 당한 사람 등 사회적인 약자를 먼저 구하라고 하셨습니다. 저는 사회적 약자를 먼저 구하는 게 공익이라고 생각합니다.

Q. 그럼 제가 한번 물어볼게요. 본인이 법을 집행하는 공무원인데 법이 항상 좋은 것만은 아니잖아요. 허점이 있어요. 아까 어려운 사람을 배려하는 게 공익이라고 했는데 법의 테두리 밖에 있는 어려운 사람을 만났을 때 법을 지키실 거예요? 아니면 법을 어기고라도 도와주실 거예요?

A. 네, 법이 항상 좋은 것만은 아니고 허점이 있는 게 맞습니다. 얼마 전 송파구 세 모녀 사건도 복지 사각지대에 있었습니다. 그런데 법의 테두리 밖에서 어려운 사람을 보면 솔직히 안타깝고 도와주고 싶지만 제가 어려운 사람을 만났다고 해서 제가 마음대로 법을 자의적으로 해석하거나 제 마음대로 결정해서 도와주겠다고 하는 건 아닌 것 같습니다. 안타깝지만 법대로 집행하고 현행법의 불합리한 점이 있다면 법 개정을 제가 건의해보거나 규정을 개선하려고 노력할 것이고 당장 그 어려운 사람은 가능한 민간단체에 연계시켜 도와줄 방법을 찾아보겠습니다. 그것이 공무원으로서 공익을 위해 책임을 지는 자세라고 생각합니다.

Q. 공무원은 공익을 위해 일을 합니다. 그럼 공익의 범위가 어디까지라고 생각하나요?

A. 제가 생각하는 공익은 사회 취약계층에 대한 배려가 가장 우선이라고 생각하는데 사회 취약계층은 확정지을 수 있는 것이 아니라 상황마다 다를 수 있겠다는 생각이 들었습니다. 면접을 준비하면서 본 제시문이 있습니다. 'A산업은 원래 영세업자들의 오프라인 판매만 가능했는데 일자리 창출을 위해 온라인 판매가 가능하도록 규제를 완화하자 영세업자들이 반대하는 상황이었는데 어떻게 대처할 것인가?'라는 제시문이 있는데 저는 처음에는 영세업자분들이 보통 취약계층에 해당하니 그분들을 배려하는 것이 공익이 아닐까라는 생각을 했지만 생각해보니 요즘 같은 코로나19 상황에서 일자리를 창출하기 위해 규제를 완화하는 것 또한 더 큰 공익이 아닐까라는 생각이 들었습니다. 이렇듯 공익은 상황에 따라 얼마든지 달라질 수 있고 제가 상황에 맞추어 어떤 것이 더 중요할지 판단하는 것이 중요하다고 생각했습니다.

✅PLUS

1. 공무원은 공익의 달성뿐만 아니라 공익의 장기적인 침해에 대응할 수 있도록 다각적인 사전경보시스템과 조기 예방대책을 마련해야 한다. 예를 들어 국토관리청의 부실공사로 침수피해가 발생할 경우 피해지역 주민들은 인재라는 주장과 100% 침수피해 보상을 요구할 것이다. 공익실현을 목적으로 하는 공무원에게 각종 상황에 대한 고도의 전문화된 지식과 관리를 요청하고 있다. 공무원의 공익실천은 각종 현실문제에 대한 심도있는 분석과 예측과 함께 돌발적인 상황에 대한 대응능력까지 요구하고 있다.

2. 2017년 청주지역 물난리의 경우에도 우수저류시설이 설치되어 있었지만 제대로 작동하지 않음으로써 주민들에게 엄청난 피해가 발생했다. 미리 대비하고 전문성을 발휘하여 사전에 준비가 되어 있었다면 그런 피해를 막을 수 있었을 것이다. 이처럼 공무원은 국가를 대신해서 국민의 생명과 재산을 지키고 주민행복을 위해 봉사자로서 공익을 위해 일을 해야 하는 것이다. 공익을 위해 일하는 공무원에게 필요한 것은 책임성과 전문성, 헌신성 등이다.

MEMO

사회적 가치와 공익과의 관계

1. 사회적 가치의 개념

사회·경제·환경·문화 등 모든 영역에서 공공의 이익과 공동체의 발전에 기여할 수 있는 가치이다.

2. 세부 분류별 의미

사회적 가치	주요 의미
인간의 존엄성을 유지하는 기본 권리로서 인권의 보호	행복추구권, 평등권, 알권리, 직업의 자유, 안정적 주거생활 보장 등 헌법상 보장되는 기본권 보장
재난과 사고로부터 안전한 근로, 생활환경의 유지	시장에서 해결할 수 없는 국민의 안전을 지키기 위한 공공의 적극적 조치 필요
건강한 생활이 가능한 보건복지의 제공	인간다운 생활의 기본조건으로서 건강한 생활을 영위할 수 있는 보건·의료서비스를 국가에 요구하고 국가는 이를 제공
노동권의 보장과 근로조건의 향상	생계를 유지하기 위해 일할 수 있는 권리보장, 노동3권, 안정적인 근로조건 유지, 최저임금인상, 고용안정 등
사회적 약자에 대한 기회제공과 사회통합	여성, 노인, 청소년, 신체장애자, 기타 생활능력이 없는 국민도 인간으로서의 존엄과 가치를 보장받을 수 있는 사회보장 정책 추진
대기업·중소기업 간의 상생과 협력	시장의 지배와 경제력의 남용을 방지하고, 경제주체 간의 조화를 통한 경제의 민주화를 위하여 필요한 규제·조정
윤리적 생산과 유통을 포함한 기업의 자발적인 사회적 책임 이행	사회적 존재로서 기업의 사회적 책임 이행. 인권, 노동권, 환경, 소비자 보호, 지역사회 공헌, 좋은 지배구조 형성
환경의 지속가능성 보전	국민이 쾌적한 환경에서 생활할 권리를 보장하기 위한 국가의 의무

3. 사회적 가치 구현을 위한 정책 예시

① 교육소외계층을 위한 평생교육바우처 제공

② 취약계층을 위한 에너지 복지 확대(하·동절기 에너지 바우처 지급 등)

③ 중소규모 사업주 대상, 장애인 인식개선 교육 지원(고용부)

④ 공공시설 개방 확대 ⇨ 공공시설·자원 개방 참여기관을 지자체 중심에서 전 공공부문(중앙부처·공공기관·학교 등)으로 확대

⑤ 선제적·예방적 공공서비스 확대 ⇨ 정부24 원스톱서비스 확대 등

⑥ 인권보호 ⇨ 범죄피해자 대상 신변보호 확대, 아동·장애인의 진술조력인 배치, 외국인 인권보호

MEMO

4 애국심

✅**POINT** 그들의 숭고한 희생정신을 기억하며 독립운동투사들이 겪었던 고초나 전쟁같은 콘텐츠를 ict 장치들에 녹여 실감나게 만들어서 가상체험을 할 수 있게 하기

MEMO

---

(1) 애국심 실천방안 예시

① 우리 역사를 이해하고 전통과 문화를 창조적으로 발전시킨다.

　　🔲 한류의 세계화, 역사인물 탐구, 역사탐험 등

② 우리의 말과 글을 사랑하고 갈고 닦아 나간다.

③ 한국어와 한국문화를 전파한다.

　　🔲 외국인 친구에게 한국어 가르쳐주기, 한국문화 알려주기 등

④ 대한민국과 국민의 명예를 훼손하는 언행을 하지 않는다.

✅**POINT** 애국심이란 나라를 사랑하는 마음인데 꼭 태극기를 보고 경례를 하거나 애국가를 불러야 애국하는 것은 아니다. 충성(忠誠)도 전쟁터에 나가 목숨을 바쳐야 충성하는 것은 아니다. 성실히 자신의 임무를 수행하는 것 그것이 바로 애국심이요 국가에 헌신이다. 이를 통해 국민들의 행복과 나라발전에 기여하는 것 이것이 바로 현실적으로 여러분들이 헌신하는 것이고 애국하는 것이다.

(2) 애국심 관련 기출 및 예상질문

> **Q1.** 애국심이란 무엇이라고 생각하는가?
>
> **A1.** [작지만 자신의 생각을 표현한 사례] 저는 애국심이 거창한 게 아니라 외국인에게 바가지를 씌우지 않고 쓰레기를 길거리에 함부로 버리지 않는 것도 다 애국심이라고 생각합니다. 그런 것들이 국격을 높이는 일이라고 생각하기 때문입니다.
>
> **A2.** [자신의 경험을 바탕으로 한 사례] 제가 생각하는 애국심은 우리나라 국토를 사랑하고, 역사·문화를 사랑하는 것 또한 애국심이라 생각합니다. 그래서 저는 국토대장정을 완주하였고 평소에 문화재 답사를 자주하고 있습니다.
>
> **A3.** [추상적이지만 이해하기 쉽게 설명한 사례] 공기가 없으면 못살지 않습니까? 국가도 그런 존재라고 생각합니다. 오늘날에 있어서 개인은 더더욱 생존하기 힘들다고 생각합니다. 공기와 같이 소중한 우리 국가인데 당연히 애국심은 필연적으로 갖춰야 할 요소라고 생각합니다. 헌법적 가치에도 나와 있습니다. 멀리 있지 않고 우리에게 가까이 있는 것이고 특히 공무원에게 애국심은 국가 국민을 위해 봉사하고 헌신할 수 있는 자세라고 생각합니다.

(3) 한류와 애국심

1. 한류가 가지는 의미

   한류는 한국에 대한 관심과 매력도를 고양시키고 이를 한국에 대한 종합적인 호감으로 연결시킴으로써 우리 국민과 기업이 세계에서 환영받는 환경을 조성하고 국가이미지를 제고하며, 우리나라 국민의 문화적 자긍심을 고취한다(애국심과 연결됨).

2. 한국에 대한 지지여론 확보

   ① 외국인들의 마음을 얻고 한국에 대한 지지 여론을 확보하여 우리나라의 국익 달성에 매우 중요한 역할을 한다.

   ② 예를 들어 역사문제 / 독도문제 / 북핵문제 / 외교문제 / 통상문제 등의 경우 우리나라를 지지하게 한다. ⇨ 한반도 평화와 비핵화 나아가 통일에 대한 국제적 지지 확보

   ③ 우호적 대외 환경조성이 우리나라의 생존과 번영에 필수이다.

3. 우리나라 기업가치 및 상품가치 상승

   ① 한류로 인한 우리나라 문화 및 콘텐츠에 대한 인지도와 호감 상승은 기업가치와 상품가치의 제고로 연결되고 국익과 직결된다.

   ② 한류와 관련된 문화콘텐츠, 소프트웨어(게임 / 웹툰 / 캐릭터), 관광 등 상품 가치 제고

4. 문화교류 활성화 기여

   ① 한류로 인한 세계화로 상대국과의 문화적 교류 확대로 문화적 공감대 형성 및 상호이해 교류증진에 기여

   ② 문화적 다양성 확보를 통한 새로운 가치 창출 기회 제공

   ③ 문화예술 공헌 활동을 통해 한국에 대한 호감도 증진

   ④ 한글 및 한국문화에 대한 세계화

5. 한류에 대한 인터뷰 사례

   외국기자: K라는 수식어가 지겹지 않은가?

   BTS(방탄소년단): 우리는 모두 K-POP이라고 부르는 것에 대해 질릴 수 있다. 하지만 그건 프리미엄 라벨이라고 생각하며 조상들이 싸워 쟁취하려고 노력한 품질보증이나 마찬가지로 생각한다.

5 민주성

✔ POINT

1. '국민의, 국민에 의한, 국민을 위한' 미국 16대 대통령인 링컨의 연설에서 찾아볼 수 있다.
2. 민주성과 관련된 경험형 과제정리는 꼭 해 두어야 한다.

(1) 정의와 이해

① 국가의 결정은 누군가에 의해 일방적으로 이루어지거나 소수를 위한 것이 아니라 국민 모두의 의견을 듣고 존중하며 소통을 통해 합의로 나아가야 한다는 것이다.

② 국민에게 정보를 투명하게 공개하고 그 의견을 수렴하여 사회적 갈등을 줄이고 신뢰받는 행정을 하는 것이다.

(2) 사례로 이해하기

① 사례 1: (미국) 사회문제 해결에 공모전 방식을 도입한 챌린지 프로젝트
  - ㉠ 정부 현안을 국민에게 공개하고 공모를 통해 해결방안을 제안받아 최적의 안을 채택하자는 취지의 정책현안 솔루션 공모
  - ㉡ 채택된 아이디어에 대해서는 포상 실시
  - ㉢ 민간의 창의적 아이디어를 활용함으로써 정부의 좁은 시야에서 탈피하고 국민의 정책결정과정에 대한 참여를 높일 수 있는 방식으로 평가

② 사례 2: (미국) 뉴욕시가 처한 문제를 기술로 해결하는 크라우드 소싱 경진대회
  - ㉠ 뉴욕시는 공공정보 공개를 통해 지역에 특화된 어플리케이션을 개발하고자 경진대회 기획
  - ㉡ 시가 보유하고 있는 빅데이터와 기술을 시민에게 공개, 시민의 참여에 의한 시민에게 유용한 기술 자산으로 개발

③ 사례 3: 예산편성에서의 민주성 사례

> 매년도 「예산안 편성지침」은 합리적이고 투명·공정한 재원배분이라는 이상을 가지고 출발한다. 이를 위해 정부는 사업의 타당성, 시급성, 지원규모 등을 영점기준(Zero-base)에서 판단해야 한다. 국가가 반드시 수행해야 할 사업인지, 민간에 맡겨야 할 사업인지 또한 당장 해야 할 시급한 사업인지, 시간을 두고 추진해도 되는 사업인지 등 사업 간 우선순위를 정하여 예산지원 여부를 결정해야 한다. 또한, 국민들의 요구가 민주적 절차를 통해 예산에 반영되어야 하며 예산이 실제 집행되는 과정에서 행정 서비스가 국민의 기대에 부응할 수 있어야 한다. 이를 위해 정부는 예산편성의 방향을 정하는 단계에서부터 정부 예산안을 확정하는 단계에 이르기까지 각 부처, 시·도, 그리고 각계 직능·시민단체 대표, 학계·언론계 등으로부터 다양한 의견을 수렴하여 예산에 반영하여야 한다.
> 최근 지자체에서는 주민참여예산제도를 시행하고 있다. 이 제도는 예산의 일정 규모를 주민참여예산으로 편성하여 주민이 지역에 필요한 사업의 제안부터 심사, 선정까지 전 과정을 주도적으로 참여하고 예산을 편성하는 제도로 민관협력적 거버넌스의 대표적 사례라 할 수 있다.

④ 사례 4: 안전분야에서의 민관거버넌스 행정 사례

> 서울시 은평구에서는 「우리동네 안전감시단」을 운영하고 있다. 단원들이 매월 안전 위해요인 발굴·제보, 캠페인 등 안전활동을 전개하여 국민안전처에서 실시한 재난관리실태 평가에서 은평구가 최우수 기관으로 선정되는 데 큰 역할을 했다.
> 은평구는 자원봉사 형태로 활동이 가능하고 재난안전분야에 전문적 지식을 보유하고 있는 시민, 재난 및 안전관련 단체 회원 중 예방활동에 역량있는 사람을 대상으로 안전감시단원을 모집했다. 또한 은평구에서는 위촉장, 활동모자와 조끼 등을 전달해 단원들의 활동을 지원하고 있다.
> 정부예산의 한계, 주민들의 이해와 욕구를 파악하여 효율적인 행정서비스의 제공, 민주적 의견 수렴, 갈등해결 등을 위해 최근에는 민관협력적 거버넌스 행정이 안전, 복지, 주거, 환경분쟁 등 많은 분야에서 유용하게 활용되고 있다.
> 민관거버넌스에서 행정은 정책수립, 예산지원, 모니터링을 통해 실질적인 민간참여를 유도하도록 지원체계를 만들어가고 안정성, 지속성을 갖도록 제도적 성격을 부여하기도 하며 예산낭비 및 남용이 되지 않도록 관리·감독적 성격을 갖는다.

(3) 민주성 실천방안 예시(민주성을 정책에 반영할 수 있는 방법)

① 주민의 이해와 욕구를 파악하기 위해서는 기업 및 민간과의 소통이 중요

② 투명한 정보공개와 정부정책에 대한 홍보도 쌍방향 소통을 위해 중요한 요소

③ 주민참여예산 확대

④ 정부의 서비스 공급과정과 정책수립, 반부패전략에 시민사회의 참여 확대

⑤ 정부−기업−시민사회 네트워크 강화(대표적으로 ESG)

⑥ 독점과 진입장벽을 허물고 거래의 공정성 확보

⑦ 언론과 NGO의 역할 강화

⑧ 국민참여재판(국민의 사법 참여 확대)

⑨ 국민청원

⑩ 선거 참여

⑪ 직접민주주의(국민소환제, 국민발안제 등)

⑫ 지방자치(지방분권을 통한 지방자치 권한 확대)

⑬ SNS 행정 / 홍보 / 의견수렴

(4) 민주성 관련 기출 및 예상질문 예시

> Q. 민주성을 답변해주었는데 해당 직렬에서 왜 중요한가요?
>
> A. 고용노동부에서는 다양한 연령의 국민들이 문의를 주시고 있어서 이러한 부분에서 소통이 중요하기에 민주성이 중요하다고 생각합니다. 또한 나중에 근로감독관을 하게 되면 사업주와 근로자의 중간적인 입장에서 편견에 치우치지 않고 소통하는 공정성 있는 업무를 처리해야 하는 것으로 알고 있습니다. 저는 소통을 통해 공정한 일처리를 할 수 있도록 노력하겠습니다. 또 적극행정으로 국민들의 불편한 점을 해결해 주어야 하는 것이 중요하다고 생각합니다.
>
> Q. 그렇다면 민주성을 기르기 위한 노력에는 무엇이 있나요?
>
> A. 사실 거창하게 민주성을 기르기 위한 노력을 따로 하고 있지는 않지만 다른 사람과 대화를 할 때, 나와 다른 생각을 가진 사람의 의견을 무시하지 않고, 그 사람이 왜 그런 생각을 하는지 다시 한번 생각해 보는 것을 습관화하고 있습니다.

> Q. [5분발표 예시] 국민소통강화를 위한 공무원의 자세에는 어떤 것이 있을까요?
>
> A. 정책 자원에는 여러 가지가 있습니다. 예산, 기획력, 분석력, 추진력 등이 있지만 그중에서도 국민의 지지와 신뢰는 정책을 수행하는 데 가장 중요한 기반이 된다고 생각합니다. 이를 높이기 위해서는 다음과 같은 자세가 필요합니다.
> 첫째, 열린 자세입니다. 정책 수행 중 수시로 수정·보완할 수 있어야 합니다. 현장의 목소리가 반영될 수 있도록 하는 것입니다. 실제로 청년실업 문제해결을 위해 정부에서 청년과 회의를 개최하고 있는 것을 보았는데 이것이 좋다고 여겨 이 아이디어를 떠올려 보았습니다.
> 둘째, 소통하려는 자세입니다. 잘 들어주는 경청이 그 시작이라고 생각합니다. 저는 대학 시절 대형마트 캐셔로 아르바이트를 했습니다. 어떤 고객님께서 이상한 쿠폰을 가져오셔서 적용해 달라고 하셨습니다.

저는 딱 봐도 아닌 것을 알았지만 하나하나 봐드리며 설명을 해 드렸습니다. 그렇게 하니 생각보다 빨리 고객님이 수긍을 하셨습니다. 이렇게 당장 부당해 보이거나 정책에 반영될 수 없는 것이라도 일단 잘 들어 주는, 그에 응답하는 자세가 필요합니다. 그렇게 하면 국민들은 이야기가 통한다, 대화가 된다는 느낌이 들 것이고 국민의 정책 관심도가 증가할 것입니다. 이를 통해 국민의 지지를 확보할 수 있습니다.

마지막 셋째, 정보공개입니다. 정부가 공개하는 데이터를 국민이 활용하면서 현실성 있는 정책이 나올 수 있을 것입니다. 만약 누군가 창업을 할 때 공공정보를 이용한다면 정부 정책이 현실과 호흡하는 살아 있는 정책이 될 것입니다. 정리하면 이러한 점을 통해 소통하면 현실에서 국민과 함께 호흡하는 정책이 되어 실제 정책과 국민의 정책만족도의 괴리를 좁힐 수 있으며 국민 신뢰를 확보할 수 있을 거라 기대할 수 있습니다.

MEMO

6 ■ 다양성

✔ POINT 다양성은 열린자세와 포용능력이 핵심이다.

(1) 정의와 이해

① 우리 사회는 성별부터 성격, 지역, 종교 등 서로 다른 사람들로 구성되어 있고, 각기 다른 사람들이 서로 이해하고 함께 살아가는 장소이다. 그러므로 다름을 인정할 줄 아는 자세가 중요하다.

② 정부도 다양한 사회 구성원들의 목소리에 귀 기울이고, 존중하며 함께 발전해 나갈 수 있어야 한다.

(2) 사례로 이해하기

① 서울 외국인 전용 주민센터(글로벌 빌리지 센터)도입: 계좌 개설, 과태료 납부, 기차 예매 등 사소하지만 외국인은 어려울 수 있는 부분까지 세세하게 도움을 주고 있다.

② 버지니아 공대 NGT(이웃동반성장) 프로그램: 아동과 노인을 대상으로 전문적인 연구를 수행하던 두 기관의 통합에 바탕을 두어 매 학기 버지니아 공대 학부생과 대학원생들이 프로그램의 운영자, 연구자, 인턴, 자원봉사자로 참여한다.

> 예 노인과 3~5세 유아를 팀으로 구성하여 동물 이름 목록을 작성하고 동물의 이름을 알아맞히기 등 ⇨ 노인(치매 완화, 활기 증진)과 아동(노인과의 교류, 이해력 상승) 모두 긍정적 효과를 거두고 있다.

③ 이탈리아 Orto in Condotta 프로그램: 초등교육과정에서 다루는 농작물 재배활동을 통한 세대 간 연계를 도모하는 프로그램이다. 교사, 부모, 조부모, 관계자 및 노인 원예전문가가 참여하며, 3년 동안 프로그램 진행, 학년 말이 되면 그간의 성과를 공유하기 위해 학부모와 지역사회 주민들을 초청하는 행사를 마련한다.

④ 프랑스 사례
  ㉠ 공교육기관 다문화 교육 강화: 프랑스는 주류집단의 소수문화에 대한 수용성을 높이기 위해 공교육기관에서 다문화교육을 강화한다.
  ㉡ 기회균등법 제정: 대중매체, 특히 방송에서의 문화다양성 확보를 위한 조치들을 지속적으로 취하고 있다. '기회균등법'을 제정하여 대중매체에서 문화다양성 확보, 차별금지, 사회통합 등의 조치를 취할 것을 규정한다.
  ㉢ 이주민 자녀의 모국어 교육 및 지방 고유 언어교육: 문화다양성의 이념에 따라 다언어주의 수용도 점차 확대하며 이주민 자녀의 모국어 교육과 아울러 지방의 고유 언어교육이 이루어지고 있다.
  ㉣ 통합과 차별퇴치 지원기금: 정부는 공공, 민간, 기관들과 인종차별 퇴치 협정을 체결하여 각 기관 내에 이를 전담하는 부서를 만들고, 인종 차별 퇴치 전문가를 양성하여 지원한다.
  ㉤ 차별퇴치평등고용청: 대통령 산하 인종차별 금지를 위한 차별퇴치평등고용청을 설치하였다.

⑤ 문화체육관광부: 아름다운 이야기 할머니(유아교육기관) ⇨ 문화로 공공일자리 창출 및 책 읽어주는 문화 봉사단(문화소외시설) ⇨ 실버세대의 재능기부

⑥ 움직이는 예술정거장: 평소 문화예술을 접하기 어려운 농산어촌 지역에 예술가가 직접 방문해 지역 주민과 아동, 노인들을 위해 다양한 형태의 문화예술교육 프로그램을 진행하는 사업이다.

⑦ 문화누리카드: 기초생활보장 수급자와 차상위 계층을 대상으로 발급하며, 문화예술, 한국 여행, 스포츠 관람을 자유롭게 이용할 수 있는 카드이다.

MEMO

⑧ 다문화가족 지원정책: 글로벌화 시대 다양성 실현의 대표적인 정책으로 여성가족부에서는 다문화가족지원을 위한 다양한 정책을 시행 중이다.
  ㉠ 다문화가족지원센터 운영 ⇨ 한국어교육, 통역·번역, 상담 및 사례관리, 결혼이민자 사회적응교육, 가족교육, 다문화가족 자녀 언어발달 지원, 방문교육 등
  ㉡ 국제결혼피해상담 및 구조
  ㉢ 다누리콜센터(1577-1366) 운영
  ㉣ 다문화가족 프로그램 개발 지원
  ㉤ 결혼이민여성 일자리정보 제공
  ㉥ 다문화가족지원포털(다누리) 운영

⑨ 균형인사제도: 지식정보화사회에서 글로벌 경쟁력을 확보하기 위해서는 다양한 인적자본(Human Capital)을 효율적으로 활용하는 것이 중요하다. 정부의 인사운영에 있어서도 효율성 위주의 실적주의 인사원칙에서 한걸음 더 나아가 공직 구성의 다양성과 대표성, 형평성 등을 제고하는 균형인사(Balanced-Personnel)가 시행 중이다.
ㄱ 여성, 장애인, 과학기술인력, 지방인재 등의 공직진출을 확대
ㄴ 국가직 지역인재 7급 추천채용제도 ⇨ 지역 우수인재의 공직진출 확대로 공직구성의 지역대표성 강화, 공직 충원 경로를 다양화하여 우수 인재의 공직유치 확대

(3) 다양성 실천방안 예시

① 국민의 입장이 서로 다름을 이해하고 소통과 협력으로 갈등해소 노력(공익성, 민주성과 유사)
② 국적·인종·성별·연령 등 어떠한 이유로도 차별하지 않기
③ 장애인 고용 우대 정책, 지역균형발전
④ 자본시장법 개정으로 여성의 사외이사 확대
⑤ 이민 확대 정책
⑥ 문화 콘텐츠 다양성 확대 지원(독립·예술영화, 다원예술, 인디게임, 독립출판 지원 등)
⑦ 기후변화 위기에서의 다양한 삶의 가치 존중(산업화의 위기를 넘어 다양한 가치의 공존)

TIP 본인의 경험에서 충분히 다양성 사례를 찾을 수 있다. 공직자가 되면 다양한 계층의 의견을 반영하여 정책을 만들어 내는 것이 중요하기에 각각의 계층에게 필요한 공직가치들은 무엇인지 고민해야 한다.

(4) 다양성 관련 기출 및 예상질문

Q. 다양성 확보가 왜 중요한가?

A. 서로간의 차이를 인정하지 못해 사회적 갈등을 유발할 수 있기 때문입니다. 극단적인 경우 배타성과 공격성을 보이기도 합니다. 다양성을 인정하지 않으면 사회적 차별이 나타날 수 있으며 인종차별, 임금차별, 집단따돌림 등의 문제가 발생할 수 있습니다. 이로인해 구성원 간의 불신이 깊어져 사회통합을 저해할 수 있습니다.

✎ **Check point**

다양성 관련 정리하기

1. 예를 들어 소셜믹스(아파트단지 내에 분양과 임대를 함께 조성하여 계층 혼화를 위한 제도)는 여전히 갈등이 반복되고 뿌리내리지 못하고 있다. 하지만 이를 분리할 경우는 더 큰 차별과 계층 분리의 문제가 발생할 수도 있다. 이와 같은 다양성의 문제를 해결하는 것이 공무원의 역할이다.
2. 생태계, 환경, 사회, 문화도 다양성을 갖춰야 생존력이 높아지고 창의성을 발휘할 수 있어 안정과 생존에 다양성은 필수적이다. ⇨ 다양해야 강하다.
3. 다양성 확보를 위해서는 계층적, 문화적 다양성을 이해하고 소통을 통해 자기문화와 다른 문화적 차이를 인정하는 관용의 자세를 가져야 한다.
4. 사회적 차원에서는 제도나 법적인 기반을 마련하여 차별을 금지하고 다양한 계층과 문화가 공존할 수 있도록 해야 한다.

5. 다양성 확보에 실패할 경우 각종 장애인 차별, 여성차별, 외국인 차별, 사회적 약자 차별 등 사회문제가 발생할 수 있다. 이로인해 갈등이 증폭되고 불신과 사회양극화 현상이 발생하여 엄청난 사회적 비용을 초래할 수 있기 때문이다.

6. 다양성 확보를 위해 다양한 구성원의 요구를 들어야 한다는 측면에서 시민참여 확대로 대표되는 민주성, 공익성, 공정성과 그 의미가 상통한다.
   ➡ 여러 공직가치는 서로 연결되어 있어 바라보는 관점에 따라 때로는 동일하게 해석될 수 있고 또한 독립적으로 존재할 수 있다.

7. 다만, 다양성을 강조할 경우 역차별 문제와 사회갈등을 초래할 수 있어 적절한 균형이 필요하다.

7 책임감(사명감)

(1) 정의와 이해

① 공무원은 국민 전체에 대한 봉사자이며, 국민에 대하여 책임을 진다(헌법 제7조).

② 공무원은 국민 전체의 일을 수행하는 것으로서 자신이 맡은 일의 중요성을 알고, 진지한 자세로 임무를 끝까지 최선을 다해 수행해야 한다. 어렵거나 곤란한 일이라고 해서 피하는 것이 아니라 문제의 원인을 찾고 적극적으로 일을 해결하려는 자세를 가져야 한다.

(2) 사례로 이해하기

① 충남 서천군 희망택시(오지마을 100원 택시): 버스 적자 운영의 어려움, 노인 승객의 불편, 일시적 수요 변화 대응 × ⇨ 주민대상 방문 조사를 통해 주 이용층이 노인이며, 이동 장소는 병원과 시장임을 발견 ⇨ 택시운행에 대한 군 예산 지원이 공직선거법과 여객자동차 운수사업법에 저촉됨을 발견 ⇨ 주민의 복지증진에 관한 사무로 조례 제정하여 관련 기관에 도입 문의 후 시행
   ➡ 위의 사례를 바탕으로 유추할 수 있는 공직가치는 '융통성, 창의성, 준법정신, 적극성, 전문성, 효율성'이다.

② 법제처 '수리' 관련 법령 정비: '수리를 요하는 신고'와 '수리를 요하지 않는 신고'의 구분 어려움 ⇨ 1,300여 개의 신고제도 구분, 신고 처리 기간 명확히 규정
   ➡ 위의 사례를 바탕으로 유추할 수 있는 공직가치는 '소통성, 책임성, 전문성, 효율성'이다.

③ 어두운 골목에 벽화 제작: 범죄율 하락, 분위기 쇄신
   ➡ 부작용 ⇨ 갑작스러운 관광객 방문으로 인한 소음 등으로 갈등이 발생한 이화마을

④ 해외직구 세금 환급 대상 확대: 반복된 민원 ⇨ 단순 변심으로 인한 환불의 경우까지 확대하기로 결정
   ➡ 신속 도입을 위해 내부 규정으로 적용 후 관세법 개정

⑤ 공공누리마크 표시: 전통문양 등 공공저작물 이용을 위해서는 해당 공공기관의 허락 필요 ⇨ 공공누리마크 표시가 있는 경우 별도의 절차 없이 자유롭게 이용 가능

MEMO

⑥ 책임감을 가지고 적극행정을 추진한 사례

> 시애틀 총영사관에서는 워싱턴주 등 5개 주를 관할하면서 정무 및 경제 외교 업무를 수행하는 한편, 민원 및 재외국민 보호와 재외동포단체 활동 지원 업무 등을 수행하고 있다.
> 위 영사관에서는 우리 정부가 실시하는 한국어능력검정시험(TOPIK)이 정규학점 취득으로 인정될 경우 학생들에게는 한국어 수학에 대한 커다란 인센티브가 될 뿐만 아니라 우리나라 교육부가 추진하는 TOPIK 확산에도 큰 도움을 줄 수 있다고 판단하고 TOPIK 점수를 한국어 정규학과 이수와 동일한 효력을 갖는 학점으로 인정하는 제도 도입을 추진하기 위해 공청회, 토론회, 간담회를 개최하는 등 다각적인 노력으로 TOPIK 점수를 한국어 정규 학점으로 인정받도록 구체적인 방안을 마련하였다.
> 그 후 해당 지역 교육청과 TOPIK 시험성적을 정규학과 학점으로 인정하기로 하는 MOU를 맺음으로써 해당 지역 고등학교에서 한국어를 정규 과목으로 채택하였고, TOPIK을 연 2회(통상 연1회) 실시하는 등 TOPIK 시험 확산에 기여하였다. 그 결과 한국어능력검정시험이 미국교육청에 의해 외국어능력검정시험으로 인정된 세계 최초의 사례로서 교민 자제들이 쉽게 학점을 취득할 수 있게 되었을 뿐만 아니라 미국 내의 한국어 보급 및 확산에 크게 기여하는 성과를 거두게 되었다.

㉠ 외무영사직의 기본 업무는 정무 및 경제 외교 업무를 수행하는 한편, 민원 및 재외국민 보호와 재외동포단체 활동 지원 업무 등이다. 그런데 정부에서 추진하는 TOPIK 확산업무에까지 확장하여 책임감을 가지고 추진한 적극행정의 대표적 모범사례이다.

㉡ 이처럼 공직자는 자기에게 주어진 업무를 한정하여 생각하면 안 되고 관련성이 있으면 현장에서 답을 구하는 등의 그 책임범위를 넓게 생각해 보아야 한다. 수많은 공청회, 간담회, 협의회 등을 개최하고 TOPIK 위원회와 협력하여 난관을 극복하면서 책임감을 가지고 추진한 결과 결국 성과를 이끌어 낼 수 있었다.

㉢ 실제 여러분들이 주어진 책임을 확장하여 시키지 않은 일을 만들어 적극적으로 행한 경험이 있다면 연관시켜 생각하면 된다.

㉣ 예를 들어 과학 동아리 활동을 하면서 범위를 학내에 머물지 않고 주변 단체나 학교를 찾아 재능기부형식으로 활동영역을 넓혀 봉사활동을 했다거나 인권 동아리 활동을 하면서 교내에서만 머물지 않고 위안부할머니를 방문하여 함께 고민을 들어주고 해결책을 찾아보도록 노력했던 경험을 활용할 수 있겠다.

㉤ 그러면 면접관은 '어떤 계기로 영역을 확장할 생각을 하게 되었는지? 그 과정에서 갈등은 없었는지? 동아리 회원들을 어떻게 설득했는지? 책임 확장을 통해 느낀 점은 무엇인지?' 등을 묻게 된다. 이것이 자연스럽게 공직가치를 확인하는 면접과정인 것이다.

(3) 책임감 실천방안 예시

① 사소한 민원이라도 성심껏 처리한다.
② 조직의 목적과 목표 달성에 대해 책임을 진다.
③ 상관의 정당한 직무상의 명령에 복종한다. ⇨ 복종의 의무
④ 스스로 문제를 진단하고 해결할 수 있는 전문성을 함양한다.
⑤ 조직의 고객(상사, 부하, 시민)을 만족시키려고 노력한다.
   ➡ 조직의 고객들이 무엇을 원하는지 신속하고 정확하게 파악한다.
⑥ 자신의 실책에 대해 책임을 진다.

(4) 책임감 관련 기출 및 예상질문

> **Q1. 공무원에게 책임감이란 무엇인가?**
>
> **A1.** [자신이 생각하는 책임감의 정의와 경험사례를 제시] 우선 기본적으로는 자신이 맡고 있는 일을 잘 해내는 것입니다. 그리고 전문성을 갖춰서 국민들에게 좀 더 실질적인 정책을 펴기 위해 노력하는 것이 책임입니다. 영어 강사로 일한 경험을 말씀드리겠습니다. 주 업무인 영어 강의를 위해 전문성을 기르고 싶어서 인터넷 강의, 주변의 조언, 모의 수업 등을 통해 수업을 발전시켜 나갔습니다. 부업무인 상담에 대해서는 학부모님, 학생들과 상담을 통해 요구를 파악하고 제가 드릴 수 있는 도움을 드리려고 노력했습니다. 이러한 성실함과 책임감은 어느 부서에 가더라도 도움이 될 것으로 생각합니다.
>
> **A2.** [자신이 책임감이 있음을 과거 경험을 통해 제시] 제가 학교 행정실 근무를 하면서 공무원으로서 꼭 필요한 책임감에 대해 배웠습니다. 작년에 학교에서 기간제 근무를 하면서 코로나19 재유행으로 긴급재난지원금을 지급해야 했습니다. 근무했던 학교는 1,500명이 넘는 학생수로 시간이 많이 부족하여서 다른 선생님들과 일을 나누어서 꼬박 야근을 해야 했습니다. 실장님께서는 근무하자마자 힘든 일을 시키고 계약직인 저까지 야근을 하게 해서 미안하다고 하셨지만 저는 절대 그렇게 생각하지 않았습니다. 제가 계약직이든 정규직이든 그 자리에 있는 동안은 맡은 업무를 완수하는 것이 당연하다고 생각했습니다. 세무직 공무원으로서도 저에게 앞으로 주어질 업무에 대해 회피하거나 주저하는 것이 아닌 책임감을 가지고 끝까지 수행하는 공직자가 되겠습니다.
>
> **A3.** [자신이 생각하는 책임감에 대한 명확한 인식을 표현] 제가 생각하는 책임감에는 두 가지가 있습니다. 첫 번째는 자신이 맡은 일에 헌신하는 태도입니다. 그리고 두 번째는 전문성을 지니는 것도 책임감을 가지는 것이라고 생각합니다. 여기서 말하는 전문성은 그저 영어나 중국어를 잘하는 것을 뛰어넘어 창의적이고 융통성 있는 행정을 하는 것이라고 생각합니다. 대법원장님께서 "공직자가 가장 경계해야 할 일은 그저 내려오는 관례대로 일을 처리하는 것이다."라고 하셨습니다. 저도 이 말에 굉장히 공감합니다. 그렇기 때문에 항상 창의적이고 융통적인 사고를 지니고 전문성을 발휘할 수 있는 공무원이 되고 싶습니다.

> **Q2. 공무원으로서 민주성이라던지 청렴이라던지 가져야 할 가치가 많은데 그중 가장 중요하다고 생각하는 가치는 무엇인가?**
>
> **A1.** [자신이 직간접적으로 보고 들은 내용을 각오와 함께 진정성 있게 표현] 저는 사명감이라고 생각합니다. 공무원은 국민에 대한 봉사자로 일하는 만큼 업무에 책임감을 가지고 일해야 합니다. 좁게는 제 주위 사람들, 넓게는 국민 전체에 도움이 되는 공무원이 되기 위해 사명감을 가지고 일하고 싶습니다. 또 조금 다른 관점에서도 사명감을 가지고 일하는 것이 중요하다고 생각하는데 가끔 매체나 뉴스 댓글에 공무원에 대한 부정적인 인식을 보았습니다. 그런데 실제로 현직에서 근무 중이신 선배님께 여쭤보면 맡은 업무를 책임지기 위해 야근을 하는 경우도 많고 (여기서부터 면접관 끄덕끄덕) 사무실이 아닌 현장에서 발로 뛰는 경우도 많다고 들었습니다. 저 개인의 실수나 부족함이지만 국민의 입장에서는 공무원 전체의 실수로 비춰질 수 있기 때문에 열심히 일하는 동료들을 위해서라도 사명감을 가지고 일하는 것이 가장 중요하다고 생각합니다.

Q3. 책임감과 관련된 경험이 있는가?

A1. 인턴실습 동안 점심시간 전화업무를 하였습니다. 그때 함께 수퍼바이저 선생님께 그리고 동료들에게 책임감이 있다는 칭찬을 들었습니다. 왜 그런가 곰곰히 생각해보니 전화가 왔을 때 제가 성함과 연락처뿐만 아니라 전화를 하게 된 이유와 요구사항까지 함께 기록해 업무 담당자께 드려서 다시 전화해야 하는 수고와 시간을 아꼈기 때문이라고 하셨습니다. 저는 책임감이란 제게 주어진 일 이상을 하는 것이라고 생각합니다. 그리고 앞으로도 이런 책임감을 발휘해 지역주민들의 행복에 이바지하고 싶습니다.

TIP 위 답변은 "아, 이 사람은 책임감이 있구나."라고 느껴질 정도로 편안하고 자연스러운 스토리텔링을 보여주고 있다. 책임감에 대한 의미 전달 능력이 뛰어나다는 것이다. 이와 같이 경험을 이야기할 때에는 눈에 보이듯이 표현함으로써 이야기를 듣는 사람과 공감이 이루어지도록 해야 한다.

8 창의성과 혁신성

✎ Check point

혁신성에 대한 핵심

아래 두 가지 질문은 면접준비를 하면서 고민하고 생각해보며 자신만의 답변을 준비해두길 바란다.

Q1. 하루가 다르게 급변하는 현대사회에서 발 빠르게 변화하지 않으면 살아남기 힘들다. 더불어 공무원 사회에서의 행정에서도 혁신적 사고를 통한 고객과 시민서비스 제공이 중요한 요소로 자리잡고 있다. 이에 행정에서 혁신이 필요한 부분은 무엇일까?

Q2. 공직사회에서는 조직 내 현실에 안주하면서 사회적 태만에 빠지는 경우가 발생한다. 그 이유는 무엇이고 조직생활에 혁신이 필요한 부분은 무엇일까?

MEMO

(1) 정의와 이해

① **창의성**: 창의성이란 '새로운 것을 생각해 내는 특성'을 의미하며, 독창성, 가치, 실현성을 포함하는 개념이다. 즉, 독창적인 새로운 가치를 창출하면서 실현가능할 때 비로소 창의성이 발현되었다고 할 수 있다. 공무원의 창의성이란 어떤 문제에 대해 기존과 다른 아이디어를 생각하고, 이를 실행하기 위해 정책화하는 과정을 의미한다.

② **혁신성**: 혁신성이란 '새로운 상품이나 새로운 서비스를 통해 가치 있는 새로운 고객 경험'을 만들어 내는 활동을 의미한다. 새롭다고 무조건 혁신이라고 이야기할 수는 없다. 새로움이 가치와 연결되어 있을 때 비로소 우리는 혁신이라는 이름을 붙일 수 있다.

> **✅ PLUS**
>
> 1. 창의성 및 혁신성은 어떤 사회나 조직의 흥망성쇠를 결정하는 중요한 요소라 할 수 있다. 공무원의 창의성 및 혁신성이 자유롭게 발휘될 때 공직사회의 경쟁력 또한 높아질 수 있다. 공무원은 창의적인 생각과 혁신을 통한 공익가치 창출 활동을 존중하고 새로운 아이디어를 공유하기 위해 노력해야 한다.
> 2. 조직이 성장하기 위해서는 기존의 틀 안에서 움직이는 것이 아니라 지금까지의 일과 일하는 방식을 돌아보고 새로운 방식으로 성과를 창출하는 혁신을 통해서 가능하다.

(2) 사례로 이해하기

① **실패를 또다른 성공으로 만든 사례**

> 1970년 3M의 연구원이었던 스펜서 실버는 강력한 접착제를 연구하던 중, 잘 붙기는 하지만 쉽게 떨어져 버리는 접착제를 만들었다. 접착제 본래의 기능만 고려하면 이 발명품은 실패작이었다. 하지만 이 실패작은 실버의 동료인 아트 프라이에 의해 멋지게 거듭났다. 찬송가 책갈피에 표시용으로 끼워둔 종이가 쉽게 빠지는 데 불평하던 프라이는 실버가 발명한 접착제에 착안, 책에 자국을 남기지 않으면서 접착성이 있는 메모지를 탄생시켰다. 이것이 포스트잇이다. 이 사례는 창의성이자 혁신성이라고 할 수 있다.

② **소년원을 교육기관으로 바꿔 새로운 가치를 창출한 사례**

> 안양소년원은 비행청소년을 올바르게 지도·육성하고 재범을 방지하기 위하여 특성화 교육체제로 개편하고 개방적 인성교육을 실시하는 등 완전한 사회복귀가 될 수 있도록 노력하고 있다.
> 특성화 학교체제인 정보산업학교로 개편하여 모든 학생에게 실용외국어와 컴퓨터교육을 마련해 주고 취업전망을 고려하여 컴퓨터 산업디자인, 피부미용 등 신직종을 신설하여 지식기반사회에 적합한 직업능력개발훈련을 실시하였다. 그리고 특성화 교육과 더불어 인성교육도 체험학습위주의 개방교육체제로 개편하여 모든 학생들이 사회복지시설 방문봉사활동을 실천하고 있고, 지역주민 정보화교육과정을 개설하여 소년원에서 교육을 받은 학생들이 강사가 되어 저소득층, 장애인 등을 대상으로 컴퓨터 교육을 실시하는 등 체계적인 봉사활동을 전개하고 있다.
> 그 결과 단순한 '수용기관'에서 진정한 '교육기관'으로 탈바꿈하게 되어 18명이 상급학교에 진학하고 148명이 취업하였으며 진학 및 기능자격 취득을 위하여 29명이 스스로 퇴원을 연기하고 퇴원생의 재범률이 1/2까지 감소하는 등의 성과를 거두어 NHK−TV, TV도쿄 등 외국 언론들까지 안양소년원의 교육혁신성과를 특집으로 다루는 등 깊은 관심과 벤치마킹의 대상이 되고 있다.

(3) 창의성 및 혁신성 실천방안 예시

TIP 개인적인 경험 정리는 물론, 정책제안 1~2가지는 반드시 정리해두어야 한다.

① 행정환경 및 사회이슈에 대해 관심을 가진다. ⇨ 만물은 변한다. 시간, 환경, 과학기술 등 변하지 않는 것은 없다. 변화에 대응하려면 변화의 흐름을 알 수 있도록 다양한 분야에 관심이 필요하다.

　　➲ 얼리어답터도 변화에 빨리 적응할 수 있는 방법이다. 본인의 업무뿐만 아니라 다른 사람의 담당업무에도 관심을 가지고 통합적 사고를 기르는 것도 창의성 및 혁신성을 위한 방법이다.

② 주어진 문제에 대해 다양한 접근방식으로 생각하는 융통성 있는 사고를 가진다.

③ 관점을 바꿔야 한다. ⇨ 관점을 바꿈으로써 항상 그 자리에 있었지만 인식하지 못했던 것을 발견할 수 있다.

　　➲ 익숙해서 있는 줄도 모르는 것을 새롭게 느끼게 만드는 것, 남들과 다른 방식으로 보는 것이 창의성 및 혁신성이다.

④ 다양한 정책이나 지자체 우수사례, 해외 우수사례 등을 연관시켜 아이디어를 만든다.

　　➲ 벤치마킹이 대표적인 활용 방법이다.

⑤ 연관성은 창의성을 발휘할 수 있는 가장 쉬운 방법이다. 전혀 연관 없는 것들을 서로 연결시켜 생각하다 보면 기존에 생각지도 못한 새로운 가치를 만들어 낼 가능성이 높아진다. 예를 들어 디자인과 범죄예방을 연결시킨 셉테드(도시환경 디자인을 바꿔 범죄를 사전에 예방할 수 있도록 설계하는 기법), 도시텃밭과 노인문제 해결[국유지, 사유지 등을 도시텃밭으로 조성하여 시민들의 접근성을 높여 노인고충(질병, 소외감, 경제적 어려움, 고독감 등)문제 해결] 등과 같이 문제해결을 위해 새로운 접근, 새로운 생각을 요구하는 경우가 매우 많다.

⑥ 창의성 및 혁신성은 새로운 것을 만들어 내는 창조가 아니다. 실제로 여러분들이 살아오면서 창의성 및 혁신성을 발휘할 경험이 분명히 있을 것이다. 기존에 해왔던 방식 대신 새로운 방식을 적용하여 문제를 해결한 경험, 연관성을 찾아 연결시켜 새로운 아이디어를 만들어 낸 경험 등을 찾으면 된다.

TIP 상황형 질문에서는 문제해결을 위해 창의성을 요구하는 질문이 많다는 것을 꼭 기억하고 창의성 및 혁신성의 개념을 명확히 이해해야 한다.

(4) 창의성 및 혁신성 관련 기출 및 예상질문

> **Q1.** 공무원에게 창의성이란 무엇인가?
>
> **A1.** [부족한 답변] 공익 추구시 이해관계가 많으므로 이를 중재하는 데 힘이 듭니다. 따라서 많은 고민을 해야 하므로 이런 관점에서 창의성 필요하다고 생각합니다.
>
> **A2.** [사례+자신만의 생각 정리=좋은 답변] 제가 한 가지 사례를 들어보도록 하겠습니다. 3년 전쯤 서천시에서 한 공무원의 아이디어로 100원 택시라는 정책을 시행했습니다. 100원 택시는 재정적자였던 마을버스 대신에 주민들은 100원을 내고 택시를 이용하는 것이었습니다. 나머지 금액은 지자체가 부담하는 것이었는데 이것 덕분에 지자체의 예산절감에도 큰 효과가 있었다고 합니다. 이처럼 공무원 한 명의 창의성이 국민에게 큰 만족을 줄 수 있다는 점에서 창의성 역시 중요하다는 생각이 듭니다.
>
> **A3.** 급변하는 행정환경에서 현장과 법규정 간에는 괴리가 생길 수밖에 없습니다. 이런 상황에서 과거의 관행을 반복해서는 국민들의 불편함과 문제를 해결할 수 없습니다. 이것이 공직자에게 창의적이고 적극적으로 일하는 태도가 필요한 이유입니다. **TIP** 여기에 경험을 추가하면 아주 좋은 답변이 된다.

Q2. 창의성 및 혁신성을 발휘한 경험이 있는가?

A1. 네, 제가 강사일 때의 일입니다.

[본인의 경험 ①] 교재에 있는 실험수업을 하는데 너무 간단해서 학생들이 별로 좋아하지 않는 실험이었고 다른 강사들도 넘어가라고 하였습니다. 이는 빨대와 컵, 물 조금으로 분무기를 만드는 실험이었습니다.

[창의성-본인의 생각 ②] 저는 계속 고민하던 중 편의점에서 다양한 굵기와 길이의 빨대를 보았고, 수업 때 학생들에게 여러 종류를 준 후 가장 멀리 나가는 분무기를 만들어 보라고 과제를 주었습니다.

[결과물 ③] 학생들은 자발적으로 예상하고 필기하는 모습을 보였습니다. 학부모들에게도 좋은 평을 얻어서 실험수업 정규과정으로 편성되었습니다.

A2. 1년 정도 카페에서 아르바이트를 하면서 그동안 고수해오던 물품 정리 방식보다 더 효율적인 방법이 있지 않을까 나름대로 고민하여 사장님께 제안했던 적이 있습니다. 비록 지나치기 쉬운 사소한 의견이었지만 사장님께서는 흔쾌히 수용해 주셨고, 그 결과 직원들의 일의 능률도 오르고 낭비되는 재료도 줄일 수 있었습니다. 익숙해진 환경에 안주하지 않고 보다 나은 방법을 생각하고 고민하는 모습을 인정받아 포상금과 함께 점장직을 제안받기도 하였습니다. 이와 같이 열린 마음과 열린 생각으로 지역에 관심을 가지고 다양한 관점으로 바라보려는 자세가 지역 발전과 공무원 업무에 많은 도움이 될 것이라고 생각합니다.

A3. 카페 매니저 당시, 시즌 상품의 판매율이 다른 지점보다 낮은 상황에서 진열 방식을 변경하여 매출의 약 20%를 상승시킨 경험이 있습니다. 유기농 상품이고 좋은 상품이기에 어떻게 하면 좀 더 판매율을 상승시킬 수 있을지 고민하였고 기존에는 색깔별로 진열하였지만 이를 변화시켜 색 조화를 사용하여 피라미드 형식으로 진열하였고 이에 위와 같은 성과를 달성할 수 있었습니다.

Q3. 해당 직렬에서 창의성 및 혁신성이 중요한 이유는 무엇인가?

A1. 지방중소벤처기업청에 방문하여 현직자와 인터뷰를 한 적이 있습니다. 현직자분께서 중소벤처기업부는 다른 부처와 달리 현장방문을 많이 나가서 소상공인, 중소기업의 어려움을 직접 듣고 창의적인 지원정책을 만드는 것이라고 하였습니다. 이러한 이유로 창의성을 뽑았습니다.

A2. 1년 정도 카페에서 아르바이트를 하면서 그동안 고수해오던 물품 정리 방식보다 더 효율적인 방법이 있지 않을까 나름대로 고민하여 사장님께 제안했던 적이 있습니다. 비록 지나치기 쉬운 사소한 의견이었지만 사장님께서는 흔쾌히 수용해 주셨고, 그 결과 직원들의 일의 능률도 오르고 낭비되는 재료도 줄일 수 있었습니다. 익숙해진 환경에 안주하지 않고 보다 나은 방법을 생각하고 고민하는 모습을 인정받아 포상금과 함께 점장직을 제안받기도 하였습니다. 이와 같이 열린 마음과 열린 생각으로 지역에 관심을 가지고 다양한 관점으로 바라보려는 자세가 지역 발전과 공무원 업무에 많은 도움이 될 것이라고 생각합니다.

9 전문성

(1) 정의와 이해

① 전문성이란 지식과 경험을 바탕으로 자신이 맡은 분야의 일을 잘 수행해 나가는 것을 의미한다. 공무원의 사회적인 책임을 고려했을 때, 공무원에게 요구되는 전문성은 보다 넓은 의미로 해석될 필요가 있다. 즉, 공무원은 직무수행을 위해 필요한 지식과 기술 외에도 문제해결능력, 의사소통능력, 조정·통합능력, 자원확보능력, 업무추진력, 홍보능력 등 정책성과를 제고할 수 있는 전문적 역량을 키우기 위해 노력해야 한다.

② 전문성은 공무원이 행정업무를 안정적으로 운영하고 보다 나은 대안을 마련하는 것과 직접적으로 연결된다. 축적된 지식과 경험을 바탕으로 한 정책 개발·관리능력과 이를 뒷받침하기 위한 각종 직무수행능력은 정책성과를 제고하는 데 기여할 수 있다. 특히 오늘날 행정업무가 다양하고 복잡해지면서 이해관계의 충돌이 점점 잦아지고 있는데 사회적 갈등관리에 대해서도 공무원에게 상당한 전문성이 요구되고 있다.

(2) 사례로 이해하기

① 직무 관련 전문성 사례

> 국립과학수사연구원 ○○○과장은 법영상분석 프로그램, 코덱 기반 동영상복원 프로그램 등의 연구개발로 범죄예방에 기여하였으며 기존 외산에 의존하던 관련 프로그램을 국산화하여 예산절감에도 기여하였다. 또한 유관기관·중소기업·개도국 대상 기술지원에도 많은 노력을 기울였다. ○○○과장은 입직 후 독학으로 프로그램언어를 배워 영상분석 알고리즘을 개발하였으며, 총 42건의 특허를 출원·등록하였다.

② 문제해결 전문성 사례

> "매출채권 압류를 유예해 줄 수 없는가? 매출채권을 돌려 어음을 막아야 하는데 그러지 못하면 회사 문을 닫아야 하는 상황이다."
> 이러한 상황에서 국세 징수업무를 담당하는 ○○○사무관은 체납된 세금을 징수하는 것도 중요하지만 세금을 납부할 수 있도록 기업의 계속성을 유지시키는 것도 필요하다고 생각했다.
> 이에 '국가와 기업 모두에게 도움이 되는 체납처분제도를 만들어 보자.'고 생각하여 ○○○사무관은 성실한 중소기업에 대해서는 압류를 유예해 주고 체납액을 분할납부할 수 있도록 체납처분제도를 탄력적으로 운영하는 방안을 마련하였고, 중소기업에는 위 방안을 적극 활용할 수 있도록 안내하였다.

(3) 전문성(=직무수행능력) 실천방안 예시

① 효과적 업무수행을 위한 새로운 방식 추구
　➔ 공직자로서의 일은 혼자서 처리를 하는 것이 아니라는 점을 기억해야 한다.

② 자신의 업무가 아니더라도 동료의 업무를 대신할 준비

③ 변화 지향적 조직문화 추구

④ 조직 내 건전한 경쟁 추구
　➔ 협업의 단점(무임승차 등)이 무엇이 있을까도 고민해서 정리해야 한다.

⑤ 법과 규정, 절차에 대한 숙지

   ◐ 경청과 더불어 일처리에 있어서 가장 기본이면서 중요한 사항이다.

⑥ 전문적 지식 습득 노력 및 해당 분야 전문가와 교류 확대

⑦ 각종 대안제도 도전

   ◐ 합격한 직렬에 대한 정책제안을 면접준비 기간 동안 해보길 권한다.

⑧ 다양한 영역에서 경험쌓기(리더십, 갈등조정, 기획력, 성과창출, 도전정신 등)

⑨ 독서(사고의 영역확대 및 간접 경험 쌓기)

(4) 전문성(=직무수행능력)관련 기출 및 예상질문

TIP 반드시 관련된 경험을 정리해 보아야 한다.

> **Q1.** 공무원에게 전문성이란 무엇인가?
> **A1.** 저는 협상의 능력이 필요하다고 생각합니다. 그 이유는 제가 이번에 노인일자리를 공부하면서 정부부처만으로는 일자리를 만들어 내기 어려우며 지자체와 기업이 협력하여 일자리를 만드는 것이 필요함을 느꼈습니다. 그러나 협력하기 위해서는 해당 지자체와 기업이 어떤 이해관계를 가지고 있는지 어떤 이득을 얻을 수 있는지를 아는 것이 필요하며 이를 활용한 협상을 할 줄 아는 것이 필요하기 때문입니다.
> **A2.** 세계화, 개방화 시대에 국가경쟁력을 갖추기 위해 공무원에게 전문성이 필요한 가치라고 생각합니다. 세계 여러 나라들과 무한경쟁을 하기 위해서는 전략적 사고, 협상 능력, 정책개발능력 등 전문성이 뒷받침되어야 국민을 위한 공익을 실현할 수 있을 것입니다.
> **A3.** 국민들에게 양질의 서비스를 신속하게 제공하기 위해 공무원에게 필요한 자질이라고 생각합니다.
>   ◐ 위 답변은 구체성이 부족하므로 이를 보완해야 할 것이다.

10 투명성과 공정성

✓ POINT 투명성과 공정성이 서로 밀접한 관련이 있는 이유는 공무원으로서 공정하게 처리한 모든 일들이 투명하게 공개될 때 비로소 국민이 생각하는 공정한 행정과 투명한 정부가 완성되기 때문이다. 정부에 대한 국민의 신뢰를 높이고 정책에 대한 국민의 수용성을 제고하기 위해 이들 가치는 매우 중요하다. 소수에 의한 정책결정과 그 내용조차 제대로 공개되지 않으면 국민은 그 정책에 반감을 갖게 되고 공직사회 전체를 불신할 수 있기 때문이다.

MEMO

(1) 정의와 이해

① 투명성은 국민의 알권리를 존중하고, 국민의 관점에서 정부의 정책결정과 집행과정을 공개하는 한편 국민들이 제공된 정보를 쉽게 이해하고 예측할 수 있도록 노력하는 것이다.

② 공정성은 '공평하고 올바름'을 의미하며, 공무원으로서 공정하게 업무를 처리한다는 것은 균형감각을 가지고 모든 국민을 법과 규정에 따라 동일하게 대하는 것을 의미한다. 또한 공무원은 결과는 물론 그 절차의 공정성을 확보하기 위해 노력해야 한다.

③ 투명성은 일의 과정과 결과를 숨기지 않고, 국민이 쉽게 이해할 수 있도록 정보를 제공하는 것이다. 이에 정보의 요청과 요청한 후의 과정이 복잡하지 않아 국민이 쉽게 원하는 정보를 얻을 수 있어야 한다.

④ 공정성은 일을 처리할 때, 개인적인 사정이나 관계에 영향을 받지 않고 객관적이고 공평하게 수행하는 것이다. 일을 한 사람에 따라 결과가 달라지는 것이 아니라 주어진 법에 따라 동일하게 이루어져야 함을 의미한다. 그러나 사회적 약자에 대한 배려 또한 공정성을 위해 필요하다고 생각한다.

(2) 사례로 이해하기

① 핀란드의 세금 기록 공개사례

　㉠ 핀란드 국민은 누구나 국세청에 알고 싶은 사람의 소득, 재산, 납세내역에 대한 정보공개를 신청할 수 있다.

　㉡ 그러나 세금, 주식거래, 인허가 관련 정보, 학교 운영 정보 등 부정과 비리의 여지가 있는 정보에 대해서는 비공개를 허용하지 않는다.

② 직무 관련 투명성 사례

> 식품의약품안전처는 각 부처 및 기관별로 관리·운영되고 있는 식품안전정보를 연계·통합해 공유·활용하고, 국민에게 신뢰성 있는 정보를 제공하기 위한 '통합식품안전정보망 구축' 사업을 추진하였다. 동 사업은 4단계로 나누어 추진되었다. 첫 번째는 식품안전정보의 연계·통합 및 정보의 공동활용을 위한 식품안전정보 표준 체계 마련, 두 번째는 식약처와 지자체 정보를 전국 단위로 연계·통합 관리하기 위한 행정업무통합 시스템 구축, 세 번째는 각 부처별로 산재되어 있는 159종의 식품안전정보를 통합·연계한 정보공동활용 시스템 구축이었다. 마지막으로 국민이 식품안전정보를 쉽게 찾아볼 수 있도록 식품안전정보 대국민 포털을 구축하였다. 이를 통해 행정업무 효율화 및 식품안전관련 정책수립의 효율성 제고, 식품안전에 대한 국민 만족도 향상 등의 효과가 있을 것으로 기대하고 있다.

③ 공정성 위반 사례

> 공무원 A는 '공무원 승진 역량평가'의 평가위원으로 참여하면서 과거 부하 직원이었던 B를 승진시키기 위해 B가 개별면접을 보기 전에 본인의 휴대전화 문자메시지로 예상 질문을 B에게 전송해 시험문제를 유출하였고, B의 개별면접 당시 A는 B에게 간단한 질문을 하고 답변이 끝나자 '역량평가 평정표'에 평정요소별 평정을 모두 '탁월'로 체크한 후 총점 기재시 개별면접 전체 응시자 25명 중 최고점인 '89점'을 부여했다는 비위첩보가 접수되었다. 해당기관의 자체조사 결과 관련 내용이 사실로 밝혀짐에 따라 A는 정직 1개월의 징계처분을 받았다.

(3) 투명성과 공정성 실천방안 예시

① 투명성 실천방안 예시

　㉠ 행정의 투명성은 개방성, 정직성, 공개성을 내포하고 있다.

　㉡ 공공정보를 적극적으로 개방하고 공유한다. ⇨ 정보공개청구제도

　㉢ 어떠한 목적으로라도 정보와 통계자료를 가공하거나 조작하지 않는다.

　㉣ 시민의 참여를 확대한다. ⇨ 민주성과 연관

　㉤ 언론의 비판적 접근을 수용하는 자세를 가진다. ⇨ 언론과 적극적 상호작용 필요

　㉥ 자신의 실책에 대해 책임을 지는 자세를 가진다. ⇨ 잘못을 밝히고 시인할 때 국민은 행정을 신뢰

　㉦ 비밀유지의 의무를 지킨다. ⇨ 대외비나 기밀 유지가 필요한 정보에 대해서는 비밀을 유지한다.
　　정보를 유출하여 개인적인 이득 또는 제3자의 이득을 취하게 하는 특권을 배제한다.

　　　예 신도시 예정지 사전정보유출

② 공정성 실천방안 예시

　㉠ 법과 규정, 행정절차에 따른 공정한 일처리 ⇨ 절차적 공정성 확보

　㉡ 합리적 기준(공직가치)에 의한 일처리 ⇨ 공공기관 채용비리 문제, 특정인에 대한 특혜의 배제 등

　㉢ 상사의 부당한 압력에 소명 자세

　㉣ 정치적 중립 자세

　㉤ 업무처리에 따른 노력과 능력의 정도에 따른 공정한 보상

　㉥ 수평적 공정성 ⇨ 법 앞의 만인 평등 실현(법치주의), 국민의 기본권 보장(평등주의)

　㉦ 수직적 공정성 ⇨ 형평성으로 사회적 약자에 대한 보호 필요

　㉧ 공정한 경쟁 및 실질적인 기회의 보장, 분배시스템의 합리화

　㉨ 불편부당성 ⇨ 공무원은 공평하게 행동해야 하며, 어떠한 사적단체나 개인에게 특혜를 주어서는
　　안 된다는 것

(4) 투명성 및 공정성 관련 기출 및 예상질문

> **Q1.** 공무원에게 투명성이 왜 중요한가?
>
> **A1.** 민주성 가치를 실현시키기 위해 투명성 가치의 확보가 먼저 선행되어야 합니다. 정부와 국민 간에는 정보가 불균형한 상태라고 알고 있습니다. 정보가 불균형한 상황에서 국민들이 국정운영에 참여하더라도 비효율적일 수 있습니다. 따라서 공무원들은 투명성의 가치를 먼저 확보하여 공공 정보를 널리 공개하여 국민들에게 활용할 수 있게 해야 국민들의 참여가 보다 효과적이고 효율적일 수 있게 된다고 생각합니다.
>
> **A2.** 정부는 투명성을 추구함으로써 정보를 공개하고 국민으로부터 신뢰를 얻기 위해 힘쓰고 있습니다. 통계청은 적극적으로 공공데이터를 개방하고 그중에서도 마이크로데이터라고 하여 조사를 통해 수집된 정보를 개인정보를 제외하고 각 응답을 있는 그대로 공개하고 있습니다. 또한 통계청은 물가통계를 산정하는 과정에서 각 경제주체, 노동단체, 언론사, 물가전문가 등의 의견을 모아 투명성과 신뢰성을 도모하고 있습니다. 앞서 말씀드린 바와 같이 투명성을 위해서는 여러 주체의 의견을 적극 수용하려는 자세가 필요하다고 생각합니다. 의견을 통해서 국민이 어떤 도움이 필요하고 공직자로서 무엇을 할 수 있을지 고민할 수 있기 때문입니다.

Q2. 투명성과 관련된 경험이 있는가?

A1. 투명성에 관한 저의 경험을 말씀드리겠습니다. 저는 대학시절 학생회 총무 업무를 맡아 학생회비를 관리하였는데 영수증을 모아서 파일로 철하고, 지출내역 등을 투명하게 공개하여 누구나 볼 수 있도록 학생회실에 비치하였습니다. 또한 전년도 남은 이월 금액에 대해서 공개하고, 투표를 통해 이월금액 처리에 대해서 의논한 후, 남은 금액은 다시 되돌려 주고 학생회비가 허투루 쓰여지지 않고 있다는 것을 알리기 위해 노력했습니다.

Q3. 투명성과 관련된 정책사례에 대해 알고 있는 것이 있는가?

A1. 정책 중 투명성을 잘 살린 대표적인 것에는 '공공데이터 포털'이 있습니다. 행정안전부에서 운영하는 사이트로 공공정보를 개방·공유하는 웹사이트입니다. 자신이 원하는 자료는 신청할 수도 있습니다. 사이트에 들어가 보면 활용사례가 있는데 버스 노선 정보를 이용해 국민이 만든 버스 알림앱, 반려동물 구조 정보를 통한 앱 등이 있었습니다. 저는 모든 공공서비스를 정부가 제공하는 것이 아니라 투명성을 통해 정보를 공유하면 국민들이 가공하여 또 다른 서비스를 만들어 내는 것을 보며 창의성으로 이어진다는 생각을 하였습니다.

Q4. 공무원에게 공정성이 왜 중요한가?

A1. 업무를 처리할 때 공정성이 무너지면 그것은 일의 기준이 무너지는 것이고 이는 다음에 업무를 처리할 때 그에 대한 기준이 사라지는 것이라고 생각합니다. 때문에 공정성은 일을 처리할 때 가장 중요시해야 한다고 생각합니다.

A2. 비용절감, 업무효율성도 중요하지만 공정성이 무너지면 국민의 신뢰를 잃어버릴 수 있으므로 공정성을 확보하는 것이 무엇보다 중요하다고 생각합니다.

A3. [공정성이란 무엇이라고 생각하는가에 대한 답변] 공정성은 누구에게나 같은 절차와 같은 기준으로 공평하게 대하는 것이라고 생각합니다. 저는 고용노동부에 지원을 하였습니다. 그렇기 때문에 업무수행 시 사용자와 근로자의 의견을 듣다 보면 서로 충돌하는 부분이 생길 것입니다. 이때 어느 한쪽에 치우치지 않는 것이 중요하다고 생각합니다. 민원인을 상대하며 민원 접수를 할 때도 한쪽 말만 듣고 해서는 안 된다고 생각합니다.

Q5. 공정성과 관련된 경험이 있는가?

A1. 제가 대학생 때 외국인 두 명과 조별과제를 한 적이 있습니다. 그런데 외국인 분들이 아무래도 한국어가 뛰어나지 않다 보니 참여하는 데 어려움을 겪었고 조원들 사이에서는 '이 두 명을 배제하고 우리끼리만 한 다음 점수만 주자.'는 의견이 있었습니다. 그러나 저는 이 두 명도 한국학생들과 함께 하고 싶을 것이며 저렇게 하는 것은 공정하지도 않다고 생각해 방안을 생각해봤고, 그 결과 파트너 제도를 제안했습니다. 파트너를 맡은 학생은 외국인 학생과 함께 자료조사를 하되 발표나 PPT 등은 맡지 않는 방향으로 진행하였습니다. 다행히 다들 저의 의견에 동의해 주었고 저희는 만족스럽고 공정하게 과제를 마무리할 수 있었으며 이러한 내용은 제가 교수님께 따로 보고를 드려 A 학점을 받을 수 있었습니다.

A2. 군 시절 외출, 외박을 나갈 때에는 성적과 체력 등 여러 가지 요건이 충족되는 것이 필요했습니다. 당시 선임들은 제가 후임병이기 때문에 성적이 충족된 것처럼 속여달라는 제안을 했습니다. 하지만 저는 인사행정병으로서 공정하게 업무를 수행해야 한다고 생각했기 때문에 그러한 제안을 수락하지 않았고, 오히려 제가 더 모범을 보여서 제 체력 요건을 맞춰놓음으로써 선임들이 그런 반발을 할 수 없도록 모범을 보였습니다. 이는 인사행정병으로서 중심을 지켜야 한다고 생각했기 때문입니다.

MEMO

11 청렴성

POINT 〈논어〉에는 '예가 아니면 보지 말고, 듣지 말며, 말하지 말고, 행하지 말아야 한다.'는 구절이 나온다. 이는 곧 '청렴성'을 의미하는 것이 아닌가 싶다. 그렇다면 '예가 무엇인가'란 물음이 남는데 이에 스티마쌤은 '공직가치를 내재화하고 실천하는 것'이라고 생각한다.

(1) 정의와 이해

① 공무원의 부정부패는 개인의 문제로 끝나지 않고 국가와 국민 전체의 문제로 확산된다는 점에서 그 심각성이 크다. 때문에 예로부터 공직자가 가져야 할 덕목 중에서 가장 기본적인 가치이자 반드시 지켜야 할 가치로 청렴을 꼽고 있다.

② 공직자의 부패는 국가경쟁력에도 상당한 영향을 미친다. 즉, 공직부패는 사회 모든 분야에서 불필요한 거래비용을 증대시켜 국가경쟁력에 악영향을 미친다. 공무원의 부패에 대한 인식 그 자체만으로도 국가와 정부에 대한 국민의 신뢰를 떨어뜨리고 사회통합을 저해할 수 있다.

③ 청렴한 공직자란 부패하지 않음은 물론, 직무 외의 상황에서도 품행이 바르며 능력이 있는 공무원을 말한다. 공무원이 청렴하지 않으면 국민의 신뢰가 떨어져 궁극적으로 국가 전체에 악영향을 미친다. 이는 국가의 신뢰도 하락에 가장 큰 요인이다.

(2) 사례로 이해하기

① **스웨덴 사례**: 공직비리에 대한 엄격한 처벌과 무관용 ⇨ 전 스웨덴 부총리 모나 살린은 한 대형 슈퍼마켓에서 조카에게 줄 기저귀와 초콜릿, 식료품 등 생필품 2,000크로나(약 34만원) 어치를 공공카드로 구입한 사실이 정보공개 과정에서 밝혀졌다. 그는 이후 자기 돈으로 카드대금을 메워 넣었음을 항변하였으나 "정부와 국민의 돈과 개인 돈을 구별하지 못한다."라는 여론의 강한 질타로 결국 부총리직에서 낙마하였다.

② **핀란드 사례 1**: 청렴이 습관이 된 나라 ⇨ 수입정도에 따라 범칙금을 부과하는 데이파인 시스템(dayfine system)에 따라 노키아 간부 안사 반조키는 고속도로에서의 속도위반 혐의로 직전년도 수입의 1/14인 8만 4,000유로(약 1억 4,000만원)를 납부하였다.

③ **핀란드 사례 2**: 누구든 정보공개청구가 가능하나 세금, 주식거래 등 부정과 비리의 여지가 있는 정보에 대해서는 비공개를 허용하지 않았다. 그리고 소득공개를 바탕으로 각종 범칙금을 월 소득에 비례하여 부과하였다.

④ **홍콩 사례**: 염정공서(廉政公署). 지역사회 관계처에서는 부패방지 시민의식 교육을 실시하여, 시민의 지지기반을 확보하였다. 집행처에서는 부패공무원을 수사하였다.

⑤ **청렴 위반 사례 1**

> 공무원 A는 '통합정보시스템 3단계 구축사업'에 대한 감독·검사 업무를 담당하면서, 기업 직원으로부터 375,000원 상당의 접대를 받는 등 총 6회에 걸쳐 2,124,000원의 향응 등을 수수한 사실이 있다. 이러한 사실이 적발되어 A는 정직 3개월 및 징계부과금 2배의 징계처분을 받았다.

⑥ **청렴 위반 사례 2**

> 공무원 A는 회의시간에 직원 단합대회를 위한 야구경기 관람을 제안하고, 며칠 후 직무관련자인 모 회사 지원팀장 B에게 전화하여 "사무소 직원 단합대회에 사용할 치킨과 피자를 구입하려고 하는데 직원을 보내면 바로 찾을 수 있도록 조치해 달라"고 부탁하여 치킨 3~4마리, 피자 3판 등 70,000원 상당의 간식을 수령해 직원들과 함께 야구경기를 관람하면서 위 간식을 나누어 먹어 "경징계" 의결을 요구받았다.

(3) 청렴관련 법규

> **「국가공무원법」**
> 제61조(청렴의 의무) ① 공무원은 직무와 관련하여 직접적이든 간접적이든 사례·증여 또는 향응을 주거나 받을 수 없다.
> ② 공무원은 직무상의 관계가 있든 없든 그 소속 상관에게 증여하거나 소속 공무원으로부터 증여를 받아서는 아니 된다.
>
> **「부패방지 및 국민권익위원회의 설치와 운영에 관한 법률」**(부패방지권익위법)
> 제2조(정의) 이 법에서 사용하는 용어의 뜻은 다음과 같다.
> 　4. "부패행위"란 다음 각 목의 어느 하나에 해당하는 행위를 말한다.
> 　　가. 공직자가 직무와 관련하여 그 지위 또는 권한을 남용하거나 법령을 위반하여 자기 또는 제3자의 이익을 도모하는 행위

나. 공공기관의 예산사용, 공공기관 재산의 취득·관리·처분 또는 공공기관을 당사자로 하는 계약의 체결 및 그 이행에 있어서 법령에 위반하여 공공기관에 대하여 재산상 손해를 가하는 행위

다. 가목과 나목에 따른 행위나 그 은폐를 강요, 권고, 제의, 유인하는 행위

제7조(공직자의 청렴의무) 공직자는 법령을 준수하고 친절하고 공정하게 집무하여야 하며 일체의 부패행위와 품위를 손상하는 행위를 하여서는 아니 된다.

(4) 청렴성 실천방안 예시

① 공무원 행동강령 준수 ⇨ 공정한 직무수행, 부당이득의 수수 금지, 건전한 공직풍토 조성 등
② 상사의 부당한 지시에 소명 자세
③ 특혜의 배제, 알선 및 청탁금지, 금품수수 금지, 이해관계 직무의 회피
④ 법·규정·절차 준수
⑤ 행정의 투명성 유지 ⇨ 투명해야 부패가 자리잡을 수 없음
⑥ 김영란법 정착 ⇨ 온정주의, 연고주의, 접대, 촌지 등 부패유발적 사회관행 퇴치
⑦ 이해충돌방지법 준수 ⇨ 직무수행과 관련한 사적 이익 추구 금지

(5) 청렴성 관련 기출 및 예상질문

> **Q1.** 공무원에게 청렴성이란 무엇인가?
>
> **A1.** 솔직히 말씀드리면 이번 면접을 위해 목민심서를 읽었는데 거기에 이런 말이 있었습니다. '욕심이 많으면 청렴하고, 욕심이 적으면 부패한다.'였는데 처음에는 이게 무슨 말인지 전혀 말이 되지 않는다고 생각했었는데 밑에 설명을 보니 단순히 재물욕이 아닌 백성에게 사랑받고 싶은 마음, 나라에 인정받고 싶은 마음 등의 큰 욕심이 많으면 청렴하게 될 수밖에 없고 그렇지 않고 재물욕과 같은 작은 욕심만 챙긴다면 청렴하지 않게 될 수 있다는 뜻이었습니다. 이에 저는 욕심이 많은 공무원이 되고 싶습니다. 곧 욕심을 많이 내어서 청렴한 공무원이 되고 싶습니다.
>
> **A2.** [공무원에게는 높은 청렴성이 요구되는데 어떻게 생각하는지에 대한 답변] 공무원에게는 많은 재량권이 있습니다. 이를 자신에게 유리하게 쓰이게 하기 위해 많은 부패나 비리 로비가 있을 수 있습니다. 이 때문에 공무원 자신이 높은 청렴성을 지켜야 한다고 생각합니다.
>
> **A3.** [청렴을 실천한 경험] 제가 예전에 대학교에서 조교를 할 때 외부장학금이 들어오는 상황에서 친구들이 자신들에게 먼저 장학금을 달라고 했지만 성적순으로 해야 한다고 거절하며 장학금을 지인들에게 주지 않았습니다.
>
> **A4.** [청렴을 실천한 경험] 제 사례를 말씀드리겠습니다. 대학시절 학생회 임원으로 활동했었는데 학생회에는 학생회비를 학생회 임원 몇몇의 식사비로 대체하는 불합리한 관행이 있었습니다. 이에 저는 이러한 관행을 설득을 통해서 고쳤던 경험이 있습니다.

Q2. 청렴을 위해 실천해야 하는 방안에는 무엇이 있는가?

A1. [자신만의 생각으로 답변] 저는 공무원은 국가가 국민들과 오랜 시간 소통하고 고민하며 만든 정책과 법을 원활하게 시행되도록 돕는 사람들이라고 생각합니다. 그런 공무원이 청렴하지 않으면 국민들의 신뢰를 잃고 그것은 국가에 대한 불신으로 이어진다고 생각합니다. 이런 불신은 국가가 새로운 정책을 시행할 때 큰 방해요소가 될 수밖에 없기 때문에 공직사회에서 청렴은 무엇보다도 중요한 가치가 되어야 합니다. 저는 여기에 대해 교육적 측면, 제도적 측면에서 방법을 생각해보았습니다.

먼저 교육적 측면으로는 최근 LH사건이 발생하면서 이해충돌방지법이 통과한 것으로 알고 있습니다. 이해충돌방지법은 김영란법과 다르게 가족에게까지 처벌범위가 확대되었지만 이러한 내용에 대해 가족들이 정확히 이해하고 있지는 않는 것 같습니다. (면접관 세 분 모두 끄덕끄덕하셨음) 따라서 저는 청렴캠프를 주기적으로 열어 공무원과 가족분들을 초대해 어떤 행동을 하면 안 되고 어떤 처벌을 받게 되는지 연극이나 영화같이 이해하기 쉬운 형태로 교육하고 청렴관련 프로그램을 운영한다면 가족 간에 화합을 도모할 시간도 갖게 되고 청렴의식도 높일 수 있을 것이라고 생각합니다.

A2. [경험을 활용한 답변] 제가 대검찰청 견학에 갔을 때 장기미제사건을 과학수사를 통해 어떻게 해결했는지에 대한 동영상을 흥미롭게 보았습니다. 이렇게 '청렴'을 지켜서 수사를 하는 과정을 동영상으로 재밌게 찍어 SNS나 검찰청 사이트에 올리면 좋을 것 같습니다. 그리고 다른 방법으로는 요즘 웹툰을 많이들 보는데 '명탐정 코난' 만화처럼 재밌는 웹툰을 만들어 검찰에서 어떻게 청렴하게 수사하고 있는지를 알릴 수 있다면 국민들의 인식이 좋아질 수 있다고 생각합니다.

MEMO

---

12 도덕성

POINT 도덕성은 청렴과 윤리를 모두 포함되는 포괄적인 개념이라는 사실을 꼭 기억하고 면접준비에 임해야 할 것이다.

(1) 정의와 이해

① 규범은 '인간이 사회생활을 하는 데 있어 구성원으로서 지켜야 할 행동 규칙'을 의미한다. 그 강제의 정도에 따라 관습, 도덕, 법의 3가지 단계로 나눠 진다. 따라서 규범에 근거한 행동을 한다는 것은 사회적 관습과 규칙에 어긋나지 않아야 한다는 의미이다. 한편, 건전한 상식은 '사회적으로 널리 사용되는 개념'으로 해석될 수 있다.

② 공무원이 사회 대다수 구성원들이 공유하는 규칙과 개념을 지키지 않으면 위법적인 상황이 발생하고, 그 정도가 그리 심하지 않더라도 국민으로부터 비웃음과 반감을 유발하여 공무원의 명예와 품위에 나쁜 영향을 미칠 수 있다.

③ 공무원은 공인(公人)이라는 신분적 특수성이 있는 만큼 규범을 준수하고 건전한 상식에 따라 행동한다는 것이 사회적 책임의 영역까지도 확정되어야 한다. 즉, 공무원의 책임은 안정적인 업무수행, 명예를 지키는 일상생활뿐만 아니라 사회기여 활동까지도 포함한다. 다시 말해 공무원이 적극적인 자세로 나눔과 봉사활동을 수행할 때 비로소 그 사회적 책임을 다한다고 볼 수 있으며 국민들에게도 귀감이 될 수 있는 것이다.

(2) 사례로 이해하기

① 미국의 교육제도: 인성교육과 시민교육 프로그램을 통해 인류가 추구하는 보편적인 공공성을 중심으로 글로벌 가치와 덕목을 전 세계 사람들과 공유하려는 노력을 한다. 미국의 경우 도덕성 교육에서 정부의 역할은 프로그램이나 재정에 대한 지원이다. 실제로 도덕성 교육을 실시하는 것은 학교나 지역사회의 비영리단체들이다. 즉, 이론보다는 실천을 통해 도덕성을 배양하고 있다.

② 품위관련 헌법재판소의 판결

공무원에게 직무에 속하는 행위인지 여부를 불문하고 품위유지의무를 부과하고, 이를 어길 경우 징계하도록 하는 것이 헌법에 어긋나지 않는다는 헌법재판소 결정이 나왔다.
경찰관 A는 경찰소방공무원들의 처우개선 등을 목적으로 설립된 경찰·소방공상자후원연합회 사무실에서 사무실 이전을 막기 위해 출입문에 경고문을 부착하고, 사무실 출입을 못하게 하는 등 업무집행을 방해한 혐의로 벌금 50만원의 약식명령을 받았다. 소속 경찰서는 품위유지의무 위반을 이유로 감봉 2개월 징계를 내렸다. 소청심사위원회에서 견책으로 감경받은 A는 이를 취소해달라는 행정소송을 냈다. 또한 국가공무원법의 품위유지의무 조항이 징계사유를 지나치게 광범위하게 정하고 있어 헌법의 명확성 원칙과 과잉금지원칙에 위반된다며 직접 헌법재판소에 헌법소원도 냈다.
A는 '품위'의 뜻이 명확하지 않다고 주장했다. 그러나 헌법재판소는 "품위손상 행위는 주권자인 국민으로부터 수임받은 공무를 수행하기에 어울리지 않는 행위를 함으로써 공무원과 공직 전반에 대한 국민 신뢰를 떨어뜨릴 우려가 있는 경우"라며 "공무원은 높은 수준의 도덕적·윤리적 소양이 요구되므로 평균적인 공무원은 품위손상 행위가 무엇인지 충분히 예측할 수 있다"고 지적했다.
헌법재판소는 "국민 전체에 대한 봉사자라는 공무원 지위의 특성상 일반 국민에 비해 넓고 강한 기본권 제한이 가능하다"며 "공무원의 불이익보다 공직에 대한 국민 신뢰를 보호하고 공무원의 높은 도덕성을 확보한다는 공익이 현저히 크다"고 합헌 이유를 제시했다.
품위의 의미를 헌재에서 규정하고 있는데 품위의 해당범위는 매우 광범위하게 적용됨을 알 수 있다. 즉, 국민의 신뢰를 떨어뜨릴 우려가 있는 경우 모두를 품위위반으로 볼 수 있다는 것이다.

③ 품위 위반 사례 1

공무원 A는 자택에서 처와 딸을 폭행하고, 처가 현관출입문을 열어주지 않자 복도 유리창을 파손하였다. A는 공무원의 품위유지의무 위반을 이유로 감봉 1개월의 징계처분을 받았다.

🔁 공무원으로서의 명예와 품위유지 의무는 일상생활까지 연결된다.

④ 품위 위반 사례 2

> 인사혁신처는 "민중은 개, 돼지"라고 말해 물의를 일으킨 교육부 전 국장에 대해 파면을 확정했다. 중앙 징계위는 "이번 사건이 공직사회 전반에 대한 국민 신뢰를 실추시킨 점, 고위 공직자로서 지켜야 할 품위를 크게 손상시킨 점 등을 고려해 가장 무거운 징계처분을 내린다"며 파면을 의결하였다.

⑤ 품위 위반 사례 3

> 공무원 A는 음주 후 교통사고를 일으키고 경찰관의 음주측정을 거부하여 공무집행방해 및 타인의 생명과 재산에 피해를 일으킨 위법행위로 대외적으로 공무원의 품위를 크게 손상시킴으로써 최초 음주운전으로 적발되었을 경우 가장 무거운 "감봉3월" 징계처분을 받았다.

⑥ 품위 위반 사례 4

> 공무원 A는 부하직원에게 "사랑한다"라는 문자메시지 발송하고, 회식자리에서 술시중을 들게 하고, 노래방에서 신체접촉을 하고, 밤늦은 시간 전화 또는 문자메시지 발송 등을 하여 성적 수치심을 유발하게 한 사실로 국가공무원법상 품위유지의 의무를 위반한 행위로 "감봉1월" 처분을 받았다.

(3) 도덕성 실천방안 예시

① 준법정신을 생활화하고 공중도덕 준수 ⇨ 개인적으로 공중도덕을 지킨 사례 활용
② 공무원으로서 명예를 훼손하거나 품위가 손상되는 행위를 하지 않음
③ 공무원의 의무 이행 ⇨ 선서의무, 성실의무, 법령준수 의무, 복종의무 등
④ 공무원으로서의 윤리의식 ⇨ 공무원은 높은 수준의 도덕적·윤리적 소양이 요구됨
⑤ 노블레스 오블리주 실천 ⇨ 높은 수준의 도덕적 마인드
⑥ 공무원은 비공개정보를 사용하여 금융거래를 해서는 안 되며, 사적 이익을 위해 그러한 정보를 부적절하게 사용해서는 안 됨
⑦ 갑질금지 및 직장 내 괴롭힘 금지
⑧ 음주운전하지 않기

(4) 도덕성 관련 기출 및 예상질문

> "공무원에게 도덕성이란 무엇인가?"
> Q. 공무원은 제약받는 게 많다. 사기업, 공기업, 공무원에게 요구되는 것이 모두 다르다. 예를 들어 노동3권처럼 공무원은 유독 제약이 많은데 이것에 대해 부당하다고 생각하진 않는가?
> A. [스티마쌤의 답변] 네, 저는 공직윤리와 일반윤리가 다르다고 생각합니다. 일반윤리는 일반 상식선의 도덕적 문제이고 공직윤리는 조금 더 엄격하게 적용될 필요가 있다고 생각합니다. 왜냐하면 공직자가 하는 하나의 정책은 곧바로 국민에게 득이 될 수도 해가 될 수도 있기 때문입니다. 따라서 일반 사기업과 공직자에게 요구되는 윤리는 다를 수밖에 없고 달라야 한다고 생각합니다.

Q. 왜 공직자에게 더 도덕성을 요구하는가?

A. [스티마쌤의 답변] 행정이 담당하는 업무분야가 넓어지고 재량권도 커져 공무원의 영향력이 커지고 있는 상황에서 공무원은 법규준수는 당연하고 사회적 관습과 규칙을 준수하는 모습을 보여야 국민으로부터 신뢰를 얻을 수 있기 때문입니다.

Q. 요즘 공직자의 음주운전에 관해 엄한 처벌을 하는 것에 대한 생각은 무엇인가?

A. [스티마쌤의 답변] 저는 공직자의 윤리 도덕성이 중요하다고 생각합니다. 이에 공직자로서 준법정신이 중요하고 국민들보다 엄중한 처벌이 필요하다고 생각합니다.

Q. 그럼 일반국민이랑 공무원이 똑같이 음주운전을 해도 국민은 벌금 100만원, 공무원은 징역형에 해당하는데 이것은 형평성에 어긋나지 않는가? 어떻게 생각하는가?

A. [스티마쌤의 답변] 형평성에는 같은 것을 같게 적용하는 것도 있지만 다른 위치에 있는 사람에게 다르게 적용되는 것도 형평성이라고 생각합니다. 공무원은 국민을 위해 봉사를 해야 하는 자리이기 때문에 보다 높은 도덕성이 필요합니다.

Q. 공무원에게 왜 품위유지를 강조하는가?

A. 아무리 전문성 등 다른 역량을 갖추었더라도 공직자로서의 자세와 품위를 갖추지 못하면 다른 역량의 의미가 퇴색될 수 있습니다. 또한 한 사람의 평소 행동거지, 품위 등이 올바르면 그 사람에 대한 신뢰도가 높아질 수 있습니다. 따라서 공직자는 단정한 자세와 품위 그 자체도 하나의 역량임을 인지하고 이 부분에 대해 노력해야 한다고 생각합니다.

Q. [후속질문] 구체적으로 어떻게 하면 단정한 자세와 품위를 유지할 수 있는가?

A. 좁게는 공직자로서 일상에서 행동 하나하나에 유의하는 것을 들 수 있습니다. 공직자는 모든 부분에 있어서 국민의 모범이 되어야 합니다. 또 국민들의 행동 기준이 될 수 있기 때문에 자신의 행동에 대해 조심해야 한다고 생각합니다. 좀 더 넓게 보아서는 공직자윤리법(국가공무원법인데 법명을 잘못 말함.) 상의 '품위유지의 의무'에 위반되지 않도록 하는 것이 필요합니다.

◈ PLUS

노블레스 오블리주(Noblesse Oblige)

1. 노블레스 오블리주는 초기 로마시대에 왕과 귀족들이 보여주었던 투철한 도덕의식과 솔선수범하는 공공정신에서 비롯된 것으로 높은 사회적 신분에 상응하는 도덕적 의무를 가리키는 말이다.
2. 이는 고귀한 신분에 따르는 도덕적 의무와 책임을 뜻하는 것인데 지배층의 도덕적 의무를 뜻하는 격언으로 정당히 대접받기 위해서는 명예(노블레스)만큼 의무(오블리주)를 다해야 한다는 것이다.
3. 초기의 로마사회에서는 사회고위층의 공공봉사와 기부, 헌납 등의 전통이 강했는데 이런 행위는 의무이기도 하지만 명예로 인식이 되면서 자발적이고 경쟁적으로 이루어졌다.
4. 특히 귀족 등의 고위층이 전쟁에 참여하는 전통은 더욱 확고해졌는데 이러한 귀족층의 솔선수범과 희생에 힘입어 로마는 고대 세계의 맹주로 자리를 할 수 있었다.
5. 현대사회에서 이와 같은 도덕의식은 계층 간 대립을 해결하고 사회통합을 위한 최고의 수단으로 여겨지고 있다.
6. 공무원에게 보다 높은 도덕성, 청렴성을 요구하는 것도 이와 비슷한 의미로 이해하면 될듯하다.

MEMO

2024
스티마 면접
지방직(공통편)

08

개인신상 관련 질문 및
기타 질문

CHAPTER

01 개인신상 관련 질문

1 대학교 전공과 관련한 질문

(1) 전공이 무엇이며 전공이 합격한 직렬 또는 업무를 수행하는 데 어떤 도움이 되는가?

(2) 전공이 응시한 직렬하고 다른데 다른 경쟁자와 차별화될 수 있는 자신만의 강점은 무엇인가?

MEMO

2 수험생활 및 학창시절 관련 질문(가볍게 하는 질문)

(1) 공무원 준비는 얼마나 했는가?

(2) 수험생활 중 가장 힘들었던 경험은 무엇이고 어떻게 극복하였는가?

(3) 아르바이트나 단체생활 경험은 있는가? 그중 가장 기억에 남는 일은 무엇이며 가장 후회스러운 경험은 무엇인가?

MEMO

3 직장생활 관련 질문

(1) 직장을 그만둔 이유는 무엇인가?

(2) 직장에 다니면서 조직의 성과를 위하여 본인이 노력한 경험은 무엇인가?

(3) 직장상사와 갈등은 없었는가? 그때 어떻게 대처하였는가?

(4) 공무원 조직은 사기업 못지않게 위계질서가 강하다. 나이 어린 상관과 의견충돌이 있을 수 있는데 잘 지낼 수 있겠는가?

TIP 현실적인 이유에 대해서는 진솔하고 솔직하게 이야기하는 것이 좋다. 주의할 점은 다녔던 직장에 대하여 부정적인 이야기는 피해야 한다. 예를 들어 상관과 갈등이 심해서, 회사의 미래가 없어서, 급여가 적어서, 적성에 맞지 않아서 등의 이야기는 하지 않는 것이 좋다. 면접관은 회사 일도 잘한 사람이 공직생활도 잘 할 것이라고 생각할 수 있으므로 이를 상기하며 면접에 임해야 한다.

> **MEMO**
>
>
>
>
>

4 기혼자 관련 질문

(1) 우리나라 복지는 잘되어 있다고 생각하는가?

(2) 일과 가정에 동시에 잘하기는 힘들 텐데 일과 가정이 충돌할 때는 어떻게 하겠는가?

> **MEMO**
>
>
>
>
>

5 부모님과의 관계

(1) 최근에 아버지와 술을 마신 적이 있는가? 있다면 언제였으며 무슨 일로 마셨는가?

(2) 보통 부모님과 소통할 때 무슨 이야기를 하는가?

(3) 힘든 일이나 어려운 일이 있으면 누구랑 먼저 상의하는가?

> **MEMO**
>
>
>
>
>

6 친구와의 관계

(1) 친구 및 지인들은 본인을 어떻게 평가하는가?

(2) 친구는 많은 편인가?

(3) 친구들과 의견에 있어서 갈등이나 충돌이 발생할 때 양보하는 편인가? 자기주장을 고집하는 편인가?

(4) 친구나 지인들은 평소 공무원에 대해 어떻게 이야기 하였는가?

TIP 평소의 인간관계를 묻는 질문이다. 공무원은 민원인, 직무관련자, 동료나 선배, 상관, 다른 부처 등 다양한 사람들과 만나서 소통을 하며 일처리를 한다. 즉, 혼자서 하는 일이 아니기 때문에 인간관계가 상당히 중요하다. 그러므로 경험이나 사례를 통하여 자신의 인간관계를 잘 부각시켜야 한다. 단순히 '적극적이라고 말한다.'가 아니라 본인이 친구들을 위해서 적극적으로 행동했던 것을 언급하며 이렇게 경험과 사례를 통하여 어필하라는 것이다.

TIP 면접관들이 평소 공무원에 대한 생각을 묻는 것은 일반적으로 국민인식이 공무원에 대한 편견을 갖고 있다고 생각하기 때문이다. 설령 응시생 또한 그러한 편견이 있었을지라도 본인이 면접준비 과정에서 공무원의 역할에 대해 고민한 흔적을 말하고, 그러한 점을 친구에게 자주 말하면서 '공무원에 대한 이미지를 바꾸려고 노력했다.'라는 취지의 답변이 괜찮다.

> **MEMO**
>
>
>
>
>
>

7 사소한 질문이라도 긍정적인 마인드 부각시키기

(1) 식사는 했는가?

(2) 지금 긴장되는가? 평소에 긴장하면 어떻게 푸는가?

(3) 1번으로 면접을 보는데 괜찮은가?

(4) 면접순서 기다리기 힘들진 않았는가?

> **MEMO**
>
>
>
>
>
>

8 　스트레스를 해소하는 방법

(1) 공직사회는 스트레스 강도가 다르다. 평소 스트레스는 어떻게 푸는가? 그렇게 해서 스트레스가 풀리는가?

(2) 공무원은 친절의 의무가 있다. 공무원은 아무리 화가 나더라도 친절해야만 한다고 생각하는가?

TIP 공무원의 친절과 같은 물음에 수동적이고, 뻔한 답변은 진정성이 없어 보인다. 그러므로 친절에 대한 답변은 예를 들면 '공무원으로서 친절은 당연하다고 생각한다. 하지만 악성민원인들 즉, 행정력 낭비에 영향을 주는 민원인들한테는 강함도 필요하다고 생각한다. 또한 공무원의 친절도 향상도 중요하지만 민원인들의 시민의식도 함께 높아져야 한다고 생각한다.'고 답변하는 것이 바람직하다.

> **MEMO**
>
>

9 　돌발성 질문

(1) 충과 효 중에 무엇이 더 중요하다고 생각하는가?

(2) 일과 가정 중에 하나만을 선택해야 한다면?

(3) 본인은 면접을 잘 보고 있다고 생각하는가?

(4) 법과 원칙 그리고 융통성 중에 무엇이 더 중요하다고 생각하는가?

(5) 합격자 발표 후 기관이나 관공서를 방문한 적이 있는가?

> **MEMO**
>
>

10 '마지막으로 하고 싶은 말' 준비해 두기

예시 01 개인사는 진정성과 간절함이 드러나야 한다.

저는 4년 7개월의 긴 수험생활 동안 눈물도 많이 흘렸고 좌절도 여러 번 겪었습니다. 하지만 그럴수록 제 꿈에 대한 간절함과 절실함이 더욱 커졌습니다. 이런 과정에서 어려움을 극복할 수 있는 긍정적인 사고를 배울 수가 있었고 제자신이 정신적으로 더 성숙할 수 있는 계기가 되었던 것 같습니다. 기나긴 수험생활 동안 부모님의 헌신적인 뒷바라지가 없었다면 아마 제 꿈을 펼치는 데 어려움이 많았을 것이라고 생각합니다. 그런 부모님께 이제는 합격이란 영광을 안겨드리고 싶고 또 내복이라도 사드릴 수 있는 아들로 거듭나고 싶습니다. 저는 이길 아닌 다른 길은 생각해 보지 못할 만큼 어쩌면 무모한 사람일 수도 있습니다. 하지만 그렇기에 이 길을 천직이라 여기고 어떠한 어려움이 닥치더라도 지금껏 그래왔듯이 초심을 잃지 않고 이겨낼 자신이 있습니다. 긴 수험생활 을 마칠 수만 있다면 또한 그렇게나 꿈꿨던 제 꿈을 펼칠 수만 있다면 국가와 국민에게 감사하는 마음가짐으로 뼛속까지 공무원이고 싶습니다. 열심히 하겠습니다. 감사합니다.

예시 02 튀는 것이 아닌 돋보이는 이야기가 나와야 한다.

면접관님들께서는 오늘 점심은 맛있게 드셨습니까? 저도 오늘 면접을 위해 이른 점심을 먹고 나왔는데 본래 점심이란 단어는 불교에서 유래되었다고 합니다. '마음의 점을 찍다'라는 의미로 오전에 한 일을 되돌아보고 남은 하루를 더 의미있게 살라는 뜻을 지니고 있습니다. 저도 점심의 의미처럼 제자신에 대해 항상 반성하고 자기개발을 하면서 시민들께 봉사하겠다는 초심을 잃지 않는 한결같은 공무원이 되고 싶습니다. 또 제가 언뜻 보기에도 공무원처럼 생겼기 때문에 이 둥글둥글한 얼굴을 바탕으로 편안하게 적극적으로 다가가는 친화력으로 국민들께 친구같은 공무원이 되는 모습을 꼭 보여드리겠습니다.

예시 03 자신의 소소한 경험이지만 공익성이 드러난 이야기를 해야 한다.

공무원을 처음 꿈꾸게 된 것은 학교를 다니면서 기초지식을 바탕으로 많은 경험과 자원봉사를 하면서였습니다. 학교 주변에서 한 꼬마를 만났던 기억이 납니다. 늦은 시간에 집으로 돌아가지 않고 학교를 서성이기에 다가가 "꼬마야 왜 집에 가지 않고 서성이고 있니?"라고 물었는데 "집에 가도 아무도 없어."라는 아이의 대답이 돌아왔습니다. 그때 많은 것을 느꼈습니다. '아이가 왜 이 시간에 집으로 가고 있지 않은 것인가? 이 시각에도 이러한 아이들이 우리나라에 얼마나 많이 있을까?'를 생각하게 되었고 그 아이들을 위해서 내가 무엇을 할 수 있을지 고민하며 아이들을 돕고자 생각하게 되었습니다. 그래서 공무원을 준비하게 된 것입니다. 그 마음을 잃지 않도록 저는 일주일에 한 번씩은 거르지 않고 봉사활동을 하고 있습니다. 이에 초심을 잃지 않는 공무원이 되고 싶습니다.

예시 04 진정성 있는 마무리가 중요하다.

진솔한 마음을 보여드리고자 노력했는데 떨려서 어땠을지 모르겠습니다. 이제 긴 공시생 과정이 끝이라 생각하니 후련하지만 한편으로는 면접을 준비하며 배운 공직가치들을 떠올리니 마음이 무겁기도 합니다. 공무원이 된다면 항상 맡은 자리에서 최선을 다하고 양심에 따라 행동하겠습니다. 제 이야기를 끝까지 들어주셔서 감사합니다.

CHAPTER
02 질문리스트 관련 기출 및 예상질문

✏️ Check point

1. 경험형 질문의 핵심 질문이 될 수 있으며 면접관 질문리스트 속 예상질문까지 고려하여 정리를 해보았다. 그러므로 응시생이 작성한 경험형 질문의 답변과 연결지어 고민해 보길 바란다.
2. 면접에서 공직가치에 대한 다양한 질문에 대해서는 기본적으로 준비를 해야 한다.

문제 01. 공직에 들어가면 생각보다 업무가 다양하고 생소한 업무를 많이 접하게 된다. 그런데 어느 날 자신에게 잘 모르는 업무가 주어졌다. 이 상황에서 어떻게 할 것인가?

MEMO

문제 02. 공직에 입직하여 일을 시작하였는데 만약에 어떤 일(정책)을 추진하는 데 있어서 조직이 추구하는 방향과 본인이 생각하는 방향이 다르다. 이 상황에서 어떻게 할 것인가?

MEMO

◈ PLUS

1. 여기서 면접관이 듣고자 하는 것은 '조직이 추구하는 방향에 무조건 따라야 한다.'는 답변이 아님을 기억해야 한다.
2. 면접관은 응시생 본인이 생각하는 방향이 조직 전체가 추구하는 방향에 옳고 도움이 된다는 확신이 든다면 조직의 의견을 따르되 본인의 좋은 의견을 적극 반영하여 우리 조직이 더 나은 방향으로 나아가도록 노력하겠다는 마음가짐을 듣고 싶어 하는 의도가 있음을 기억했으면 좋겠다.

문제 03. 세대 간의 갈등(MZ세대와 기성세대의 갈등)

1. 세대차이에서 오는 갈등에는 무엇이 있겠는가? 공직생활에서 상관과의 갈등이 발생하면 어떻게 할 것인가?
2. 어떤 업무를 추진하는데 상관과 본인의 의견이 다르다. 그런데 상관은 자신의 의견에 따라 일을 하라고 한다. 하지만 아무리 생각해도 본인이 생각한 방안이 훨씬 더 나은 방안이다. 이 상황에서 어떻게 할 것인가?

> **MEMO**

문제 04. 동료 중 한 명이 공무원 조직에 대해 자꾸 불만을 이야기하고 주변 사람들에게 좋지 않은 이야기를 하고 있다. 이 상황에서 본인은 어떻게 할 것인가?

> **MEMO**

문제 05. 응시생이 생각하는 혁신이란 무엇인가? 그리고 하루가 다르게 급변하는 현대사회에서 발 빠르게 변화하지 않으면 살아남기 힘들다. 더불어 공무원 사회에서의 행정도 혁신적 사고를 통한 고객과 시민서비스 제공이 중요한 요소로 자리잡고 있다. 이를 위해서는 자기개발을 통하여 해당 분야의 전문가로 거듭나야 하는데 현실에 안주하면서 사회적 태만에 빠지는 경우가 공직생활에서도 발생한다. 이에 대한 해결방안에는 무엇이 있겠는가?

> **MEMO**

문제 06. 공무원은 오후 6시가 업무종료시간이므로 일반적으로 중대한 업무가 아니면 다음 날 일처리를 해야 하는 규정이 있다. 그런데 업무종료시간이 지난 후 민원인 한 분이 급한 일처리를 해 달라고 찾아왔다. 이 상황에서 본인이라면 어떻게 할 것인가?

> **MEMO**

문제 07. 공직생활을 하는 것에 있어 응시생이 생각하는 가장 중요한 공직가치 3가지는 무엇인가? 그중 가장 중요하다고 생각하는 한 가지를 꼽는다면 무엇이며 그 이유는 무엇인가?

> **MEMO**

문제 08. 공직생활(공무원)의 장점(좋은 점)은 무엇이고, 단점(개선할 점)은 무엇이라고 생각하는가? 본인이 말한 단점(개선할 점)에 대한 해결방안에는 어떤 것이 있겠는가?

> **MEMO**

문제 09. 헌법 제7조 제1항 '공무원은 국민 전체에 대한 봉사자이며, 국민에 대하여 책임을 진다'의 의미는 무엇이며, 공무원에게 신분보장을 통해 안정성을 확보해 주는 이유는 무엇이겠는가?

> **MEMO**

문제 10. 적극행정에 대해 알고 있는 사례에 대해 답변해보라. 그리고 최근 공직생활에서 적극행정을 강조하는 이유는 무엇이고, 적극행정의 장점과 단점은 무엇인가? 단점에 대한 해결방안과 적극행정 활성화방안에 대해서도 답변해달라.

> **MEMO**

문제 11. 갑질을 직접적으로 겪어보았거나 혹은 누군가가 갑질을 당하는 것을 본 적이 있는가? 그때 본인은 어떻게 대처를 하였는가? 그리고 공직사회에서의 발생할 수 있는 갑질의 유형에 대하여 말해보고, 각각의 해결 방안에 대해 말해보라.

> **MEMO**
>
>
>
>
>
>

문제 12. 부당한 대우나 부당한 지시를 받았을 때 어떻게 대처했는지 답변해달라. 만약 공직에 입직하여 상관으로부터 부당한 지시(공정한 직무수행을 해치는 지시)를 받게 되면 어떻게 할 것인가?

> **MEMO**
>
>
>
>
>
>

문제 13. 공무원의 3대비위(음주운전, 성범죄, 금품수수 및 향응)는 해마다 처벌이 강화되고 있다. 이처럼 일반인과 비교할 때 공무원에 보다 높은 도덕성, 청렴성을 요구하는 이유는 무엇이라고 생각하는가? 즉, 공직윤리가 점점 더 강화되는 이유가 무엇이겠는가?

> **MEMO**
>
>
>
>
>
>

문제 14. 공무원은 전문성(직무수행능력)이 중요하다. 이를 위해 특별히 노력한 것이 있는가? 또한 공무원에게 있어 자기개발이 왜 필요한지와 함께 본인이 공무원이 되면 자기개발을 위해 특별히 계획하고자 한 것이 있는가?

> **MEMO**
>
>
>
>
>
>

문제 15. (기술직렬 필수) 4차산업의 발달로 사회적·경제적·문화적으로 우리 사회에 많은 변화가 생기고 있다. 4차산업 발달에 따른 공무원의 역할에 대해 답변해달라.

> **MEMO**

문제 16. 조직(단체)에서 긍정적으로 평가 받은 일 한 가지와 반대로 부정적으로 평가를 받은 일 한 가지에 대해 답변해달라.

> **MEMO**

문제 17. 최근 워라밸이 중요해진 이유는 무엇이라고 생각하며 구성원의 워라밸에 대한 생각의 변화로 인해 공직사회에 미칠 긍정적인 영향과 부정적인 영향에 대해 답변해달라.

> **MEMO**

문제 18. A민원인이 찾아왔는데 현행 법과 원칙으로는 도와줄 수 없다. 그런데 사정을 들어보니 상당히 딱한 사정이다. 이런 상황에서 어떻게 할 것인가?

> **MEMO**

문제 19. 우리가 면접을 6명째 보고 있다. 그런데 모두 말도 잘하고 경험들도 다양하다. 다른 경쟁자들과 비교할 때 자신이 뽑혀야 하는 이유에 대해 말해보라.

> **MEMO**
>
>

문제 20. 응시자의 강점은 무엇이고, 강점이 공직생활을 하는 데 어떤 도움이 될지 그리고 본인의 단점은 무엇이고 극복하기 위해 무슨 노력을 했는지 답변해달라.

> **MEMO**
>
>

문제 21. 사기업에 취업하지 않고 공무원을 지원한 진짜 이유는 무엇인가? 혹은 직장을 그만두고 공무원을 하고자 하는 이유는 무엇인가?

> **MEMO**
>
>

문제 22. 공직에 들어오면 가고 싶은 부서나 하고 싶은 업무가 있는가? 있다면 그 일이 왜 하고 싶은가?

> **MEMO**
>
>

문제 23. 요즘 젊은이들은 대외활동 등을 많이 한다. 응시생은 이러한 대외활동 경험 중에 가장 기억에 남는 활동은 무엇이었는가? 그러한 대외활동 경험이 공직생활을 하는 데 어떻게 도움이 되겠는가?

MEMO

문제 24. 조직 혹은 단체생활을 하다 보면 마음이 안 맞는 사람들이 존재하는데 그런 사람들을 본인이 달래거나 설득하여 잘 이끌고 간 경험이 있는가?

MEMO

문제 25. 어떤 일을 수행하면서 실패했던 경험에 대해 답변해달라. 그리고 그때 본인은 어떻게 했는가?

MEMO

문제 26. 본인이 팀장이라면 신입 공무원에게 바라는 3가지 덕목은 무엇이며, 그 이유에 대해 답변해달라.

MEMO

문제 27. 공무원이 되면 이것만큼은 절대 하지 않겠다는 것 2가지만 답변해달라.

MEMO

CHAPTER

03 조직생활 관련 질문

✎ Check point

1. 조직생활은 공무원 면접에서 매우 중요한 부분이다.
2. 상사와의 관계, 동료와의 관계, 관행, 조직문화 개선 등에 대해 자주 질문하므로 기출질문을 살펴보고 답변을 준비해야한다.

1 조직생활 관련 내용

1. 질문유형

Q. 직장 내 괴롭힘에 대해 어떻게 생각하며 그에 대한 근절방안은?

Q. 일을 하면서 상사와 갈등이 있었다면 어떻게 해결했는가?

Q. 조직의 관행을 개선해 본 경험은?

Q. 동료 중에 업무성과가 떨어지는 직원이 있다. 어떻게 할 것인가?

Q. 상사의 퇴근 후 다음 날까지 업무를 완료하라는 지시를 따를 것인가?

Q. 직장생활에서 상사나 동료와 의견대립이 있으면 어떻게 할 것인가?

Q. 자신의 경험을 굽혀본 적이 있는가?

Q. 요즘 칼퇴라서 공무원이 좋다고 하지만 그런 경우가 아닌 것이 더 많다. 괜찮은가?

Q. 열악한 현장에 조직원 중 한 명이 나가야 한다면 누가 나가야 하는가?

Q. 본인이 팀장인데 부하직원이 자기의 의견대로 안하려고 하면 어찌할 것인가?

Q. 인간관계에서 본인의 단점은?

Q. 공직사회 조직문화가 어떻게 개선되어야 하는가?

Q. 상관이 사적 심부름을 시킨다면?

Q. 남성의 육아휴직에 대해 어떻게 생각하는가?

Q. 다른 직렬 공무원과 사이가 안 좋은데 해당 공무원에게 요청해야 할 상황이 생긴다면?

Q. 기피하고 어려운 일이 있는데 그 일을 잘 처리할 수 있는 상사는 바쁘다. 그리고 다른 상사는 그 일 처리 능력이 없다. 그래서 본인한테 일이 왔는데 어떻게 할 것인가?

Q. TF팀에서 내가 팀장인데 업무능력이 부족한 팀원이 있을 경우 어떻게 할 것인가?

Q. 동료가 자신의 업무를 본인에게 떠넘긴다면?

Q. MZ세대 공무원의 특징과 이를 공직에서 어떻게 활용할 것인가?

Q. 팀플 해보았는가? 조원 중 뺀질이가 있었을 텐데 어떻게 해결했는가?

Q. 이해관계가 있는 상대방을 설득해야 하는 상황인데 어떻게 할 것인가?

Q. 업무 중인데 주변에 아무도 없고 독단적으로 의사결정을 해야 하는 상황이다. 어떻게 할 것인가?

Q. 본인이 일을 다 마치지 못 했는데 52시간제 때문에 퇴근해야 되면 어떻게 하겠는가?

Q. 개인약속이 있어서 퇴근을 하려는데 갑자기 비상업무가 떨어졌다면 어떻게 할 것인가?

Q. 공직생활에서 업무성과가 안 좋은 직원을 어떻게 할 것인가?

Q. 본인은 리더형인가 팔로워형인가?

Q. 팀원과 의견이 맞지 않을 때 어떻게 할 것인가?

Q. 인턴과 봉사활동을 하면서 규정과 절차를 준수한 경험이 있는가?

Q. 조직에 헌신한 경험은?

Q. 요즘 상사에게 이야기 하는 것이 MZ세대 특징인가?

Q. 그동안 세상과 단절되었을 텐데 앞으로 임용되면 조직생활을 어떻게 할 것인가?

Q. 꼰대 상사를 만나면 어떻게 대처할 것인가?

Q. MZ세대와 기성세대의 차이점과 MZ세대가 빨리 일을 그만두는 원인은?

Q. 여성 공무원이 당직을 서는 경우가 적다. 그 원인과 본인이라면 어떻게 할 것인가?

Q. MZ세대와 기성세대 간의 충돌을 어떻게 해결할 것인가?

Q. 리더십을 발휘한 경험이 있는가?

Q. 상사와 의견이 충돌할 때 어떻게 할 것인가?

Q. 공무원을 하다보면 야근을 할 수도 있고 업무강도가 생각보다 힘들 수 있다. 그리고 알다시피 보수도 적다. 이럴 때 어떻게 극복할 것인지 본인 소신껏 이야기해보라.

Q. 공직생활이 맞지 않을 때 어떻게 할 것인가?

Q. 원칙을 고수한 사람과 겪은 갈등에 대해서 말해보라.

Q. 남자공무원이 반바지를 입는 것에 대해 어떻게 생각하는가?

Q. 공무원 월급이 굉장히 적다. 이 점 때문에 신규 공무원들이 그만두는 일도 많다. 본인은 공무원 월급에 대해 어떻게 생각하는가?

Q. 함께 일하기 싫은 사람은? 그리고 그에 대한 극복방안은?

Q. 일을 할 때 본인과 상충되는 사람이 있었는가?

Q. 상관이 본인에게만 일을 시킨다면 어떻게 할 것인가?

Q. 개인의 신념과 조직의 신념이 상충된다면?

Q. 직급이 다른 상사 두 분이 서로 다른 방향으로 일처리를 지시한다면 어떻게 할 것인가?

Q. 직장에 들어갔는데 상사가 갑질을 할 때 어떻게 대처를 할 것인가?
└[추가질문] 그래도 상사가 "이거 다 너 잘되라고 하는거다" 그러면서 계속 갑질을 한다면 어떻게 할 것인가?

Q. 폭우와 관련해서 공무원들이 재해복구 지원을 나가는 것에 대해 어떻게 할 것인가?

Q. 공직에 들어와서 갑질을 당하면 어떻게 할 것인가?

Q. 공직생활을 하면서 프로젝트 발표를 맡을 수도 있고 하기 싫은 어려운 업무를 담당할 수도 있는데 그럴 땐 어떻게 할 것인가?

Q. 갑질의 정의와 갑질의 해결방안은?

Q. 본인은 어떤 상사 유형이 좋은가?
└[추가질문] 상사와 본인의 의견이 부딪히면 어떻게 하겠는가?

Q. 본인이 한 조직의 리더이다. 그런데 부하직원 하나가 일을 제대로 안하고 있다. 본인이라면 어떻게 하겠는가?

Q. 본인이 조직에서 왕따를 당하면 어떻게 하겠는가?

Q. 본인 일과 유관부서 협력업무가 동시에 주어졌는데 둘 다 중요할 경우 어떻게 할 것인가?

Q. 개인과 단체 중 무엇이 우선이라고 생각하는가? 무엇이 더 중요하다고 생각하는가?

Q. 공무원들은 보통 내부고객(동료 / 상사 / 타부서)보다 외부고객(민원)을 더 중요시한다는 소리를 들을 때가
   많다. 본인에게 내부고객이 갖는 의미는?

Q. 본인과 의견이 안 맞는 사람과 어떻게 맞춰갈 것인가?

Q. 일을 하다보면 상사와 동료, 다른 부서 이렇게 모두 일을 한다. 일을 할 때 어떻게 지낼 것인지 각각 말해보라.

Q. 본인이 제일 기여를 많이 했는데 동기나 상관이 상을 받으면 어떻게 하겠는가?

Q. 동기 때문에 중징계를 받게 된다면 어떻게 하겠는가?

Q. 일 잘하는 사람, 인간관계 좋은 사람 중 누구와 일하고 싶은가?

Q. 상사가 모두 퇴근하지 않고 일하고 있는데 집에 행사가 있을 때 어떻게 할 것인가?

Q. 업무가 과중되어 야근을 계속 해야될 때 어떻게 하겠는가?

Q. 상사가 야근이나 주말근무 등을 지시할 때 따를 것인가?

Q. 보고서를 제출할 때, 늦더라도 완벽하게 해서 제출하는 것과 부족하더라도 맞춰서 내는 것 중에 어떤 것을
   택할 것인가?

Q. 본인도 엄청 바쁜데 동료가 도와달라고 할 경우 어떻게 할 것인가?

Q. 성실하지만 성과가 좋지 않은 사람과 성실하지 않지만 성과가 좋은 사람 중에서 누구를 승진시킬 것인가?

Q. 성격도 안 좋고 평소 품행도 안 좋은 상사가 본인 인사평가를 아주 안 좋게 할 경우 어떻게 할 것인가?

Q. 성격은 너무 좋은 상사 A, 일은 똑 부러지게 너무 잘하지만 성격은 까칠한 상사 B 둘 중에 한 명과 근무하게
   된다면 누구랑 하고 싶은가?

Q. 업무를 하다보면 예산, 시간 등이 부족하다. 어떻게 해결할 것인가?

Q. 본인이 하려는 업무에 주변 사람의 반대가 있을 때 어떻게 할 것인가?

Q. 팀장님이 다른 사람 업무를 본인한테 주면 어떻게 할 것인가?
   ㄴ[추가질문] 본인이 그 업무를 하다가 징계를 받게 되면 어떻게 할 것인가?

Q. 처음 보는 사람과 어떻게 친해질 수 있는가?

Q. 상사가 본인 담당 업무가 아닌데 본인에게 일을 줄 경우 어떻게 할 것인가?

Q. 담당 업무가 아닌데 원래 담당 직원이 너무 바쁜 상황이다. 어떻게 할 것인가?
   ㄴ[추가질문] 그런데 본인도 바쁘다면?

Q. 혹시 본인보다 나이 어린 상사가 본인에게 과도한 업무를 계속 준다면 어찌할 것인가?

Q. 만약 공무원이 되었는데 나만 많은 업무를 하고 동료는 계속 휴가를 낸다면 어떻게 할 것인가?

Q. 무임승차의 문제를 설명해 줄 수 있는가?
   ㄴ[추가질문] 무임승차자가 있으면 무엇이 가장 큰 문제라고 생각하는가? 해결하기 위해서 어떻게 하면 되겠는가?

Q. 동료가 같이 진행하는 일을 안 하면 어떻게 할 것인가?
   ㄴ[추가질문] 그래도 안하면?

Q. 나이 많은 후배가 들어온다면 어떻게 하겠는가?

Q. 인간관계에서 중요한 것은 무엇인가?

Q. 정형화되지 않은 업무를 신입에게 맡겨보자고 했을 때 어떻게 할 것인가?

Q. 일과 가정이 양립하기 위해 본인은 어떻게 할 것인가?

Q. 본인이 퇴근할 때 인사를 매번 하는데 상사가 인사를 안 받아줄 경우 어떻게 할 것인가?

Q. 공무원 동료·상사들과의 관계를 원활히 하려면 어떤 자세가 필요한지 두 가지를 말해보라.

Q. 조직생활 중 본인의 업무 범위 밖에 있는 일을 하도록 요청받은 경험은?

Q. 나랑 성격이 안 맞는 동료가 있어서 너무 스트레스를 받는다면 어떻게 할 것인가?

Q. 본인도 언젠가 팀장의 지위에 올라가게 될 텐데 일을 잘 못하는 직원이 있다. 그런 상황이 있다면 어떻게 하겠는가?

　└[추가질문] 만일 다른 직원이 와서 저 사람과는 절대 일을 못하겠다. 저 사람이 없어야 일을 할 수 있겠다고 하는 경우에는?

Q. 조직 내에서 갈등 상황이 일어난다면 어떻게 하겠는가?

Q. 만나기 싫은 상사 유형과 공직에서 그런 상사를 만나면 어떻게 할 것인가?

Q. 내부고발에 대해서는 어떻게 생각하는가?

　└[추가질문] 내부고발자가 왕따를 당한다. 어떻게 해야하겠는가?

Q. 상사가 카풀을 하자고 제안하는데 하기 싫다면?

Q. 밀레니얼세대가 회식을 싫어하는데 그 이유와 해결방법은?

Q. 큰 피해를 끼치지는 않는데 부조리한 관행이 계속해서 이어진다면 어떻게 할 것인가?

Q. 내가 업무상 실수를 했다면 어떻게 할 것인가? 그리고 내가 팀장인데 팀원이 실수를 했다면 어떻게 할 것인가?

Q. 조직에 들어가면 나이가 적은 축에 속할 텐데 새로운 직원으로서 어떻게 일할 것인가?

Q. 본인이 똑똑하고 일을 잘해서 팀장이 일을 본인에게만 시키면 조직 내외적으로 어떻게 해결할 것인가?

Q. 본인은 집단에서 단체의 의견에 따르는 편인가? 개인의 의견을 관철하는 편인가?

Q. 젊은 사람이니 관료주의적 체제에 바꾸고 싶은 점이 있을 텐데 무엇을 바꾸고 어떻게 바꿀 것인가?

Q. 조직에 잘 적응하는 사람과 창의적이고 혁신적인 사람 중 어느 쪽이 되고 싶은가?

Q. 본인이 CEO라고 생각하고 순응하는 직원과 톡톡 튀는 창의적인 직원 중에 누구랑 일하고 싶은가?

Q. 조직생활 해보신 것 같은데 조직에서 하기 싫은 일을 한 적이 있는가?

Q. 공직사회에 들어가면 다른 사람을 욕하고 부정적으로 생각하는 사람 A가 있다. 그럴 때 본인만의 해결방법은?

Q. 조직의 가치와 개인의 신념이 어긋난다면?

Q. 동료에게 어려운 업무가 있다. 혼자 해결을 못해 본인에게 도움을 요청했는데 본인에게 중요한 약속이 있다. 어떻게 하겠는가?

Q. 조직에서 책임지고 계획하여 실행에 옮긴 경험은?

Q. 올바른 조직문화를 개선하기 위해서 조직 내에서 사라져야 될 문제는?

Q. 조직생활하면서 칭찬 받았던 경험은?

Q. 조직생활 중 힘들었던 경험은?

Q. 관행에 대한 정의를 설명하고 관행을 깼던 창의적이었던 경험은?

Q. 조직에서 각자 역할을 나누어 목표를 달성한 경험이 있는가?

Q. MZ세대의 경우 개인주의 성향이 강해 조직 문화와 부딪히거나 마찰을 빚는 경우가 있다. 입직 후 막내로서 조직에 기여하기 위해 어떤 노력을 할 것인가?

Q. 업무가 본인에게 맞지 않는다면?

　└[추가질문] 그래도 일하는 게 너무 힘들면?

Q. 주도적으로 팀 활동했던 것이 있는가? 그것을 하던 도중 불화가 있었는가? 그렇다면 그것을 어떻게 해결했는가?

Q. 성희롱 당했을 때 어떻게 대처할 것인가?

Q. 여직원이 성추행을 당한 것을 알게 된다면 어떻게 하겠는가?

Q. 보고서를 잘 쓰는 것과 말을 잘하는 것 중 어느 것이 중요하다고 생각하는가?

Q. 업무 외 회식인 등산에 대해서 어떻게 생각하는가?

Q. 요즘 MZ세대는 집단보다는 개인주의를 추구하는데 그런 것이 조직생활에서 문제가 되고 있다. 본인은 어떤 성향을 갖고 있는가?

Q. 본인에게 까다로운 사람은 어떤 유형인가?

Q. 동료의 실수인데 본인이 책임을 지게 되었다면 어떡할 것인가?

Q. 조직 내에서 일하다 보면 나는 A업무를 하고 싶은데 B업무를 하라고 할 때 어떻게 할 것인가?

Q. 앉아서 개발하거나 수치나 통계 내는 일 vs 현장에 가서 하는 일 중에 본인은 어떤 게 더 잘 맞는가?

Q. 부하 둘이 싸우는데 한 명은 재난 발생시 야근까지 하고 한명은 안 해서 다투다가 해결해달라고 왔다. 어떻게 해결할 것인가?

Q. 본인의 능력부족으로 본인의 일을 동료에게 주었다. 동료가 힘들어진 상황에서 어떻게 하겠는가?

Q. 앞으로 입직하게 되면 상사나 선배가 업무를 잘 알려주지 않는 일이 발생하는데 그런 경우 어떻게 할 것인가?

Q. MZ세대와 기성세대 간 세대차이가 있다. 공직에 들어오면 잘 적응할 수 있겠는가?
   ㄴ[추가질문] 기성세대는 회식을 좋아하고 MZ세대는 참여하기조차 싫어한다면 어떻게 하겠는가? 세대 간의 갈등을 조정할 수 있는 방안이 없는가?

Q. 공개적으로 본인을 비난하거나 혼낸다면 어떻게 할 것인가?

Q. 직장 내에서 괴롭힘을 당한다면?

Q. 소통이 안 되는 직원과의 소통방법은?

Q. 업무시간 외 카톡으로 업무지시를 하면 어떻게 할 것인가?

Q. 요즘 워라밸을 중요시 여기는데 퇴근 후 일하는 거에 대해 어떻게 생각하는가?

Q. 본인이 팀에게 피해를 끼치고 있을 때 어떻게 할 것인가?

Q. 본인의 전문 분야가 아닌 업무를 상사가 지시했다. 어떻게 하겠는가?

Q. 과장님의 업무와 본인 업무도 남았는데 업무 종료시간 전에 민원인이 찾아와 업무를 요청한다. 어떻게 처리할 것인가?

Q. MZ세대들은 회식도 일의 연장이라 생각하던데 본인은 어떻게 생각하는가?

Q. 9급은 아무래도 리더십보다는 팔로워십이 요구되는 경향이 많은데 이러한 팔로워십의 역량을 가지고 있는 것 두 가지를 말해보라.

Q. 개인이 일하는 것과 조직이 일하는 것 중 어느 것이 더 효율적인가?

Q. 리더가 본인과 맞지 않는 의견을 강요했을 때 어떻게 하겠는가?

Q. 법령을 따르지 않고 관행에 따라 진행하는 것을 상사가 요구했을 때 어떻게 하겠는가?

Q. 처음 접하는 업무를 할 때 아무런 정보가 없어 곤란한 경우 어떻게 대처할 것인가?

2. 조직생활 관련 답변시 유의사항 ★★★

(1) 공직사회도 직장생활이며 아직은 수직적 조직문화가 지배하는 곳이다. 업무도 수직적이고, 인간관계도 수직적이다. 한 조직의 문화를 바꾸는 것은 그 어떤 변화보다 어렵다는 것을 이해하고 들어가야 한다.

(2) 물론 밀레니얼세대(1980~2000년대 초 출생)가 공직사회에 진출하면서 공직문화나 일하는 방식에 변화의 목소리가 높지만 연공서열식 조직문화는 여전하다.

(3) 먼저 '조직이 왜 중요한가?'라는 것을 생각해야 한다. "손잡지 않고 살아남은 생명은 없다"는 생물학자의 말처럼 경쟁에서 이기기 위해 우리는 협력해야 한다. 이를 공직관에 맞게 표현하면 공익실현을 잘 하기위해 협력해야 한다. 조직은 개개인이 가진 한계를 극복하기 위해 고안된 것이다.

(4) 그럼 조직생활을 잘하기 위해서는 협동적 노력(팀워크)과 개인의 책임감, 희생정신, 동료애, 커뮤니케이션, 갈등조정, 협력적 인간관계 형성 등이 중요하다.

(5) 따라서 위와 같은 배경을 이해하면서 조직생활을 잘해낼 수 있음을 자신의 조직, 단체생활, 동아리활동 경험을 통해 보여 주는 것이 좋다.

(6) 일반적으로 업무적인 부분에서는 조직을 더 우선시하는 태도를 보여 주는 것이 공직관과 조직적응력에 적합할 것이나 워라밸 등 세상이 변해가고 있어 적절한 조화방안을 이야기하는 것도 괜찮다.

> 예 일반적인 상황이라면 야근을 할 필요는 없다고 생각되며, 만일 중요하거나 비상상황이라면 날밤을 새서라도 일처리를 하려는 태도

(7) 공무원 면접에서는 조직생활과 관련된 질문은 반드시 포함되며 여기에서 조직적응력과 긍정적 사고를 잘 보여주도록 해야 한다.

3. 조직생활의 중요성

TIP 사기업뿐만 아니라 국가직, 지방직 면접에서도 조직생활과 관련된 질문을 많이 한다. 조직의 중요성에 대해 다시 한번 생각해본다면 답변하는 데 어려움이 없을 거라 생각된다. 아래 내용을 참고해서 자신의 생각을 말할 수 있어야 한다.

(1) "손을 잡지 않고 살아남은 생명체는 없다."고 한다. 이 말은 경쟁에서 이기기 위해 또한 생존을 위해 우리가 협력해야 한다는 것이다. 이것이 인류가 지금까지 생존하고 발전해 온 이유이다. 협력에서 가장 좋은 방법이 조직을 구성하는 것이기 때문이다.

(2) 세상의 변화 속에서 국가 간 경쟁이 심화되고, 고객(민원인)의 욕구 또한 다양화되고 있어 이를 해결할 수 있는 경쟁력을 갖추기 위해 유연하고 효율적인 조직화가 필요하다.

(3) 조직화란 조직 구성의 기본 요소인 실현가능한 현실적 목표와 필요한 조직의 형성 그리고 구성원이 수행해야 하는 직무에 관한 범위와 이에 대한 책임과 권한의 한계를 규정하고 효율적인 직무수행을 위한 부서화를 통해 업무적 연관성을 체계적으로 전개할 수 있는 구조를 만드는 전략적 과정이라고 할 수 있다.

(4) 개인이 조직에 참여했을 때 개인의 욕구(의식주, 자아실현 등) 충족에 대한 기대감은 높아지고 시간과 비용 대비 효율성이 높아진다.

(5) 조직을 통한 협동적 노력으로 개인이 할 수 없는 일을 달성할 수 있다. 개개인은 모두 다양한 능력을 가지고 있다. 그 개개인의 능력이 조직에서 발휘되면 시너지 효과가 발생하며 개개인이 조직에 기여한 것 이상의 효과를 얻을 수 있다. 조직이 이렇게 목표달성을 위한 효율적인 수단이라는 것은 우리 주변에서도 쉽게 감지할 수 있다.

(6) 개인은 조직을 통해 상호작용 기회를 높일 수 있다. 개인은 조직 속에서 서로 미워도 하고 좋아도 하고 경쟁도 하고 협동도 하며 또한 불만을 느끼거나 만족을 얻기도 한다. 이와 같이 조직 속에 있는 개인들은 어떤 형태로든지 상호작용을 하면서 조직을 통해 생활의 안정과 삶의 보람을 추구하는 등 자기의 목표를 달성하려고 한다. 이러한 상호작용이 바로 조직의 기능을 발휘할 수 있도록 하는 과정인 것이다.

(7) 조직은 목적을 지향한다. 공무원 조직은 공익추구, 시민안전을 목적으로 한다. 헌법 제7조 제1항은 '공무원은 국민 전체에 대한 봉사자이며, 국민에 대하여 책임을 진다.'고 하며 공무원의 역할과 의무를 규정한 내용이다. 공무원 조직은 봉사자로서의 역할과 국민에 대한 책임의무를 능률적이고 효과적으로 달성하기 위해 일을 한다.

(8) 따라서 공무원 조직의 구성원인 공무원 모두는 조직의 목표를 이해하고 목표를 달성하기 위해 협력하며 전문성을 발휘해야 한다. 그 과정에서 필요한 것이 바로 공직가치이다. 공직가치는 공무원이 공익을 실현하기 위해 반드시 갖추어야 할 자세를 말한다. 공익이란 최대다수의 최대행복으로 정의되기도 하지만 반드시 사회적 약자에 대한 배려가 존중되어야 한다.

(9) 공무원들이 공무를 수행하는 현장에서는 수많은 가치들이 충돌하는 경우가 발생한다. 그때 중심이 되어야 하는 것이 바로 공직가치이며, 이것이 조직의 목표이다. 조직의 방향과 개인의 신념 충돌, 조직 내부에서의 갈등, 상사와의 갈등, 조직원과의 관계 등을 원만하게 풀어가는 것이 필요한 이유도 바로 조직의 목표달성과 관련이 있다.

(10) 결론적으로 조직은 개인이 할 수 없는 일을 해낼 수 있는 힘을 가지고 있고 조직이 추구하는 목표가 있다. 조직 구성원인 개개인은 조직이 추구하는 방향에 맞추어 조직의 목적을 나의 일의 의미로 공감할 수 있어야 한다.

(11) 만일 조직이 추구하는 목적이 국민에 봉사하는 것이 아니고 조직의 이익만을 추구할 때는 조직 내부에서 조직원들과 공감대를 얻어가며 꾸준히 개선하기 위해 노력해야 한다.

TIP 면접에서 조직 관련 질문을 받는다면 조직의 중요성, 협력의 필요성, 관계 형성의 중요성에 대해 이해하고 있다는 것을 분명하게 말할 수 있어야 한다. 또한 관련된 경험에 대해서도 답변할 준비가 되어야 후속질문(갈등해결경험, 협력경험, 희생경험 등)에 대비가 가능하다. 이에 조직 관련 질문에 대해 간단한 경험과 함께 30~40초 분량으로 답변을 정리해 보길 바란다.

4. 조직생활 관련 답변사례

Q. 일을 하면서 상사와 갈등이 있었다면 어떻게 해결을 했나요?

A. 저는 갈등을 한 조직에서 공동의 목표를 향해가는 과정에서 최선의 목표를 향해 갈 때 꼭 필요한 부분이라고 생각합니다. 저의 직접적인 갈등은 아니지만 그 속에서 해결을 한 부분을 말씀드리고 싶습니다. 치과에서 근무할 때 팀에 팀장님과 젊은 위생사 선생님들이 한 진료실에서 바쁘게 진료를 하다보면 쌓이는 오해들을 중간에서 중립적인 입장으로 이야기를 듣고 오해도 풀어주고, 맛있는 것도 같이 먹으러 가면서 소통을 하면서 해결하였습니다.

Q. 직장 동료도 업무도 많고 본인의 업무도 많을 때 어떻게 해결할 것인가요?

A. 저는 일단 제 업무를 하는 게 맞다고 생각합니다. 기간 내에 일을 마치는 게 공무원이 국민과의 약속이라고 생각하기 때문입니다. 그리고 동료의 업무를 도와주겠지만 동료도 기간이 충분하지 않다면 상관님께 업무가 과중됐으니 다른 동료분께 도움을 청할 수 있다면 좋지 않을까 합니다. 다른 동료가 이런 일을 잘하는데 협업할 수 있을지를 물어보고 싶습니다.

Q. 동료 중에 업무성과가 떨어지는 직원이 있다면 어떻게 할 것인가요?

A. 업무성과나 능력이 떨어져도 나의 팀원이면 끝까지 안고가야 한다고 생각합니다. 그 팀원에게 어려운 점이 무엇인지 먼저 다가가 물어보고 같이 최대한 도우며 끝까지 안고 갈 것 같습니다.

Q. 직장 동료와 다른 의견차이로 갈등이 있을 경우 어떻게 할 것인가요?

A. 갈등은 어느 조직에서나 생기는 거라고 생각합니다. 그리고 갈등은 소통이 잘 안되어서라고 생각합니다. 일단 상사님의 의견을 따르겠지만 제 의견이 좋다면 상사님께 제 의견을 제안드려 보겠습니다. 혹시나 상사님이 기분이 상하실 수도 있으니 보고서 형식으로 써서 메일로 보내드리겠습니다.

Q. 상사와의 업무적인 부분에서 갈등이 발생하였을 때 본인의 생각이 더욱 합리적이라는 생각이 들 때 어떻게 할 것인가요?

A. 우선 선배님의 생각이 분명히 있으실거라 생각합니다. 그래서 선배님의 의견을 경청할 것입니다. 허나 아무리 생각해도 제 의견이 합리적이라는 생각이 든다면 다른 선배 공무원분께 이와 관련하여 조언을 여쭙고 제 의견이 합리적이라는 확신이 든다면 조직 내에서 갈등이 발생하지 않는 선에서 선배 공무원분께 의견을 전달하겠습니다.

Q. 요새 MZ세대는 개인주의나 이기주의가 있고 요즘 세대들이 보기에 상사 세대들을 꼰대로 보기도 합니다. 이러한 갈등 해결 방안은 무엇인가요?

A. 제 생각에는 각 세대 간의 사회적, 문화적 배경이 다르다는 것에 대해 인지가 부족하다 생각이 듭니다. 저의 경우 먼저 각 세대 간의 사회적, 문화적 배경이 다르다는 것을 인식하고 상사분들을 대할 때 저희 아버지, 어머니 같다 생각하고 말을 하려고 합니다. 그래서 저는 한 달에 한 번정도 부서에서 함께 식사를 하거나 카페를 가서 사적인 얘기도 하고 허심탄회한 이야기도 하면서 경직된 조직문화를 풀어야 된다 생각이 듭니다. 실제로 저도 간호사 생활하면서 직업 특성상 경직된 조직문화에 있었는데 이런 사적인 시간을 함께 하면서 사이가 완화되고 좀 더 사적인 이야기를 할 수 있어서 좋았습니다.

Q. 개인의 신념과 조직의 신념이 상충된다면 어떻게 할 것인가요?

A. 조직의 구성원으로서 조직의 목표를 달성하기 위해서는 당연히 조직의 신념을 우선으로 여겨야 한다고 생각을 합니다. 그렇기 때문에 그런 상충된 상황이 있는 경우 열린 마음으로 저의 신념을 다시 한 번 제고해보고 조직의 신념과 상충되지 않도록 노력하겠습니다.

Q. 조직의 관행을 개선해 본 경험이 있나요?

A. 알바할 때 청소리스트가 있었는데 그걸 대부분 등한시 했었습니다. 그래서 그게 계속 다음 타임 알바생에게 미루어졌고 그것을 개선하기 위해서 출근하자마자 알바생들끼리 오늘 담당할 부분을 미리 정하고 퇴근 시간 전까지 해결하려고 노력했습니다.

Q. 열악한 현장에 조직원 중 한 명이 나가야 한다면 누가 나가야 할까요?

A. 현장에 조직원 중 한 명이 나가야 하는 상황이라면 그 현장에 대해 이해도가 높은 사람이 나가야 한다고 생각합니다. 그러한 현장은 긴급하고 중요한 상황일 가능성이 높기 때문에 신속하게 그 상황을 잘 중재할 수 있는 사람이 필요하다고 생각해서 상황에 대한 이해도가 높은 사람이 나가는 것이 바람직하다고 생각합니다.

Q. 앞으로 공직이 어떻게 발전해야 한다고 생각하세요?

A. 앞서 청렴에서 말씀드린 내용처럼 시민들이 부정적인 이미지의 공무원의 뉴스보도 등으로 인해 공무원을 굉장히 폐쇄적인 조직이라고 느낀다고 생각했고 관련해서 뉴스댓글도 많이 보게 되었습니다. 그러나 저는 제주시의 적극행정 사례를 보고 공직도 굉장히 유연하고… 유연하게 변화하려고 노력하고 있다는 점을 보아서 적극행정이 활성화가 되면 좋을 것 같습니다. 실제로도 국가차원에서도 이를 많이 장려하는 것으로 알고 있습니다.

Q. 의사소통이 잘 안 되는 동료와 어떻게 일을 할 것인가요? 그리고 타 부서와의 협조가 잘 안 되고 있을 때 어떻게 해결할 것인지 본인의 생각을 이야기해보세요.

A. 일단은 2가지 상황인 것 같습니다. 첫 번째 상황은 같이 일하는 동료와의 의사소통에 대해 답해야 할 것 같습니다. 저도 과거에 일 해봤던 경험으로 비추어봤을 때에 서로 친밀감이 없으면 더 오해가 생기고 벽이 생기기 마련이었습니다. 그럴 때엔 먼저 좀 친밀감을 쌓는 게 우선이라고 생각해서 먼저 말도 걸고 퇴근 후에 저녁을 하거나 가벼운 술자리를 통해서 친밀감을 쌓고 서로 오해와 벽을 허물면 업무에 대한 의사소통이 좀 더 수월해졌던 경험이 있었고 상관의 경우에도 너무 어렵게만 대하지 말고 먼저 가서 인사도 하고 말도 걸면서 다가가면 더 마음을 열고 적극적으로 업무에 대해 도와주시고 하셨습니다. 또한 상관과 저의 생각이 다를 때엔 당연히 경험이 많은 상관의 의견에 따르는 게 맞겠지만 곧이곧대로 따르는 것 보단 그 안에서 제 생각이 더 나은 방향을 가게 해준다면 개선점이나 방향에 있어 좀 더 나아가는 방향을 택하겠습니다. 타 부서에 경우 협조를 구할 때 그냥 서면으로만 할 수도 있지만 한 번이라도 안면을 튼 것과 아닌 것은 다르다고 생각합니다. 직접 가서 정중하게 요청하는 게 더 나은 협조를 얻는 방법이고 친밀도가 중요하다고 생각이 듭니다. 이번 한 번으로 협조요청이 끝나는 것이 아니라 현재 공무원 업무들은 굉장히 복합적이고 다양한 업무들이 많고 당연히 타 부서와의 협조 협동이 필요하다고 보기 때문에 타 부서와의 원만한 관계가 필요하다고 생각하기 때문입니다.

Q. 조직에서 주도적으로 한 것이 있나요?

A. 학창시절 학생회 임원으로 활동한 적이 있습니다. 복지부 차장, 부장을 역임했는데 교장선생님께서 당시 잔반 처리 비용이 많이 든다고 하면서 이 비용을 줄이면 학생의 복지를 위해 쓸 것이라는 이야기를 하셨던 걸 듣고 캠페인을 진행했습니다. (캠페인 내용에 대해 설명했고 캠페인 하기 전 달에는 잔반처리비용이 700만 원이었는데 캠페인을 한 달에는 600만원 선으로 줄어든 것을 확인했다고 답변했습니다.)

Q. 기피하고 어려운 일이 있는데 그 일을 잘 처리할 수 있은 상사는 바쁩니다. 그리고 다른 상사는 일 처리 능력이 없습니다. 그래서 본인한테 일이 왔다면 어떻게 할 것인가요?

A. 일단 저에게 온 일이니 최선을 다해 수행하겠습니다. 근데 조직은 함께 참여해야하니까 업무가 너무 과중되었다 싶으면 일 처리 능력이 없는 상사분과 일을 같이 처리해보겠습니다. 일 처리 능력이 없어도 서로 협동하고 말하다보면 그분이 가지고 있는 좋은 아이디어를 발견할 수 있을거라 생각합니다.

Q. 본인이 지원하지 않은 부서에 가도 괜찮겠어요?

A. 네, 저는 제가 지원하지 않은 부서에 가더라도 그 부서에서 꾸준한 자기계발과 제가 맡은 업무를 열심히 한다면 전문성이 생길 수 있다고 생각합니다. 그렇기 때문에 어딜 가더라도 저는 최선을 다해서 잘해낼 수 있습니다.

Q. 잡일 시키면 할 수 있나요?

A. 신입공무원으로서 저는 아직 어떤 경험과 노하우가 없기 때문에 당연히 그런 일도 도맡아서 해야 한다고 생각합니다. 하지만 이런 업무만 맡지 않도록 자기계발과 제가 맡은 업무를 열심히 해서 전문성을 만들 수 있도록 노력할 것이며 이렇게 한다면 상관분들도 저에게 조금 중요한 업무를 주실 수 있다고 생각합니다.

Q. 자기주장을 조직에 관철시키는 편인가요? 순응하는 편인가요?

A. 연합동아리 대표를 맡았을 때 초반에는 전자였지만 현재는 후자인 것 같습니다. 제가 성격이 꼼꼼한 탓에 사무국에서 올라오는 기획서나 PPT 자료가 맘에 들지 않는 경우가 많았고 제가 다시 수정하는 일이 많았습니다. 결국 제 일이 필요 이상으로 가중된 건 물론이고 동아리 취지와 다르게 대표 한 명 중심으로 흘러가기 시작했습니다. 각 국장과 팀원들의 사기도 떨어지는 일이 발생했습니다. 그때부터 저는 학교가 끝나면 소규모 친목 모임을 자주 열어 내부에서 먼저 친해지는 시간을 마련했습니다. 또한 임원진들의 의견과 재량을 존중해주고 큰 문제점만 없다면 수정 없이 승인처리를 했습니다. 그 결과 제가 생각했던 것보다 더욱더 창의적인 아이디어들이 나왔고 남북대학생들끼리 작은 통일을 이뤘습니다. 팔로워들을 앞에서 끌고 가는 것보다 뒤에서 격려하며 밀어주는 것이 리더임을 알게 되었고 일 잘하는 사람 한 명보다는 마음이 맞는 여러 명이 더 효과적이라는 것도 깨달았습니다.

Q. 공직생활을 하면서 프로젝트 발표를 맡을 수도 있고 하기 싫은 어려운 업무를 담당할 수도 있는데 그럴 때는 어떻게 할 것인가요?

A. 저는 그럼에도 해내야 한다고 생각합니다. 어려운 업무를 맡았다면 법령이나 규정을 참고해 공부한 뒤 업무를 완전히 숙지해야 합니다. 제가 발표공포증을 극복한 것처럼 그런 상황이 온다면 노력으로 극복해내겠습니다.

Q. 상사가 본인한테만 업무를 과중히 맡긴다면 어떻게 할 것인가요?

A. 사회생활 경험상 그런 경우는 보통 긍정적인 신호였습니다. 보통 제가 잘 하거나 성실하면 일을 많이 주셨습니다. 그래서 사실 전 속으로 기쁠 거 같습니다. 그래서 열심히 할 거 같습니다. 또 긴급하게 할 업무가 많다거나 다른 동료분께서 업무가 많으셔서 주신 걸 수도 있다고 생각합니다. 그러니까 책임지고 업무에 임하겠습니다. 공무원의 업무는 국민 위하는 것이기 때문입니다. 하지만 만약 너무 과중해서 효율적이지 못하고 기한도 지킬 수 없을 정도라면 선배님들이나 상사분께 상담 요청을 해보겠습니다.

Q. 일과 대인관계 중에 더 중요한 것은 무엇인가요?

A. 정말 어려운 질문인데 굳이 고르자면… 저는 대인관계가 더 중요하다고 생각합니다. 사람은 일을 하는데 어느 정도 평균치가 있다고 생각합니다. 이에 반해 제가 만약 너무 많은 업무를 배당받으면 주변 동료나 선임들에게 그 업무를 처리하는데 조언을 구할 수도 있고 내가 다른 동료들의 업무를 대신 하는데 조금 더 수월할 수 있습니다. 이처럼 대인 관계가 좋으면 더 효율적으로 업무를 진행할 수 있을 것 같습니다.

Q. 일이 많아서 동료의 일까지 상사분이 시킬 수도 있는데 어떻게 할 것인가요?

A. 저는 상사분께서 동료의 일을 저에게 맡기신다는 것은 저의 능력을 그만큼 믿고 그리고 또 저를 믿기 때문에 일을 주신다고 생각합니다. 그래서 감사히 생각하며 동료의 일을 돕겠습니다. 우선순위를 파악하여 급한 업무부터 처리하고 동료의 일을 도와드리겠습니다.

Q. 본인이 CEO라고 생각하고 순응하는 직원과 톡톡 튀는 창의적인 직원 중에 누구랑 일하고 싶은가요?

A. 저는 톡톡튀는 창의적인 사람과 일하고 싶습니다. 저는 오늘 면접을 준비하면서 적극적인 태도를 주테마로 잡았습니다. 창의적인 시각에서 바라보면 일상에선 지나쳤던 불편한 점을 빠르게 발견하여 해결할 수 있고 효율적이게 일을 처리할 것 같아 이런 점이 적극행정을 하는 모습이라 생각되기 때문입니다.

Q. 그런데 그런 사람과 일하면 문제점이 무엇인가요?

A. 일단 업무 진행시 실패할 확률이 올라갈 단점이 있고 기존 관행과 어긋나는 부분이 있어서 이런 점은 기존관행과 조율하면서 일을 진행해야 할 것 같습니다.

Q. 유능하나 안 맞는 사람과 무능하나 잘 맞는 사람 중 어떤 사람과 함께 일하고 싶은가요?

A. 유능하나 안 맞는 사람과 일하는 것입니다. 자기소개에 말씀드린 것처럼 저는 상대방은 저와 다른 사람이기 때문에 다른 특성이 있다는 것을 인정하고 좋은 점을 보려합니다. 우선 문제가 있다면 저의 어느 부분이 문제가 있는지 먼저 살펴볼 것입니다. 그리고 안 맞는 원인이 성격차이인지 일하는 성향의 차이때문인지 파악하고 대화를 통해 맞춰갈 수 있다고 생각합니다. 유능하다면 시민을 위한 사업을 함께 해나가는데 더 도움이 될 수 있을거라 생각합니다.

Q. 공무원 월급이 굉장히 적습니다. 이 점 때문에 신규공무원들이 그만두는 일도 많습니다. 본인은 공무원 월급에 대해 어떻게 생각하나요?

A. 공직자가 되고 싶다고 마음먹었을 때부터 돈이라는 것은 제게 있어 부차적인 요소였습니다. 물론 현실적인 부분을 우선시하시는 분들에게는 최저임금에도 달하지 못하는 적은 월급이겠지만 저는 공무원에게 있어 월급이라는 요소는 직업을 선택함에 있어 사기업과 차이를 두어야 하지 않을까 생각합니다. 저는 시민에 대한 봉사를 위한 마음으로 공무원이 되고자 합니다.

5. 조직생활 관련 질문 중 기본이자 자주하는 질문

TIP 남들과 차별화 시킬 수 있는 답변을 준비해야 한다.

(1) 만약 자신의 소신과 조직이 추구하는 방향이 충돌한다면 어떻게 할 것인가?

(2) 본인은 개인의 선택을 중요시 하는가 조직의 선택을 중요시 하는가?

(3) 조직의 역량과 개인의 역량 중 무엇이 더 우선시 되어야 하는가?

(4) 개인의 일과 팀의 협업 중 무엇이 더 중요한가? 그 이유는 무엇인가?

(5) 개인의 의견과 조직의 의견에 갈등이 생기면 어떤 것을 더 중요시 할 것인가?

2 관행에 대해 명확히 정리하기

POINT 국가직·지방직 면접에서 관행에 대해 심심찮게 질문을 한다. 이에 대해 한 번도 생각해보지 않았다면 답변하기 어려운 질문이다. 아래 내용을 참고해서 자신의 생각을 말할 수 있어야 한다.

1. 관행과 관련한 내용 정리

(1) 비록 위법하지는 않지만 문제가 있는 관행이라면 개선하려고 노력해야 한다. 예를 들어 검찰직에서 구속 후 수사를 하는데 밤샘수사를 하는 것이 관행화되었다고 가정하겠다. (물론 이 관행도 지금은 개선되어 사라졌지만 예정의 상황을 가정한 것이다.) 이것은 법에 규정되어 있지 않으므로 위법은 아니다. 그런데 인권적 측면에서 볼 때 매우 불합리하다. 수사를 하는 검찰입장에서는 이 관행이 업무를 하는 데 매우 효율적이라고 생각한다. 즉, 기관의 입장과 국민의 기본권에 대한 입장이 충돌하는 상황이 발생하고 있다. 법에서는 이런 세부적인 사항에 대해 규정되어 있지 않다.

(2) 위와 같은 상황에서 개인적으로 보기에 국민의 기본권을 존중하고 불합리한 점은 개선하고 싶지만 아무리 건의를 해도 상사는 기존 관행이 일처리를 하기에 편하다고 한다. 왜냐면 그렇게 배웠고 그렇게 하는 게 익숙하기 때문이다.

(3) 이런 경우 조직 내에서 불합리를 외치고 개선을 요구한다고 해서 바로 바꾸기는 매우 어렵다. 조직 내에서 불합리함을 인식하면서 조직원들과 공유하고 천천히 공감대를 넓혀가며 개선하려는 노력을 꾸준히 해야 비로소 바뀔 수 있다. 즉, 조직 내에서 '개선을 위한 설득 노력을 꾸준히 해야 한다. 조금씩이라도 변화를 위해 노력해야 한다.'는 것이 결론이다.

(4) 조직 내에서 통용되는 관행은 또 다른 면이 있다. 즉, 관행의 정의는 '오래전부터 해 오는 대로 함. 또는 관례에 따라서 함.'이다. 예전에는 그 방식이 편하고 효율적으로 작동하고 있었을 것이다. 그런데 시대가 변하면서 그 관행이 시대의 흐름을 반영하지 못한 경우이다.

(5) 현재 조직 내에서 이루어지고 있는 관행이 '현재에도 적용될 수 있는 방식인가?'를 생각해봐야 한다. 지금도 그 방식이 효율적이라면 그 방식은 조직 내에서 훌륭한 역할을 하고 있다고 보아야 한다. ⇨ 이 경우는 제도화를 통해 공식화하고 투명화하는 것이 필요하다. 그래야 국민에 대한 공정성, 신뢰성을 높일 수 있다.

(6) 시대의 변화를 반영하지 못하고 조직에는 편리하나 오히려 국민에게 불편함을 초래한다면 그러한 관행을 고치기 위해 노력해야 한다. ⇨ 불합리한 규제, 과도한 서류제출 요구 관행 등이 그런 식으로 표출된 것이라고 볼 수 있다.

(7) 법도 현실을 반영하기에는 늦지만 그래도 끊임없이 개정이 이루어지는 것과 마찬가지로 생각하면 된다.

(8) 결론적으로 조직 내에서 통용되는 관행은 조직원들에게 익숙해져 있어 이를 바꾸는 것은 매우 어렵다. 그래도 그 관행이 현실을 반영하지 못하고 국민의 불편을 초래하거나 국민에게 부당한 것이라면 꾸준히 개선하려는 노력이 지속되어야 하며, 조직 내에서 조직원들의 공감대를 얻고 조금씩 바꿔나가도록 해야 한다. 이것이 핵심이다.

2. 관행과 관련하여 자주하는 질문

(1) 만약 조직이 모두 따르고 있는 관행이 있고, 이게 본인의 의견과 다르면 어떻게 할 것인가?

(2) 공무원 조직이 연공서열 중심이고, 성과제가 잘 반영되지 않는 것에 대해 왜 그렇다고 생각하는가? 이를 어떻게 개선할 수 있겠는가?

(3) (지원부처) 조직과 관련하여 개선하고 싶은 점이 있다면 무엇인가?

(4) 지원자가 생각한 창의적인 아이디어를 실현하고 싶은데 조직에서는 마음에 들어하지 않는다면 어떻게 할 것인가? 이미 조직 내 오랫동안 가지고 온 관행이 있으며 그것을 바꾸기는 쉽지 않을 경우에는 어떻게 하겠는가?

MEMO

3 고객 지향성 관련 질문

(1) 공무원에게 고객이란 누구인가?

(2) 내부고객과 외부고객 중 누구를 우선시 해야겠는가?

4 MZ세대 관련 내용

1. MZ세대의 정의

(1) MZ세대는 밀레니얼(Millennial) 세대와 Z세대(Generation Z)를 합쳐 부르는 말이다. 이는 1981~2010년에 출생한 세대를 지칭한다.

(2) 밀레니얼 세대는 대체로 1980~1995년(또는 1985~1996년) 사이 출생, Z세대는 1996~2010년대(또는 1997~2005년) 초반 출생자이다.

(3) 통계청에 따르면 국내 MZ세대(1980~2005년생)는 전체 인구의 33.7%를 차지하고 있다.

2. MZ세대의 특성

(1) 디지털 세대

PC와 스마트폰, 각종 IT 기기와 프로그램을 다루는 데 능숙하다.

(2) 개인주의 성향

자신만의 개성을 중시하고 재미를 추구하며, 자유롭게 생각하고 사생활을 존중받기를 원하는 성향이 있다.

(3) 수평적 관계 지향

① 온라인에서 맺은 수평적 관계에 익숙한 영향으로 한국식 조직문화에 거부감을 느낀다.
② 다양한 만남을 추구하는 세대로 온라인, SNS에서 관계망을 형성한다.

(4) 공정한 보상과 워라밸을 중시

① 평가기준을 명확하게 제시해 줄 것을 요구하며 공정한 평가에 순응한다.
② 기성세대가 회사를 위해 희생할 수 있다는 반면 MZ세대에게 회사는 같이 성장해 나가는 파트너이지 자신을 희생해서까지 함께해야 하는 대상이 아니라고 생각한다.
③ 정시퇴근과 퇴근 후 업무를 거부하는 등 워라밸을 중시한다.

(5) 소비의 특징

집단보다는 개인의 행복을, 소유보다는 공유(랜탈이나 중고시장 이용)를, 상품보다는 경험을 중시한다.

3. MZ세대 vs 기성세대(꼰대문화) 갈등

(1) 20~30대 직원과 40대 이상 상사와의 세대갈등

① '꼰대'란 은어사용: 2030세대는 답답한 기성세대를 '꼰대'라고 칭한다. ⇨ 꼰대란 권위적인 사고를 가진 어른이나 선생님을 비하하는 은어

② 정시퇴근 갈등: 윗세대는 정시퇴근에 대해 '일에 대한 책임감 부족'이라 주장했지만 MZ세대는 '야근을 당연시하는 것은 부적절하다'고 반박한다.

③ 일에 대한 가치관 갈등: 윗세대는 맡겨진 일이 먼저이며 '의무' 중심의 가치관으로 일하지만 MZ세대는 근로계약서상 근무시간을 중요시하기 때문에 '권리' 중심으로 생각한다.

④ 업무지시: 윗세대는 "알아서 해보라"라는 식인 반면 MZ세대는 "일의 이유와 방식부터 알아야 한다"라는 말로 반박한다.

⑤ 회식: 윗세대는 "소통에 필요한 과정"이라고 주장하는 반면 MZ세대는 "장소 예약부터 상사 얘기까지 의전의 연속"이라고 주장한다. ⇨ 집단주의 성향 vs 개인주의 성향

(2) 꼰대문화

① 필요 이상으로 체면치레와 허례허식을 중시하며, 주류층 대접을 받고 싶어하는 것을 나타낸다.

② 의견을 이야기하라고 하지만 결국 정답은 본인의 의견이다.

③ '라떼는'이라는 표현을 사용한다. ⇨ 내가 ~했을 때=라떼는

④ 개인 약속을 이유로 회식에 불참하는 것을 이해하지 못한다.

⑤ 조직문화를 중시한다.

⑥ 예절을 중시한다.

4. MZ세대와 관련하여 자주하는 질문

(1) 기성세대와 MZ세대 갈등에 대해 어떻게 생각하는가?

(2) 요즘 MZ세대들은 워라밸을 중요시한다. 본인도 MZ세대라 잘 알 텐데 MZ세대인 동료들이 적극적으로 이런 문제에 잘 나서지 않는다면 본인이 MZ세대로서 어떻게 하겠는가?

(3) MZ세대의 긍정적인 면과 부정적인 면은 무엇인가?

(4) 조직에 들어와서 MZ세대로서 할 수 있는 역할이 무엇인가?

(5) 기성세대는 회식을 좋아하고 MZ세대는 참여하기조차 싫어한다면 어떻게 하겠는가?

(6) MZ세대와 선배공무원의 소통법은 무엇이겠는가?

(7) MZ세대의 면직율이 높은데 원인이 무엇이라고 생각하는가? 본인이 조직에 들어와 이 문제에 봉착하면 어떻게 할 것인가?

(8) MZ세대 특성을 정책에 어떻게 활용할 수 있겠는가?

5 공직문화 혁신

인사혁신처에서는 '공직문화혁신 기본계획'이라는 것을 발표하였다.

> (1) 공정한 평가·보상 체계 구축
>   ① 인재상 중심 평가: 인재상을 중심으로 성과평가 요소 개선, 연공서열식 평가 및 승진 완화
>   ② 성과급 공정성 제고: 연공서열 탈피, 단위 부서별 동료 평가 등을 통해 성과평가의 공정성과 객관성 제고
>   ③ 직무, 성과 중심 보상 강화: 보수체계에 직무 가치 반영 확대
> (2) 유연하고 효율적인 근무환경 조성
>   ① 근무혁신: 불필요한 야근 줄이기, 업무집중도 향상, 똑똑한 회의, 유연한 근무 등
>   ② 근무장소, 시간 유연화: 원격근무 가능한 장소, 시간 등을 유연하게 확대하고 출장·유연근무 등 다른 복무제도와 연계하여 활용
>   ③ 자율근무제 시범도입: 모든 직원이 정해진 근무시간 외 나머지는 유연근무를 자율적으로 사용
>   ④ 연가 사용 목표제: 부처별 연가 사용 목표를 설정하고 그 결과를 공개

MEMO

6 언론 대응

언론에서 부정적인 보도를 한다면 어떻게 대응할 건인가에 대해 정리해 둘 필요가 있다.

> (1) 언론의 특징
>   언론은 정치현상이나 정부활동을 매우 부정적으로 다루는 경향이 있다.
>   ◑ 특히 언론의 정파성은 다양한 사건과 대상에 대해 편향적 시각을 갖는 경우가 많다.
> (2) 언론 대응
>   ① 보도자료를 통해 공식 대응
>   ② 부정확한 기사에 대해서는 정정보도 요청("사실은 이렇습니다" 등의 지원부처 정정보도 사례를 참고)
>   ③ 언론 인터뷰는 기관 내 언론 담당부서를 통해 실시(언론 인터뷰에 필요한 자료 준비는 사건 및 대상 담당자가 상관의 보고를 득하여 전달)
>   ④ 직접적인 인터뷰는 피해야 함 ⇨ 개인의 의견을 피력할 경우 특정집단의 반발이나 정책의 신뢰성이 손상될 수 있음

MEMO

문제 01. 동료 중 업무처리가 미숙하여 이에 대한 보조가 필요한 상황이며 상사는 본인에게 이에 대한 보조를 부탁하였다. 그런데 본인의 업무도 현재 많이 밀려 있는 상태이다. 이 경우 어떻게 할 것인가?

MEMO

문제 02. 동료 또는 선배가 본인의 일을 자신한테 떠넘기면 어떻게 할 것인가? 더불어 그와 비슷한 경험이 있다면 그 경우 본인은 어떻게 대처하였는가?

MEMO

문제 03. 권위적인 상관(꼰대같은 상관)이 일주일의 기간이 있어야 해결할 일을 3일 안에 처리하라고 하였다. 이때 본인은 어떻게 할 것인가?

MEMO

문제 04. 공직에 들어가면 생각보다 업무가 다양하고 생소한 업무를 많이 접하게 된다. 그런데 어느 날 본인에게 잘 모르는 업무가 주어졌다. 이 경우 어떻게 할 것인가?

MEMO

문제 05. 공직에 입문하면 나중에 업무를 맡게 되고 일을 하다보면 능력 있는 직원에게 일을 많이 시키는 경우가 많고, 능력 없는 직원은 일을 시키지 않는 경우도 종종 있다. 만약 본인에게 일을 많이 주고, 다른 동료에게는 일을 많이 주지 않는다면 어떻게 할 것인가?

MEMO

문제 06. 상관이 당신에게 일을 맡겼다. 그런데 원래 그 일은 당신의 일이 아니라 함께 일하고 있는 동료가 오랫동안 추진해 왔던 일이다. 이 상황에서 어떻게 할 것인가?

MEMO

PLUS

공무원도 조직생활이다. 동료를 어떻게 배려할 것인지를 함께 알아보는 질문이라고 생각하면 된다. 그러므로 이 두 가지 관점에서 답변을 준비해야 한다. 가장 중요한 것은 동료가 중요시하던 일이니 동료와 대화를 통하여 이 문제로 생길 수 있는 갈등상황을 해소한 다음 일을 처리하는 것이 순서이다. 그리고 일 처리과정에서 동료한테 도움도 받고 나중에 그 일이 완수되면 동료의 공으로 돌린다는 마음가짐이 중요하다.

문제 07. A프로젝트를 수행하는데 함께 하는 동료가 실수를 하였다. 누가 생각해도 동료의 잘못이 명백하며 이 사실은 주위 동료들도 다 알고 있다. 그런데 상관은 함께 일한 나를 혼낸다. 그 상황에서 기분은 어땠을 것 같으며 어떻게 대처할 것인가?

MEMO

[스티마쌤의 답변 예시] 단순하게 생각하면 제 마음이 상할 수 있을 것 같습니다(진정성). 하지만 공직생활과 일반 사기업의 차이점에서 생각할 때 저에게 야단을 치는 것은 당연하다고 생각합니다. 제가 이번에 면접준비를 하면서 공무원의 일은 혼자서 하는 일이 아니라 공익실현이 우선이기 때문에 모든 일을 개인별, 부서별, 부처별, 지자체, 민간업체와 함께 일하는 것임을 알게 되었습니다. 즉, 동료가 실수를 하게된 상황에서 저의 책임도 크다고 생각을 하였습니다. 어쩌면 상관님께서는 함께 일을 함에도 동료의 일을 적극적으로 도와주지 않았기 때문에 저에게 야단을 치신 것이 아닌가 생각을 하였습니다. 곧 동료를 배려할 줄 아는 것이 공무원의 조직생활이고, 책임감이 아닐까 생각합니다. 그러므로 저는 기꺼이 야단을 맞고 동료가 다시는 실수를 반복하지 않도록 도와주는 노력하는 공무원이 될 것입니다.

문제 08. 전임자로부터 업무에 대하여 인수인계를 받고 검토 중에 전임자의 잘못으로 인하여 주민(또는 업체)에게 피해를 입혔다는 사실을 알게 되었다. 이 경우 본인은 어떻게 할 것인가? (이 사실이 밝혀지면 전임자는 징계를 받을 수 있는 상황이며, 조직에도 좋지 않은 영향을 미친다. 더욱이 상관은 이 사실을 덮는 것이 좋겠다고 말하고 있다.)

MEMO

문제 09. 동료 중 한 명이 공무원 조직에 대해 자꾸 불만을 이야기하고 주변 사람들에게 좋지 않게 이야기를 하고 있다. 이 경우 본인은 어떻게 할 것인가?

MEMO

문제 10. 집단의 구성원이 증가해도 집단의 직무수행능력은 증가하지 않는 경우가 있다. 그 이유는 무엇이라고 생각하며 이에 대한 해결방안은 무엇인가?

MEMO

1. 링겔만 효과의 개념으로 이는 한 집단의 구성원이 늘어도 그에 비례해 집단의 역량은 증가하지 않는 현상이다. 집단에 참여하는 개인이 늘어날수록 성과에 대한 1인당 공헌도는 오히려 떨어진다는 의미이다. 시너지효과의 반대개념이라고 보아도 된다. 즉, 이런 링겔만 효과는 무임승차나 사회적 태만이 그 원인이라고 할 수 있다.
2. 해결방안은 한마디로 말하면 적극행정이라고 할 수 있다. 세부적으로는 개인의 기여도와 성과를 측정해 포상을 주는 인센티브 시스템 도입, 책임범위를 명확히 정하는 방법, 사명감(주인의식)을 심어주는 방안 등이 있다.

문제 11. 집단지성은 여러 사람들의 협력과 협동을 통해 이루어지는 지능의 네트워크라고 할 수 있다. 집단지성을 발휘한 경험과 그때 본인은 무엇을 가장 중시했는가?

MEMO

1. 다수결은 여러 의견이 난립하여 대화와 토론으로 의견이 모아지지 않을 경우 소수가 지지하는 의견을 묵살하고 다수의 견해를 채택한다는 일도양단식의 획일적 선택이다.
2. 반면 집단지성에서는 소수의 이론이나 견해라도 얼마든지 유효성을 가질 수 있으며 의견이 묻히지 않는다. 서로 대립하는 견해들일지라도 누적시키고 응용하고 한데 모아 큰 정보(Big Data)로 활용하면 된다. 지식은 그것을 지지하는 사람이 소수이더라도 공유를 통해 융화하고 새로운 지식으로 탈바꿈하기 때문이다. 집단지성에서 소수의 견해는 하나의 이론을 더욱 풍성하게 하고 비판적으로 고찰하게끔 하는 좋은 활력소가 된다.

문제 12. 최근 우리 사회에서 사회적 가치란 단어가 등장하고 있다. 공직사회에서도 현재의 제도와 계획으로는 다가오는 변화에 대응할 수 없기 때문에 과거와는 다른 문제들을 해결하는 데 있어 '사회적 가치가 매우 중요하다'고 할 수 있다. 공무원으로서 사회적 가치의 실천방안에 대하여 답변해달라.

MEMO

1. 사회적 가치란 사회·경제·환경·문화 등 모든 영역에서 공공 이익과 공동체 발전에 기여할 수 있는 핵심가치다. 개인의 이익보다는 사회구조에 의해 직접 다뤄지는 권리와 자유, 권한, 기회 등이 해당된다.
2. 공공부문이 선도적으로 이를 실현하기 위해 기관별로 전담 부서를 설치하고 공무원 채용과 승진, 재정사업, 공공조달 등에서 사회적 가치를 중요한 요소로 반영한다는 것이 핵심이다. 공공기관은 사회적 기업제품 우선구매, 비정규직의 정규직 전환, 지역인재 채용, 에너지 절약, 지역경제 활성화 등을 통해 사회적 가치를 실현할 수 있다.
3. 우리 사회가 갈수록 복잡하고 다양해지므로 더욱이 공공과 시장 경제에서 사회적 가치를 추구하는 공동체 기반의 사회적 경제·생태계 조성에 적극 나서야 한다.

문제 13. 도덕적 해이는 법과 제도적 허점을 이용하여 자기 책임을 소홀히 하거나 집단적인 이기주의를 나타내는 상태나 행위를 말한다. 공직사회에서 도덕적 해이가 발생할 경우 어떠한 문제가 생기겠는가?

MEMO

문제 14. '사일로 효과'란 조직의 부서들이 서로 다른 부서와 담을 쌓고 내부 이익만을 추구하는 현상을 일컫는 말이다. 공직사회에서도 이와 같은 현상이 발생하는데 이를 해결할 수 있는 방안은 무엇인가?

MEMO

조직 내에서 사일로 효과가 나타나는 주된 원인으로는 '경쟁 과열'이 꼽힌다. 조직의 수익성을 극대화하기 위해 제한적인 보상을 제시하면서 성과를 내라고 압박하게 되면 서로 간의 경쟁이 과도해지면서 생기게 된다. 이를 극복하기 위해서는 조직이 공동으로 공유할 수 있는 목표를 제시하는 것이 중요하다. 부서들이 서로 공동의 이해관계를 가지고 있다면 경쟁보다는 협력을 추구할 수 있게 될 것이다.

문제 15. 일을 하다 보면 상사와 동료, 다른 부서들과 함께 하게 된다. 본인은 일을 할 때 만나는 이들과 어떻게 지낼 것인가? (본인은 이제 막 입직한 막내이며, 함께 일하는 이들은 상사, 동료, 다른 부서의 동료 이렇게 셋이다.)

> **MEMO**
>
>

문제 16. 사람에게는 크게 세 가지의 역량이 있는 것 같다. 첫째 플래닝 역량, 둘째 집행 역량, 셋째 관계 역량이 그것이다. 본인은 이 중 어떤 역량이 가장 자신있는가? 그리고 본인에게 강점이 있는 그 역량이 공직생활을 하는 데 어떻게 도움이 되겠는가?

> **MEMO**
>
>

문제 17. 단체나 조직에 중요한 행사가 있는데 교통사고를 당해 쓰러진 사람을 목격하였다. 인근에는 병원도 없는 상황이고 주변에는 도와줄 사람도 없다. 이 상황에서 본인은 어떻게 대처할 것인가? (단, 본인이 행사에 참여하지 못하면 행사는 취소되거나 연기될 수 있는 상황이다.)

> **MEMO**
>
>

문제 18. 최근 또는 학창시절에 공적인 일과 사적인 일(조직의 이익 vs 개인의 이익)이 충돌했을 경우 어떻게 하였는가?

> **MEMO**
>
>

문제 19. 아르바이트 혹은 직장생활 경험 중 협업하여 성과를 내 본 경험이 있는가?

> **MEMO**
>
>

CHAPTER

04 민원인 응대방안 관련 질문

✏️ Check point

1. 나중에 현직에 들어가면 유형별 민원인 응대 매뉴얼이 있다. 하지만 실제로는 매뉴얼 대로 하기 힘든 것이 공무원의 민원업무이다. 그러므로 법과 원칙에 따라 대응하는 것이 기본이지만 너무 법과 원칙만을 내세우면서 일처리를 하게 되면 민원인과 잦은 마찰을 빚게 된다.
2. 민원인 응대방안에 대해 세무직렬은 반드시 정리해 두어야 하며, 기타 직렬도 스티마쌤이 강조하고 해설해 주는 부분은 정리해 두어야 한다.

1 민원인 응대

1. 질문유형

Q. 업무를 맡았는데 민원인이 와서 법령에 없는 요구를 한다면?
　└[추가질문] 계속 민원 넣는 민원인은 어떻게 할 것인가?
Q. 법령을 잘못 해석해서 민원인에게 피해를 입혔을 때 어떻게 대처할 것인가?
Q. 공무원에게 민원응대가 중요한 이유가 무엇인가? 민원인을 만족시키려면 가장 중요한 것은?
Q. 위법과 편법의 의미는? 위법한 민원을 요구하면? 편법을 요구하면?
Q. 법률에는 있지만 조례가 없어 주민의 민원을 들어줄 근거가 없다. 그러나 그 민원을 들어주는 것이 타당한 경우에 어떻게 할 것인가?
Q. 딱한 처지의 민원인이 있는데 관계법령이 애매해서 도와줄 수 없는데 어떻게 할 것인가?
Q. 민원인이 퇴근 시간이 지난 6시 반에 와서 일을 처리해달라고 요구한다. 어떻게 하겠는가?
Q. 진상 민원인이 있다. 나는 정말 최상의 서비스를 제공한다고 생각하는데 맨날 똑같은 민원을 넣어서 힘들게 한다면 어떻게 할 것인가?
Q. 민원인은 공무원이 갑이라 생각하고 공무원은 민원인이 갑이라 생각하는데 본인은 누가 갑인거 같은가?
Q. 전임자가 했던 일을 받아서 하는데 민원인이 화내고 불만을 낸다면 어떻게 할 것인가?
Q. 동료가 민원에 시달리고 있는 걸 보면 어떻게 할 것인가?
Q. 합법적으로 처리했는데도 계속 민원을 넣으면 어떻게 대처할 것인가?
Q. 악성민원이란 무엇이고 주위 동료가 악성민원에 시달릴 때 어떻게 할 것인가?
Q. 민원인들이 뭔가 마음에 안 들게 처리된 부분을 가지고 와서 따지고 심지어는 욕하면서 무작정 상사 불러오라고 말하는 경우가 있는데 그런 경우에는 어떻게 하겠는가?
Q. 주민이나 직장, 상사, 동료 등이 부당하거나 불합리한 것을 요구하면 어떻게 하겠는가?
Q. 인·허가를 하는데 반복적인 서류 보완 요청으로 민원인이 화를 낸다면 어떻게 할 것인가?
Q. 전공을 통해 민원인에게 어떻게 기여할 것인지?

Q. 관행과 지역 주민이 요구하는 게 다르면 어떻게 해결하겠는가? 예를 들어 전기차 충전소가 저 아파트엔 있는데 우리 아파트에는 왜 없냐고 할 경우에는?

Q. 주민센터에 노인이 방문했는데 서류가 미비할 경우 어떻게 하겠는가?

Q. 만약 동료가 부재중에 민원인이 동료의 업무에 대해 전화로 본인에게 욕설을 하면 어떻게 할 것인가?

Q. 민원인이 업무처리에 불만이 있을 때 대응방안은?

Q. 민원인을 응대할 때 가장 중요하다고 생각하는 요소는?

Q. 집단민원이 들어왔을 때 어떻게 대처할 것인가?

Q. 측량이 안 되는 토지를 민원인이 측량하고 싶어 한다. 어떻게 행동할 것인가?

Q. 점심시간 의무휴업제에 대해 어떻게 생각하는가?

Q. 본인 업무와 무관한 민원이 들어오면 어떻게 대응할 것인가?

Q. 민원인한테 허가해줬는데 알고 보니 허위서류 제출인 것을 나중에 알게되었다. 어떻게 처리할 것인가?

Q. 합리적이지 못한 부탁을 하는 민원인을 어떻게 할 것인가?

Q. 만약 인·허가 업무시 서류를 요구하는데 민원인이 서류가 많다고 항의하면?

Q. 민원인이 5장의 서류가 필요한데 3장만 들고 와서 업무를 요청한다면?

Q. 부당하거나 무리한 요구의 민원처리는 어떻게 할 것인가?

Q. 일반행정직은 자주 이동해야 하는데 이동해서 업무도 잘 모르는 상황에서 민원인이 자신도 모르는 민원을 요청했다면 어떻게 할 것인가?

Q. 민원인이 서류에 몇 가지 기입하지 못했을 때 어떻게 할 것인가?

Q. 안타까운 민원인이 있는데 규정대로 하기 어려우며 딱 규정선에 있을 경우 어떻게 할 것인가?

Q. 고객과 민원인이 받는 서비스의 차이는?

Q. 민원인이 할 수 없는 일을 해달라고 할 경우, 악성 민원을 낼 경우 어떻게 대응할 것인가?

Q. 악성민원에 대한 말이 많다. 아르바이트나 학교생활 하면서 무리한 요구를 받은 적은 없는가?

Q. 악성 민원인 대처방법은?

Q. 민원업무하다 그만두는 직원이 많다. 민원인이 서류를 제출했는데 보완이 필요하다. 민원인은 서류 제출이 불필요하다고 생각한다. 어떻게 하겠는가?

Q. 민원인이 세금이 너무 많이 나왔다고 따지면 어떻게 할 것인가?

Q. 전임자의 잘못된 처리 후에 민원이 들어왔을 경우 어떻게 처리할 것인가?

Q. 환자도 그렇지만 민원인들 중에도 더 심하게 짜증을 내거나 하는 사람이 있을 수 있다. 그럼 어떻게 할 것인가?

Q. 혼자 민원실에 있는데 모르고 해보지 않은 업무에 대한 업무요청을 받게 되면 어떻게 할 것인가?

Q. 악성민원이 너무 많아 포기하고 싶은 순간이 있는데 이때 어떻게 할 것인가?

Q. 민원처리를 해야 하는데 법령이 애매하다면 어떻게 할 것인가?

Q. 동료가 실수를 해서 민원인이 화를 내고 있는 상황이라면 본인은 어떻게 대처할 것인가?

Q. 본인이 인·허가 담당자인데 너무 자주 서류 보완을 요구해서 민원인이 이와 관련해서 민원제기를 할 경우 어떻게 할 것인가?
  ㄴ [추가질문] 보완한다면 어떻게 보완할 것인가?

2. 답변사례

Q. 악성민원에 대한 말이 많잖아요. 아르바이트나 학교생활 하면서 무리한 요구를 받은 적은 없나요?

A. 사실 제가 아르바이트를 하면서 무리한 요구를 하는 고객님들이 많았습니다. 제가 고깃집에서 일을 하는데 한 손님이 담배 심부름을 요구했습니다. 그런 요구를 받았을 때 너무 불합리하다고 생각했고 기분도 좋지 않았습니다. 하지만 무리한 요구를 한 번 했다고 해서 바로 사장님께 항의하거나 신고하는 건 너무하다는 생각이 들었습니다. 당시 매장에 한 테이블뿐이었고 바로 옆에 마트가 있어 부탁을 들어드렸습니다. 물론 공직생활 하다보면 이보다 훨씬 무리한 요구가 많을 거라고 생각합니다. 당연히 조직에 해가 가거나 다른 민원인께 피해가 된다면 그런 부탁은 들어주지 않을 겁니다. 하지만 제가 들어드릴 수 있는 상황이라고 판단된다면 최대한 도움을 드릴 수 있게 노력하겠습니다.

Q. 다양한 업무를 하게 될텐데 악성민원이나 무리한 민원을 요구하면 어떻게 할 것인가요?

A. 민원인들께서 공무원에게 찾아 오는데는 모두 목적이 있다고 생각합니다. 따라서 일단 민원인들의 목적을 다 들어보고 제가 해결할 수 없는 문제라면 다른 지자체에 사례를 찾아보거나 공적인 부분에서 해결 가능하도록 찾아볼 것입니다. 그러나 공적인 부분에서 해결 불가능하다면 민간에 연결해드리겠습니다. 그리고 악성민원과 같은 특이 특별민원인께는 해당 민원인의 이야기를 들은 후 불가능한 이유에 대해 설명해드리겠습니다. 하지만 그렇게 해도 반복적으로 행동하신다면 민원인께 해당 행동에 대해서 법적으로 조치가 가능함을 말씀드리고 최대한 민원인의 마음을 누그러뜨려서 귀가하시도록 할 것입니다.

Q. 민원인을 응대할 때 어떻게 할 것인가요?

A. 정책적인 부문에서 해드릴 것이 없다고 판단된다면 민간기관과 협력을 요청해 보겠습니다. 그래도 지원해드리는 것이 어렵다면 지속적인 모니터링을 통해 자원을 발굴하고 연계할 수 있도록 노력하겠습니다. 또한 전남에서는 복지기동대사업을 하고있는 만큼 지역사회연계도 잘 되고 있는 것으로 알고 있습니다. 지역주민들에게 도움을 요청하는 방법도 있는 것 같습니다.

Q. 환자도 그렇지만 민원인들 중에도 더 심하게 짜증을 내거나 하는 사람이 있을 수 있습니다. 그럼 어떻게 할 것인가요?

A. 제가 근무한 곳이 대학병원 혈액암병동이어서 중증도도 높지만 환자분들의 연령대도 다양했습니다. 저는 어릴 적부터 할머니와 가깝게 지냈기 때문에 어르신들을 대하는 것이 오히려 편했으나 같은 연령대의 환자분들은 저를 불편해 하실 것 같고 이런 부분에 어려움을 겪었습니다. 하지만 환자분이 어떤 게 불편한지 증상파악을 첫째로 생각하고 공감하며 소통한 것이 도움될 수 있었습니다. 이런 자세로 민원인분이 불만을 제기한다면 먼저 친절하게 이야기를 들어주고 어떤 부분이 문제인지 그 문제를 해결하는 것을 중점으로 대화해나가면서 상황을 해결하겠습니다.

Q. 소리지르는 민원인이 있으면 어떻게 대처할 것인가요?

A. 소리를 지르시면 다른 동료분들과 민원인분들께 피해가 갈 수 있기 때문에 일단 그분을 다른 방으로 모셔서 진정시켜드리고 차분히 이야기를 들은 후에 도움 받을 수 있는 정책이나 지원을 도와드릴 것 같습니다.

Q. 딱한 처지의 민원인이 있는데 관계법령이 애매해서 도와줄 수 없는데 어떻게 할 것인가요?

A. 저는 법이란 국민들을 위한 것이고 특히 사회적 약자, 딱한 처지의 사람들을 위해 있다고 생각합니다. 그렇지만 법이 그들을 포용해주지 못한다면 법으로서의 역할을 제대로 하지 못하고 있다고 생각합니다. 저는 만약 제가 그 상황이라면 처리할 수 없는 상황이라면 제가 알고 있는 사회복지사와 연결해주던가 법령검토, 비슷한 사례검토, 필요하다면 현장에 가보아서 제가 도울 수 있는 한 그들을 도울 것 같습니다.

Q. 자기소개서를 보니 단점으로 남의 부탁을 거절하지 못한다고 했네요. 공직에 들어오면 법령에 없는데도 무조건 처리해달라고 우기는 민원인들을 많이 만나게 됩니다. 이런 경우에 어떻게 하겠나요?

A. 저의 이런 점이 공직에 나아갔을 때 고쳐야할 점이라고 생각해 많은 생각을 해 보았습니다. 우선 인정에 끌려가지 않도록 경계를 정하겠습니다. 그리고 제가 하고 있는 업무를 정확하게 파악하여 제가 할 수 있는 일의 한계를 알아두고 이 이상 넘어설 수 없는 합법의 테두리 안에서 업무를 진행하겠습니다. 하지만 민원인분들이 호소하시는 불편이 개선할 수 있는 사항이라면 저는 적극행정을 펼쳐 시민 여러분을 돕겠습니다.

3. 고질민원의 원인

(1) 초기 대응 실패가 고질민원을 만든다.

무엇이든지 첫 단추를 잘못 꿰면 잘 풀리지 않게 된다. 고질 악성민원의 경우 더더욱 그렇다. 의사소통이 제대로 되지 않으면서 오는 불통이 단순 일회성 민원을 고질 악성민원으로 만든다. '공무원들이 어떻게 초기 대응을 하는가?'가 그만큼 중요하다. 고질 악성민원이 자칫 장기화되면 민원을 해결하는 과정에 공무원들의 부패와 비리가 연결될 수 있기 때문에 초기에 민원을 해결하는 것이 중요하다.

(2) 잘못된 학습효과가 고질민원을 만든다.

우리 사회는 '떼쓰고 드러누우면 해결된다'고 생각하는 경향이 짙다. 과거에는 실제로 그런 경우 문제해결이 되는 경우가 있었다. 그렇기 때문에 '관청에 가서 계속 민원을 넣고 떠들면 언젠가는 해결되겠지' 하는 막연한 기대감이 잘못된 학습효과를 갖게 되고, 그런 학습이 고질민원을 발생시킨다.

(3) 처리기관에 따라 동일 또는 유사한 민원의 처리결과가 다르게 나타나는 것에 대한 불만으로 고질민원이 발생할 수 있다.

TIP 상이한 처리결과에 대해 의문을 제기하면 상황을 신속히 파악한 후에 민원담당자가 충분한 설명을 해주어야 한다.

4. 고질민원 대응

(1) 기본적으로 법과 원칙에 따라 대응해야 한다.

(2) 적극적인 행정을 펼쳐야 한다. 즉, 공무원들이 재량권 행사의 여지가 있다면 적극적인 행정을 해야 한다. 나중에 감사원의 감사가 두려워 해결해 줄 수 있는 민원도 문제로 만들기 싫다고 생각하여 처리해주지 않는 경우가 있다.

(3) 고질민원인도 국민의 한 사람으로 존중하는 입장을 견지하면서 처리해야 하며, 전담팀을 구성하여 최소의 인원으로 최대의 효과를 창출하도록 시스템을 만들어 대응하는 것이 효율적이다.

1. 민원인의 권리와 의무

① 권리: 민원인은 행정기관에 민원을 신청하고 신속, 공정, 친절, 적법한 응답을 받을 권리가 있다.

② 의무: 민원인은 민원을 처리하는 담당자의 적법한 민원처리를 위한 요청에 협조하여야 하고, 행정기관에 부당한 요구를 하거나 다른 민원인에 대한 민원처리를 지연시키는 등의 공무를 방해하는 행위를 해서는 안 된다.

2. 민원인들에 대한 공무원들의 자세

① 먼저 담당 공무원들은 민원인들의 민원 내용을 경청해야 한다.

㉠ 민원인들이 관청에 민원을 가져올 때는 밤낮으로 잠도 못자고 억울해서 가져오는 경우이다.

㉡ 일단 억울한 내용과 하소연을 잘 들어주는 것만으로도 민원인의 민원은 절반 정도 해소될 수 있다.

㉢ 하지만 공무원들이 바쁘다는 이유로 민원인들의 두서없는 설명에 시큰둥하거나 싸늘하게 반응하게 되면 민원인들은 평소 관(官)에 가졌던 부정적인 선입견을 주입해 '관청도 같은 편이다.' 내지는 '관청이 있는 자, 가진 자들의 편에 서 있다.'는 생각을 할 수 있다. 오히려 민원을 해소하려다 부정적인 인식까지 합쳐지게 되면 문제가 더 악화될 수 있다.

② 법과 규칙에 대해 납득할 수 있도록 설명해야 한다.

우선 민원인의 감정 해소에 일차적으로 중점을 둔 뒤 두 번째로 민원인의 민원을 해결하기 위해서는 법과 규칙에 따라야 한다는 점을 강조해야 한다. 관청이 해주고 싶어도 법을 어겨가면서는 할 수 없다는 점, 재량권을 행사해도 법의 취지에 맞아야 한다는 점을 충분히 납득시켜야 한다.

3 민원인의 유형별 대처방법

(1) 민원인 응대 5단계(고성민원발생)

① 고성내용 파악

② 감내: 이 장소는 여러 사람이 사용하는 곳이므로 소란을 피우시면 곤란합니다.

③ 진정(안정): 감정을 가라앉히고 선생님의 문제를 차분하게 말씀해 주십시오. ⇨ 격앙된 감정 안정화 및 이성적인 판단 유도

④ 수용: 저희들의 의견을 수용해 주셔서 감사합니다. 하지만 고성도 범법행위이고 처벌받을 수 있습니다. ⇨ 고성도 업무방해 등 범법행위임을 주지

⑤ 귀가조치: 선생님의 요구가 법과 제도로 해결할 수 있는 것이라면 최선을 다해 도와드리겠습니다. 안심하고 집으로 돌아가십시오. ⇨ 정당한 요구는 언제나 수용하지만 부당한 요구는 수용되지 않는다는 메시지 전달

(2) 고성을 지르는 민원인

① 단순 고성의 경우에는 주로 감내와 설득으로 해결한다.

② 민원인의 고성으로 주변인(민원실의 다른 민원인이나 기관 내의 다른 공무원들)들이 놀라지 않도록 하는 우선 조치를 취해야 한다.

　　▶ 주변분들에게 가벼운 목례를 함으로써 큰 문제가 일어나지 않을 것임을 표시

③ 설득과 경고 중 설득에 무게중심을 가지고 고성민원인이 진정할 수 있도록 짧은 시간(2~3분 이내)이라도 여유를 두고 주의를 주고 일반 민원인들의 보호 및 원활한 상담을 위해 격리를 할 필요가 있다.

(3) 기물을 파손하는 민원인

기물파손 상황이 발생할 경우 즉각적으로 안전요원 호출을 하거나 상관의 조언을 구하여 안전한 환경하에서 민원인을 진정시키고, 기물파손과 같은 폭력적 행위는 엄중한 주의 경고 및 단호한 대처에 무게중심을 두어야 한다. 긴박한 상황으로 인해 민원인에게 '원칙 없는 답변' 등을 할 경우 민원인은 기대감을 갖고 그 기대감이 실현되지 못할 경우 더욱 과격해질 수 있으므로 신중한 답변이 필요하다.

(4) 기관장 등 관리자 상담을 요구하는 민원인

① 관리자와 상담을 원하는 경우 탈권위적 열린 자세가 중요하다.
② 민원인이 관리자와 상담을 원할 경우 민원인에게 관리자 상담은 언제든 가능하다는 것을 알려주고 관리자 상담사례 등을 들려주면 민원인의 이해도가 높아질 것이다.
③ 민원인이 분명한 사유 없이 관리자 상담을 원할 경우 문서 등 간접적인 면담방법 등은 경우에 따라서 이용할 필요가 있다.

(5) 조롱하는 민원인

① 점심시간을 넘긴 지 불과 1~2분이 지난 상황에서 담당 공무원이 자리에 늦게 왔다며 다짜고짜 화를 내며 '구청장 나와라', '근무 태도가 엉망이다', '내가 낸 세금으로 월급 받는데 이따위로 대접하냐' 등의 조롱을 하는 경우도 있다.
② 이런 경우 민원인이 흥분하지 않도록 주의해야 한다.
③ 선배 및 상사의 적절한 개입도 필요하다.
④ 내부 직원이 잘못을 인지한 것만으로도 민원인의 감정이 누그러질 수 있기 때문에 민원인의 조롱이 과도할 경우 선배 및 상사가 해당 공무원의 잘못을 인정하면서 민원인을 진정시키는 것도 하나의 방법이다.

(6) 공갈·협박하는 민원인

① 공갈·협박이 발생한 경우 즉각적으로 경고와 중지가 이뤄져야 한다.
② 공갈·협박의 경우 즉각적인 주의조치가 취해져야 하며 신속하게 경고단계까지 이르고 상담을 종료하도록 해야 한다.
③ 공갈·협박의 경우 내용이 중요한 요소이다.
   ◐ 은밀한 협박 혹은 공공연한 협박 등 형식은 중요하지 않다.
④ 개인차원의 응대가 무리일 경우 즉시 기관차원의 응대로 전환해야 한다.
⑤ 담당 공무원이 여성이거나 혹은 심신이 다소 약하여 보통의 경우에 비해 공갈·협박에 민감할 경우 즉각적인 상담종료 및 상사에게 도움을 요청하고 법적조치를 받도록 하여야 한다.

(7) 애걸하는 민원인

① 민원인의 기대감을 높이는 언행 등에 유의해야 한다.
② 민원인의 애걸이 있을 경우 평상심을 갖는 것이 중요하며, 동점심에 의해 법과 원칙에 위배되는 판단과 처분을 할 경우에는 민원해결의 원칙과 일관성이 무너져 또 다른 피해자를 야기시킬 수 있다.

③ 설득과 설명에 응대의 무게중심을 두고(들어주는 것에서부터 민원인의 마음을 달래주는 것) 내용에 따라 민간자원이나 도와줄 수 있는 다른 방법이 있는지 확인하면 된다.

(8) 경상해를 가하는 민원인

① 폭력성 징후가 있을 경우 즉각적으로 안전요원 호출 ⇨ 상해 등은 이전에 민원으로 불만이 고조되어 있어 상해행위를 하는 데 시간이 짧은 특성이 있다.

② 추가적인 폭력상황이 발생할 수 있는 가능성 대비 ⇨ 추가 및 후속 폭력이 발생하지 않도록 안전요원 등은 일정시간 이상 현장보호 조치 등을 할 필요가 있으며 현장기록 등을 남겨놓도록 해야 한다.

　　➲ 맞고소 등 진실관계 규명이 왜곡될 소지가 크다.

4 　민원인 응대에 관해 자주하는 질문(상황형)

(1) (상황형) 본인이 담당하는 업무 관련 업체 혹은 개인사업자가 상관과 밖에서 만나는 것을 목격하였다. 이 경우 어떻게 하겠는가?

(2) (상황형) 전화민원 응대시 본인이 잘 모르는 업무인데 해당 담당자가 부재중인 경우 어떻게 대처하겠는가?

(3) (상황형) 업무가 종료되었다. 그러나 민원인이 찾아와서 일처리를 부탁한다. 어떻게 할 것인가? (공무원은 분명 법정시간을 준수해야 할 의무가 있으며 더욱이 본인은 개인적인 약속까지 잡혀있는 상황이다.)

(4) 민원인 A는 민원처리 결과에 불만을 제기하며 동일한 민원을 10회 이상 반복적으로 민원 게시판에 게시하고 있다. 상관은 전임자가 처리하여 결론지은 사항으로 민원처리 여부에 대해 인사평가에 불이익을 주지 않을 테니 무시하라고 한다. 본인은 이 상황에서 어떻게 할 것인가?

⚡ PLUS

악성민원 대처방법 생각해보기

아래 내용을 바탕으로 악성민원인 대처방안에 대해 본인만의 좋은 답변을 만들어 보길 바란다.

1. 최근들어 일반행정기관은 물론 사회봉사단체 등에 이르기까지 사회 전반의 분야에서 절차와 규정에 따라 적정히 행정처리를 하였음에도 자신의 기대와 다르다는 이유로 반복하여 이의를 제기함은 물론 폭언, 협박, 기물파손, 고소고발, 장기시위 등의 행태를 보이는 특별민원(악성, 고질민원)이 사회문제로 부각되고 있다.

2. 그럼에도 '특별민원인이 어떠한 주장과 행태를 보이건 분명한 것은 특별민원인들도 국민의 한 사람으로서 국가의 보호와 서비스를 받아야 할 대상이며 다만, 일반 국민에 비하여 좀 더 따뜻한 관심과 배려가 필요한 민원'이라는 것이다. 이를 바탕으로 내 가족의 일이라는 역지사지의 마음으로 접근할 때 비로소 문제해결의 실마리를 찾을 수 있다. 물론 특별민원으로 인해 담당 공무원은 심한 스트레스를 받고 있으며, 행정낭비요인 또한 만만치 않다. 따라서 특별민원에 해당하는 요건을 정하여 이에 해당하는 특별민원에 대해서는 적정처리 매뉴얼을 만들고(이미 국민권익위에서 공공부문 특별민원 대응 매뉴얼을 만들어 배포하였다) 매뉴얼에 따라 대응하되 혼자서 처리하지 말고 되도록 '민원처리위원회'나 주민과 전문가가 참여하는 '민원조정위원회'에 상정하여 합리적 해결방안을 찾도록 하는 것이 좋다.

3. 특별민원인에 대한 법적 대응은 특별민원인이 공무원을 괴롭힐 목적으로 고질민원을 제기하는 악의성이 명확할 경우 공무원을 보호하기 위해서라도 노조 차원에서 형사고발, 손해배상청구, 공무집행방해, 언론보도 등 강력한 대응을 하는 것도 한 가지 방법이다. 또한 법적 수인한도를 넘는 행태(폭력행사, 폭언, 업무방해 등)를 보일 경우 법적 대응도 적극 고려해야 한다.

2024
스티마 면접
지방직(공통편)

09

상황형 질문대비

CHAPTER

01 상황형 질문 개요

1 상황형 질문의 의의

(1) 상황형 질문이란 상황면접(Situational Interview, SI)방식으로 수험생들에게 딜레마적 상황이나 직무와 관련된 특정 상황을 제시하고 그 과정에서 수험생이 균형 잡힌 공직가치를 갖춘 인재인지 조직생활을 잘 할 수 있는지를 평가하는 것이다.

(2) 공무원 면접에서 수험생의 역량을 평가하는 중요한 과정이다. 즉, 문제 상황에 대한 명확한 이해와 문제해결에 대한 합리적 답변을 제시할 수 있느냐가 핵심이다.

2 공직가치 활용

공직가치가 중요한 역할을 하는 상황은 다음과 같다.

① 정책을 결정할 때
② 입법안 준비 및 준입법안(규제, 지침 등)을 작성할 때
③ 법과 준입법을 해석할 때
④ 행정재량을 집행할 때
⑤ 입법, 준입법 및 관례가 없을 때
⑥ 애매한 회색지대(명확하게 옳고 정당한 경우와 부당하고 옳지 않은 경우의 사이에 있는 애매한 영역)에서 업무를 처리할 때
⑦ 도덕적 딜레마나 상충이 발행할 때(도덕적으로 정당한 가치, 규범 또는 양심이 상호 충돌할 때)
⑧ 우선순위를 설정할 때(입법적 수요나 요구들이 부족한 자원 때문에 모두 충족될 수 없을 때)
⑨ 양심이 불복을 요구할 때

➡️ 위에서 제시한 공직가치가 중요한 역할을 하는 상황은 이제부터 설명하는 기출 상황제시형 면접질문을 이해하기 위해 매우 중요한 의미를 담고 있으며 앞으로 응시생들이 현업에서 업무를 하는 과정에서 부딪히는 여러 예기치 못한 상황에서 어떻게 행동해야 할지를 판단하는 기준을 제시해 줄 것이다.

CHAPTER
02 상황형 면접 질문유형

1 질문유형

Q. 본인이 주민센터 자치프로그램 담당자다. 주민 중 뽑힌 자치위원들은 요가를 하자고 하는데 주민들은 스포츠 댄스를 하자고 한다. 그리고 주민 중에 몇몇이 선동하며 막 싸움이 일어나기 직전까지 가는데 담당자로서 어떻게 하겠는가?

Q. 본인이 교통과쪽 담당자인데 휴가 받아 집에서 쉬고 있는 상황이다. 그런데 갑자기 1번 국도가 많이 밀린다는 연락을 받았고 이걸 되도록 많은 사람에게 알려서 우회하도록 하고 싶다. 본인이라면 어떻게 하겠는가?

Q. 본인이 시장이라면 A직원은 일은 잘 하지만 타 도시에 거주하고 있고 B직원은 일은 못 하지만 우리 도시에 거주하는데 인사 담당자가 이번 근무평가에서 당장 우리 시에 사는 이들을 우대해야겠다면서 B직원을 뽑아야 하지 않겠냐고 하면 어떻게 할 것인가?

Q. 업무를 하다보면 예산, 시간 등이 부족하다. 어떻게 해결할 것인가?

Q. 법률에는 있지만 조례가 없어 주민의 민원을 들어줄 근거가 없다. 그러나 그 민원을 들어주는 것이 타당한 경우 어떻게 할 것인가?

Q. 업무 중인데 주변에 아무도 없고 독단적으로 의사결정을 해야 하는 상황이다. 어떻게 할 것인가?

Q. 50대 아들 둘이 있는 시민이 늦둥이 셋째를 낳아서 출생신고를 하러 왔다. 본인이 담당자라면 어떻게 응대할 것인가?
> ➡ 첫인사, 방문목적 확인, 출생신고 관련 서류 작성 요청, 셋째 자녀 보조금 관련 정책 설명, 기타 시에서 지원하는 정책 자료 제공 등

Q. 우리 시에서 현재 도서관 설립과 도로개선 두 가지 문제로 의견충돌이 이뤄지고 있는데 본인이라면 이 둘 중에 어느 정책을 시행할 것 같은가?

Q. 혹시 본인이 민원업무를 하다가 100여명의 단체 민원이 들어와서 민원해결을 요청하는데 보니까 법령에 정확히 안 나와있다. 그런데 이 민원을 해결해주면 다른 기관에서 본인이 소속된 기관을 고발하겠다고 할 경우 어떻게 업무를 진행할 것인가?

Q. 김영란법과 관련하여 동료가 50만원 정도를 부당하게 얻었는데 이거를 응시자가 보았다. 어떻게 대처할 것인가?
ㄴ [추가질문] 상관에게 말한 것을 동료가 알게 되어 동료와 갈등이 발생했는데 이를 어떻게 해결할 것인가?

Q. 보건직 공무원으로 일하다 보면 보건소에서 일할 수도 있고 시청에 위생국에서 일할 수도 있다. 그럼 인·허가 업무 같은 것도 할 수 있다. 약국이나 의원 인·허가 이런 업무도 하는데 만약에 본인이 약국 인·허가를 하러 약국에 갔다. 그런데 조건을 다 만족하는데 한 조건이 만족이 안되서 허가가 안 되는 상황이다. 근데 직장에 복귀했더니 상관이 뭘 그걸 갖고 그러냐면서 그냥 허가해주라고 한다면 어떻게 할 것인가?

Q. 본인이 어떤 업무를 했다. 근데 그게 예기치 않게 주민들한테 엄청 피해가 갔다. 이미 피해가 가서 손쓸 수 없는 상황인데 어떻게 할 것인가?
ㄴ [추가질문] 아니, 책임은 당연히 본인이 져야한다. 근데 이게 막 이슈가 되고 수면 위로 올라와서 뉴스에 나올 것 같고 문제시되고 있는 상황이라면 어떻게 할 것인가?

Q. 신호등이 빨간불인데 8시59분이다. 9시까지 면접장에 가야하는데 1분이라도 지각하면 탈락이다. 건널 것인가? [2020 강원]
ㄴ[추가질문] 면접을 1분 전에 도착하는 사람이 공무원을 할 자격이 있는가?
ㄴ[추가질문] 그래서 횡단보도를 건널 것인가?

Q. 과장님이 성과를 위한 사업을 하자고 하는데 도민들이 원하는 사업은 다른 것이 있다면 어떻게 할 것인가?
ㄴ[추가질문] 어떤 근거로 과장님을 설득할 것인가?

Q. 공휴일에 축제 진행을 맡아서 하고 있는데 비상근무가 생겼을 경우 어떻게 하겠는가?

Q. 주민들을 위하고 주민들이 원하는 정책이 있는데 상관이 자신이 원하는 정책을 하기 위하여 주민의 정책을 2순위로 미루려고 할 때 중간에서 본인은 어떻게 할 것인가?

Q. 지금 여기서 지진이 났다. 면접관 셋이 주민이고 지원자가 공무원이라면 어떻게 행동해야 하겠는가?

Q. 일을 하다 보면 새로운 방식으로 해야 하는데 동료는 하기 싫다고 하는데 그 방식이 좋으면 어떻게 할 것인가?

Q. 여성청소년교육국을 가고 싶다고 했는데 모든 복지사업에 예산을 투자할 순 없고 한정되어 있는데 본인이 국장이 된다면 무엇을 기준으로 우선순위를 결정할 것인가?

Q. 본인과 동료가 야근을 해야 하는 상황인데 동료가 사정이 있다며 야근을 한 것처럼 해달라고 하는 상황에서 어떻게 할 것인가?

Q. 회식에서 상사나 동료가 성희롱 당한 것을 목격했을 때 어떻게 할 것인가?

Q. 복사기가 고장이 나서 수리기사를 불렀는데 늦게 온다면 어떻게 대응할 것인가?

Q. 가족행사에 꼭 참여해야 하는데 본인이 담당하고 있는 지역에 코로나가 집단으로 발생했다. 방문할 것인가?

Q. 상사랑 식사자리를 갔는데 기업관계자가 와 있다면? 그리고 본인은 함부로 자리를 일어날 수 없는 상황이다.

Q. 불법 현수막을 제거하는 일을 많이 하기도 하는데 자녀를 데리고 가는 아주머니가 자녀와 지나가는 도중에 불법 현수막을 제거하는 당신을 가리키며 자녀에게 "너 공부 열심히 안 하면 저렇게 된다."고 말하는 상황이다. 그럴 때 어떻게 대처할 것인가?

Q. 어떤 규정을 실행해야 한다. 그런데 그 규정이 시민들에게 피해를 입힐 수 있다. 그래서 그 시민들이 그것을 반대한다. 그러면 그 규정을 실행할 것인가 아니면 시민들의 뜻대로 시행하지 않을 것인가?

Q. 태풍 같은 재난이 발생하여 정전이 되었는데 어떻게 처리하겠는가? [전기직]

Q. 요즘 보면 그런 센터들이 지역사회에 많다. 어려운 사람들 도와주려고 그런 센터들이 많이 생기는데 예를 들어 나눔의 집이라고 한다면 그 나눔의 집이 미인가인 시설이다. 그런데 정말 도움이 절실히 필요한 사람들이 있어서 도움의 손길이 필요한데 어떻게 하겠는가? 도움을 주겠는가?

Q. 대형면허가 있다니 물어보는데 마을버스를 탔는데 갑자기 버스 기사님이 쓰러지셨다. 근데 버스는 도로 한복판에 서게 되어 교통 혼잡이 생긴 상황이라면 어떻게 할 것인가?

Q. 공무원이 되어서 누군가를 도와줘야 하는 상황이 생겼다. 그런데 그분을 도와주려면 위법한 행동을 해야 한다. 이런 상황에서 어떻게 할 것인가?

Q. 누가 본인 자리에 음식 놔두고 갔는데 어떻게 할 것인가? 근데 돌려드리면 부패하는 음식이다.

Q. 퇴근 후 카톡금지법이라는 게 있는데 본인이 휴일에 비상상황이 생겨 하급자에게 연락을 했는데 하급자가 연락을 받지 않는 상황이라면 어떻게 해결할 것인가?

Q. 본인이 공무원이 되어서 매일매일 코로나 상황을 시장님께 알려드리는 업무를 맡았다. 보건 쪽(정확한 명칭이 생각이 안납니다ㅜㅜ)에서는 거리두기 단계를 높여야 한다고 하고 있다. 그런데 소상공인측은 거리두기 단계를 낮춰달라고 하기 위해서 시장님과 면담을 잡아 놓은 상황이다. '1. 거리두기 상향 2. 거리두기 유지 3. 거리두기 하향' 세 가지 선택 중 무엇이라고 보고드릴 것인지 이유와 함께 답해보라.

Q. 팀장님이 휴가를 가셨는데 이전에 팀장님께서 시키신 일이 어떤 내용인지 기억이 나지 않는다. 그런데 그 일이 마감기한이 임박했다면 어떻게 할 것인가?

Q. 민원인이 본인이 제출한 서류를 먼저 해결해달라고 억지를 부리는 상황에서 어떻게 대처할 것인가? 아니면 민원인이 상관에게 자기 일을 먼저 처리해달라고 했다면?

Q. 만약에 전임자가 일을 해놓고 간 것에 대해서 민원인이 나에게 고소를 한다며 손해배상청구를 한다면 어떻게 할 것인가?

Q. 버스에 빈자리가 없는데 할머니가 서 계시고 본인은 앉아 있다. 본인 이외에 다른 어린 친구들도 앉아있다. 어떻게 할 것인가?

Q. 지자체에서 투자를 많이 했고 시민에게 많은 이득이 간다. 근데 이 과정에서 경미한 법령을 어긴 것을 발견했다면 어떻게 할 것인가?

Q. 실제 현실적인 요구에 비해 법률과 정책의 반영이 느린데 이 경우의 문제점은?

Q. 부모님께서 아프신 상황 vs 본인밖에 못하는 업무가 있을 때 어떻게 할 것인가?

Q. 할머니께서 오이, 호박 등을 가지고 와서 기초생활수급자에 선정해달라고 한다. 받을 것인가?

Q. 사수가 있는데 일은 잘하는데 뭔가 부패한 사람 같다. 물증은 없지만 심증은 확실하다면 어떻게 할 것인가?

Q. 섬으로 여행을 갔는데 그 지역에 호우가 내려서 섬에 갇혔다. 그런데 긴급 출동해야 하는 상황이 생기면 어떻게 할 것인가?

Q. 축사와 관련해서 지역 주민들끼리 불만이 많다. 그런 상황에서 어떻게 할 것인가?

Q. 동료가 기타 이유로 휴직 신청 후에 복직을 하게 되었는데 그 해 인사평가에서 휴직을 사용하지 않고 동료의 몫까지 일했던 응시자와 같이 승진을 하게 되었다. 이때 응시자는 어떤 생각을 할 것 같은가?

Q. 상관이 식사자리를 불러서 갔더니 동료와 상사가 직무 연관자와 식사를 하고 있다. 본인은 어떻게 할 것인가?

Q. 학교에서 조별과제를 할 때 동료가 일을 수행하는 데 자꾸 자신에게만 일을 미루거나 떠넘긴다. 그럼 그 때 본인은 계속 그 일을 할 것인가? 아니면 교수님께 말씀드려 동료를 배제할 것인가?

Q. 하나뿐인 친구의 장례식장에 갔는데 직장에 복귀해야 한다. 어떻게 하겠는가?

Q. 만약 친구와 점심약속이 있는데 팀장님이나 과장님이 밥을 먹자고 한다면 어떻게 할 것인가?

Q. 본인이 가족과 주말여행이 잡혀있는데 시장님이 금요일 저녁에 딱 본인을 지정해서 월요일 오전에 마감해야 되는 주말 내내 사무실에서만 처리해야 하는 일을 명령하실 경우 어떻게 할 것인가?

Q. 만약에 우리 시청에 당장 내일 대통령이 오신다. 본인이 대통령 의전 업무를 맡았다면 우선순위로 무엇을 할 것인가?

Q. 옆집 감나무 가지가 응시자의 집에 넘어왔다. 어떻게 대응할 것인가?

Q. 본인이 다른 공무원들보다 더 많은 업무를 처리하게 되는 것 같다고 느껴진다. 민원 업무를 처리 중인데 옆에 있는 다른 친구는 굉장히 버튼을 느리게 누른다던가 해서 본인이 일을 더 많이 하고 있는 상황이다. 이런 경우에는 어떻게 할 것인가?

Q. 민원인이 노점상에 대해 민원을 많이 하는데 이때 약자에 해당하는 노점상 문제는 어떻게 할 것인가?

Q. 번호판 영치를 하러 갔는데 체납자가 정말 급한 일이 있다. 예를 들면 출근을 해야 하는데 돈을 금방 낼테니 한번만 봐달라고 한다. 어떻게 할 것인가? [지방세]

Q. 혼자 결정을 내려야 할 상황에 어떻게 대응할 것인가?

2 유형분류

✔POINT 임의로 분류하였으므로 이해가 필요한 부분이다.

1. 의무 준수형 ⇨ 공무원으로서 의무나 행동강령과 관련된 상황제시

(1) 공무원의 의무와 관련된 유형으로 성실, 법령준수, 비밀엄수, 친절·공정, 품위유지 등 공무원의 의무를 준수할 수 있을 것인가를 평가하기 위한 문제이다.

(2) 공무원 행동강령(국가관·공직관·윤리관 편 참조)과 관련된 유형으로 공직자가 직무수행과정에서 준수해야 할 윤리적 판단기준과 행위 준칙을 잘 지킬 수 있을 것인가를 평가하기 위한 문제이다. (예 인사 청탁 상황제시, 인·허가 청탁 상황제시, 부당한 지시상황, 권한남용 상황, 특혜 상황, 뇌물수수 상황, 공용물의 사적 사용 상황 등)

2. 문제해결형

✔POINT 최근의 상황제시 문제는 거의 대부분 문제해결형이다.

(1) 님비형

혐오시설을 설치하거나 위해시설 설치 또는 법적으로는 문제가 없으나 분진, 소음과 같은 민원이 제기된 상황에서 갈등을 어떻게 해결할 것인가를 평가하기 위한 문제이다.

(2) 갈등·딜레마형

정책이나 사업으로 인하여 영향을 받는 이해관계자 상호간 또는 이해관계자와 해당기관 간의 이해관계 충돌 상황에서 어떻게 갈등을 해결할 것인지 또는 보통 두 가지의 공직가치가 충돌하는 상황에서 어떤 바람직한 판단을 하는가를 평가하기 위한 문제이다. (예 효율성과 공정성의 충돌, 업무처리 우선순위 충돌, 규정과 현실고려 충돌 등)

(3) 직무상황형

위급상황(산불, 지진 등)이나 일반적인 해당 직렬과 관련된 업무 상황에서 일어날 수 있는 다양한 사례를 제시하면서 어떻게 대처할 것인가를 평가하기 위한 문제이다.

3 최근 상황형 출제경향

(1) 지방직 면접에서는 주로 조직생활이나 민원, 직무와 관련된 상황형 질문이 많다.

(2) 특히 직무상황형 문제가 많았다. 즉, 직무에서 발생할 수 있는 상황을 제시하며 수험생의 합리적 대처, 융통성, 창의성, 책임성, 절차 준수 등 공직가치와 인성 관련 질문이 많다.

4 문제해결능력

(1) 문제해결능력이란 문제가 일어난 후에 그것을 해결하는 능력뿐만 아니라 문제의 발생을 미리 막기 위해 갖추어야 할 능력이기도 하다.

(2) 현대사회는 불확실성이 증가하여 과거에 겪어보지 못한 다양한 문제가 발생한다. 공무원으로서 요즘처럼 문제해결 역량이 절실히 필요한 적은 없었다.

(3) 목표, 방침, 전략, 전술, 기회, 위험 등 평소 많이 쓰는 말들이 문제해결과 관련이 있다.

(4) 문제해결능력은 지식이라기보다 일종의 지혜이다.

(5) 문제가 생기면 문제의 구조를 논리적으로 파악하고 더 이상의 해결책을 찾을 수 없을 때까지 최대한 폭넓게 대책을 고민해 다른 이들을 설득해 함께 문제해결에 나서야 한다.

✅ PLUS

문제란 무엇인가?
1. 문제란 '좋지 않은 상태', '해결해야 할 일' 등 다양한 답이 있을 수 있다. 문제해결에서 문제란 목표(To be, 바람직한 상태)와 현 상황(As is)의 차이(Gap 갭)라 할 수 있다.
2. 특히 문제해결형에서는 문제해결방안을 요구하는 문제가 출제된다. 따라서 바람직한 상태(목표)와 현 상황에 대한 명확한 인식이 필요하다.
3. 문제에는 눈에 보이는 문제와 눈에 보이지 않는 문제가 있다. 예컨대 공사현장에서 추락사고가 발생했다고 하자. 사고가 난 것은 보이는 문제이다. 보이지 않는 문제는 '왜 추락사고가 발생했는가? 부주의 때문인가? 안전장치 문제인가?' 등이다. 문제를 인식할 때는 보이는 문제뿐만 아니라 보이지 않는 문제까지 추론할 수 있어야 한다.
4. (예시) 수목장 선정지역 주민 반대로 다른 지역으로 바꿀 때 기간 지연 및 추가비용이 발생하는 것은 어떻게 할 것인가?
   ① 눈에 보이는 문제: 선정지역 주민 반대, 지역변경시 기간지연 및 추가비용발생
   ② 눈에 보이지 않는 문제: 수목장림을 혐오시설로 인식, 땅값하락 및 환경오염 우려로 반대
   ③ 바람직한 상태(목표): 수목장을 조기에 조성하여 장묘문화를 개선하고 자연훼손 최소화
   ④ 현 상황: 선정지역 주민반대로 난관에 봉착된 상황

5 문제해결단계

(1) ① 문제의 정의 ⇨ ② 정보의 수집 및 분석 ⇨ ③ 원인의 규명 ⇨ ④ 대안 설정 ⇨ ⑤ 최선안 선정 ⇨ ⑥ 실시계획 수립

(2) 또는 간략히 문제파악 ⇨ 원인분석 ⇨ 해결방안 제시 ⇨ 대안 검토(반대할 경우 설득방안이나 대안 등)

✏️ Check point

문제해결형 개별면접과제를 잘 풀어가기 위한 방법 ★★★
1. 문제 파악 ⇨ 상황에 대한 이해, 제시문에서의 정보 분석, 목표가 무엇인지 등 문제에서 제시되지 않은 배경 생각해보기 등 문제를 구조화하여 이해해야 한다.
2. 원인분석 ⇨ 문제의 근본 원인이 무엇인지를 제시할 수 있어야 한다.
3. 해결방안 제시 ⇨ 해결방안은 원인과 매칭하여 구체적 대안을 제시해야 하며 중요도와 시급성을 고려해서 중요하고 시급한 해결방안을 먼저 제시해야 한다.
4. 설득방안 및 반대할 경우 대안 등에 대해 생각해 보아야 한다. 예 상관이나 반대단체 설득 방안

6 │ 후속질문

✔ POINT 지방직 면접에서는 간단한 후속질문이 이루어지고 후속질문이 없는 경우도 많다.

(1) 상황형 질문에 어떻게 답변하느냐에 따라 후속질문은 개인별로 다양하게 이루어진다.

　① 문제의 핵심을 파악하는 것이 매우 중요하다. 핵심 쟁점이나 갈등의 접점이 무엇인지를 명확화해야 한다.

　② 가능하면 문제의 배경상황도 그려볼 필요가 있다. 배경상황은 제시되지 않기 때문에 어느 정도 유추할 필요가 있다. (예 님비시설 갈등의 경우 집값·재산가치 하락으로 반대하는 배경 이해)

(2) 후속질문에 대한 답변시 반드시 그 근거를 조직생활에서의 유연함과 공직가치를 통해 찾아야 함을 명심해야 한다. 또한 진정성 있는 답변을 할 때 면접관으로부터 좋은 점수를 받을 수 있다.

> **✔ PLUS**
>
> 예를 들어 "일이 먼저인가? 건강이 먼저인가?"라는 질문에 당연히 "일이 먼저다."라고 하면 진정성이 없다. 자신의 건강을 챙기는 것도 공무원으로서 일을 더 잘하고 공익에 기여하기 위한 조건이다. 그렇다고 무조건 건강을 위해 자신의 책임을 회피하는 것도 문제는 있다. 따라서 급한 업무 등 자신이 마무리 할 수 있는 일은 처리하고, 업무분장을 재조정하거나 동료에게 일처리를 부탁하고 건강이 회복된 후 복귀해서 자신의 역할을 더 잘 수행하면 되는 것이다.

(3) 직무상황형 문제의 경우 여러 가지 발생 가능한 상황을 예측하면서 우선순위를 정하고 합리적이고 종합적인 대책을 제시하는 것이 좋다. 단편적인 대책만을 고집할 경우 심한 압박을 받을 수 있다. 또한 대책 수립 후 보고절차를 준수하는 것이 매우 중요하다.

> **✔ PLUS**
>
> 일의 우선 순위는 급하고 중요한 것부터 처리하는 것이다. 따라서 상황에서 제시된 사안 중 무엇이 급하고 중요한가를 뽑아내는 것이 우선이다. 급하고 중요한 일을 먼저 처리한 후 근본적인 해결책(규정의 개정 또는 관행의 개선 등)은 중장기 과제로 처리해 나가야 한다.

7 │ 상황형 질문 답변사례

Q. 일이 끝난 후 집에 있는 아이들을 돌보러 가야하는데 상관이 밤새 일을 처리할 것을 요구했을 때 어떻게 대처할 것인가요?

> **🖊 Check point**
>
> 1. 이 상황제시형이 묻는 바는 '일과 가정 우선순위 딜레마 상황에서 어떻게 두 가지를 조화롭게 처리할 수 있을까?' 일과 가정 양립방안을 묻고자 함이다.
> 2. 아이를 돌보겠다고 할 경우 "다른 동료들은 일하는데 어떻게 할 것인가?" 등의 후속 압박질문이 있을 수 있다.
> 3. 생각해 볼 수 있는 대안
>   ① 우선 현재 상황에 대해 상관에게 보고하여야 한다. 그 후에 아이를 돌보고 나서 저녁이나 새벽시간을 이용하여 업무를 처리하는 방법이 있을 수 있다.

Q. 우리 시에서 현재 도서관 설립과 도로개선 두 가지 문제로 의견충돌이 이뤄지고 있는데 본인이라면 이 둘 중에 어느 정책을 시행할 것 같나요?

A. 저는 일단 우리시에서 제가 느낀 것은 횡단보도에 신호등이 너무 없다는 것입니다. 그것 때문에 도로개선도 필요하다고 생각을 했지만 저는 우리 시에 노년 인구가 많고 청년 인구를 더 유입시키기 위해서 미래지향적인 도시를 만들기 위해 도서관을 더 설립하는 것이 시급하다고 생각합니다.

Q. 실제 많은 우리 시의원들은 도로개선이 더 필요하다고 생각을 하고 있어요. 이런 면에서 상사와 의견 충돌이 있게 된다면 어떻게 하실 건가요?

A. 제가 지금은 자세한 사안에 대해서 모르지만 공무원이 된다면 좀 더 정확한 근거와 정보를 가지고 상사님을 설득시킬 것 같습니다.

Q. 보건직 공무원 일을 하다 보면 보건소에서 일할 수도 있고 시청에 위생국에서 일할 수도 있습니다. 그럼 인·허가 업무같은 것도 할 수 있어요. 약국이나 의원 인·허가 이런 업무도 하는데 만약에 본인이 약국 인·허가를 하러 약국에 갔어요. 그런데 조건을 다 만족하는데 한 조건이 만족을 못해서 허가가 안 되는 상황입니다. 근데 직장에 복귀했더니 상관이 뭘 그걸 갖고 그러냐면서 그냥 허가해주라고 했을 때 본인은 어떻게 할 거예요?

A. 참 난감할 것 같습니다. 일단 제가 신규공무원이고 업무가 미숙하기 때문에 상관님이 그렇게 지시하신다면 일단 검토해보겠다고 하고 물러날 것 같습니다. 그리고 그것이 위법한 것인지 등을 검토하고 정말 안 되는 것이라면 보고서 형식으로 작성해서 이러이러 해서 안 되는 이유를 상관님에게 조심스럽게 말씀드릴 것 같습니다.

Q. 혹시 본인이 민원업무를 하다가 100여명의 단체 민원이 들어와서 민원해결을 요청하는데 보니까 법령에 정확히 안나와있어요. 그런데 이 민원을 해결해주면 다른 기관에서 본인이 소속된 기관을 고발하겠다고 합니다. 어떻게 업무를 진행할 것인가요?

A. 우선 단체민원인 대표자분에게 저와 함께 긴급히 회의를 갖자고 말씀을 드리겠습니다. 그리고 나서 민원의 어떤 부분이 문제이고 그로 인하여 겪고 있는 불편함이 무엇인지 경청하고 현재 관련 법령의 규정이 어떠하다는 점을 정확히 알려드리겠습니다. 또한 지역 공무원들도 이 문제에 적극적인 노력을 하고 있고 앞으로 이런 민원이 발생하지 않도록 하겠다고 말씀드리겠습니다. 그리고 당장 시정요청 해드릴 것과 시간이 다소 필요한 사항을 나누어서 민원문제를 해결해 드리겠다고 말씀드리겠습니다. 그리고 다른 기관과 발생할 수 있는 문제점에 대해서는 제가 속해있는 부서에서 회의를 진행하여 어떻게 이 문제를 완만히 해결할지를 강구하겠습니다.

Q. 어떤 규정을 실행해야 합니다. 그런데 그 규정이 시민들에게 피해를 입힐 수 있어요. 그래서 그 시민들이 그것을 반대합니다. 그러면 그 규정을 실행할 것입니까? 아니면 시민들의 뜻대로 시행하지 않을 것입니까?

A. 공무원의 기본은 원칙과 규정을 지키는 것이기 때문에 저는 규정을 지킬 것 같습니다. 하지만 그 규정이 정말 시민들에게 이득이 되는 것이 없고 지키지 않는 게 낫다면 조례개폐청구를 건의할 것 같습니다.

➡ 시민의 뜻을 존중하더라도 절차를 밟아 시정해야 한다.

Q. 요즘 보면 그런 센터들이 지역사회에 많잖아요? 어려운 사람들 도와주려고 그런 센터들이 많이 생기는데 예를 들어 나눔의 집이라고 한다면 그 나눔의 집이 미인가인 시설이에요. 그런데 정말 도움이 절실히 필요한 사람들이 있어서 도움의 손길이 필요한데 어떻게 하시겠어요? 도움을 주시겠어요?

A. 저는 왜 사람들을 도와주려고 만든 시설이 미인가인지 시설의 센터장님의 이야기를 들어볼 것이고 미인가인 상태에서는 시에서 직접적인 도움을 바로 줄 수가 없기 때문에 이것을 인가를 받을 수 있는 방법을 찾아볼 것 같습니다. 어떻게든 미인가를 해결할 수 있는 방법을 최대한 찾아서 도움을 드리고 싶을 것 같습니다.

Q. 악성민원인분이 일이 처리가 안 된다며 동장님 나오라고 소리를 지르고 있는 경우 어떻게 하실 건가요?

A. (고민을 하며) 그렇다면 일단 자리를 따로 안내해 드리고 차를 한잔 뽑아서 민원인을 안정시키고 매뉴얼을 보여드리면서 차근차근 말씀드리도록 하겠습니다.

Q. 제가 질문한 건 동장님을 불렀을 때 어떻게 하실 거냐고요?

A. 일단은 제가 처리할 수 있도록 노력을 해보겠습니다. 제가 민원을 처리할 수 없다면 주변 동료들에게도 도움을 청해보도록 하겠습니다. 그럼에도 민원인이 강경하게 나온다면 동장님께 데려가도록 하겠습니다.

Q. 왜 그렇게 동장님을 아끼시죠? 동장님께 가는 건 불법이 아닙니다. 실제 동장님께서 일을 처리하시면 5초면 일이 처리될 때도 많습니다. 왜 그렇게 동장님을 숨기시는 건가요?

A. 아… 제 생각에는 동장님께서는 동장님의 역할이 있다고 생각합니다. 특히 동장님께서는 관리자의 입장으로 계시기 때문에 밑에 직원들을 관리하여야 하며 동장님의 업무 또한 저보다 많을 것이라고 생각합니다. 면접관님께서 말씀하신 것처럼 평소에도 동장님을 찾는 민원인들이 많으신데 그때마다 동장님께 민원인 분들을 데려가면 동장님께서 업무에 큰 부담을 느끼실 거라고 생각합니다. 그렇기 때문에 최대한 제가 처리할 수 있는 문제는 제가 처리하는 것이 맞다고 생각합니다.

➡ 공무원에게 책임감이란 어떤 의미인지를 잘 보여준 답변 사례이다. 동장님 질문은 담당자로서 책임지는 모습을 보고자 함이다.

Q. 주로 일처리를 할 때 두 가지 종류가 있는데 기한은 넘기면서 만족스러운 일처리를 하는 경우, 기한 내에 맞추면서 불만족스러운 일처리를 하는 경우가 있어요. 둘 중 어느 경우가 더 낫다고 생각하세요?

A. 사실 신속성과 정확성 둘 다 놓칠 수 없다고 생각합니다. 하지만 이 일은 다른 기업이나 다른 직렬과도 연계성이 있는 일이기 때문에 신속성이 더 중요하다고 생각합니다.

➡ 대부분의 응시생은 완결성을 선택한다. 그러나 기한을 준수하는 것은 약속이며 규정이기도 하다. 따라서 가능하다면 기한을 준수하도록 노력해야 한다. 보고서의 경우에도 기한을 맞추도록 해야 하며 퀄리티에 문제가 있다고 생각되면 중간보고서를 상관에게 보여주며 방향성을 협의할 경우 기간을 훨씬 더 단축하고 퀄리티를 높일 수 있다.

Q. 팀장님이 휴가를 가셨는데 이전에 팀장님께서 시키신 일이 어떤 내용인지 기억이 나지 않습니다. 그런데 그 일이 마감기한이 임박했다면 어떻게 할 것인가요?

A. 일단 혹시 일을 지시받았을 때 메모를 해 둔 게 없는지 찾아보고 없다면 그 날 혹시 제가 업무를 배당받을 때 같이 있었던 동료가 있다면 물어볼 것 같습니다. 그래도 없다면 팀장님께 '팀장님 정말 죄송하지만 제가 팀장님께서 지시하셨던 업무내용이 기억이 나지 않아 연락을 드렸습니다.'라고 문자나 전화로 여쭈어볼 것 같습니다.

Q. 만약에 전임자가 일을 해놓고 간 것에 대해서 민원인이 본인에게 고소를 한다며 손해배상청구를 한다면 어떻게 하실건가요?

A. 네, 말씀드리겠습니다. 일단은 전임자가 한 일이라도 현재에는 제 일이니 책임지고 끝까지 성실하게 민원인께 사과를 드리고 양해를 구하겠습니다. 그럼에도 불구하고 손해배상을 청구하시겠다고 한다면 그 부분에 관하여는 상사께 보고드리고 의논해 보도록 하겠습니다.

Q. 지자체에서 투자를 많이 했고 시민에게 많은 이득이 갑니다. 근데 이 과정에서 경미한 법령을 어긴 것을 발견했다면 어떻게 할 것인가요?

A. 법과 원칙을 어기면 안 됩니다. 법과 제도가 있는 이유가 있을 것입니다. (면접관님께선 적극행정 면책제도가 있고 경미한 사항은 면책이 된다. 또한 법과 제도가 다변화하는 시대에 뒤떨어질 수가 있다. 그렇기에 경미한 사항이면 충분히 재량권을 발휘할 수 있다고 짚어주셨습니다.)

Q. 하나뿐인 친구의 장례식장에 갔는데 직장에 복귀해야 합니다. 꼭 본인이 필요하고 거리도 멀 경우 어떻게 할 것인가요?

A. 말씀드리겠습니다. 제가 그 장거리를 가는데 노트북을 들고 가지 않을리 없다고 생각합니다. 그래서 저는 문상객이 없는 곳에서 노트북으로 업무를 처리하도록 하겠습니다. 그리고 그 후에 친구의 곁을 지키도록 하겠습니다.

Q. 중요한 일인데 혼자 결정을 내려야 할 상황이라면 어떻게 대응할 것인가요?

A. 우선 이전에 이런 일이 있었는지 사례를 찾아보고 다른 지자체 사례를 찾거나 혹은 상급기관에 문의하겠습니다. 그 후 스스로 결정에 대한 장점과 단점을 정리해 최선의 결정을 내리겠습니다. 그리고 이 결정을 왜 이렇게 했는지 이유, 원인을 적어 이후에 상관님께 상황에 대해 보고하겠습니다.

2024
스티마 면접
지방직(공통편)

10
개인신상 관련 질문

CHAPTER

01 자기소개

✔ **POINT** 지방직 면접은 자기소개로부터 시작된다.

1 자기소개 개요

(1) 의 의

자기소개는 자기 PR(Public Relation, 대중과 관계를 맺는 것)이다.

(2) 자기소개 잘하는 방법

① 진심을 담아 진정성 있게 자신의 모습을 보여주어야 한다. 그래야 상대방에게 신뢰와 믿음을 줄 수 있다.

② 핵심을 담아 간단명료하게 표현할 수 있어야 한다. 또한 남들과 차별화된 자신의 강점을 뚜렷하게 각인시킬 수 있어야 한다.

③ 듣는 사람이 편안하게 느껴질 수 있도록 스토리로 자신을 자연스럽게 표현해야 한다.

> ✔ **PLUS**
>
> **스토리의 중요성**
> 1. 예를 들어 자신이 책임감이 있다고 말할 때도 그냥 "저는 책임감이 있습니다." 이렇게 말하는 것보다는 "인턴실습 동안 점심시간 전화업무를 하였습니다. 그때 함께 수퍼바이저 선생님께 그리고 동료들에게 책임감이 있다는 칭찬을 들었습니다. 왜 그런가 곰곰히 생각해보니 제가 전화가 왔을 때 성함과 연락처뿐만 아니라 전화를 하게 된 이유와 요구사항까지 함께 기록해 업무 담당자 선생님께 드려서 다시 전화해야 하는 수고와 시간을 아꼈기 때문이라고 하셨습니다. 저는 책임감이란 내게 주어진 일 이상을 하는 것이라고 생각합니다. 그리고 앞으로도 이런 책임감을 발휘해 지역 주민들의 행복에 이바지하고 싶습니다." 이와 같이 눈에 보이듯이 스토리로 전달함으로써 듣는 사람과 공감이 이루어진다.
> 2. 복잡한 이론과 숫자 대신 사례와 예시 등 스토리를 더 잘 기억하는 이유는 말을 통해 정보를 전달할 때 가장 오랫동안 기억에 남는 형식이 바로 주인공이 등장하는 스토리이기 때문이다. 우리의 뇌가 스토리에 더욱 민감하게 반응하는 만큼 사람의 마음을 얻기 위해서는 스토리가 들어간 사례로 구성하는 것이 필수적이다.
> 3. 이론과 통계 숫자가 아닌 눈에 보이는 생생한 사례나 경험을 먼저 찾아야 한다. 그러면 메시지를 전달하기가 훨씬 쉬워진다. 또한 상황을 묘사할 때는 눈에 보이듯 생생하게 시각적으로 묘사해야 한다.
> 4. 자기소개를 할 때도 경험이나 사례와 연결시켜 스토리로 만드는 것이 매우 중요하다. 그렇게 함으로써 공감과 함께 진정성 있는 공직가치를 보여줄 수 있기 때문이다.

(3) 자기소개는 본인을 브랜드화하는 것

① 브랜드화란 자신의 가치를 보여주는 것이다.

② 자신의 가치는 공직수행 역량과 관련이 있는 내세울 만한 경력, 경험을 통해 보여줄 수 있다.

③ 남들과 차별화되는 나만의 전문적인 활동, 기술이나 기능, 강점도 자신의 가치를 나타낼 수 있다.

④ 공직가치를 보여줄 수 있는 자신만의 활동, 경력, 경험 등도 좋은 소재가 될 수 있다.

> 例 예를 들어 봉사활동 경험이나 경력은 공무원으로서의 자세를 표현할 수 있는 좋은 소재가 된다. 또한 창의성 있는 활동을 했다면 면접관은 흥미를 느낄 것이다.

✏️ Check point

본인의 강점찾기

1. 강점의 사전적 의미는 남보다 우세하거나 뛰어난 점이다.
2. 의외로 자기 자신에 대해 잘 모르는 경우가 많다. 그런 경우 친구에게 한 번 물어보도록 하자. "내가 잘하는 게 무엇인 것 같니?" 그러면 친구가 응시생이 남들보다 뛰어난 강점이 무엇인지 장점이 무엇인지 말해줄 것이다. 친구의 시선을 통해 자신의 가치를 찾을 수 있고 그런 내용을 면접에서 활용할 수도 있다.

---

2 자기소개 답변사례

Case 01. 경험 스토리를 활용한 사례

> 저는 성실하고 책임감이 강한 사람입니다. 도서관에서 근로 장학생으로 근무할 때도 성실함을 인정받아 사서 선생님께서 제게 근로장학생들을 위한 매뉴얼 작성을 맡겨주셨습니다. 그리고 저는 민원업무를 잘 처리합니다. 도서관에서 3년간 근무하면서 여러 종류의 민원을 다루어보았기에 민원처리를 잘 할 자신이 있습니다. 그리고 마지막으로 저는 대학시절 봉사활동을 통해서 공무원이 가져야 할 사회적 약자를 배려하는 마음을 배운 사람입니다.

Case 02. 키워드와 경험을 활용한 사례

> 제 삶을 이끌어 준 것은 제가 가진 무한한 도전의식이었습니다. 내성적인 성격을 고치고 싶어 이른 나이에 아르바이트를 시작했고 힙합경연대회인 쇼미더머니에도 참가했습니다. 또 영어를 잘 못했던 저는 해외에서의 유학생활을 하며 저의 한계라고 생각하는 것들을 모두 극복해 나갔습니다. 이러한 열정과 끈기를 가지고 지역 주민의 삶의 질 향상에 이바지하는 공무원이 되겠습니다.

Case 03. 키워드를 활용한 사례

> 저를 설명하자면 두 가지 단어로 설명드릴 수 있습니다. 신중함과 진실함입니다. 먼저 신중함은 저는 모든 일을 함에 있어 사소한 일은 없다고 생각합니다. 그래서 항상 모든 것을 세심히 확인합니다. 예전 학부생 때 소모임에서 MT를 기획한 적이 있었습니다. 저는 그때 세심히 하나하나 다 체크를 했었습니다. 한때 유행이었던 '악마는 디테일 속에 있다.' 이 말을 가지고 세심히 확인하였고 후에 구성원들의 칭찬을 많이 들었습니다. 그리고 진실함이란 저는 상대방을 상대할 때 저의 진심을 열어야 상대방 본인도 진심을 열고 잘 대해준다고 믿기 때문에 진실함으로 상대합니다.

Case 04. 유머를 활용한 사례

안녕하십니까! 저에게는 뛰어난 세 가지 감이 있습니다. 바로 성실감, 책임감 그리고 '집에 안감'입니다. 상급종합병원 신생아중환자실에서 근무할 당시 저는 선생님들께 종종 듣던 말이 있습니다. "○○아 너는 왜 집에 안가? 집에 가도 돼~ 왜 그렇게 열심히 하는거야~" 주어진 제 업무를 완벽하게 다 끝냈음에도 불구하고 퇴근하지 않았기 때문입니다. 새로운 중환아 케이스를 접한 경우, 남아서 처치를 도우며 더 배웠고 응급상황이 발생하여 손이 더 필요한 경우, 제 퇴근을 미루고 적극적으로 도운 결과 상황이 순조롭게 잘 해결되곤 했습니다. 저는 병동에서 줄곧 '긍정 일개미'라고 불리며 성실함과 진실함을 인정받았습니다. 저의 특유의 밝고 적극적인 성격과 타고난 강인한 체력을 바탕으로 주민들의 건강을 수호하기 위하여 진심을 다해 봉사하는 간호직 공무원이 되겠습니다! 감사합니다.

Case 05. 친화력을 생생하게 보여준 사례

제 핸드폰에는 지금 600개의 전화번호가 저장되어 있습니다. 이것은 저의 친화력을 보여주는 숫자라고 생각합니다. 학교, 동아리, 대외활동 뿐만 아니라 스터디나 아르바이트까지 한 달만 같이 지내도 굉장히 오래 알고 지낸 사이 같다는 말을 많이 듣고는 했는데요. 이런 성격은 영화관, 서점, 식당, 캐피탈 등 다양한 아르바이트를 하며 다양한 상황에서 다양한 사람들을 만나고 소통한 덕이라 생각합니다. 이런 경험을 바탕으로 저는 들을 줄 아는 사람이 되었습니다. 사회복지 공무원이 되어서도 들을 줄 아는 자세로 도움이 필요한 분들의 이야기를 잘 듣고 도와줄 수 있도록 노력하겠습니다.

Case 06. 특징적인 경험을 활용한 사례

안녕하십니까! 광주광역시에 보탬이 되고 싶은 ○○○라고 합니다. 저는 저로 인해 남들이 행복해하고 도움이 된다는 것에 가장 보람차고 뿌듯함을 느낍니다. 일례로 어머니께서 병원에 입원해 계셨을 적에 할머니 한 분께서 드시던 음식물을 다 토해내셨던 적이 있었습니다. 보호자 분도 안 계셨어서 제가 샤워실로 급히 모셔 몸을 닦아드리고 옷을 갈아입혀 드렸습니다. 그때 한 어르신께서 젊은 사람이 그렇게 하기 쉽지 않은데 참 존경한다며 칭찬해주셨습니다. 힘들고 난처한 상황에 발 벗고 나설 수 있는 저의 이러한 성격은 향후 공직 생활에 도움이 될 것이라고 생각합니다! 감사합니다.

Case 07. 참신한 발상으로 자신의 브랜드를 잘 표현한 사례

저는 저를 '귀요미'라고 표현하고 싶습니다. 첫 번째 '귀'입니다. 중학교 때 또래상담반을 시작으로 고등학교 때 부반장을 하며 다른 사람들의 이야기를 잘 들어주는 귀를 가졌습니다. 두 번째 '요'입니다. 대학생활 때 요일에 상관없이 후배들이 학업에 대한 도움을 청하면 학교로 달려갈 정도로 열정적인 사람입니다. 세 번째 '미'입니다. 저는 저의 일을 미루지 않습니다. 저는 일처리 하기 전 항상 계획을 세우기 때문에 저의 일을 미루지 않습니다. 저는 저의 장점을 통해 안성시 발전에 이바지하는 공무원이 되고 싶습니다.

Case 08. 지원 직렬과 관련된 경력을 활용한 사례(간호직)

저는 어렸을 때 조부모님과 함께 살며 자주 아프시던 할머니를 보며 간호사의 꿈을 키웠습니다. 간호학과에 진학 후 보건소 실습을 하며 마을회관에서 치매예방교육을 했습니다. 치매예방교육 중 어르신들께 건강박수를 가르쳐 드렸고, 건강박수를 따라하시며 즐겁게 웃으시는 모습을 보고 보람을 느꼈습니다. 졸업 후에 병원특성상 노인 환자분들이 많은 지역 의료원에 입사하여 중환자실 간호사로 근무하였고, 이때부터 어르신들을 비롯한 지역 주민에게 직접 찾아가 도움을 주는 사람이 되고 싶다는 꿈을 갖게 되었습니다. 서산시민들의 건강과 간호를 책임지는 공무원이 되고 싶습니다.

Case 09. 봉사활동 경험을 활용한 사례(환경직)

안녕하십니다. 환경직 지원자 ○○○입니다. 저는 편안한 사람입니다. 사회적 기업인 아름다운가게에서 봉사활동할 당시 저는 매주 새로운 사람을 만날 수 있었습니다. 손님들이 가게를 떠나실 때면 '아휴 학생이랑 대화하면 참 편안하고 기분이 좋아진다~'라고 말씀해주셨습니다. 이 경험을 통해 저는 제가 공감하며 경청하는 능력이 있다는 것을 알게 되었고 이런 칭찬은 매주 봉사활동을 나갈 수 있는 원동력이 되었습니다. 환경문제는 시민의 삶의 질과 직결되는 문제라고 생각합니다. 제가 봉사활동을 하며 느꼈던 환경적인 가치뿐만 아니라 지역 주민들까지 생각하는 마음도 늘 잊지 않겠습니다. 지역 주민들의 생명과 안전을 위해 봉사하는 환경직 공무원이 되겠습니다.

Case 10. 진솔하고 자연스럽게 자신을 표현한 사례

제 장점과 앞으로의 포부를 통해 말씀드리고 싶습니다. 저는 꼼꼼하고 계획적이라는 이야기를 많이 듣습니다. 다양한 경우의 수를 생각해서 계획을 세우고 행동으로 옮깁니다. 그런데 아무리 계획을 잘 세워도 늘 그대로 흘러가지는 않더라구요. 예상치 못한 순간은 늘 생겼고 그럴 때마다 다른 사람의 의견 특히 부모님의 조언을 듣거나 친구들과 상의를 하거나 혹은 추가적인 공부를 통해서 멈추지 않고 나아가고자 노력해 왔습니다. 저는 공무원이 되면 민원인분들을 뵙기 전 제 할 일을 최선을 다해 하고 어떤 정책이 실현되기 전에 할 수 있는 한 꼼꼼히 정책의 영향력에 대해 조사할 것입니다. 그리고 민원인분들을 만나 뵙고 함께 할 때에는 제가 아무리 많이 준비했을지언정 그것이 전부가 아니라 더 좋은 방향, 더 나은 방향이 있다는 것을 자각하고 다양한 분들의 의견에 귀 기울일 수 있는 사람이 되고 싶습니다. 그렇게 함께하고 소통하는 공무원이 되고 싶습니다.

Case 11. 키워드로 핵심을 잘 정리한 사례

저는 저를 3가지로 정리해서 말씀드리도록 하겠습니다. 먼저 저는 편안한 사람입니다. 평소 저의 좌우명이 '주변 사람들을 편하게 하자'이기 때문에 주변 사람들을 배려하고 경청하려고 노력합니다. 이러한 노력 덕분인지 군 생활 중에는 군종병, 또래상담병, 군생활에 적응이 힘든 친구와 함께 그린캠프도 2번 다녀온 경험이 있습니다. 두 번째로 저는 경험이 많은 사람입니다. 사회복지를 전공하고 아동, 청소년, 노인, 장애인, 해외봉사 다양한 분야에서의 봉사활동과 두 번의 실습을 통하여 사회복지 현장을 경험하고 그 안에서 많은 것을 느낄 수 있었습니다. 마지막으로 저는 창의적인 사람입니다. 평소 많은 아이디어를 제시하고 작년에는 홍보서포터즈라는 이름으로 복지관에서 복지관 홍보와 지역의 복지이슈 등을 알려주는 활동을 하였습니다. 이러한 활동 중에 아이디어가 좋다는 이야기도 들었던 경험이 있습니다.

Case 12. 영어약자를 활용한 사례

안녕하십니까. 저는 남양주시의 CEO가 되고 싶은 ○○○입니다. CEO는 공무원은 주민의 대리인이지만 항상 주인의식을 가지고 공직에 임해야 한다는 저의 포부를 나타냅니다. CEO는 약자인데 먼저 C는 challenge, E는 encourage를 나타냅니다. 저는 학부시절 한 기업에서 주최한 기자단 활동을 했습니다. 그 때 상황이 어려웠지만 취업준비생들을 위해서 취업토크콘서트를 기획했고 그로 인해 몸과 마음이 지친 취업준비생들에게 용기를 줄 수 있었다는 점에서 C와 E로 소개하고 싶습니다. 마지막 O는 opportunity로 기회입니다. 저는 다가온 기회를 반드시 잡기 위해 노력하는 사람으로 지금도 남양주시의 든든한 일꾼이 되고자 면접을 보게 되었습니다.

Case 13. 도전정신과 전문성을 잘 표현한 사례

안녕하십니까. 미래를 여는 시흥시의 자랑스러운 예비공무원 ○○○입니다. 저의 가치는 도전성과 전문성입니다. 저의 도전성은 선한 영향력을 주고 다른 사람들에게 도움을 주었습니다. 작년 저는 MBC 예능프로그램에 일반인으로 출연을 한 적이 있습니다. 개그맨과 기상천외한 대결을 하여 이기면 상금 10만원을 주는 게임이었습니다. 평소 오리걸음에 자신이 있었던 저는 대결에 신청하였고 승부 끝에 게임에서 이기게 되어 상금 10만원을 받아 장애인복지관에 기부를 한 바 있습니다. 이는 공직관의 적극성으로 능동적이고 적극행정의 자세로 이어집니다. 다음 저의 전문성은 사회복지를 전공하면서 청소년쉼터, 노인복지관 등 기관에서 일한 바 있어 다양한 대상자들을 접해본 바 사회복지공무원으로서 가져야 할 덕목을 지녔다고 할 수 있습니다. 따라서 변화를 꿈꾸는 시흥시에서 시민들을 위해 늘 도전하고 전문성을 띤 복지전담공무원이 되겠습니다.

Case 14. 공직가치와 관련된 경험을 활용한 사례

안녕하십니까. ○○군에 지원한 듬직한 (제가 좀 통통해서 이렇게 표현했더니 한분께서 웃어주셨습니다) 지원자 ○○○입니다. 저는 책임감과 소통능력으로 설명드리고 싶습니다. 첫 번째로 저는 대학교 학생회 활동을 하며 학생회 임원 중에서도 책임감 있게 일한 학생에게 주는 장학금을 2년 내내 받았었습니다. 특히 결산업무를 같이 맡은 선배님이 갑작스런 휴학을 하셨었는데 여럿이서 하던 업무를 혼자라도 3일 밤을 새며 끝냈던 경험이 있습니다. 두 번째로 다양한 계층과 만나는 봉사활동을 통해 소통능력을 길렀습니다. 특히 다문화가정 학생들에게 숫자를 알려주는 봉사활동 중 숫자에 1은 기린 2는 오리 3은 기러기와 같은 그림을 그려주며 눈높이에 맞는 설명으로 학생들의 이해를 도울 수 있었습니다. 이러한 경험을 바탕으로 항상 국민들의 눈높이에 맞게 소통하는 책임감 있는 공무원이 되고 싶습니다.

🖉 Check point

1. 자기소개는 자신의 가치를 표현할 수 있는 대표적인 경험이나 경력, 키워드를 가지고 정리하는 것이 필요하다.
2. 면접관으로부터 후속질문을 유도할 수 있는 흥미롭고 특징적인 내용이라면 더 좋다. 이를 통해 자기주도의 면접이 가능하기 때문이다.

CHAPTER

02 성격의 장·단점

1 성격의 장·단점 진솔하게 표현하기

(1) 장점은 경험이나 사례를 들어 사실적으로 느끼도록 표현해야 한다.

① 예를 들어 적극적인 성격이라면 학생회 활동이나 동아리 임원 등 리더십을 발휘했던 경험을, 도전적인 성격이라면 자신의 도전했던 경험을, 소통을 잘한다면 중간에서 갈등을 해결한 경험 등을 활용하여 나타내야 한다.

② 강점과 마찬가지로 자신의 장점을 잘 모르겠다면 친구에게 도움을 요청하는 것도 좋은 방법이다.

(2) 단점은 솔직하게 간략히 언급하고 대신에 단점을 극복하기 위해 어떤 노력을 했는지에 초점을 맞춰야 한다.

① 예를 들어 급한 성격 때문에 빠뜨리는 것이 많다는 것이 단점이라고 한다면 이를 극복하기 위해 체크리스트를 만들어 꼼꼼히 살펴보도록 노력한다고 하면 된다.

② 걱정이 많다는 단점이 있다면 일에 집중할 때는 걱정이 없어져 일이나 취미에 집중하려고 노력한다. 최근에도 어떤 취미활동을 하고 있다고 하면 된다.

(3) 단점을 장점화 시킬 수 있으면 금상첨화다. 면접관의 선입견이나 편견을 없애기 위해 약점이라고 생각하는 것을 먼저 드러내는 것도 괜찮다.

(4) 사례는 다음과 같다.

> 1. 안녕하십니까. 유쾌한 반전을 꿈꾸는 공무원이 되고 싶은 ○○○입니다. 저는 평소 이국적인 외모 때문에 저를 처음보시는 분들께서는 차가워 보인다는 말씀을 종종 하십니다. 그러나 저를 알아가실수록 제 친근하고 털털한 성격 덕분에 반전 있는 여자라는 별명이 붙었습니다. 이런 제 긍정적인 반전으로 민원인들에게 보다 친근하게 다가가고 보다 매력적인 공무원이 될 수 있도록 노력하겠습니다. 감사합니다.
> 2. 저는 살면서 잘생겼다는 소리를 정말 듣고 싶었습니다. 그런데 제 얼굴을 보시면 아시겠지만 한 번도 들어보질 못했습니다. 대신 참 착하게 생겼다, 순하게 생겼다는 소리를 자주 들었습니다. 생긴 것처럼 저는 착하고 순한 사람입니다. 조금 순박하기까지 합니다. 그런 점이 제 장점이라고 생각합니다. 하지만 이런 점이 살면서 안 좋을 때도 있습니다. 일례로 제가 대학교 신입생 때 어학관련 테이프 사기를 당한 적이 있습니다. 그렇지만 저는 이런 제 성격을 바꿀 마음은 없습니다. 가끔씩 손해를 보더라도 사람이 사람을 신뢰하고 사랑하며 함께 사는 것이 의심하며 경계하며 사는 것보다 더 사람으로서 바람직한 삶이라고 생각하기 때문입니다.

2 성격의 장·단점 답변사례

Q. 본인의 장점은 무엇인가요?

A. 제 성격적인 장점을 말씀드리자면 저는 자존감이 높은 것이 제 장점이라고 생각합니다. 자존감이 높다는 것은 보시기에 이기적이라고 보일 수도 있겠지만 저는 제 가치를 아는 것이 다른 사람의 가치를 알고 다른 사람을 존중하고 배려하는 것까지 나아갈 수 있다고 생각해서 자존감이 높은 것이 제 장점이라고 생각합니다.

➲ 장점의 근거를 명확하게 제시하고 있다.

Q. 자신의 장단점에 대해 말해보세요.

A. 저의 장점은 헌혈의 집, 화장품가게, 제약회사 등 다양한 아르바이트 경험으로 인한 다양한 계층과의 소통력입니다. 저는 저의 이러한 소통능력으로 누구보다 가까이 지역사회주민들을 위해서 일하고 싶습니다. 반면, 저의 단점은 제가 생각이 많다는 점입니다. 생각이 많아서 일의 우선순위가 정해지지 않아 일상생활에 혼란이 오자 저는 핸드폰 앱을 이용하여 저만의 우선순위를 정리하는 습관을 가졌고 이는 저를 더욱 능동적인 사람으로 만들어주었습니다.

Q. 주변에서 부모님이든 친구들이든 본인의 장단점을 무엇이라고 이야기해주나요?

A. 장점은 꼼꼼함, 세심함이라고 생각합니다. 평소 주변을 항상 살펴보고 그래서 변화나 필요 등을 먼저 찾아내서 그런 것 같으며 업무특성상 또 꼼꼼함이 요구되는 일이었다 보니 더 그런 칭찬을 모시는 분에게 받았던 것 같습니다. 단점은 제 장점이 때로는 단점이 될 수 있다고 생각하는데 꼼꼼하지만 꽤 차분한 점입니다. 지금 보시다시피 제 목소리가 높낮이가 큰 편도 아니고 차분합니다. 이것이 업무상 장점이 될 때도 있었지만 또 첫인상이 때로 딱딱해 보일 수 있다고도 생각합니다. 그래서 항상 먼저 다가가서 웃으려고 하고 말 걸려고 노력합니다. 공무원 업무를 할 때에도 이런 식으로 주민에게 먼저 다가가서 소통하려고 노력하겠습니다.

➲ 장단점을 스스로 모르는 경우도 있기 때문에 친구에게 그 이유도 함께 물어보는 것이 좋다.

Q. 친구들이 본인을 어떻게 생각하나요?

A. 친구들은 저를 보고 '너 진짜 가만히 있지를 못하는구나'라고 합니다. 저는 20살 초반에 개발에 빠져 자바 교육센터에 다녔습니다. 그리고 취업을 해서 실무에 따라가지 못해서 오전에는 일을 하고 퇴근해서는 테스트 서버를 깔아서 혼자서 개발 공부를 하였습니다. 그리고 일이 적응돼서 무료해 질 때 사람들을 만나기 위해 청년 학교를 다녔습니다. 그리고 저는 꽃꽂이, 문화센터 에어로빅 등 다양한 활동을 하였습니다.

Q. 본인의 단점과 극복하고 있는 노력에 대해 얘기해 주세요.

A. 저의 단점은 부끄럽지만 눈치를 조금 많이 본다는 것입니다. 그것이 누군가에게는 눈치를 본다고 느껴지기도 하겠지만 저의 주변 지인들은 오히려 너는 그런 점 때문에 눈치가 빨라서 '내 마음을 항상 잘 알아'라며 배려심 있다고 평가해주기도 합니다. 그래서 저는 조직에서 일할 때 누군가에게 눈치를 보는 것처럼 비춰지기보다는 상대방의 마음을 읽고 배려심 있다고 느껴지게 하기 위해 항상 노력하고 마음에 새기고 있습니다.

Q. 본인의 단점은 무엇인가요?

A. 제가 생각하는 저의 단점은 제가 계획대로 되지 않은 일에 대해 불안과 스트레스를 조금 느낀다는 것입니다. 저는 이를 극복하기 위해서 사전에 최대한 제가 생각해낼 수 있는 것들을 모두 예측해보려고 노력하고 그 이후에는 최선을 다했기 때문에 그 이후의 일은 언제나 예측 불가능한 일은 남아있기 때문에 모든 것을 컨트롤 할 수는 없다는 마인드컨트롤을 하면서 극복하려고 했습니다.

◉ 단점은 솔직하게 이야기하되 극복 노력에 초점이 맞춰져야 한다.

Q. 자신의 단점에 대해 말해보고 그것을 어떻게 극복하려고 노력했는지 말해주세요.

A. 저는 일을 처리할 때 꼼꼼하게 처리합니다. 따라서 남들보다 두 번 세 번 보다보면 일처리가 늦어질 수도 있다고 생각합니다. 그러나 일을 할 때에 일의 기한을 지키는 것이 중요한 것이라고 알고 있습니다. 따라서 저는 일의 경중을 따져서 정말로 꼼꼼하게 볼 것과 아닌 것을 구별하겠습니다.

Q. 자소서에 '걱정이 많다'고 단점이 기재되어 있는데 본인은 완벽주의자인가요? 공직에 와서는 이 점을 어떻게 극복할 것인가요?

A. 준비성을 강조하는 가정교육이 배경이 되어서 이런 성격을 가진 것 같습니다. 사실 어제도 면접 때문에 긴장을 해서 잠을 설쳤습니다. (면접관들께서 이 부분에서 미소 지으심) 조금 피곤한 성격이긴 하지만 행정업무에 도움이 되는 쪽으로 일하도록 하겠고 현직에 저보다 훌륭한 상사분들이 많다고 생각하기에 조금 걱정을 덜 수 있지 않을까 생각합니다.

Q. 본인의 장점과 단점은 무엇인가요?

A. 저는 사람을 좋아하는 것이 장점입니다. 낯을 가리는 편이 아니라서 처음 보는 사람들과도 잘 대화합니다. 많은 사람을 상대하는 공무원의 업무를 수행하기에도 유리하리라 생각합니다. 단점 또한 사람을 너무 좋아한다는 점인데 괜히 옆 사람과 친해지고 싶어서 말을 걸었다가 민망한 상황이 오는 경우도 있었습니다.

Q. 자신의 성격이 잘 드러나는 경험을 말해보세요. ⇨ 적극성과 문제해결 경험 활용

A. 대학시절, 한인학생회에서 활동을 했습니다. 한국 문화 소개하기의 하나로 주 1회 나이트 마켓에서 한식 알리기를 주제로 한 점포 사업을 벌였습니다. 원래 떡볶이를 판매하던 점포의 수익이 좋지 못했습니다. 그 원인을 주방 부서의 잘못된 조리방식이라 주장하는 한쪽과 서비스 부서의 소홀한 고객 응대에서 찾는 의견이 생겨 갈등상황을 해결하기 위해 우선 현지인을 대상으로 한식선호도 설문조사를 실시해 선호도가 좋았던 닭갈비로 메뉴를 교체했고 또 하나의 문제 원인이었던 의견공유과정에서 서로의 역할을 바꿔보고자 1주일에 한 번씩 각자의 역할을 바꾸어 일을 했습니다. 그 결과 저희가 목표했던 매출을 올릴 수 있는 좋은 경험이었습니다.

Q. 성격의 장단점은 무엇인가요?

A. 제 성격의 단점은 처음 본 사람에게 낯을 가린다는 것입니다. 왜냐하면 제가 한 지역에서 유치원부터 고등학교 졸업까지 했는데 계속해서 같은 친구들과 지내다 보니 새로운 사람을 만날 기회가 없어서 낯을 가리게 됐습니다. 그래서 대학생 이후에는 낯을 가리는 성격을 극복하고자 일부러 많은 대외활동과 봉사활동을 했습니다. 대외활동과 봉사활동을 하다보면 저와 다른 직업, 가치관을 가진 사람들을 만나면서 그 사람의 필요를 캐치할 수 있는 법을 터득했습니다. 그리고 장점은 낯을 가리지만 그 이후에는 같이 저와 업무를 한 사람들에게 함께 일하고 싶다는 평을 받았습니다. 물론 주관적이지만 그럼에도 그런 평가를 받을 수 있었던 것은 제가 제 몫만 일하지 않고 다른 사람에게 어떻게 하면 도움이 될 수 있을까 많이 고민했고 행동했기 때문입니다. 그리고 저는 기획하는 것을 좋아해서 기획력을 통해 정책제안을 잘할 수 있을 것 같습니다.

Q. 본인의 장점을 말씀해보시겠어요?

A. 제 장점은 적극성과 창의성입니다. 중국 북경에서 학교 프로그램으로 현지인들에게 국내 기업에 대한 설문조사를 하기 위해 길거리로 나온 적이 있습니다. 하지만 조원들 중 아무도 중국어를 할 수 없어 다들 시작을 주저하고 있었습니다. 그 때 저는 문제를 해결하고자 근처 마트를 발견해서 큰 스케치북과 스티커를 구매했습니다. 휴대폰 번역을 통해 스케치북으로 큰 질문지를 만들었고 질문지를 통해 용기가 생긴 조원들과 많은 응답을 받은 경험이 있습니다.

CHAPTER
03 지원동기 및 공무원에 적합한 이유

1 설득력 있고 공감이 되는 지원동기 찾기

(1) 어떤 이유로 공무원에 지원하게 되었는지 자신의 경험, 전공, 인생관 등에 비춰 구체적으로 제시하는 것이 좋다.

① 예를 들어 공무원을 직·간접적으로 접하면서 (행정보조, 봉사활동 등) 공무원의 역할과 업무를 체험하는 과정에서 공직에 뜻을 두게 되었다고 할 수 있다.

② 자신의 경험 속에서 공무원에 대한 소명의식(공직을 천직으로 생각하는 이유)을 찾을 수 있다.

③ 자신이 공무원에 적합한 이유를 찾아 지원동기로 활용하는 것도 방법이다.

  ➡ 봉사정신이 투철하다거나 헌신하는 것을 좋아한다거나 남을 위해 일을 할 때 보람과 긍지를 느낀다 등으로 이때는 반드시 근거를 같이 이야기해야 한다.

(2) 직업의 안정성, 워라밸 때문에 공무원에 지원하게 되었다고 이야기하는 것은 좋지 않다.

(3) 현직 공무원들은 일을 통한 보람과 헌신성이 몸에 베어 있다. 요즘 젊은이들이 직업의 안정성만 바라보고 공직에 지원하고 또 일이 힘들다고 이직하는 경우가 많아 안정성이라는 단어에는 약간의 거부감을 갖는다.

(4) 공무원 지원동기와 해당 지자체에 지원한 이유 두 가지 버전에 대해 준비를 해야 한다.

2 지원동기 답변사례

Q. 지원동기를 얘기해보세요. ⇨ 솔직한 인생스토리로 표현한 사례

A. 저는 경험으로 많은 것을 배울 수 있다고 생각합니다. 저는 사회 경험이 많고 공공기관에서 근무한 경험도 많습니다. 가장 최근에 근무한 기관에서 정규직 전환을 진행했는데 아쉽지만 저는 정규직 전환이 되지 않아서 큰 좌절을 겪었습니다. 하지만 그대로 포기하지 않고 NCS도 공부하고 공공기관에 다시 지원하였습니다. 하지만 서류 통과조차 쉽지 않았고 구입한 교재는 다시 인터넷 서점에 팔았습니다. 그리고 미래에 대해 열심히 고민을 했고 누구나 공평하게 시험을 볼 수 있는 공무원에 도전해야겠다고 생각하고 그 목표를 보고 노력했습니다. 지원동기가 미약하지만 공부를 하면서 또 면접 준비를 하면서 ○○시에 대해서도 많이 알아보고 공직자의 자세에 대해서도 깊이 생각해보았습니다. 우리 ○○시민을 위해서 생각하고 행동하는 공무원이 되겠습니다. 감사합니다.

Q. 공무원을 꿈꾸게 된 이유가 무엇인가요?

A. 고등학교 때 산복도로 등의 낙후 지역을 문화공간으로 꾸며서 지역의 문화 콘텐츠를 확장하는 것에 대한 프로젝트를 진행한 적이 있었습니다. 활동 과정에서 현장을 직접 방문하고 주민들의 의견을 들으면서 시민들의 삶에 영향을 미치는 공무원이라는 직업에 처음 관심을 가지게 되었습니다. 공무원에 관심을 가지게 된 이후로 지역 사회에서 주관하는 다양한 봉사활동에 참여하였습니다. 그 과정에서 지역 주민들과 소통하고 지역 사회에 기여할 수 있었던 것이 매우 의미 있는 일이었습니다. 제가 직업을 선택하는 데 있어서 가장 중요하게 생각하는 것은 보람입니다. 공직에서 일하게 된다면 저의 능력을 가장 잘 펼칠 수 있고 시민들을 위해 일하면서 가장 큰 보람을 느낄 수 있다고 생각해서 이번 부산광역시 지방공무원 시험에 지원하게 되었습니다.

Q. 공무원에 지원하게 된 계기가 무엇인가요?

A. 제가 공무원이 되기를 결심하게 된 것은 제가 중학생일 적 비가 아주 많이 내리던 어느 날이었습니다. 며칠 전과 같이 침수피해가 심각하고 출근도, 등교도 모두 중지될 정도로 심각한 상황이었는데요. 저는 그러한 상황에서도 출근하시는 어른들을 보게 되었습니다. 어머니께 저 분들은 이 날씨에 왜 출근을 하시냐 여쭙자 어머니께서는 저 분들께서 공무원이셔서 시민의 안전을 지키기 위해 출근하신다 말씀해 주셨습니다. 그 분들의 뒷모습은 제게 영웅으로 보였고 공무원이 되겠다는 결심을 품게 되었습니다. 이후 저는 다양한 봉사활동을 하고 행정학과에 진학하는 등 공무원이 되기 위한 노력을 해 왔고 이 자리에 올 수 있었습니다.

Q. 다양한 직업이 있는데 공무원에 지원한 이유는 무엇인가요?

A. 저의 삶의 목표는 행복입니다. 저는 제가 불편하고 타인이 행복한 것이 편한 사람입니다. 이러한 저의 성향을 고려해봤을 때 공익과 주민의 삶의 질 향상을 위해 노력하는 공무원이 가장 맞을 거라고 생각했습니다. 또한 저는 계획을 세우고 그것을 실천해 나가며 자아실현을 하는 편입니다. 광주 무등산 국립공원 창립 및 학술대회에 참가한 경험이 있습니다. 당시 강운태 전 광주광역시장님과 공무원, 학계교수, 지역 주민이 함께 무등산 보존방안과 활성화방안에 대해 고민하고 토의하는 것을 보며 공무원이 단순히 고리타분한 직업이 아니라 굉장히 멋진 직업이라는 것을 느꼈습니다. 그때부터 공무원의 꿈을 품고 이 자리에 앉게 되었습니다.

Q. 지원동기가 무엇인가요?

A. 저는 다문화가정에서 성장하였습니다. 어린 시절 구청에서 실시하는 다문화 관련 프로그램에 참여하게 되어 가족들과 함께 여행을 가거나 문화 체험 등에 참여한 기억이 납니다. 사실 이때는 어린 시절이라 무슨 프로그램인지 잘 알지도 못하였고 다문화 관련 분야가 사회복지 공무원의 업무라는 것도 알지 못하였습니다. 그런데 대학에서 복지를 전공하면서 다문화가 복지 분야에서 매우 중요한 영역을 차지하고 있고 지역 사회에서 다문화 복지를 실천하기 위해서는 공직의 영향이 매우 크다는 것을 알게 되었습니다. 다문화가정이 겪는 어려움을 저 또한 경험하였고 잘 알고 있기 때문에 시민들의 어려움을 먼저 알고 다가가는 사회복지 공무원이 되고자 지원하였습니다.

Q. 지원동기가 무엇인가요?

A. 제가 대학 다닐 때 관광과 문화유산이라는 교양수업에서 홍보프로젝트를 맡은 적이 있었는데 다른 조의 일반적인 발표와는 다르게 '관광패키지 홈쇼핑 방송'이라는 컨셉으로 아예 영상을 촬영해서 발표를 진행했습니다. 또한 좋은 성적을 내기 위해 제가 책임감을 갖고 조장이 되어 발표를 진행하고 팀원들의 역량에 맞게 발표준비도 배분하여 발표를 했고 교수님과 청중들이 정말 창의적이고 재미있는 발표였다고 박수를 쳤습니다. 그리고 제가 이번에 필기합격한 뒤 영어교수님의 온라인 커뮤니티에서 공부방법론과 관련해 일반적인 합격수기가 아니라 자세한 질문들을 받겠다고 글을 작성했더니 영어교수님이 보시고 "학생은 정말 수험기간에도 그렇고 항상 선한 영향력을 주변에 행사하는 모습이 너무 보기 좋다"하시며 공지에 제 글을 등록해주셨습니다. 저는 그때 깨달았습니다. 제 자신의 오롯한 성공보다 팀원과 조직의 화합과 발전을 위해 이바지할 때 더욱 큰 자아실현과 만족감을 느끼는 사회적 인간이라는 것을 말입니다. 그래서 저는 이러한 책임감과 봉사정신을 갖고 국민들에게 봉사할 수 있는 공직자로서 웅도경북에서 꿈을 펼쳐나가고 싶습니다. (웅도경북에서 세 분 다 웃으셨습니다. ㅎㅎ)

CHAPTER
04 하고 싶은 업무

1 지원분야에 대한 관심과 자신의 역량 표현하기

(1) 자신이 일하고 싶은 명확한 부서와 그 분야에서 어떤 기여를 할 수 있는지를 밝혀야 한다.

① 시·군지원자는 지원시·군, 도·광역시 지원자는 도·광역시의 조직도와 업무분장을 먼저 살펴보고 자신이 관심 있고 가장 잘할 것 같은 업무를 찾아보아야 한다.

② 하고 싶은 업무를 전공, 경험, 경력, 특기 등 자신의 역량과 연관시켜 나타내야 한다.

③ 정책 기획부서나 홍보, 일자리 부서의 경우는 현업에서 경력을 쌓아 나중에 기회가 된다면 해보고 싶다고 하면 된다.

④ 기술직렬, 간호·보건직렬, 사회복지직의 경우는 특정 업무 분야와 자신이 기여하고 싶은 정책사업을 곁들이면서 이루고자 하는 목표와 포부를 밝히는 것이 좋다.

(2) 하고 싶은 업무 후속질문에도 대비가 필요하다.

> Q. (후속질문) 그럼 본인이 희망하는 과에서 하는 사업이나 정책은 무엇이 있을까요?
> Q. (후속질문) 관련 정책 중에 잘하고 있는 사업이 있을까요? 개선하고 싶은 정책은 무엇인가요?
> Q. (후속질문) 어떻게 개선했으면 좋겠나요?

✐ Check point

하고 싶은 업무 답변시 주의할 점

1. 대부분의 응시자들이 직무에 대한 경험이 없기 때문에 하고 싶은 업무에 문화관광분야를 너무 많이 이야기한다. 행정업무는 매우 다양하다.
   예 도시계획, 일자리, 소상공인지원, 기후변화대응, 문화예술, 자치행정, 안전총괄, 평생교육, 교통정책, 다문화정책, 도시재생 등
2. 사회복지직·보건직·간호직·기술직렬의 경우는 직무범위 내에서 관심 있는 특정 정책분야를 언급하는 것도 좋다.
3. 도·시·군의 조직도와 업무분장을 천천히 보면서 자신이 정말 잘 할 수 있고 잘 해낼 수 있을 것 같은 분야를 생각하여 자신의 강점과 연결시켜 시나리오를 구성해 보는 것이 가장 좋다.
4. 하고 싶은 업무는 포부를 드러내는 것이므로 나중에 경력을 쌓아 해당 분야에서 전문성을 발휘하고 싶다고 적극성을 보여주는 것이 좋다. 이때 해당 분야에 대해 현안 및 정책제안 하나 정도는 준비하여 후속질문에 대비해야 한다.
5. 예를 들어 "행정복지센터에서 민원업무를 보며 다양한 경력을 쌓은 후에 기회가 된다면 해당 분야에서 역량을 발휘해보고 싶다. 현재 우리시는 ○○문제가 있다. 이를 개선해서 주민들에게 혜택이 돌아가는 환경을 만들어 보겠다."고 답변하는 것이다.

Q. 본인이 하고 싶은 업무가 있나요?

A. 제가 지난 주 시청을 방문하면서 어떤 일들을 하시는지 찾아보았는데요. 하남시 공무원이 된다면 문화체육과 시민체육팀에서 일을 해보고 싶습니다. 제가 스포츠 관람은 물론이고 축구나 여러 생활체육들을 직접 하는 것을 굉장히 좋아하기 때문에 다양하게 경험하였고 관련 시설들 또한 많이 사용해 보았습니다. 이런 저의 스포츠에 대한 관심과 경험들은 시민체육팀에서 일하는 데 도움이 될 거라 생각합니다.

Q. 보건소에서 하고 싶은 사업이나 업무가 있나요? [보건직]

A. 저는 치매 예방사업을 진행하고 싶습니다. 서산시에서는 치매관리 사업으로 치매조기검진 사업과 치매환자 관리 사업을 진행하고 있는 걸로 알고 있습니다. 치매는 한번 진행이 되면 완치가 어려운 질환이기 때문에 무엇보다 예방이 중요하다고 생각합니다. 치매를 예방하기 위해서는 머리쓰기, 어울림, 운동이라고 합니다. 그렇기 때문에 주민을 모아서 함께 간단한 운동을 하면서 구구단외우기, 끝말잇기 등을 함께 진행한다면 치매를 예방할 수 있을 거라 생각합니다.

Q. 하고 싶은 업무는 무엇인가요?

A. 일반행정직 공무원으로서 어떠한 일이 주어지더라도 최선을 다할 것이지만 만약 저에게 기회가 주어진다면 교통국의 버스운영과에서 근무를 해보고 싶습니다. 제가 평소에 시내버스에 관심이 많은 편이기도 하고 대학교 전공수업 때 부산광역시 시내버스 정책에 정책학 이론을 접목시켜 리포트를 작성하고 좋은 평가를 받았던 기억이 있습니다. 제가 평소에 시내버스에 가진 많은 관심과 이런 경험들을 바탕으로 버스운영과에서 근무한다면 평소 시내버스에 대해 갖고 있는 여러 생각과 아이디어를 펼쳐보고 적용하고 싶은 바람이 있습니다.

Q. 가고 싶은 과가 있습니까?

A. 네, 저는 도시균형발전실에 가고 싶습니다. 도시균형발전실에 가서 공원과 관련된 일을 해보고 싶습니다. 공원의 모양에 따라 기하급수적으로 혜택을 누릴 수 있는 시민들이 늘어날 수 있다는 것을 공간의 미래라는 책을 보면서 깨달았습니다. 공원의 모양이 정방형이 아닌 선형으로 만들어 진다면 5분 안에 공원을 갈 수 있는 시민들의 수가 기하급수적으로 늘어날 것입니다. 저희가 벤치마킹해야 할 곳은 경의선 숲길입니다. 경의선 숲길은 선형으로 이어져 있어 홍대, 연남동, 마포, 공덕동을 연결시켰습니다. 전혀 공통점이 없던 두 지역이 공원이 연결되면서 산책길을 공유하는 지역공동체가 되었습니다. 공통의 추억을 공유하는 공간이 많아지면 사회적 갈등 또한 줄어들 것입니다.

Q. 가고 싶은 부서는 어디인가요?

A. 제가 지원한 일반행정직은 다양한 순환근무를 통해 전문성을 높이는 것으로 알고 있습니다. 기회가 된다면 시청 미디어 담당관실과 같은 홍보 미디어 분야에서 일해보고 싶습니다. 초등학생 때 인천시 홍보 책자인 '굿모닝인천'과 인터뷰 한 것을 계기로 매달 구독해서 읽고 있습니다. 시민 시장을 선정하고 인천 시민의 다양한 삶을 담고 있는 점이 매우 인상깊었습니다. 청소년 기자단의 경험을 살려 저 또한 인천 시민분들을 만나 그 분들의 다양한 이야기를 담아내고 싶습니다.

Q. 지원하고 싶은 과는 어디인가요?

A. 일단 저는 기회가 된다면 가족여성과에서 근무를 하고 싶습니다. 저는 대학에서 국어교육을 전공하였습니다. 평소 한국어교육에 관심이 많아 한국어교육 강사 자격증까지 취득을 할 정도로 관심이 많았습니다. 또한 교육학을 전공하다 보니 청소년과 관련된 공부도 많이 하였습니다. 이러한 제 전공을 살려 다문화 가정의 교육과 청소년들에 관련된 업무 쪽에 많은 기여를 할 수 있을 것 같다고 생각합니다.

Q. 본인이 희망하는 과에서 하는 사업이 뭐가 있을까요?

A. 일단 다문화 가정을 위한 모국방문 지원사업이 있습니다. 그리고 아버지 역할지원 사업이 있습니다. 저는 이것이 굉장히 이상적이었습니다. 기존에 외국인이 주민이라면 여성들이 많아 여성의 교육이 이루어져야 한다고 생각하지만 오히려 남성을 교육함으로서 가장의 역할을 하게 만들겠다는 취지가 굉장히 새롭고 좋았습니다.

Q. 우리 시에서 하는 사업 중에 좋다고 생각하는 사업이 있을까요?

A. 좋은 것 말고 혹시 개선해야 한다고 생각하는 사업을 말씀드려도 되겠습니까?

Q. 네. 해보세요.

A. 현재 가족여성과에서 시행하고 있는 아이돌봄사업이라는 것이 있습니다. 이것은 만 3세부터 만 12세까지 아이들에게 가사도우미분들을 보내드리는 제도인데 소득기준에 따라 1,447원부터 9,650원까지 차등해서 지급하는 것으로 알고 있습니다. 하지만 만 3세의 아이와 만 12세의 아이는 돌봐야하는 양의 차이가 크다고 생각을 합니다. 그래서 저는 소득기준에 따라 지급하는 것도 좋지만 나이별로 차등을 두어 가격을 다르게 하여 지급하는 방법도 굉장히 합리적이라고 생각합니다.

Q. 어느 부서에서 무슨 일을 하고 싶은가요?

A. 저의 전공은 지리과입니다. 최근 4차 산업혁명의 일환으로 드론을 통해 찾아가는 행정을 하고 있다고 알고 있습니다. 제가 대학교때 GIS, GPS 강의를 수강하였기 때문에 지형도나 지도 해석에 강점이 있다고 생각합니다. 그렇기 때문에 드론을 통하여 찾아가는 행정도 해보고 또한 제가 장흥군 유튜브 채널과 SNS를 구독하고 있는데 장흥의 지리경관을 제대로 담지 못하고 있는 데에 아쉬움을 느꼈습니다. 그래서 드론촬영기법으로 장흥을 촬영하고 홍보해보고 싶습니다.

Q. 일자리 경제과에서 일해보고 싶다고 하셨는데 특별히 생각한 일자리 창출 방안이 있습니까?

A. 네, 일자리 창출을 청년층에만 집중하는 경향이 있는데 50대 이상인 중장년층 일자리를 마련하는 것도 중요하다고 생각합니다. 저희 어머니가 올해 초 실직을 하셨는데 그 분야에 10년 이상의 경력이 있지만 면접의 기회조차 없었습니다. 전주시의 사회적기업인 비빔빵이라는 기업은 직원 대부분이 65세 이상 직원들로 구성되어 있습니다. 저희도 지역 특산물인 사과와 인삼 등을 활용해서 사과빵, 막걸리 등을 만들어서 중장년층의 고용창출이 필요합니다.

Q. 보건소에서 하고 싶은 사업 생각한 거 있나요?

A. 제가 지역보건의료계획을 보았는데 제주의 자살률이 2016년에 낮아졌다가 2017년 다시 전국보다 높은 수준으로 오른 것으로 알고 있습니다. 얼마 전에는 육지에서 제주 펜션에 와서 4명이 동반자살을 시도하는 뉴스도 있었습니다. 그리고 제가 광역센터에 일할 때 광역센터장 회의에 간 적이 있었는데 제주광역센터장님이 말씀하시길 제주에는 바닷가나 그런데 와서 자살하겠다고 상담전화가 많이 오는 애로사항이 있다고 하셨었습니다. 제가 ○○에 있을 때 '○○○' 사업을 했습니다. 1차로는 도 종사자들에게 자살예방 교육을 하고, 2차로는 의원, 약국에 자살예방교육을 하고 리플렛을 배치해서 자살 싸인이 보이는 분들을 저희에게 연계하게 하는 사업이었습니다. 연계율은 높지 않았지만 사회적 연계망을 촘촘히 한다는 점에서 의미가 있는 사업인 것 같았습니다. 이것을 제주에서 하게 된다면 펜션, 바닷가 자살예방을 위해서 바닷가에는 한강 생명의 다리처럼 정신건강 조형물을 설치하고, 펜션종사자분들에게 자살예방교육을 하고 리플렛을 배치해서 연계되도록 하면 좋을 것 같다고 생각했습니다.

Q. 관심 있는 부서가 있나요?

A. 저는 기회가 된다면 시민소통담당관에서 근무하며 경험을 쌓고 그 경험을 토대로 시민분들께 도움이 되는 정책을 기획하고 싶습니다. 앞서 말씀드린 것처럼 저는 여러 사람들과 소통을 하며 문제점을 개선한 경험이 있습니다. 그때 사람들과 이야기하며 제 생각을 넓힐 수 있었고 문제점을 개선할 때마다 성취감과 보람을 느꼈습니다. 이외에도 저는 또래 멘토링을 기획한 경험이 있습니다. 그때 친구와 충분히 이야기 나눈 후 친구의 의견을 수용하여 활동을 기획하였고 저와 제 친구 모두 만족하며 또래 멘토링을 성공적으로 운영하였습니다. 그때의 경험을 바탕으로 시민분들과 소통하며 좋은 정책을 기획해보고 싶습니다.

Q. 근무하고 싶은 부서와 그 이유는 무엇인가요? [지방세]

A. 저는 세무과에 지방소득세팀에서 일하고 싶습니다. 올해부터 지방소득세가 독립세로 전환되면서 이에 따른 여러 홍보가 필요하고 안정적인 체계를 구축해나가야 하는 것으로 알고 있습니다. 제가 소득세 관련하여 세무서에 문의했을 때 경험한 전문성과 친절함을 지방소득세팀에서 일하며 시민들께 보답하고 싶습니다.

Q. 어떤 일을 하고 싶은가요?

A. 저희 동네에 공원이 있는데 거기 가면 놀이기구가 있는 곳엔 아이들과 부모님들이 계시고 잔디밭엔 반려동물과 견주분들, 그늘막이 있는 쉼터에는 어르신 분들이 모여서 이야기를 나누십니다. 저는 이렇게 지역 주민들끼리 소통할 수 있는 공간을 만드는 것도 복지라고 생각합니다. 그래서 이런 공간을 조성하는 일을 해보고 싶습니다.

Q. 그런 일을 하려면 어떤 능력이 필요할 것 같나요?

A. 저는 관찰력이 필요하다고 생각합니다. 사실 이런 것들도 아무 생각 없이 지나다 보면 모르고 지나칠 텐데 관심을 가지니 저렇게 그늘막만 있는 쉼터인데 어르신들이 많이 계시는구나 알 수 있었습니다. 이렇게 사소한 것이라도 관찰력 있게 발견하여 지역 주민을 위한 정책을 실현할 것입니다.

Q. 전공 아니면 다른 역량과 관련지어서 공직에서 하고 싶은 업무를 말씀해주세요.

A. 저는 사학을 전공하고 영어영문학을 부전공했습니다. 그리고 제 취미이자 강점이 바로 영상제작입니다. 제가 여행다니며 사진찍고 영상찍는 걸 좋아하는데 처음에는 개인적인 추억용으로 재미있게 간직하고 싶어서 영상 편집을 시작했는데 그걸 개인 SNS에 공유한 적이 있었습니다. 그런데 생각보다 주변 반응이 너무 재밌다 하시고 좋아해주셔서 그 때부터는 좀 전문적이게 영상 편집을 배우고 싶다 생각했고 프로그램을 사용하여 독학을 했습니다. 그리고 좋은 기회가 생겨 학교 동아리 홍보영상 제작, 유기견보호센터 홍보영상 제작 등을 맡아 하기도 했습니다. 이런 저의 경험을 살려서 저는 관광과에서 관광 홍보물 제작을 해보고 싶습니다. 좀 더 참신하고 재미있는 홍보물들을 제작하여 '600년 역사를 간직하고 있는 관광특구 도시인 고양시'에 더 많은 관광객 유치에 이바지하고 싶습니다.

CHAPTER
05 기타 개별질문 등

1 전공 관련 질문

(1) 기본질문

Q. 전공이 합격한 직렬에 어떤 도움이 되겠는가?

(2) 실전연습

Q. (예를 들어 영문학이라고 한다면) 영문학과를 전공하였다고 했는데 대답도 잘하고 나름 능력도 있어 보이는데 대기업 등에 지원하지 않고 공무원에 지원하게 된 특별한 이유는 무엇인가?

> **PLUS**
>
> 1. 전공과 합격한 직렬과의 연결성 즉, '어떻게 도움이 되는가?'라는 것은 기본적으로 정리가 필요하다.
> 2. 우선 영문학이면 영어로 자기소개 정도는 할 수 있도록 준비하여야 한다. 중국어과면 중국어로 자기소개를 준비해 두어야 한다.
> 3. 하고 싶은 업무나 특별히 역량을 발휘할 수 있는 분야를 이야기해도 좋다.

Q. (예를 들어 법학이라고 한다면) 이해충돌방지법이 무엇인지는 알고 있는가? 그럼 이해충돌방지법이 공무원 사회에 미치는 영향은 무엇인가?

> **PLUS**
>
> 1. 우선 너무 원칙적인 이미지가 강하게 부각되는 것은 좋지 않다. 그리고 혹시 사법고시나 행정고시를 준비한 경험이 있다면 가능하면 언급을 하지 않는 것이 좋다.
> 2. 이해충돌방지법은 공직자가 직위를 이용한 사익추구를 금지한 법이다. 직무상 비밀 또는 미공개 정보를 이용하여 재산상의 이익을 취하는 것을 금지하고 이해관계가 있을 경우는 미리 신고하여 해당 업무 회피를 신청해야 한다.

2 자기소개서 후속 질문

> **POINT** 자기소개서를 제출하는 지역은 특이한 경험이나 내용 위주로 질문이 이루어진다.

Q. (경험, 활동, 봉사활동 등) 기재한 내용에 대해 좀 더 자세히 이야기 해보겠는가?

Q. 자기소개서 보니까 가정위탁지원센터에서 봉사활동도 했던데 봉사활동 하면서 취약계층을 많이 보지 않았는가? 최근에 코로나로 취약계층이 늘어났는데 본인은 무엇을 하고 싶은가?

Q. 인턴경험, 관공서 봉사도우미 등을 하였는데 본인은 그곳에서 구체적으로 어떠한 일들을 하였는가?

Q. 일할 때 고집이 세다고 했는데 이런 단점 때문에 겪었던 문제에 대하여 말해보고 어떻게 해결하였는지 이야기해보라.

Q. 답변에 일관성이 없는 것 같다. 원래 성격이 그런가?

Q. 성격이 차분하다고 적었는데 차분하지 않은 것 같은데 어떠한가?

Q. 직장에서 상당히 중요한 업무를 한 것 같고 능력도 있어 보이는데 왜 박봉인 공무원을 하려는 것인가?

Q. 어학연수 경험이 있는데 어디서 어떻게 지냈는가? 어학연수하면서 특별히 배운 점은 무엇인가?

Q. 자기소개에서 관공서 아르바이트를 했다고 했는데 아르바이트를 하면서 느낀 공무원이 고쳐야 할 점은 무엇인가?

A. 제가 아르바이트한 기간은 2개월뿐입니다. 그 짧은 기간 동안 열심히 일하시는 공무원분들께 제가 무엇을 고쳐야 한다고 말하기는 어렵습니다. 모르는 부분을 여쭤보면 주사님들께서 친절하게 가르쳐주셔서 덕분에 무사히 업무를 마칠 수 있었습니다. 다만 한 가지 아쉬운 점이 있다면 공무원분들께서 민원인들을 자주 만나시기 때문에 스트레스를 많이 받으시는 것 같았습니다. 시청과 구청 내에 이러한 공무원을 대상으로 하는 심리상담센터가 마련되면 좋을 것 같습니다.

---

3 기타 개별질문

✔ **POINT** 공무원 면접에서는 사기업 면접과는 달리 기계적인 답변보다는 약간 긴장했다는 모습을 보여주는 것이 더 면접관으로부터 압박을 피할 수 있고 오히려 더 좋게 평가를 받을 수 있다.

Q. 현재 재학 중이라고 하였는데 최종 합격하면 임용은 어떻게 할 생각인가?

Q. 본인에게 가장 소중한 것은? ⇨ (비슷한 유형의 질문으로) 살면서 가장 소중하다고 생각하는 것은 무엇인가?

Q. 대기실에서 기다리는 동안 무슨 생각을 하였는지 3가지 정도로 답변해보라.

Q. (오후에 면접을 보는 수험생에게 하는 기본적인 질문) 점심은 먹었는가?

Q. 친구나 선배가 본인을 어떻게 평가하는지 한번 답변해보라.

Q. 평소 공무원에 대하여 어떻게 생각하고 있었는가?

Q. 아침에 신문이나 뉴스를 보고 왔는가? 그 내용 중 기억나는 것은 무엇인가?

Q. 본인의 인생관이나 좌우명이 있다면 답변해보라.

Q. 평소 부모님과 대화의 시간을 많이 갖는 편인가? 요즘 젊은이들이 부모님과 얘기를 자주 하지 않는데 어떻게 생각하는가? 그리고 부모님께서 평소 본인에게 자주 하시는 말씀은 무엇인가?

Q. 면접을 위해 어떤 준비를 했고 누구와 했는가? 면접에서 가장 중요한 것이 무엇이라고 생각하는지 말해보라.

Q. 본인이 면접관이라면 가장 하고 싶은 질문은 무엇이고 반대로 가장 받기 싫은 질문은 무엇인가?

Q. 인생의 성공기준이 무엇이고 이걸 위해서 어떤 노력을 하였는가?

A. 인생의 성공 기준은 커리어를 쌓는 것이라든지 다양하지만 저는 '사람'이라고 생각합니다. 좋은 사람을 제 곁에 많이 두는 것이 성공이라고 생각합니다. 저는 사실 대학교 1학년 때까지는 사회성이 좋은 사람은 아니었는데 많은 사람들 속에서 외로움을 느끼기도 하고 자괴감도 많이 느꼈습니다. 그래서 군대를 갔다가 복학한 후부터 여러 단체에서 활동을 해보면서 새로운 단체에서 새로운 사람들을 만나 그 안에서 저와 맞는 사람들을 찾고 그들과 좋은 유대관계를 맺기 위해 먼저 다가가는 노력을 많이 했습니다.

Q. 수험생활은 몇 년동안 했는가? 수험생활을 하면서 많이 힘들었을텐데 어떻게 견뎠는가?

A. [솔직하고 현실적인 답변] (활짝 웃으며) 해 볼 수 있는 것은 다 해봤습니다. 취미가 피아노 치기라서 피아노도 쳐보고 한강에 가서 울어도 보고 집 뒤에 산도 오르고 제가 그렇게 극복하기 위해 노력할 수 있었던 것은 가족이 있었기 때문입니다. 수험기간이 길어지다 보니 잃는 게 많았고 대인관계도 다 끊겼을 때 저에게 남은 것은 가족뿐이었습니다. (저도 모르게 가족이라는 단어를 말할 때마다 목소리가 울먹거리며 목소리가 떨렸습니다.) 그래서 가족의 소중함을 깨달았고 버틸 수 있었습니다.

Q. 면접경험은 있는가?

A. (자연스럽게) 사실 오늘은 면접관님들이 어떤 분들일지가 궁금했습니다. 그리고 다시 한 번 면접을 보는 이 자리에 오게 되어 감사하다는 생각과 한편으로는 최종 합격을 하여 또다시 면접을 보는 자리에 오지 않고 공무원으로서 저의 미래를 펼치고 싶다는 생각을 하였습니다.

➡ 면접을 탈락한 경험이 있다면 직접적으로 언급하는 것은 국가직 면접에서는 바람직하지 않지만 지방직 면접에서는 이야기 도중에 자연스럽게 언급되는 것은 상관없다.

Q. 자기기술서에 카페 아르바이트를 했다고 했는데 기간은 어느 정도 했으며 아르바이트를 하면서 힘든 일은 없었는가?

A. 처음에는 설거지나 기타 잡일을 많이 하였습니다. 그런데도 처음 일을 하는 거라 많이 서툴러서 사장님께서 혼을 내셨습니다. 하지만 그 일을 배우면서 야간업무도 마다하지 않고 열심히 배웠고 손님들한테도 항상 밝은 모습으로 다가서려고 노력했습니다. 이후에 사장님께서 저를 좋게 보셔서 음료제조나 카운터를 맡기셨을 때도 남들보다 더 열심히 배우면서 일을 하였고 단골손님도 늘면서 이후에는 사장님이 칭찬을 많이 해주셨습니다.

Q. 최근에 읽은 책은 어떤 것이 있는가?

A. 제가 최근에 읽은 책은 '하버드 1교시'라는 책이었습니다. 그 책은 하버드의 교수가 학생들을 어떻게 가르치면 더 효율적으로 학습이 될지에 관한 책이었습니다. 저는 그 책을 통해서 '아, 이런 내용을 민원인들에게도 적용하면 어떨까' 생각했습니다. 민원인들에게 간단하게 이해가 되지 않는 정책이나 문제를 물어보고 그에 대한 답을 받은 후 그것을 정책이나 문제에 반영한다면 더욱 효율성을 높일 수 있을 것이라고 생각합니다.

Q. 인생의 롤모델이 있는가?

A. 아, 사실 저는 인생을 살면서 저의 롤모델이라고 생각한 분은 없었습니다. 하지만 최근 파주시 위인이신 허준 선생님에 대해 다시 한번 알게 되었는데 과거시험을 보러 가는 길에도 환자를 만나 치료하시느라 시험까지 포기하셨다는 걸 알게 되었는데 허준 선생님의 이러한 봉사정신, 희생정신을 보면서 제 자신을 되돌아보게 되었고 반성을 하게 되었습니다. 그래서 허준 선생님의 정신을 본받아 공무원으로서 임하려고 합니다.

Q. 기억에 남는 공무원이 있는가?

A. 제가 도로명주소 홍보단을 할 때 발대식 때문에 도청에 온 적이 있었습니다. 그때 업무설명 같은 걸 듣고 있었는데 어디 지역 공무원이신지는 잘 모르겠지만 어떤 공무원께서 담당자분께 "여기 온 아이들은 다른 아이들 보다 일이 더 힘들고 야외에서 일을 해야 하는데 형평성에 어긋나는 게 아니냐 아이들이 다치면 어쩌냐" 이런 질문을 하셨습니다. 사실 일을 하는 저희도 '아, 일이 좀 힘들겠다' 이 정도였는데 그 공무원께서 저희를 걱정하고 생각해 주시는 걸 보고 '아, 공무원은 저런 거구나'하고 생각한 적이 있습니다.

Q. 월급이 얼마인지 알고 있는가? 괜찮겠는가?

A. 100만원 대로 알고 있습니다. 음… 사실 이 금액은 제 용돈보다도 많은 돈입니다. 정말 감사하게도 부모님께서 30살이 되기 전까지는 집에서 다닐 수 있게 지원해 주시겠다고 했습니다. (이때 갑자기 면접관님들께서 웃으셨어요. ㅎㅎ) 그래서 아직 시간이 조금 있으니까 제가 열심히 저금도 해보고 소비습관도 좋은 방향으로 노력해서 고쳐보겠습니다. 그리고 사실 저는 여성들이 정년 걱정 없이 일을 할 수 있는 곳이 많지는 않다고 생각합니다. 적은 월급이라도 제가 열심히 일을 하면 결혼을 하고 아이를 낳은 후에도 계속 받을 수 있다는 것만으로도 참 감사합니다.

Q. 공무원의 단점은 무엇이라고 생각하는가?

A. 저는 우선 시민들의 부정적인 인식이 단점이라 생각합니다. 인터넷상에 보면 공무원에 대해 부정적 인식이 아직도 많이 보이는데 이런 부분에 있어 제가 좀 신뢰성 있게 행동해야겠다고 생각합니다.

⊙ 공무원의 단점으로는 법규를 준수해야 하는 제약으로 인한 경직성, 품위유지에 따른 행동의 제약, 국민의 공무원에 대한 높은 도덕성 요구 등을 생각해 보아야 한다. 공무원의 장점으로는 기본적으로 정년보장과 안정성이 있고 공적인 일을 통한 자긍심, 전문성 확보, 다양한 업무를 경험할 수 있는 장점이 있다.

Q. 돌발성 면접 질문유형

Q. 합격한 직렬과 관계된 책은 읽어본 적이 있는가?

Q. 부모님 성함을 한자로 여기에 한번 써 보겠는가?

Q. 본인은 전통 찻집과 화려한 커피숍 중 어느 스타일인가?

Q. 효란 무엇이라고 생각하는가?

Q. 추운 겨울에 트럭을 타고 가는데 차 안에는 한 자리밖에 없다. 길을 가다 정거장에 환자, 의사, 여자가 있을 경우 본인이라면 누구를 태울 것인가?

Q. 무인도에 3가지를 가져갈 수 있다면 본인은 무엇을 가져갈 것이고 그 이유는?

Q. 홍어, 닭발, 돼지껍데기, 곱창 중에서 외국인에게 추천하고 싶은 음식과 그 이유는?

Q. 본인은 흥부스타일인가? 놀부스타일인가? 그 이유는?

Q. 돈, 명예, 일 중에서 중요하다고 생각하는 것은?

Q. 인간의 수명연장에 도움이 되었던 물건 5가지만 말해보라. 예 의약품, 칫솔 등

Q. 평소에 본인이 가지고 있던 신념이나 원칙이 있는가?

Q. 중력이 사라지면 어떤 일이 생길 것 같은가?

Q. 흡연과 도박의 장점을 무엇이라고 생각하는가?

Q. 우주에 많은 별들이 있고 행성이 있는데 외계인이 있겠는가?

> Q. 프로와 아마추어의 차이가 무엇이라고 생각하는가?
>
> A. 〈언어의 온도〉라는 책을 보면 프로는 '선언하는 고백'이라는 뜻으로 '나는 전문가입니다.'라고 말할 수 있을 만큼 실력과 책임감을 가진 사람이라는 뜻이라고 했습니다. 하기 싫은 일도 책임감을 가지고 끝까지 할 수 있는 사람을 프로라고 합니다. 이에 비해 아마추어는 '애호가', '사랑하는 사람, 좋아하는 사람'이라는 뜻으로 '즐거움이 없어지면 하지 않는 사람'이라고 했습니다. 저는 프로가 되기 위해 노력하는 사람이 되겠습니다.

> Q. 살면서 가장 감명깊게 읽은 책은 무엇인가?
>
> A. 김훈 작가의 '칼의 노래'입니다. 가장 감명깊은 장면으로는 이순신 장군께서 셋째 아들이 사망했을 때 군인으로서의 임무 때문에 아들의 장례식에 가지 못하는 슬픔에 통곡하는 장면을 들었는데 이게 군인정신뿐만 아니라 공무원의 태도 등에도 많은 것을 생각하게 했습니다.

> Q. 상대가 맹인이라고 생각하고 노란색을 설명해보라. (잠시 정적) 이건 정답이 없는 질문이니 생각해 볼 시간을 줄테니 생각해보고 답변해보라.
>
> A. 네, 저는 우선 맹인분의 손을 잡아드리면서 노란색에 대해 이렇게 설명드리겠습니다. 바나나 또는 레몬을 드셔본 경험있으신가요? 그때 느꼈던 맛, 촉감 등이 노란색이 주는 느낌입니다. 또 제가 선생님 손을 잡으면서 설명드릴 때 느끼고 계시는 따뜻한 감정도 노란색이 주는 느낌입니다. 이런 식으로 시각적인 부분을 제외한 미각, 촉각, 후각 등을 통해 노란색이 주는 긍정적인 부분에 대해 설명드리겠습니다.

⟫ 답변에 따뜻함이 묻어있으며 공직자로서의 자세를 잘 표현하고 있다.

Q. 본인의 친절 점수는 몇 점이라고 생각하는가?

PLUS

1. 이런 유형의 질문유형인 '본인의 면접점수는 몇 점 같은가? 청렴점수는 몇 점 같은가?' 이런 질문은 사실 좋은 질문은 아니다. 그래도 가능하면 후하게 주고 이유를 이야기하는 것이 좋다.
2. '조직의 화합과 법령준수 중 하나를 선택한다면 무엇이 더 중요한가?'라는 식의 질문에는 당연히 '법령준수'라고 답변해야 한다.

Q. 계장님들은 보통 40대이고 과장님들은 50대이다. 이에 본인이 세대차이를 극복할 수 있는 방법은 무엇인가?

PLUS

세대 갈등이 발생하는 원인은 보통 기성세대들은 변화에 대한 적응이 비교적 느리고 신세대들은 변화에 쉽게 적응하는 특성을 가지기 때문이다. 예를 들어 젊은 세대는 인기 아이돌 그룹을 좋아하지만 상사는 트로트를 선호하는 것이 하나의 예라고 볼 수 있다. 그에 대한 해답은 역지사지의 마음가짐에서부터 시작된다고 할 수 있다. 나와 다른 가치를 가진 사람일지라도 그 사람의 생각과 가치를 존중해주고 받아들일 수 있는 관용의 자세가 필요하다. 그 예로 서로 공감할 수 있는 취미생활을 만들어 본다던가 조직생활에서는 상사님이 좋아하는 것을 찾아서 내가 맞추어 보는 것이 중요하지 않을까 생각한다.

Q. 합격자 발표 후 관공서 같은 곳을 방문해 본 적은 있는가? 어디를 방문했고 방문해 본 소감은 어떠한가?

PLUS

이 질문은 상당히 많은 부분이 내포되어 있다. 본인이 합격한 직렬에 열정을 묻는 것이다. 면접을 잘 보는 방법 중 하나가 현장경험이다. 본인이 합격한 직렬의 관공서 같은 곳을 직접 방문해서 일하는 모습이나 실제 현직들도 만나서 이런저런 이야기를 들어보는 것도 면접 때 좋은 재료나 돌발성 질문에 잘 대응할 수 있는 방법이다.

4 마지막 하고 싶은 말

POINT 마지막으로 자신을 어필할 수 있는 기회이기 때문에 답변을 잘 정리해두는 것이 필요하다.

Q. 마지막 하고 싶은 말이 있다면 해보라.
A. 제가 면접복장을 이렇게 입은 이유는 (면접관님들이 다 고개를 들어 저를 쳐다보셨습니다. 제가 그린색 블라우스에 연갈색 치마를 입었습니다.) 제가 느낀 고양시의 이미지가 푸르고 편안한 느낌이고 그런 것을 표현함으로써 고양시에 대한 애정을 보여드리고 싶었고 (면접관님들 웃음) 그런 고양시에서 한 그루의 나무 같은 공무원이 되고 싶기 때문입니다. (끄덕끄덕하심) 동료들에겐 편안한 휴식처가 되고 싶고 주민들에겐 아낌없이 주는 나무가 되고 싶습니다. 지금은 비록 작은 나무이지만 계속 성장하여 고양시를 더 푸르게 만드는 공무원이 되고 싶습니다. 면접관님께서 저를 잘 선택해서 "고양시에 정말 봉사정신 투철한 신입공무원이 들어왔다더라"라는 말을 꼭 듣고 싶습니다.

Q. 마지막 하고 싶은 말이 있다면 해보라.
A. 면접 준비를 하면서 우연히 한 블로그 글을 보게 되었습니다. 행정복지센터에 방문을 했는데 한 노인분이 공무원에게 민원 문의를 했고 "그냥 저기 민원 발급기 이용하세요."하고 신경을 쓰지 않더라는 것이었습니다. 글쓴이는 '나라도 도와드렸어야 했나? 무인 발급기를 잘 이용하셨을까?'하는 찜찜함이 남았다고 했습니다. 그리고 마지막 말이 기억에 남았는데 '예전 주민센터는 주민을 위한 센터였는데 행정복지센터는 행정만을 위한 센터인 것 같다.'라는 것이었습니다. 저는 공무원으로서 지역 주민 한 명 한 명을 챙기고 민원인이 방문하고 나갈 때 '아, 저 공무원 정말 친절하다. 기분 좋다.'고 생각할 수 있도록 하고 싶습니다. 항상 우리 김천시민을 생각하고 행동하는 공무원이 되겠습니다. 감사합니다.

Q. 마지막으로 간단히 소감을 말해보라.
A. 우선 들어주셔서 감사드리고 제가 청년 정책에 관심이 많아서 면접 준비하면서 제주대학교 학생들을 상대로 74명에 대해 설문조사를 했습니다. 지금 있는 청년센터 그리고 앞으로 생길 더 큰 내일센터에 대해 알고 있는 청년들은 74명 중 8명이었습니다. 이 좋은 정책들을 청년들에게 알리고 싶고 청년들이 잘 살 수 있는 제주를 만드는 데 최선을 다하는 공무원이 되겠습니다.

Q. 마지막으로 하고 싶은 말 있는가?

A. 우선 부족한 저의 답변을 끝까지 들어주신 면접관님께 감사드립니다. 수험생활 동안 부모님의 헌신적인 뒷바라지가 없었다면 할 수 있다고 응원해 준 친구들과 선배님들이 없었다면 저는 절대 이 기회를 얻지 못했을 것입니다. 만일에 제가 용인시 공무원으로서 근무할 수 있는 기회가 주어진다면 그분들의 감사함을 항상 마음속으로 새겨가며 공직자로서의 가치관과 태도를 잃지 않고 용인시 발전에 도움이 되는 공무원 ○○○이 되겠습니다. 감사합니다.

Q. 마지막으로 하고 싶은 말이 있다면 해보라.

A. 사랑하면 알게 되고 알게 되면 보인다고 합니다. 저는 이번 면접준비를 하면서 인천에 대해 더 알고자 시간이 날 때마다 인천 여기저기를 돌아다니며 인천의 뛰어난 점과 부족한 부분을 생각해 보았습니다. 제가 인천 공무원이 된다면 이러한 마음가짐을 잊지 않고 항상 인천시민의 마음으로 하나하나 관심을 가져 300만 모든 인천시민이 행복할 수 있도록 최선을 다하겠습니다. 오늘 제가 마지막 순서여서 면접관님들 모두 힘드셨을 텐데 끝까지 잘 들어주셔서 감사합니다. 아침부터 비가 무척 많이 오는데 조심히 귀가하셨으면 좋겠습니다. 감사합니다.

Q. 마지막 하고 싶은 말이 있다면 해보라.

A. 공무원이라는 꿈을 향해 달려오면서 (여기에서 급 울컥해서 약간 울먹거렸으나 곧바로 회복하여 정상적으로 말했습니다) 저와 싸우며 때로는 지고 때로는 이기며 이 자리까지 왔습니다. 많은 사람들이 공무원이 되고 싶은 이유 중 하나는 직업의 안정성 때문이라고 생각합니다. 하지만 때로는 이 안정성이 무사안일주의와 나태함이라는 양날의 검으로 작용할 때가 있습니다. 저는 이 검에 맞서 봉사정신과 책임감이라는 방패로 맞서 시민들의 존경을 받는 공무원이 되도록 의무를 다하겠습니다. 지금까지 들어주셔서 정말 감사합니다.

Q. 마지막 하고 싶은 말이 있다면 해보라.

A. 제가 지금 마스크를 끼고 있어서 면접관님들께서는 제 얼굴의 윤곽만 보이실텐데 사실 저는 얼굴이 동글동글합니다. 그런 제 얼굴을 보며 가족분들은 달덩이 같다, 보름달 같다는 말을 많이 하십니다. 달은 혼자서는 빛날 수 없고 누군가의 빛을 반사해서 빛을 낸다고 합니다. 저 역시 많이 부족하고 미숙하지만 앞에 계신 선배 공무원분들께서 잘 이끌어 주신다면 제가 가진 성실함을 무기로 같이 일하고 싶은 후배 공무원이 되겠습니다. 곧 공직사회에서 함께 남양주시를 위해 일할 수 있는 날을 기다리고 있겠습니다. 감사합니다.

2024
스티마 면접
지방직(공통편)

경험형 질문 대비

CHAPTER
01 경험형 면접 개요

1 경험형 면접의 의의

(1) 경험형 개별면접과제는 수험생들의 실제 경험을 토대로 하는 BEI(Behavior Event Interview, 역량 중심행동면접) 방식을 채택하고 있다. 즉, 과거 경험을 바탕으로 '어떠한 행동을 취했는지? 왜 그러한 행동을 취했는지?' 등의 질답을 통해 수험생의 공직적합성 및 공직가치를 평가하는 것이다.

(2) 공무원 면접에서 중요한 평가과정이다. 즉, 경험형 질문에 '얼마나 흥미 있는 재료(공직가치에 부합하면서 면접관이 공감하고 호응할 수 있는 내용)를 활용하는가' 이것이 중요하다.

2 경험형 답변시 주의사항

(1) 질문요지에 적합한 경험을 이야기해야 하며 만일 적합한 경험이 떠오르지 않는다면 면접관에게 양해를 구하고 유사한 내용의 다른 경험을 이야기해야 한다.

(2) 되도록 단체생활이나 조직생활과 관련된 경험을 이야기하는 것이 좋다. 조직생활을 잘할 것 같은 느낌을 주도록 해야 하기 때문이다. 희생, 협업, 갈등해결, 문제해결 등은 조직적합성을 보여주기 좋은 소재이다.

(3) 남자의 경우 군대이야기가 주가 되는 내용은 흥미를 끌지 못한다. 만약 군대이야기를 할 수 밖에 없는 상황이라면 반드시 흥미로운 경험을 선택해야 한다.

(4) 경험이야기는 면접관의 공감을 이끌어낼 수 있으면 가장 좋고 그렇지 않더라도 공직가치를 담아내는 것이 좋다.

(5) 지나치게 솔직하여 회피했다거나 포기한 부정적 경험은 반드시 피해야 한다. 얼마든지 긍정적인 경험이 많을 것이다. 경험을 통해 알고자 하는 것은 공직을 수행할 때의 자세를 과거의 경험을 통해 보고자 함이다. 따라서 긍정적인 결과를 나타낸 경험을 활용해야 한다.

(6) 실패한 경험, 실수한 경험, 윤리에 어긋난 행동을 한 경험 등의 질문에는 솔직하게 이야기하되 그 과정에서 느낀 점을 부각시켜 나타내도록 해야 한다.

3 경험형 기출질문

Q. 창의적인 경험을 발휘한 것이 있는가?

Q. 가장 보람찼던 일과 가장 아쉬웠던 일은?

Q. 본인은 창의적인 사람인가? 순응하고 성실한 사람인가?

Q. 본인이 획기적인 아이디어를 낸 경험은?

Q. 어떤 일에 몰두했던 경험은?

Q. 지속적인 노력으로 성취한 경험은?

Q. 하기 싫은 일을 해야할 수도 있는데 그런 경험이 있는가?

Q. 개인의 역량을 벗어나는 과중한 임무가 본인에게 주어졌을 때 대처 경험은?

Q. 자신의 이익을 포기하고 남을 행복하게 한 경험이 있는가?

Q. 적극적으로 나서서 변화를 꾀한 적이 있는가?

Q. 도전했던 경험은?

Q. 상관이 지시하지 않았는데 주도적으로 일을 해결해 본 경험은?

Q. 살면서 실패나 좌절한 경험은 무엇이며 어떻게 극복했고 무엇을 깨달았는가?

Q. 남에게 상처를 준 적이 있는가? 어떻게 해결하였는가?

Q. 학창시절이나 경험에서 주도적으로 한 적이 있는가?

Q. 위기를 겪었던 경험과 어떻게 극복했는지 말해보라.

Q. 융통성을 발휘했던 경험은?

Q. 갈등을 해결해서 목표를 달성한 경험은?

Q. 사소한 것을 놓쳐서 잘못을 한 경험이 있는가? 그 극복방법은?

Q. 의사결정을 해 본 경험이 있는가? 본인이 스스로 의사결정을 했는데 가장 잘했다하는 경험은?

Q. 문제해결 경험 중 어려움을 가장 합리적인 근거로 극복한 사례는?

Q. 다양한 이해관계자들의 의견을 정리해서 만족을 주었던 경험이 있는가?

Q. 관행을 개선해 본 경험이 있는가?

Q. 타인을 설득하기 위해 본인이 한 행동은?

Q. 조직생활을 하면서 도와달라고 하지 않았는데 먼저 도움을 준 적은?

Q. 자신이 나서서 업무나 과제의 효율이나 성과가 좋아진 경험이 있는가?

Q. 조직생활 등을 하면서 정직했던 경험은?

Q. 합리적으로 문제를 해결했던 경험과 거기서 얻은 교훈은?

Q. 집단의 목표를 세우고 문제를 해결한 경험은?

Q. 창의적으로 일처리를 해서 주변의 칭찬을 들은 경험은?

Q. 예기치 못한 상황이 발생했을 때 해결했던 경험은?

Q. 본인의 성실함을 증명할 수 있는 경험은?

Q. 책임감이 강하다고 했는데 사례를 말해보라.

Q. 본인이 조직이나 단체를 위해 희생한 경험은?

Q. 새로운 곳에 적응해 본 경험은?

Q. 주어진 대로만 하지 않고 더 나아가서 일을 처리한 경험은?

Q. 가장 적극적으로 행동해서 목표를 달성했던 경험은?

Q. 선입견이나 고정관념을 깨뜨린 경험은?

Q. 자신이 살아오면서 이것만큼은 잘한 것 같다는 것이 있는가?

Q. 살면서 가장 후회했던 경험이나 제일 좋았던 경험은?

Q. 남을 도왔던 경험과 그로 인해 피해를 본 적이 있는가?

Q. 마음에는 안 들지만 규칙을 따랐던 경험이 있는가?

Q. 부당한 부탁을 거절하고 원칙대로 처리한 경험이 있는가?

Q. 공무원 공부말고 무언가를 하기 위해 열정적으로 임했던 경험이 있는가?

Q. 제일 행복했던 기억은?

Q. 살면서 가장 힘들었던 순간은 무엇이며 힘들었던 과정을 어떻게 극복했는가?

Q. 최근에 남을 도왔던 경험이 무엇이고 어떤 것을 느꼈는가?

Q. 본인이 인생에서 한계를 극복한 경험이 있는가?

Q. 인생에서 가장 잘한 선택과 가장 잘못했던 선택은?

Q. 본인이 삶에 있어서 가지고 있는 원칙에 반대되는 상황이 있어서 부득이하게 피해본 경험은?

Q. 시간이 부족했을 때 본인만의 해결책으로 시간을 관리한 사례가 있는가?

Q. 자신의 일을 하기 위해서 노력하거나 뚝심 있게 해결한 점이 있는가?

Q. 조직 내에서 소통을 잘 해낸 경험은?

Q. 자신의 단점과 극복하기 위한 방법 및 최근에 극복하기 위해 노력한 경험은?

Q. 작은 아이디어로 많은 사람들을 즐겁게 한 경험은?

Q. 알바하면서 일하기 힘들었던 사람과 일해 본 경험은?

Q. 조직 안에서 본인의 능력을 향상시키기 위해 노력한 경험은?

Q. 사람이 세상 모든 걸 다 경험해 볼 수는 없다. 경험해보지 못한 일을 처리할 때는 어떻게 하면 좋겠는가?

Q. 다른 사람의 잘못을 봤을 때 어떻게 했는가?

Q. 가족 · 친구 · 모르는 사람이 어려움에 처한 걸 봤을 때 도와준 적이 있는가?

Q. 어떤 것을 알려고 하기 위해 자료나 강의를 찾아보고 노력한 경험은?

Q. 어떤 일을 포기하지 않고 꾸준히 했던 경험은?

Q. 일상생활에서 편법을 하도록 지시받거나 편법을 저지르지 않도록 한 경험이 있는가?

Q. 자신의 능력을 사용하여 일을 잘 수행한 경험이 있는가?

CHAPTER
02 일반적 경험 질문

Case 01. 일반적인 윤리나 도덕에 어긋나는 행동을 한 경험

> 내용 ①: 친구들과 여행 하던 도중 마땅히 주차할 곳을 찾지 못해 골목길에 불법주차를 하게 됨. 불법주차를 하고 차에서 내려 보니 골목이 불법주차를 한 차들로 가득했고 그 사이로 사람들이 지나가거나 다른 차량들 이 지나갈 때 복잡한 광경을 목격. 나 한사람의 편의를 위해 남에게 피해를 주면 안 된다는 생각이 들었 고 근처 공영주차장을 찾아 차를 다시 주차함.
>
> 내용 ②: 시간이 늦어 급한 마음 때문에 새벽기차를 예매하지 않고 무작정 탄 다음에 기차 안에서 표를 끊었던 경험

➡ [주의할 점] 명백한 위법행위에 대한 경험이야기를 하는 것은 피해야 한다. 예를 들어 '회사생활하면서 상사의 불법 폐수방류 지시에 따랐었다. 그러나 후회한다.' 이런 내용은 언급하지 말아야 한다.

Case 02. 다수(집단)를 위해서 본인이 희생했거나 노력했던 경험

> 대학병원에서 근무할 당시, 병원 행사인 체육대회 & 장기자랑에 부서별로 간호사 한 명씩 참가해야 하는 상황이 있었습니다. 저를 포함한 저희 부서 동료간호사들 모두 참가를 희망하지 않았고 이로 인해 갈등이 생겼었습니다. 그 상황에서 평소 동기들을 잘 이끌고 동기들과의 소통의 장을 주도해서 만드는 역할을 해왔던 제가 자리를 마련하 여 서로 허심탄회하게 이야기를 해보자고 제안을 하였고 모임을 가져서 충분히 대화를 진행해본 결과 그동안 서로 몰랐던 마음을 진심으로 이해할 수 있었습니다. 하지만 그럼에도 불구하고 누군가 한 명은 꼭 참가해야 한다는 생각 이 들었고 저도 사실 무척 쑥스럽고 내키진 않았었지만 이 또한 나중에 좋은 경험이 될 수도 있겠다는 생각이 들어 제가 하겠다고 용기를 냈습니다. 동기들은 제게 고맙다는 말과 함께 동기로서 심리적으로 또한 업무적으로도 서포 트를 잘 해주겠다고 약속했고 이후로 실제로 더 돈독한 관계가 되었습니다. 근무와 병행하며 장기자랑 연습까지 하다 보니 사실 심리적으로 육체적으로 많이 지치기도 했었지만 이를 통해 저 스스로 체력을 더 기를 수 있었고 또한 다른 부서의 간호사들과도 친분을 쌓을 수 있었어서 소중한 경험 중의 하나라고 생각합니다.

➡ 주민에 대한 봉사 자세와 인성 및 조직적응력을 보고자 묻는 질문이다.

Case 03. 친구 또는 동료가 어려움에 처했을 때 고민을 들어주고 대응했던 경험

> 게임홍보 관련 아르바이트를 할 때 일입니다. 각 PC방을 돌아다니면서 게임을 홍보하여 가입을 유도하는 일이었 는데 두 명씩 팀을 이루어 일을 진행했는데 제 파트너가 소극적인 성격이어서 처음 보는 사람들에게 말 거는 것을 굉장히 힘들어했습니다. 그래서 제가 고객들에게 말을 걸고 가입을 유도하는 일을 맡고 제 파트너는 근처 유동인구가 많은 PC방 위치를 알아보도록 하여 일을 분담해 일을 하였습니다. 처음엔 실적이 낮은 조에 분리되 었지만 결국 마지막 날 인센티브를 받았던 경험이 있습니다.

➡ [주의할 점] 여기서 핵심질문은 게임홍보 유도할 때 불법적인 사례는 없었는지 실적이 낮은 조에 분리되어 불만은 없었는지 마지막은 인센티브에 대한 질문일 것이다. 즉, 인센티브는 가입자 수가 많아야 받는 것이므로 그 질문에 대한 답변이 마지막 질문이라고 보면 된다.

➡ 참고로 위와 같은 주제에서는 '연애상담, 친구가 누군가와 싸우고 있었는데 합세하여 같이 상대편을 제압했다.' 이런 내용은 적합하지 않다. 공무원은 조직생활이다. 공무원 면접에서는 조직생활을 잘할 것 같은 사람을 선호한다. 후배·동료·선배와의 관계에서 본인의 적극적인 행동 혹은 모범적인 행동으로 도움을 주었던 경험을 떠올리길 바란다.

Case 04. 어려운 일이 발생할 느낌이 올 때 미리 그것을 예상하여 사전에 해결한 경험(누군가를 설득하여 실수를 미리 방지한 경험)

내용 ①: 대학교 재학시절 '연극의 이해' 수업 당시, 준비물을 미리 2개씩 만들어 놓자고 제안을 하였다. 연극 공연 당일 비품 한 개가 친구의 실수로 부서진 상황이 발생했는데 미리 만들어 놓은 여분의 비품으로 성공적으로 마쳤다.
내용 ②: 환경미화 봉사활동 때 길가에 쓰레기 버리려는 아이를 발견하고 어린 아이를 설득한 후에 다시는 안 버리겠다는 약속을 받았다.

➡ [주의할 점] 이 주제는 공무원으로 상당히 중요한 내용이다. 준비성, 계획성, 창의성, 전문성 등을 한 번에 알아볼 수 있는 질문이다.

Case 05. 남들은 안 될 것이라고 예상했던 일에 본인만의 새로운 전략으로 그 일을 해결한 경험

대학교 기말고사 기간 중 원어민 영어회화 팀프로젝트 발표 수업을 하는데 자유형식, 자유주제였습니다. 다른 조는 다들 PT 발표하는데 저희 조는 조원이 같이 하는 참여방법을 모색하였고 영어연극과 생활영어를 접목하여 좋은 성과를 이루어냈습니다.

➡ [주의할 점]창의성이나 전문성을 알아보는 질문으로 다른 사람은 일이 어려워 혹은 힘들어서 포기하려고 했을 때 본인은 그렇지 않고 다른 방안으로 해결한 경험을 이야기 하면 좋다.

Case 06. 다른 사람의 잘못된 행동을 보았을 경우 대처한 경험

(상황) 대학교 기숙사 층장 시절에 야간순찰을 돌다가 화장실에서 흡연하는 관생을 발견하였고, (문제) 관생이 한 번만 봐달라고 사정을 하였지만, (대처) 이미 전에 경고를 받은 적이 있었기 때문에 규정대로 벌점을 부과하였다.

➡ [주의할 점]규정이나 규칙에 어긋난 행동(금연구역에서 흡연, 동료가 아르바이트를 하는데 고등학생에게 신분증도 확인하지 않고 담배를 판 것, 누가 쓰레기 분리수거를 안하고 버리려고 했을 때 등) 등에 대해 생각해 보면 된다.

Case 07. 성격이 까다로운 사람 혹은 비협조적인 사람과의 갈등 속에서 조정하여 해결한 경험

(시기) 서울 ○○주민센터에서 봉사활동을 할 무렵이었다.
(상황) 그때 민원인이 많아서 민원인 대기자가 조금 많았는데 한 할아버지께서 갑가기 다가와 "왜 이렇게 오랫동안 기다리게 만드나"라고 고함을 지르면서 화를 내고 있는 상황이었다.
(대응 및 결과) 계장님께 가서 이 상황에 대하여 말씀드리고 어떻게 대처하는 것이 옳은지를 물어보고 그 할아버지께서 일을 빨리 해결할 수 있도록 도와드렸다.

➡ [주의할 점]일종의 친화력, 인간관계를 알아보는 질문이다. 공직관으로 보면 민원인과의 갈등상황에 대한 대처법을 묻는 질문이다. 제일 중요한 것은 조화와 설득이다.

Case 08. 다른 사람(타인)에게 도움을 주었던 일이 오히려 본인에게 이익이 되었던 경험

코엑스 IT쇼에서 아르바이트를 했을 때 일입니다. 안내업무와 출입증 발급업무를 교대 근무하는 것인데 제 동료가 안내업무가 힘들다고 하여 제가 바꿔주었습니다. 저의 그런 열심히 하는 모습을 팀장님께서 보시고 인정받게 되어 아르바이트 공고가 생길 때마다 저에게 먼저 연락을 주셨습니다.

❯ [주의할 점] 내가 속한 단체 혹은 공익을 위해 손해를 감수한 경험과 비슷한 이야기이다. 희생정신이 바탕이 되어야 하므로 주의할 점은 어떤 대가성의 이미지가 많이 들어간 내용은 없어야 한다는 것이다.

Case 09. 어떤 문제에 부딪혔을 때 평소와는 다른 방법으로 접근한 경험과 그로 인한 방해를 극복한 경험

① **시기**: 대학 재학 중 학과 학생회 임원일 때
② **상황**: 단과대학 축구리그 경기에 단과대학 학생회에서 여학우들의 응원참여를 요구하는 반면, 축구경기가 주말에 열리기 때문에 여학우들은 응원하러 학교가는 것을 기피함
③ **과정**: 단과대학 학생회에 축구 경기 중간에 여학우들이 참여할 수 있는 방법인 여자 페널티킥 경기나 골대 맞추기 같은 게임을 할 것을 제안하고 여학우들의 참여 독려
④ **결과**: 단과대학 학생회에서 축구 중반 휴식시기 때 여자 골대맞추기 게임을 실시, 성공시 문화상품권을 증정하게 됨. 그래서 여학우들의 단과 축구리그 경기 참여율이 올라가게 됨

❯ 부적절한 관행이나 인습을 타파한 경험을 이야기 하여야 한다. 이는 부당한 지시에 대한 행동 등 상황제시형 질문이 마지막 질문이 되는 경우가 많다.

Case 10. 전략적 대안이나 지침이 없을 때 해결한 경험

1. 내용 (1)
   ① **시기**: 대학교 2년 등록금을 마련하기 위해 마트 계산원 아르바이트 때
   ② **상황**: 3층 코너에 계산대에서 근무를 하였는데 손님께서 가져오신 음료수의 바코드가 읽히지 않음
   ③ **해결방안**: 같은 종류의 다른 맛 음료수를 대신 계산해드리고 슈퍼바이저님께 영수증 제출과 상황을 설명하여 해결
2. 내용 (2)
   ① **상황**: ○○○세무서에서 부가세 신고도우미로 활동함. 본관을 별관으로 착각하셔서 별관을 찾는데 어려움을 겪는 민원인들이 많았음
   ② **대응**: 별관 약도와 버스노선, 전화번호가 적힌 작은 종이를 일일이 만들어 오시는 민원인들께 하나씩 배부해 드림
   ③ **결과**: 직원분들께서 좋은 생각이라고 칭찬해주셨고 불편을 겪는 민원인들이 줄어듦

❯ [주의할 점] 지침에도 없고 매뉴얼에도 없는 경우 일처리를 어떻게 할지 묻는 것이다. 결국 공직관이 중요하다고 하는 이유는 이렇게 사전조사서 주제도 대부분 공직관과 관계된 내용이 많기 때문이다.
❯ 어떤 일을 할 때(아르바이트, 군대, 직장, 동아리 등) 새로운 규칙을 본인이 만들어서 한 경험을 이야기하면 일종의 창의력을 발휘한 경험도 되는 것이다. 이러한 주제가 주어졌을 때 가장 중요한 사항은 규정에 어긋나지 않는 대안을 모색한 경험이야기 혹은 모두가 공감할 수 있는 그런 내용을 이야기 해야 한다.

Case 11. 친구(동료) 또는 상사의 불법행위에 대하여 어떻게 대응을 했는지에 대한 경험

① 시기: 대학 등록금을 마련하기 위해 친한 친구가 일하는 법무사 사무실에서 아르바이트를 하고 있을 때였습니다.
② 내용: 저의 경제적 사정을 잘 알았던 그 친구가 일하지 않은 날에도 급여를 주겠다고 하였습니다.
③ 대응 및 해결방안: 저는 제가 일한 날에만 급여를 받겠다고 하고 친구를 설득하여 거절을 하였습니다.

Case 12. 자신의 손해를 감수하면서 집단의 이익을 위해 행동한 경험

대학시절 ○○ 공연축제에 참여를 하였다. 각각의 역할을 배정 받을 때 나는 비록 몸치지만 노래는 잘해서 노래를 하려고 했는데 노래를 잘하는 친구가 많아서 친구들은 내가 연예인가수 싸이를 닮아서 춤을 추라고 해서 춤을 추게 되었고 아니나 다를까 호응이 안 좋아서 그 이후 충격 먹고 몸치 극복을 위해 많은 노력을 했다.

Case 13. 리더로서의 역량을 발휘한 경험과 그러한 역량강화를 위해 노력한 경험

① 시기: 대학교 여름방학 중 "여성경제활동실태" 설문조사원으로 두 달 간 아르바이트 할 때
② 상황: 설문능력 미숙, 시민들의 저조한 설문참여로 난관에 봉착
③ 대응: 조사원 각자의 설문노하우 공유, 적극적 자세로 맡은 책임을 다하자고 독려, 철저한 사전조사(지도검색), 상황에 맞게 될 설문량 배분

Case 14. 부탁받지 않은 상황(도움을 청하지 않은 상황)에서 본인 스스로 남을 도운 경험

도서관에서 공부를 하다 집으로 귀가 하는 중에 수원역 부근에서 늦은 밤 버스에서 내린 맹인께서 차도에서 방황하시는 모습을 보고 그 맹인분이 인도에 올라가시기 힘들 것 같아서 도와드려도 되는지를 우선 여쭈었고 그 분께서 도움을 승낙하시어 맹인의 손을 잡고 안내센터까지 데려다 준 경험이 있습니다.

Case 15. 상대로부터 충고나 비판을 듣고 개선하려고 노력한 경험

대학 4학년 때 관공서에서 5급 시각장애인 부가세 전자신고 도우미를 한 적이 있었습니다. 계장님께서 친절하고 성실하게 일하는 것은 좋은데 제가 말이 조금 빠른 편이라고 지적을 하셨습니다. 그래서 그 뒤로 자기 전에 책을 읽으면서 말을 천천히 하는 습관을 길렀고 그 동안 읽고 싶었던 책들도 많이 읽는 계기가 되었습니다.

➔ [주의할 점] 문제에 대한 지적상황을 받고 자신의 역량으로 긍정적으로 바꾼 사례 같은 것을 이야기하면 된다. 고집이 세다는 느낌을 주어서는 안 된다.

Case 16. 어떤 일을 추진하는 데 주도적으로 했던 경험

○○○○년 친구들과 지리산 천왕봉등반 여행을 계획하여 총 계획을 짜고 총무역할을 함. 도서관에서 여행 책을 찾아 대표 여행지조사, 각 도시에서의 관광명소와 맛집 조사 및 교통·숙박 등을 조사, 예산총괄 후 회비수집. 지금의 우리 형편에 맞게 저렴하게 재미있게 유익하게 여행을 다녀옴.

➔ [주의할 점] 주의할 것은 두 가지이다. 첫 번째로는 독단적·독선적·이기적인 행동을 했다는 내용이 들어가서는 안 된다는 것이며, 두 번째로는 여행 같은 내용으로 언급할 때는 계획적이고 구체성이 들어가 있는 내용이 포함되어야 한다는 것이다. 단순히 놀러갔다는 이미지를 강하게 부각시켜서는 안 된다.

Case 17. 뚜렷한 규칙이나 기준 등이 없는 일을 접했을 때 본인이 어떻게 그 일을 처리했는지에 대한 경험

내용 ①: 수험기간이 길어짐에 따라 학원비와 책값을 벌기 위해 독서실에서 알바를 했습니다. 그런데 독서실 내 흡연구역 문제가 야기되었습니다. 이는 곧, 남녀 간 충간분리문제와 함께 성인방과 학생방 분리를 하자는 의견이 있었고 그때 저는 흡연구역을 1층 주차공간으로 제한하자고 사장님에게 제안하였으며 남녀 및 성인방과 학생방을 각각 분리하자는 요구를 하였고 이를 사장님이 수용하고 긍정적으로 해결되었습니다.

내용 ②: 대학시절 동아리 신입생 수업을 진행한 적이 있었습니다. 그런데 신입생의 참석률이 저조하여 동아리 회장과 임원들에게 도움 및 지원 요청 후, 저의 의견인 출석체크제도를 도입하여 출석 우수자에게 상품을 수여하고 시험 성적 우수자에게도 상품을 수여하여 신입생들의 수업에 대한 출석률 증가는 물론 수업에 대한 집중도 높아졌습니다.

➡ [주의할 점] 융통성 및 창의성을 알아보는 질문이다. 실제 공무원 일을 하다보면 민원인이 규칙에 없는 것을 요구할 때가 있다. 그럴 때 어떻게 대처를 하겠는지를 간접적으로 물어보는 질문이다.

Case 18. 어려운 일이나 상황이 발생하였을 때(어떤 과제가 주어졌을 때) 창의력을 발휘한 경험

물류 업무를 담당할 때 현지에서 잦은 내륙 운송 지연이 발생한 적이 있었습니다. 물량이 많았기 때문에 일일이 보고하는 것이 비효율적이라고 생각했습니다. 지역, 출발일, 예상 도착일을 입력한 파일을 만들고 2일 간격으로 거래처에 보고하였습니다. 거래처에서는 표로 전체적인 흐름을 파악할 수 있었기 때문에 그 뒤로 별도로 운송 추적을 요청하는 일이 줄어들었습니다. 팀장님께서 팀 내에서 이런 방안이 효과가 있다고 생각하여 다른 팀원들에게도 똑같이 시행하도록 지시하였습니다.

➡ [주의할 점] 스스로 해결해보지도 않고 타인에게 의존한 느낌을 주어서는 안 된다.
➡ 면접관이 원하는 답변은 창의력을 발휘해서 만족한 결과를 얻어낸 경험이 있는가를 보고자 함이다. 여러분들이 나중에 공무원이 되면 공직관 관련시 언급을 했지만 새로운 업무나 모르는 업무 혹은 매뉴얼에 없는 업무를 맡게 된다. 그런 경우 어떻게 해결할 것인지를 묻는 질문이라고 보면 된다.

Case 19. 본인이 조직이나 직장생활에서 실수한 경험과 그것을 극복했던 방법

제가 병원에서 근무할 당시의 일입니다. 보통 아기들은 3시간마다 수유를 진행하는데 제가 돌보던 환아들 중 한 명이 미숙아라서 4시간마다 수유를 진행하고 있었던 상황이었습니다. 신규 간호사 시절, 아직은 일이 미숙하여 너무 바빠 그 미숙아 아기의 수유를 한차례 깜빡한 적이 있습니다. 알아차린 직후 사실 너무 무섭고 겁도 났지만 간호사는 어떤 경우에도 절대로 거짓말을 해서는 안 된다는 생각이 먼저 들어 곧바로 선배 간호사 선생님과 당직 의사선생님께 알렸습니다. 다행히 제가 알아차렸던 시간이 예정 수유시간으로부터 얼마 지나지 않았던 상황이었고 아기의 활력징후 등을 체크하여 아기가 아무 이상이 없다는 것을 확인한 후 그 시간으로부터 수유 간격을 재조정하여 수유를 진행하였습니다. 이때의 경험을 통해 다시는 절대 실수하면 안 되겠다는 생각이 들었고 더욱더 정신을 똑바로 차리고 신중하게 업무에 임해야겠다고 다짐했습니다. 이후로 저만의 체크리스를 작성하여 매시간 대마다 수행해야 할 업무를 재확인하며 실수 없이 업무를 진행하기 위해 노력했습니다.

Case 20. 본인이 아이디어를 내서 조직이 잘 돌아간 경험(창의성)

A1. 저는 맥주집에서 아르바이트를 했었을 때 사장님이 아르바이트 경험도 없이 퇴직금으로 대뜸 가게를 차리셔서 아르바이트 경험이 상대적으로 많은 저를 면접보러갔을 때 그 자리에서 바로 채용하셨습니다. 가게가 2층에 있어서 손님들이 많이 들어오지를 않았는데 저는 그때 공동 CEO라는 생각으로 아르바이트지만 많은 노력을 하였습니다. 다른 가게에서 일했을 때 경험으로 저는 손님들이 우선 많이 들어오게 해야 한다고 생각했고 진부하지만 오픈시간 2시간 내 맥주 2+1행사 입간판을 매장 앞에 세우는 것을 건의하였고 그것을 보고 손님들이 많이 들어오게 되셨습니다.

A2. 학창시절 도서부장으로 활동 당시 별관에 홀로 있어서 이용률이 낮은 도서관 활성화를 위해 도서관 다용도실을 학생휴게실로 만들어 개방한 적 있습니다. 학우들이 학생휴게실을 가장 원한다는 학생회 설문조사를 바탕으로 추진한 것이었고 교직원 휴게실로부터 물품도 지원받아 주말 동안 다용도실을 휴게실로 성공적으로 바꿨습니다. 휴게실이 생기자 도서관을 찾는 학생들이 많이 늘어서 하루 대출권수가 10권 남짓에서 30권 이상으로 많이 올랐습니다.

A3. 저는 대학시절 도서관에서 근로장학생으로 근무했던 경험이 있습니다. 도서관에서는 매년 에세이 대회가 개최되었는데 그 포스터를 제작하는 것이 근로장학생들의 담당이었습니다. 근로 담당선생님께서 작년까지의 포스터가 너무 진부했는데 뭔가 좋은 방안이 없냐고 하셔서 저는 그때 함께 일하는 근로장학생이 만화창작과라는 것을 번뜩 떠올리고 패러디만화를 제작하는 것이 어떻겠냐고 제안했습니다. 결과적으로 홍보 포스터가 학교 SNS에 올라오고 에세이 대회는 많은 인기를 끌며 성공적으로 마쳤던 경험이 있습니다.

A4. 저는 고등학교 때 연극부 동아리에서 연극기획을 맡은 적이 있습니다. 흥부전을 각색하여 연극을 했었는데 흥부 아이들이 배고파 우는 장면에서 난타와 비슷한 장면을 연출하였습니다. 밥그릇, 냄비, 도마, 양푼, 숟가락, 젓가락, 국자 등의 소품을 이용하여 난타에서 북을 두드려 음악을 만들어 내는 효과를 만들어냈습니다. 학생들은 연극에서 가장 기억에 남는 장면으로 이 장면을 꼽았고 선생님들도 신선하며 새로웠다고 칭찬을 해 주셨습니다.

Case 21. 관행을 개선해 본 경험

카페 아르바이트를 할 때 새로운 알바생 교육을 하는 업무를 맡았는데 그 때 교육매뉴얼을 만들었습니다. 교육을 담당하는 직원이 3명이라 사람마다 교육방식이나 알려주는 사항이 달랐고 구두로만 교육하다보니 숙지가 부족한 알바생들이 생겼습니다. 그래서 그 점을 개선하기 위해 한 장 분량의 교육매뉴얼을 만들었습니다. 시간대별, 파트별, 주의해야 하는 사항을 정리해서 만들었는데 사장님께서 보시고 좋다고 하셔서 냉장고에 부착하여 다른 직원들도 보게 하고 그 이후에 쭉 그 매뉴얼대로 교육하게 되었습니다.

Case 22. (자소서 기반) 동아리장으로서 불화를 해결한 경험

실제로 저희 동아리에서 불화가 생겼을 때, 저는 회원들의 입장을 조율하는 자리를 만들었습니다. 악기연주동아리였는데 OB 즉, 선배님들과 새내기들의 의견차이가 상당히 컸습니다. 선배님들은 새내기들이 더 열심히 악기를 연주하고 열성적으로 하길 바랐고 새내기들은 선배님들의 기대를 부담스러워하고 많이 꺼려했습니다. 그래서 저는 총회 같이 의견을 듣는 자리를 여러 번 만들고 또한 개별적으로도 후배들의 이야기를 선배님들에게 전달하고 선배님들의 의견도 후배들에게 전달했습니다. 그 과정에서 선배님들 의견 중에도 이런 부분은 중요하고 옳은 부분이니 수용하는 게 낫겠다고 '경청'을 써서 후배들에게 이야기했고 또한 후배들의 의견도 선배님들에게 후배들의 패기와 의지력이 뛰어나니 좋게 평가해주면 감사하겠다고 이야기하며 중간에서 입장을 잘 조율했습니다. 덕분에 의견 차이가 많이 좁혀지고 불화가 줄어들어서 성공적으로 공연을 마칠 수 있었습니다.

CHAPTER

03 직장 경험 질문

1 예상질문

Q1 직장생활을 4~5년간 하셨다고 했는데 굳이 그만두고 공무원을 하시게 된 이유가 있나요?

> **MEMO**

Q2 상당히 좋은 직장이고 제가 볼 땐 능력도 좋으신 것 같은데 왜 공무원을 하려고 하는지 이유를 모르겠습니다. 특별한 이유가 있나요?

> **MEMO**

◇ PLUS

1. 주어진 상황을 최대한 활용하는 것도 하나의 방법이다. 시나리오를 작성할 경우 직장경험이 있는 합격생들은 대부분 나이가 있는 수험생이므로 자신의 상황이나 비전을 제시하는 답변도 괜찮다.

2. [답변요령] 저의 꿈은 처음부터 공무원이 되는 것이었습니다. (또는 실제로 대학졸업 후 공무원준비를 했었습니다). 제가 졸업할 당시 아버지께서 자영업을 하셨는데 실패를 하시고 택시운전을 할 정도로 집안 형편이 좋지를 않았습니다. 장남인 저는 마음 놓고 공무원 공부를 할 수 없었습니다. 그래서 직장을 택했습니다. 저 또한 사회생활을 어느 정도 경험한 다음 공무원 준비를 해도 늦지 않다고 생각을 했기에 그 시절에는 후회하지 않았습니다. 그리고 나서 직장생활하면서 조금씩 제가 모은 돈으로 수험생활을 시작하였고 늦은 나이에 시작하다보니 합격하는데 4년이라는 시간이 걸렸습니다.

Q3 직장생활 경험에서 자신의 결정으로 좋은 결과를 이루어 낸 경험이 있다면 그 일에 대하여 구체적으로 말해보세요. ⇨ 답변에 따른 후속질문 준비

MEMO

Q4 직장생활에서 가장 크게 배운 점과 그것을 어떻게 업무에 활용할 것인가요? ⇨ 답변에 따른 후속질문 준비

MEMO

Q5 직장생활을 꽤 하셨는데 본인이 맡은 업무는 구체적으로 무엇이었나요? ⇨ 답변에 따른 후속질문 준비

MEMO

⟡PLUS

가능하면 대기업이나 금융권 종사, 개인과외 등에 대한 이야기는 꺼내지 않는 것이 좋다. 그 이유는 면접관이 왜 그만 두었는지에 대한 설득력 있게 말하기 힘들기 때문이다. 다만, 설득력 있는 답변을 할 수 있다면 괜찮다.

Q6 직장상사가 부정을 저지른 것을 본 적이 있나요? 그런 경험이 있다면 한번 이야기 해보세요. ⇨ 답변에 따른 후속질문 준비

> **MEMO**

Q7 전에 다녔던 직장은 의사결정을 주로 어떻게 하였나요?
ㄴ [추가질문] 본인이 모시고 있는 상사가 권위적인 스타일이었나요? 아니면 이야기를 들어주는 스타일이었나요?
ㄴ [추가질문] 본인은 어떤 스타일을 원하나요?

> **MEMO**

☞ PLUS

1. 일종의 함정질문이다. 가능하면 긍정적인 면을 부각시켜야 한다. 사실대로 말한다면 십중팔구는 압박을 받을 것이다.
2. 한 가지 더 추가하면 "적성에 맞지 않아서 그만두었다." 이러한 답변은 좋지 않다. "그럼 공무원이 적성에 맞지 않으면 그만 두시겠네요?"라고 압박을 받는다고 보면 된다.

> Q. 직장생활을 하셨다고 했는데 직장에 다니면서 갈등상황도 있고 마음이 안 맞는 사람도 있었을텐데 그럴 경우 어떻게 해결했나요?
>
> A. 제가 다녔던 곳에서 제가 팀의 최초의 여직원이었습니다. 남직원 분들끼리만 있었기 때문인지 군대식 조직문화라든가 경직되고 딱딱한 분위기가 많이 있었습니다. 그래서 처음엔 적응하기가 힘들었는데 다시 한 번 생각해보니 저만 여자였기 때문에 기존 팀 직원분들하고 팀장님께서 더 힘드실지도 모른다는 생각을 했습니다. 그래서 조직에 적응하기 위해 노력했는데 예를 들면 회식 다음 날엔 평소보다 조금 일찍 출근해서 유산균 음료를 팀 분들의 책상 위에 올려놓는다든지 또 직장인들에겐 월요일이 가장 힘들지 않습니까? 그래서 포스트잇에 기분 좋은 메시지를 작성해서 모니터에 몰래 붙여 드렸습니다. 또한 팀 분들은 점심시간마다 족구경기를 하셨는데 저는 여자여서 직접 참여할 순 없었지만 자주 짬을 내어 응원하러 가곤 했습니다. 제가 그렇게 했기 때문인지 제가 입사했을 땐 여직원이 저 혼자였지만 퇴사할 때 즈음에는 여직원이 총 세 명으로 늘었습니다.

➡ 이러한 답변이 꾸밈없고 진술한 답변이면서 면접관들이 가장 좋아하는 답변의 한 가지 예이다. 이런 한 가지 답변으로도 합격할 수 있는 것이 공무원 면접임을 꼭 기억해야 할 것이다.

> Q. 직장생활을 하면서 난감한 부탁이나 부정한 부탁을 받은 경험이 있나요?
>
> A. 사기업에 근무할 때 직원을 관리하는 직을 맡았습니다. 한 직원분이 본인 연차를 다 썼는데 급히 연차를 하나 써야 하는데 출근한 척 출근 체크를 찍고 퇴근 체크를 대신 찍어서 출근 안하고 하루 쉴 수 없냐고 부탁을 했지만 "절대 그럴 수 없다. 다른 직원들과의 형평성에도 어긋나서 안 된다."라고 한 적이 있습니다.

MEMO

2024
스티마 면접
지방직(공통편)

CHAPTER

01 지자체별 면접 특이사항(2023년 기준)

지 역	자기소개서	인성검사	사전조사서	비 고
강 원	○	○	×	홈페이지 서식 참고, A4 2쪽 이내
경 기	×	△ (응시지역에 따라 다름)	○	① 지역에 따라 자원봉사활동 실적 및 리포트 제출 ② 경기도청은 5분 발표 실시
경 남	○	×	×	자소서는 면접등록 페이지에 제시한 양식 작성 저장
경 북	○	×	×	A4 용지 1매 분량으로 작성
광 주	○	×	×	
대 구	○	○	○	면접 당일 사전조사서 작성
대 전	×	○	○	사전조사서(자기기술서) 양식에 맞춰 작성 후 사전제출
부 산	○	×	×	일행직렬은 3분 스피치 실시
세 종	○	○	×	
울 산	○	×	×	
인 천	×(인천) ○(강화·옹진)	○	×	① 인·적성검사 실시 ② 강화·옹진군은 군에서 면접 주관
전 남	○	○	×	.
전 북	○	○	×	① 지원시·군에서 면접실시 ② 인·적성검사 실시
제 주	○	○	×	
충 남	○	○	×	지정도서 3권 중 1권 선택 후 읽고 3분 이내 발표
충 북	○	○	○	① 면접 당일 사전조사서 1~2문제 작성 ② 인·적성검사 실시

1. 면접공고문은 밑줄을 치면서 꼼꼼히 읽어보아야 한다. 그래야 내용을 간과하지 않고 제출서류 또한 빠뜨리지 않는다.
2. 자기소개서는 지역에 따라 제출을 요구하는 지역이 있으니 공고문에서 요구하는 준수사항(글자 수, 글자크기, 간격, 블라인드 사항 등)을 확인하고 제출 마감기일을 반드시 지켜야 한다.
3. 지역에 따라 인성 / 인·적성 검사가 실시된다. 인성 / 인·적성 검사는 반드시 참여해야 한다.
4. 지역에 따라 사전조사서를 작성한다. 사전조사서는 면접당일 주제를 주고 현장에서 작성하고 대전의 경우는 면접 전에 미리 작성하여 제출한다.
5. 집단토의(토론)는 2019년 기준으로 인천·대구·경북 지역에서 실시하였으나 2020~2021년은 코로나로 인해 해당 지역에서 실시하지 않았다.

MEMO

CHAPTER 02 인성검사

✔POINT 2023년 인천은 인·적성검사를 실시하였다.

1 인성검사시 주의점

(1) 인성검사 결과지는 면접위원에게 참고자료로 제공된다고 생각해야 한다.

(2) 인·적성검사 또한 개인의 인성과 적성을 검사하기 위해 실시되며 정답 자체가 없고 면접시험 참고자료로만 활용된다.

(3) 특히 인성검사면에서는 일관성 있는 답변이 중요하다.

(4) 인성검사 내용은 매년 의뢰기관이 바뀌기 때문에 조금씩 질문내용은 변화가 있을 수 있다.

(5) 인성검사를 할 때 취업목적으로 인성검사를 받는 경우 다 그런 것은 아니지만 사람들이 잘 보이려고 하는 경향이 있다. 그래서 "외향적이고 적극적이고 또 어려움에도 긍정적으로 산다"는 것들을 보이려고 좋은 쪽으로만 마킹하는 경향이 있다. 그런데 이러한 것들이 너무 지나치면 안 된다는 것이다. 너무 지나쳐 버리면 남들에게 잘 보이기 위해 거짓으로 문항을 마킹했다고 나올 가능성도 있다는 것이다.

> ① 예를 들어 "나는 한 번도 거짓말을 한 적이 없다.", "나는 단 한 번도 윤리에 어긋나는 일을 해 본 적이 없다"는 질문에 "예"라고 마킹을 했다면 사실 이 질문지에 대한 답변은 누가 생각해도 거짓말이라고 생각한다는 것이다. 바로 이러한 질문들에는 "예"로 마킹을 해서는 안 된다.
> ② 혹시 면접관이 인·적성 결과를 보고 질문을 하게 된다면 어떤 생각을 하게 될지 응시생들이 곰곰이 생각해보면 답이 나올 것이다.

(6) 인성검사에서는 일관성 있게 체크해야 한다.

> 가령 어떤 문항에 "나는 다른 사람들과 함께 있는 것을 좋아한다"에 "예"를 했다가 한참 뒤 문항에 "나는 혼자 있는 것이 더 편하다" 등의 문항에 또 "예"를 하면 일관성이 없다. 그럼 일관성이 없다는 수치가 올라간다. 결국 의도적으로 잘 보이려고 체크하기 보다는 솔직하게 하는 것이 중요하다.

✔PLUS

실제질문유형

Q. 인성검사를 많이 풀지 못했네요? 신중해서 그런 건가요? 느긋해서 그런 편인가요?

Q. (인성검사지를 보며) 저는 근데 ○○○씨 인성검사지를 보았는데 신뢰가 가지 않습니다. 이게 말이 안되게 다 너무 높아요. 다 5점이고 4점입니다. 이거 제대로 한 거 맞아요?

Q. ○○○씨 인성검사 보면 다른 건 다 좋게 나왔는데 현실성이 좀 떨어진다고 나왔는데 이유는 무엇이라고 생각하나요?

Q. 인성검사에서 "의사표현이 정확하다."라고 나오는데 지금은 전혀 그런 느낌이 들지 않고 있습니다. 어떤가요?

➡ 시간 내 모든 문제를 다 풀지 못하는 경우도 많다. 하지만 최대한 많이 풀어야 한다. 적게 풀면 결과를 산출할 수 없기 때문이다.

2 실제 예상질문 유형 (1)

▶ YES / NO로 답하시오.

질 문	답 변	비 고
더 높은 능력이 요구되는 일을 하고 싶다.	YES / NO	10년 후 진급·승진 이런 표현 NO
자기 능력의 범위 내에서 정확히 일을 하고 싶다.	YES / NO	조직생활
나는 돌다리는 두드리고 건너는 것이 좋다고 생각한다.	YES / NO	
돌다리는 두들겨 보지 않고 건너도 된다.	YES / NO	성격이 급한 이미지는 NO

▶ ① 전혀 아니다 ② 아니다 ③ 보통이다 ④ 그렇다 ⑤ 매우 그렇다에 표시하시오.

질 문	답 변	비 고
나의 취미는 대부분 집 안에서 하는 것들이다.	①②③④⑤ 중 택 1	
다른 사람의 부탁을 거절할 수 없다.	①②③④⑤ 중 택 1	청탁
학창시절 조용하다는 이야기를 자주 들었다.	①②③④⑤ 중 택 1	내성적
술자리에서 분위기를 주도하는 편이다.	①②③④⑤ 중 택 1	적극적
사회에는 고쳐야 할 법이나 규칙이 많이 있다.	①②③④⑤ 중 택 1	
삶에서 예술은 필요없다.	①②③④⑤ 중 택 1	
봉사활동을 자주 한다.	①②③④⑤ 중 택 1	
결정을 내릴 때 과거의 통계를 참고하는 편이다.	①②③④⑤ 중 택 1	

MEMO

3 　실제 예상질문 유형 (2)

▶ YES / NO로 답하시오.

질 문	답 변	비 고
나는 사람들 앞에서 말하는 것을 즐겨한다.	YES / NO	YES ⇨ 적극성 / 활동적
나는 일을 다른 사람의 도움 없이도 해낼 수 있다고 생각한다.	YES / NO	
나는 나에게 잘 대하는 사람들을 보면 무엇인가 목적이 있다고 생각한다.	YES / NO	
나는 파티에 가는 것을 좋아한다.	YES / NO	YES ⇨ 적극적 / 활동적 No ⇨ 내성적
나는 혼자 있는 시간이 다른 사람들과 함께 있는 것보다 더 편하다.	YES / NO	
나는 무언가 남들이 보지 않은 이상한 것을 본 적이 있다.	YES / NO	
나는 어릴 적 한 번 이상 물건을 훔친 적이 있다.	YES / NO	
나는 문 손잡이를 통해 병에 걸릴까봐 두려워한 적이 있다.	YES / NO	
나는 다른 사람을 미워한 적이 없다.	YES / NO	

4 　인성질문 결과를 바탕으로 한 후속질문

Q1. 자소서에 단점이 너무 몰입이 강해서 큰 그림을 잘 못본다고 하였는데 인성검사 결과에서는 집중력이 뛰어나다고 나왔다. 해명해보라.

Q2. 인성검사 결과로는 타인에게 공감 능력이 낮고 수줍음이 많고 적극적이지 못한 성격이라고 나왔다. 그런데 자소서에서는 공감능력이 좋고 적극적이라고 하였는데 해명해보라.

⟹ 이런 경우는 실제 면접에서 면접관이 무언가 마음에 들지 않았다는 것이다. 결국 진정성 등에서 의심을 많이 받았다던가 하여 이런 질문을 받는 것이다.

CHAPTER
03 사전조사서

1 사전조사서 개요

POINT 사전조사서에 대해 간단히 설명할 테니 다른 지역은 경험형 질문의 하나라고 생각하며 본인의 관련된 경험이 있다면 생각해보길 바란다.

1. 지방직 사전조사서

(1) 사전조사서를 작성하는 지자체는 경기·대전(사전작성 제출)·충북·대구가 현재까지 사전조사서를 실시하고 있다.

(2) 작성할 수 있는 시간은 주제 내용이나 개수에 따라 달라질 수 있다.

(3) 주제가 다양하다. 본인의 경험에 대한 사례, 공직관에 관련된 내용, 지역현안에 대한 내용 등 범위가 다양하게 출제될 수 있다. 다만, 국가직에 비하여 상대적으로 사전조사서와 관련된 질문비중은 낮은 편이다.

(4) 특이한 점은 지방직 사전조사서는 대구(의외의 내용들이 주제로 출제됨)를 제외하고는 대부분 강의 및 교재를 보고 준비한 내용으로 면접질문으로 평소 연습하던 내용들이 출제된다고 생각하면 된다. 경기도를 제외한 다른 지역은 사전조사서 면접비중은 낮다고 이해하면 된다.

2. 사전조사서 작성시 주의점

(1) 지방직은 어떠한 주제가 출제될지는 예측하기 힘들다. 하지만 면접준비를 하는 과정에서 준비한 내용들이 출제되기 때문에 작성시에는 크게 어려움이 없을 것이다. 국가직처럼 비중은 크지 않지만 사전조사서 작성 내용에 따라 관련된 질문이 약간은 이루어진다는 것도 염두에 두고 면접준비를 해야 한다.

(2) 면접관이 관심을 가질 수 있는 내용으로 참신한 느낌을 주는 것이 좋다. 내용을 작성할 땐 주제 내용과 분량에 따라 대처를 잘해야 한다. 지방직은 사전조사서 후속질문이 많지 않으므로 가능하면 주어진 시간을 최대한 활용하여 자세하게 작성하는 것이 좋다. ➡ 이는 국가직과는 다른 점이다.

(3) 간혹 지방직 사전조사서의 경우 시간이 부족한 관계로 제대로 쓰지 못하는 경우가 있다. 하지만 주제에 대한 핵심내용이 빠져서는 안 될 것이다.

(4) 만약 "개인의 경험"에 대한 주제가 나올 때는 전문적(★ 다만, 너무 전문적인 것이어서 면접관이 잘 모르는 내용은 오히려 설명해주는 방향으로 면접이 흐를 수 있어 주의)이고 창의적인 경험 내용이 들어가면 가장 좋은 사전조사서 내용이 될 것이다.

(5) 주의할 점은 사전조사서에는 가족이야기, 수험공부 이야기 등은 가능하면 적지 않는 것이 좋다.

(6) 지자체마다 조금씩 차이는 있지만 지방직 사전조사서는 직렬 및 날짜에 상관없이 동일한 주제가 출제되는 경우도 있고 매일 주제가 다르게 출제될 수도 있다. 다만, 경기도는 시·군별 면접시 주제 내용이 다르다.

(7) 사전조사서는 허위로 작성할 경우 후속질문에 대한 대비가 없으면 면접에서 허점을 드러낼 수 있고, 결국 거짓이 드러나면 돌이킬 수 없는 상황이 초래된다는 사실을 꼭 기억해야 할 것이다. 그러므로 사실에 근거하여 작성하는 것이 좋다.

(8) 주제 내용에 따라 달라지겠지만 반드시 문제해결 방법을 간략하게 삽입하는 것이 좋다. 단, 해결능력에 관한 부분은 너무 구체적으로 적지 말고 독창적이며 창의적인 내용으로 면접관이 관심을 가지고 후속질문이 들어올 수 있게끔 하는 것이 좋다.

(9) 사전조사서를 쓰는 형식은 자유이다. 대다수 수험생들은 서술식으로 작성을 하는데 서술식으로 써도 되고 다른 요약식 방법을 활용하여 정리해도 된다. 예를 들어 사전조사서를 쓸 때 목차를 설정하여 요약 정리식으로 하는 방법(PT 작성할 때의 활용법)이 있을 수 있다.

(10) 사전조사서 내용에 본인이 또 하나의 주제를 설정하는 방법도 깔끔하게 보일 수 있다.

(11) 사전조사서 글씨는 최대한 깔끔하게 쓰는 것이 좋다. 그렇다고 글씨가 예쁘지 않다고 하여 면접에서 불이익을 받는 것은 아니다. 주의할 점은 대충 쓰면 절대 안 된다. 실제로 면접질문에서 사전조사서 내용을 보고 "왜 쓰다말았나요? 왜 성의없게 썼나요? 주제와 관련 없는 거 아니에요?"라는 언급을 하기도 한다.

2 사전조사서 기출문제

1. 충 북

(1) 개 요
① 사전조사서 작성시간은 15분이다.
② 사전조사서 후속질문에 대비를 해야 한다. 1문제 또는 2문제가 출제된다.
③ 지역현안 및 정책 / 공직가치 / 경험형까지 준비를 해야 한다.
④ 2020년 특이한 점은 시사와 관련된 내용을 상황형과 연결시켜 예시문이 주어졌다는 것이다.

(2) 기출문제

기출연도	기출문제
2023	• 성취감을 느낀 경험을 쓰시오. • 최근 서울 홍수사태에 대해 외신 기자들이 banjiha(반지하)라는 표현을 썼는데 이에 대해 어떻게 생각하는가?
2022	• 창의성을 발휘했던 경험에 대해 구체적으로 적으시오. • 청렴의 의미에 대해 적으시오. • 성실에 대해 서술하시오. • 남을 도와준 경험에 대해 작성하시오.

2021	• 청주페이 등 지역화폐의 인센티브에 대해 재정 낭비 지적이 있다. 본인의 생각은? • 청년일자리 지원 기업 vs 노인일자리 지원 기업 중 어느 쪽에 인센티브를 지급할 것인가? (인구비율 자료 제시) • 아동복지에 대한 문제점과 개선방안은? • 갑질 문제점은 무엇이며 어떻게 해결할 것인가?
2020	• 코로나19로 인한 언택트 문화 확산에서 정부나 공공기관에서 할 수 있는 정책에 대해 기술하시오. • 지금까지 살아오면서 '잘했다'고 생각하는 것 2가지에 대해 기술하시오. • 공무원 채용인원을 늘리는 것에 대한 찬반입장에 대해 기술하시오. • 친하지 않은 사람과 무언가를 같이 준비해 본 경험에 대해 기술하시오. • 지역축제에 참여해 본 경험에 대해 기술하시오. • 부당한 부탁을 받아본 경험과 어떻게 대처했는지 기술하시오. • 지역 주민 중에 큰 소리를 내는 몇 명의 말만 듣고 일을 추진했다가 실패한 사례도 있다. 지역 주민의 의견을 청취하는 것은 중요하지만 안 좋은 점도 있다. 지원자가 담당자라면 어떻게 할 것인가에 대해 기술하시오. • 공무원이 된 후 하고 싶은 업무에 대해 기술하시오. • 2차 재난지원금 지급에 대해 선별지급 또는 보편지급 어느 방향이 타당한지에 대한 생각을 기술하시오. • 현재 사회적 거리두기가 강화되어 명절에 이동제한을 권고했는데 철수에게 병원에 누워계신 할아버지가 계신데 할아버지가 임종이 얼마 안 남으신 것을 알고 고향에 마지막으로 내려가고 싶다고 하는데 본인이 철수라면 어떻게 할 것인가? • 본인의 단점과 극복노력에 대해 기술하시오. • 코로나19로 인하여 공무원 봉급 삭감에 대한 의견이 있다. 어떻게 생각하는지 본인의 의견을 기술하시오. • 공무원에 지원한 이유에 대해 기술하시오. • 코로나19로 인하여 사회갈등이 많다. 이에 대한 해결방안에 대해 기술하시오. • 상사의 부당한 지시에 대한 대응방안에 대해 기술하시오. • 코로나19 판데믹 상황에서 재택근무, 시차변경근무 등 유연근무제를 실시하고 있는데 비교적 여유로운 부서에서는 유연근무제를 실시하고 있지만 업무가 바쁜 격무부서에서는 이런 제도를 사용하기 힘들어 불만이 있는 상황이다. 본인이 인사담당자라면 어떻게 할 것인가?

2. 대구광역시

(1) 개 요

① 작성시간은 20분이며 총 1문제가 주어진다. 다양한 주제가 주어지는데 핵심은 대구 대표적인 지역 현안 문제와 이슈 그리고 공직가치(실무형)를 알아보는 주제가 핵심이다.

② 후속질문은 면접관의 성향에 따라 다르다. 다만 초기답변을 잘못된 방향으로 잡았을 때 후속질문이 상당히 까다롭게 이루어진다.

(2) 기출문제 I

기출연도	기출문제
2023	• 신천 개발 프로젝트에 제안할 정책이나 아이디어를 서술하시오. • 기후 위기와 재난에 대응하는 아이디어나 정책에 관해서 서술하시오. • 시정 홍보 인식 개선방안을 쓰시오. • 동성로 르네상스 활성화 방안에 대해 쓰시오. • 대구로 앱 활성화 방안에 대해 쓰시오.

2022	• 대구시 환경정책으로 미세먼지, 식수 문제, 폐기물 처리 등 환경 분야에서 정책을 실시하고 있다. 대구시 환경 정책 중에서 시민의 참여가 가장 필요하다고 생각하는 분야를 쓰고 참여를 높일 방안을 쓰시오. • 대구시와 각 지자체들은 관광사업을 위해 케이블카를 설치하고 있다. 그러나 환경을 파괴할 우려가 있다는 목소리도 있다. 본인이 그 업무 담당자라면 어떻게 업무를 처리하겠는가? • 대구를 전혀 모르는 외부인에게 대구를 소개할 때 소개방식과 소개할 내용에 대해 써보라. • 공항후적지 활용방안에 대한 아이디어를 내보라. • IT 기술을 행정에 활용하여 시민들에게 도움을 줄 수 있는 아이디어를 쓰시오. • 코로나19 같은 전염병이나 중부지역 폭우문제 등의 기후변화로 시민들이 많은 피해를 입었다. 공무원으로서 시민들의 삶의 질을 높일 수 있도록 하는 방안을 쓰시오. • 소상공인 지원을 위해 만든 공공어플 대구로 앱이 급격히 성장하였다. 이와 같이 신기술을 도입하여 국민들의 편의를 증진시킬 수 있는 아이디어가 어떤 것이 있는지 서술하시오. • 시민들의 건강증진을 위한 아이디어를 쓰시오. • 주민참여예산제로 추진할 수 있는 사업을 제안해보라.
2021	[간호·보건] • 메디시티 활성화 방안 • 타인에게 일시적으로 본인 업무 인계시 중요한 점 • 고령사회가 되어가면서 '노인 돌봄 서비스' 활성화 방안 • 지원자가 열정적으로 임했던 경험
2020	• 대구시민들의 참여와 대구의 특색을 살려 축제를 만든다면 어떤 축제를 기획할 것인지 기술하시오. • 전문성을 키우기 위해 평소 노력한 내용에 대해 작성하시오. • 코로나19로 인해 지역축제에 대한 제약이 많은데 대구 컬러풀 페스티벌 축제를 활성화시킬 창의적인 방안에 대해 작성하시오. • 하기 싫은 일을 해 본 경험과 그 과정에서 느낀 점에 대해 작성하시오. • 약령시와 한방 산업을 활성화하고 위상을 높일 방안에 대해 작성하시오. • 주민센터에서 정상적인 업무처리를 했는데 민원인과 다툼이 발생한다면 어떻게 대응할지에 대해 작성하시오. • 시민 안전대책으로 안심귀갓길 같은 정책이 추진되고 있다. 합격 후 시민안전에 관해서 추진하고 싶은 정책에 대해 작성하시오. • 책이나 신문기사 중 최근에 본 내용과 느낀 점에 대해 작성하시오. • 코로나19로 인한 관광산업 침체기에 야간을 활용한 광관사업에 대해 제안해보시오. • 대구시 공무원에게 중요한 가치에 대해 작성하시오. • 의료관광 활성화 방안에 대해 작성하시오. • 상사나 동료의 비리를 발견했을 때 어떻게 대응할지에 대해 작성하시오. • 다문화 외국인 문제를 긍정적으로 해결할 방안에 대해 작성하시오. • 리더와 팔로워의 역할과 본인은 어느 쪽에 가까운지에 대해 작성하시오.

(3) 기출문제 II(2021년)

실시일자	기출문제
17일 / 일행	• 언택트 관광코스 계획 • 시민이 바라는 공무원 • 시민원탁회의 소개와 지역현안 중에서 소개하고 싶은 주제와 이유 • 다른 사람에게 지적을 받고 개선한 노력 • 노인돌봄서비스 활성화 방안 • 살면서 열정적으로 해본 일

18일 / 일행	• 대구시정홍보를 위한 창의적 방안 • 살면서 어려웠을 때와 극복방안 • 대프리카 관련 폭염의 도시인데 역발상으로 쿨산업을 진행할 창의적 방안 및 기후변화에 대응할 모범적인 모습 • 자신의 가장 큰 단점과 개선할 방안 • 서대구역세권개발 관련 민간자본유치방안 • 갈등이나 의견충돌상황을 해소해 본 경험
19일 / 일행	• 미세먼지 절감을 위해 ~를 하는데 시민들의 참여가 중요하다. 활성화 방안을 서술하시오. • 솔선수범 경험과 당시 역할을 서술하시오. • 달서구에 ~한 시설이 들어오는 것에 대해 부동산 문제 등 ~한 문제로 주민들 반대하고 있다. 차량기지 부지선정 관련해서 이런 님비 현상에서 주민들 중재하는 방법을 쓰시오. • 시민들이 공무원에게 바라는 것과 그 이유를 쓰시오. • 코로나19로 배달이 늘어나는데 도로교통 안전확보 방안을 쓰시오. • 공직자로서 중요한 태도와 마음가짐을 쓰시오.
20일 / 세무·공업·농업	• 제로웨이스트(Zero Waste) 사업 활성화 방안 • 직장 상사랑 동료의 갈등을 보게 된다면 어떻게 대처할 것인지 • 평생교육 활성화 방안 • 공무원으로서 가져야 할 가치 • 대구−광주 달빛내륙철도 관련 신산업 발전 방안 • 공무원에서 성역할 구분이 필요한지 본인의 생각 작성

3. 대전광역시

(1) 개 요

① 응시자는 자기기술서를 사전에 작성한 후 면접 전에 제출한다.

② 주제는 3가지이며 작성 양식은 제공된다. ⇨ 2018~2021년 동일

(2) 응시자 자기기술서 작성

◈ 응시자 자기기술서

응시번호		직렬(직급)	예 행정(일반), 전산, 사서	성 명	(서명)

1. 자기소개를 간략히 작성하시오.

　　* 주의사항: 블라인드 면접(자기소개 작성시 학력, 부모직업 등 신상정보 기재 불가)

2. 살아오면서 힘들었던 일을 극복하고 성공했거나 실패한 경험에서 느낀 점을 기술하시오(5WH).

3. 최종 합격한다면 자기만의 차별화된 업무추진 비전을 제시하시오.

　　* 주의사항: 반드시 제공된 A4 1매(22줄 범위 내)로 3개 항목을 적절히 작성하여야 함

　　** 글자크기 13, 글자체 휴먼명조, 흑백, 장평 90, 서식(틀) 변경 금지

　　**** 글자 모양내기, 칼라인쇄 등 불허함 / 본 양식을 그대로 다운받아 사용할 것

　　***** 서명은 반드시 자필로 할 것

MEMO

2024
스티마 면접
지방직(공통편)

13

지역현황 및 현안 정리

01 지역현황 및 현안 정리방법

📝 Check point

교재 구성 안내

1. 지방직Ⅰ
   Ⅰ권은 모든 지방공무원 면접에서 핵심인 공직관, 경험형, 상황형, 개인신상 관련 질문과 사례, 사회이슈를 중심으로 구성되어 있다. ⇨ 지방·인천·경기 공통 적용
2. 지방직Ⅱ(경기도 부록편)
   • Ⅱ권은 광역시·도 주요 이슈, 면접진행방식 및 후기, 지역현황 및 현안으로 구성되어 있다.
   • 경기도를 제외한 지방광역시·도는 무료로 자료제공 ⇨ 카카오톡 오픈카톡방에서 '스티마' 검색 후 입실
   • 지방직 면접준비를 하는 응시생은 지방직Ⅰ과 지방직Ⅱ(경기도 부록편)를 모두 보아야 한다.

✔ **POINT** 지역현황 및 현안 자료를 활용하는 것은 자신이 지원지역에 대해 열정과 관심을 가지고 있으며 지원지역의 발전과 주민의 행복을 위해 일할 준비가 되어 있음을 보여주기 위한 것이다.

(1) 지역에 따라 또 면접관의 성향에 따라 지역현안은 많이 묻기도 하고 질문이 없는 경우도 있다.

(2) 기본적인 현황에 대해서는 알고 있어야 한다.

   예 인구, 65세 이상 어르신 비율, 시장·군수 이름, 행정구역, 예산, 재정자립도 등

(3) 지자체 비전과 목표는 알고 있어야 한다.

   ➔ 그 의미도 설명해낼 수 있어야 한다.

(4) 지자체가 당면한 보편적 이슈(저출산 고령화, 일자리, 코로나 대응 등)에 대해서는 의견 정리가 필요하다.

(5) 지자체에서 실시하고 있는 정책에 대해서는 모두 알 필요는 없으며 자신이 지원하는 분야의 관심 있는 정책이 있다면 좀 더 자세히 조사할 필요가 있다.

   ➔ 개선하고 싶은 정책 등 면접에서 활용할 수 있기 때문이다.

   ① 이 정책이 무엇인가?
   ② 왜 이 정책을 시행하는가?
   ③ 이 정책에 대해 어떻게 생각하는가? (개인적인 의견 정리)
   ④ 본인이 이 정책의 성공을 위해 어떻게 기여할 수 있겠는가?
   ⑤ 이 정책과 관련하여 개선하고 싶은 또는 추가하고 싶은 사항이 있다면?

   ➔ 필요한 경우 현장을 방문해보자. 얘깃거리가 풍부해진다.

(6) 지원지역에 대한 장단점은 파악하고 있어야 한다. 단점을 어떻게 극복했으면 좋을지에 대해 개인적인 의견도 정리가 필요하다. ⇨ 제안하고 싶은 정책에 활용

(7) 정책제안도 하나 정도 준비해야 한다.

   ① 말 그대로 좋은 아이디어로 주민행복과 지역발전에 기여할 수 있어야 하며 최소한의 예산으로 효과를 낼 수 있는 창의적인 아이디어면 좋다.

   ② 타지역에서 실시하는 정책을 벤치마킹해도 좋다.

   ③ 평소 문제점에 대해 생각하고 관심을 가져야 문제의 원인을 찾을 수 있고 개선에 대한 아이디어가 나올 수 있다. 창의성은 연관성에서 찾을 수 있다. 전혀 연관이 없어 보이는 분야를 개선하고 싶은 분야에 적용함으로써 의미를 부여하여 좋은 아이디어가 될 수 있다.

   ④ 창의적인 아이디어가 어렵다면 일상생활의 불편함을 해소할 수 있는 내용으로 한 가지 정도는 준비하자.

(8) 각 지역별로 최근 이슈가 되는 지자체 현안에 대해서는 관심을 가져야 한다.

(9) 광역시·도 현황 및 현안은 정리되었으니 이를 참고로 지원시·군 현황 및 현안은 스스로 정리해야 한다.

MEMO

CHAPTER 02 지원 지자체 홈페이지 방문하기

(1) 도 일괄

도청홈페이지 ⇨ 소개 ⇨ 도청안내 ⇨ 조직도에서 자신이 하고 싶은 업무와 관련된 과를 찾아 어떤 업무를 하고 있는지 찾아봐야 한다.

(2) 시·군지원자

시청·군청 홈페이지 ⇨ 소개 ⇨ 조직(부서안내)에서 하고 싶은 업무와 관련된 주요업무를 찾아보고, 그 업무를 어떤 부서에서 하는지 알고 있어야 한다.

⊙ 실제로는 구청이나 행정복지센터(주민센터)에서 업무를 하게 될 가능성이 높기 때문에 구청이나 행정복지센터 조직도도 같이 찾아봐야 한다.

(3) 간호·보건직

시·군 보건소 홈페이지를 방문하여 조직도 및 업무분장을 필히 찾아봐야 하며 업무분장 내역 중에서 자신이 특히 하고 싶은 업무는 무엇인지 생각해 두어야 한다.

(4) 지방세

시·군 홈페이지에서 세무과 업무를 찾아봐야 한다.

(5) 사회복지

읍·면·동 최일선에 배치될 가능성이 높기 때문에 읍·면·동 주민복지팀·맞춤형복지팀의 업무를 찾아보아야 한다. 팀 명칭은 지역별로 다를 수 있다. 또한 여력이 되면 지역사회의 사회복지시설이나 기관이 얼마나 되는지도 조사하면 좋다.

(6) 시설직(토목·건축)

도청 건설교통과, 시·군청 건설교통과 업무를 중심으로 하고 싶은 업무가 어떤 부서에서 진행되고 있는지를 찾아봐야 한다.

(7) 공업직(기계·전기·화공)

시·군청의 사업소(상수도·도시건설·차량등록 등)를 중심으로 업무분장을 찾아봐야 한다.

(8) 사서직

시·군청의 사업소(도서관)에서 업무분장을 찾아봐야 한다.

(9) 언급되지 않은 직렬

해당 지원자는 도청, 시·군청 홈페이지에서 조직도를 보고 직무에 적합한 부서를 찾아 알아봐야 한다.

[예] 농업직은 농업정책과나 농업기술센터, 환경직은 환경정책과, 방재안전직은 재난안전과 등

MEMO

CHAPTER
03 직렬 이슈 및 정책 키워드 찾아보기

1 직렬이슈

(1) 기본적인 직렬이슈는 기출질문을 참고하여 요약정리가 필요하다. 또한 자신의 생각을 반드시 추가하여 야 한다. ⇨ 개선하고 싶은 내용, 추가하고 싶은 내용 등

(2) 최근에 떠오르는 이슈는 관심을 가져야 한다. ⇨ 코로나19 관련 직렬이슈 등

(3) 해당 도·시군의 블로그를 찾아서 둘러보는 것도 좋은 공부방법이다.

2 정책 키워드 찾아보기

(1) 도·시군에서 중점적으로 추진하는 정책과 이슈가 되는 정책의 키워드를 활용하여 관련 기사자료를 찾 아 정리와 이해가 필요하다.

(2) 특히 관심있는 정책에 대해서는 핵심을 간략히 이야기할 수 있도록 요약정리가 필요하다.

(3) 자자체장의 핵심공약사항 및 2024년 주요업무계획을 찾아보는 것도 좋다.

(4) 지자체장의 인터뷰 기사에서 주요 정책 키워드를 찾아 검색해보도록 한다.

3 정책제안 준비하기 ★★★

(1) 개선방안 제시

관심 있는 정책에 대해 '어떤 점이 좋은 것 같고 어떤 점은 부족한 것 같다.' '내가 담당자라면 이렇게 해보면 좋겠는데'라는 비판적인 시각에서 접근해보자. 자신의 생각을 정리한 후에 주변 사람들에게 어 떻게 생각하는지 의견을 물어보는 것도 좋다.

(2) 정책제안 준비

① 관심이 있어야 보인다.

그동안은 공부하느라 관심이 별로 없었을 것이다. 이제부터라도 도정·시정·군정에 관심을 갖자.

② 보이면 알게 된다.

정책제안은 거창한 것보다는 우리들 생활 주변의 작지만 지나치기 쉬운 사소한 것에서 시작하는 것 이 좋다. 예를 들어 "농촌지역에서 야간에 경운기나 전동휠체어 교통사고가 많이 나는데 이를 개선 하기 위해 경운기나 전동휠체어 뒤쪽에 경광등 설치 사업을 진행했으면 좋겠다." 이런 내용이다.

③ 알면 생각하게 된다.

지원지역 거주자라면 부모님이나 주변 사람들에게 생활불편 사항을 물어보고 어떻게 개선했으면 좋을지를 생각해보는 것도 좋겠다. 예를 들어 "근린공원에 그늘막이 없어 더운 날에는 쉴 수 있는 공간이 부족하더라. 이런 불편사항을 해결해 주면 시민들이 운동하는데 불편하지 않아 건강유지에 도움이 될 것이다." 이런 내용이다.

(3) 도·시군 정책제안은 거시적 관점으로 접근

❯ 어려울 수 있는 내용인데 지역현황 및 현안을 공부하고 나면 조금 쉬워지고 나중에 여러분들이 현업에서 일할 때 많은 도움이 되고 적극행정을 통해 제안도 가능하고 승진하는 데도 도움이 될 것이다.

① 현재 상황을 알아야 대안을 제시할 수 있다.
② 대표적인 방법으로는 SWOT 분석법을 활용하는 것이다. 아래의 지역현안 및 현황 내용을 참고하여 장점·단점·기회·위협 요인을 분석해보면 지원지역의 현황을 한 눈에 파악할 수 있다.
③ '경쟁력, 부족함, 외부적인 기회는 무엇인가? 불리한 점은 무엇인가?'를 분석해서 강점을 가지고 기회를 살리는 전략, 약점을 보완하면서 기회를 살리는 전략 등을 생각해보는 것이 좋은 방법이다.
④ 예를 들어 우리지역은 도시지역과 농어촌 지역의 불균형이 약점으로 분석되고 농산물의 지역소비가 늘어나는 기회요인이 있다면 로컬푸드점을 늘려 지역에서 생산되는 신선한 농산물이 지역 주민들에게 싼 가격에 공급될 수 있도록 만들자는 제안을 생각해볼 수 있다.
    ❯ 로컬푸드점의 경쟁력을 확보하기 위해 시·군에서의 보조금 지원방안, 지역협동조합과 협력하는 방안 등을 추가로 생각해봐도 좋다.
⑤ 예를 들어 우리지역은 첨단 제조업이 발달되어 있다는 장점이 있고 저출산 고령화에 따른 농촌일손 부족이 위협이라면 첨단 제조업에서 농업용 AI 로봇을 만들어 보급하여 위협요인을 최소화할 수 있다. 농업용 AI 로봇 연구를 위해 지자체에서 연구비나 세정지원을 해주는 것이 필요하다.

(4) 적극행정 우수사례 찾아보기

도·시군의 적극행정 우수사례를 찾아보고 선배공무원들이 어떻게 업무를 개선하고 적극적 행정을 펼치는지를 참고하면 좋겠다.

(5) 정책 범위 줄이기

지역 이슈에 대해 전반적으로 공부한 후에는 핵심이슈나 관심정책 2~3개에 대해 집중 정리하고, 개선방안을 고민해보고 후속질문에도 대비하는 시간이 필요하다.

MEMO

CHAPTER

04 답변사례 모음

1 지원지역 핵심사업 또는 정책 답변사례

Q. 이번에 강원특별자치도로 첫 출범하면서 김진태 도지사님이 농업진흥지역 개발을 추진하고 있는데 이에 대해 어떻게 생각하나요? [강원도]

A. 강원특별자치도가 올해 6월 11일자로 출범하여 아직 얼마 되지 않았지만 이번에 특별자치도가 되면서 가장 중요한 부분이 여러 규제완화라고 생각합니다. 그중 농촌진흥지역도 자유롭게 개발하려는 것은 굉장히 긍정적인 부분이라고 생각합니다. 앞으로의 우리나라 농업도 해외처럼 스마트팜이 정착된다면 현 시대에 맞춰 더 경제도 발전하고 스마트한 농업의 시대가 올 것이라고 생각합니다. 다만, 너무 급하게 바꾸려고 한다면 현재 농업에 종사하시는 분들이 급격한 변화를 받아들이기 힘들 수 있고 그렇게 된다면 피해를 볼 수도 있을 것이라고 생각합니다. 그래서 함께 발 맞춰가며 변화한다면 멋진 개혁을 할 수 있을 것이라 생각합니다.

Q. 경북에서 추진 중인 정책 중에 가장 좋은 것은 무엇인가요? [경북 구미]

A. 스마트팜 사업입니다. 스마트팜 사업은 4차 산업혁명의 기술이 적용되어 고령화가 진행되는 농촌 지역에 청년을 유입시킬 수 있는 정책입니다.

Q. 경산시와 시책에 대해 알고 있는 대로 답변해보세요. [경북 경산]

A. 오늘보다 내일이 2배 더 좋은 경산은 역사에 빛나는 훌륭한 삼성현이 출생하신 교육·문화·산업·주거가 어우러진 하루가 다르게 발전하고 있는 도시입니다. 경부선, 대구 지하철 연장과 함께 교통의 요충지이며 관내 10개의 대학에 학교 부설 연구소만 170개가 있는 학업, 연구의 도시입니다. 또한 경산 동의 한방촌, 반곡지, 삼성현역사문화공원 등 유서 깊은 문화와 청정자연 또한 경산의 자랑입니다. 제가 가장 인상깊었던 사업은 '찾아가는 장애인 재활서비스'입니다. 거동이 불가능한 장애인의 신체적·정신적 재활을 통하여 장애인의 삶의 의욕 고취 및 사회복귀를 도모하는 사업입니다. 다른 지역과 다르게 장애인을 대상으로 하는 찾아가는 서비스라는 것이 우리 시만의 차별점이라 생각하고 보호자의 신체적·경제적 부담감을 줄일 수 있어 좋은 사업이라 생각합니다.

Q. 대구시에서 실시하는 청년지원 정책에 대해 아는대로 말해보세요. [대구]
A. 먼저 혁신인재양성 휴스타 프로젝트가 있습니다. 이는 대구경북, 대학, 기업이 네트워크를 형성하여 로봇, 물 등 신산업 관련하여 인재를 양성하는 것입니다. 이를 통해 참여 학생들은 취업의 자리를 지원받게 됩니다. 대학은 기업의 수요에 맞게 교육체계를 편성하여 인재를 양성하고 기업들은 참여 학생들의 취업을 보장합니다. 이를 통해 청년들에게 취업의 자리를 지원해주고 인재를 유출하는 것도 막을 수 있습니다. 두 번째로는 생애주기형 지원입니다. 기존의 청년지원 정책은 취업지원에만 국한되어 있었습니다. 그러한 기존 정책에서 이제는 취업뿐만 아니라 주거 문화 등 다양하고 종합적인 청년지원 정책으로 전환을 한다고 합니다.

Q. 대구시에서는 4차 산업 관련해서 무엇을 하고 있나요? [대구]
A. 저는 안심도서관에 메타버스 플랫폼을 구축하여 비대면으로도 도서관 서비스를 이용할 수 있도록 시행하고 있다고 알고 있습니다. 그리고 메타버스 인재 양성 교육생을 모집하여 4차 산업혁명의 인재를 탄생시킬 수 있도록 노력하고 있습니다. 아직은 조금 한정적인 사업이지만 범위를 넓혀서 시민들이 쉽게 4차 산업혁명의 기술들을 접할 수 있도록 만들면 좋을 것 같습니다.

Q. 영광군이 직면한 문제를 해결하기 위해 생각해본 정책이 있다면요? [전남 영광군]
A. 영광군에서 저출산 장려정책으로 여러 가지 좋은 정책들을 많이 시행하고 있고 통합돌봄에 대한 지원정책도 많이 있었는데요. 맞벌이 부부들이 주말에 돌봄이 필요할 때 주말돌봄에 대한 부분이 지원되지 않는 부분이 아쉬웠습니다. 전라남도나 영광군에서 어린이집과 연계하여 주말에 돌봄보육이 가능하도록 지원해주고, 그로 인해 필요하게 될 인력부분을 청년취업과 연계하여 일자리도 마련해주면 효과가 있지 않을까 합니다.

Q. 제주도에 많은 정책들이 새롭게 시행중인데 아는 것이 있나요? [제주]
A. 저는 탄소중립과 관련하여 제주시청과 탐라도서관에 리필스테이션이 있는 것으로 알고 있습니다. 제가 탐라도서관에 방문… (답변을 중단시키셔서 끝맺음을 못했습니다.)

Q. ○○군에서 치매 관련해서 시행하는 것 중 아는 사업이 있나요? [충남 간호직]
A. 네, 얼마 전 경도인지장애자를 대상으로 AI 챗봇 인형을 지원하여 말벗, 약 복용을 관리하고 우울감을 감소했다는 기사를 보았습니다. AI를 이용한 것이 감명깊어 기억에 남습니다.

Q. 인천이 최초로 해낸 것들이 많은데 알고 있는 것 한 가지를 답변해보세요. [인천]
A. 최근 인천시에서 최초로 정당 현수막을 강제로 철거하였다는 뉴스를 접하였습니다. 이 정당 현수막이 시민들의 안전까지 위협한다고 하는데 실제로 인천시에서 정당 현수막이 신호등을 가려서 어린아이가 교통사고를 당했던 사례도 있어 민원이 전국적으로 들끓고 있다고 합니다. 다른 지자체는 철거하고 싶어도 정당들의 압박에 그러지 못했는데 인천시에서 최초로 이런 현수막을 강제로 철거하였다고 합니다. 이에 해당 기사에서 시민분들의 '속이 시원하다. 인천시가 정말 잘했다.'는 댓글을 보며 저는 인천시에 대한 자부심을 느꼈습니다.

Q. 인천시가 최초로 한 정책은 무엇인가요? [인천]
A. 배달e음 공공배달 서비스를 인천시에서 제일 먼저 시행한 것으로 알고 있습니다. 수수료와 광고비 부담이 적어 소상공인분들에게 큰 도움이 될 수 있는 반면, 소비자들을 위한 혜택이 다른 앱들과 비교했을 때 경쟁력이 크게 없어 이용률이 적은 것으로 알고 있습니다. 이러한 부분들을 개선한다면 인천시 경제에도 선순환으로 작용될 것이라고 생각합니다.

2 정책제안 및 개선방안 사례

Q. 경산시의 문제점과 해결방안은 무엇인가요? [경북 경산]
A. 지역불균형이라고 생각합니다. 특정 지역에만 사람이 모여 있어 인구가 적은 지역은 인프라의 혜택을 온전히 누리지 못하는 문제점이 있다는 문제가 있습니다. 최근 경산에서도 행복택시 사업을 운영 중인 것으로 알고 있습니다. 장기적으로 기업의 이전을 장려해야하고 이것과 더 나아가 강릉시의 찾아가는 민원서비스처럼 주기적으로 해당 지역의 민원을 직접 찾아가 받는 식의 사업이 병행되어야 한다고 생각합니다.

Q. 경북이나 응시지역의 지역소멸 해결방안은 무엇인가요? [군위군]
A. 경북지역에 많은 일자리가 없다보니 인구가 떠나가고 있습니다. 따라서 청년들을 정착시키는 것이 중요합니다. (그러고 나서 경북에서 실시하는 ku시티사업 내용을 말씀드렸습니다. 또 응시지역에서 하는 시골청춘뿌리내림사업과 창업지원사업, 월세지원사업 등을 말씀드렸습니다.)

Q. 요양병원에서 근무한다고 하셨는데 알다시피 요즘은 노인 고독사가 증가하고 있습니다. 보건소에서는 정신건강 증진에 대해서도 힘쓰고 있는데 이와 함께 엮어 진행해보고 싶은 사업이 있나요? [경북 청송군 간호직]
A. 저는 청송군에서 진행하는 사업 중에서 1老1小1代사업이 인상 깊었습니다. 1명의 노인과 1명의 청소년 그리고 1명의 건강지킴이가 한 조가 되어서 경로당에 방문하여 여러 가지 서비스를 받는 것인데 이로 인해 노인의 고독사도 줄고 공동체 의식이 형성되어 지역발전에 좋다고 생각합니다. 이게 지금은 현서면에서만 시범사업을 하고 있는데 전체적으로 확대되어 시행을 한다면 노인 고독사가 줄어나갈 것이라 생각합니다.

Q. 동성로를 활성화하는 방안에 대해 말해보세요. 현재 진행 중인 것은 제외하고요. [대구]
A. 동성로는 현재 전자상거래의 발달로 쇼핑단지가 침체되었다고 알고 있습니다. 그래서 저는 남구의 모다라라고 맛집을 소개해주는 메타버스 플랫폼이 있습니다. 이것을 동성로에도 적용하여 집에서도 동성로의 맛집과 쇼핑 단지를 느낄 수 있게 만들고 온라인 플랫폼을 구축하여 쇼핑을 하면 바로 집으로 배송이 오는 프로그램이 있었으면 좋을 것 같습니다.

Q. 대전시 인구가 줄었는데 이유는 무엇이며 해결하려면 어떻게 해야 할까요? [대전]

A. 인구유출문제는 상대적으로 인프라가 낙후되었거나 일자리가 부족하기 때문에 발생합니다. 일자리 문제를 해결하기 위해서는 기업을 육성해야 합니다. 또 대전시에서는 코업 청년 뉴리더 양성사업을 통해 대학생을 … (말하다가 면접 끝나는 종이 울려서 말을 멈췄는데 더 말하라는 눈치여서 이어서 말했습니다) 이처럼 대학과 연계해 일자리를 창출해내는 것도 중요합니다.

Q. 대전시 인구가 감소하는 이유는 무엇이며 해결책은 무엇인가요? [대전]

A. 청년 일자리가 부족하다고 생각합니다. 대전의 친구들이 대전에서 구인구직을 하다가 일자리가 부족하여 경기도나 서울로 취업을 하는 경우를 보았습니다. 대전시의 업종 구성이 연구직, 서비스직, 영세 소상공인들이 주를 이루는데 청년의 일자리가 풍부하지 않다 생각합니다. 청년 정책과 관련하여 많은 일을 하고 있지만 대전시 내에 있는 기존 중소기업을 육성하고 해당 중소기업들이 스스로 일자리를 창출할 수 있도록 도움을 주는 것이 가장 중요하다 생각합니다.

Q. 청년 유출이 심각한데 해결방안은 무엇인가요? [부산]

A. 부산에서의 청년 유출은 대부분 수도권으로의 유출이라고 생각합니다. 부산에서 취업을 하기 쉽지 않기 때문입니다. 하지만 최근 경남권의 학생들이 부산으로 대학을 진학하면서 청년인구가 유입되는 경우도 많은 것으로 알고 있습니다. 따라서 지산학을 연계하여서 청년들에게 일자리를 제공한다면 청년 유출을 막을 수 있을 것이라고 생각합니다.

Q. 그런다고 청년들이 중소기업에 취업을 할까요?

A. 저희 동생이 최근에 IT직종의 중소기업에 취업을 했습니다. 중소기업이라도 청년들이 희망하는 진로와 일치한다면 이는 큰 문제가 안 될 것이라고 생각합니다.

Q. 아쉬웠던 점을 해결할만한 정책에 대해 생각해본 것이 있나요? [부산]

A. 요양병원에 계신 어르신께서는 문화활동보다는 실질적으로 병원비 같은 것에 금전적으로 부담을 느낄 수 있으니 이런 부분을 지원해주는 것이 더 좋다고 생각하고 만약 문화활동에 한정되는 정책을 말씀하시는 것이라면 요양병원 내에서 영화를 상연하거나 클래식 연주를 하는 것도 좋다고 생각합니다.

Q. 인구유출문제에 대해 답변해보세요. [울산]

A. 제 생각에는 울산에 일자리가 부족하다고는 생각하지 않습니다. 울산에는 공업단지가 있고 기업들과 여러 사업을 하면서 일자리가 많아지고 있지만 청년들은 대기업이나 공공기관 취업을 선호한다고 알고 있습니다. 아무래도 중소기업 복지에 대한 이미지때문인 것 같습니다. 중소기업의 이미지와 복지에 대해 개선하고 대기업과의 임금차이 해소를 위해 청년들을 지원해주는 정책을 하면 좋을 것 같습니다. 그러기 위해서 중소기업 복지개선에 지원을 하고 그에 대해 적극적으로 홍보한다면 취업을 준비하는 청년들이 중소기업에 대한 인식을 바꾸고 중소기업을 찾으려고 할 것이고 다른 지역에서도 일자리를 찾으러 울산을 찾을 수 있을 거라고 생각합니다.

Q. 지원한 영광군에서의 시급한 문제는 무엇인가요? [전남 영광]

A. 저출산과 그에 따른 인구감소입니다. 영광군은 65세 이상 고령화 인구가 30% 정도로 높은데 그에 비해 청년 인구 전출비율도 낮고 여러 가지 저출산 정책을 펼치고 있으나 고령화 비율을 따라잡을 수 없어 문제라고 생각합니다.

Q. 그렇다면 영광군에서 그러한 문제를 해결하기 위해 생각해본 정책이 있다면요?

A. 영광군에서 저출산 장려정책으로 여러 가지 좋은 정책들을 많이 시행하고 있고 통합돌봄에 대한 지원정책도 많이 있었는데요. 맞벌이 부부들이 주말에 돌봄이 필요할 때 주말돌봄에 대한 부분이 지원되지 않는 부분이 아쉬웠습니다. 전라남도나 영광군에서 어린이집과 연계하여 주말에 돌봄보육이 가능하도록 지원해주고, 그로 인해 필요하게 될 인력부분을 청년취업과 연계하여 일자리도 마련해주면 효과가 있지 않을까 합니다.

Q. 복지 사각지대를 어떻게 해결할 것인가요? [전남 사회복지직]

A. 저도 복지사각지대 사고를 볼 때마다 너무 안타까웠습니다. 2014년 송파 세모녀 사고와 몇 년 전에 완도로 일가족이 생활고에 시달려 생을 마감하는 사고를 보고 너무나도 안타까운 마음이었습니다. 그래서 이러한 복지 사각지대를 줄이기 위해서는 물론 사회복지공무원분들이 직접 현장에서 조사하는 업무가 중요하지만 완도는 지역이 좁다보니 그 지역실정을 누구보다 잘 알고 있는 각 마을 이장님과 각 지역 단체장분들의 도움이 많이 필요할 것 같습니다.

Q. 복지 사각지대를 해결하는 데에 있어서 시급한 점은 무엇이며 문제점과 지자체 정책에 대해 알고 있는 것을 말해보세요. [전남 완도]

A. (제가 이때 솔직히 질문을 잘 못 들었던 것 같습니다. 차분하게 답했어야 했는데 우리 완도군 고령화가 심각하다는 점을 말하고자 현황 노인인구 비율을 말하면 좋은데 빼먹었던 것 같아요. 고령화에서 노인빈곤 문제가 심각하다고 하면서 기사에서 완도군이 국민연금 평균 금액이 전국에서 가장 낮다는 게 생각나서 그걸 언급 후 앞으로 베이비부머세대가 노년층으로 갈 경우를 대비해서 노인일자리사업을 시장형과 취업알선형을 많이 하고 다양하게 하면 좋겠다고 했습니다.)

Q. 지원지역과 더 크게 보면 전남의 지금 가장 큰 문제점이 무엇이라고 생각하나요? [보성군]

A. 인구문제라고 생각합니다. 저출산과 인구유입 인구유출이 있습니다. 저희 전남지역과 보성 또한 인구 유입보단 인구 유출문제가 크다고 봅니다. 보성군의 청년수는 10년 사이에 5,800명 가량 줄었습니다. 문제를 해결하기 위해선 일자리 창출이 필요하다고 생각합니다. 현재 보성군에선 청년을 위한 정책사업들이 진행되고 있는데요. 현재 진행하는 사업에 관한 교육은 있지만 가장 큰 문제는 요즘 청년들은 직종변경에 대한 두려움이나 전공을 살리지 못함에 있어 두려움을 갖습니다. 신사업에 대한 교육이나 직종변경을 도울 수 있는 교육이 추가된다면 좋을 것 같습니다.

Q. 핵가족화에 따른 노인정책에 대해 생각해본 것이 있다면 무엇인가요? [전남 해남군 사회복지직]

A. 특히 전남은 고령화가 심한 지역이기 때문에 독거노인분들도 많이 계시는 것 같습니다. 하지만 요즘 어르신분들은 활동을 원하시는 분들도 많이 계시기 때문에 다양한 분야에 일자리정책을 도입하는 것이 좋을 것 같습니다. 활동을 하시다 보면 자연스럽게 이야기를 나눌 수 있는 장도 형성될 것이라고 생각합니다.

Q. 요즘 코로나19가 다시 유행인데 홍보나 완화를 위해 시민들을 교육하는데 어떤 도움을 줄 수 있나요? [전남 군산시]

A. 우선 모든 분들이 아시다시피 손씻기와 마스크착용이 가장 중요합니다. 민원인을 대할 때마다 젤을 통해 손 씻는 모습을 보여주며 먼저 잘 실천하는 모습을 보여드릴 것입니다. 또한 방역 지침에 대해 보다 어린 세대들도 잘 알 수 있도록 SNS를 활용한 홍보도 도움이 될 것이라고 생각합니다.

Q. 저출산 고령화 문제 중 시간상 저출산에 대해 어떤 개선이 필요하다고 생각하나요? [전남 군산시 간호직]

A. 출산 정책지원금 부분에 개선이 필요하다고 생각합니다. 주변 임신한 지인들에게 군산시에서 지원하는 금액이 적다는 불만을 많이 들었습니다. 그동안 저는 군산시에서 산후관리지원 등 많은 관심과 지원을 한다고 생각했지만 이번에 사업들을 찾아보면서 지인들과 같은 불만을 가지신 분들이 많다는 것을 알게 되었습니다. 주변 지원금이 많은 지역과 비교했을 때 군산시는 인구가 상대적으로 많은 편이기는 하지만 지속적으로 인구가 감소하고 있는 것을 고려했을 때 이러한 부담이라도 줄여주어야 한다고 생각합니다. 물론 현재도 개선을 꾸준히 하고 있지만 다자녀혜택 등과 같은 부분에 조금 더 개선을 하는 것이 좋을 것 같습니다.

Q. 그럼 저출산을 해결하기 위해 방금 답변한 거 말고 다른 개선점은 어떤 게 있다고 생각하나요? 경제적인 부분이 제일 크다고 생각하나요?

A. 네, 사실 저는 경제적인 부분에 관한 지원이 먼저 마련되어야한다고 생각합니다. 출산에 대한 부분에서 미래를 봤을 때에도 경제적인 부분이 부담되는 사람들이 많을 것이므로 대학에 진학할 때 등록금을 지원해준다든지 등의 방안도 도움이 될 것이라고 생각합니다.

Q. 보건소 사업 중 새로 어떤 사업을 하는 게 좋을지 생각해 본 것이 있나요? [전남 군산시 간호직]

A. 죄송하지만 제가 생각하지 못한 부분입니다. 하지만 보건소 사업 중 가장 해보고 싶은 사업은 있습니다. 저는 근무하게 된다면 치매예방사업을 해보고 싶습니다. 대학교 실습시 노인 복지관에 방문해서 어르신들께 치매 조기검진과 치매 예방운동법에 대해 교육해 드린 적이 있습니다. 이전에는 치매는 발병하면 치료가 어려워 주변사람들이 힘들어지는 질병이라고만 알았지만 요즘은 예전보다 인지치료가 발달되어있고 이런 치매 예방사업을 통해서도 치매를 예방하고 진행을 지연시킬 수 있다는 것을 알았습니다. 이러한 부분에 있어서 보건소에서 많은 일을 하고 있고 이에 참여하고 싶다고 생각했습니다. 인식개선을 시행하고 있지만 좀 더 많은 사람들이 알수있도록 SNS를 통한 홍보를 통해 인식개선을 하는 것도 도움이 될 거라 생각합니다.

Q. 하고 싶은 사업과 그 이유에 대해 답변해주세요. [전남 남원시 보건직]

A. 현재 남원시에서 진행하는 모바일 헬스케어 사업을 중점적으로 맡아 보건소에 방문하기 어려운 대상자들에게 건강관리 서비스를 지원해주어 건강을 증진시키고 싶습니다.

Q. 최저임금에 대한 본인의 생각을 자유롭게 얘기해보세요. [전남 도 일괄]

A. 우선 최저임금이 지켜져야 하는 이유가 분명 존재합니다. 저소득층 인구들에게는 최저임금의 보장을 통해 노동의 가치를 실현할 수 있습니다. 저는 대학교 재학 중 아르바이트 경험이 많습니다. 아르바이트를 구하면서 느낀 점은 아무래도 비슷한 시간대에 구하시는 일이 많다는 것입니다. 요식업장에서 주로 피크타임인 11~14시와 17~20시에 사람을 많이 구하게 되는데 만약 최저임금의 가파른 인상이 일어난다면 더욱 이 시간대에 대한 고용이 몰릴 것이고 투잡을 한다거나 생활비가 필요한 이들에게는 오히려 악영향이 갈 수 있기에 적절한 상승이 중요하다고 생각합니다.

Q. 최저임금이 지켜지는 것 역시 중요하지만 노동이 힘든 사람들도 존재할 것입니다. 이들을 위한 해결책은 무엇이 있을까요?

A. 몸과 마음이 아파서 노동이 힘든 사람들도 분명히 존재할 것입니다. 이들을 위해서 공공부분에서 일자리 창출이 필요하다고 생각합니다. 아무래도 수행능력이 조금은 아쉬운 사람이 일반적인 일자리에서 일을 한다면 자신감도 떨어질 수 있습니다. 그래서 공공부분 역시도 효율성을 추구해야 하지만 이렇게 힘든 이들이 공공일자리에서 자신감을 얻으면 민간 일자리에서도 충분한 자질을 발휘할 수 있을 것이라 생각합니다. 그래서 저는 공공분야 일자리 지원 및 창출이 해결책이라 생각합니다.

Q. 지역 현안 및 생각해본 정책에 대해 답변해주세요. [제주]

A. 저는 관광객 감소가 큰 문제라고 생각합니다. 그리고 이에 대한 방안으로 워케이션을 생각했습니다. 지금은 직장인들 대상으로 워케이션을 진행하고 있는데 더 나아가 가족단위의 워케이션을 통해서 지역상권 활성화 및 관광객 증가를 할 수 있다고 생각합니다.

Q. 노인들 인구가 많은데 하고 싶은 사업이 있나요? [충남]

A. 네, 충남의 독거노인 비율이 10%로 전국 8%보다 높습니다. 이러한 독거노인의 소속감을 증대시키고 우울감을 감소시킬 수 있는 방법으로 니트족을 위한 니트컴퍼니를 참고하여 창안하였습니다. 니트컴퍼니는 진짜 회사는 아니지만 명함도 만들고 정기적으로 출근과 퇴근을 합니다. 취미생활을 하기도 하고 다 같이 걷기도 하고 취미생활을 전시한 전시회도 하는데 참여자들의 만족도가 굉장히 높다고 합니다. 진짜 회사는 아니지만 소속감을 얻을 수 있는 방법이라 생각합니다.

Q. 지원시 발전방안에 대해 답변해주세요. [서산시]

A. 제가 서산시의 발전방안에 대해 생각해 온 것이 있는데 말씀드려도 되겠습니까? (네, 그렇게 하세요.) 이번에 뉴스로 대산항에 2022년도에 웨이하이항과 국제여객선의 취항함을 듣게 되었습니다. 많은 중국인들이 방문할 것으로 예상되는데 그들을 서산마애삼존불이나 중국사신들이 방문했던 곳 그리고 공주나 부여와 협업해 그 도시들의 백제 유적지들을 관광시키거나 현재 서산시에서 시티투어 프로그램을 진행하고 있는 것으로 알고 있는데 중국인을 위한 프로그램을 편성해서 관광을 활성화시켰으면 좋겠습니다. 이처럼 저는 항상 서산시의 발전과 주민들의 행복의 증진에 관심 갖는 서산시 공무원이 되도록 하겠습니다.

Q. 충남에서 시급히 해결해야 할 것은 무엇인가요? [충남 아산시]

A. (청년실업이라고 답변하였습니다. 충남의 청년실업율이 8% 정도고 전국 평균이 6% 정도로 충남 청년실업율이 높은 편이어서 해결이 필요하다고 하였습니다. 청년창업이 해결책이 될 수 있을 것이라고 답변하면서 천안아산권을 필두로 한 북부권은 대학이 밀집된 지역이라 창업경진대회 등으로 청년창업가를 발굴하고 충남 창업마루 나비를 통해 육성하면 좋을 것, 서해안권을 통해 중국 및 세계로 진출할 수 있을 것, 충남의 가장 큰 지리적 이점은 한반도의 중심에 있다는 것, 물류·교통 등도 유리할 것이라고 답변하였습니다.)

Q. 다문화 관련 정책에 대해 제안해보세요. [수원시]

A. 저는 얼마 전에 수원역 앞 역전시장과 로데오 거리를 가보았는데요, 그곳에서 제가 느낀 점은 외국인이 한국인만큼 많았다는 것입니다. 그래서 역전시장 좁은 골목길에서 외국인무리를 마주쳤을 때는 조금 무섭다는 느낌 또한 받았습니다. 저는 이것이 한국인들이 그들의 문화에 대한 이해도가 부족하고 그들과 어울리는 행사가 부족해서이지 않을까 해서 외국인 문화의 날을 생각해 보았습니다. 그날은 등록외국인들이 로데오거리에 전통음식과 수공예품을 플리마켓처럼 열도록 해주는 것입니다. 그래서 주민들이 외국인과 어울려 놀며 그들의 문화를 이해하고 또 외국인들의 소비를 조장해서 침체된 상권을 살리는 데도 도움이 될 것이라고 생각했습니다.

Q. 하고 싶은 업무는 무엇인가요? [충북 청주시]

A. 저는 복지관련 업무에 행정지원을 하는 업무를 해보고 싶습니다. 이번 면접준비를 하며 제가 몰랐던 청주시의 여러 정책에 대해 알게 되었습니다. 또한 사회적 약자를 위하여 많은 정책이 시행되는 점이 인상깊었고 저도 이런 정책시행에 있어서 도움이 되고 싶다는 생각을 했습니다.

Q. 제안하고 싶은 정책은요?

A. 저는 청주시 공공자전거를 제안하고 싶습니다. 제가 학교나 독서실을 오고 갈 때 자전거를 많이 이용하였고 다른 지역 공공자전거도 이용해보며 청주시에 공공자전거의 부재가 항상 아쉬움에 남았습니다. 청주시민들이 편리하고 저렴한 비용으로 공공자전거를 이용하게 된다면 교통의 혼잡함개선과 배기가스절감에도 도움이 되리라 생각하여 청주시 공공자전거를 제안하고 싶습니다.

Q. 저출산 고령화에 대해 대응방안을 말해보세요. [충북 청주시]

A. 전국적으로도 저출산 고령화는 해결해야 될 문제입니다. 제가 생각할 때 저출산의 주된 원인은 주거비용 때문이라고 생각합니다. 해결방법을 찾다가 해외의 헝가리의 사례를 보았는데 1명 출산할 때마다 4천만원까지 무이자대출을 해주고 3명을 낳게 되면 대출금을 전액감면해주며 이런 정책들로 인해 출산율이 증가되었다는 것을 보았습니다. 출산육아수당이나 청주시 신혼부부정책과 같은 다양한 정책이 있지만 보다 출산과 관련하여 직접적으로 주거비용에 대한 혜택이 가면 저출산 완화에 더 효과가 있지 않을까 생각됩니다.

Q. 요새 인천시에서 청년들이 많이 유출되고 있습니다. 이유는 뭐라고 생각하고 해결방안은 어떻게 생각하나요?

[인천]

A. 저는 아무래도 인천이 지리적·지역적 특성상 상공업이 많이 발달하여 젊은 층이 찾는 일자리는 많이 부족하지 않나 생각합니다. 그래서 저 같은 경우에는 이번에 유정복 시장님의 민선8기 공약 중 제물포 르네상스에 발맞추어 중소기업을 지원하고 인천경제자유구역에 발맞추어 대기업을 유치하여 일자리를 많이 만들면 인천시의 청년 유출을 막을 수 있다고 생각합니다.

Q. 마음에 드는 정책과 개선이 필요한 정책에 대해 답변해주세요. [인천]

A. 마음에 드는 정책은 '알파민생체납처리반'입니다. 인천시민 14명과 함께 현장중심의 체납실태조사를 통해 생계형 체납자들을 찾아가 복지서비스 연계, 분납이나 유예 등의 지원을 해드리는 것으로 알고 있습니다. 이러한 정책은 세수확보는 물론 체납자분들은 적절한 복지서비스를 받을 수 있는 부분에 있어 좋은 정책이라고 생각합니다. 반면, 조금 아쉽게 느껴지는 정책은 앞서 말씀드렸던 '배달이음' 서비스입니다. 배달업체와의 협력과 함께 더 많은 홍보를 한다면 소상공인·소비자 모두에게 좋은 서비스가 될 수 있을 것이라고 생각합니다.

3 기타 질문

Q. 로컬푸드와 관련하여 지역 내에서 소비가 다 이루어지지 못하면 어떻게 해야할까요?

A. 당장의 단기적인 방안은 아니지만 2차 가공을 하는 방향으로 나가야 합니다. 6차 산업의 일종인데 2차 가공을 통해 소비를 늘려야 합니다.

Q. 2차 가공 좋습니다. 그런데 영세농들이다보니 가격경쟁력이 낮습니다. 가격경쟁력을 높일 수 있는 방안이 있을까요?

A. 일단 군에서 나서서 영세농들을 모아 조합까지는 아니더라도 규모를 늘릴 수 있게 해주어야 합니다. 그리고 가격경쟁력이 낮을 수 밖에 없어서 고향사랑기부제 답례품으로 활용하는 방안도 있을 것 같습니다.

Q. 챗GPT를 간호 사업에 어떻게 활용할 수 있을까요?

A. 챗GPT를 이용하면 빅데이터를 이용할 수 있습니다. 빅데이터를 이용해 질병예방을 하거나 앞으로 생길 수 있는 감염병을 미리 알아볼 수 있습니다.

Q. 신천에 수달이 정말 많이 살고 있습니다. 수달이 어떻게 하면 잘 살까요? 생태관련해서 말씀해주세요.

A. 금호강 르네상스 사업에서 금호강 1급수 프로젝트를 실시 중에 있는 것으로 알고 있습니다. 신천 또한 신천1급수 프로젝트를 실시하여 수질개선 등을 한다면 수달 등 동물들이 잘살 수 있을 것 같습니다.

Q. 시정홍보방안은 무엇이 있을까요? [대구]

A. 저는 SNS를 통한 홍보방안이 가장 효과적일 것 같습니다. 하지만 현재 대구시에서는 대구 tv라고 유튜브 채널이 있다고 알고 있습니다. 하지만 구독자 수가 8만명, 조회수가 1,000회도 채 되지 않은 동영상이 많습니다. 그 이유를 생각해보니 대구시의 유튜브 채널을 모르시는 분들도 많고 게다가 본인이 직접 검색하지 않는 이상 동영상을 볼 수 없으며 알고리즘 또한 연관 동영상을 봐야 생기기 때문에 유튜브의 기능이 좀 활성화되지 않는 것 같습니다. 그래서 숏츠나 릴스와 같이 짧은 동영상들은 알고리즘과 본인의 검색 기록과 상관 없이 무작위로 뜨기 때문에 이런 동영상들을 흥미롭게 많이 만든다면 사람들이 좀 더 현안에 대해서 쉽게 접할 수 있을 것 같습니다.

Q. 그럼 최근에 대구 tv에서 어떤 동영상을 보았나요?

A. 저는 최근에 폭우와 같은 자연재해에 대비하기 위한 대구시의 정책들을 본 적이 있습니다. 예를 들어 침수 피해지역들을 미리 확인해보고 설화 성산 지구나 매호 1지구에 펌프장을 증설·개설하고 소하천 스마트 계측리 시스템을 통해서 홍수의 피해를 사전에 막고 5월 15일부터 10월 15일까지를 여름철 재난대처안전 기간으로 만들어서 24시간 상황을 분석하고 빠르게 안전재난대책본부가 가동될 수 있도록 하여 시민들의 재산과 생명을 지키기 위해서 노력하고 있다고 본적이 있습니다. 이 동영상을 보고 대구시 시민으로서 이런 공무원들의 노력들에 감사함을 느꼈습니다.

Q. 대전시 자랑을 한 번 해보세요. [대전]

A. 그럼 대전을 세 가지로 나누어서 자랑해보아도 되겠습니까? 대전은 과학기술 / 안전 / 발전가능성의 도시입니다. 우리 대전은 과학의 도시라는 명성에 걸맞게 많은 연구단지가 있으며 첨단 과학 기술을 전문적으로 연구하는 카이스트가 존재하여 학군이 굉장히 좋아 과학기술의 도시로 자랑하고 싶습니다. 다음은 안전의 도시입니다. 대전은 자연재해가 거의 없으며 있더라도 크게 영향을 받지 않아 안전의 도시입니다. 그리고 대전은 소제동이나 갈마동 등 구도심재생프로젝트를 통해 굉장히 발전하는 모습을 보여주었으며 신세계사이언스콤플렉스도 만들어져 앞으로의 발전가능성도 농후하다고 생각하여 발전가능성의 도시라고 칭하고 싶습니다.

Q. 인천시 홈페이지에 방문해봤나요? 방문해봤다면 짧게 장단점을 말해보세요. [인천]

A. 네, 우선 장점에 대해 말씀드리겠습니다. 요즘 코로나가 심해져서 인천시민 분들이 관심도가 높을 것 같은데 인천시청 홈페이지 같은 경우 가장 상단에 현재 백신접종자 수와 확진자 수를 띄워놔서 한 눈에 보기 좋다는 장점이 있습니다. 단점으로는 인천시장님의 얼굴이 실려 계신데 정색하고 계셔서 약간 시청 홈페이지를 방문해주시는 분들께 거리감이 들 수도 있다고 생각했습니다. 조금 더 활짝 웃으시는 사진으로 바꾸는 것은 어떨까 생각합니다.

Q. 유튜브 채널 관련 일을 한 적이 있다고 하셨는데 인천시 채널에서 해볼만 한 콘텐츠 생각해 본 것이 있나요?

[인천]

A. 네. 요즘 제가 즐겨보는 콘텐츠 중에 '안녕 자네'라는 콘텐츠가 있습니다. 스타와 그 스타를 열광적으로 좋아하는 팬의 가족이 마주 앉아 서로의 고충을 털어놓고 서로를 이해해보는 시간을 가지는 콘텐츠입니다. 저는 이 콘텐츠를 벤치마킹하여 인천시 공무원과 시민의 만남을 영상으로 만들어 보면 어떨까 생각합니다. 공무원은 공무원만의 고충이 있을 것이고 또 시민이 겪는 불편함도 있지 않겠습니까? 서로 이러한 현안들을 공유하고 유대감을 형성하는 모습을 보여주며 인천이 이렇게 소통을 잘 하는 도시구나 홍보도 할 수 있는 기회가 될 것 같습니다. 또한 이것은 제가 어제 인천시 채널을 보다가 생각해본 것인데 '은하신'이라는 코너를 재미있게 보고 있습니다. 인천시와 관련한 궁금증을 대신 해결해주고 주요명소를 소개해주는 코너인데요. 이번 주제가 인천이 보유하고 있는 기네스북 기록이 궁금하다는 내용이었습니다. 분명 인천에도 가장 긴 이름을 가진 시민, 가장 나이가 많은 최고령자 등 다양한 기록을 보유하고 있는 시민들이 있을텐데 이 시민들을 인터뷰해보는 '유퀴즈'같은 콘텐츠를 만들어보아도 재미있겠다고 생각했습니다.

Q. 요즘 철근이 빠져있거나 지하차도가 무너지는 등 문제가 발생하고 있습니다. 이유가 무엇이라고 생각하나요?

[전남 보성군]

A. 어제 뉴스에 LH공사에서 시공한 15개 건물에서 철근이 또 빠져있다는 뉴스를 보았습니다. 설계가 제대로 되어 있더라도 시공상에서 철근이 부족함을 알고도 괜찮겠지하는 관행적인 마음으로 넘어가는 경우에 발생한다고 생각합니다. 오송지하(까지 말하고 잘못됐단 생각이 들어서) 지하차도도 배수시설에 문제가 있었다고 생각합니다. (당황해서 여기서부터 계속 버벅댔습니다) 계속해서 점검하고 현장을 직접 방문해 점검하고 관리를 해야 한다고 생각합니다.

Q. 청주시를 소개해보세요. [청주시]

A. 종종 다른 지역 출신의 친구들이 청주는 노잼도시라고 놀릴 때마다 발끈하며 청주시에 대한 자랑을 하기도 했었습니다. 제가 생각하는 청주는 노잼도시가 아닙니다. 무심천 벚꽃거리는 청주를 널리 알리는 곳이 되었고 여러 축제행사를 통해 더 이상 노잼도시가 아님을 보여주고 있습니다. 또한 청주는 전국 중심에 위치하여 전국 어느 곳이던 3, 4시간 안으로 갈 수 있는 장점이 있습니다. 이는 도심으로 광역철도가 개통되며 이런 장점이 더욱 극대화 되리라 기대하고 있습니다. 그리고 오송의 바이오와 철도산업 등의 투자유치로 앞으로의 발전가능성도 무궁무진한 도시라고 생각합니다.

MEMO

2024
스티마 면접
지방직(공통편)

PART

14

질문리스트 활용하기

CHAPTER

01 스터디용 질문리스트 활용방법

1 개 요

(1) 지방직 면접이 어떻게 이루어지는지 먼저 대표적인 질문을 가지고 살펴보자.

> 1. 자기소개
> 2. 지원동기
> 3. 지원 지자체에 대한 소개(➡ 지원시·군+지원도에 대해 모두 준비해야 함)
> 4. 공직관(예 공무원이란 무엇인가? 공무원의 의무, 공직가치, 봉사활동 등)
> 5. 하고 싶은 업무(예 어떤 일을 하고 싶은가?, 이루고 싶은 목표 등)
> 6. 사회이슈(최근이슈) 관련 의견
> 7. 공직생활(조직생활) 상황형 질문(예 부당한 지시, 조직 내 갈등, 민원인 대응 등)
> 8. 경험형 질문(예 성취, 책임, 리더십, 갈등해결, 힘들었던 경험 등)
> 9. 지자체 현안(예 인구, 현안 문제점 및 개선방안, 재정문제, 일자리, 관광 등)
> 10. 전공분야(예 직렬별 전공과 관련된 내용)
> 11. 행정법 및 행정학(법률·시행령·시행규칙, 무효·취소·철회, 손해배상·손실보상 차이, 고의·과실, 공무원 징계, 옴부즈만 제도 등)

① 사전조사서를 작성하는 지역의 경우 사전조사서 내용(주로 경험형)을 바탕으로 추가적인 질문이 이루어질 수 있어 질문리스트에 2~3개 정도 질문을 추가하면 된다.

② 면접관들도 질문리스트를 만들어 기본적인 질문을 진행하고 피면접자의 답변에 따라 후속질문이 이루어진다.

(2) 위에 제시한 카테고리는 절대적인 것이 아닌 임의로 제시한 것으로 지역 면접 특성이나 각자 상황에 맞게 변형하여 활용해도 된다.

(3) 스터디용 질문리스트 활용 전 준비사항은 다음과 같으며 스터디원은 반드시 사전에 준비가 되어 있어야 한다.

① 먼저 공무원 면접에 대한 사전 이해가 필요하다. ⇨ 공직가치, 상황대응, 경험활용 등

② 자기소개 및 지원동기는 사전 준비가 필요하다. ⇨ 하고 싶은 업무, 근무하고 싶은 부서 등

③ 간단한 경험 정리 ⇨ 최대한 압축 정리 필요

내 용	경 험
책임감	시키지 않았어도 책임지고 일을 수행한 경험
청 렴	행위와 결과가 떳떳했던 경험
전문성	지식과 경험을 바탕으로 문제해결 경험
조직생활 경험	갈등을 어떻게 해결, 성실하고 팀워크를 잘 수행할 수 있음을 증명할 수 있는 경험
봉사활동 경험	봉사활동이 있는 경우

④ 사회이슈에 대한 배경 이해와 자신의 의견 제시 준비가 필요하다.
⑤ 지자체에 대한 조사를 하여야 한다.
　　➡ 지방직Ⅱ 교재의 지자체 현황 및 현안 자료+관심 및 지원 분야 추가 조사+간단한 정책제안
⑥ 행정법 및 행정학 기출질문 및 전공분야 기출 질문을 공부해 두어야 한다.

MEMO

2　자기소개(●는 필수, ○는 선택 이하 같다)

질문리스트	추가질문리스트
● 간단한 자기소개 ● 성격 장단점 ○ 자기 PR ○ 좌우명 ○ 인생의 멘토 ○ 존경하는 인물과 그 이유 ○ 현재 거주하는 곳과 실제 살고 있는 곳 ○ 전 공 ● 스트레스 해소방법 ○ 취 미 ○ 자기소개 쓴 것 중 가장 내세울 것	● 성격의 강점 ● 자신의 단점 극복 노력 ● 다른 사람이 바라본 본인의 모습 ○ 자신의 강점을 조직생활에 어떻게 활용할 것인지 ○ 본인의 전공이 행정업무에 어떻게 기여될 것인지

3 　지원동기

질문리스트	추가질문리스트
● 공무원에 지원한 동기는?	○ 사기업도 있는데 공무원에 지원한 이유는?
	○ 왜 직장을 그만두었나?
● 왜 우리 시(군)에 지원했는가?	○ 사는 곳이 다른 곳인가?
● 왜 지원직렬에 지원했는가?	○ 전공이 다른데 지원한 이유는?
● 근무하고 싶은 부서와 업무는?	○ 어떤 역량을 키웠는가?

4 　지원 시·군 소개

질문리스트	추가질문리스트
● 우리 시(군)에 대해 소개해보라.	● 우리 시(군) 딱 떠오르는 이미지는?
● 우리 시(군)이 잘하고 있는 점은 무엇인가?	
○ 우리 시(군)이 잘못하고 있는 점은 무엇인가?	● 어떻게 개선했으면 좋겠는가?
○ 우리 시(군)의 장점과 단점은?	
○ 시장(군수 / 구청장) 성함은?	
● 인구 / 노인인구 수	● 노인인구 증가에 따른 영향과 대책은?
	○ 인구 유입방안이 있다면?
● 행정구역(시 / 군 / 읍면동)	
○ 재정규모(예산) / 부채	
● 재정자립도	● 재정자립도 향상 방안은?
○ 상징물(시화, 시목, 시조 등)	
● 시정비전 / 시정목표	● 시정비전의 의미는?
○ 대표관광지 / 대표축제	● 관광지 방문해 본 적 또는 축제 참가 경험이 있는가?
● 우리지역 SWOT	
● 우리 시(군)의 발전방향	
○ 홈페이지 방문해 보았는가?	○ 홈페이지 개선점은?

5 　공직관

질문리스트	추가질문리스트
● 자신이 생각하는 공무원의 의미는?	○ 박봉인데 공무원을 하려고 하는 이유는?
● 공무원이 어떤 일을 하는지 아는가?	○ 어떤 공무원이 되고 싶은가?
● 공무원에게 필요한 자질은?	○ 공무원의 전문성 제고 방안은?
● 봉사란 무엇인가?	● 봉사활동 경험있나? 봉사 후 느낀 점은?
● 공무원에게 책임감이란?	● 책임감 발휘 경험은?
● 청렴이 공직자에게 왜 필요한가?	● 부정부패의 원인은? 청렴했던 경험은?
● 공무원의 의무는 무엇 무엇이 있는가?	● 의무 중 가장 중요하다고 생각하는 것은?
● 자신이 공무원에 적합한 이유는?	● 공직을 위해 어떤 준비를 했나?
○ 품위유지의 의무란 무엇인가?	● 품위유지를 위해 어떤 노력을 할 것인가?
	● 공무원의 잘못된 행위에 처벌이 엄격한 이유는?
○ 공무원 신분보장의 이유는?	● 공무원과 사기업의 차이는?
● 공무원의 장단점에 대한 생각을 말해보라.	
○ 공무원 선서	

6　하고 싶은 업무

질문리스트	추가질문리스트
● 어떤 일을 하고 싶은지 ● 이루고 싶은 목표 ● 제안하고 싶은 정책 ● 개선하고 싶은 정책 ● 우리 시(군)의 문제점과 해결방안 한 가지 ○ 시장(군수)이라면 어떤 일을 하고 싶은지 ● 지원 시(군)에서 추진하는 정책 아는 대로	○ 그 업무를 어느 부서에서 하는지 아는가? ○ 어떻게 개선했으면 좋겠는가? ○ 본인이 생각해 본 정책은?

7　사회이슈

질문리스트	추가질문리스트
● 코로나19 ● 저출산 고령화 ○ 사회양극화(정규직 / 비정규직) ● 청년실업문제 ○ 아동학대 / 노인학대 ● 이해충돌방지법 / 김영란법 ● 복지제도 방향(보편적 복지 / 선별적 복지) ● 4차 산업혁명(인공지능 / 빅데이터 / IoT / 클라우드) ○ 챗GPT ● 1인 가구 증가 ● 다문화 대책 ● 최저임금 ● 근로시간 단축 / 정년연장 ● 탄소중립 ● 중대재해처벌법 ○ 디지털성범죄 ● 세대갈등 ● 개인정보보호	● 코로나19 지자체 지원정책 ● 원인 및 대책 / 우리 지역에서 해야 할 일 ● 비정규직 해소 대책 ● 일자리 창출 방안으로 생각해 본 것 ○ 원인 및 대책 ● 이해충돌발생시 본인의 대처방법 ● 복지사각지대 해소방안 ● 4차 산업혁명 활용방안(공직 / 산업 / 농업) ○ 챗GPT 행정활용방안 ○ 독거노인에 대한 대책 ● 다문화 지원 방안 ● 최저임금 인상 장단점 ● 근로시간 단축 / 정년연장 장단점 ● 탄소중립 실천방안 ● 중대재해 방지방안 ○ 디지털성범죄 대책 ● 원인과 해결방안 ● 개인정보보호 중요성과 대책

8　상황형

질문리스트	추가질문리스트
● 상사의 부당한 지시에 어떻게 대응할 것인가? ● 직장동료와 갈등상황시 어떻게 해결할 것인가? ○ 상사는 A라 하는데 나는 B라고 생각할 경우 어떻게 할 것인가? ○ 업무량이 많은데 추가업무지시 어떻게 대응할 것인가? ○ 잘 모르는 업무가 주어지면 어떻게 대응할 것인가? ○ 내 업무가 아닌데 타부서 업무가 주어지면? ○ 내가 할 수 없는 업무를 시킨다면?	○ 위법하지는 않지만 부당하다고 생각되면? ○ 본인이 어떤 제안시 상사가 반대한다면 어떻게 하겠는가?

○ 내 업무가 끝났고 내가 약속 있는데 옆의 동료가 일을 하고 있다. 어떻게 할 것인가?	
○ 공익과 사익 충돌(가족여행 / 긴급상황 발생)시 어떻게 할 것인가?	
○ 중요한 보고를 앞두고 있는데 아이가 아프다. 어떻게 할 것인가?	
○ 업무시간 외에 상사의 지시 어떻게 생각하는가?	○ 주말에 약속 있는데 상사가 일을 시키면?
○ 동료의 비리 목격 시 어떻게 대응할 것인가?	
○ 난동 부리는 민원인 어떻게 대처할 것인가?	
○ 주민들이 반대하는 시설이 들어올 때 어떻게 하겠는가?	
○ 민원업무 처리 과정에서 결과적으로 민원인에게 피해를 준 경우 어떻게 할 것인가?	
○ 교차로 사고 / 본인은 반대편 / 빨간불 어떻게 할 것인가?	○ 무단횡단은 불법인데 그래도 할 것인가?
○ 불법 자동차 단속 중 번호판 떼는데 차 주인이 폭력을 행사할 경우 어떻게 할 것인가?	
○ 주차단속 중 앞차를 단속하는데 뒷차가 도망가서 앞차 운전자가 항의할 경우 어떻게 대응할 것인가?	
○ 친척이나 지인이 직무 관련 정보 요청할 경우 어떻게 할 것인가?	
○ 잘 모르고 능력이 없는 동료가 민원인 응대 중일 때 어떻게 대처할 것인가?	
○ 전임자의 실수로 민원인이 찾아왔다. 어떻게 할 것인가?	
○ 본인에게 청탁이 들어왔다. 어떻게 할 것인가?	

9 경험형

질문리스트	추가질문리스트
● 무언가를 이루기 위해 노력한 경험	● 열정을 다한 이유는?
● 남을 도와준 경험	
● 다른 사람을 위해 희생한 경험	
○ 남들이 기피하는 일을 맡아서 한 경험	
● 책임지고 성공적으로 업무를 마무리한 경험	
○ 봉사활동 경험	● 그 과정에서 느낀 점
● 힘들었던 일과 극복 방법	
● 갈등해결 경험(조직, 동아리 내, 친구사이 갈등)	● 갈등이나 의견충돌상황 해결한 경험
● 창의력을 발휘한 경험	
○ 새로운 방식 시도 경험	
● 리더십 발휘 경험	
○ 경쟁보다는 협력을 우선시한 경험	
○ 본인과 맞지 않은 사람과 일한 경험	
○ 위법행위 경험	
● 책임성(적극성) 발휘 경험(아무도 시키지 않은 일을 나서서 한 경험)	
○ 주위 사람들과 관계개선을 위해 노력한 경험	
○ 동아리 활동 경험	
● 실패경험	● 어떻게 극복했는가? 무엇을 느꼈는가?
● 살아오면서 가장 잘한 선택	

10 지자체 현안

질문리스트	추가질문리스트
● 지방자치란 무엇이라 생각하는가?	
● 지원 시·군의 가장 중요 현안은?	○ 왜 중요하다고 생각하며 해결방안은?
● 재정자립도 향상 방안	○ 어떻게 재정자립도 올릴 것인가?
● 인구 늘리기 방안	○ 귀농인구 증가 원인 및 귀농 지원 방안
○ 일자리창출 방안	○ 노인일자리 지원방안
○ 시민참여 활성화 방안	○ 시민참여가 왜 중요한지?
○ 시정홍보 방안	○ 본인만의 홍보 방안, SNS 활용 방안
○ 관광활성화 방안	○ 관광 홍보 방안
○ 교통문제 해결 방안(광역시·도 해당)	

11 행정법 및 행정학

TIP 경남·경북·광주·세종·울산·전남·충남·충북은 필수적으로 준비해야 한다.

질문리스트	추가질문리스트
● 손해배상·손실보상 차이	○ 보상의 주체는?
● 공무원 징계의 종류	○ 품위유지 위반이란?
● 법률·시행령·시행규칙	○ 차이는?
● 조례와 규칙의 차이	○ 제정주체는?
● 허가·인가·특허의 차이	
● 고의·과실의 차이	
● 무효·취소·철회의 차이	
○ 고시·공고의 차이	
○ 불가쟁력·불가변력의 차이	
● 본예산·수정예산·추가경쟁예산	○ 추가경쟁예산의 편성사유 3가지는?
○ 사고이월비·명시이월비	
○ 직업공무원제	
○ 행정심판·행정소송	
○ 주민소환제·주민소송제도·주민투표	
○ 주민참여예산제	
○ 예산편성 4단계	
○ 채무와 부채의 차이	

CHAPTER 02 스터디 진행시 참고사항

1 질문리스트 예시

1. 간단히 자기소개를 해보세요.
2. 우리 시(군)에 지원한 동기가 무엇입니까? 우리 시(군)에 대해 소개해 보세요.
   └[추가질문] 우리 시(군) 방문해 본 곳이 있나요?
3. 본인이 가장 중요하다고 생각하는 공직가치는 무엇인가요?
   └[추가질문] 그럼 관련된 경험이 있다면 무엇인가요?
4. 공무원의 의무는 무엇이며 그중 가장 중요하다고 생각되는 의무와 그 이유는 무엇인가요?
   └[추가질문] 품위유지 의무가 공무원에게 왜 필요한가요? 이를 위해 본인은 어떤 노력을 할 것인가요?
5. 어떤 일을 하고 싶나요? 이것만큼은 꼭 해보고 싶다는 목표가 있나요?
   └[추가질문] 자신이 그 일을 하는데 왜 적합한지 설명해 주실래요?
6. 4차 산업혁명이 이슈인데 4차 산업혁명시대에 공무원의 역할을 이야기해 보세요.
   └[추가질문] 4차 산업혁명이 무엇인가요?
   └[추가질문] 4차 산업혁명시대에 공무원에게 필요한 역량은 무엇이고 본인은 어떤 노력을 할 것인가요?
7. 상사가 부당한 지시를 내리면 어떻게 할 것인가요?
   └[추가질문] 만일 거부하면 인사상의 불이익을 받을 수도 있는데요?
8. 규정에 없는데 주민이 찾아와서 해달라고 하면 어떻게 할 것인가요?
   └[추가질문] 충분히 설명했는데도 억지를 부린다면요?
9. 내일까지 보고서를 작성해야 하는데 집에 아이가 아파요. 어떻게 할래요?
   └[추가질문] 둘 중 하나를 선택해야만 한다면요?
10. 창의력을 발휘한 경험이 있나요?
11. 우리 시(군)에 제안하고 싶은 정책관련 아이디어가 있다면 말해보세요.
    └[추가질문] 복지수요 증가로 지방재정이 악화되고 있는데 재정확보 방안이 있다면요?
12. 조례와 규칙의 차이에 대해 설명해보고 조례와 규칙은 누가 제정하는지 설명해보세요.

2 스터디 진행요령 ★★★

(1) 먼저 전체적으로 1~12까지 질답을 통해 자연스럽게 면접의 흐름을 익힌다. (2~3회 실시) 면접시간이 짧아 핵심위주로 3~4줄 요약한 답변 연습이 필요하다.
   ◐ 답변내용에 따라 필요하면 추가질문과 후속답변으로 진행된다.

(2) 어느 정도 익숙해지면 각각의 답변에 대한 퀄리티를 높인다. 애매하고 추상적인 내용보다는 구체적이고 경험 등을 추가한 면접관이 공감할 수 있는 자신만의 진정성 및 열정을 드러내도록 답변을 업그레이드 시켜야 한다.
   ◐ 퀄리티를 높인다는 것은 외워서 하는 답변이 아니라 핵심적인 내용을 포함하면서도 자신의 생각과 의견을 진정성 있게 말하며 공감을 얻어내는 것이다.

(3) 답변에 퀄리티를 높인 후에는 돌발성 질문을 추가하면서 당황하지 않도록 대응력을 높이는 연습을 한다.

(4) 종합적으로 정리하면 '자신이 공무원에 왜 적합한지? 어떤 준비가 되어 있는지? 어떤 기여를 할 수 있는 지?'를 보여주어야 한다. 스터디는 자신을 최대한 표현하기 위한 연습을 하는 것이지 거짓으로 꾸며내 기 위한 연습이 아니다.

➡ 스터디용 질문리스트는 기출 질문을 보며 스터디원이 함께 기본 카테고리를 유지하며 카테고리 내 다양한 질문을 응용 하면서 작성해 보는 것도 좋다. (예 전공질문 추가 등)

MEMO

2024
스티마 면접
지방직(공통편)

15

직렬별 전공 기출질문

PART 15 직렬별 전공 기출질문

1 지방세

✏️ Check point

핵심업무

1. 지방세(취득세, 등록면허세, 레저세, 지방소비세, 지방교육세, 지역자원시설세, 담배소비세, 주민세, 지방소득세, 재산세, 자동차세)에 대한 부과 및 징수
2. 체납징수
3. 번호판 영치(자동차세 체납자 대상)
4. 고액체납자 명단공개
5. 세무조사
6. 세외수입관리

Q. 지방세 세목은 무엇인가?

Q. 담배소비세는 도세인가? 시·군세인가?

Q. 지방세 회계기준을 아는가?

Q. 공평과세란?

Q. 지방세수 확보 방안은?

Q. 지방세 체납자에 대한 정책 시행하고 있는 것은(명단공개 기준 및 체납 줄일 수 있는 방안)?

Q. 지방세 체납자 자동차 번호판 회수에 대한 의견은?

Q. 국세와 지방세 차이는?

Q. 주민세란? 지방소비세란?

Q. 전공지식 부족을 어떻게 보완할 것인가?

Q. 저항 없이 세금을 더 잘 징수할 방법은?

Q. 새로운 세수 확보 방법은?

Q. 납세자 권리 보호 제도 아는가?

Q. 자동차 관련 세금과 관련해 자동차세는 언제 납부하며 선납수시 10% 세액감면을 아는가?

Q. 지방세를 부과하는 기준이 되는 법은?

Q. 보통징수와 신고납부의 차이는?

Q. 보통교부세란?

Q. 구세와 시세가 있는데 구세가 무엇인가?

Q. 도세와 시세의 의미와 세목 구분은?

Q. 체납처분중인 사람에게 고지는 어떻게 하는가?

Q. 세금내는 것에 대해 인식이 좋지 않은데 인식개선방안은?

Q. 본인이 생각하기에 국민들이 세금을 내면 낸 만큼의 서비스를 받고 있는 것 같은가?

Q. 고액체납자에 대한 행정처분은 어떻게 하는지 아는 대로 말해보라.

Q. 고액체납자 명단공개가 효과가 있는 것 같은가? 어떻게 세금을 내게 할까?

Q. 국세와 지방세는 각각 어디에 사용되나? 국세와 지방세의 비율은? ➡ 현재 7.5 : 2.5

Q. 국세와 지방세는 어디서 징수하는가?

Q. 국세와 지방세에서 목적세를 말해보라. 보통세와 목적세 구분 및 종류는?

Q. 외국인 지방세 체납액 징수에 골머리를 앓고 있다. 이에 대한 좋은 해결방안이 있다면?

Q. 종합금융과세란?

Q. 직접세와 간접세의 차이와 종류는?

Q. 중앙정부의 간섭을 받지 않고 지자체가 자주적으로 쓸 수 있는 세원은?

Q. 보유세와 거래세 중 어떤 것을 강화해야 할까?

Q. 세금의 납부절차는?

Q. 고향세(고향사랑기부제)에 대한 의견과 고향세로 인한 변화는?

Q. 부동산취득세와 관련해서 아는 게 있는가? (부동산 관련 세금은?)

Q. 부가가치세를 과세표준으로 삼는 지방소비세율을 현행 21%에서 25%로 상향하는 것에 대해 어떻게 생각하는가?

Q. 지방세 비율을 높이려면 어떻게 해야 할까?

Q. 체납액 징수방안 아는 것이 있는가?

Q. 지방세목 중 가장 조세저항이 클 것 같은 것은?

Q. 지원지역의 세무정책 아는 것은?

Q. 지원시의 주민세가 다른 시·군에 비해 높다는 민원이 제기되었다. 어떻게 처리할 것인가?

Q. 체납시 강제징수에 대해 아는가? 그 절차는?

Q. 가산세와 가산금 차이는? [2022 대전·부천]

Q. 사전적 구제제도 및 사후적 구제제도 [2022 대전]

Q. 국세와 지방세 비율은? [2022 대구]

Q. 조세 정책 중에 좀 더 보완하거나 바꾸고 싶은 정책이 있는가?

Q. 성실납세자에 대한 혜택이 많은데 이에 대한 본인의 생각은 어떤가?

Q. 납세자보호관 제도를 알고 있는가? 납세자보호관은 어떤 일을 하는가?

Q. 납세자가 세금을 제대로 내지 않았을 때 취할 수 있는 조치는 무엇인가?

Q. 독촉이란?

Q. 지방세 중 가장 비중이 높은 것은?

Q. 제척기간이란?

Q. 세무직이 갖는 권한은? ➡ 세무조사권, 징수권, 압류권, 압수수색권, 관허사업 제한 등

Q. 과세전적부심사란?

Q. 지방세의 세목을 조례를 통해 만들 수 있는가?

Q. 납세자가 세금을 제대로 내지 않았을 때 취할 수 있는 조치는 무엇인가?

Q. 주행분 자동차세에 대해 아는가?

Q. 지방세 신고 및 납부 웹사이트는?

    ➡ wetax.go.kr 지방세 준비 수험생은 반드시 검색 필수이다.

     └[예상질문] 가상화폐 세금징수에 대해 어떻게 생각하는가?

     └[예상질문] 지방세 체납자에 대한 가상화폐 압류에 대해 어떻게 생각하는가?

     └[예상질문] 체납한 민원인이 방문했다. 어떻게 응대할 것인가?

     └[예상질문] 최근 지방세 관련 뉴스 본 것이 있는가?

Q. 세무직에서 창의력을 어떻게 발휘할 수 있을까요?

A. 4차 산업혁명으로 인해 앞으로 더 많이 쏟아져 나올 특허권 같은 무형자산들에 대해서 취득세와 등록면허세를 더 걷을 수 있을 것입니다. 우리 또한 그 흐름에 맞추어 세법을 보완하고 세수를 넓힐 수 있게 해야 합니다. 창의력으로 만들어질 무형자산과 그에 맞는 세수를 늘릴 수 있습니다.

🔖 **POINT** 칭찬 받을 만한 내용이다. 지금까지 지방세와 관련해서 위와 같은 답변을 한 것을 보지 못했다. 4차 산업혁명과 지방세 세목을 잘 연결시켜 구상을 잘 한 것 같다. 생각이 개방적이고 현업에서도 일을 잘 할 것이라는 느낌이 분명히 전달되었을 것이다. 창의성은 연관성이라고 수차례 언급했는데 아주 응용을 잘한 사례이다. 4차 산업혁명과 지방세가 무슨 관련이 있는지 생각과 관심이 없으면 그 연관성을 찾을 수가 없다. 그런 면에서 준비를 아주 잘했고 분명히 창의력에서 좋은 평가를 받았을 것이다.

2 간호직

♡**PLUS**

Q. 코로나 바이러스와 세균의 차이점에 대해서 설명해보라(돌발성).

1. 세균은 생물체로 독립적 생존 가능 / 바이러스는 생물과 무생물의 중간형태로 숙주가 있어야만 생존
2. 바이러스는 세균에 비해 50~100분의 1 크기(즉, 세균이 바이러스보다 100배 정도 큼)
3. 세균은 페니실린 등의 항생제를 사용하여 치료하지만 바이러스는 백신이나 항바이러스제를 사용(예 흑사병, 콜레라, 결핵 등은 세균성 질환 / 코로나, 메르스, 사스, 에이즈, 간염, 독감인플루엔자 등은 바이러스성 질환)
4. 변이가능성 차이(특히 코로나와 같은 RNA 바이러스는 변이 가능성이 높음. 세균은 DNA구조로 변이 가능성이 낮음)
5. 세균이나 바이러스의 공통점은 둘 다 강한 전염성이 있다는 것

    ➡ 간호·보건직렬은 암기를 요하는 내용이다.

Q. 보건소 업무는 무엇이 있는가? 그 중에서 하고 싶은 것은?

Q. 보건소 간호사와 병원 간호사의 차이는?

Q. 노인우울증의 증상에 대해 말해보라.

Q. 감염병이 발생했을 때 가장 중요한 것이 무엇이라고 생각하는가?

Q. 노인을 간호할 때 필요한 자세가 무엇이라고 생각하는가?

Q. 만성질환 종류와 원인 및 예방법 및 만성질환 3대 사인이 무엇인가?

Q. 지역보건법에 대해 말하고 보건소의 업무에 대해 말하고 그중 자신이 하고 싶은 일에 대해 말해보라.

Q. 출산장려금에 대해 말해보라.

Q. 노인질환의 특성에 대해 알고 있으면 말해보라.

Q. 노인관련 사업 아는 것을 말해보라.

Q. 맞춤형 방문간호사업에 대해 아는 대로 말하고 방문간호에서 가장 중요하다고 생각하는 것은 무엇인가?

Q. 방문보건하면 어르신들을 많이 볼텐데 어르신들은 교육을 해도 건강습관이 잘 안 변한다. 어떻게 할 것인가?

Q. 직장에서 환자를 간호하는 동안 나만의 원칙이 있었다면?

Q. 지원시(군) 보건진료소 개수를 말해보라.

Q. 올해 가장 이슈가 됐던 감염병은 무엇이고 그것에 대해 전반적으로 이야기해보라.

Q. 모자보건법이란?

Q. 지역 보건의료의 현재 상황에 대한 평가를 해보라.

Q. 치매관련 질문

- 치매증상, 치매예방법, 해당지역 치매율, 치매종류, 치매를 위한 정책제안을 해보라.
- 치매안심센터에 대해 설명하고 현재 보건소의 치매 업무와 어떻게 다른지 차이점을 말해보라.
- 치매국가책임제란? 치매국가책임제에 맞춰 우리 보건소가 하는 사업은?
- 치매안심센터 등록율이 낮다. 올릴 수 있는 방안은?
- 치매 환자에 대한 병원, 보건소, 요양원 각자 역할은?
- 치매환자 검사 방법 및 몇 점이 치매인가?
- 지원시·군의 치매대상자 수는 얼마나 되는가?

Q. 고령화에 따른 노인들의 건강관리를 어떻게 할 것인가?

Q. 주민요구에 맞게 건강사업을 하려면 어떻게 할 것인가?

Q. 결핵 진단방법은?

Q. 최근 산후조리원에서 결핵이 발생했는데 간호직 공무원으로서 어떻게 대처해야 하겠는가?

Q. 메르스에 대응하여 보건소의 역할은?

Q. 통합건강증진사업이란? 건강증진사업의 종류는? 건강증진사업 중 어떤 사업을 하고 싶은가?

Q. 지역보건의료기관 현황 아는 것에 대해 말해보라.

Q. 우리나라 건강보험에 대해 어떻게 생각하는가?

Q. 건강의 정의를 말해보라. WHO 건강의 정의는?

Q. 의료원이라는 곳이 영리목적이 아니기 때문에 적자가 날 수밖에 없는데 내부적으로 무엇을 고쳐야 하는가?

Q. 미혼모문제는 어떻게 해결했으면 좋겠는가?

Q. 장기요양보험이란?

Q. 나이팅게일 선서문 중 기억나는 부분을 말해보라.

Q. 플라시보효과란?

Q. 온열질환이란?

Q. 보건소, 보건지소, 보건진료소의 차이 및 관련 법령과 설치기준 및 업무에 대해 말해보라.

Q. 보건소에서 하는 사업들은 대부분 사망률을 낮추기 위한 사업들이다. 어떤 정책을 하고 싶은가?

Q. CPR(심폐소생술)에 대해 아는 대로 말해보라. CPR을 빨리 해야하는 이유는?

Q. 심폐소생술에서 가장 먼저 해야하는 일은?

Q. 2주 이상 기침과 가래 미열이 발생할 때 어떤 질병일 것 같으며 검사방법은 무엇인가?

Q. 병원에서 근무할 때 갑질경험은?

Q. 표본감시 정의가 무엇인가?

Q. 자살예방 방법은?

Q. 코로나 관련 질문

- 코로나바이러스 종류와 그 특징
- 코로나 증상, 전파방법, 예방법
- 코로나 관련 업무 종류
- 코로나 예방접종 백신 종류
- 코로나 관련 해당 지자체에서 하고 있는 정책 아는 것, 잘했던 일과 아쉬운 것
- 역학조사관이 하는 일, 역학조사 3단계
- 선별진료소 업무, 선별진료소 위치
- 우리나라에서 사용하고 있는 백신과 제조방법 설명
- 감염재생산지수
- 코로나 업무가 많아서 동료가 지쳐서 며칠 쉬겠다고 업무를 도와달라고 했을 때 대처방법
- 코로나 업무로 너무 지쳤을 때 본인의 대처방법
- K방역 장점, 단점
- 코로나 재난 지원 선별 or 보편 어떤 것 선택할 것인지와 이유
- 코로나블루 해결방안
- 단계적 일상회복 시행 중인데 각 단계를 높이거나 낮추는 기준
- (예상) 코로나 백신 접종 후 부작용 증상 및 호소 대처방안
- (예상) 코로나 백신 접종 맞은 독거노인에 대한 추적관리 방법
- (예상) 4차 백신접종에 대한 불신과 피로감이 높아지는 것에 대한 대응방안

Q. 사회적 거리두기 기준과 단계에 따른 행동

Q. 보건소에서 사업을 계획할 때 고려하는 3가지가 있는데 아는가?

Q. 간호간병통합서비스에 대해 어떻게 생각하는가?

Q. 법정감염병의 구분, 종류

Q. 보건소의 업무 6가지

Q. 보건소에서 노인들에게 홍보할 수 있는 방법

Q. 세균성 식중독 예시

Q. 보건소 사업 관련 건강 지표 아는 것은?

Q. 국가예방접종 설명

Q. 보건소에서 일하면 힘든 점이 많을 텐데 어떤 점이 제일 힘들 것 같은가?

Q. 요즘 사회에 정신질환이 많은데 왜 많다고 생각하는가?

Q. 대사증후군에 대해 설명해보라.

Q. 공공의료기관과 민간의료기관의 차이는?

Q. 공공의료의 필요성과 어떻게 홍보해야 한다고 생각하는가?

Q. 공공의료기관에서 현재 하고 있는 정책은?

Q. 4차 산업혁명을 보건소에서 활용할 수 있는 방안은? 4차 산업혁명 관련 지원시·군 보건소에서 하고 있는 일은?

Q. 현재 4차 산업혁명으로 많은 것이 바뀌었는데 본인이 그러한 전문성을 기르기 위한 노력을 하였는가?

Q. 최근 온열질환이 많이 발생하는데 우리가 시민이라고 생각하고 한번 설명해보세요.

A. 대상자 분이라 생각하고 설명해 보겠습니다. 온열질환은 고온의 날씨에 많이 노출되어 생기는데 열사병, 열탈진, 열실신, 열경련, 열발진 등이 있습니다. 그 중에 열사병이 흔한데 두통, 어지러움, 메스꺼움, 몸에 고열이 생깁니다. 특히 피부가 땀이 안 나면서 뜨끈뜨끈 합니다. 이것은 체온조절중추가 고장이 나서 땀을 흘려 체온을 내리는 기전이 고장난 것입니다. 그래서 몸의 열이 가두어지고 몸이 점점 뜨겁게 됩니다. 이럴 때는 즉시 그늘로 옮기고 119 구조요청을 하십시오. 아주 위급한 상황입니다. 옷을 느슨하게 풀고 미지근한 물로 몸을 닦아주시고 의식이 있다면 물을 먹게 합니다. 만약 본인 몸이 이상하다면 지체하지 마시고 구조요청 하십시오. 그리고 예방적으로 10시에서 오후 3시 정도까지 뜨거운 시간대에 외출을 자제하시고 나가시더라고 양산이나 모자를 써서 햇빛을 가리셔야 합니다. 물을 자주 마셔야 합니다. 일을 하신다면 30~50분 정도 일 하시면 반드시 시원한 곳에서 10분 정도 휴식을 취하셔야 합니다.

✔POINT 자신이 해야 할 업무와 관련된 내용은 위 답변과 같이 시민들이 쉽게 이해할 수 있도록 명확하게 제시할 수 있어야 한다. 평정표상의 전문지식과 그 응용능력에서 "상"을 받을만한 답변이다.

3 보건진료직

Q. 5군 감염병에 대해 설명하시오.

Q. WHO 건강의 의미와 WHO 주요사업 6개를 말해보시오.

Q. 사회적 건강의 뜻

Q. 1군 감염병과 식중독의 차이 / 감염병 신고가 들어왔을 때 응대방법은?

Q. 국가암 5가지

Q. 보건진료직 업무

Q. 보건소에서 치매담당 업무를 한 것 같은데 무엇을 느꼈는가?

Q. 법정감염병과 3군감염병의 종류가 몇 가지인가?

Q. 예방접종은 몇 군으로 어떻게 나누는가?

Q. 결핵이 OECD 1위인 이유는?

Q. 1차 보건의료는 무엇인가?

Q. 보건진료소에서 혼자 근무하고 있는데 당뇨가 있는 환자가 쓰러졌다. 어떻게 하겠는가?

Q. 보건진료소에서 할 수 있는 의료행위는?

Q. 응급상황시 후송 조치를 하는 매뉴얼 지침을 말해보라.

Q. 황사와 미세먼지의 차이점은?

Q. 세균성질병과 바이러스의 차이점은?

Q. 지원지역 보건정책 아는 것이 있는가?

Q. 코로나19 초기 예방법은?

Q. 코로나 확진자 발견시 대처 순서는?

Q. A형간염 예방접종 시기는?

→ 치매, 코로나 관련 내용은 간호직 내용을 참고하길 바란다.

Q. 보건소 사업 아는 대로 말해보고 그중 어떤 업무를 하고 싶은가?

Q. 보건소에서 하는 의료관련 정책 아는 것에 대해 말해보라.

Q. 노인 문제가 심각한데 관련 보건사업 아는 것이 있는가?

Q. 병원에서 일했는데 환자 간호시 어떤 기준을 가지고 일했는가?

Q. 보건직 근무시 필요한 법에 대해 아는 대로 말해보라. 식품위생법 아는 대로 말해보라.

Q. 1급 감염병 / 콜레라 증상 / 지역사회 건강증진 방안에 대해 말해보라.

Q. 법정감염병 2급에는 예방접종과 관련한 것이 있다. 국가예방접종에 대해서 아는 대로 말해보라.

Q. 법정감염병 1급부터 4급까지 특징만 설명해보라. 코로나는 몇 급이며 인플루엔자는 몇 급인가?

Q. HIV와 AIDS의 차이점

Q. 보건직 체계 / 보건의료정책이 무엇이라고 생각하는가?

Q. 병원 임상경력이 있는가? 어디서 일했나? 임상경력으로 보건소에 어떤 도움을 줄 수 있는가?

Q. 간호사로서 느끼는 자부심이나 긍지가 컸을텐데 병원을 그만 둔 이유는?

Q. 간호사의 직무를 어떻게 보건직 업무에 적용할 것인가?

Q. 병원에서 힘들었던 것이 무엇인가?

Q. 통합의료에 대해 설명해보라.

Q. 오존 형성기전에 대해 말해보라(전공).

Q. 표피, 진피를 구분하라(전공).

Q. 소장, 대장 구성에 대해 말해보라(전공).

Q. 중추신경 구성에 대해 말해보라(전공).

Q. 보건이란 무엇인지 자신의 생각을 말해보라.

Q. 금연사업 실태와 줄이는 방안

Q. 구강보건업무 제안

Q. 통합보건업무

Q. 폭염경보 특보 기준

Q. 온열질환 종류 및 치료와 예방법

Q. 암 예방법

Q. 여름철 식중독의 종류와 식중독이 발생했을 때 어떻게 대응해야 하는가?

Q. 식중독 균에 대해 알고 있는 것을 말해보라.

Q. 식중독을 예방하기 위해서는 어떻게 해야하는지 말해보라.

Q. 식중독 6대 예방수칙

Q. 감염병 종류와 극복 방안 및 보건소에서 어떻게 해야 하는지 말해보라.

Q. 공공의료가 무엇이고 왜 중요한가?

Q. 공공의료기관이 왜 필요하다고 생각하는가?

Q. 보건직에 지원을 했는데 보건소에서 하는 일 중에 소독이 있다. 어떻게 업무가 진행되는지 아는가?

Q. 수인성전염병이란? 신종플루란?

Q. 우리나라 공공부문 보건서비스가 변화해야 할 부분이 있다면?

Q. HACCP(해썹)이란?

Q. 금연성공률이 낮은 이유와 해결방안은?

Q. 대사증후군이란?

Q. 최근 지원시(군)의 보건관련 뉴스 아는 것에 대해 말해보라.

Q. 요양보호사와 관련된 민원이 많다. 이에 대해 어떻게 대처하겠는가?

Q. 코로나에 대해 설명해보라.

Q. 필수예방접종 종류를 말해보라.

Q. MMR이 무엇이며 몇 급 감염병인가?

Q. 건강수명과 기대수명은 몇 세인가?

Q. 사회적 거리두기

Q. 흡연자들이 금연구역 이용에 불만인 것에 대해 어떻게 생각하는가?

Q. 건강증진정책 아는 것에 대해 말해보라.

Q. 병원과 보건소의 차이점은? 보건소, 보건지소, 보건진료소의 차이점은?

Q. 보건쪽에 비대면 활성화 방안

Q. 코로나 관련 지원시 잘한 정책과 개선해야 할 점

Q. 보편적 복지 vs 선별적 복지 중 무엇이 중요한가?
　ㄴ[예상질문] 코로나백신 접종 후 부작용 호소 대처방안
　ㄴ[예상질문] 코로나백신 접종 맞은 독거노인에 대한 추적관리 방법

Q. 최근에 논란이 되었던 바이러스의 종류 알고 있는 것을 답변해보라.
　예 사스코로나바이러스, 메르스코로나바이러스, 최근 코로나19 바이러스, 신종인플루엔자바이러스, HIV 등

Q. 단계적 일상회복 단계에 대해 설명해보라.

Q. 코로나19 백신과 관련하여 백신 인센티브제도 문제점과 해결방안

Q. 코로나19 검사방법 [보건연구사]

Q. 변이바이러스 특징과 변이바이러스 환자와 일반 환자에 대한 대응 방안 [보건연구사]

Q. 식품위생법에 대해 아는 대로 말해보라.

Q. 간호직, 사회복지직, 보건직 차이점

Q. 의료사각지대에 있는 사람들을 위한 정책

Q. 사람들이 보건소 이용을 잘 안하고 있는데 그 이유가 무엇이라고 생각하는가?

Q. 초미세먼지와 미세먼지의 차이점은 무엇이고 각각 발생원인이 무엇인가?

Q. 대한민국 사망률이 높은 5가지 질병은?

Q. 우리나라 합계출산율은 몇 %이며 저출산 문제 원인 및 해결방안은?

Q. 공공의료가 왜 중요한지와 공공의료의 범위

Q. 세균과 바이러스의 차이

Q. 공중위생업소에 대해 아는 대로 말해보라.

Q. IT 기술을 이용하여 보건직에서 적용할 수 있는 사업

Q. 식중독과 소화기계 감염병의 차이

Q. 코로나 / 원숭이 두창 법정감염병 급수

Q. 코로나 관련 생활방역 6원칙

Q. 공공의료기관이 왜 필요한지?

Q. 직렬과 관련하여 제안하고 싶은 정책이 있다면 무엇인가요?

A. 제가 산업간호사로 근무할 때에 팀별로 근로자 한 명을 명예안전보건팀장으로 지정하여 안전보건관리 활동을 근로자가 직접 감독·지도하도록 하였는데 이러한 사례를 접목해 보건소에서 마을 주민센터나 경로당별 노인분 중 한 명을 명예보건인으로 임명하여 프로그램에 다 함께 참여하고 지속적으로 건강을 관리하도록 하는 방법도 시민과 소통하는 건강관리의 좋은 방법이 될 수 있지 않을까 생각해보았습니다. 이처럼 여러 측면에서 보건소 프로그램 참여를 향상하고 시행하는 사업에 대해 블로그나 SNS 등을 통한 홍보활동에도 주의를 기울인다면 당진시민들에게 큰 참여와 호응을 얻을 뿐 아니라 당진시 보건소의 좋은 혜택들을 많은 시민이 누릴 수 있을 것으로 생각합니다.

5 　의료기술직(방사선)

Q. 방사선의 종류는(전공)?

Q. 흉부 X선 촬영에 대해 말해보라. 흉부 X선 촬영할 때 중요한 점은?

Q. 환자가 검사를 하러 올 때 가장 먼저 해야 하는 것은?

Q. 방사선사로서의 자긍심을 가진 일에 대해 말해보라.

6 　의료기술직(임상병리)

Q. 슈퍼박테리아의 원인이 무엇이라고 생각하는가?
　　➡ 항생제 내성이라고 답하자 그거 말고 다른 이유를 말해보라고 추가질문

Q. 환자가 채혈을 하다가 쓰러졌다. 어떻게 대처할 것인가?
　　➡ 혈관미주신경반응이라고 답하자 다른 이유와 대처방안을 말해보라고 추가질문

Q. 혈액 검사에 대한 질문

Q. 결핵 관련 질문 / 잠복결핵

Q. 법정감염병의 종류와 설명

Q. 보건소가 어떤 일을 하고 어떤 역할을 하면 좋을지 답변해보라.

Q. 채혈시 쓰러졌을 때 대처방안

Q. 병원에 오시는 분들과 보건소에 오시는 분들의 개념이 다른데 어떻게 다르고 어떻게 대처할 것인가?

Q. 의료법에서 의료인이란 누구를 말하는가?

Q. 상관이 임상병리와 다른 행정업무를 시켰을 때 어떻게 할 것인가?

Q. 감염병 발생시 가장 먼저 할 일

Q. 3단계 거리두기에서 공공기관의 역할

Q. 치매검진이 중요한 이유?

Q. 자살율 1위 국가인데 이에 자살예방이 중요한 이유?

7 의료기술직(치위생)

Q. 노인 및 장애인에 대한 정책을 말해보라. [2020 경남]

8 농업직

✎ Check point

핵심업무
- 농업 기술 컨설팅 및 전문 농업인 육성
- 농촌관광 활성화 및 귀농·귀촌·창농 안정적 지원
- 농산물 유통 변화 대응 및 산지·소비지 유통기반 확충
- 농식품 수출업무
- 친환경 농업육성 및 시설원예 생산시스템 첨단화 구축
- 도시농업 사업추진
- 도시농업 체험농가 육성 및 교육 추진
- 그밖의 농업행정경영과 관련된 업무

Q. FTA란 무엇인가? FTA로 인한 농가 영향 및 FTA 대응방안은?

Q. 6차 산업이 무엇이며 이에 대한 사례는?

Q. 농업자본이란 무엇인가?

Q. GAP 인증, 친환경 인증, HACCP 인증

Q. 한중 FTA로 인한 쌀시장 영향은?

Q. 농민들이 매우 똑똑한데 어떻게 지도할 것인가?

Q. 농업가치에 대해 말해보라. 농업의 기능은?

Q. 이모작, 이기작에 대해 설명해보라.

Q. 친환경농산물의 정의는?
  └ [추가질문] 친환경농산물을 구입해서 먹어본 적이 있는가? 어떤 것을 구입했는가?

Q. 9급 농업직이 무슨 일을 하는지 아는가?

Q. 지역 농산물을 모두 말해보고 지역의 농산물 축제에 대해서도 모두 말해보라.

Q. 로컬푸드가 무엇이며 어느 업무를 맡고 싶은가?
  └ [추가질문] 우리지역 로컬푸드를 어떻게 유통시킬 것인가?

Q. 자신이 농업직에서 어떤 전문성이 있다고 생각하는가?

Q. 쌀 소비 감소대책과 관련해 현재 1인당 쌀 소비량이 얼마나 되는지 아는가? (2023년 56.4kg / 인당, 년)

Q. 외국인 다문화 여성 지원방안

Q. 귀농인 지원방안 및 귀농인과 정착민 갈등해결방안

Q. 자신이 생각하는 농촌문제와 해결방안

Q. 농촌의 고령화에 대한 해결책

Q. 농산물 유통구조 개선방안

Q. 스마트팜의 정의와 4차 산업혁명시대 농업의 방향

Q. 직불제의 종류

Q. 도시농업이란? 수경재배란?

Q. 도시 텃밭의 효과는?

Q. 지원 지역에서 많이 나는 작물들 아는 대로 말해보라.

Q. 농촌 외국인 계절근로자제도 확대에 대한 생각은?

Q. 농산물 브랜드 아는 것에 대해 말해보라.

Q. 우리나라 농산품의 국가경쟁력을 높이기 위해 어떻게 해야 한다고 생각하는가?

Q. 도시농업과 관행농업이 상생하는 방안

Q. 부산에 농경지나 농업인구가 적은데 해결방안

Q. 청년농업인 유입방안

Q. 기후로 인한 농업문제점 해결방안

Q. 친환경 농산물의 종류

9 축산직

✏️ Check point

핵심업무
- 축산업 경쟁력 제고와 생산기반 확충에 관한 사항 등
- 축산업 등록 및 친환경 축산 육성에 관한 사항 등
- 축산물 위생관리(검사)에 관한 사항 등 기타 축산분야 사무

Q. 현재 축산업의 문제

Q. 현재 정부의 축산정책이 잘하고 있다고 생각하는가? 못하고 있는 게 있다면?

Q. 분뇨처리방안

Q. 대한민국 육류 소비량

Q. 지역특산물 이름은 무엇이고 전체 브랜드는 무엇인가?

Q. AI와 구제역이란 무엇이며 AI와 구제역 대응방안은?

Q. 김영란법에 따른 축산업 피해 대책은?

Q. 동물복지에 대해 어떻게 생각하는가?

Q. 지역 축제로 소싸움 축제를 하는데 어떻게 생각하는가?

Q. 4차 산업혁명의 축산업 적용 사례 아는 것에 대해 말해보라.

Q. 가축을 살처분하고 매립했는데 악취가 난다고 악성 민원이 들어올 경우 어떻게 할 것인가?

Q. 소 등급에 대해 아는 대로 말해보라.

Q. 스마트팜의 장점은?

✎ **Check point**

핵심업무
- 수산자원조성 및 관리
- 어촌관광 개발
- 내수면 어업
- 불법어업 지도·단속
- 어항개발 및 관리
- 내수면 및 연안습지 보호구역 관리
- 어촌 체험마을 조성·운영 등 수산기술 업무
- 수산물 안전 및 어류질병에 관한 사항
- 어장이용개발계획 승인 및 어업권 관리
- 수산물 유통·가공·수출
- 해안 및 어장오염관리
- 인공어초 시설 및 관리
- 수산단체 지원 및 관리
- 내수면 수상레저 육성·관리
- 공유수면 매립 및 관리에 관한 사항

Q. 해양수산직이 하는 일은?

Q. 수산물의 중금속 등 유해물질로부터 안정성을 확보할 수 있는 방안은?

Q. 해양플라스틱 문제 해결방안은?

Q. (지원한 지역) 수산물 무엇이 유명한가?

Q. 수산 발전정책을 말해보라.

Q. 어민들이 훨씬 업무에 대해서 전문가일텐데 어떻게 협력해 나갈 것인가?

Q. 지역 수산물 홍보를 어떻게 할 것인가?

Q. 수산직이지만 실제 업무에서 적성에 맞지 않는 업무를 할 경우가 있는데 괜찮은가? 어떻게 대처할 것인가?

Q. 수산물안정성검사와 품질검역이란?

Q. 면허어업, 허가어업, 신고어업에 대해 각각 설명해보라.

Q. 내수면어업에 대해 아는 대로 말해보라.

Q. 갯벌을 공공기관과 개인이 운영하는 것 중 어떤 것이 더 낫다고 생각하는가? 그렇게 생각하는 이유는?

Q. 지역 수산관련축제

Q. 다른 지역 수산업을 비교했을 때 지원지역수산업이 나아갈 방향

Q. 적조의 원인과 대책

Q. TAC란?

Q. 지원지역 해산물 생산량은 전국의 몇 %인가?

Q. 항로표지시설 요건은?

Q. (지원 광역시·도) 해양 특색점 5가지

Q. 면허어업, 허가어업, 신고어업의 차이점과 각각 간단하게 설명해보라.
　ㄴ[예상질문] 일본의 후쿠시마 원전 오염수 해양방류에 대해 어떻게 생각하며 우리에게 미칠 영향은?

✎ Check point

핵심업무

• 도로·교량·철도·상하수도·항만·하천·댐 등의 건설공사 등 각종 토목사업·관련 설계 및 운영·관리 등 토목기술 업무
• 도시기본계획수립 및 변경계획에 관한 사항
• 도로 안전 및 유지관리계획 수립에 관한 사항
• 하천시설물 유지 및 보수관리에 관한 사항 등 기타 토목분야 사무
• 설해대책 종합계획 수립
• 도로구조물 시설유지보수 업무 등

Q. 콘크리트 균열 종류와 콘크리트 강도시험에 대해 설명해보라. 콘크리트 강도 실험시 공시체 몇 개를 사용하는가?

Q. 콘크리트 염화물 허용치

Q. 도로설계시 중요사항

Q. 접속 슬라브 / 슬라브 실험 / 들밀도 실험

Q. 싱크홀의 개념 및 해결방안과 싱크홀의 원인

Q. 포트홀이란?

Q. 설계와 시공이 다르게 되었다면 어떻게 할 것인가?

Q. 연약지반 매립공법

Q. 소성변형이란? 도로 소성이란?

Q. 동결심도란?

Q. 상하수도분야 관망이 무엇이며 상하수도 관매설은 어떻게 하는가?

Q. 액상화란? 이에 따른 문제점은?

Q. 연약지반 개량 공법에 대해서 아는 공법을 말해보라.

Q. 흙의 성질을 평가하는 방법은 무엇이 있는가?

　　　➡ 소성지수, 액성한계, 수축한계

Q. 침수원인 및 도로침수 예방법

Q. 20m 도로를 설계해 보아라.

Q. 도로법에 따른 도로분류

Q. 슬럼프

Q. 콘크리트와 아스팔트 장단점(콘크리트 균열원인)

Q. 우리나라 수준 원점의 위치

Q. 사장교란 무엇인가? 현수교는? 우리나라 현수교는?

Q. 라멘교 시공방법

Q. 1등교와 2등교 차이

Q. 액성한계와 소성한계 차이

Q. 평판측량 요차종류

Q. 도심 집중화 현상에 대한 생각과 대책

Q. 설계대로 시공했는데 설계가 잘못된 것이다. 어떻게 할 것인가?

Q. 연약 지반 개량공법은 무엇이 있는가?

Q. 공동구란?

Q. 하수내시경

Q. 연말에 보도블럭 공사로 주민 민원이 많다. 어떻게 해결하면 좋겠는가?

Q. 4차 산업혁명과 토목의 관계

Q. 사면안정공법이란 무엇이며 사면붕괴이유 및 대책

Q. 기초의 종류 및 역할

Q. 토량환산계수

Q. 도시재생 사업이란? 도시재생 방안은?

Q. 측량학 – 수준점 위치와 정의는? 측량에서 높이, 거리재는 법을 설명해보라.

Q. 한계상태설계법과 강도설계법 설명

Q. 젠트리피케이션(상가 내몰림 현상)이란?

Q. 측량 3대 요소 [2019 광주]

Q. 환경적합검사를 하는 이유 [2019 광주]

Q. 부실시공 예방법

Q. 시방서란?

Q. 겨울철 도로 블랙아이스 대책은?

Q. 저류지란? 사방댐이란?

Q. 비탈면 산사태 방지 대책은?

Q. 아스팔트 도로장비 아는가?

Q. 수해복구 방안 ⇨ 최근 홍수가 많이 발생하는데 대처 방안

Q. 개발을 할 때 환경단체와의 의견 차이를 어떻게 풀어갈 것인가?

Q. 본인이 맡은 공사에서 시민단체, 공공단체와 마찰이 생기면 어떻게 해결할 것인가?

Q. 옹벽이 안정되려면?

Q. 줄눈의 종류

Q. 상수도 처리과정

Q. 도로법 아는 것(도로 및 토목관련 법 아는 것이 있는지)

Q. 4차 산업혁명에 비추어 토목직 공무원의 역할과 필요한 역량

Q. 수문학 대표공식

Q. 건설 관련한 현안문제

Q. 자연재해의 종류

Q. 토질분류기준

Q. 댐 종류

Q. 시설준공시 찬성하는 시민과 반대하는 시민이 대립하여 싸우고 있다. 어떻게 하겠는가?

Q. 유토곡선이 무엇인가?

Q. 지름이 제일 작은 철근의 두께는 몇 mm인가?

Q. 고속도로는 누가 관리하는지 알고 있는가?

Q. 하천 설계시 주의점은?

Q. 사면안정대책 ⇨ 산사태의 원인과 해결방안

Q. 도시개발과 도시재생에 대한 견해

Q. 교량의 종류 및 특징은 무엇이며 교량안전시설에는 무엇이 있는가?

Q. 구조물의 부력방지 방법은?

Q. 현재 진행되고 있는 스마트시티 관련 구조물은 어떤 것이 존재하는가?

Q. 기초에는 독립기초, 연결기초 등 여러 가지가 있는데 매트기초에 대해 설명하시오.

Q. 안식각이란? 강우강도란?

Q. 현장에 가보니 일부 구간이 설계와 다르게 시공이 되어있다면 어떻게 하겠는가?

Q. 최근 부실공사의 알고 있는 사례는? 그에 대한 해결방안은?

Q. 콘크리트를 구성하는 재료와 그 특성

Q. 우리나라 도로의 문제점과 그것을 극복하기 위한 방안

Q. 도로포장에서 중요한 것 ⇨ 아스팔트 포장의 장단점은 무엇이며 아스팔트가 휘는 것을 무엇이라고 하는가?

Q. 수해 상습지에 대한 원인

Q. 최근에 지진으로 인한 피해가 큰데 지진피해를 줄이기 위한 방법은 어떤 게 있는가?

Q. 아스팔트 다짐 기계 종류 4가지

Q. 옹벽에 가장 큰 위험발생요소 / 옹벽의 종류 및 안정조건

Q. 주동토압 / 수동토압 차이

Q. 토량의 상한계수

Q. 터널공법 아는 대로 말해보라.

Q. 광주 아이파크 붕괴 원인

Q. 안전이 중요한 이유와 설계할 때 그 안전을 어떻게 확보할 건지 아는 대로 설명해보라.

Q. 중대재해처벌법에 대해 아는 대로 설명해보라.

Q. 과속방지턱 적정규격

Q. 토목 민원에는 어떤 게 있는가?

Q. 토목공사의 종류

Q. 용수로와 배수로 차이

Q. 여수토란?

Q. 식수로 정화된 수돗물을 직접적으로 마시지 않는 시민들이 많은데 이점에 대한 개선방안 및 의견제시

Q. 측량 ip점

12 **건축직**

✎ Check point

핵심업무

- 각종 건축사업에 관한 조사, 기획, 설계, 시공, 감리, 준공검사 및 건축 관계법령의 정비 및 운용 등에 관한 건축기술 업무
- 도시 재개발, 재건축, 도시재생사업 업무
- 농어촌생활환경정비 사업에 관한 사항
- 공동주택 건설 및 관리에 관한 사항 등 기타 건축분야 사무
- 건축 허가, 착공, 사용승인 등
- 용도변경, 대수선, 위반건축물 지도 등
- 주택건설사업계획·공동주택사업 승인 및 주택정책에 관한 사항

Q. 건축선에 대해 말해보고 현장 소음기준을 주간 및 야간으로 나눠서 말해보라.

Q. 고층건축물과 초고층건축물에 대해 말해보라.

Q. 건축물이 오래되면 노후화수선을 해야하는데 그 대상이 무엇인가?

Q. 콘크리트 균열 종류와 대책 / 콘크리트 타설을 할 때 검사해야 할 것은?

Q. 표준관입시험이란? 평판재하시험이란?

Q. 취성파괴란?

Q. 계단참설치 높이는?

Q. 슬럼프에 대해 말해보라.

Q. 하중의 종류 / 수직-수평하중 구분 / 장기-단기하중 구분 / 구조물 설계할 때 어떻게 반영하는가?

Q. 건축과 다른 종류의 산업 결합가능성에 대해 생각해본 적이 있는가?

Q. 실내와 실외 개·보수는 어떻게 다른가?

Q. 조립식구조의 장단점

Q. 건물의 독립과 통합

Q. 우리 시·군 건축물의 문제점

Q. 아파트 획일적 조경에 대해 어떻게 생각하는가?

Q. 공사 소음 및 분진 민원에 어떻게 대응할 것인가?

Q. passive active 에너지를 설명하시오.

Q. 결로의 발생원인과 집에 결로가 발생하면 어떻게 대처할 것인가?

Q. 초고층아파트의 장점과 단점은? 그리고 초고층아파트에 대해서 어떻게 생각하는가?

Q. 주택보급률은?

Q. zerohouse에 대해서 설명하시오.

Q. 건축물이라는 용어의 정의를 설명하시오.

Q. 우리나라 국회의사당 건축가는 누구인가?

　　➡ 국회의사당 건축가는 '김중업'이다.

Q. 도시재생법에 대해 아는 것이 있는가?

Q. 건축법 제1조는?

Q. 도시재생과 재개발의 차이점은? 지원시(군)의 도시재생사업에 대해 말해보라.

Q. 본인이 생각하는 지원시·군의 우수한 건축물은?

Q. 건축허가와 신고의 차이

Q. 건축허가축조대상과 신고대상

Q. 개축과 재축의 차이

Q. 포항지진으로 필로티 건축물의 피해가 컸는데 왜 그런가?

Q. 구조안전확인대상

Q. 모듈러 건축에 대해 말해보라.

Q. 개정된 내진설계는 몇 층부터인가? 내진설계를 해야할 법적 대상은?

Q. 연면적이란?

Q. 건축물 공사 시공순서는?

Q. 건축에서 코어란?

Q. 철근콘트리트 배합은?

Q. 외단열과 내단열에 대해 설명해보라.

Q. 전통건축의 종류는?

Q. 허용오차란?

Q. 용적률과 건폐율이란?

Q. 주거지역의 구분과 층수규제는?

Q. 도시공원일몰제란?

Q. 건축업무를 할 때 관련되는 법에 대해 아는 대로 말해보라.

Q. 내진설계에서의 강성보강과 연성보강에 대해 설명해보라.

Q. 제로에너지, 액티브시스템, 패시브시스템의 정의 및 설명

Q. 단열재로 우레탄폼을 많이 사용하는데 이는 화재에 취약하다. 물류창고 등에서 샌드위치 패널 사용을 규제하는 것에 대해 어떻게 생각하는가?

Q. 지역의 랜드마크는?

Q. 초고층 건물이란? 초고층 건축물의 장단점은?

Q. VE의 정의

Q. 판상형과 탑상형의 장단점

Q. 일조권의 정의

Q. 목구조에서 트러스 종류

Q. BIM의 정의

Q. 백화현상의 의의

Q. 태양광주택의 장단점

Q. 힌지와 강접합에 대해 설명하고 종류 및 어떤 힘이 작용하는가?

Q. 단독주택과 복합주택에 대해 설명해보라.

Q. 공동주택과 단독주택에 해당하는 건물을 말해보라.
└[추가질문] 기숙사가 공동주택으로 분류되는 게 맞는가?

Q. 다세대주택과 다가구의 차이는?
  ㄴ[추가질문] 오피스텔은 어디로 분류되는가?
Q. 건축조례에 대해 아는 것을 말해보라.
Q. 발코니와 베란다 차이
Q. 생활 SOC란?
Q. 소셜믹스란?
Q. 건축의 3요소
Q. 설계도서 종류
Q. 버림콘크리트란?
Q. 핀접합과 힌지접합의 차이
Q. 유니버셜디자인
Q. 슈미트헤머란?
Q. 불연재료, 준불연재료, 난연재료의 정의에 대해 설명하고 등급별 재료를 말해보시오.
Q. 히빙, 보일링, 파이핑
Q. 한옥을 현대에 접목시키기 위한 사업이 많이 진행되는데 활성화 방안은?
Q. 플러쉬밸브란?
Q. 건물을 설계하는 데 있어서 기초가 중요한데 기초의 종류는?
Q. 아파트의 종류 및 장단점
Q. 공동주택의 종류
Q. 재건축과 재개발의 차이, 재축과 개축 차이
Q. 철근의 무게
Q. 지원시·군의 건축관련 문제점 및 해결방안
Q. ESG 경영이란?
Q. 맞배지붕이란?
Q. 건물 외장재는 신에너지인가 재생에너지인가?
Q. 블리딩 레이턴스
Q. 조적조 테두리보
Q. 아파트 새집증후군 대책
Q. 지원시·군의 주택관련 또는 건축직 정책 아는 것에 대해 말해보라. 건축 정책 중에 개선하고 싶은 정책은?
Q. 건축일을 하면 어떤 민원이 많이 들어올 것 같은가? 3가지만 말해보고 해결방안도 답변해보라.
Q. 지원시·군 건축물 중 랜드마크라고 생각하는 것은 무엇인가?
Q. 안전사고 원인과 해결방안은?
Q. 요즘 안전문제가 많이 발생한다. 인·허가 업무를 맡게 되면 무엇에 중점을 둘 것인가?
Q. 하중과 힘은 어떻게 다른가?
Q. 환경오염을 줄이는 친환경 건축에 대해 아는 대로 말해보라.
Q. 도시재생과 재개발 2개에 대해서 어떻게 생각하는가?

13 도시계획직

핵심업무
- 도시기본계획 및 도시관리계획 수립
- 도시계획 행정(정책수립 및 조례재·개정 등)
- 지구단위 계획 수립 및 개발행위 인·허가
- 공공시설 계획 수립, 공원녹지 계획 수립, 토지이용 계획 수립
- 각종개발사업과 프로그램의 기획 및 운용
- 개발제한구역의 관리계획 수립

Q. 예비타당성조사란?

Q. 도시재생이란?

Q. 지구단위 계획에 대해 설명해보라.

Q. 도시계획의 문제점은?

Q. 도시개발은 어떻게 진행되는가?

14 전산직

핵심업무
- 스마트행정(데이터 통합·관리)
- 지역정보화 사업(정보격차 해소 등)
- 정보보안 정책 수립, 정보보안 및 개인정보보호 감사 및 지도점검, 정보화사업 보안성검토
- 공공시설 계획 수립, 공원녹지 계획 수립, 토지이용 계획 수립
- 사이버침해대응, 정보보호시스템 통합유지보수, 불법 무선 탐지시스템 관리, 단말 보안(CCTV) 관리
- 전자정부 실현, 온라인 기반 디지털 정부 구현

Q. 랜섬웨어란 무엇이며 대응방안은?

Q. 데이터센터가 무슨 일을 하는지 알고 있는가?

Q. 빅데이터와 IoT, 클라우드에 대해 말해보라.

Q. 정렬이란 무엇이며 정렬 알고리즘은?

Q. 해킹이란?

Q. DB 정규화

Q. 자바와 자바스크립트 관계

Q. ipv4에 비해 ipv6의 장점은?

Q. ipv4에서 사용가능한 ip 개수는?

Q. 다루었던 PC언어는 무엇인가?

Q. Secure OS에 대해 말해보라.

Q. 모션인터넷이란?

Q. ISP에 대해 아는가?

Q. 개발해 본 사이트는?

Q. 사용할 줄 아는 소프트웨어는?

Q. C와 JAVA의 차이점은?

Q. 클라우드란 무엇이며 장점과 단점에 대해 말해보시오.

Q. 임베디드는 무엇이며 임베디드 소프트웨어에 대해 설명해보시오.

Q. 분산처리시스템이란?

Q. 전산직이 하는 일은?

Q. 컴퓨터 사용시 보안을 위해 무엇을 할 수 있는가?

Q. 관리자 입장에서 백업과 복구에 대해 말해보라.

Q. 사용자 입장에서 PC보안을 높일 수 있는 방법은?

Q. 서버복구방법은?

Q. DDos에 대해 말해보시오.

Q. 소프트웨어 개발경험이 있다면 방법론은 무엇을 썼는가?

Q. 개발한 소프트웨어는 어떤 사람의 니즈가 반영되었는가?

Q. SDLC(소프트웨어 생명주기)

Q. 코드난독화

Q. 응집도와 결합도

Q. 테스트박스(화이트박스와 블랙박스 종류)

Q. Active X가 왜 위험한가?

Q. 개인정보 보호방안

Q. 지원시·군 홈페이지는 들어가 보았는가? 개선할 점과 장단점은?

Q. http와 https의 차이점은?

Q. 서버의 종류

Q. Open api 개념 / 빅데이터 / 블록체인 / 앱개발 경험 / 클라우드 / 아이핀 / 디도스

Q. 보안에서 어떤 것이 가장 중요하다고 생각하는가?

Q. 전산직으로서 4차 산업혁명기술을 ○○시에 어떻게 적용할 것인가?

Q. ○○시에 스마트시티 사업 중인데 전산기술을 어떻게 적용하면 좋겠는가?

Q. 정부에서 지자체에 왜 앱사용을 권장하지 않는다고 생각하는가?

Q. 빅데이터의 개념과 최근 기사에서 어떻게 쓰이는지 본 것이 있는가?

Q. 클라우드서버와 일반서버의 차이는?

15 **통신기술직**(방송통신직)

핵심업무
- 유·무선 통신선로의 운용 및 설계·공사·감독·유지·보수업무와 통신시설의 신설·증설·유도·수탁업무 등 통신기술 업무
- 정보시스템 운영계획수립 및 통합유지보수 추진에 관한 사항
- 정보보안 정책 및 정보보호 거버넌스 계획수립에 관한 사항
- 소방전산정보통신의 보강 및 수급에 관한 사항 등 기타 통신기술분야 사무
- 정보통신시스템설계 및 공사감독 등

Q. OSI 7계층에 대해 알고 있는 대로 말해보라.
 └[추가질문] 그중 3계층인 네트워크 계층에서 담당하는 일은?
Q. ICT의 발전으로 많은 장점이 각광을 받고 있는데 이의 역기능에 대해서 말해보라.
Q. 통신직이 업무를 맡게 되면 무슨 일을 하는지 알고 있는가?
Q. 유비쿼터스란?
Q. 클라우딩컴퓨터가 무엇인가?
Q. 블록체인이란?
Q. 국가안전재난망이 무엇인가?

16 **기계직**

핵심업무
- 시설물에 대한 관리나 시공, 건축 인·허가 등의 감독 업무
- 차량 관련 등록말소업무, 상하수도와 연관 기계작업, 기계관리 등의 업무
- 기계설비의 유지보수에 관한 현장감독과 지시업무를 하며 차량등록, 운용부서에서의 기계관리
- 일반 자동차, 철도, 공작, 산업, 건설, 농업 기계들과 냉난방, 수도, 위생설비, 계량기 등 각종 기계설비에 관한 기술적인 업무

Q. 테르밋용접에 관해 알고 있는가?
Q. 냉동사이클에 대해 설명해보라.
Q. 수격현상이란 무엇이며 해결방법은?
Q. 명장·기술사·기능장에 대해 설명해보라.
Q. 드릴머신 가공종류
Q. 칩 종류 4가지의 명칭 및 설명
Q. 경도와 강도의 차이
Q. 경도계의 여러 종류
Q. 선반의 구성요소

Q. 공구소모 판별법 및 공구수명 판정방법

Q. 상향절삭, 하향절삭

Q. 구상인선에 대해 말해보라.

Q. 선반에서 테이퍼 가공방법 4가지

Q. cad에서 mirror는?

Q. 열처리 종류 4가지

Q. 빛의 속도를 아는가?

Q. 기계공학을 전공했으면 공학에서 사바테사이클 5단계를 말해보시오.

Q. 기계공학 중에서 어느 부분을 전공했는가?

Q. 기계직이 할 수 있는 일은 매우 많다. 기계직이 어떤 일을 하는지 아는가?

Q. 기계직이 할 수 있는 부분은 상하수도관리, 자동차부분, 도시기반시설 분야에서 주로 일할 수 있다. 어느 부분에서 일하고 싶은가?

Q. 배관에 있어서 ○○○ 공정을 들어보았는가?

Q. 하수처리공정에 대해 아는 것을 말해보고 슬러지 처리방법에 대해 말해보라. [2019 강원]

Q. 수소차의 원리 [2019 강원]

Q. 사물인터넷, 자율주행자동차, 5G 중에서 자신이 가장 자신있는 것으로 설명해보라. [2019 경북]

Q. 태양에너지, 풍력에너지 등 신재생에너지가 각광을 받고 있다. 면접자는 어떻게 생각하는가? 효율성은 어떻게 보는가? [2019 경북]

Q. 0도 얼음과 40도 물을 섞으면 몇 도가 되나? [2019 대전]

Q. 카르노사이클에 대해 설명해보라. [2019 대전]

Q. 브레이턴사이클이란? [2019 대전]

Q. 300K의 공기가 박스 안에 있다. 그 박스에 구멍을 뚫었는데 구멍으로 빠져나올 때 온도는 몇 도인가?

Q. 수도관에서 높이는 같은데 위치는 떨어져 있는 상태이다. 압력이 어떻게 변화하겠는가? [2019 대전]

Q. 파스칼의 원리를 설명해보라. 적용은? [2019 대전]

Q. 맨홀뚜껑은 왜 동그란 모양인가? [2019 대전]

Q. 강도와 강성의 차이 [2019 대전]

Q. 외팔보에 하중이 가해지면 보를 어떻게 설계하겠는가? [2019 대전]

Q. 단열된 방 안에 냉장고 문이 열리면 어떻게 되겠는가? [2019 대전]

Q. 열역학 제2법칙 엔트로피 증가의 법칙이란? [2019 대전]

Q. 에어컨의 원리, 냉동사이클 [2019 대전]

Q. 수격현상이란? [2019 대전]

Q. 서징현상이란? [2019 대전]

Q. 관성의 법칙이란? 뉴튼의 법칙 1·2·3법칙과 실생활에서의 적용사례를 말해보라. [2019 대전]

Q. 골프공에 딤플을 준 이유를 설명해보라. [2019 대전]

Q. 열역학법칙 [2018 대전]

Q. 베르누이방정식 [2018 대전]

Q. 상하수도 15m에서 받는 압력 [2018 대전]

Q. 대전이 1년 동안 쓰는 물은 어느 정도일까? [2018 대전]

Q. 기어 이의간섭이 무엇이고 이를 해결하기 위해서는 어떻게 하는가? [2018 부산]

Q. 열처리 종류와 기능 [2017 부산]

Q. 삼각나사의 종류 [2017 부산]

Q. 펌프의 맥동현상이란? [2017 부산]

Q. 냉간가공과 열간가공의 차이는 무엇으로 구분하는가? [2017 부산]

Q. 자동차의 인터쿨러가 무엇인가? [2017 부산]

Q. 용접의 정의 및 종류 [2018 충남]

Q. 하중의 종류 [2018 충남]

Q. 주물품에 기공이 생기는 이유 [2018 충남]

Q. 가솔린 기관과 디젤 기관에 대해 아는 것 [2017 충남]

Q. 디젤기관을 친환경적으로 대체할 수 있는 방법 [2017 충남]

Q. 수소연료전지자동차에 대해 아는 것 [2017 충남]

Q. 기차가 자동차보다 뛰어난 점 [2019 충북]

Q. 층류와 난류의 차이 [2019 충북]

Q. 3D 프린팅에 대해 아는 대로 말해보라.

Q. 자동차 기술 중 관심 있는 것은 무엇인가?

Q. 볼트풀림방지란? [2019 광주]

Q. 비파괴검사의 종류? [2020 광주]

Q. 캐비테이션이란? [2020 광주]

Q. 스프링클러의 단점은? [2020 광주]

Q. 보일러 장기 휴지시 문제점은? [2020 광주]

Q. 공기조화기 필터 종류 [2020 광주]

Q. 수소차의 원리에 대해 설명해보라. [2020 대구]

Q. 열역학 ○○역학을 배우는데 그 관점에서 이 공간에 대해 설명해보라.

Q. 상하수도에서 중요한 시설은 무엇이라 생각하는가?

Q. ○○시에서 탁수로 인한 이슈가 있었다. 왜 생긴 거라 생각하는가?

Q. 수소산업에 대해 아는 것을 말해보라.

Q. 신재생에너지 종류

Q. 밸브의 종류

17 전기직

✎ Check point

핵심업무
- (도청) 에너지정책 수립 ⇨ 에너지 공급 및 수요에 관한 정책 수립
- (도청) 신산업 육성 ⇨ 수소산업, 전기자동차 보급 등
- (도청) 신재생에너지 업무 ⇨ 풍력, 태양광 발전단지 건설·관리·운영 및 연관사업 추진

- (도청) 전기기술행정업무 ⇨ 발전소 인·허가, 공사·감리·설계 업체 등록 및 관리, 전기 및 에너지 분야 감사업무, 한전이나 전기안전공사 등 관계기관과 협력사업
- 공사감독업무 ⇨ 공공시설(건축물, 도로, 터널 등) 전력시설 공사업무(설계도면·내역서 검토 및 공사감독)
- 시설물(청사) 관리 ⇨ 청사 전기시설물 관리(시설공사 추진) 및 안전관리
- 보안등, 가로등 관리
- 납품·시공·설계 업체의 인·허가 및 관리·감독업무

Q. 전기직 공무원이 무슨 일을 하는지 알고 있는가?

Q. 전기안전 문제에 대해 생각해 본 것은 무엇인가?

Q. 태양광 발전기 원리는?

Q. LED란? LED의 단점은?

Q. 빌딩에너지효율화 정책이란?

Q. 원전 추가건설 중단에 대한 의견(탈원전 정책에 대한 생각)
  ┗[추가질문] 전력수급에 대한 문제와 전기료 인상에 대한 논란은 어떻게 생각하는가?

Q. 태양광설치시 지역 주민이 반대할 경우 어떻게 해결할 것인가?

Q. 정전 발생시 전원 공급을 할 수 있는 장치들에 대해 아는 대로 말해보라.

Q. 감전방지 방법

Q. 비상발전기

Q. 정전사태에 대해서 발생 원인과 앞으로의 대처 방안

Q. 배수펌프가 어떻게 작동하는지 알고 있는가?

Q. 가로등 램프의 종류는?

Q. 가장 많이 쓰이는 전동기는? 유도전동기에 대해 말해보라.

Q. 전력피크란? 블랙아웃이란?

Q. 전기시설물 점검시 어떤 항목을 보아야 하는가?

Q. VVVF란 무엇인가?

Q. 3상 유도전동기의 기동방법에 대해서 아는가?

Q. 변압기 원리는 무엇인가?

Q. 신재생에너지는 어떤 것이 있는가? 그리고 그 원리는 무엇인가?

Q. 직류와 교류의 차이는 무엇인가?

Q. 전기직 공무원을 하다보면 우리 집 가로등이 망가졌다면서 본인의 안전에 위협을 당했다고 신고가 오는 경우가 엄청 많다. 이런 경우 어떻게 해결할 것인가?

Q. 전기차 충전소 확충방안

Q. 계전기 같은 것도 종류가 많은데 계전기는 어떤 종류가 있는가?

Q. 전기실 수변전 과정을 한전에서부터 배전까지 대략적으로 설명해보라.

Q. 누전차단기의 원리

Q. 지원시·군의 야간조명은 어떤가?

Q. 태양광 패널이 많이 깔려있는데 우리나라에 태양광 발전이 적합하다고 생각하는가?

Q. 발전소에서 높은 전력을 생산하는데 가정까지 전달되는 과정을 설명해보라.

Q. 스마트 그리드는 들어보았는가?

Q. 전동기와 발전기의 차이를 말해보라.

Q. 인덕터와 컨덕터에 대해 아는가?

18 화공직

Q. 우리나라 에너지 현황 및 정부에서 신재생에너지 비중을 얼마나 올리려고 하는가?

Q. 오존형성 과정

Q. 폐수무단방류 대책

Q. 화공직이 하는 업무

Q. 석면폐기물 처리방법

Q. 화학물질 유출시 대처(예 불산 등)

Q. 유해화학물질은 어떻게 관리하는가?

Q. 유해화학물질과 유독물의 구분

Q. 붉은 수돗물 문제에 대해 어떻게 생각하는가?

Q. 수돗물 불소화 사업이란?

Q. 정수처리 단계는?

Q. 수돗물 오존처리란?

Q. 수소충전소 설치에 지역 주민들이 반대하면 어떻게 하겠는가? 어떻게 설득할 것인가?

Q. 이차전지 개념 및 종류 [2020 대전]
　└[추가질문] 구체적인 용도와 음극양극물질에 대해 아는가?

Q. 열가소성수지 개념과 종류 [2020 대전]

Q. 신에너지와 재생에너지의 종류와 차이 [2020 대전]

Q. 수돗물 오존처리란?

Q. 화학공학을 3가지로 구분한다면?

19 환경직

✎ Check point

핵심업무
- 시청 기후환경본부나 구청 환경과
- 정화조 관리 및 분뇨처리, 환경개선부담금 부과 및 체납관리, 수질·대기·폐기물·토양 오염 관리, 하수처리시설 지도 점검 및 악취관리, 소음·진동, 배출가스 과다발생 신고차량 관리, 비산먼지, 에너지관리, 에코마일리지업무, 자원재활용업무
- 대기오염 배출업소관리, 수질오염 배출업소관리, 폐기물 처리 종합대책 수립 업무, 생활쓰레기 관리, 1회용품 관리 등
- 환경분쟁조정업무, 환경영향평가업무
- 기후변화대응, 미세먼지 저감, 환경교육사업, 신재생에너지업무

Q. 임용되면 이 환경문제만큼은 해결하겠다고 하는 것이 있는가?

Q. 주민이 가장 피부로 느끼고 있는 환경문제는 무엇인가?

Q. 미세먼지와 초미세먼지의 구분

Q. 미세먼지 원인과 대책

Q. 환경권이란?

Q. 오수 수질항목

Q. 토양오염 제거 방법

Q. 배출허용기준 초과시 조치 방안

Q. 수질오염, 대기오염이 문제인데 시민참여를 통해 해결할 수 있는 방안은?

Q. 수질오염총량제란?

Q. 알고 있는 환경정책은?

Q. 오염배출부과금에 대해 아는가?

Q. 우리나라 수질오염사건 아는 사례가 있는가?

Q. 석면폐기물은 어떻게 처리해야 하는가?

Q. 환경영향평가란?

Q. 오염물질 불법배출시설 설치 단속방안

Q. 대기오염 측정치 조작 문제 해결방안

Q. 붉은 수돗물 해결방안

Q. 쓰레기 매립지 지역 주민 반대 문제 해결방안

Q. 수질오염발생원인과 해결방안

Q. 녹조현상 원인

Q. 쓰레기 무단투기 해결방안

Q. 온실가스 원인물질과 해결방안

Q. 비점오염원의 개념

Q. ESG란? ◑ Environment Social Governance

Q. 탄소제로란? 탄소 2050 중립에 대해 알고 있는가?

Q. 탄소중립을 위해 무엇을 실천하고 있는가?

Q. 공무원이 되면 펼치고 싶은 정책은?

Q. 수질관련해서 개선하고 싶은 점이 있는가?

Q. 폐기물에 대한 정책은 알고 있는가?

Q. 미세먼지 PM10, PM2.5가 무엇인지 아는가?

Q. 지구온난화의 정의 및 온실가스 종류, 온실가스가 만들어지는 과정에 대해 말해보라.

Q. 요즘 대기오염이 심한데 원인이 무엇이라고 생각하는가? 해결방안도 답변해보라.

Q. 친환경시대에 대한 생각을 말해보라.

Q. 요즘 해양쓰레기 문제가 대두되고 있다. 해결방안은?

Q. 탄소배출권 거래제도 아는 것을 말해보라.

Q. 녹지직이 하는 업무를 아는가?

Q. 식목일에 나무를 최근에 심어본 적은 있는가?

Q. 초본식물과 목본식물을 비교하여 설명해보라.

Q. 사유림 경영 활성화방안이 있다면?

Q. 산림복지란?

Q. 산림자원의 활용방안은?

Q. 가로수 조경수로 어떤 종이 가장 어울리는가?

Q. 전국 산림면적 및 (해당시·군) 산림면적

Q. 자연휴양림이란? ○○시 자연휴양림에 가본 적 있는가?

Q. 공원의 종류, 공원일몰제란?

Q. 피톤치드에 대해서 아는 것을 말해보라.

Q. 산지 전용에 대해서 알고 있는가?

Q. 녹지과이기 때문에 ○○시 등산로나 가로수에 대해서 조사해 본 적이 있는가?

Q. 가로수의 기능은 무엇이며 가로수의 순기능과 역기능에 대해 말해보라.

Q. 산림면적이 계속해서 줄어들고 있는데 어떻게 생각하는가?

Q. 조림을 하게 된다면 어떤 나무를 심으면 좋겠는가? 경제성 수종으로 무엇을 심으면 좋겠는가?

Q. 산림 외래수종은?

Q. 임도란? 임도가 산림을 파괴할 수 있는데 어떻게 생각하는가?

Q. 한국 조경과 서양 조경의 차이점은?

Q. 소나무 재선충에 대해 아는 대로 말해보고 예방대책도 말해보라.

Q. 산불의 종류에 대해 아는 대로 말해보라.

Q. 북한에 조림사업을 실시할 때 수목의 어떤 부분을 고려하여 심겠는가?

Q. 경제수종, 병충해 종류, 특정 살충제가 죽이는 종류, 토양미생물 종류 [충남]

Q. 수목해충을 특성별로 분류해보라. [충남]

Q. 요즘 미세먼지가 많은데 미세먼지를 줄이는 방안에 대해 말해보고 적절한 수목을 3개정도 말해보라. [강원]

Q. 갯벌에 대한 생각

Q. 산림청에서 지정한 기념일을 아는 대로 말해보라. 임업인의 날에 대해 아는가?

Q. 산림재해란?

Q. 가로수가 간판을 가린다는 민원이 있을 때 어떻게 할 것인가?

Q. 탄소중립과 녹지과에서 탄소중립을 위해 실시하고 있는 제도는?

Q. 열대야 현상이 심해지고 있다. 녹지직에서 무엇을 해야하겠는가?

Q. 숲유치원이란?

Q. 숲가꾸기 순서에 대해 말해보라.

Q. 사방댐 종류 아는 것을 말해보라.

Q. 산림부산물에 무엇이 있는가?

Q. 산림휴양지의 종류를 말해보라.

Q. ASF, AI가 무엇인지 아는가?

Q. 산불근무, 방해충 방제, 산사태 관련 근무는 매우 힘들다. 어떻게 버틸 것인가?

Q. 산림의 정의는?

Q. 벌채를 한 후 다시 재조림을 하지 않아도 되는 경우는?

Q. 사업을 진행하게 되어 나무 벌채가 불가피한 상황이다. 주민들이 반대하는 상황인데 어떻게 설득할 것인가?

Q. 공원에 대한 개선방안이 있는가?

21 지적직

Q. 지적이란? 교과서 책의 답변이 아닌 본인의 생각을 말해보라.

Q. 원점과 그 높이는?

Q. 지적직이 하는 일은?

> 지적측량 검사 및 관련 민원처리, 지적재조사, 도로명주소 사업, 공간정보 및 개별공시지가 관련업무, 공간정보 관련업무, 토지이동(합병, 지목변경 등), 토지측량검사, 지가조사 업무 등

Q. 지적재조사 사업을 실시하는 이유는?

Q. 도로명주소 원리는?

Q. 도로명주소 장단점 및 개선방안은?

Q. 도로명주소 홍보를 어떻게 했으면 좋겠는가?

Q. 지적업무에 4차 산업혁명기술의 활용방안은? (예 드론 등)

Q. 표준공시지가와 개별공시지가의 차이를 아는가?

Q. 지적기준점의 종류와 기능은 무엇인가?

Q. 도근점은 어떤 때에 사용하는가?

Q. 토지 이동에 대해 알고 있는가?

Q. 지목이 몇 개 있는지 아는가? 그리고 하천, 유지, 구거에 대해 설명해보라.

Q. 지적측량에 대해 설명해보라.

22 사서직

Q. 랑가나단5법칙을 말해보고 그중 가장 와닿은 내용과 그 이유를 말해보라.

Q. 코로나시대 본인이 생각하는 도서관에서 해야할 업무는?

Q. 도서관의 청소년 이용율은 많이 떨어진다. 청소년을 공공으로 끌어올 만한 아이디어나 프로그램이 있는가? 있다면 홍보방안도 같이 얘기해보라.

Q. 공공도서관의 특징은? 어떻게 홍보하겠는가?

Q. 행정직과 사서직의 차이는?

Q. 도서관에서 가장 중요하다고 생각하는 프로그램은?

Q. 지원시·군에 도서관이 얼마나 있는가?

Q. 지역대표도서관의 업무는?

Q. 목록의 3가지 기능과 최신 추가된 3가지 기능을 말해보라.

Q. 이용자가 와서는 다른 이용자가 자길 너무 빤히 쳐다본다고 민원을 넣을 경우에 어떻게 대처할 것인가?

Q. 도서관이 변하고 있는데 그 변하는 패러다임에 맞는 사서의 역할은?

Q. 도서관이 단순 대출업무뿐만 아니라 어떤 역할을 해야 하는가?

Q. 도서관에서 평생교육프로그램을 많이 하는데 평생교육원 같은 곳에서도 평생교육을 하고 있어서 겹치는데 차별점은 무엇인가?

Q. 시에 작은 도서관이 많다. 작은 도서관 활성화 방안은?

23 방재안전직

Q. 방재안전직의 업무에 대해 알고 있는 것은?

Q. 자연재난과 사회재난의 종류는?

Q. 방재안전직 업무를 수행하는 데 가장 중요한 법규는?

Q. 풍수해저감대책에 대해 아는 것을 말해보라.

Q. 재해예방 4단계와 예방대비대응복구에 대해 설명해보라.

Q. 집중호우로 하천 범람위기에 무엇을 우선해야 하는가?

Q. 재해예방을 위해 평소 해야할 일은?

Q. 특별재난지역선포란? 선포지역의 혜택은?

Q. 재난을 대비하는 본부가 중앙과 지역에 차려질 수 있다. 명칭은 무엇인가?

Q. 재난 발생시 문자로 알리는데 재해문자 발송에 대한 의견은? 싫어하는 사람들에 대해서는 어떻게 생각하는가?

Q. 플래시오버현상에 대해 설명하시오.

Q. 원전 비상단계가 있는데 어떤 것이 있고 각 단계에 대해 설명해 보시오.

24 디자인직

Q. 공공디자인의 개념에 대해 논해보라.

Q. 도에서 규정하는 공공디자인에 대한 6가지 개념에 대해 설명해보라.

Q. 디자인의 원칙 중 하나인 '배리어프리 디자인'에 대해 설명해보라.

Q. 유니버셜 디자인에 대해서도 대략적으로 설명해보라.

Q. 도에선 공공디자인을 실제 적용하는 데에 있어 어떠한 원칙을 중점으로 삼아야 하겠는가?

Q. 원통형 승강기에 대한 생각을 듣고 싶다. 기능적 측면 말고 단순히 디자인적인 측면에서 말해보라.

25 운전직

🖉 Check point

핵심업무
- 공용차량(배차 및 운전직원) 업무
- 공용차량 운영관련 법령(제도개선), 연료, 보험 업무

Q. 운전직렬인데 운전과 관련해서 어떤 노력을 했는가?

Q. 운전을 하며 하지 말아야 할 행동은?

Q. 언덕길 주차시 어떻게 해야 하는가? ➡ 고임목은 법적으로 의무화 되었으니 잘 지켜야 한다.

Q. 시간이 늦었는데 빨리 가야할 땐 어떻게 해야하는가?

Q. 수해복구나 코로나 관련해서 차출되어 일해야 한다면 어떻게 하겠는가?

2024
스티마 면접
지방직(공통편)

CHAPTER

01 행정법 및 행정학 기출질문(2023년)

Q. 고소와 고발의 차이는?

Q. 기속행위와 재량행위의 차이는?

Q. 행정심판과 행정소송의 차이는?

ㄴ[추가질문] 행정심판 위주로 답변해보라.

Q. 무효와 취소의 차이에 대해 말해보라.

Q. 행정심판에는 심급제도가 없는가?

Q. 행정심판 결정에 대한 행정청의 대응에는 어떤 것이 있는가?

Q. 가산세와 가산금의 차이는?

Q. 공정력이란 무엇인가?

Q. 거버넌스가 민주주의에서 잘 작동하지 않는 이유는?

Q. 지방재정에 관해 조세 말고 얻는 방법은?

Q. 지방교부세와 조정교부금의 차이는?

Q. 주민참여예산제도에 대해 답변해보라.

Q. 지방자치단체의 예산 구성은 어떻게 되는지 아는 대로 말해보라.

Q. 중앙 광역 기초자치단체를 나누는 기준과 차이점은?

Q. 지방법률 개정으로 지방도 자의적으로 정부형태를 바꿀 수 있게 되었다. 어째서 이렇게 바뀌었는가? 바뀐 것으로 인해 벌어질 영향은 무엇인가?

Q. 국가와 지자체가 어떤 업무를 하며 나누는 기준은?

Q. 지방행정과 지방자치의 차이는?

Q. 지방재원 종류는?

Q. 지방재원에 교부세와 교부금을 국가에서 주는데 주는 이유가 무엇이라 생각하는가?

Q. 거버넌스란 무엇인가?

Q. 행정 소송 중 1심에서 2심, 2심에서 3심으로 가는 것을 무엇이라고 하는가?

Q. 재정자립도와 재정자주도에 대해 설명해보라.

Q. 엽관제와 실적제에 대해 설명해보라.

Q. 권한쟁의심판에 대해 아는 대로 말해보라.

Q. 선거에는 어떤 선거들이 있는가?

Q. 조례, 규칙, 법령에 대해 설명해보라.

Q. 이해충돌방지법에 대해 설명해보라.

Q. 손실보상과 손해배상의 차이는 무엇인가?

Q. 조례제정절차는?

CHAPTER
02 행정법 및 행정학 주요 내용

✅ POINT 경남·광주·전남·충북 지역은 행정법 및 행정학에 대해 준비를 요한다.

1 기속행위와 재량행위의 구분 ★★★

(1) '기속행위'는 '법이 정한 요건이 충족되면 법이 정한 효과로서의 일정한 행위를 반드시 하거나 해서는 안 되는 경우의 행정행위'를 의미한다. 기속행위는 위반시 위법이며 행정소송이 가능하고 부관을 붙이는 것이 불가능한 반면 '재량행위'는 '법령이 행정청에 그 요건의 판단 또는 효과의 결정에 있어 독자적 판단권을 부여하고 있는 경우 이에 따른 행정행위'를 의미한다. 재량행위는 위반시 부당하며 행정소송이 불가능하고 부관을 붙일 수 있다는 면에서 구별 실익이 있다.

(2) 기속행위와 재량행위 비교

기속행위	재량행위
• 법이 정한 요건이 충족되면 법이 정한 효과로서의 일정한 행위를 반드시 하거나 해서는 안 되는 경우의 행정행위 • 법규상 구성요건에서 정한 요건이 충족되면 행정청이 반드시 어떠한 행위를 발하거나 말아야 하는 것 • 행정기관에게 재량의 여지를 주지 아니하는 것 • 행정기관이 법규의 내용을 그대로 집행하는 조세과징 행위와 같은 것 • 법에서 '~하여야 한다' 또는 '~말아야 한다'고 규정하고 있는 경우 • 재량행위의 반대 개념	• 행정 법규가 허용하는 범위 안에서 행정청에서 일정한 선택이나 판단의 권한을 부여하는 것 • 행정청이 법률에서 규정한 행위 요건을 실현함에 여러 가지 행위 간의 선택의 자유가 인정되어 있는 행정 행위 • 법령이 행정청에 그 요건의 판단 또는 효과의 결정에 있어 독자적 판단권을 부여하고 있는 경우 이에 따른 행정행위 • 법률 등이 행정청에 그 행위를 할 것인지 여부나 다수의 행위 중에 어떤 행위를 할 것인지에 대해 독자적 판단권(재량권)을 부여한 행위 • 법령이 행정행위의 요건에 관한 판단이나 효과의 선택에 관하여 행정청에 선택의 여지(재량권)를 인정하고 있어 일정한 법적 한계 내에서 선택의 자유가 인정되는 행정행위 • 법에서 '~할 수 있다'고 규정하고 있는 경우 • 기속행위의 반대 개념

(3) 기속행위와 재량행위 판례

기속행위로 본 판례	재량행위로 본 판례
• 건축법상 건축허가 • 식품위생법상 일반음식점영업허가 • 학교법인이사 취임승인 • 음주측정거부시 운전면허취소 • 국유재산 무단점유 등에 대한 변상금 징수	• 개발제한구역 내의 건축물의 용도변경허가, 건축허가 • 귀화허가 • 자동차운송사업면허 • 민법상 비영리법인 설립허가 • 학교환경 위생정화구역 내에서의 당구장영업, 유흥주점영업행위 등 금지

2 행정법지식 기본사항 ★★

(1) 부 관

부관의 종류에는 조건, 기한, 부담, 철회권 유보, 법률효과 일부배제 등이 있으며 부담은 행정행위의 주된 내용에 부가하여 그 행정행위의 상대방에게 의무를 부과하는 부관을 말하며 다른 부관과 달리 그 자체가 독립된 행정행위이다.

(2) 행정심판과 행정소송의 종류 ★★

① 행정심판: 취소심판, 무효 등 확인심판, 의무이행심판
② 행정소송: 공법상의 법률관계에 관한 분쟁에 대하여 하는 재판절차
  ㉠ 당사자소송: 형식적 당사자소송, 실질적 당사자소송
  ㉡ 항고소송: 취소소송, 무효확인소송, 부작위위법확인소송
    ◉ 부작위란 행정청이 당사자의 신청에 대해 상당한 기간 내에 일정한 처분을 해야할 법률상의 의무가 있음에도 불구하고 처분을 하지 않는 것을 말한다.

> **≫PLUS**
>
> **기속력 및 기판력**
>
> **1. 기속력**
> 원고승소 판결이 확정되면 소송당사자인 행정청과 관계행정청이 그 판결 내용에 따라 행동할 실체법적 의무를 지게 되는데 이러한 실체법상의 구속력을 말한다.
>
> **2. 기판력**
> 확정된 법원의 판결에 대해 소송당사자 또는 다른 법원은 이에 구속되어 그 판결에 반하는 주장이나 판단을 할 수 없게 하는 소송법적 효력을 말한다.

(3) 행정형벌의 종류

행정형벌의 종류에는 형법에 형명이 있는 벌칙(사형, 징역, 금고, 벌금, 구류, 과료, 몰수, 자격상실 자격정지 등)이 있다. 그런데 행정형벌은 형법과 달리 통고처분(행정청이 정식 재판에 갈음하여 벌금 또는 과료에 상당하는 금액 납부를 명하여 간단 신속하게 처리하는 제도)이라는 예외적 과벌 절차가 있다.

3 **휘슬블로우어**(내부고발자) ★★

(1) 내부고발자의 의의

기업이나 정부기관 내에 근무하는 내부자로서 조직의 불법이나 부정거래에 관한 정보를 신고하는 사람을 말한다. 미국·영국 등에서는 '내부고발자를 보호하는 법'이 제정되어 있으며 우리나라의 부패방지법(2002년 1월부터 시행)은 공공기관의 내부고발자 보호에 대한 내용을 담고 있다. 한편 내부고발자는 '딥 스로트(Deep Throat)'와 '휘슬블로어(whistle-blower)'라고도 불린다.

(2) 내부고발자 보호 방안

① 내부고발자는 신분노출로 인한 불이익조치를 가장 두려워 한다는 점에서 익명신고나 변호사를 통한 대리신고를 검토해야 한다.

② 내부고발자에 의한 공익신고 활성화를 위해서는 공익신고로 불이익조치를 받지 않고 설령 불이익조치를 받는다 하더라도 신속하게 회복시키는 것이 무엇보다 중요하다.

③ 공익신고자의 인적사항이나 공익신고자임을 미루어 짐작할 수 있는 사실의 공개를 금지하고, 위반 시 처벌을 강화해야 한다.

🖋 Check point

내부고발

1. 의 의

내부고발(휘슬 블로잉 whistle blowing)은 조직 내부의 사람이 자신이 속한 조직이 안고 있는 법적 도덕적 문제를 조직 외부에 알리는 행위다. 문제는 내부고발이 도덕적으로 정당화될 수 있는가이다. 이에 대해 찬성과 반대가 존재한다. 찬성하는 측에선 사회 전체의 공익이 우선적으로 보호돼야 하므로 내부고발은 정당하다고 주장한다. 하지만 자신이 몸담고 있는 조직에 대한 충직 의무를 저버리는 것이라서 도덕적으로 정당화될 수 없다는 반론도 만만찮다. 내부고발을 놓고 공익과 충직 의무가 정면충돌하고 있는 것이다. 민주 사회에서 국민의 알 권리와 국가기밀 간에 어떤 균형이 필요한지도 논란거리다.

2. 공익에 심각한 손해를 끼치는 비리일 때 정당성 발생

내부고발을 할 만한 내용은 공익에 엄청난 손해를 끼칠 만큼 심각하고 중대한 것이어야 한다. 아무리 비리라고 하더라도 시시콜콜한 것은 내부고발 거리가 되지 않는다. 일반대중에게 심각한 해악을 끼칠 것이 확실시되는 중대한 사안일수록 내부고발의 정당성은 커진다. 특히 일회성이 아니라 지속적이고 관행적으로 해 온 비리라면 내부고발은 더 큰 의미가 있다. 내부고발에 해당할 만한 사례는 많다. 펑크날 위험이 높은 타이어를 만들고 있다거나 건축물을 불법으로 개·보수해 붕괴위험이 높다거나 정유소나 주유소에서 함량 미달의 기름을 생산 판매하거나 인체에 해로운 이물질이 들어있는 식·의약품을 만들거나 핵폐기물이 불법으로 처리되거나 상수원에 폐수를 무단 방류하거나 하는 것이 모두 내부고발을 할 만한 것이다. 그렇다면 내부고발은 어떻게 정당화될 수 있을까. 전문가들은 내부고발 정당화의 조건으로 몇 가지를 꼽는다.

첫째, 어떤 조직이 그 정책이나 상품·서비스를 통해 일반대중에게 심각하고 중대한 해악을 끼쳐야 한다.

둘째, 비리가 있는 경우 먼저 자신의 직속상관에게 보고를 해야 한다. 내부고발은 조직에 해를 끼치기 때문에 극단적 방법을 선택하기 전에 조직 자체적으로 교정할 수 있는 기회를 만들어야 한다.

셋째, 만약 직속상관이 아무런 조치를 취하지 않으면 그 윗사람에게 비리 사실을 보고해야 한다. 이때 조직 내 상급자들이 보고한 사람에게 보복할 수 있다는 문제가 있긴 하다. 그러나 내부고발은 조직 내부의 자정 노력이 가능하지 않을 때 사용돼야 할 최후의 수단이란 점을 명심해야 한다.

만약 위 세 가지 조건을 만족한 상태에서 다시 아래 두 가지 조건이 충족된다면 내부고발은 '해도 좋고 안 해도 그만'인 게 아니라 반드시 해야 한다는 주장도 있다. 내부고발자가 합리적인 제3자를 설득할 수 있는 문서화된 증거를 가지고 있고, 외부에 폭로함으로써 조직과 사회의 변화가 일어날 것이란 확신이 있는 경우다.

3. 공익을 우선한다고 해서 충직 의무를 저버리는 게 항상 정당하진 않음

내부고발은 근본적으로 충직 의무를 저버리는 행위라서 정당하지 않다는 지적도 많다. 내부고발자는 심판이 아닌데도 자신이 속한 팀에 파울을 선언하는 호루라기를 부는 사람과 같다. 조금 전까지도 같은 팀으로 뛰다 갑자기 파울을 선언하는 것은 결코 좋은 모양이 아니란 얘기다. 내부고발로 인해 고통받게 될 동료와 제3의 피해자를 생각하면 더 그렇다. 공익이 우선한다고 해서 소속 조직에 대한 충직 의무를 위배하는 게 항상 정당하진 않다는 지적이다. 현실에선 정당한 조건을 다 갖춘 내부고발이 드물다는 점도 문제로 꼽는다. 내부고발의 동기가 순수하고 도덕적이어야 한다지만 실제론 조직에 대한 증오, 조직 내부 특정인에 대한 복수심이 완전하게 배제된 경우를 찾기 쉽지 않다. 인사상 불이익을 받지 않았더라면, 무능력자로 해고되지 않았더라면, 개인적 손실을 유발시킨 사건이 없었더라면, 내부고발이 없었을 경우가 많다. 물론 양심적인 사람들의 정당하고 용감한 내부고발이 전혀 없는 것은 아니다.

4 형평과 공평의 차이 ★★★

공평은 절차상의 정확한 평등을 뜻한다. 한 가지 예로 달리기를 하는데 누구는 앞에 서고 누구는 뒤에 서서는 안 되고 똑같은 선상에서 출발을 해야 한다는 것이다. 이에 반해서 형평이라는 것은 실질적 평등을 뜻하는데 예를 들면 아이하고 어른하고 달리기 시합을 하는데 공평하게 같은 출발선에 달리면 게임이 안 되는 것이다. 즉, 아이를 앞에서 달리게 하는 것이 형평성에 맞는 것이 된다.

5 손해배상과 손실보상의 차이 ★★★

(1) 손해배상

① 위법(違法)한 행위에 의하여 타인에게 끼친 손해를 전보(塡補)하여 손해가 없었던 것과 동일한 상태로 복귀시키는 일이다.

② 적법한 공권력의 행사에 의하여 가하여진 경제상의 특별한 희생(공용징수)에 대하여 행정주체가 행하는 재산적 보상인 손실보상(損失補償)과 구별된다. 민법상 손해배상의무를 발생시키는 원인으로서 가장 중요한 것으로는 위법행위 즉, 채무불이행과 불법행위가 있다. 원료를 살 계약을 체결하였는데도 원료를 가져오지 않아 공장에서 작업을 하지 못하여 손해를 본 경우는 채무불이행의 예이고 도로 옆의 집에 트럭이 뛰어들어 가구를 파괴하여 손해를 보게 한 경우는 불법행위의 예다. 손해배상의무는 위와 같은 법률의 규정에 의하여 발생하는 것 이외에 당사자 간의 계약(손해담보계약·손해보험계약 등)에 의하여 발생할 수도 있다.

③ 손해배상을 위해서는 위법성(즉, 고의나 과실 등)을 입증해야 한다.

(2) 손실보상

① 국가 또는 공공단체의 적법한 공권력 행사에 의하여 사유재산권에 특별한 손실이 가하여진 경우에 그 손실에 대하여 지급되는 전보(塡補)이다.

② 손실보상 사례 ⇨ 공익사업을 위한 토지 등의 수용에 대한 보상

③ 행정작용의 적법성을 전제로 하므로 그 위법성을 전제로 하는 손해배상과 다르고 공권력의 행사에 대한 것이므로 비권력적 작용에 대한 대가와 다르며 특별한 희생에 대한 전보이므로 일반적 희생인 조세 등과 다르다. 손실보상은 행정주체가 행정목적을 위하여 개인에게 가한 특별한 희생을 정의와 공평에 입각하여 보상한다는 데에 이론적 근거를 두고 있다. 그 특별한 희생은 재산권에 내재하는 사회적 제약을 넘은 손실을 말하나 구체적 기준에 대하여는 침해행위의 강도와 본질의 실질적 기준을 주로 하면서 더불어 침해를 받는 자가 일반적인가 특정적인가 하는 형식적 기준도 참작하여 판단하여야 한다고 본다.

6　행정규칙과 행정입법 ★★★

(1) 행정규칙은 행정주체가 제정한 법규의 성질을 가지지 않은 일반적인 규정이다.

(2) 행정기관이 제정한 일반적인 법규범을 행정규칙이라고 총칭하는 점에 주의하여야 한다. 행정규칙은 행정조직 내부와 공법상의 특별관계에 관한 조직·활동을 규율한다. 사무의 분배와 같은 국민의 권리·의무에 관계없는 규정 또는 특별권력관계에 의한 규정 예컨대 훈령, 예규, 고시, 공고 등이 그 예이다. 행정규칙의 제정은 행정권에 당연히 따르는 권능이며 법률의 수권(受權)을 필요로 하지 않는다.

> **✅ PLUS**
>
> **행정규칙**
> **1. 훈 령**
> 훈령은 상급행정기관이 하급행정기관에 대하여 장기간에 걸쳐 그 권한 행사를 일반적으로 지시하기 위하여 발하는 명령이다.
> **2. 예 규**
> 예규는 행정사무의 통일을 기하기 위하여 반복적 행정사무의 처리기준을 제시하는 법규문서 외의 문서이다.
> **3. 고 시**
> 고시는 법령이 정하는 바에 따라 일정한 사항을 일반에게 알리기 위한 문서를 말한다. 고시는 그 내용에 따라 일반적·추상적인 규율인 경우에만 행정규칙에 해당하며 고시의 내용이 단순한 사실의 통지인 경우에는 행정규칙으로 보기 어렵다.
> **4. 공 고**
> 공고는 일정한 사항을 일반에게 알리는 문서를 말하며, 고시와 마찬가지로 그 내용에 따라 일반적·추상적인 규율인 경우에만 행정규칙에 해당하며 공고의 내용이 단순한 사실의 통지인 경우에는 행정규칙으로 보기 어렵다.
> **5. 지시와 일일명령**
> 지시는 상급행정기관이 직권 또는 하급행정기관의 문의에 따라 하급행정기관에 개별적·구체적으로 발하는 명령이고 일일명령은 당직·출장·시간외근무 등 일일업무에 관한 명령이다. 그런데 지시와 일일명령은 일반적·추상적인 규율이라 할 수 없으므로 행정규칙의 일종으로 보기 어렵다.

(3) 행정입법은 행정 주체가 법조(法條)의 형식으로 법규정을 정립하는 것을 말한다.

(4) 근대 법치국가에서는 국민의 권리와 의무에 관한 규정은 국회에서 법률 형식으로 입법하도록 요구되었으나 시간이 흐르면서 행정부의 입법권을 현실적으로 인정하기에 이르렀다. 행정입법에는 법률에서 구체적으로 범위를 정해 위임받은 사항에 관한 규정을 마련하는 위임명령과 법률을 집행하기 위해 필요한 사항에 관해 발하는 집행명령 등이 있다. 행정입법에는 이와 같이 법규의 성질을 가지는 위임명령과 집행명령 이외에 법규의 성질을 지니지 않는 훈령·지시·명령 등의 행정명령이 있다. 법규명령은 제정 기관에 따라 대통령령·총리령·부령 등으로 나뉜다.

✅ PLUS

행정지도 및 행정명령

1. 행정지도
① '행정지도'라 함은 행정기관이 그 소관사무의 범위 안에서 일정한 행정목적을 실현하기 위하여 특정인에게 일정한 행위를 하거나 하지 아니하도록 지도·권고·조언 등을 하는 행정작용을 말한다(행정절차법 제2조 제3호).
② 행정지도는 임의적 협력을 전제로 하기는 하지만 협력이 이루어지지 않을 경우, 사실상 강제력이 발휘될 수 있도록 각종 법적 장치로 뒷받침되어 있는 경우가 많다.
③ 강제력을 발할 수 있는 법적 장치로는 행정지도에 불복하는 자에 대한 후속조치로서의 이행명령, 벌금부과와 같은 규제적 조치와 행정지도에 따르는 자에 대한 지원조치로서의 보조금의 지급, 조세지원 등과 같은 조성적 조치 등 다양한 조치가 사용되고 있다.

2. 코로나19 상황에서의 행정권고, 행정지도 및 행정명령 사례
① 코로나19 감염위험이 높다고 판단한 시설에 대해 운영중단 행정권고
② 운영중단을 권고한 교회 등 종교시설, 헬스장 등 실내 체육시설, 클럽 등 유흥시설이 불가피하게 운영을 지속할 경우 방역지침 이행여부를 점검
③ 코로나19 방역지침을 위반한 콜센터, 종교시설, 유흥시설 등에 대해 1차적으로 행정지도 실시
④ 특히 위반행위가 심각하다고 평가된 곳에 대해서는 2차적으로 벌금부과 등의 행정명령 실시
⑤ 행정권고를 어길 경우 영업금지, 일시적 시설폐쇄 등의 행정명령도 가능

7 허가·인가·특허 ★★★

1. 허 가

(1) 법령에 의하여 일반적으로 금지되어 있는 행위를 특정의 경우에 특정인에 대하여 해제하는 행정처분이다.

(2) 법령상으로는 허가·면허·인가 등의 용어가 함께 사용되고 있으나 이들은 단지 국민의 자유 활동에 과해졌던 제한을 해제하고 그 자유를 회복시키는 행위일 뿐 새로이 권리를 설정하는 특허나 다른 행위의 법률적 효과를 보충하는 인가와 구별된다. 다만 특정인에게 허용되는 것이기 때문에 사실상 독점적 이익이 보장되며 이해에 영향을 미치게 되는 경우가 많으므로 허가과정에는 여러 규제조치가 취해지고 있다. 따라서 허가를 받지 않고 금지된 행위를 하면 대개는 처벌을 받게 되는데 허가를 받지 않았다는 이유로 그 사법상의 효력이 부인되는 일은 없다.

(3) 현행법상 허가를 요하는 것으로는 여관·전당포·대중목욕탕·음식점 등의 영업허가 외에 의사나 약제사의 면허, 화약류제조의 허가, 집회·시위에 관한 허가 등의 다종다양한 것이 있다.

2. 인 가

(1) 국가가 국민과 국민 간의 계약을 승인하여 주는 제도이다.

(2) 예를 들어 버스요금 인상문제의 경우 버스업체가 불특정 다수가 이용하는 버스요금을 마음대로 인상하면 이를 이용하는 일반 시민들은 따를 수밖에 없다. 그래서 국가가 버스요금 인상시 인가를 받도록 하고 또 이를 승인하여 준다.

3. 특 허

행정법 이론상의 특허라 함은 특정인을 위해 특정한 권리를 설정하는 형성적 행정행위를 말한다. 즉, 특정인을 위해 법률상의 힘을 부여하는 행정처분을 말한다.

4. 개념비교

구 분	강학상 개념	현행법상 특징
허 가	일반적으로 금지되는 행위를 특정한 경우에 해제하는 것	금지−해제의 관계가 명백하게 규정되지 않은 경우가 많음
특 허	특정인에게 일정한 권리나 법률관계를 설정하는 것	특허라는 용어는 거의 사용하지 않고 면허란 용어를 주로 사용함
인 가	타인의 법률행위의 효력을 보충하여 법률상의 효력을 완성시키는 것	특허적 성격이 강한 사업에 대한 허가의 의미로 사용되기도 함
등 록	일정한 사실이나 법률관계를 행정기관에 갖추어둔 장부에 등재하고 그 존부(存否)를 공적으로 증명하는 것	허가와 신고의 중간에 속하는 인·허가로 운영되는 사례가 많음
신 고	특정한 사실이나 법률관계의 존부를 행정청에 알리는 것	신고에 따른 수리(受理) 제도를 두어 완화된 허가제로 운영되는 사례가 많음

🖉 Check point

허가·인가·특허의 차이점

① 허가: 금지되어 있는 행위를 특정인에게 허용하는 행정처분(예 음식점 허가, 토지거래허가)

② 인가: 법률행위를 보충하여 그 법률상 효력을 완성시켜주는 행정행위(예 법인설립의 인가, 조합설립인가, 사업양도의 인가, 외국인 토지취득인가 등)

③ 특허: 특정인에게 권리나 법률관계를 설정하는 행위(예 면세점 특허, 어업권)

④ 등록: 일정한 법률사실이나 법률관계를 특정한 등록기관에 마련해 둔 장부에 기재하는 일로 등록은 행정청의 수리행위가 있어야만 효력이 발생(예 사업을 개시할 때 하는 사업자 등록, 주민등록, 공장등록 등)

⑤ 신고: 일정한 행위를 하고자 할 때에 그러한 행위를 한다고 알리는 기능으로 신고는 행정청의 수리가 필요 없이 신고만 하면 효력이 발생 (예 주민등록신고, 전입신고, 출생신고)

8 조리와 조례의 차이점 ★★★

조리는 보통사람이 일상생활에서 지켜야 하는 생활규범을 말하고 조례는 각 지방자치단체에서 정하는 법률에 준하는 효력을 가지는 규칙을 말한다. 즉, 조리는 이치·원칙·규범정도의 뜻을 가지는 말이다.

9 행정법의 일반원칙 ★★★

◉ 행정기본법의 내용을 참고하도록 한다.

1. 행정의 자기구속의 원칙(평등의 원칙)

행정의 재량행사에 관한 일정한 관행이 형성되어 있는 경우 동일한 사안에서 행정은 앞선 관행과 동일한 처분을 내려야 한다는 것이다. 예컨대 앞서 동일한 수준의 식품위생법 위반행위를 했던 식당주인 A나 B에게 2개월의 영업정지처분을 내렸다면 그와 같은 수준의 위반행위를 했던 C에게도 2개월의 영업정지처분을 해야지 C에게만 3개월의 영업정지처분을 해서는 안 된다는 것이다. 결국 평등의 원칙과도 밀접한 관련이 있는 원칙임을 알 수 있다.

2. 비례의 원칙

행정주체가 행정목적 달성을 위해 일정한 수단을 동원하는 경우 목적과 수단은 합리적인 균형관계에 있어야 한다는 원칙이다. 예컨대 식당주인이 식품위생법상 경미한 의무위반을 했다는 것을 들어 행정청이 영업장폐쇄를 명한 경우가 비례의 원칙에 반하는 경우이다. 그러한 경미한 의무를 준수토록 하기 위하여 영업장폐쇄라는 지나친 수단을 사용하는 것은 비례적이지 않기 때문이다.

3. 신뢰보호의 원칙

행정의 일정한 선행조치로 인하여 사인이 보호가치 있는 신뢰를 갖게된 경우 그 신뢰가 보호되어야 한다는 것이다. 예컨대 세무사시험을 주관하는 부처가 세무사시험의 통과기준은 전 과목 평균 60점 이상자로 한다고 공고하였고 세무사시험 준비생들은 그 점수를 넘으면 되겠다는 신뢰를 가지고 시험을 준비하여 왔는데 시험 직전에 통과기준을 변경한다면(예컨대 상위 200등까지만 선발한다는 식으로) 이는 신뢰보호의 원칙에 반할 것이다.

4. 부당결부금지의 원칙

행정청이 행정작용을 하면서 그것과 실질적으로 관련이 없는 사인의 반대급부와 결부시켜서는 안 된다는 원칙이다. 예컨대 건설업자가 일정 지역에 아파트를 건설하려고 하는데 관계행정청이 아파트건설허가를 하는 대신 전혀 다른 지역에 있는 건설업자의 토지를 기부채납 하도록 하는 경우가 부당결부금지원칙에 반하는 경우이다. 전혀 다른 지역에 있는 건설업자의 토지를 행정에 넘기도록 하는 것은 당해 지역의 아파트건설허가와는 실질적 관련성이 없기 때문이다.

10 행정소송 ★

(1) 행정법규의 적용에 관련된 분쟁이 있는 경우에 당사자의 불복제기에 의거하여 정식의 소송절차에 따라 판정하는 소송이다.

(2) 행정소송은 행정법규의 적용에 관련된 분쟁(공법상 분쟁)의 판정을 목적으로 하는 점에서 국가의 형벌권 발동을 위한 소송절차인 형사소송(刑事訴訟)이나 사법상(私法上)의 권리관계에 관한 분쟁의 판정을 목적으로 하는 민사소송(民事訴訟)과 구별된다. 또 독립한 판정기관에 의한 신중한 소송절차를 거쳐 행하여지는 정식쟁송(正式爭訟)인 점에서 약식쟁송에 불과한 행정심판과 구별된다.

11 행정행위

(1) 행정권에 의하여 행정법규를 구체적으로 적용·집행하는 행위를 행정행위라 한다. 실정법상의 용어는 아니며 실정법의 이론구성상 발달한 학문상 개념이므로 여러 가지 견해가 있는데 최협의로는 행정주체가 법에 근거하여 구체적 사실에 관한 법집행으로서 행하는 권력적 단독행위인 공법행위의 뜻으로 사용된다. 실정법상의 행정처분이라는 용어가 대체로 이에 해당한다. 행정행위도 법적 행위라는 데서 사법행위와 본질적인 차이는 없으나 상술한 바와 같은 행정행위는 그 성립·효력 등에 있어서 사법의 원리와는 다른 공법상의 특수한 법원리가 적용된다. 여기에 행정행위의 개념을 정립하는 의의가 있다.

(2) 행정행위는 그 행위의 요소인 정신작용이 효과의사인지의 여부에 따라 법률행위적 행정행위(法律行爲的 行政行爲)와 준법률행위적 행정행위(準法律行爲的 行政行爲)로 분류되며 법률행위적 행정행위에는 명령적 행위와 형성적 행위가 있고 준법률행위적 행정행위에는 확인행위, 공증행위, 통지행위 및 수리행위가 있다.

12 행정행위의 철회·취소 ★★★

(1) 하자 없이 완전 유효하게 성립한 행정행위의 효력을 사후에 생긴 새로운 사유에 의하여 장래에 향하여 소멸시키는 행정행위이다. 사후에 생긴 사유에 의하는 데서 처음부터 하자를 내포한 행위에 대하여 소급적으로 효력을 상실케 하는 취소와는 다르다. 행정은 공익에 적합하여야 하므로 행정행위가 공익에 적합하게 행하여진 뒤에도 새로운 사정의 발생으로 그것이 공익에 적합하지 않게 될 때에는 그 행위의 철회가 원칙적으로 가능한 것이다. 그러나 행정행위의 공익성에 비추어 그 철회는 기속재량에 속하고 특히 확정력 있는 행위는 철회를 할 수 없다. 또한 행위의 철회는 원칙적으로 처분청만이 할 수 있다.

(2) 부담적 행정행위의 철회와 수익적 행정행위의 철회에 대하여 개념과 함께 구분할 수 있어야 한다.

13 고의와 과실의 차이 ★★★

(1) 고의와 과실은 일반적으로 이해하기 어려운 개념은 아니다. 고의는 어떠한 의도를 가지고 하는 행위의 사를 말하며 과실은 그러한 의도 없이 실수로 특정한 결과를 초래한 경우를 의미하는 것이다.

(2) 대부분의 경우 고의와 과실을 구별하기 어렵지 않지만 때로는 구별이 어려운 경우도 있다. 바로 인식 있는 과실과 미필적 고의의 한계 영역이다. 인식 있는 과실은 특정 행위를 하면서 위험한 결과가 발생할 수 있는 가능성을 예측하기는 하였지만 그러한 일이 발생하지 않을 것으로 믿은 경우를 의미하며 미필적 고의는 위험한 결과의 발생 가능성을 충분히 인식하였고 그러한 결과가 발생해도 할 수 없다는 감수 의사를 의미한다(다수설인 감수설에 따른 내용).

14 무효와 취소 ★★★

(1) 법률행위의 무효란 이미 성립한 법률행위가 어떤 원인으로 인하여 당초부터 그 본래적 효과를 발생하지 못할 것으로 확정되어 있는 경우를 말한다. 취소란 취소할 수 있는 상태의 법률행위이다. 즉, 특정인이 그 의사표시의 효력을 소멸하게 하려고 주장함으로써 효력이 행위시로 소급하여 소멸되는 법률행위이다.

(2) 즉, 무효는 특정인의 주장이 필요없이 당연히 효력이 없으며 취소는 특정인의 주장(취소행위)이 있어야 효력이 없는 것으로 되며 무효는 처음부터 효력이 없는 것으로 취급되지만 취소는 취소가 없는 동안은 효력이 있는 것으로 취급된다. 또한 무효는 그대로 두어도 효력이 없는 것이 변함이 없지만 취소는 그대로 두면 무효로 할 수 없게 된다.

> ✅ **PLUS**
>
> **행정무효와 행정취소 ★★★**
> 1. 행정처분이 그 유효요건을 갖추지 못하여 중대한 법규를 위반했고 그 하자 정도가 외관상 명백한 때 무효사유가 되고 그에 이르지 못하면 취소사유에 불과하다. 무효사유에 대해선 항고소송 중 무효확인소송을 제기해야 하고 취소사유에 불과한 때는 취소소송을 제기해야 한다.
> 2. 행정처분이 유효하게 그 효력을 발생하기 위해선 그 성립요건과 유효요건을 갖추어야 한다. 이런 요건을 갖추지 못한 행정처분을 하자있는 행정처분이라 한다. 이때 그 하자가 중대한 법규의 위반이고 위반의 정도가 중대하며(중대성) 그 하자를 일반인도 명백히 인식할 수 있을 정도면(명백성) 그 행정처분은 아무런 효력이 없는 무효인 행정처분이다. 그렇지만 하자의 정도가 그에 이르지 못하면 단지 취소사유에 불과한 행정처분이 된다. 취소소송은 이런 취소사유 있는 행정처분에 대해 제기해야 한다. 무효사유인 행정처분에 대해선 무효확인소송을 제기해야 한다. 이런 구별이 중요한 것은 취소소송의 경우 일정한 소의 제기기간이 있어 그 기간이 지나면 다시 소송을 제기할 수 없으나 무효확인소송의 경우 제소기간의 제한이 없어 언제나 제기할 수 있기 때문이다(행정소송법 제20조).

15 공정력과 구성요건적 효력 ★

(1) 공정력(행정행위의 잠재적 통용력)

과거에는 적법성을 추정하는 효력으로 이해했으나 오늘날에는 적법성을 추정하는 효력은 아니며 행정행위의 위법 여부를 묻지 않고 권한 있는 기관에 의해 취소 전까지 잠정적 통용하는 힘에 불과 실체법이 아닌 절차법상의 효력이라 볼 수 있다.

(2) 구성요건적 효력

① 행정행위가 존재하는 이상 비록 흠 있는 행정행위일지라도 무효가 아닌 한 제3의 국가기관은 법률에 특별한 규정이 없는 한 그 행정행위의 존재 및 내용을 존중한다.

② 스스로의 판단의 기초 내지는 구성요건으로 삼아야 하는 구속력이 있다.

③ 예를 들면 법무부장관의 귀화승인은 무효가 아닌 한 공무원자격을 가지므로 국적을 이유로 공무원 채용을 거부할 수 없다.

16 불가쟁력과 불가변력 ★★

(1) 행정행위의 효력 중 확정력이란 ① 불가쟁력과 ② 불가변력을 말한다.

(2) 그중 불가쟁력이란 "행정행위의 상대방으로부터 더 이상 그 효력을 다툴 수 없는 힘"을 말하며 형식적 확정력이라고도 한다. 행정행위에 불가쟁력이 있기 때문에 행정행위에 대하여는 법정기간 내에 한하여 쟁송이 허용되며 그 법정기간이 지나면 그 행정행위에 흠이 있다고 하더라도 더 이상 다툴 수 없는 불가 쟁력이 생기는 것이다.

(3) 행정행위의 불가변력이란 "행정청이 행정행위를 취소·변경 또는 철회할 수 없는 힘"을 말하며 실질적 확정력이라고도 한다. 행정행위의 불가변력에 의하여 행정청이라 하여도 행정행위를 자유로 취소·변 경 또는 철회할 수 있는 것이 아니고 수익적 행정행위, 확인적 행위, 행정행위에 의하여 정하여진 법률 관계의 내용이 그 뒤의 당사자 간의 법률관계의 기준이 되는 경우 등에는 일정한 제한을 받게 되는 것이다.

17 직위분류제 ★★

(1) 조직 내의 직위를 각 직위가 내포하고 있는 직무 종류별로 분류하고 또 직무 수행의 곤란성과 책임성에 따라 직급별·등급별로 분류해 관리하는 인사행정 제도를 말한다. 사람을 중심으로 하여 공직구조를 형 성하는 계급제와는 달리 직무의 특성이나 차이를 중심으로 하여 공직의 구조를 형성하는 직무 지향적 공무원 제도(job-oriented career system)다. 직위분류제를 채택하고 있는 나라는 미국을 비롯한 캐나다·파나마·필리핀·호주·뉴질랜드 등이다.

(2) 직업공무원제(career civil service system, 職業公務員制)는 젊은 인재들이 공직에 들어와 평생에 걸쳐 명예롭게 근무하도록 조직·운영되는 인사 제도를 말한다. 직업공무원제에서는 젊은 인재를 최하 직급으로 임용해 단계적으로 승진시키므로 응시자의 학력과 연령은 엄격히 제한되며 선발 기준으로는 전문적인 직무수행능력보다는 장기적인 발전 가능성을 중시한다. 유럽에서의 직업공무원제는 절대군주 국가 시대부터 발달하기 시작했다.

(3) 헌법 제7조에서 '공무원은 국민 전체에 대한 봉사자이며, 국민에 대하여 책임을 진다'라고 규정하고 있 는데 이것은 공무원이 주권자인 전체 국민을 위해 봉사해야 한다는 민주적인 직업공무원제도를 강조한 것이다.

직렬·직급·직위·직책의 구분

1. **직렬(職列)**
   "직렬"이라 함은 직무의 종류가 유사하고 그 곤란성과 책임도의 정도가 상이한 직급의 군을 말한다. 직무의 종류가 유사하고 책임과 어려움의 정도가 다른 직급의 계열이다. (예 세무직렬, 건축직렬, 검찰직렬)

2. **직급(職級)**
   "직급"이라 함은 직무의 종류·곤란성과 책임도가 상당히 유사한 직위의 군으로서 동일한 직급에 속하는 직위에 대하여는 임용자격·시험·보수 기타 인사행정에 있어서 동일한 취급을 할 수 있는 것을 말한다. 직책이나 직업상에서 책임을 지고 담당하여 맡은 사무의 등급이다. (예 9급 3호봉, 7급 2호봉 등)

3. **직위(職位)**
   "직위"라 함은 1인의 공무원에게 부여할 수 있는 직무와 책임을 말한다. 직무에 따라 규정되는 사회적, 행정적 위치이다. (예 과장, 팀장 등)

4. **직책(職責)**
   보직이 부여되어 있는 경우이다. (예 팀장, 본부장 등)

18 개인정보보호제도와 정보공개제도 비교 ★★

(1) 개인정보보호제도

정부는 1991년 5월 10일부터 행정기관들이 컴퓨터에 수록한 개개인에 대한 각종 자료가 자신들의 의사와는 달리 외부로 유출되는 것을 막는 것을 주 내용으로 하는 개인정보보호제도를 시행했다. 국무총리 훈령으로 마련된 「전산처리 되는 개인정보보호를 위한 관리지침」은 다음과 같다.

① 행정기관이 전산망에 입력키 위해 수집하는 개인정보는 정보 수집을 할 때 본인에게 사전 통지하거나 직접 수집하는 것을 원칙으로 한다.

② 국민들은 자신에 관한 행정기관의 정보를 열람하고 사실과 다를 경우 고쳐주도록 요구할 수 있다.

③ 이들 정보가 공공목적 외에 상업적인 목적 등으로 오용되지 않도록 외부유출을 사전에 규제·관리토록 되어 있다.

(2) 정보공개제도

공공목적상 필요성이 인정될 경우 국민이면 누구나 국가기관이 보유하고 있는 정보를 열람할 수 있게 하는 제도이다. 행정기관의 게시 의무를 명시한 것이며 국민의 '알 권리'를 보호하는 제도이다. 정보공개제도는 선진국에서는 이미 시행되고 있다. 미국의 경우 1966년에 정보공개법이 입안되었고 1974년에는 워터게이트 사건으로 보다 확장된 정보공개법 개정안이 입법되었다.

19 엽관제

(1) 공무원의 임면 및 승진을 당파적 정실에 의하여 행하는 정치관습에서 나온 제도이다. 엽관주의라고도 하며 성적제에 대응하는 개념이다. 정권을 획득한 정당이 관직을 그 정당에 봉사한 대가로 분배하는 정치적 관행에서 발생한 것으로서 이러한 관행을 정당정치가 발달한 영·미에서 시작되었고 특히 19세기 초 미국에서 성행하였다. 이 제도로 인하여 행정능률의 저하, 행정질서의 교란 등의 폐단이 발생하였고 이러한 폐단을 제거하기 위해 성적제가 대두하게 된 것이다.

(2) 우리나라는 직업공무원제도를 채택하고 있는데 이는 공무원이 집권세력의 논공행상의 제물이 되는 엽관제도(獵官制度)를 지양하고 정권교체에 따른 국가작용의 중단과 혼란을 예방하고 일관성 있는 공무수행의 독자성을 유지하기 위하여 헌법과 법률에 의하여 공무원의 신분이 보장되는 공직구조에 관한 제도이다.

20 관료제

(1) 관료제의 의의

관료제란 전문적 지식을 갖추어 임명된 관료(현재 공무원)집단이나 사회집단 등에서 관료집단 내부에서의 기능적 장애 및 병적 행동양식이나 의식 형태를 말한다.

(2) 관료제의 문제점

먼저 내부에서의 문제점은 상하계급화에 따른 갈등과 비능률, 파벌형성 및 책임전가 현상을 들 수 있고 외부관계에서의 비밀주의와 보수주의 및 특권의식을 꼽을 수 있다. 즉, 관료제가 상사에 대한 복종의 형태로 변질되면서 그것이 특권의식을 갖게 하여 업무에서의 비능률성을 증가시키고 조직 내의 파벌을 형성케하여 파벌 간 또는 상하 간의 갈등 및 책임전가의 현상이 벌어질 수 있다. 또한 자기 집단만의 비밀을 만들고 변화를 바라지 않는 보수의식을 높이며 외부로의 특권의식을 분출하여 관존민비(官尊民卑)의 형태를 보인다.

(3) 관료제의 장점

업무가 전문화 되어 있어서 효율성을 도모할 수 있으며 조직 내의 모든 권한과 책임이 위계적으로 서열화 되어있어 많은 업무를 신속하게 처리한다. 또 문서로 규정된 규약과 절차가 분명하여 누구든지 그 업무를 처리할 수 있도록 하고 있다. 즉, 관료제는 업무처리의 효율성과 신속성, 조직의 안정성 등의 장점을 가지고 있다.

21 추가경정예산 ★★

(1) 예산의 성립 후에 발생한 사유로 인하여 이미 성립된 예산을 추가·변경하여 작성한 예산이다.
(2) 헌법 제56조에서는 "정부는 예산에 변경을 가할 필요가 있을 때는 추가경정예산을 편성하여 국회에 제출할 수 있다"고 규정하고 있다. 일반적으로 정부는 예산안을 편성할 때 미리 예비비를 두어 예산 성립 후에 일어나는 예비지출에 대비하고 있으나 예비비만 가지고 충족할 수 없는 경우에는 추가경정예산안을 편성하여 국회의 심의를 받아야 한다. 또한 지방재정법 제36조는 지방자치단체로 하여금 예산 성립 후에 발생한 사유로 인하여 이미 성립된 예산에 변경을 가할 필요가 있는 경우에는 추가경정예산을 편성할 수 있도록 허용함으로써 지방재정의 여건변화에 신축적으로 대응할 수 있는 장치를 마련하고 있다.
(3) 추가경정예산의 성립이전에 경비를 사용하는 때는 상위 지방자치단체의 장 또는 상급기관의 장에게 그러한 상황을 지체 없이 보고하도록 의무화하고 있다.

22 준(準)예산

국가 예산이 법정기간(12월 31일) 내 국회에서 의결되지 못한 경우, 정부가 일정 범위 내에서 전 회계연도 예산에 준하여 집행하는 잠정적 예산을 말한다.

23 규칙

➡ 규칙은 헌법이나 법률에 근거하여 정립되는 성문법의 한 형식이다.

(1) 헌법에 의해 그 제정이 인정되는 규칙으로서는 국회규칙·대법원규칙·헌법재판소규칙·중앙선거관리 위원회규칙 등이 있으며 법률에 의해 그 제정이 인정되는 규칙으로서는 감사원규칙·자치규칙·교육규칙·노동위원회규칙·공정거래위원회규칙 등이 있다.

(2) 우리나라 법 적용 원칙 중 최우선시 되는 '상위법 우선의 원칙'에 따라 순서는 헌법 ⇨ 법률 ⇨ 명령 ⇨ 조례 ⇨ 규칙 그리고 헌법 또는 법률의 근거가 없더라도 행정기관이 행정목적의 달성을 위해 필요한 한도 내에서 직권으로 제정할 수 있는 행정입법(行政立法)으로서의 행정규칙이 있다. 규칙은 헌법과 법률의 하위규범이므로 헌법과 법률에 위반되는 내용을 규율할 수 없으며 자치규칙이나 교육규칙은 당해 자치단체 조례(條例)의 범위 내에서 제정되어야 하고 행정규칙은 일반 국민의 권리·의무에 관한 법규사항(法規事項)을 포함할 수 없다.

24 조례 ★★★

➡ 지방자치단체의 의회에서 제정되는 자치법규로 지방의회에서 만드는 법률의 명칭이다.

지방의회에 의한 조례는 법령에 의하여 위임된 경우뿐만 아니라 지방자치단체 자체의 발의에 의한 제정도 가능하다는 점에서 지방자치단체의 장에 의해 제정되는 규칙과 구별된다. 지방자치단체의 조례는 자치권의 전권능성 때문에 자치업무의 수행에 관한 모든 사무 분야를 대상으로 하는 포괄성을 갖는다. 그러나 법질서의 통일성을 위하여 '법령의 범위 안에서'만(헌법 제117조 제1항, 지방자치법 제15조) 조례의 제정이 인정되며 시·군 및 자치구의 조례는 시·도의 조례나 규칙에 위반되어서는 안 된다(지방자치법 제17조). 또한 주민의 권리제한 또는 의무부과에 관한 사항이나 벌칙을 정할 때에는 법률의 위임이 있어야 한다(지방자치법 제15조 단서).

25 거버넌스와 거버먼트 ★★★

(1) 거버먼트(통치, government)는 정책결정이 특정개인이나 소수집단에 의해서 행해지며 강제력을 배경으로 하여 사회의 질서와 안정을 도모하는 통합의 방식이다. 이념적으로는 자치와 대립되며 오늘날 보통 협치(協治)로 해석되는 거버넌스(governance)와 구별된다.

(2) 거버넌스는 협치로 보면 되고 오늘날의 행정이 시장화·분권화·네트워크화·기업화·국제화를 지향함에 따라 종래의 집권적 관료구조에 바탕을 둔 전통적 행정을 대체하는 개념으로 사용된다. 민·관의 협력적 네트워크 또는 자기조직화 네트워크, 민·관의 파트너십, 공공서비스의 민·관 공동생산, 신공공관리 (new public management) 기법의 도입 및 기업적 거버넌스, 최소국가(minimal state), 사회적 인공지능 체계(socio-cybernetic system) 등을 들 수 있다.

26 법규명령

(1) 행정권에 의하여 정립되는 법규로서의 성질을 가지는 일반적 명령을 말한다. 법규명령은 법규로서의 성질을 가지기 때문에 국가와 국민에 대하여 일반적인 구속력을 가지는 규범이다. 이는 행정권에 의하여 정립되는 명령이라는 점에서 행정명령과 같으나 대외적·일반적 구속력을 가지는 법규로서의 성질을 가진다는 뜻에서 행정명령과 다르다. 즉, 국민에게 의무를 과하고 국민의 권리를 제한하는 것을 내용으로 하는 명령을 말하는데 위임명령·집행명령 등이 이에 속한다.

(2) 법규명령은 개인의 권리·의무에 관계될 뿐만 아니라 추상적·계속적 법규로서의 성질을 가지는 것이기 때문에 행정명령과는 달리 일정한 형식과 공포를 필요로 하며 반드시 헌법과 법률에 그 근거가 있어야 한다.

27 행정구제제도 ★

(1) 법률에 의한 행정의 원리하에서 행정은 법이 명하는 바에 따라야만 하는데 행정현실에 있어서는 행정청이 법에 반하는 자의적인 활동을 하거나 권한의 행사를 해태하는 경우 또는 적법한 공권력의 행사를 통해 국민의 권리, 이익을 침해하는 경우가 있게 된다. 이러한 경우에 관련된 국민이 그러한 위법상태의 배제를 구하거나 손해의 전보를 받을 수 있도록 하는 제도가 행정구제제도이다.

(2) 행정구제의 방법으로는 다음과 같은 것이 있다.
  ① 손해보전제도 ⇨ 국가배상(손해배상), 손실보상
  ② 행정쟁송제도 ⇨ 행정심판, 행정소송
  ③ 과태료, 이행강제금부과처분 등 금전부과처분에 대해서 행하는 비송사건절차법에 의한 재판 등

(3) 참고로 이것은 사후적 구제수단이고 행정절차(에서의 청문, 의사제시 등), 정당방위, 청원 등이 사전적 구제수단이라고 볼 수 있다.

28 계선(Line)과 막료(Staff)의 차이 ★

(1) 조직에는 조직의 목표달성기능을 직접적으로 수행하는 기관과 이를 간접적으로 지원하는 기관이 있는데 전자를 계선조직, 후자를 막료조직이라 한다. 계선조직과 막료조직은 조직의 목표달성을 효과적으로 수행하기 위한 상호보완의 관계를 갖도록 하는 것이 본래의 의도이나 현실적으로 양자는 알력과 불화의 관계를 초래하거나 막료조직의 계선조직화가 초래된다.

(2) 계선은 행정체계에 있어서 중추적인 위치에 있으며 계선기관은 법령을 집행하고 정책을 결정하며 국민에게 직접적으로 봉사한다. 따라서 계선은 조직체의 존체목적을 달성하는 데 직접적으로 기여하는 것이다. 즉, 계선은 실질적인 업무수행을 목적으로 하는 조직체의 명령계통을 뜻하며 조직체를 운영하기 위한 예속조직체의 분할을 뜻하므로 행정조직 내에서는 행정수반을 비롯하여 각부장관, 그 밑의 국장, 과장, 계장, 계원 등의 계선으로 그어지는 것이다. 따라서 계선의 명령과 지휘계통은 수직하강적이며 하위 또는 동등한 계층의 타인으로부터 명령과 지휘를 받지 않는다.

(3) 막료란 계선에 대응하는 개념으로서 조직의 목적달성에 간접적으로 기여하며 대내적으로 관리적 기능과 정책조언 기능을 수행하는 참모조직으로서 최고책임자에게 전문적 지식을 통하여 조언·권고·협의·정보제공 등을 행하는 기관을 말한다.

(4) 즉, 막료는 조직 목표를 직접적으로 달성하는 계선조직이 원활하게 기능을 수행할 수 있도록 지원·조성·촉진하는 기관으로 자문·권고·협의·조정·정보의 수집과 판단·기획·통제·인사·회계·법무·공보·조달·조사·연구 등의 기능을 수행한다.

■ 29 ■ 집단사고와 집단지성 ★

(1) 집단사고란 말 그대로 유사성과 응집성이 높은 집단에서 나타나는 의사결정을 위한 사고인데 이 과정에서 반대 정보를 차단하거나 문제점을 고려하지 않고서 만장일치를 추구하는 결과가 나타난다고 보았다. 동일한 집단 구성원 간에 의사결정이 일어날 때, 그 문제 상황과 관련하여 나타날 수 있는 가능한 대안이나 반대되는 정보를 고려하기 어려운 사고 과정에서 문제가 생긴 것이다. 쉽게 말해서 비슷한 생각을 하는 사람들은 어떤 문제에 대해 쉽게 합의하는 경향이 있어서 그로 인한 문제점을 심사숙고하기 어렵다는 것이다.

(2) 요즘 들어 이런 사고의 문제를 피하기 위해 아예 다른 분야 전문가를 의사결정 과정에 참여시키려는 경향들이 있다. 대표적으로 어떤 기술을 개발하는 공학자 집단의 의사결정에 심리학자나 인문학자들이 참여하여 그들의 결정에 문제를 제기하는 것이 대표적이다.

(3) 이와 달리 집단지성이라는 것이 있다. 이것은 다수의 개체들이 서로 협력을 통해 지적 능력의 결과물을 얻는 것을 말한다. 이것은 곤충학자인 윌리엄 휠러 교수가 개미를 관찰한 결과에서 제시한 것으로, 개미는 미약하지만 공동체를 이루어 협업을 할 경우 개미집과 같은 위대한 결과물을 만들 수 있다는 것이다.

(4) 즉, 전문가 집단이 아니더라도 다수의 일반인들이 다양한 의견을 낼 경우 전문가들의 의사 결정보다 훨씬 더 값진 의견을 구성할 수 있는 것도 바로 집단지성 때문이라는 것이다. 제도화된 사회는 전문가 집단을 중요하게 여기고, 전문가 집단 간의 의사결정을 통해 정책을 집행하는 경우가 대부분이다. 그러므로 현대 사회는 과거에 비해 집단지성보다는 집단사고를 더 선호하고 이에 따라 집단사고의 위험성 또한 더 높은 사회이다.

30 심의와 의결 ★★

(1) 심의와 의결은 그 목적이 조직의 의사결정에 신중을 기하고 민주성을 확보하기 위한 것이라는 데 공통점이 있으나 그 심의·의결결과가 가지는 효력 또는 구속력에 차이가 있다.

(2) 심의결과에 대해서는 기관의 장이 따를 수도 따르지 않을 수도 있지만 의결결과는 기관의 장이 따라야 한다. 그러나 법규에서 의사결정을 하기 전에 심의를 거치도록 되어 있다면 그 결과의 구속 여부와 무관하게 사전 심의절차는 반드시 거쳐야 한다.

31 강행규정 및 임의규정 ★★

(1) 강행규정

법령 중의 선량한 풍속 기타 사회질서와 관계있는 규정을 강행규정이라 하고 이는 당사자가 마음대로 그 규정을 변경할 수 없다. 예를 들어 임대인이 임차인과 임대차계약을 하면서 계약기간을 1년만 하자고 하는 것은 인정이 되지 않는다. 경제적 약자에게 불이익이 되기 때문에 임대차보호법에서 최단 기간 2년으로 하며 이는 강행규정이다. 쉬운 예로 평생 동안 결혼을 하지 않는다는 조건으로 회사에 취직을 강요한다면 이런 것들은 선량한 사회풍속에 반하기 때문에 회사 사장님과 사원이 합의를 해도 그것은 무효가 된다.

(2) 임의규정

법령 중의 선량한 풍속 기타 사회질서에 관계없는 규정이다. 당사자가 그 적용을 배제할 수 있는 규정을 임의규정이라 한다. 예를 들어 집을 팔면서 하자가 있으면 책임을 져야 한다고 법에 명시되어 있다. 그런데 매도인과 매수인 사이에 합의하여 "우리는 책임을 지지 않는다"고 계약을 할 경우 이는 임의규정에 해당하여 아무런 문제가 되지 않는다.

32 효력규정 및 단속규정 ★★

(1) 구 분

강행규정은 효력규정과 단속규정으로 구분된다.

(2) 효력규정

사법상의 효력까지 무효가 되는 규정이다. 효력규정을 위반하면 법률행위가 무효가 된다. 예를 들어 토지거래허가구역 내의 토지에 대해 매매계약을 했을 경우 토지거래허가구역 내의 토지거래는 허가를 먼저 받아야 하는 사항이므로 허가를 받지 않은 상태에서 매매계약은 무효가 된다. 또 다른 예를 들면 퇴직금청구권을 사전에 포기하거나 민사상 소송을 제기하지 않겠다는 특약을 하는 것은 근로기준법에 위반되어 무효이다. 이는 효력규정 위반으로 사전에 퇴직금 포기약정을 하였더라도 소송을 제기할 수 있다는 것이다.

(3) 단속규정

강행규정 중 일정한 행위를 단속할 목적으로 만들어진 단속규정을 위반한 행위는 일정한 제재를 가할 뿐 그 효력에는 영향을 미치지 아니한다. 예를 들어 무허가 음식점의 음식물 판매행위는 단속규정 위반으로 일정한 처벌을 받게 되지만 판매행위 자체는 무효가 아니라 유효하다는 것이다. ⇨ 무허가음식점임을 알고 무전취식하면서 판매행위가 무효라고 주장할 수는 없다는 것이다. 즉, 손님에게 음식값의 청구는 할 수 있다.

33 국정감사

(1) 국정감사란 국회가 국정 전반에 관한 조사를 행하는 것으로 이것은 국회가 입법 기능 외에 정부를 감시 비판하는 기능을 가지는 데서 인정된 것이다.

(2) 대상기관은 국가기관, 특별시·광역시·도, 정부투자기관, 한국은행, 농·수·축협중앙회 그리고 본회의가 특히 필요하다고 의결한 감사원의 감사 대상기관이다.

(3) 국정감사의 효율적인 수행을 위해 위원회에 관련서류 제출 요구, 증인 감정인 참고인의 출석요구, 검증, 청문회의 개최 등의 권한이 부여되어 있으며 누구든지 이에 협조해야 한다.

34 고시 및 공고 ★★★

(1) 고시와 공고는 다 같이 공고문서로서 행정기관이 일정한 사항을 일반에게 알리기 위한 문서이며 연도표시 일련번호(제2016-○○호)를 사용한다.

(2) 실정법상 명백하게 구별하고 있지 않는 경우가 많지만 엄격하게 구별해보면 다음과 같다.
　① **공고**: 일시적 또는 단기간의 일정한 사항을 알리는 경우 구속력을 가지지 않는 사항이다.
　② **고시**: 법령이 정하는 바에 따라 일정한 사항을 알리기 위한 문서로 일단 정한 후 개정 또는 폐지되지 않는 한 계속적으로 효력이 있는 사항을 알리는 경우 구속력을 가지는 사항이다.

(3) 법령에 고시 또는 공고하도록 되어 있는 경우에 이를 하지 않고 한 행정행위는 하자있는 행정행위로서 무효 또는 취소의 요건이 되는 경우가 있다.

(4) 고시·공고는 다른 법령 및 공고문서에 특별한 규정이 있는 경우를 제외하고는 고시 또는 공고가 있은 후 5일이 경과한 날부터 효력이 발생한다(사무관리규정 제8조 제2항).

35 타당성조사 및 예비타당성조사 ★★★

(1) 타당성조사

국가(중앙 or 지방)에서 시행하는 사회기반시설(SOC)의 건설은 국민의 피땀 어린 세금을 사용하기에 경제적 타당성을 확보하여야만 추진이 가능하다. 따라서 꼭 거치는 것이 타당성조사이다.

(2) 예비타당성조사(약칭 예타)

① 대규모 국가예산이 투입되는 사업에 대해 기획재정부에서 사업의 타당성을 객관적·중립적 기준에 따라 사전에 검증하는 제도이다. 예산 낭비와 사업 부실화를 방지하고 재정운영의 효율성을 높이기 위해 1999년 도입됐다. 주관부처가 아닌 기획재정부가 '객관적인 기준'으로 '공정'하게 조사한다. 조사결과 타당성이 인정되는 경우에 한해 예산 편성이 가능하다.

② 예타는 대규모 재정사업의 신규투자를 우선순위를 정하기 위해 투명하고 공정하게 결정하도록 하는 목적이 크다. 사업의 향후 추진여부, 적정 사업시기, 사업규모 등에 대한 합리적 의사결정이 이뤄질 수 있도록 각 부처가 수립한 사업계획의 타당성 및 대안, 사업추진과정에서 고려할 점 등을 검토한다. 사업의 경제성, 정책성(사업추진 여건, 정책효과 등), 기술성, 지역균형발전 등을 종합적으로 고려해 평가하고 있다.

(3) 예타 대상사업

총 사업비 규모가 500억원 이상이고 국가의 재정지원이 300억원 이상인 신규 사업이 대상이다. 건설공사가 포함된 사업, 정보화 사업 및 국가연구개발사업 등 대규모사업에 대한 예산편성 및 기금운용계획을 수립하기 위해 실시한다.

(4) 예타 vs 타당성조사 차이점

타당성조사는 기술적 타당성에 초점을 맞추는 반면, 예비타당성조사는 경제적 타당성을 주요 조사대상으로 삼는다. 또한 타당성조사는 해당 사업부처가 담당하나 예비타당성 조사는 기획재정부(또는 과기부)가 담당하게 된다.

> **✅PLUS**
>
> **예타 면제사업**
> 1. 정부는 2019년 1월, 국가재정법에 따라 국무회의에서 국가균형발전 프로젝트 추진을 위한 예비타당성조사 면제 대상사업을 확정·의결했다.
> 2. 국가균형발전 프로젝트 선정기준은 다음과 같다.
>   ① R&D투자 등을 통한 지역의 전략산업 육성
>   ② 지역산업을 뒷받침할 도로·철도 인프라 확충
>   ③ 전국을 연결하는 광역 교통·물류망 구축
>   ④ 환경·의료·교통 시설 등 지역 주민 삶의 질 제고
> 3. 예를 들어 남부내륙철도 건설(수도권~경북~경남 거제 연결)은 광역교통 물류망 구축사업으로 예타 면제사업대상이 되었다. 예타가 면제되면 그만큼 사업 추진이 쉬워지고 빨라질 수 있다는 의미이다.

36 **정부실패 및 시장실패** ★★★

(1) 시장실패

① 자본주의 경제체제는 효율적인 자원배분, 소득과 부의 공평한 분배, 경제의 안정과 성장의 촉진 등의 과제를 시장기구에 주로 의존하여 해결한다.

② 모든 시장이 완전경쟁일 경우에는 소비나 생산 등에서 가장 이상적인 자원의 배분상태가 달성되게된다.

③ 그러나 현실의 시장에서는 시장의 힘을 제약하고 왜곡하는 수많은 요인들이 존재한다. 예를 들어 독과점기업의 존재, 공공재, 외부성, 비대칭적 정보(=정보의 비대칭성) 등이 그들이며 이것을 시장의 실패(market failure)라고 한다. 예 가령 등대, 가로등, 소방 등 공공재의 경우 시장에 맡기면 무임승차 문제가 발생하며 아무도 서비스를 공급하지 않으려는 상황발생

> 🖊 **Check point**
>
> **공유지의 비극**
> 1. 주인이 없어 누구나 접근해 공짜로 자기의 소에 꼴을 먹일 수 있는 목초지가 있을 때 사람들은 한 마리라도 더 몰고 와 꼴을 먹이려 할 것이므로 공유지는 황폐화될 것이다. 주인이 없어 오염에 따른 비용을 지불하지 않아도 된다면 공기나 하천은 오염으로 범벅이 되고 말 것이다. 이것이 공유지의 비극이다.
> 2. 공유지의 비극을 해결하기 위한 방법은 세 가지 정도로 정리된다. 우선 정부 등 제3자가 개입해 강제적인 방법으로 공유지의 황폐화를 저지시킬 수 있다. 법이나 제도 등을 통해 처벌을 가한다면 사람들은 자신의 이기심을 함부로 드러내지 못할 것이다. 또 한 가지 방법은 공유지를 나누어 개별 경제주체인 마을 사람들에게 각각 재산권을 부여하는 것이다. 이렇게 되면 개인의 권한과 책임이 명확해져 각자 자기 몫의 목초지를 소중히 관리하게 될 것이다. 마지막 방법은 공동체 내부의 자율적인 힘을 이용하는 것이다. 이것은 외부의 개입을 전제로 하지 않기 때문에 강제적이지 않고 구성원이 자발적으로 따를 수 있다는 점에서 바람직한 방법이다. 인간은 이기적이지만 소통과 신뢰를 통해 충분히 공동체 의식을 형성할 수 있다.
> 3. 공유재산의 비극 현상이 발생하는 것은 시장실패 때문으로 해석하기도 한다.

(2) 정부실패

① 정부의 각종 정책이나 규제활동의 결함으로 원래의 정책목표나 규제목표의 달성에 실패함을 의미한다.

② 정부의 지나친 개입에 의하여 초래되는 적정수준 이상의 물가 앙등, 높은 실업률 등을 포함한다.

③ 정부개입은 사회적 편익에서 사회적 비용을 뺀 순사회적 편익(net social benefit)이 영(0)보다 커야 한다. 이를 위한 경제적 분석방법은 비용-편익분석(cost-benefit analysis; B / C분석)이 주로 원용된다.

④ 정부실패의 원인은 규제자의 불완전한 지식과 정보, 규제수단의 비효율성 또는 불완전성, 규제의 경직성, 정치의 제약조건, 근시안적 규제의 가능성, 규제자의 개인적 목표나 편견의 영향 등이다.

⑤ 대책으로는 공무원들에 대해 능률에 따라 보상을 지급하는 성과급제도, 예산통제, 국정감사, 국민여론, 민관거버넌스 등이 있다.

37 **BT 및 BTL** ★★★

◉ 민자고속도로 등이 대표적 민자투자방식이다.

(1) BTO(Build Transfer Operate): 수익형 민자사업

수익형인 BTO 방식은 건설과 이전, 운영의 단계로 진행되며 준공과 동시에 소유권은 정부에 귀속되고 시행자는 일정기간 동안 관리 및 운영수입으로 수익을 창출하며 고속도로나 항만, 철도 등이 이에 해당한다. ⇨ 운영권은 사고 팔 수 있다.

　◉ BOT(Build Own Transfer)는 사회기반시설의 준공 후 일정기간 동안 소유권은 사업시행자에게 인정되며 기간 만료 후 국가 또는 지자체에 귀속되는 방식이다. 업체 입장에서는 시설을 소유하기 때문에 세금부담이 커서 선호하지 않는다.

(2) BTL(Building Transfer Lease): 임대형 민자사업

임대형인 BTL의 경우 건설과 이전은 수익형인 BTO와 같으나 이전을 마치면 정부로부터 임대를 받아 운영권을 갖는 경우를 말한다. 준공과 동시에 소유권은 정부에 귀속되고, 시행자가 일정기간 동안 임대를 받아 운영권을 갖게 된다. 학교나 문화시설, 군인아파트 등이 이에 해당한다.

　◉ BLT(Build Lease Transfer)는 사회기반시설의 준공 후 일정기간 동안 정부 또는 제3자에게 시설을 임대해 관리운영토록 한 후 국가 또는 지자체에 소유권이 귀속되는 방식이다.

⟐ PLUS

1. **MRG(Minimum Revenue Guarantee)**
　① MRG란 최소수익보장제도로 도입 당시 수익보장기간은 20~30년이었으며 보장금액은 예상수익의 80~90% 수준이었다.
　② MRG 제도를 적용한 대부분의 교통사업에서 실제 교통량이 예상교통량의 절반수준에도 못 미치게 되어 정부와 지자체의 재정부담이 가중되었고 민간사업자의 도덕적 해이가 비난의 대상이 되기도 했다.
2. **MCC(Minimum Cost Support)**
　① MCC란 최소비용보전제도로 MRG제도에 따른 정부의 재정부담을 완화하기 위해 도입되었다.
　② 사업운영에 필요한 최소사업운영비(투자원리금과 운영비)를 기준운영로 설정하고 실제 운영수익이 여기에 못 미치는 경우 정부가 민간사업자에게 그 차액을 보전해주는 방식이다.

38 **TF(Task Force)** ★★★

(1) 테스크포스라고 칭하며 다른 말로는 '프로젝트팀'이라고도 하며 '특별전담조직'으로 이해하면 된다. 어떤 과제를 성취하기 위해 필요한 전문가들로 구성되고 기한이 정해진 임시조직으로 정의된다.

(2) 모든 조직은 각 부서마다 고유의 업무가 있다. 하지만 특별한 상황이 발생하여 문제를 해결해야 할 경우 '특별팀'을 꾸린다. TF를 만들면 각 부서에서 필요한 담당자를 뽑아와 하나의 팀을 만든다. 그리고 그 일이 해결되면 팀은 해체되고 다시 일하던 부서로 복귀하게 된다.

■39■ 횡령 및 배임 ★★★

➡ 횡령죄는 재물, 배임죄는 재산상의 이익으로 배임죄의 적용범위가 더 넓다.

(1) 횡령죄

① 타인의 재물을 보관하는 자가 그 재물을 횡령하거나 그 반환을 거부한 때에 적용되는 범죄이다. ⇨ 불법적으로 타인의 재물을 고의로 취득할 의사를 가지고 취득하는 것

② 만일 타인의 재물을 보관하지 않는 사람이 다른 사람의 재물을 강탈하거나 탈취한다면 이는 횡령죄가 아닌 절도죄나 강도죄로 처벌받게 된다.

(2) 배임죄

① 타인의 사무를 처리하는 자가 그 임무에 위배하는 행위로 재산상의 이익을 취득하거나 제3자로 하여금 이를 취득하게 해 본인에게 손해를 가한 경우 적용되는 범죄이다.

② 업무상의 임무에 위배하여 재산상 이익을 취득한 경우 업무상배임죄가 성립된다.

■40■ 정책형성과정 ★★★

(1) 과 정

일반적인 정책형성과정은 사회문제 ⇨ 이슈화 ⇨ 정책의제 형성 ⇨ 정책대안 ⇨ 정책결정 ⇨ 정책집행 ⇨ 정책평가 순이다.

(2) 사회문제

국민들이 불만을 가지고 있으면서 해결해야 하는 보편성과 사회성의 특징을 갖는 모든 문제이다.

(3) 이슈화

어떤 사회문제에 대해 부정적 견해를 가지거나 해결방법에 대해 다른 견해를 가지는 다수의 집단이 나타나 문제해결에 합의점을 찾지 못하고 갈등이 야기되는 단계이다.

(4) 정책의제 형성

사회문제가 이슈화되고 공공의제로 전환되기 위해서는 ① 많은 사람들의 관심, ② 정부의 조치가 필요하다고 생각하는 상당수의 사람, ③ 그 문제해결에 대해서 정부가 적절한 수단이고 정부가 권한을 가지고 있다는 믿음이 필요하다.

(5) 정책대안

정책대안이란 문제의 해결방법이다. 주어진 목표의 달성을 위한 방법들을 강구하고 비교 및 분석하는 과정이다.

(6) 정책결정

권위 있는 정책 결정자에 의해 문제해결을 위한 여러 대안들 가운데 하나를 선택하는 행위 또는 과정이다.

(7) 정책집행

정책의 내용을 실현시키는 과정으로 정책을 구체화하고 실체화하는 과정이다.

(8) 정책평가

정책목표를 달성했는가를 평가하는 것이며 이를 위해 정보를 수집·분석·해석하는 단계이다.

41 행정대집행의 요건과 절차 ★★★

(1) 의 의

① 행정상 대체적 작위의무의 불이행이 있는 경우에 의무를 대신 이행하고 의무자로부터 그 비용을 징수하는 것을 말한다.

② 예를 들어 시·군·구청장은 무허가 건물을 철거하라는 철거명령을 받은 자가 그 의무를 이행하지 않을 때 소유주를 대신하여 그 위반건축물을 철거하고 그 비용을 소유주에게 청구하여 받을 수 있다.

(2) 행정대집행 요건

① 행정청이 행정대집행을 하려면 ㉠ 다른 수단으로써 이행을 확보하기 곤란하고, ㉡ 그 불이행을 방치함이 공익을 심히 해할 것으로 인정될 때 가능하다. 특히 의무불이행을 한다고 즉시 행정대집행을 하지는 않는다.

② 여기서 공익을 심히 해할 것을 인정하는 때란 위법건축 부분을 그대로 방치할 경우 단속하는 행정청의 권능을 무력화하여 건축행정의 원활한 수행을 위태롭게 하고 건축물이 정하고 있는 여러 제한규정을 회피하는 것을 사전에 예방하지 못하게 되는 것을 의미한다(대법원 1995.12.26, 95누 14114 참조).

(3) 행정대집행 절차

① ㉠ 계고, ㉡ 대집행 영장에 의한 통지, ㉢ 실행, ㉣ 비용징수의 4단계를 거친다.

② 계고는 상당한 이행기간을 정하여 그 때까지 이행되지 아니한 때에 대집행을 한다는 뜻을 반드시 문서로써 통지하여야 한다. 만일 문서에 의하지 않은 경우는 '무효'이다.

42 명시이월 및 사고이월 ★★★

(1) 명시이월

세출예산 중 경비의 성질상 당해 연도 내에 그 지출을 끝내지 못할 것이 예측될 때에 그 취지를 세입세출예산에 명시하고 의회의 승인을 얻어 다음 연도에 이월하여 사용하는 것이다.

(2) 사고이월

세출예산 중 해당 회계연도 안에서 지출의 원인행위를 하고 불가항력적인 불가피한 사유로 인하여 그 회계연도 내에 지출하지 못한 사업의 경비와 지출원인행위를 하지 아니한 그 부대경비의 금액을 다음 회계연도로 이월해서 사용하는 방법이다.

(3) 계속비 이월

연도별로 소요되는 경비의 금액 중 해당 회계연도 안에 지출하지 못한 금액을 사업의 완성이나 종료가 되는 회계연도까지 해당 계속비를 이월하여 사용하는 방법이다.

면접시 궁금한 사항

◎ 스티마쌤 까페 http://cafe.daum.net/stima를 통하여 질문하시길 바랍니다.
  ① "본인이 생각하는 답변은 이러하다. 스티마선생님 점검해 주세요."라고 질문을 하셔야 합니다.
  ② 비밀댓글로 질문을 올리실 때 가급적이면 상담내용과 연락처를 꼭 남겨주세요. 급한 상담은 스티마쌤이 직접
     전화를 드리겠습니다.

◎ 스티마 카카오톡 플러스친구를 통해 면접관련 궁금한 사항을 문의해 주시면 됩니다.
  링크 http://pf.kakao.com/_xnrRxgxb

◎ 카카오톡 오픈채팅방에서 '2024 스티마 각 지자체별' 면접정보방 검색
  각 지자체별 지역현안 요약자료 무료제공

면접후기 평가 및 상담

제 메일 stima_gongdangi@naver.com으로 보내주시면 됩니다.
보내주신 후기는 면접을 잘 보았는지에 대하여 평가를 해 드리겠습니다(합격가능성 여부 판단).

MEMO

MEMO

MEMO